2025 고시넷 NCS 지역농협 6급 통합기본서

8년 연속 베스트셀러 판매 1위!!
2018~2025년 판매문고 | yes24 | 알라딘 | 쿠팡 등 전국 대형서점 판매 기준

gosinet
(주)고시넷

스마트폰에서 검색 고시넷

www.gosinet.co.kr

최고 강사진의
동영상 강의

수강생 만족도 1위

류준상 선생님
- 서울대학교 졸업
- 응용수리, 자료해석 대표강사
- 정답이 보이는 문제풀이 스킬 최다 보유
- 수포자도 만족하는 친절하고 상세한 설명

경영·경제 전문가의 고퀄리티 강의

김경진 선생님
- 서울대학교 경영학 석사
- 미국 텍사스 주립대 경제학 석사
- CFA(국제공인재무분석사)
- 前 대기업(S사, K사) 면접관

공부의 神

양광현 선생님
- 서울대학교 졸업
- NCS 모듈형 대표강사
- 시험에 나올 문제만 콕콕 짚어주는 강의
- 중국 칭화대학교 의사소통 대회 우승
- 前 공신닷컴 멘토

PREFACE

정오표 및 학습 질의 안내

 정오표 확인 방법

고시넷은 오류 없는 책을 만들기 위해 최선을 다합니다. 그러나 편집 과정에서 미처 잡지 못한 실수가 뒤늦게 나오는 경우가 있습니다. 고시넷은 이런 잘못을 바로잡기 위해 정오표를 실시간으로 제공합니다. 감사하는 마음으로 끝까지 책임을 다하겠습니다.

고시넷 홈페이지 접속 > 고시넷 출판-커뮤니티 > 정오표

www.gosinet.co.kr

 모바일폰에서 QR코드로 실시간 정오표를 확인할 수 있습니다.

 학습 질의 안내

학습과 교재선택 관련 문의를 받습니다. 적절한 교재선택에 관한 조언이나 고시넷 교재 학습 중 의문 사항은 아래 주소로 메일을 주시면 성실히 답변드리겠습니다.

이메일주소 qna@gosinet.co.kr

CONTENTS 차례

지역농협 6급 필기시험 정복

- 구성과 활용
- 농협 소개
- 농협 채용 절차
- 농협 기출 유형분석

부록 지역농축협 상식

- 지역농축협 상식 ·· 24

파트 1 영역별 기본학습

1장 의사소통능력
테마 1 출제유형학습 ··· 92
테마 2 유형별 학습 ·· 164

2장 수리능력
테마 1 출제유형학습 ··· 198
테마 2 유형별 학습 ·· 236

3장 문제해결능력
테마 1 출제유형학습 ··· 262
테마 2 유형별 학습 ·· 292

4장 자원관리능력
테마 1 출제유형학습 ··· 312
테마 2 유형별 학습 ·· 340

5장 조직이해능력
테마 1 출제유형학습 ··· 360
테마 2 유형별 학습 ·· 392

파트 2 기출예상문제

1회 기출예상문제(60문항/60분) ——————————— 412
2회 기출예상문제(60문항/70분) ——————————— 462
3회 기출예상문제(70문항/70분) ——————————— 498

파트 3 인성검사

01 인성검사의 이해 ——————————————————— 548
02 인성검사 유형 연습 ————————————————— 550

파트 4 면접가이드

01 NCS 면접의 이해 —————————————————— 568
02 NCS 구조화 면접 기법 ———————————————— 570
03 면접 최신 기출 주제 ————————————————— 575

책 속의 책 정답과 해설

파트 1 영역별 기본학습 정답과 해설 ——————————— 2
파트 2 기출예상문제 정답과 해설 ————————————— 37

EXAMINATION GUIDE 구성과 활용

1 농협 소개 & 채용 절차

농협의 비전, 슬로건, 핵심가치, 인재상 등을 수록하였고 채용 절차를 쉽고 빠르게 확인할 수 있도록 구성하였습니다.

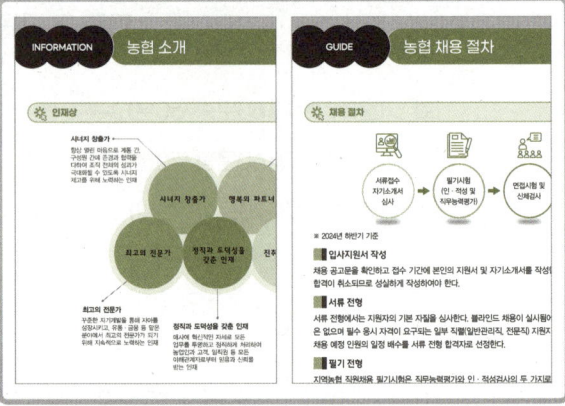

2 지역농협 6급 기출문제 분석

연도별 출제 경향과 출제 키워드, 기출문제를 분석하여 최신 출제 경향을 한눈에 파악할 수 있도록 구성하였습니다.

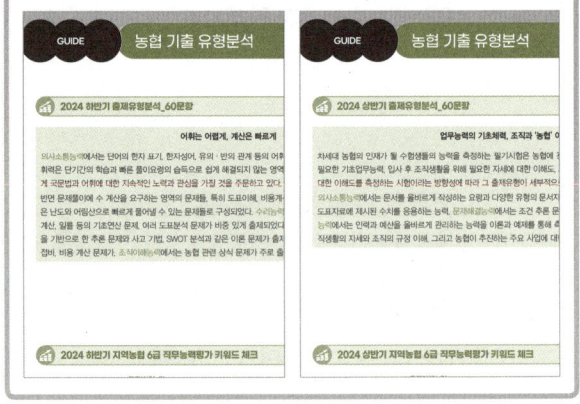

3 지역농축협 상식 및 출제유형학습

지역농협 6급 필기시험에 대비하기 위해 필요한 농·축협 상식과 이론을 영역별로 정리하고 실제 시험에 자주 출제되는 유형을 분석하여 효율적인 학습이 가능하도록 구성하였습니다.

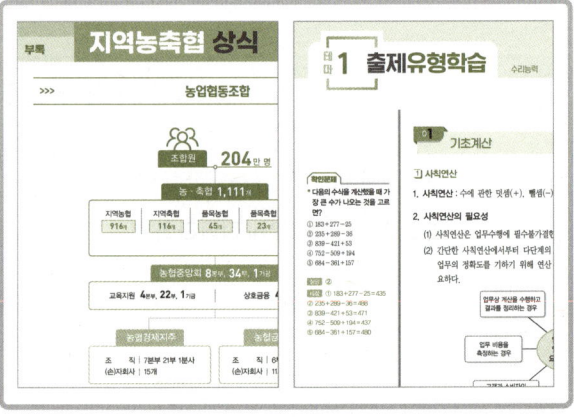

지역농협 6급   www.gosinet.co.kr

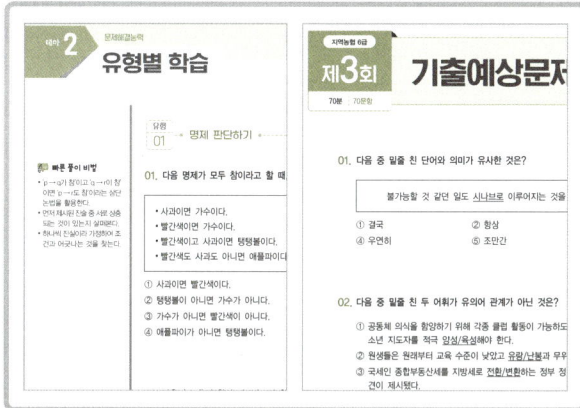

4
유형별 학습과 기출예상문제로 실전 연습 & 실력 UP!

유형별 학습과 총 3회의 기출예상문제로 자신의 실력을 점검하고 완벽한 실전 준비가 가능하도록 구성하였습니다.

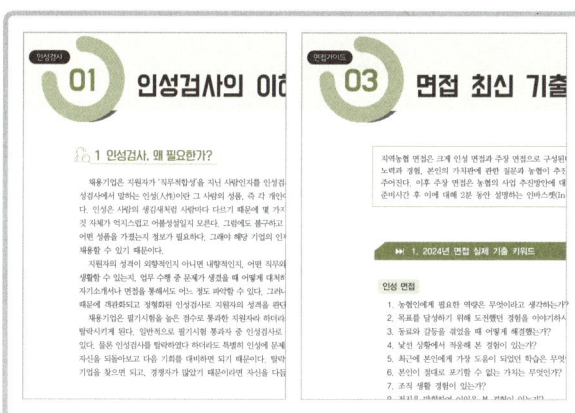

5
인성검사 & 면접으로 마무리까지 OK!!!

최근 채용 시험에서 점점 중시되고 있는 인성검사와 면접 질문들을 수록하여 마무리까지 완벽하게 대비할 수 있도록 하였습니다.

INFORMATION 농협 소개

인재상

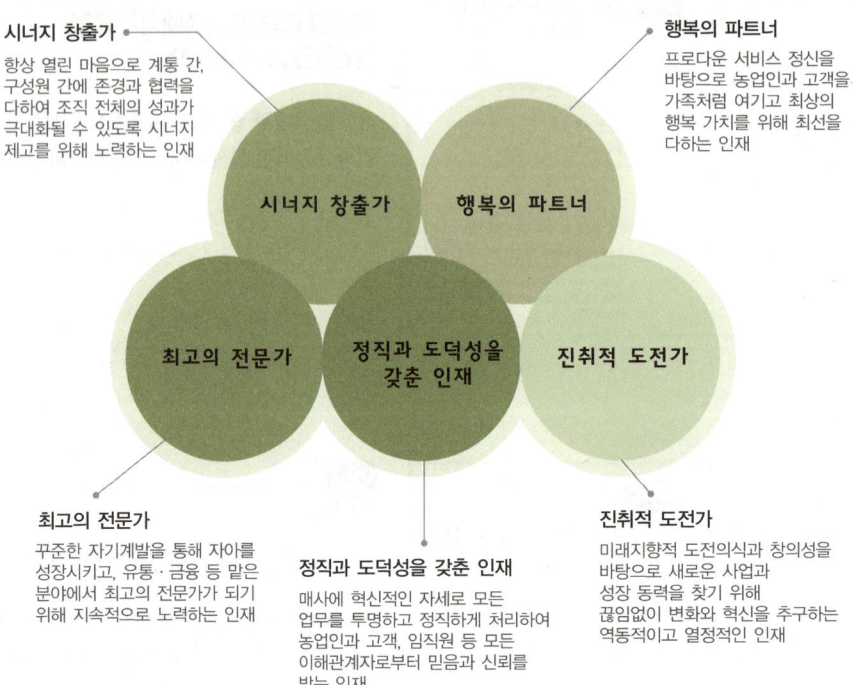

시너지 창출가
항상 열린 마음으로 계통 간, 구성원 간에 존경과 협력을 다하여 조직 전체의 성과가 극대화될 수 있도록 시너지 제고를 위해 노력하는 인재

행복의 파트너
프로다운 서비스 정신을 바탕으로 농업인과 고객을 가족처럼 여기고 최상의 행복 가치를 위해 최선을 다하는 인재

최고의 전문가
꾸준한 자기계발을 통해 자아를 성장시키고, 유통·금융 등 맡은 분야에서 최고의 전문가가 되기 위해 지속적으로 노력하는 인재

정직과 도덕성을 갖춘 인재
매사에 혁신적인 자세로 모든 업무를 투명하고 정직하게 처리하여 농업인과 고객, 임직원 등 모든 이해관계자로부터 믿음과 신뢰를 받는 인재

진취적 도전가
미래지향적 도전의식과 창의성을 바탕으로 새로운 사업과 성장 동력을 찾기 위해 끊임없이 변화와 혁신을 추구하는 역동적이고 열정적인 인재

계열사 현황

중앙회(4개사)		• 농협정보시스템 • 농협자산관리 • 농협네트웍스 – 농협파트너스
농협 경제지주 (16개사)	유통	• 농협하나로유통 • 농협유통
	제조	• 농우바이오 • 남해화학 – 엔이에스머티리얼즈 • 농협에코아그로 • 농협케미컬
	식품/서비스	• 농협홍삼 • 농협양곡 • 농협식품 • 농협물류 • NH농협무역
	축산	• 농협목우촌 • 농협사료 – 농협TMR
농협 금융지주 (11개사)	은행	• NH농협은행
	보험	• NH농협생명 • NH농협손해보험
	증권	• NH투자증권 – NH선물, NH헤지자산운용
	기타	• NH–Amundi 자산운용 • NH농협캐피탈 • NH저축은행 • NH농협리츠운용 • NH벤처투자

비전 및 슬로건

비 전 2 0 3 0

변화와 혁신을 통한

새로운 대한민국 농협

희망농업, 행복농촌 농협이 만들어 갑니다.

핵심가치

국민에게 사랑받는 농협	지역사회와 국가사회 발전에 공헌하여 온 국민에게 신뢰받고 사랑받는 농협을 구현
농업인을 위한 농협	농업인의 행복과 발전을 위해 노력하고, 농업인의 경제적·사회적·문화적 지위 향상을 추구
지역 농축협과 함께하는 농협	협동조합의 원칙과 정신에 의거 협동과 상생으로 지역 농축협이 중심에 서는 농협을 구현
경쟁력 있는 글로벌 농협	미래 지속가능한 성장을 위하여 국내를 벗어나 세계 속에서도 경쟁력을 갖춘 농협으로 도약

INFORMATION 농협 소개

 농협이 하는 일

교육지원 부문

농업인의 권익을 대변하고 농업 발전과 농가소득 증대를 통해 농업인 삶의 질 향상에 도움을 주고 있다. 또한 또 하나의 마을 만들기 운동 등을 통해 농업 농촌에 활력을 불어넣고 농업인과 도시민이 동반자 관계로 함께 성장·발전하는 데 기여하고 있다.

교육지원 사업
농·축협 육성·발전지도·영농 및 회원 육성·지도, 농업인 복지 증진, 농촌사랑·또 하나의 마을 만들기 운동, 농정활동 및 교육 사업·사회공헌 및 국제협력활동 등

경제 부문

농업인이 영농활동에 안정적으로 전념할 수 있도록 생산·유통·가공·소비에 이르기까지 다양한 경제 사업을 지원하고 있다. 경제 사업 부문은 크게 농업경제 부문과 축산경제 부문으로 나누어지며, 농축산물 판로 확대, 농축산물 유통 구조 개선을 통한 농가소득 증대와 영농비용 절감을 위한 사업에 주력하고 있다.

농업경제 사업
영농 자재(비료, 농약, 농기계, 면세유 등) 공급, 산지유통 혁신, 도매 사업, 소비지 유통 활성화, 안전한 농식품 공급 및 판매

축산경제 사업
축산물 생산·도축·가공·유통·판매 사업, 축산지도(컨설팅 등), 지원 및 개량 사업, 축산 기자재(사료 등) 공급 및 판매

금융 부문

농협의 금융 사업은 농협 본연의 활동에 필요한 자금과 수익을 확보하고, 차별화된 농업 금융 서비스 제공을 목적으로 하고 있다. 금융 사업은 시중 은행의 업무 외에도 NH카드, NH보험, 외국환 등의 다양한 금융 서비스를 제공하여 가정 경제에서 농업 경제, 국가 경제까지 책임을 다해 지켜나가는 우리나라의 대표 금융기관이다.

상호금융 사업
농촌 지역 농업금융 서비스 및 조합원 편익 제공, 서민금융 활성화

농협금융지주
종합금융그룹(은행, 보험, 증권, 선물 등)

❶ 교육지원 부문 ⋯→ [같이] 나눕니다.

농업인의 권익을 대변하고 농업 발전과 농가 소득 증대를 통해 농업인 삶의 질 향상에 도움을 주고 또 하나의 마을 만들기 운동 등을 통해 농업인과 도시민이 동반자 관계로 함께 성장 · 발전하는 데 기여한다.

교육지원사업
- 미래 영농인력 육성
- 농정 홍보활동
- 농촌지역 문화 · 복지사업 실시
- 농 · 축협 체계적 지원
- 다양한 교류사업 추진
- 사회공헌 및 국제교류

❷ 경제 부문 ⋯→ [같이] 꿈꿉니다.

농산물 생산 · 유통 · 가공 · 소비에 이르는 다양한 경제사업을 지원하고 안전한 축산식품을 저렴한 값으로 공급하고자 축산물 유통혁신을 주도하고 있다.

농업경제사업
- 농산물 산지유통 혁신
- 영농 자재 안정적 공급
- 혁신적 물류체계 구축
- 소비지 유통망 활성화
- 유통채널을 통한 농산물 판매
- 안전 농식품 공급

축산경제사업
- 축산물 생산비 절감
- 위생안전체계 구축
- 가축분뇨 자원화
- 우수 브랜드 육성
- 가축 질병 예방
- 종축개량으로 생산기반 구축

❸ 금융 부문 ⋯→ [같이] 걷습니다.

농협 본연의 활동에 필요한 자금과 수익을 확보하고, 차별화된 농업금융 서비스 제공을 목적으로 한다. 은행 · 보험 · 증권 · 자산운용 · 선물 · 캐피탈 등의 종합금융체제로 금융서비스 제공하여 가정 · 농업 · 국가 경제를 위한 사회적 책임을 다하고 있다.

상호금융사업
- 금융서비스 제공
- 영농 · 가계자금 지원
- 농촌-도시 상생 역할 수행
- 서민금융 활성화에 기여
- 조합원 · 고객의 실익증진에 기여
- 소외계층 지원을 위한 사회공헌기금 조성

농협금융지주
- 종합 금융서비스 제공
- 순수 민간자본인 국내 유일의 금융기관
- 국민의 생명 · 건강 · 안전 · 재산 지킴이
- 사회공헌활동 실천
- 종합금융체계 구축
- 따뜻한 서민금융, 든든한 나라살림 지원

GUIDE 농협 채용 절차

채용 절차

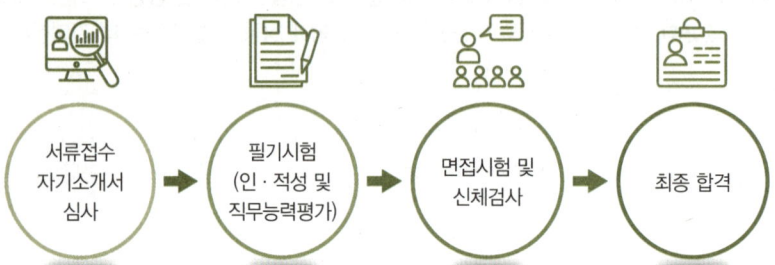

※ 2024년 하반기 기준

■ **입사지원서 작성**

채용 공고문을 확인하고 접수 기간에 본인의 지원서 및 자기소개서를 작성한다. 지원서 및 자기소개서 허위 작성 시 합격이 취소되므로 성실하게 작성하여야 한다.

■ **서류 전형**

서류 전형에서는 지원자의 기본 자질을 심사한다. 블라인드 채용이 실시됨에 따라 연령, 학력, 학점, 어학점수의 제한은 없으며 필수 응시 자격이 요구되는 일부 직렬(일반관리직, 전문직) 지원자에 한해 학력과 자격증 정보를 입력한다. 채용 예정 인원의 일정 배수를 서류 전형 합격자로 선정한다.

■ **필기 전형**

지역농협 직원채용 필기시험은 직무능력평가와 인·적성검사의 두 가지로 구성되어 있다. 2017년까지는 NCS유형 60~70%, NHAT(직무적성시험)유형 30~40%가 섞여 출제되었으나, 2018년 상반기부터는 농협 채용시험만의 특징이 완전히 반영된 NCS 직업기초능력평가 유형의 문제만 출제되고 있다.

- 인·적성검사 : 업무태도/대인관계/문제해결능력 등 성격특성 요인을 측정하여 채용 적정성 여부를 판단한다.
- 직무능력평가 : 농협의 업무능력, 채용수준 등을 감안하여 언어능력, 계산능력, 추진력, 판단력, 창의력 등 직무에 필요한 능력을 측정한다.

■ 면접 전형

적합한 인재 선발을 위한 최종 단계로, 서류 전형과 필기시험을 보완하여 농협이 추구하는 인재상 부합 여부, 잠재적 역량과 열정 등을 평가한다. 면접 시 인성 관련 질문뿐 아니라 농협과 농업 상식 질문도 함께 이루어진다. 따라서 면접 전 농업신문 등을 보며 최신 이슈를 확인하고 관련 용어에 친숙해지는 것이 좋다. 주장면접은 무작위로 배부되는 각 봉투에 들어있는 주제를 읽고 자신의 생각을 말하는 형식으로 진행된다.

■ 채용 신체검사

신체검사는 농협에서 지정한 의료기관에서 실시한다. 오전조는 면접 후 신체검사를 실시하며 오후조는 신체검사 후 면접을 실시한다. 일정이 긴 편이므로 당일 체력과 컨디션 관리에 유의한다.

■ 최종 합격 및 배치

합격자 중 결격 사유가 없는 자를 최종 합격자로 선정한다. 최종 합격자는 근로계약서 작성 후 배치된 사무소에서 근무하게 된다. 근무지가 채용 공고문에 명시된 경우는 해당 부서나 지역에, 명시되지 않은 경우는 회사의 인력 수급을 고려하여 근무지가 정해진다.

※ 채용 절차와 평가 내용은 지원시별 채용 방침에 따라 변경될 수 있으므로 해당 공고를 확인한다.

유의사항

- 지원자는 채용단위별 중복지원이 불가하다.
- 허위 증명서 제출, 증명서 미제출을 포함하여 지원서 기재사항이 사실과 다를 경우, 농협 인사 관련 규정상 신규채용 결격사유에 해당하는 경우 해당자는 합격 취소 또는 면직 처리된다.
- 취업지원대상자는 관계 법령에 의거하여 우대한다.
- 최종합격 후 수습기간에 평가결과가 불량하거나 업무능력이 현저히 부족하다고 판단될 경우 면직될 수 있다.
- 개별통지가 가능한 본인의 연락처 및 E-mail 주소를 지원서에 반드시 기재해야 한다.

GUIDE 농협 기출 유형분석

2024 하반기 출제유형분석_60문항

어휘는 어렵게, 계산은 빠르게

의사소통능력에서는 단어의 한자 표기, 한자성어, 유의·반의 관계 등의 어휘 문제와 어법 문제가 대거 출제되었다. 어휘력은 단기간의 학습과 빠른 풀이요령의 습득으로 쉽게 해결되지 않는 영역으로, 입사를 희망하는 미래의 농협인들에게 국문법과 어휘에 대한 지속적인 노력과 관심을 가질 것을 주문하고 있다.

반면 문제풀이에 수 계산을 요구하는 영역의 문제들, 특히 도표이해, 비용계산 등의 자료해석 유형들은 전반적으로 낮은 난도와 어림산으로 빠르게 풀어낼 수 있는 문제들로 구성되었다. 수리능력에서는 수 추리 문제 다수와 금액·이자율 계산, 일률 등의 기초연산 문제, 여러 도표분석 문제가 비중 있게 출제되었다. 문제해결능력에서는 명제, 조건, 자료 등을 기반으로 한 추론 문제와 사고 기법, SWOT 분석과 같은 이론 문제가 출제되었다. 자원관리능력에서는 직접비와 간접비, 비용 계산 문제가, 조직이해능력에서는 농협 관련 상식 문제가 주로 출제되었다.

2024 하반기 지역농협 6급 직무능력평가 키워드 체크

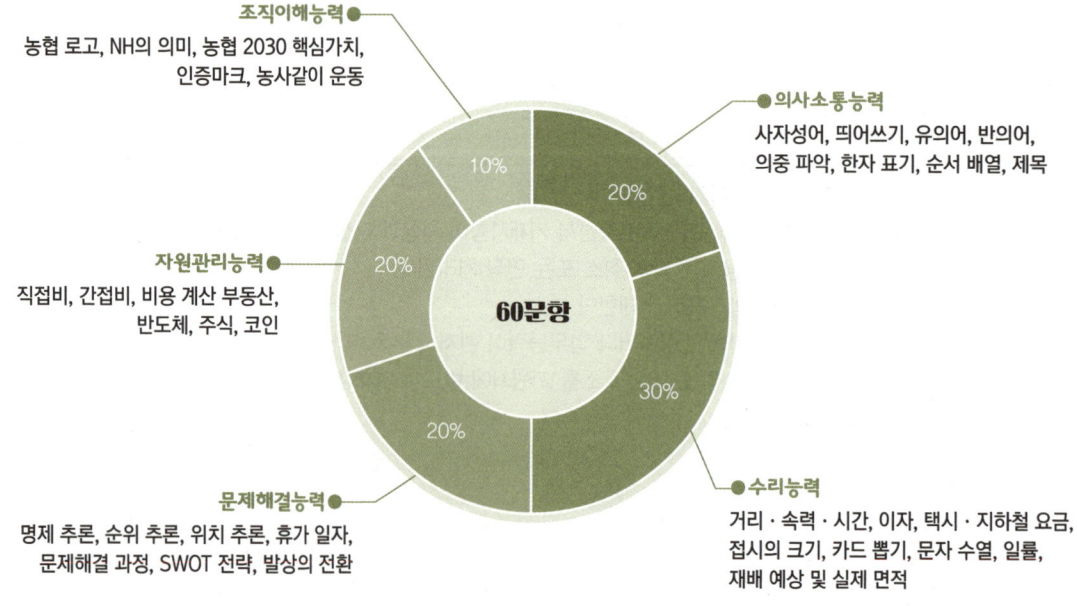

2024 하반기 출제유형분석_70문항

어휘력과 이론이 변수

문제의 난도는 높지 않았으나, 한 문제에 평균 1분 미만의 풀이시간이 주어지는 70문항 유형에서는 풀이시간을 단축할 수 있는 문제를 확보하는 것이 강조된다. 60문항 유형과 함께 2024년 지역농협 필기시험 의사소통능력에서 다수 출제된 유의어, 사자성어 등의 국문법과 어휘력 문제는 미리 대비되어 있지 않은 수험생들에게는 높은 벽이지만, 어휘 문제에 대한 충분한 대비가 되어 있는 수험생들에게는 응용수리와 자료해석 등 다른 문제의 풀이시간을 확보하는 문제가 될 수 있었다.

수리영역에서는 수 규칙, 응용수리, 확률, 도표해석 등 다양한 유형들이 함께 출제되었다. 문제해결능력에서는 발상의 전환, 발생형·설정형·탐색형 문제 등의 문제해결 관련 이론, 명제·조건 추론, 제시된 자료와 관련된 사례 해결 등의 문제가 출제되었으며, 자원관리능력에서는 예산수립 과정과 같은 모듈 이론 확인 문제가 다수 출제되었다. 조직이해능력에서는 농협이 추진 중인 사업을 직접 묻는 농협상식 문제가 주로 출제되었다.

2024 하반기 지역농협 6급 직무능력평가 키워드 체크

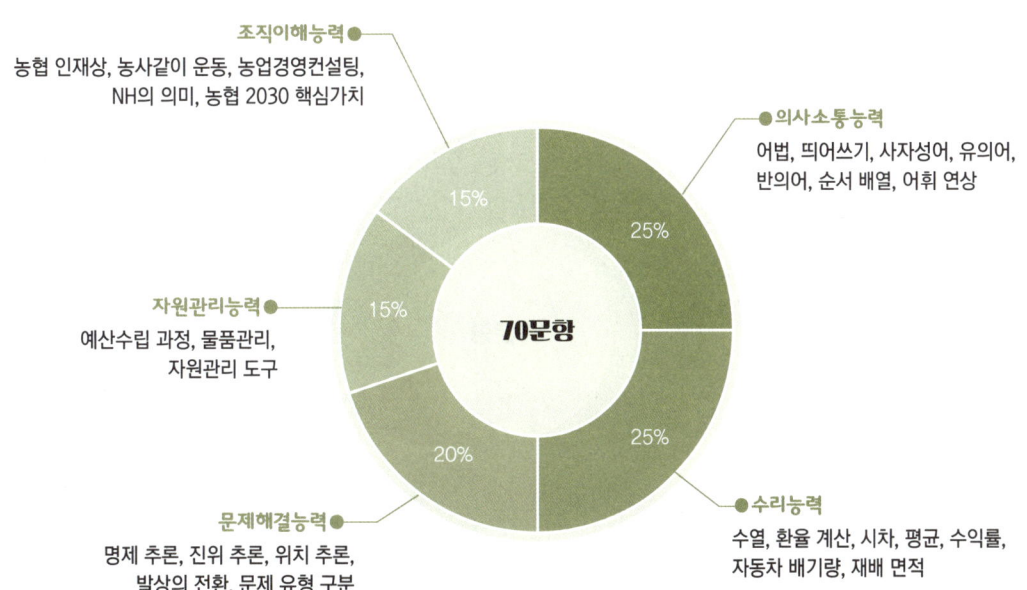

GUIDE 농협 기출 유형분석

2024 상반기 출제유형분석_60문항

업무능력의 기초체력, 조직과 '농협' 이해

차세대 농협의 인재가 될 수험생들의 능력을 측정하는 필기시험은 농협에 관한 자료를 이해하고 이를 활용하기 위해 필요한 기초업무능력, 입사 후 조직생활을 위해 필요한 자세에 대한 이해도, 그리고 농협의 조직구조와 사업 등 농협에 대한 이해도를 측정하는 시험이라는 방향성에 따라 그 출제유형이 세부적으로 정립되고 있다.

의사소통능력에서는 문서를 올바르게 작성하는 요령과 다양한 유형의 문서자료 이해 능력을 측정하고, 수리능력에서는 도표자료에 제시된 수치를 응용하는 능력, 문제해결능력에서는 조건 추론 문제를 통한 수험생의 논리이해력, 자원관리능력에서는 인력과 예산을 올바르게 관리하는 능력을 이론과 예제를 통해 측정하였다. 그리고 조직이해능력에서는 조직생활의 자세와 조직의 규정 이해, 그리고 농협이 추진하는 주요 사업에 대한 이해도를 측정하였다.

2024 상반기 지역농협 6급 직무능력평가 키워드 체크

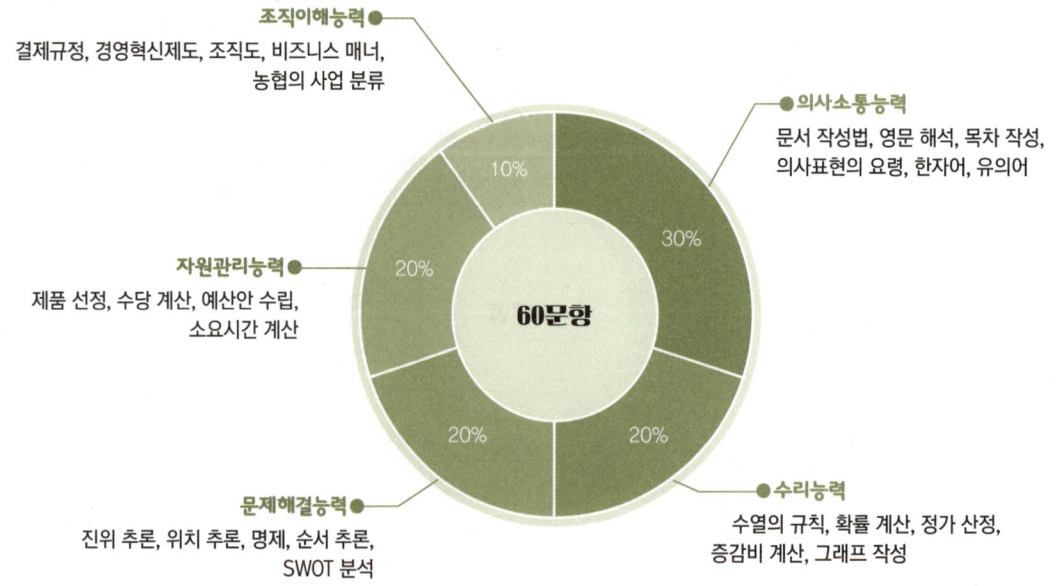

2024 상반기 출제유형분석_70문항

더욱 비중이 높아지는 '어휘'

다수의 입사시험에서 어휘 문제의 비중을 높이는 가운데, 2024년 상반기 농협의 의사소통능력 역시 어휘 문제 중심의 문제로 구성되었다. 띄어쓰기, 발음법, 표기법 등 국문법뿐만 아니라 한자어나 고유어, 유의어 구분, 문맥상 의미 등 다양한 유형의 문제로 수험생들의 어휘능력을 측정하고자 하였다. 수리능력에서는 방정식, 수열, 경우의 수, 확률 등 다양한 유형의 연산 문제와 그래프의 수치 해석 문제들이 출제되었다. 문제해결능력에서는 조건 추론과 명제 분석 문제를 통해 사고력을 측정하고, 자원관리능력에서는 제시된 조건에 따라 효율적인 선택을 하는 능력을 측정하였다. 그리고 조직이해능력에서는 경영전략 관련 상식과 조직이론이 중점적으로 출제되었다.

2024 상반기 지역농협 6급 직무능력평가 키워드 체크

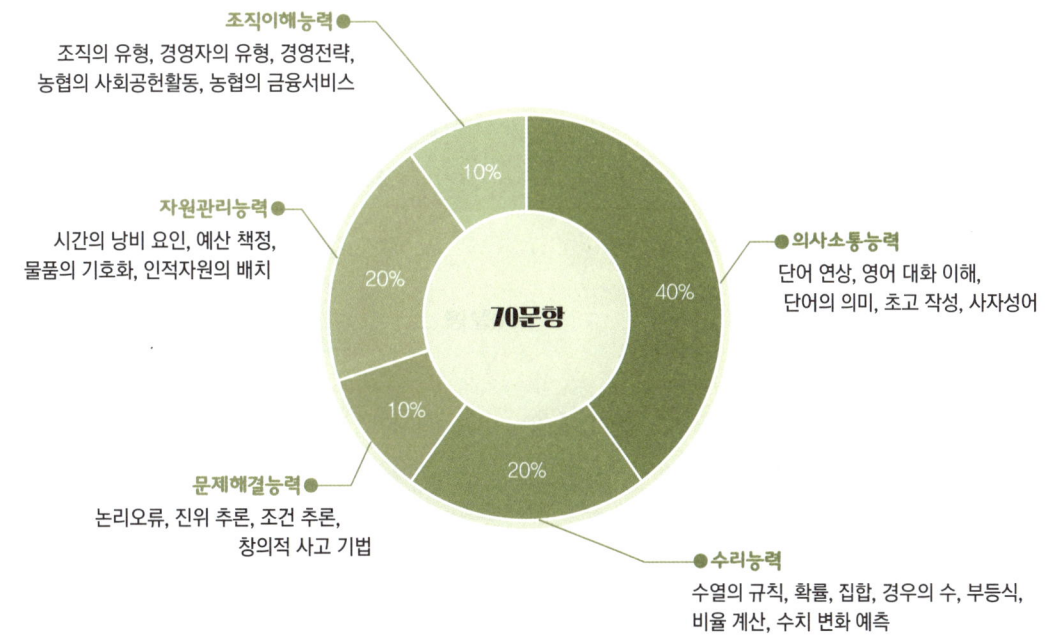

GUIDE 농협 기출 유형분석

2023 하반기 출제유형분석_60문항

만들고, 읽고, 이해하는 인재를 찾는 시험

의사소통능력에서는 올바른 어휘 사용, 국문법 적용, 문서의 유형별 작성 요령 등 직접 문서를 작성하는 과정에서 필요한 능력을 집중적으로 측정하는 출제경향을 보였다. 60분 유형에서 출제된 기초외국어능력 유형 문제는 대화와 실용문을 해석하는 문제가 출제되었고, 70분 유형에서는 유의어, 사자성어 등의 어휘문제가 출제되었다. 수리능력의 경우 60분 유형에서는 제시된 도표의 수치를 해석하고 이를 그래프로 변환하는 도표해석문제가 주가 되었으며, 70분 유형에서는 기초연산능력, 규칙 찾기 등의 문제가 중점적으로 출제되었다.

문제해결능력에서는 문제해결에 필요한 이론 문제와 함께 조건 추론과 자료해석 유형의 문제 중심으로 출제되었고, 자원관리능력 역시 예산관리, 업체 선정 등 자원관리와 관련된 사례자료를 제시하고 이에 관한 문제를 해결하는 방식의 문제들이 출제되었다. 조직이해능력에서는 조직의 유형, 조직문화 등 조직 관련 이론과 청탁금지법 등 관련 규정의 적용, 농식품바우처 등의 농협상식 문제가 출제되었다.

2023 하반기 지역농협 6급 직무능력평가 키워드 체크

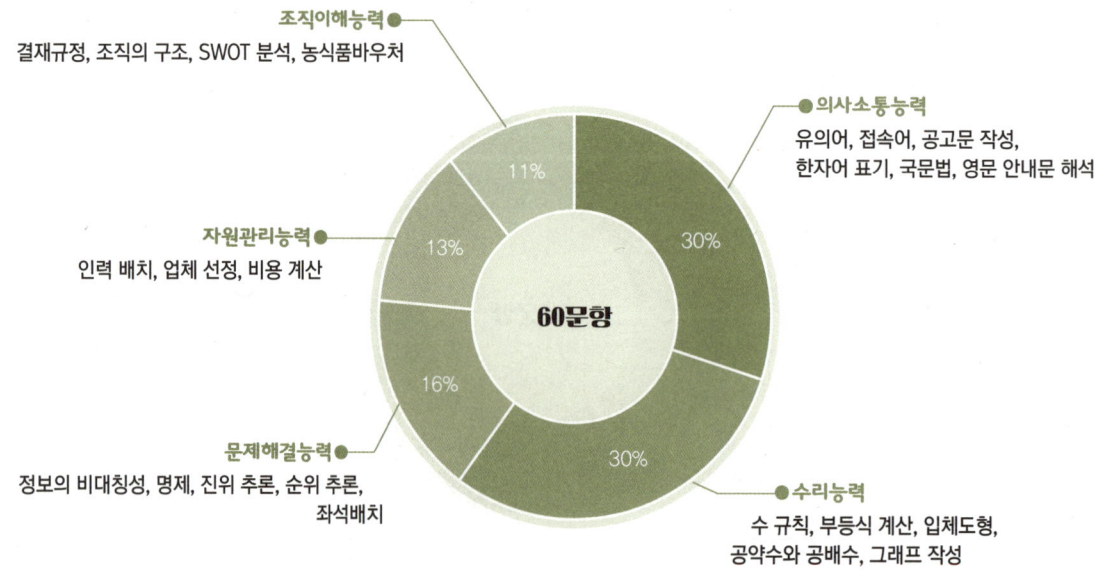

2023 하반기 출제유형분석_70문항

지역농협 시험의 변별력은 어휘와 계산에서

지역농협의 직무평가에서 변별력을 결정하는 유형의 문제로는 의사소통능력의 어휘 문제와 도표 해석과 계산 문제를 꼽는다. 2023년 하반기 역시 의사소통능력에서는 단문부터 장문까지 다양한 형태의 문서에서의 한자어 중심의 어휘 사용 능력, 사자성어 등 수험생의 어휘능력을 측정하는 고난도의 문제들이 출제되었고, 수리능력에서는 수 규칙, 응용수리, 도형 계산, 확률, 도표해석 등 다양한 유형들이 출제되었다.

문제해결능력에서는 논리오류 등의 문제해결 관련 이론, 조건 추론, 제시된 자료와 관련된 사례를 해결하는 문제가 출제되었으며, 자원관리능력에서는 우선순위 매트릭스 등 자원관리에 관한 이론의 이해와 자원관리와 관련된 자료 해석과 업체 선정, 직원 선정 등의 사례적용 유형의 문제가 출제되었다. 조직이해능력에서는 조직의 유형, 조직도, 조직의 변화과정 등 조직 관련 이론과 결재규정, 조직성과평가 등 조직 관련 업무의 처리능력과 함께 농협이 추진 중인 사업을 직접 묻는 농협상식 문제가 출제되었다.

2023 하반기 지역농협 6급 직무능력평가 키워드 체크

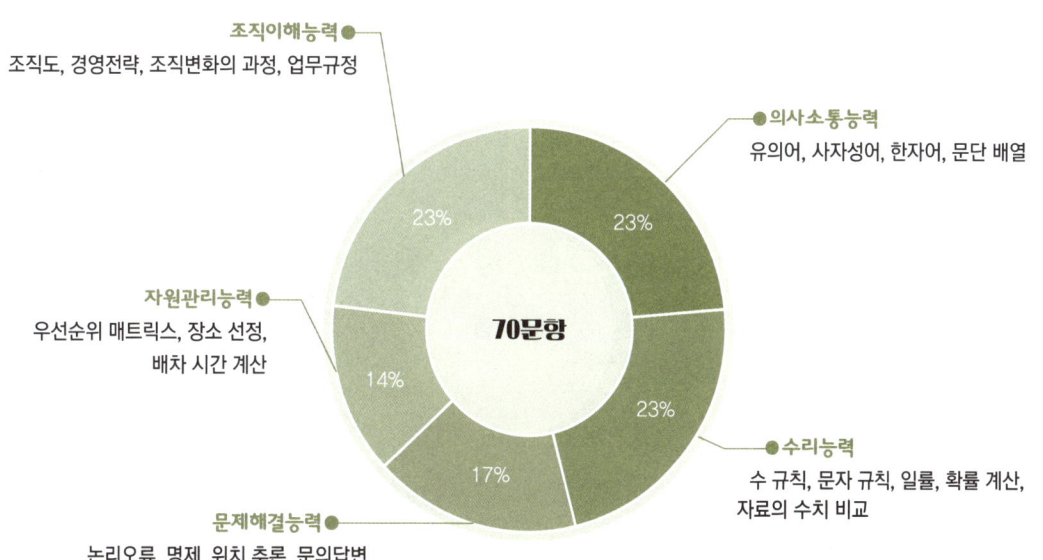

GUIDE 농협 기출 유형분석

2023 상반기 출제유형분석_60문항

이론과 계산, 모두를 해내야 하는 문제들

의사소통능력에서는 띄어쓰기 등의 국문법 이해와 함께 농협과 관련된 자료, 특히 농협법 시행규칙을 읽고 해석하는 문제를 출제하여 평서문이 아닌 문서를 이해하는 능력을 측정하였으며, 영어지문을 해석하는 문제도 함께 출제되었다. 수리능력에서는 응용수리, 수열, 도표분석 문제가 함께 출제되었다.

문제해결능력과 자원관리능력은 이론과 계산으로 구분되는 출제구조를 보였다. 문제해결능력에서는 문제해결의 절차에 관한 이론과 함께 조건추론 문제가 출제되었고, 자원관리능력에서는 효율적인 자원관리의 과정과 함께 인력배치, 시간 계산 등의 문제가 출제되었다. 조직이해능력에서는 결재규정에 관한 문제와 함께 농협의 핵심가치, 농협의 사업 등을 묻는 농협상식 문제가 출제되었다.

2023 상반기 지역농협 6급 직무능력평가 키워드 체크

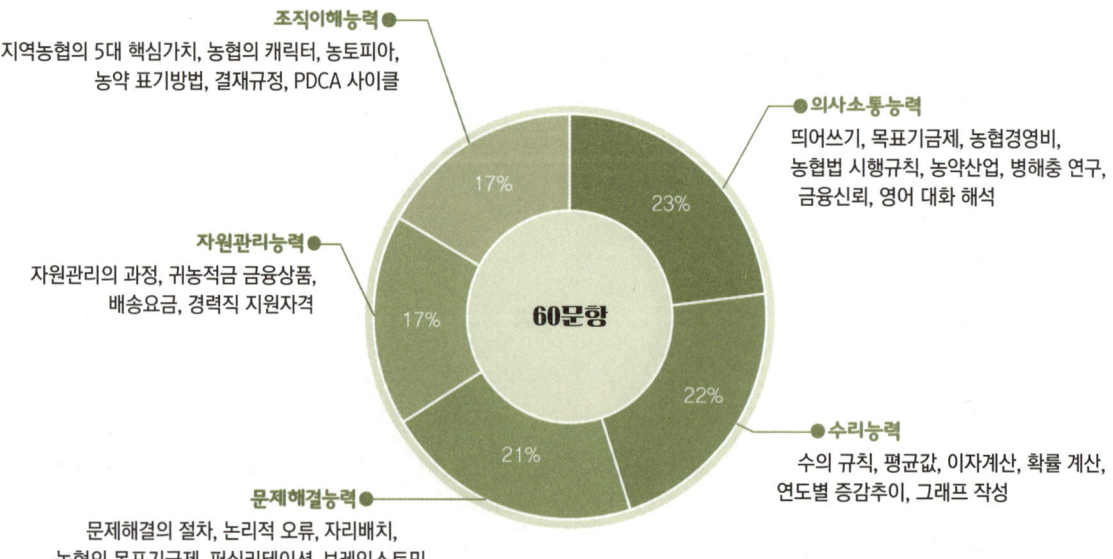

2023 상반기 출제유형분석_70문항

다양한 유형의 '농협' 문제

여러 차례의 필기시험을 통해 지역농협의 직무능력평가는 전 영역에서 농협과 관련된 자료를 제시하고, 혹은 농협에 관한 문제를 직접 출제하는 형태로, '농협 필기시험'의 유형을 확립해 가고 있다. 의사소통능력에서는 어법과 맞춤법, 유의어 문제와 함께 농협과 관련된 다양한 유형의 지문을 해석하는 문제가 출제되었고, 수리능력에서는 제시된 식의 값을 구하는 기초적인 연산능력과 함께 도표의 수치를 분석하고 계산하는 문제가 출제되었다. 문제해결능력에서는 제시된 조건에 따라 위치, 명제, 진위판단 등의 다양한 형식의 추론을 하는 문제들이 출제되었고, 자원관리능력에서는 인적자원의 배치 원칙, 자원분배의 방법과 함께 예산을 책정하는 과정에서의 문제를 해결하는 문제 등의 계산 문제가 함께 출제되었다. 조직이해능력에서는 조직도, 전결규정과 함께 농협과 관련된 각종 사업의 이해를 직접 묻는 문제들이 출제되었다.

2023 상반기 지역농협 6급 직무능력평가 키워드 체크

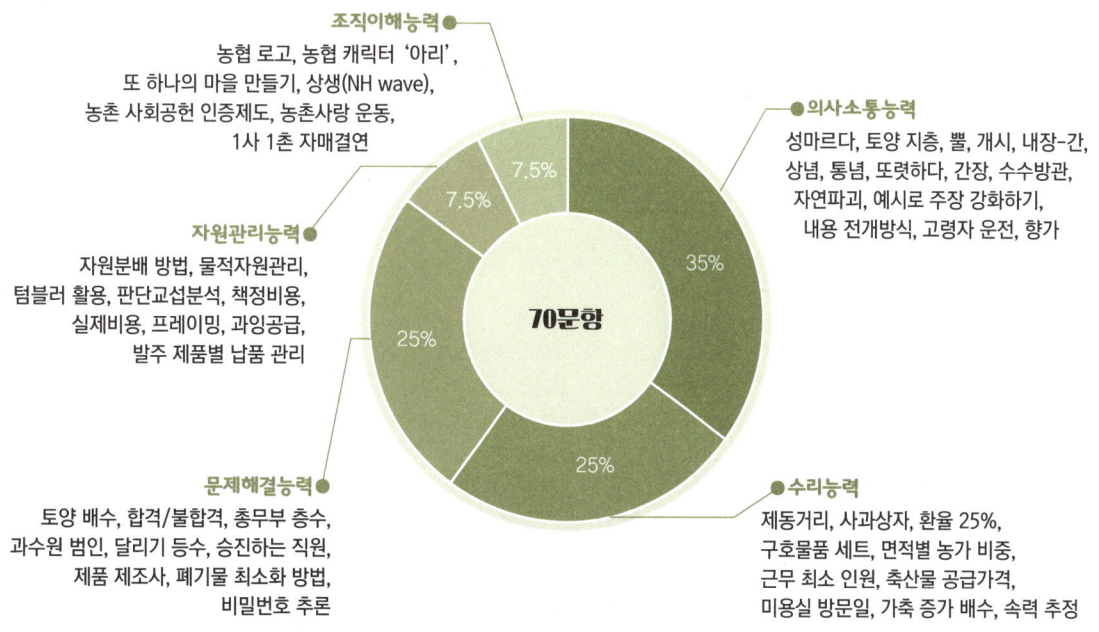

고시넷 **지역농협** 6급 통합기본서

부록

직무능력평가
지역농축협 상식

상식키워드

▶농업·농촌 10대 이슈 | ▶비전 2030 | ▶고향사랑기부제 | ▶오픈이노베이션 얼라이언스 | ▶애그테크 상생혁신펀드 | ▶사내벤처 육성 | ▶애그테크 청년창업 캠퍼스 | ▶NHarvest X | ▶농협청년농부사관학교 | ▶애자일 조직 | ▶언택트 시대의 CS 교육 | ▶RPA | ▶NH콕(COK)뱅크 | ▶모바일 국가보훈등록증 대면 실명확인제도 | ▶모바일 운전면허증 | ▶MY콕통장 | ▶NH콕전세론 | ▶콕마이카 | ▶NH소상공인파트너 | ▶NH멤버스 | ▶마이데이터 | ▶NH태블릿브랜치 | ▶숨은 금융자산 찾아주기 | ▶디지털 Changer | ▶NH 디지털매니저 | ▶디지털금융교육 | ▶모바일뱅킹 큰글 서비스 | ▶디지털 사이니지 | ▶NH오늘농사 | ▶NH AI 스토어 | ▶AI 홍보로봇 | ▶농협 한우프라자 매장 서빙로봇 | ▶아마존 농협브랜드샵 | ▶아침먹자! 삼식이 챌린지 | ▶농협하나로마트 숏폼 콘텐츠 | ▶밥동여지도 | ▶NH스마트워크센터 | ▶스마트 농업 지원센터 | ▶N-Hub | ▶7-Re경영 | ▶가축시장 정보제공 플랫폼 | ▶스마트팜 | ▶NH하나로목장 | ▶비대면 한우 거래 | ▶농협 LYVLY | ▶스마트 축산물공판장 플랫폼 | ▶NH육튜브 | ▶농협공판장 전자거래 플랫폼 | ▶심심이음 | ▶전기·수소차 충전사업 | ▶농·축산분야 탄소중립 | ▶지붕임대 태양광사업 | ▶탄소Zero챌린지적금 | ▶ESG 양파 | ▶애플데이 | ▶온라인 선플운동 | ▶금융소비자보호 헌장 | ▶ISO 37001 인증 | ▶이동법률상담센터 | ▶농업인 무료법률상담 | ▶농촌 지역 왕진버스 | ▶연체채권 119 현장지원단 | ▶화분용 비료

부록 | 지역농축협 상식

농업협동조합

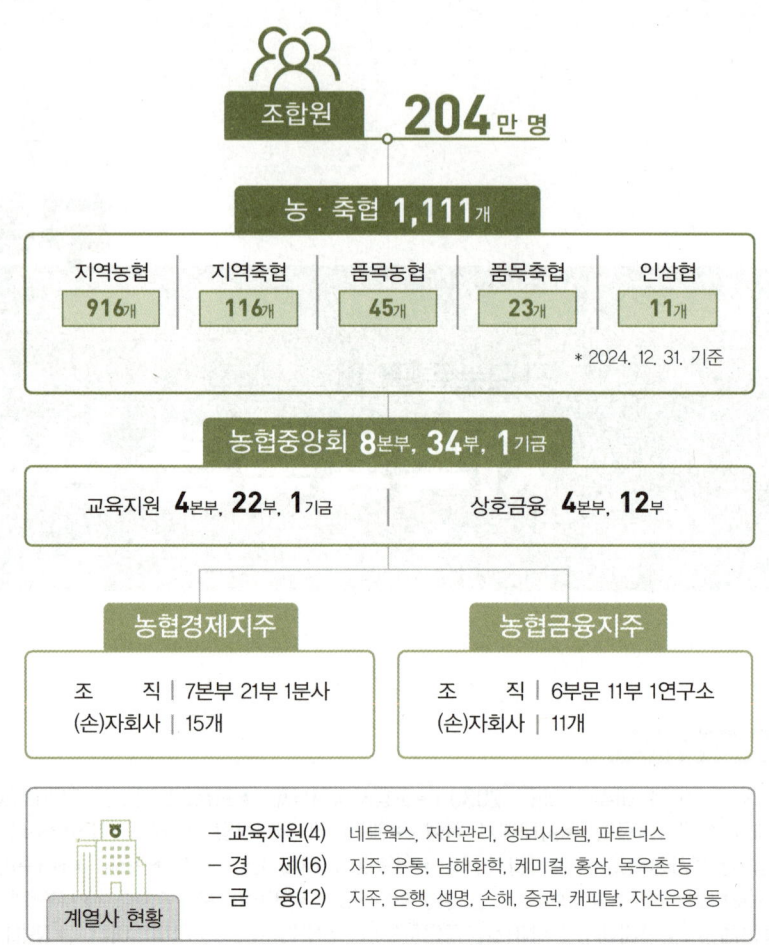

조합원 **204**만 명

농·축협 **1,111**개
- 지역농협 **916**개
- 지역축협 **116**개
- 품목농협 **45**개
- 품목축협 **23**개
- 인삼협 **11**개

* 2024. 12. 31. 기준

농협중앙회 **8**본부, **34**부, **1**기금
- 교육지원 **4**본부, **22**부, **1**기금
- 상호금융 **4**본부, **12**부

농협경제지주
- 조직 | 7본부 21부 1분사
- (손)자회사 | 15개

농협금융지주
- 조직 | 6부문 11부 1연구소
- (손)자회사 | 11개

계열사 현황
- 교육지원(4) 네트웍스, 자산관리, 정보시스템, 파트너스
- 경 제(16) 지주, 유통, 남해화학, 케미컬, 홍삼, 목우촌 등
- 금 융(12) 지주, 은행, 생명, 손해, 증권, 캐피탈, 자산운용 등

※ 2025. 1. 1. 기준

개요

1 농업인의 경제적·사회적·문화적 지위를 향상시키고 농업의 경쟁력 강화를 통하여 농업인의 삶의 질을 높이며, 국민경제의 균형 있는 발전에 이바지함을 목적으로 한다.

조합	지역조합	지역농업협동조합, 지역축산업협동조합
	품목조합	품목별·업종별 협동조합
중앙회	농업협동조합중앙회	

✓ **조합·중앙회 용어**

- '조합'이란 지역조합과 품목조합을 말한다.
- '지역조합'이란 농업협동조합법에 따라 설립된 지역농업협동조합과 지역축산업협동조합을 말한다.
- '품목조합'이란 농업협동조합법에 따라 설립된 품목별·업종별 협동조합을 말한다.
- '중앙회'란 농업협동조합법에 따라 설립된 농업협동조합중앙회를 말한다.

2 지역조합은 지역명을 붙이거나 지역의 특성을 나타내는 농업협동조합 또는 축산업협동조합의 명칭을, 품목조합은 지역명과 품목명 또는 업종명을 붙인 협동조합의 명칭을, 중앙회는 농업협동조합중앙회의 명칭을 각각 사용한다.

3 조합원은 지역농협의 구역에 주소, 거소(居所)나 사업장이 있는 농업인이어야 한다.

4 영농조합법인과 농업회사법인으로서 그 주된 사무소를 지역농협의 구역에 두고 농업을 경영하는 법인은 지역농협의 조합원이 될 수 있다.

지역농업협동조합

1 개요

1. 지역농업협동조합('지역농협'이라 한다)은 조합원의 농업생산성을 높이고 조합원이 생산한 농산물의 판로 확대 및 유통 원활화를 도모하며 조합원이 필요로 하는 기술, 자금 및 정보 등을 제공하여 조합원의 경제적·사회적·문화적 지위 향상을 증대시키는 것을 목적으로 한다.

2. 지역농협을 설립하려면 그 구역에서 20인 이상의 조합원 자격을 가진 자가 발기인(發起人)이 되어 정관을 작성하고 창립총회의 의결을 거친 후 농림축산식품부장관의 인가를 받아야 한다. 이 경우 조합원 수, 출자금 등 인가에 필요한 기준 및 절차는 대통령령으로 정한다.

2 조합원의 자격

1. 조합원은 지역농협의 구역에 주소, 거소(居所)나 사업장이 있는 농업인이어야 하며, 둘 이상의 지역농협에 가입할 수 없다.
2. 「농어업경영체 육성 및 지원에 관한 법률」에 따라 영농조합법인과 농업회사법인으로서 그 주된 사무소를 지역농협의 구역에 두고 농업을 경영하는 법인은 지역농협의 조합원이 될 수 있다.
3. 특별시 또는 광역시의 자치구를 구역의 전부 또는 일부로 하는 품목조합은 해당 자치구를 구역으로 하는 지역농협의 조합원이 될 수 있다.
4. 농업인의 범위는 대통령령으로 정한다.
5. 지역농협이 정관으로 구역을 변경하는 경우 기존의 조합원은 변경된 구역에 주소, 거소나 사업장, 주된 사무소가 없더라도 조합원의 자격을 계속하여 유지한다. 다만, 정관으로 구역을 변경하기 이전의 구역 외로 주소, 거소나 사업장, 주된 사무소가 이전된 경우에는 그러하지 아니하다.

지역축산업협동조합

1 개요

지역축산업협동조합('지역축협'이라 한다)은 조합원의 축산업 생산성을 높이고 조합원이 생산한 축산물의 판로 확대 및 유통 원활화를 도모하며 조합원이 필요로 하는 기술, 자금 및 정보 등을 제공함으로써 조합원의 경제적·사회적·문화적 지위향상을 증대하는 것을 목적으로 한다.

2 조합원의 자격

조합원은 지역축협의 구역에 주소나 거소 또는 사업장이 있는 자로서 축산업을 경영하는 농업인이어야 하며, 조합원은 둘 이상의 지역축협에 가입할 수 없다. 축산업을 경영하는 농업인의 범위는 대통령령으로 정한다.

품목별 · 업종별협동조합

1 개요

품목조합은 정관으로 정하는 품목이나 업종의 농업 또는 정관으로 정하는 한우사육업, 낙농업, 양돈업, 양계업, 그 밖에 대통령령으로 정하는 가축사육업의 축산업을 경영하는 조합원에게 필요한 기술·자금 및 정보 등을 제공하고 조합원이 생산한 농축산물의 판로 확대 및 유통 원활화를 도모하여 조합원의 경제적·사회적·문화적 지위향상을 증대시키는 것을 목적으로 한다.

2 조합원의 자격

품목조합의 조합원은 그 구역에 주소나 거소 또는 사업장이 있는 농업인으로서 정관으로 정하는 자격을 갖춘 자로 한다. 조합원은 같은 품목이나 업종을 대상으로 하는 둘 이상의 품목조합에 가입할 수 없다. 다만, 연작(連作)에 따른 피해로 인하여 사업장을 품목조합의 구역 외로 이전하는 경우에는 그러하지 아니하다.

농업협동조합중앙회

1 개요

중앙회는 회원의 공동이익의 증진과 그 건전한 발전을 도모하며, 중앙 사무소는 서울특별시에 두고 전국을 구역으로 하되, 둘 이상의 중앙회를 설립할 수 없다. 중앙회는 지역조합, 품목조합, 품목조합연합회를 회원으로 한다.

2 회원 자격

1. 중앙회는 지역조합, 품목조합, 품목조합연합회를 회원으로 한다.
2. 중앙회는 농림축산식품부장관의 인가를 받아 설립된 조합 또는 품목조합연합회가 회원가입 신청을 하면 그 신청일부터 60일 이내에 가입을 승낙하여야 한다.
3. 대통령령으로 정하는 기준에 따라 중앙회 및 그 회원의 발전을 해칠 만한 현저한 이유가 있는 조합일 경우 농림축산식품부장관의 동의를 받아야 한다.

지농 01 · 농업·농촌 10대 이슈 선정

1 선정 배경

기후위기에 따른 농산물 수급 및 가격 불안정성 확대, 농촌 소멸 위기, 지정학적 긴장 고조와 보호무역주의 강화 등 대내외 복합위기 현실화에 기민하게 대응하는 한편, 첨단기술을 접목한 농업혁신과 K-푸드 전후방산업 육성 등을 통해 농산업의 외연을 넓히는 데 역량을 집중해야 하는 중요한 한 해가 될 것으로 전망했다.

2 2025년 주목해야 할 농업·농촌 10대 이슈

1. **기후쇼크, 농장에서 식탁까지**
   지속가능한 생산과 소비를 위한 기후 적응력 강화

2. **한국형 농업인 소득·경영 안정망**
   농업수입안정보험 활성화를 위한 논의 본격화

3. **농촌 사회서비스 사막화**
   지역소멸 대응 맞춤형 농촌 사회서비스 확충

4. **쌀 수급 균형**
   쌀 산업 구조개혁 본격 시동

5. **식량안보 대응 강화**
   글로벌 식량위기 상시화·법제화를 통한 식량안보 강화 논의 확산

6. **농산물 도매시장 혁신**
   도매시장 공적 기능 강화 및 참여자 간 경쟁 촉진

7. **공동영농을 통한 영농효율화**
   공동영농으로 농업의 구조적 전환 가속화

8. **첨단기술로 진화하는 농식품 산업지형**
   스마트농업·푸드테크 등 관련 법률 시행에 따른 기대와 우려

9. **트럼프 2.0시대, 거세지는 통상파고**
   더 강해지는 '아메리카 퍼스트'로 통상 불확실성 최고조

10. **K-푸드, 글로벌 영토 확장**
    외연을 확대하며 세계 시장으로 비약적 성장

지농 02 • 비전 2030

1 개요

오늘날 농촌은 농업소득 정체와 농가 고령화, 소멸 위기 등 각종 난제에 직면해 있다는 진단과 이러한 대내외 어려움을 타개하기 위해서는 대전환이 필요하다는 판단 아래 '변화와 혁신'을 앞세운 '새로운' 농협중앙회 구현을 선언하며 비전 2030을 수립했다.

2 혁신 전략 및 과제

[농사같이(農四價値) 운동]

범농협 차원의 신 농협운동으로 기업-농촌 이음운동, 고향사랑기부제, 국산물 애용 등 농업에 대한 국민 관심 제고와 도농교류 확대의 마중물 역할을 위한 새로운 소통방식의 농협운동

[농·축협 중심 농협중앙회 구현]

농협중앙회 지배구조를 혁신해 농·축협 지원 체계 고도화

[디지털 기반 생산유통 혁신]

스마트영농 정착과 농자재 가격안정으로 투입비용은 내리고, 유통 혁신으로 수취가는 올려 농업소득 향상

[금융부문 혁신]

농협 상호금융의 정체성을 강화하고, 사업 경쟁력을 제1금융권 수준으로 제고

[조직문화 혁신]

범농협 위기대응 체계 구축을 통해 환율 변동과 물류 위기 등에 선제적으로 대비해 농자재와 농산물 가격안정화 도모

지농 03. 고향사랑기부제

1 개요

1. '고향사랑기부제'는 농촌 지역의 저출산, 고령화로 인하여 인구 소멸 지역이 계속 늘어남에 따라 지방 재정 보완과 농업·농촌 활력화를 위해 도입되었다.
2. 지역 농축산물 소비 촉진 등 농업·농촌 발전에 도움을 주는 지역경제 활성화, 국가 균형발전을 위해 고향사랑기부금법이 2021년 10월 19일 제정, 2023년 1월 1일 시행되었다.

2 기부금 납부 방법

1. 개인이 본인의 주민등록등본상 거주지를 제외한 지방자치단체에 연간 2,000만 원 한도로 기부하면 해당 지역 특산품으로 된 답례품(기부금 30% 한도 제공)과 세액공제(10만 원까지 전액 세액 공제, 초과분 16.5%)를 받을 수 있다.
2. 기부금은 전국 농·축협과 농협은행 창구, 정부가 운영하는 종합정보시스템(고향사랑e음)에서 납부가 가능하다.

3 제도 활성화 방안

1. 농어촌 지역 기부 시 세액공제 기준 상향 등 세제 혜택 확대
2. 지역 향토산업 발전, 일자리 창출 등 지역경제 활성화를 위한 답례품 환원비율(현행 30%) 상향
3. 기부 독려와 관련된 법령의 개인 처벌 규정 완화 및 계도기간 운영
4. 기부채널 다양화, 민간과 지역주도 방식으로 전환
5. 기부자 혜택 금융상품 개발, 다양한 농·축산물 답례품 개발

[고향사랑기부제 활성화]
「고향 더하기+ 운동」: 고향주부모임 16개 시·도지회가 기부금을 상호 교차 기부하며 고향사랑기부제를 널리 알리는 운동

지농 04. 농협경제지주 오픈이노베이션 얼라이언스 구축, 업무협약 체결

1. 농협경제지주는 경기창조경제혁신센터(이하 경기혁신센터)와 협력을 통해 농식품분야 유망 스타트업과의 협업에 나섰다.

2. 협약을 통해 농협경제지주는 농협 내·외부 자원의 활발한 교류를 위해 **오픈이노베이션 얼라이언스**★ 채널을 다각화하고 경기혁신센터와의 협력을 통해 농식품 분야의 개방형 혁신을 가속화하였다.

    ★ 오픈이노베이션 얼라이언스 : 경제지주 중심의 오픈이노베이션 추진모형으로, 정부기관·액셀러레이터·부서(자회사)에서 개별 발굴한 스타트업·임팩트 투자를 담당할 금융기관의 연합모형

3. 농협경제지주와 경기혁신센터는 농식품 스타트업과의 지속적인 상생을 도모하였다.
    - 우수 스타트업 발굴 및 사업화 실시
    - 농식품 신기술 기업 육성 프로그램을 공동으로 실시
    - 특히 협업기업을 대상으로 사업실증화(PoC) 과정 지원
    - 공동 사업모델 발굴을 추진

4. 협약식에서 농협경제지주는 연결·융합·협력의 가치가 이제 개별 기업단위를 넘어 4차 산업혁명의 주류 문화이자 모든 기업이 직면한 생태계가 되었다면서, 경제지주가 구현하고 있는 오픈이노베이션 얼라이언스를 통해 농협의 경제사업 중심으로 창의적인 스타트업과의 협업기회가 지속적으로 생겨나도록 하겠다고 전했다.

5. 농협경제지주와 협약식을 체결한 경기혁신센터는 중소벤처기업부·경기도와 협력을 통해 초기단계 기업창업 촉진, 대기업 오픈이노베이션 프로그램 운영, 스타트업 투자 유치 등을 담당하고 있는 글로벌 공공 **액셀러레이터**★이다.

    ★ 액셀러레이터(창업기획자) : 스타트업 기업에게 사무 공간뿐만 아니라, 창업 자금을 투자하고 멘토링을 해 주는 전문기관

지농 05 애그테크 상생혁신펀드

1 개요

농업분야 디지털 혁신기업 발굴과 육성에 대한 역할을 강화하기 위해 농협중앙회와 계열사에서 530억 원 규모로 출자하여 만든 펀드로서, 생산·유통 분야 등 농산업 전반에 대해 상생 혁신할 수 있는 투자생태계를 조성한다.

2 특징

디지털 혁신과 스마트농업 육성을 통해 일손부족, 영농비용 상승 등 현장의 어려움을 극복하고 농산업 발전을 위해 디지털 혁신기업과 협력하여 농업을 미래 첨단산업으로 발전시켜 나간다.

3 디지털 농업 구현 방법

- 스마트농업지원센터 조성
- 청년농부사관학교를 통한 스마트팜 기술 전파 및 청년농업인 육성
- 마켓컬리 등 온라인 플랫폼 우수업체와 사업제휴

지농 06 • 미래 신성장동력 발굴, 변화와 혁신 사내벤처 육성

1 목적

1. 심화되고 있는 인구절벽, 지역소멸, 기후위기 등 농협을 둘러싼 경영의 불확실성 극복
2. 농·축협 숙원과제 해결, 사업 다각화, 성과 중심 조직문화 구축
3. 농업과 농업인의 발전에 직접적 기여
4. 미래 산업을 선도하고 농·축협의 지속성장과 경제사업 활성화 도모

2 주요 분야

- ★ 에어 : 인공지능 기반 소규모 무인점포 보안솔루션
- ★ 커넥트야드 : 외국인 관광객 대상 금융, 통신, 교통 복합 서비스
- ★ 팀12 : 일반인 대상 소규모 농지임대 및 농업서비스 솔루션
- ★ 롱리브마이펫 : 국내 농축산물을 활용한 프리미엄 반려동물 간식
- ★ NH핫스팟 : 금, 은 등 귀금속 실물중개 플랫폼

3 벤처 육성팀

- Ins[중앙회]
- 파일럿팜(농업경제)
- 킵미트(축산경제)
- N4s(금융)
- 인시즌(금융)

지농 07 · 농협 – 청년재단, 「애그테크 청년창업 캠퍼스」

1 개요

1. 농협중앙회, 농협은행, 청년재단이 애그테크 농식품 분야를 아이디어와 비즈니스로 해결하기 위해 고민하는 청년들을 발굴 및 육성하는 프로그램이다.
2. 2023년부터 NH SEED★를 통해 애그테크, 농업 분야에 관심 있는 (예비)창업가들을 육성하고 발굴해 왔다.

    ★ NH SEED(창업기초교육) : 애그테크 분야 초기 창업가들을 위한 아이디어 구체화 교육 프로그램
    ★ NH ROOKIE(프로젝트형) : 농협에서 제시한 문제에 대한 해결책을 개발하는 실무 중심 프로그램

3. 2024년 NH ROOKIE★ 트랙을 새롭게 신설하고 애그테크 및 농식품 문제 해결 아이디어를 제안하여 농업 생산성, 식량 문제 등 사회문제를 해결하고, 혁신적이고 지속가능한 농업 기술과 아이디어를 바탕으로 농업 분야를 활성화시킬 수 있는 아이디어도 발굴하고자 한다.
4. 트랙별로 맞춤형 교육이 진행되며 대상, 분야, 혜택이 상이하다.

2 교육 내용

1. 참가자들은 농업·농협에 대한 이해, 선배 창업가 특강, 참여자 간 네트워킹 등의 프로그램에 참여한다.
2. 청년들의 창의적인 아이디어로 농업 분야의 주요 과제 해결에 기여하고 실질적인 비즈니스 모델을 개발하는 기회를 제공한다.
3. 전문가 멘토링, 실전 창업 교육, 네트워킹 등 다양한 지원을 통해 청년 인재의 성장을 돕고 농업 분야의 혁신적인 스타트업 육성에 나선다.

지농 08. 농협 애그테크 스타트업 프로그램 「NHarvest X, 엔하베스트 엑스」

1 개요

1. 'NHarvest X(엔하베스트 엑스)'는 농식품 산업의 발전과 혁신을 이끌 스타트업 육성 액셀러레이팅 프로그램이다.
2. 농협 애그테크 청년창업 캠퍼스 심화과정으로 초기 성장 단계의 애그테크 스타트업을 발굴하여 비즈니스 역량 강화에서부터 기술 고도화·사업화 등을 종합적으로 지원한다.

2 과정

1. 스타트업의 기본 역량 강화 교육을 시작으로 농식품 산업 현장 중심의 필드 트립, 농협 계열사와의 PoC 추진, 데모데이 등으로 구성된다.
2. 참가팀 중 농식품 산업에 적용 가능한 혁신기술을 가진 10팀 내외의 유망 기업을 우선 선발하여 약 6개월간의 프로그램으로 운영된다. 선정된 팀에게는 농협의 인프라와 네트워크 활용 기회가 주어지고 기술 고도화를 위한 전문가 멘토링, 후속 투자유치 연계 등의 혜택도 제공된다.

3 전망

1. 농업의 새로운 성장 동력이 되는 애그테크 분야의 스타트업을 적극 발굴하고, 농식품 산업의 여러 문제를 해결하며 농협의 강점을 살려 집중 육성하는 프로그램이다.
2. 매년 정기적으로 프로그램을 운영하고 성공 사례를 지속 창출함으로써 'NHarvest X, 엔하베스트 엑스'는 지속가능한 농식품 산업 발전을 위한 혁신 프로그램으로 자리매김을 할 것이다.

지농 09 | 청년농업인 인재육성, 「농협청년농부사관학교」

1 개요

농협은 미래 농업·농촌을 이끌어 나갈 정예 청년농업인 인재육성을 위하여 '농협청년농부사관학교'를 개교하였다.

2 교육 운영

- 6개월 합숙과정으로 실무중심의 모듈식 교육프로그램
- 〈온라인교육〉 농업·농촌, 농협의 이해
- 〈농업이론교육〉 재배기술, 병해충 관리, 토양관리, 비료·농약사용
- 〈영농기술교육〉 노지재배, 수경재배, 비닐하우스 설치, 스마트팜 환경제어, 용접 등
- 〈현장인턴 실습교육〉 희망작물 실습농가 파견 및 도제식 학습
- 〈비즈니스 플랜〉 사업계획서 작성 및 창농 준비, 드론 및 농기계 자격증 취득 지원
- 소비지 유통체험 등 농협만의 차별화된 교육
- 농가체험 현장실습, 나만의 창농계획 수립
- 성적 우수자에게는 소정의 장학금 지급

3 교육 이후

1. 졸업생 사후관리를 위해 영농정착단계별 상담과 컨설팅을 제공하여 창농 초기 직면할 수 있는 자금, 경영, 마케팅, 유통, 판로문제 등 다양한 상황에 대응할 수 있도록 지원하고 있다.
2. 2022년에는 농협청년농부사관학교 교육과정이 정부로부터 귀농교육 이수과정으로 인정받게 됨에 따라 졸업생들은 농업창업자금(세대당 3억 원 한도 이내)과 주택 구입·신축 및 증·개축 자금(세대당 7,500만 원 한도 이내) 신청 대상자 선정에 도움을 받을 수 있다.

   [지원책]
   - 지자체와 MOU를 통한 영농정착지원
   - 농산물 브랜드마케팅 컨설팅 제공
   - 네이버 크라우드펀딩과 농협몰 등을 통한 유통·판로 지원
   - 영파머스펀드 등 투자유치 설명회 개최
   - 졸업생 간 영농정착 정보공유를 위한 지역별 커뮤니티 활성화 추진 등 영농정착 및 성장 단계별로 맞춤형 프로그램 운영

4 신청자격

만 39세 이하의 청년으로 농업분야에 열정이 있으면 누구나 지원 가능하며 농협창업농지원센터 홈페이지에 등재된 양식을 활용하여 모집기간에 이메일로 접수하면 된다.

지농 10. 애자일 조직으로 新조직문화 변화

1 개요

코로나19로 인해 가속화되는 언택트(Untact) 시대에 기업들이 화상회의나 온라인교육을 확대하고 있다. 언택트란 콘택트(Contact, 접촉하다)에 부정의 의미인 언(Un-)을 합성한 단어로 비대면·비접촉을 뜻한다. 그러나 언택트는 관계를 끊는 것이 아니라 소통을 위한 연결성을 강화하는 것으로, 코로나 이후에 새로운 표준인 '뉴 노멀(New normal)'이 될 것으로 예측되었다.

2 주요 내용

1. 농협은 네트워크를 기반으로 하는 협동조합 조직이므로 '뉴 노멀'에 적합한 가치를 보유하고 있어 여기에 민첩함을 더해 조직 문화를 변화시키고자 한다.

2. 애자일 조직은 4차 산업혁명 시대에 급변하는 시장 환경 속에서 고객의 다양한 수요에 유연하고 민첩하게 대응하기 위한 경영방식이다. 농협의 애자일 조직도 팀 간의 경계를 허물고 과제 중심의 수평적 의사소통을 통해 빠른 성과를 도출하는 것을 목표로 한다.

3. 농협은 애자일 조직을 이끌고 있는 셀 리더들의 과제추진 현황을 공유와 소통으로 급증하는 온라인교육 수요에 맞추어 제작한 우수 마이크로러닝 디지털 콘텐츠를 시연하는 한편, 교양 문화특강 및 글로벌 교육을 주제로 자유로운 토론을 실시하기도 하였다.

4. 뉴 노멀 시대에 새로운 조직문화를 구축하기 위해서는 부서 내 스몰 토크(small talk)와 지속적인 협업을 통한 공감대 형성이 중요하고, '농협 비전 2025의 실현'은 애자일 조직과 같은 변화를 위한 다양한 실천으로부터 비롯되었다.

5. 뉴 노멀 시대에는 새로운 비전과 함께 조직 문화를 혁신하여 농업인이 희망을 꿈꿀 수 있는 지속가능한 농업·농촌의 미래상인 '농토피아(農Topia)'를 구현할 수 있도록 다양한 변화를 시도한다.

지농 11 · CS 교육, 언택트 시대에 온(溫)택트하다!

1 개요

1. 언택트 시대에 맞춰 고객 서비스 강화를 위하여 모든 직원 대상으로 비대면 CS 교육을 실시하였다.
2. "고객에게 관심을 가지고 따뜻한 마음을 담아 진심을 전한다."라는 CS 마인드를 내재화할 수 있는 다양한 문화체험 교육을 온라인 플랫폼을 활용한 비대면으로 실시하였다.

2 CS 교육내용

1. 체험을 바탕으로 몸의 긴장을 풀고 부정적인 의식을 버리고 인간의 따뜻한 체온을 나누는 콘셉트이다.
2. '긍정의식을 더하는 랜선 힐링모션' 교육으로 내 몸이 어떤 상태인지 진단하고 고객과 소통할 수 있는 건강한 습관을 만들기 위한 호흡 및 움직임을 배운다.
3. 건강한 소통의 재료, 건강 담금주 만들기로 고객과 소통에 필요한 요소들을 스토리텔링화하여 체험활동을 하며 기억할 수 있는 시간을 가지고, 라이브 음악과 함께하는 힐링을 통해 매일 반복되는 일상 속에서 전하고 싶었던 사연 등을 라이브로 소통하는 밴드 공연을 진행하여 마음속 이야기를 꺼내서 치유하는 따뜻한 시간을 가진다.

3 추진 방향

농협이 프리미엄 서비스로 발돋움할 수 있도록 CS 매뉴얼, CS 영상제작, CS 역량강화 웨비나(Webinar) 교육을 준비하고 유튜브에 이어 라이브방송, 여러 교육 프로그램을 신설하여 언택트 시대에 온(溫)택트 할 수 있는 다양한 방법을 시도하였다.

지농 12 · RPA를 통한 업무자동화 ·

1 개요

1. 로봇프로세스자동화(RPA ; Robotic Process Automation)는 업무 효율성 제고를 위해 직원이 수행하는 단순·반복 업무를 소프트웨어 봇(Bot)이 수행하는 디지털 신기술이다.
2. 2019년 농협중앙회 공통업무 적용을 시작으로 계열사로 적용 범위를 확대하였고 2022년부터 전국 농축협을 대상으로 업무 자동화 서비스를 제공하고 있다.
3. RPA 포털 오픈 후 RPA 서비스 개발 및 운영 거버넌스에 대해 ISO 9001 품질경영 국제표준 인증을 획득하였으며, 이후에도 지속적인 RPA 과제 발굴과 적용을 통해 업무 효율성을 높이고 있다. 실제로 2024년에 'RPA 빅리그'를 개최하여 41개의 혁신 과제를 발굴하기도 하였다.
4. 미국 라스베이거스에서 개최된 RPA 컨퍼런스 「UiPath Forward5」에 참가해 농협의 RPA 확산모델을 소개하기도 하였다.

2 적용 방법

1. 업무분석을 통하여 도출된 '대출안내장(DM) 검수' 등 RPA를 도입하고 안정화 단계를 거쳤다.
2. NH RPA 포털을 활용한 상시 과제 제안 및 개발을 통해 RPA 도입을 확대하고 농·축협 신용업무에 대해서도 RPA 과제 발굴 등 업무자동화를 지원해 나간다. NH RPA 포털은 RPA 과제 제안 및 개발 관리, 실행 등이 가능한 범농협 RPA 관리 시스템이다.
3. RPA는 농·축협의 경우 하나의 과제 개발을 통해 신용업무를 취급하는 1,000여개 이상의 농·축협에 적용이 가능하다는 점에서 효과가 크다.

3 기대효과

1. 단순 환원자료 출력, 담보대출 시 반복되는 토지대장·지적도 발급 업무 등을 자동화함으로써 마감시간에 집중되는 업무를 덜고 고객대면 시간을 확보할 수 있다.
2. RPA 확대 적용을 통해 단순·반복적인 업무를 디지털 노동력으로 대체하고 차별적 비즈니스 가치 발굴에 집중할 수 있는 업무환경을 만든다.
3. RPA를 통해 업무 생산성을 높이고 고객 서비스 품질을 높인다.

지농 13. NH콕(CoK)뱅크

1 개요

1. 국내 최초 스마트폰 기반의 음성인식 기능을 탑재했던 NH콕(CoK)뱅크는 2016년 편리한 금융거래를 위해 농협이 선보인 디지털 플랫폼이다.
2. 'CoK〈(agricultural) Cooperatives of Korea〉'은 대한민국 농업협동조합의 의미를 담고 있다.
3. NH콕뱅크는 농협 자체 혁신 핀테크 기술을 바탕으로 금융 서비스 '조회, 송금, 결제, 대출, 금융비서' 5가지를 '콕콕' 뽑아서 쉽고 편리하게 이용할 수 있도록 한 스마트폰 기반 모바일뱅크 앱 서비스다.

2 특징

1. 농업인과 실버고객 눈높이에 맞춘 핀테크 기술 접목 플랫폼이다.
2. NH콕뱅크가 제공하는 5가지 서비스인 조회, 송금, 결제, 대출, 금융비서는 간편함을 추구하는 고객 라이프스타일에 맞게 심플하게 구성하였고, 가입과 서비스 이용 시 공인인증서와 OTP 없이 핀번호만으로 가능하도록 해 고객 편의성을 극대화했다.
3. 간편송금의 경우 국내 금융권 최초로 인공지능(AI) 관문의 핵심 기술인 음성인식으로 송금할 수 있는 서비스를 구현하여 농사일에 바쁜 농업인과 스마트폰 작동에 익숙하지 않은 어르신 고객도 편리하게 금융거래를 할 수 있도록 하였다.
4. 농업의 6차 산업 활성화를 위한 농산물 유통·결제 및 지역사회 커뮤니티 기능도 있다.

3 생활밀착형 서비스 확대

1. **오픈뱅킹 서비스**
   (1) 2020년 12월 하나의 앱으로 다른 금융기관의 계좌를 이용할 수 있는 오픈뱅킹 서비스를 도입했고 개인 데이터와 공공정보를 결합하여 복지·정책자금, 건강정보, 부동산 정보, 귀농·귀촌정보 등 다양한 개인 관심정보를 간편하게 확인할 수 있는 'MY콕' 서비스도 시작했다.
   (2) 본인인증 및 전자서명 수단을 확대하여 고객의 만족도를 제고하고, 마이데이터 시스템을 활용하여 자산관리 서비스도 강화하였다.

2. 개인 간 카드결제 탑재

(1) 농협은 금융권 최초로 사업자등록증이 없는 개인 간 카드결제 서비스를 탑재했다. 그동안 사업자가 아닌 개인이 거래를 할 경우 계좌이체 또는 현금 사용만 가능했으나 NH콕뱅크 고객은 연 2,400만 원까지 별도의 단말기 없이 카드 거래가 가능해졌다.

(2) 비대면 확산 속 농산물 직거래 판매를 위해 탑재된 개인 간 카드결제가 농가소득 증대에 기여하고 있다.

(3) 사용 예시

① 제주에서 한라봉을 기르는 김○○ 씨는 '개인 간 카드결제'를 이용해 직거래를 한다. 별도 쇼핑몰 구축 없이 'NH콕뱅크'에서 결제 링크를 발급한 후 온라인으로 공유해 매출을 올리고 있다. 경북 성주군의 최△△ 씨 역시 카드 단말기 없이 해당 서비스로 딸기를 판매하고 있다. 딸기농장 체험 고객이 현장에서 딸기를 구입할 경우 스마트폰을 통해 카드로 수납한다.

② 코로나19로 학교 급식 및 오프라인 유통 수요가 감소하며 판로가 축소된 농민들은 'NH콕뱅크'를 통해 직거래에 나서고 있다. 앱 내 직접 결제는 물론 카드 결제 링크(URL)를 생성해 사회관계망서비스(SNS)에 공유하는 방법으로도 결제가 가능하다. 또한, 결제 및 정산 현황을 한눈에 확인할 수 있는 손쉬운 시스템으로 농업인들에게 호평을 받고 있다.

(4) 카드 결제의 간편함에 더해 직거래로 유통 단계가 축소되어 합리적인 가격으로 구매할 수 있어 고객 선호도도 높다.

3. 생활밀착형 서비스 '콕팜', '콕푸드'

(1) NH콕뱅크는 기존 모바일 뱅킹에 농업인 맞춤형 영농정보 등 생활밀착형 서비스를 제공하는 '콕팜', 농·축산물을 구매할 수 있는 '콕푸드'를 탑재하여 농업인의 디지털 권익에 증진하는 멀티 플랫폼이다.

(2) 개인 데이터와 공공정보를 결합한 'MY콕'을 통해 건강정보, 부동산 정보, 귀농·귀촌정보, 복지·정책자금 등 다양한 관심정보를 손쉽게 확인할 수 있다.

(3) 고객 만족도 방안

▪ 금융상품몰 개선 ▪ 고객 행동패턴 분석 솔루션 도입 ▪ 본인확인 절차 간소화 및 송금 한도 상향 ▪ 자산관리 서비스 강화 등

4. 부동산 정보 탑재

(1) 모바일 멀티플랫폼 NH콕뱅크에 AI 기반의 부동산 콘텐츠 서비스부동산 정보를 탑재했다.

(2) 아파트 가격 전망, 거주 및 투자 점수, 학군 및 교통, 지역 시세 브리핑, 청약 예정 정보 등 부동산 관련 콘텐츠이다. 별도 서비스 이용료는 없고 NH콕뱅크 고객이면 누구나 이용 가능하다.

5. '아파트NH콕' 서비스

(1) '아파트NH콕'은 빅데이터와 인공지능(AI) 기술을 기반으로 ▪ 아파트 가격 전망 ▪ 단지별 종합 비교 ▪ 지역별 시세 ▪ 청약 예정 정보를 비롯하여 ▪ 학군·교통·실거래가 등을 종합한 '맞춤 아파트 추천' 등 부동산과 관련된 다양한 정보를 제공한다.

(2) 아파트NH콕 서비스는 콕뱅크 고객 누구나 무료로 이용할 수 있다.

6. 'NH콕! 건강정보' 서비스

(1) 매일 새로운 최신 건강정보 뉴스와 주요 대학병원 등의 건강정보 영상을 제공한다.

(2) 질병관리청과 연계해 국가건강정보포털 정보를 지원한다.

▪ 궁금한 건강정보 찾기 ▪ 이달의 건강정보 서비스 ▪ 건강정보 색인 검색 ▪ 인기 건강정보 서비스

7. 'NH콕뱅크' 보험서비스, 여행서비스의 다양한 생활서비스를 한 번에

(1) 보험서비스

▪ 농축협 종합생활금융 플랫폼 NH콕뱅크에서 'NH농협생명 보험서비스'를 이용할 수 있도록 생활금융 서비스를 강화했다.

▪ NH농협생명 보험서비스는 보험계약조회, 보험추천, 숨은 보험금 조회, 다양한 보험 상품정보를 제공한다.

(2) 여행서비스

▪ 지역별 테마 여행지를 추천하는 '대한민국 구석구석'
▪ 지역별 각종 여행혜택을 받을 수 있는 '디지털관광주민증'
▪ 전국 휴양림을 한곳에서 알아볼 수 있는 '국립자연휴양림'
▪ 온 가족의 즐거운 놀이터 체험을 제공하는 농협 '안성팜랜드'

4 우리 아이 콕계좌 만들기

1. 개요

복잡한 서류 제출 없이 스마트뱅킹 앱(금융상품몰)에서 부모가 비대면으로 미성년 자녀의 입출금 계좌를 개설할 수 있다.

2. 개설 방법

⇨ 본인 신분증, 농·축협 입출금 계좌, 공동 인증서를 보유한 법정대리인(부모)

⇨ 휴대폰으로 스마트뱅킹에 로그인한 뒤 본인 인증 완료

⇨ 스크래핑★ 방식으로 증빙서류 간편하게 제출

★ 스크래핑 : 필요한 정보를 플랫폼사가 특정 사이트로부터 수집하는 기술

⇨ 절차 완료 후 미성년 자녀의 계좌를 쉽고 안전하게 개설

5 외국환 사업, 「콕 외화기프팅!」

1. '콕 외화기프팅!'은 NH콕뱅크에서 받을 사람의 이름과 휴대폰 번호만 입력하면 가족, 친구, 지인에게 외화를 선물할 수 있는 서비스이다. 4종의 통화(USD, JPY, EUR, CNY)를 대상으로 하루 USD 기준 500달러까지 선물할 수 있고, 기본 우대환율 40~70% 외 상시 10%p 추가우대를 받을 수 있다.
2. 외화를 선물 받은 고객은 SMS나 카카오톡 메시지를 받은 후 신분증만 지참하면 전국 농·축협 영업점 어디에서든 수령할 수 있다.

6 개인 맞춤화면, OTP 고액송금 편의성 향상

1. 고객 특성, 취향에 따라 초기화면 및 메뉴 구성을 선택할 수 있는 맞춤형 서비스로 일반, 조합원, 큰글, 내맘콕 4종류의 화면 중 선택하여 설정할 수 있다.
2. OTP기반 고액송금이 가능케 돼 고객 편의성이 향상되고 고액송금 시 영업점에서 대면으로 발급한 실물 OTP 인증을 거치도록 하여 보안성을 강화했다. 기존 이체 내역을 저장한 후 버튼 한 번의 조작만으로 송금할 수 있는 '빠른 송금'을 추가하고 생활·제휴 서비스를 한 곳에 모아 간편하게 이용할 수 있도록 하였다.

7 고객 중심의 서비스 UI/UX 개선

1. NH콕뱅크 생활서비스 명칭을 '콕 혜택'으로 변경하고, 고객 편의성을 위해 신규 서비스 추가, UI/UX 개선으로 플랫폼을 개편했다.
2. '농협방문택배', 'NH콕!운세', 'NH콕부동산', '신용정보 조회' 서비스도 추가되어 고객들에게 금융정보를 원스탑으로 제공한다.
3. 최신 트렌드 UI/UX 디자인 적용, 콕혜택 서비스 카테고리 세분화(4개 → 8개), 아이콘 및 텍스트 시인성 향상 등을 통해 더욱 간편하게 NH콕뱅크 서비스를 이용할 수 있다.

지농 14 ● 모바일 국가보훈등록증 대면 실명확인제도 ●

1 금융권 최초로 모바일 국가보훈등록증 대면 실명확인제도를 시행하여 국가유공자는 실물 신분증 없이 스마트기기에 저장된 모바일 국가보훈등록증만으로도 전국 농·축협 창구에서 금융거래가 가능하게 되었다.

2 블록체인 방식의 차세대 분산신원증명(DID) 기술을 적용한 정부 공인 디지털 신분증으로 위·변조를 통한 금융사고 예방에 큰 효과가 있다.

3 모바일 채널인 'NH콕뱅크'에서 실명확인이 필요한 금융거래도 가능하다.

지농 15 ● 비대면 채널, 모바일 운전면허증 금융 업무 가능 ●

1 NH스마트뱅킹, NH콕뱅크를 이용하는 농·축협 고객들은 플라스틱 신분증 촬영 없이 모바일 운전면허증이 보관된 스마트폰을 이용해 실명확인이 필요한 모든 업무를 수행한다.

2 운전면허증을 시작으로 국가보훈등록증, 주민등록증 등 모바일 신분증을 활용한 인증 서비스를 더욱 확대하여 고객 편의성과 안정성을 동시에 확보하는 등, 차별화된 디지털 금융서비스를 제공한다.

지농 16 ● 비대면 전용 「MY콕통장」 출시 ●

1 개요

계좌 잔액에 따라 우대서비스를 받을 수 있는 비대면 전용 입출식통장인 'MY콕통장'을 출시하였다.

2 특징

1. 통장의 평균잔액 조건 충족 시 우대금리 및 금융수수료 면제 혜택을 제공받는다.
2. 평균잔액에 따라 최대 연 1.5%의 금리(기본금리 포함), 인터넷·스마트뱅킹 이체 수수료 및 CD/ATM 현금인출 수수료 등을 면제받을 수 있다.

지농 17. 비대면 전용「NH콕전세론」

1 개요

개인 및 개인사업자를 대상으로 영업점 방문 없이 NH스마트뱅킹을 통해 전세자금대출을 간편하게 신청할 수 있다.

2 특징

1. 고객이 NH스마트뱅킹에서 대출 가능금액, 금리 등을 조회한 후 대출을 신청하면 영업점에서 비대면으로 대출 심사를 진행하는 비대면 전용 상품이다.
2. 건강보험료납부확인서, 소득금액증명원 등 필요서류는 스크래핑 방식을 통해 자동 수집되며 임대차계약서 등 추가서류는 사진을 촬영하여 제출할 수 있다.

3 요건

1. 대출 대상 주택은 KB부동산에서 시세확인이 가능한 아파트 또는 주거용 오피스텔이며, 부동산 중개업소를 통해 임대차 계약을 체결하고, 재직 및 소득확인이 가능한 자 등 조건을 충족하는 고객은 대출신청이 가능하며, 대출금액은 최대 5억 원, 대출기간은 최대 2년이다.
2. 전액 서울보증보험 담보상품으로 조합원 우대금리 및 비대면 신청 우대금리 혜택을 제공하며 대출금리 및 우대금리는 농·축협별로 상이하다.

지농 18. 자동차 금융서비스, 「콕마이카」

1 개요
농협 상호금융은 자동차 금융플랫폼 ㈜카동과 제휴를 통해 자동차 생활금융 서비스인 '콕마이카'를 출시한 바 있다.

2 특징

★ NH콕마이데이터는 NH콕뱅크 또는 NH스마트뱅킹에서 이용 가능하다.

1. 콕마이카는 신차 구매 시 견적 산출부터 금융상품 한도조회, 구입까지 원스톱으로 제공하는 서비스로, 고객은 'NH콕마이데이터'★에서 차종 및 옵션에 따른 견적을 산출한 후, 금융상품 한도조회를 통해 신차를 구입할 수 있다. 또한, 중고차 거래 서비스도 제공한다. 향후 '콕마이카'는 자동차 보험, 내차 시세 조회·팔기, 자동차 검사 시기 알림 및 주유·세차 등 관련 서비스를 다양화할 계획이라 밝혔다.
2. 고객은 콕마이카를 이용해 본인의 금융자산을 분석하여 최적의 조건으로 차량을 구입할 수 있다. 그리고 이를 통해 농협은 상호금융업계 최초의 마이데이터 사업자답게 콕마이카에 이어 다양한 분야의 자산관리 기능을 개발해 국민 생활금융 서비스로서 NH콕마이데이터의 입지를 다질 계획이라 밝혔다.

지농 19. 소상공인 전용 모바일 플랫폼, 「NH소상공인파트너」

1. 농협 상호금융은 금융, 경영·세무지원, 식자재 구매 등을 한데 모은 소상공인 전용 모바일 플랫폼 'NH소상공인파트너'를 출시했다.
2. NH소상공인파트너 서비스를 통해 전 은행의 계좌를 통합해 관리할 수 있고 보안매체 없이 1일 2백만 원까지 송금 가능하다. 또한 사업장의 매출과 매입, 손익 등에 대한 보고서를 제공해 사업현황을 한눈에 볼 수 있고 증빙자료를 세무사무소와 실시간 연동해 세무업무까지 손쉽게 처리할 수 있다. 아울러 요식업 등 식자재 구매가 필요한 고객은 앱과 연동된 농협몰을 통해 신선한 농산물을 바로 주문할 수 있다. 소상공인 고객의 업무 부담을 줄이고 세무컨설팅 등 꼭 필요한 서비스를 제공한다.
3. 기본 서비스 이용료는 무료이며 농협 기업인터넷뱅킹을 이용하는 개인사업자는 누구나 이용 가능하다.

지농 20 「NH멤버스」, 금융 - 유통 연결하는 컬래버레이션 상품

1 개요

1. 'NH멤버스'는 비대면(금융 주머니통장)상품과 대면(지역 농산물)상품의 만남으로 '금융−유통, 비대면−대면'을 연결하는 새로운 시너지 상품이다.
2. 농협 18개 법인과 전국 농축협이 참여·제휴하여 농협에서 손쉽게 포인트를 적립하고 사용할 수 있는 통합 멤버십 서비스이다.

2 특징

1. 고객이 상품에 부착된 라벨의 QR 코드를 통해 상호금융 주머니통장 상품을 가입할 수 있도록 유통의 대면 채널과 금융의 비대면 채널을 넘나들 수 있는 옴니채널 마케팅 방식이다. QR 코드를 매개로 디지털 마케팅 생태계를 조성한 농협 금융·유통 사업의 강점을 적극 활용한 농협 최초 사례이다.
2. NH멤버스가 금융과 유통을 연결하여 新성장 동력을 확보하기 위한 첫 출발로 농협의 금융과 유통, 비대면과 대면을 연결한 컬래버레이션 상품이다.
3. NH멤버스의 통합된 회원·포인트·플랫폼을 활용한 농협 시너지의 허브 역할을 한다.
4. 2024년 NH농협은행은 고객 편의성과 혜택을 강화하기 위해 NH멤버스 앱을 전면 개편하였다. 지문과 얼굴 인식을 통한 생체인증, 간편 비밀번호, 포털사이트 계정 로그인 등을 제공하여 접근성을 높였으며, 일관된 사용자환경(UI)과 사용자경험(UX)을 구축하여 사용자 중심의 고객 경험을 제공한다. 또한, 범농협 계열사의 이벤트를 한 번에 보여주고, 이벤트를 확인하면 NH포인트를 제공하는 '미션팟'도 신설되었다.

지농 21. 메타버스 플랫폼 「D.N.A. 스마트리더」 활동

1. 농협 디지털 혁신을 선도할 인재를 지속적으로 육성하기 위해 D.N.A.(Digital & Agriculture) 스마트리더를 선발하여 운용하였다.

   ★ 메타버스 : 가상·추상을 의미하는 메타(meta)와 현실 세계를 뜻하는 유니버스(universe)의 합성어

2. 메타버스★를 통해 가상환경에서 발표된 그룹별 연구 과제
   - NH 스마트관제센터
   - NH 스마트팜 KIT
   - 블록체인을 통한 농산물 연계시스템
   - NH Q&A 시스템
   - 스마트 클린 오피스
   - 스마트 고객대기 관리시스템
   - 영향분석시스템 고도화
   - 빅데이터 기반 요식업자-농업인 직거래 매칭시스템 등

3. 디지털 혁신을 통해 농업인과 국민에게 새로운 가치를 창출하여 「함께하는 100년 농협」을 구현하는 것을 목표로 하였다.

지농 22. 마이데이터 사업 보안 취약점 점검 심사 국내 1호 통과

1. 농협은 마이데이터 사업(본인신용정보관리업) 본 시행을 앞두고 기능 적합성과 보안 취약점 점검 심사를 통과함에 따라 국내 1호로 마이데이터 사업 안정성을 인정받았다.

2. 농협상호금융 마이데이터 서비스는 NH콕뱅크·NH스마트뱅킹에서 'MY농가 손익분석' 등 농업인 특화서비스, 손쉬운 지출관리를 위한 가계부 서비스, 신차·중고차 구매 지원을 위한 비금융 생활밀착형 서비스 등이 제공된다.

지농 23 · 상호금융업계 유일한 마이데이터 서비스

1. NH콕마이데이터는 여러 금융사에 흩어진 자신의 금융정보를 한 곳으로 모아 관리할 수 있게 하는 서비스로 자산유형별 분류, 금융스타일 진단, 지출·소비 분석, 정기지출 알람 서비스 등 개인금융 서비스와 'NH콕부동산' 'NH콕마이카' '귀농귀촌' 등 차별화된 생활밀착형 서비스 제공을 통해 고객의 디지털 편의성 확대에 박차를 가하고 있다.
2. 금융자산 관리 및 분석 서비스를 강화해 이용 편의성을 높이는 등 농업인과 조합원뿐만 아니라 모든 고객이 디지털 금융 혜택을 누릴 수 있다.

지농 24 · 찾아가는 「NH태블릿브랜치」로 고객 가까이

1. 농협 상호금융은 태블릿PC를 통한 조합원실태조사 기능 'NH태블릿브랜치'를 개발하여 조합원 고객을 대상으로 서비스 시연을 진행했다.
2. NH태블릿브랜치 서비스 개발로 농·축협은 조합원실태조사 현지조사 시 태블릿을 통해 실태조사 정보를 바로 등록할 수 있게 되어 수기 기록에 따른 직원의 번거로움을 해소하고 보다 정확한 조사 업무 수행이 가능해졌다.
3. 농협의 태블릿브랜치는 태블릿PC를 통해 시간과 장소의 제약 없이 고객을 직접 찾아가 금융서비스를 제공하는 '이동형 디지털 점포' 서비스로서 계좌 신규개설, 여신 상담, 카드 신청 등의 일반적 금융업무에 더해 조합원들을 위한 출자금 및 면세유 대상자 조회 등의 기능까지 업무 범위를 넓혀, 농번기 조합원도 영농 현장에서 바로 주요 업무를 이용할 수 있게 했다.
4. 영업점에 방문하기 어려운 고객도 어디에서나 필요한 서비스를 받아볼 수 있고 직원의 업무 효율성을 높이는, 농업인 조합원과 고객을 위한 금융·비금융 통합 서비스이다.

지농 25 • 숨은 금융자산 찾아주기

1. 전국 농·축협에서 전화, SMS, e-mail 등 고객정보를 활용하여 '휴면예금 찾아주기 특별창구'를 운영했다.
2. 환급 대상은 만기일이 1년 이상 지난 '장기무거래예금'과 2017년 말 이후(조합원은 2012년 말) 거래가 없는 '휴면예금' 계좌이다.
3. 금융감독원 금융소비자 정보포털 파인(FINE) '내 돈 관리 > 내 계좌 한눈에' 또는 금융결제원 계좌정보통합관리서비스 '내 계좌 한눈에'에서 확인 가능하며 'NH스마트뱅킹'과 'NH콕뱅크'에서도 조회할 수 있다.
4. 휴면예금은 통장을 개설한 영업점, 장기무거래예금은 전국 농·축협 영업점에서 환급 신청이 가능하다.

지농 26 • 농협 「디지털 Changer」

1 개요
급변하는 4차 산업혁명 시대에 금융시장을 선도할 '디지털 Changer'는 디지털 전환의 첨병이라는 혁신의 아이콘이자 상호금융 디지털 리더이다.

2 특징
1. 전국에서 농·축협 임직원으로 구성된 64명의 상호금융 디지털 Changer는 디지털 서비스 개선 아이디어 발굴, NH콕뱅크 상시 직원패널, 금융취약계층 디지털 교육 등의 다양한 활동을 통해 디지털 금융 고도화와 디지털 문화 확산에 앞장선다.
2. 디지털 금융확장은 선택이 아닌 필수가 되어 디지털 전환에 빠르게 대응하기 위해 2020년부터 디지털 Changer를 운영해오고 있다.

지농 27 · 디지털금융 교육 전담 「NH 디지털매니저」 도입 ·

1 개요

'NH 디지털매니저'는 고령층·농업인 등을 대상으로 하는 디지털 소외계층 교육 전담인력이다.

2 역할

1. 금융기관의 연이은 지점 폐쇄로 금융서비스 이용의 어려움, 디지털 수준 격차 등 사회적 문제가 이어지고 있는 상황에서 농협은 디지털 소외계층을 돕고자 교육 전문인력을 도입했다. 지역별로 고령층·농업인 등 디지털 기기 사용에 어려움을 겪는 고객들을 찾아가 현장 교육에 나선다.
2. 급변하는 금융환경에서 남녀노소 구분 없이 모든 고객에게 최상의 금융서비스를 제공한다.

지농 28 · 디지털 소외계층을 위한 디지털금융 교육 실시 ·

1 개요

농협상호금융은 농·축협 조합원 및 고령층, 농어민 등 디지털 소외계층 대상으로 전문 인력의 1:1 멘토링, 찾아가는 디지털 전담교육을 시작했다.

2 교육 방법

1. 각 도(都) 지역본부에 배치된 디지털금융 교육 전문가가
    - 디지털 관련 용어 이해
    - 「시니어뱅크★」 사용법
    - 보이스피싱 사례와 피해 예방 방안

    등의 주제로 진행한다.

    ★ 시니어뱅크 : 고령층의 금융 소외를 막기 위해 NH콕뱅크에 도입된 서비스로, 큰글 서비스·금융사기 피해예방 영상 등을 제공함.

2. 지속적인 현장 교육으로 고객의 디지털 정보화 수준을 높이고 창구의 디지털금융 전담 인력 부족 문제를 해소하는 등 업무 효율성도 끌어올린다.
3. 찾아가는 디지털교육은 농업인과 고령층의 쉽고 안전한 디지털금융 생활을 돕는 것을 목적으로 하여, 디지털 소외계층을 배려하여 농협의 사회적 책임을 다하고 디지털 격차를 줄여 조합원 및 농업인의 삶의 질을 올리고자 한다.

지능 29. 고령 고객 맞춤형 모바일뱅킹 큰글 서비스 확대

1. 농협은 시니어 고객도 모바일뱅킹을 더욱 쉽게 이용할 수 있도록 NH스마트뱅킹 내 큰글 서비스를 확대하였다.
2. 주로 이용하는 조회·이체 서비스를 홈 화면에 배치하여 큰글씨로 한눈에 확인할 수 있게 구성하였다.
3. 화면 상단에 큰글 전환 버튼을 두어 쉽게 큰글 서비스를 이용할 수 있도록 하고 홈 화면에서 클릭 한 번으로 자주 쓰는 이체정보로 송금하기, 모바일 ATM 출금 등 고령 고객이 주로 쓰는 서비스를 배치하였다.
4. 보이스피싱 예방을 위한 동영상 안내자료 제공으로 시니어 고객이 보다 안전한 금융서비스를 이용할 수 있도록 구성하였다.
5. 큰글 서비스는 읽기 쉬운 큰 글씨체를 기본으로 모든 화면을 단순하게 구성한 서비스로, 인터넷 및 모바일뱅킹에 큰글 모드를 출시하여 시니어 고객 등 디지털금융이 낯선 고객들도 어려움 없이 이용할 수 있도록 지원한다.
6. 큰글 서비스는 금융당국이 마련한 고령자 친화적 모바일 앱 구성 치침을 충실히 반영한 만큼 시니어 고객도 쉽게 이용할 수 있고 누구나 디지털금융의 혜택의 누릴 수 있는 사용자 중심의 고객 친화적인 서비스이다.

큰글 OFF   큰글 ON

지농 30 · 농·축협에 디지털 사이니지 보급 ·

1. 농협 창립 60주년을 맞아 디지털 전환 및 ESG 경영에 발맞춰 디지털 사이니지★인 'NH 디지털 알리미'를 전국 농·축협 본점에 공급했다.

   ★ 디지털 사이니지 : 상품/서비스 홍보 등 기존 종이 포스터 대체, 농업인 생활정보 서비스, 지역홍보, 농업방송 및 농협 관련 유튜브 영상 재생 등

2. NH 디지털 알리미는 농·축협 소식이나 상품 홍보 이미지, 동영상 콘텐츠를 전국으로 송출하여 도시부터 농촌까지 고객 누구나 실시간으로 확인할 수 있어 종이 없는 창구 구현으로 ESG 경영에도 동참한다는 계획이었다.

3. NH 디지털 알리미를 시작으로 바이오 장정맥 인증 도입과 전자창구 시스템 구축 등으로 디지털 선도 금융기관으로 발돋움하고 고객에게 '늘 편한 금융'의 이미지로 다가가는 금융기관이 되도록 할 계획이다.

지농 31 · 디지털 종합영농플랫폼, 「NH오늘농사」 ·

1 개요

디지털 종합영농플랫폼 'NH오늘농사'는 농업인들이 농업에만 전념할 수 있도록 개별 관심사와 영농환경 맞춤형 서비스를 제공하는 모바일 앱이다.

2 역할

1. 흩어져 있는 농업 데이터를 한 곳에 모아 한 번에 농사정보와 영농서비스를 제공하는 앱으로 농사에 필요한 53개 영농서비스를 제공한다.

   ★ 영농비서 : 작물가격정보 및 전망, 로컬푸드 판매 및 정산 내역, 영농일지, 출하배차 정보, 병충해 정보

   ★ 농부마루 : 영농이야기, 소모임

   ★ 배움터 : 재배기술

2. 바쁜 농업인들에게 필요한 영농서비스를 제공하고, 농업인들과 농협이 자유롭게 소통할 수 있는 창구 역할을 한다.

32 NH AI 스토어

1. NH AI 스토어는 미국 아마존의 인공지능 무인매장인 '아마존 고' 기술을 국내 최초로 자체 개발한 것이다.
2. 소비자가 매장을 돌며 물건을 카트에 담으면 천장 카메라와 집기에 달린 센서가 이를 자동으로 인식해 구매목록을 형성하여 따로 바코드를 찍지 않고도 바로 결제가 가능하다.
3. 아마존 고는 QR 코드를 통해 인증 후 입장하고 퇴장 시 별도의 결제를 요구하지 않는 반면, 농협 무인매장은 국내 소비자들의 성향에 맞춰 누구나 인증절차 없이 입장할 수 있게 설계하여 매장 접근성을 높이고 퇴장 시에는 키오스크 화면에 자동으로 띄워진 구매목록을 직접 확인 후 결제할 수 있도록 하였다. 여러 명이 동시에 입장한 경우에도 지정위치에 모여 있으면 일괄결제가 가능하게 하여 편의성을 도모했다.
4. 국내에서 운영 중인 무인매장은 핵심기술이 중국의 인공지능 업체가 보유하고 있어 국내 자체 기술 개발의 필요성이 강조되어 왔는데, 농협에서 개발한 무인매장은 자체 기술 개발을 통해 구축된 첫 무인매장이다.
5. NH AI 스토어는 야간에 셀프 바코드 스캔 등을 통해 운영되고 있는 국내 하이브리드형 매장에서 업그레이드하여 바코드 스캔 과정 등을 생략하는 등 소비자 편의성을 더욱 높였다.

33 농협하나로마트 AI 홍보로봇 도입

1. AI 홍보로봇은 농협하나로마트가 '집콕족'을 겨냥해 출시한 자체기획 상품의 홍보역할을 수행하며 각종 쇼핑정보를 소비자에게 제공한다.
2. 멀티시각센서를 장착한 높이 1.3m의 AI 홍보로봇은 3D로 매장환경을 감지하여 근거리의 장애물을 피할 수 있고 별도의 행사상품 홍보 중에 고객이 다가오면 즉시 이동을 멈추고 안전멘트를 재생하여 안전에도 만전을 기했다.
3. 농협은 AI 홍보로봇의 효과와 활용도에 따라 AI 홍보로봇 운행을 점층적으로 확대해 나가고 디지털 혁신 기술을 지속적으로 매장에 도입하여 고객이 편리함과 재미를 느끼는 쇼핑공간을 만들 계획이다.

지농 34 • 농협 한우프라자 매장 서빙로봇 도입 •

1. 농협은 한우프라자 매장에서 서빙로봇을 이용한 서비스를 시범사업으로 선보였다.
2. 코로나19 이후 확산되고 있는 비대면 트렌드에 맞춰 무인서비스가 활성화 되는 시점에 농협 한우프라자에서도 다양한 시도로 고객에게 편익을 제공하고자 서빙로봇을 도입하였다.
3. 이번 자율주행 서빙로봇은 점원이 선반에 음식을 올려놓고 테이블 번호를 누르면, 최적의 경로를 파악하여 이동하고 장애물을 마주치면 스스로 판단하여 피해가는 기능을 탑재하고 있어 푸드테크 최첨단의 장비를 한우프라자에서 고객이 직접 경험할 수 있다.
4. 서빙로봇은 고객에게 새로운 즐거움과 비대면 선호도를 충족시켜 줌과 동시에 매장 직원이 고객에 오롯이 집중할 수 있게 해 주어 한우프라자의 전반적인 서비스 수준을 향상 시켜 줄 것으로 기대되었다.
5. 농협은 한우프라자 사업의 성장을 위해 현장경영개선 컨설팅을 추진하며 그 일환으로 서빙로봇이라는 신전략을 도입하였다.

지농 35 • 수출 활성화 교두보 구축… 아마존에 「농협브랜드샵」 오픈 •

1. 농협 가공제품의 미국 수출 활성화를 위해 미국 인터넷 종합 쇼핑몰 아마존에 입점해 '농협브랜드샵'(www.amazon.com/nonghyup)을 공식 오픈했다.
2. 한국 대표 전통식품인 된장, 고추장 등 장류부터 인삼, 홍삼 가공제품까지 28개 지역농협이 생산한 국산 우수가공제품 130여 개를 판매(2022년 기준)한다. 아마존 이용 고객이라면 누구나 손쉽게 농협 가공제품을 구매할 수 있고 아마존 물류센터를 통해 미국 전역에서 신속하게 상품을 배송받을 수 있다.
3. 미국 소비자들의 소비 트렌드를 파악·분석하고 이를 반영한 농협의 우수 신상품을 발굴하여 수출 품목을 점차적으로 확대할 계획이다.
4. 아마존을 통해 문막농협 원주쌀 토토미와 능서농협 여주쌀 하나로라이스, 안중농협 고시히카리쌀 슈퍼오닝을 수출하였다.

지농 36 · 동남아 최대 온라인몰 쇼피 입점

1. 동남아시아 최대 온라인몰 쇼피(Shopee) 싱가포르에서 인삼농협 제품 판매를 시작했다.
2. 온라인몰 쇼피는 본사인 싱가포르를 시작으로 베트남, 말레이시아 등 동남아시아 7개국에 진출해있으며, 연간 거래규모 40조 원과 누적 앱 다운로드 수 2억 건을 기록한 동남아시아 대표 이커머스 플랫폼이다. 그중 쇼피 싱가포르는 동남아시아에서 가장 구매력이 높은 마켓이다.
3. 쇼피 싱가포르에서 제품을 판매하는 인삼농협은 김포파주·금산·충북인삼농협이며 판매품목은 ■ 홍삼농축액 스틱 ■ 홍삼절편 ■ 인삼쉐이크 등 30여 종(2022년 기준)이다.
4. 농협은 쇼피 싱가포르 공식 입점과 함께 무료배송, 할인판매, 스토어 팔로우 이벤트 등을 진행하여 판매촉진을 위한 마케팅에 노력을 기울이고 싱가포르 외에도 베트남, 말레이시아에도 입점하여 점차 동남아시아 시장 진출을 확장해나갈 계획이다.

지농 37 · 프랑스 리옹_K-FOOD 홍보

1. 농협은 김치, 쌀가공품 등 농협 우수 농식품 홍보를 위해 프랑스 리옹에서 열리는 'K-푸드 페어'에 참가했다.
2. 'K-푸드 페어'는 농림축산식품부가 주최하고 한국농수산식품유통공사(aT)가 주관하는 글로벌 식품 박람회로 한국 농식품 수출 확대를 위한 바이어 수출상담회(B2B), 소비자 체험행사(B2C) 등으로 구성됐다.
3. 홍보 제품으로 국산 농산물로 만든 ■ 농협김치(일반김치, 비건김치) ■ 쌀가공품 (인절미스낵, 쌀약과) ■ 원물간식(동결건조스낵, 깐밤) 등이다.
4. 유럽지역 주요 수출 품목의 판로 확대와 비건 김치, 쌀가공품 등 현지 소비 트렌드에 맞는 신제품을 개발하여 유럽시장 공략에 박차를 가할 계획이다.

지농 38 · 농협, 美 뉴욕 「썸머 팬시 푸드쇼」 참가

1 농협경제지주가 우수 농식품 홍보를 위해 미국 최대 규모 국제식품박람회인 '썸머 팬시 푸드쇼(Summer Fancy Food Show)'에 참가했다.

2 홍보 제품은 ▪ 쌀 가공품(스낵, 약과) ▪ 김치(비건 김치) ▪ 건강기능식품(홍삼) ▪ 음료(곤약젤리) 등 47종의 우수 농식품이다.

3 미주 시장의 국산 농식품 수출판로 개척과 우리 농산물로 만든 농협 농식품의 우수성을 알릴 기회이다.

지농 39 · 세계 식량의 날, 취약계층을 위한 쌀가공식품 기부

1 농협경제지주는 '세계 식량의 날'에 지역 이웃들에게 우리 쌀로 만든 가공식품인 쌀누룽지·떡국떡·죽 등을 기부하고, 직원들은 거동이 불편한 어르신과 원거리 거주자에게 물품을 배달하며 매장에서 기탁 물품을 나누어 담는 마켓을 운영한다.

[세계 식량의 날]
매년 10월 16일 식량의 중요성을 알리기 위해 제정된 날이다.

2 국민을 대상으로 쌀값 불안정에 따른 농업인의 어려움을 해결하고자 범국민 아침 밥 먹기 운동, 쌀가공식품 시장 활성화, 쌀 수출·판매 확대 등 쌀 소비촉진 운동을 하고 있다.

지농 40 ● 전 국민 아침밥 먹기 운동, 「아침먹자! 삼식이 챌린지」 ●

1 쌀 소비촉진을 위한 '아침먹자! 삼식이 챌린지'의 취지는 아침밥 먹고 하루 세끼(삼식)를 챙기는 건강한 습관을 만들자는 것이다.

지농 41 ● 농협하나로마트 숏폼 콘텐츠로 SNS 소통 확대 ●

1 농협하나로마트는 최근 SNS 트렌드 변화에 대응하여 15초에서 3분 정도의 짧은 영상인 숏폼(Short Form) 콘텐츠를 활용해 국산 농산물과 PB상품을 이용한 레시피를 선보이고 있다.

2 해당 콘텐츠는 「하나로 끝내는 밥상」이라는 테마로 농협하나로마트 공식 SNS 계정(인스타그램 · 유튜브 · 페이스북)에서 볼 수 있고, 하나로마트의 대표 캐릭터인 '나로'가 등장하는 ■ 나로와 도담도담 ■ 나로의 갓생일기 ■ 나로퀴즈온더블럭! 등의 테마 콘텐츠 또한 접할 수 있다.

3 최근 영상과 모바일 기기를 통한 소통이 활발해진 만큼 농협은 숏폼 콘텐츠를 통해 편리하고 부담 없이 폭넓은 세대에게 국산 농산물과 농협 PB상품을 홍보하고, 다양한 콘텐츠 발굴을 통해 소비자에게 가깝게 다가가 건강한 식생활 문화를 조성하는 데 기여하고자 한다.

| 지농 42 | 쌀밥 맛집 추천 앱, 「밥동여지도」

1 개요

1. 농협경제지주는 국민 식생활 개선을 지원해 국산 쌀 소비를 활성화하고 '쌀의 날'을 기념하여 쌀밥 맛집 추천 앱 '밥동여지도'를 출시했다.
2. 쌀밥에 대한 소비자 인식을 개선하고 실질적인 쌀 소비 촉진과 쌀 산업 기반유지와 농업인의 소득안정을 목표로 한다.

[쌀의 날_매년 8월 18일]
매년 감소하고 있는 쌀 소비를 촉진하고 쌀의 가치를 국민들에게 알리기 위해 제정된 날로, 쌀을 뜻하는 한자인 쌀 미(米) 자를 한자 여덟 팔(八) 자와 열 십(十) 자로 풀어내어 8월 18일로 정했다. 또한 쌀을 생산하기 위해서는 농부의 손길이 818번 필요하다는 뜻도 담겨 있다. 이 날에는 농림축산식품부와 농협 등의 주관하에 쌀과 관련된 다양한 행사들이 개최된다.

2 특징

1. 밥동여지도는 1인 가구 증가 등 경제·생활양식 변화로 인한 쌀 소비량 감소를 회복하고 실질적인 쌀 소비를 촉진하고자 기획한 앱으로 각 지역의 농협(지역본부, 시군지부, 지역 농·축협) 임직원들이 추천하는 쌀밥 맛집 정보를 제공한다.
2. 밥동여지도는 맛집 등록 시 국내산 쌀 사용 여부를 확인하는 인증을 실시하고 있으며 메뉴정보, 매장 내 편의시설, 주차 가능 공간, 외·내관 사진 등 상세 정보를 공개해 사용자 편의를 강화했다. 또 사용자가 직접 음식 맛, 서비스, 분위기, 가격 등을 평가할 수 있는 '평가하기'와 '리뷰' 기능을 추가해 사용성을 확장했다.
3. 위치기반 서비스를 바탕으로 사용자가 설정한 지역에 따라 맞춤형 맛집 정보를 확인할 수 있으며, 지역 커뮤니티 기능을 탑재해 정보 교류와 소통 편의성도 높였다. 구글 플레이스토어(안드로이드)와 앱스토어(iOS)에서 다운로드할 수 있다.

지농 43 「NH스마트워크센터」 구축으로 디지털 혁신 가속화

1. 'NH스마트워크센터'는 모바일과 클라우드 등 IT기술을 기반으로 언제 어디서나 필요한 데이터와 애플리케이션에 접근할 수 있는 원격근무용 디지털 혁신 공간으로 클라우드 PC 단말기, 스마트 데스크 등이 갖춰져 있어 출장, 원격근무 시 태블릿 지참만으로도 업무 수행이 가능하게 만들었다.
2. 모바일 예약 시스템이 도입된 공용 좌석과 다양한 형태의 회의실, 폰부스와 임신부 전용 집중업무실 등 특화 공간과 라운지홀, 미니카페, 야외테라스 등 커뮤니티 시설, 휴게 공간도 운영된다.
3. IT인프라가 완비된 NH스마트워크센터를 통해 원격근무 시에도 업무 연속성을 유지할 수 있는 스마트오피스를 만들고 농협 디지털혁신 과제를 수행하는 특화된 공간으로서 테스트와 협업, 체험과 교육의 장으로도 활용할 계획이다.
4. 디지털 농협을 조기에 구현하고 시간과 장소에 구애받지 않는 업무환경 조성을 위해 스마트 기기를 이용한 모바일오피스와 협업 시스템 기능 확대, 스마트 보고, 종이 없는 회의 운영 등 스마트한 조직문화 정착에도 힘쓰고 있다.

지농 44 「스마트 농업 지원센터」 개소

1 개요
1. 농협은 고령화로 인한 일손 부족 극복, 생산·유통 혁신, 현장 중심의 스마트농업 확산을 위해 강원도 내 최초 '스마트 농업 지원센터'를 개소했다.
2. 내재해형 시설 규격으로 안전성 확보, 각종 자연재해로부터의 농작물 피해를 최소화하는 내구성을 강화하였고, 최근 1인 가구가 증가하는 추세에 맞추어 고소득 작물인 '미니오이'를 특화작물로 선정하였다.

2 운영 방안
1. 스마트팜 도입을 희망하는 중·소농 및 청년농업인이 직접적인 투자 없이 인근 생활권역 내에서 누구나 쉽게 스마트팜을 접할 수 있도록 조성된 교육·실습시설이다.
2. 기존의 보급형 스마트팜 모델을 중·소농 농가에 적용할 수 있도록 농가가 선호하는 필수 기능을 갖춘 모델 위주로 고도화할 예정이며, 품목별 생산자조직 중심으로 스마트팜 보급을 지원할 계획이다.

지농 45 · 농업 All In One 빅데이터 플랫폼, 「N-Hub(NH Bigdata Hub)」

1 개요

플랫폼 N-Hub를 통해 농업인에게 빅데이터를 제공하고, 'NH오늘농사'와의 연계를 통해 농업 데이터 생태계를 확장한다.

2 농협, 농촌진흥청, 농림수산식품교육문화(정보원), 축산물 품질평가원(축평원) 등 기관의 데이터 연계를 통해 8개 서비스를 제공한다.

- 농산물 종합정보 ■ 축산물 종합정보 ■ 귀농귀촌메이트 ■ 하나로마트 매출 돋보기 ■ 스마트팜 길라잡이 ■ NH유통상품 트렌드 ■ NH고객 라이프스타일 ■ 농축협 신용경제 통합뷰

3 주요 서비스와 농산물 가격 예측 및 작물추천, 스마트팜 생산량 시뮬레이션 등 분석모델을 통해 종합적인 정보를 제공하며, 'NH오늘농사'를 통해 농업인에게도 서비스를 한다.

4 귀농귀촌 메이트에서는 귀농 예정지의 정주여건, 토양과 기온, 보조금과 지원정책, 부동산 실거래가, 주 재배 작물, 추천 작물 등 예비 농업인이 귀농귀촌에 필요한 종합적인 정보를 한 번에 얻는다.

지농 46 · 쌀 소비 트렌드 분석

1 농협은 빅데이터플랫폼(N-Hub)을 활용한 쌀 생산·소비 관련 계량데이터 분석, 뉴스기사 및 연관검색어, SNS 게시물 등을 종합 분석하여 쌀 소비 트렌드를 제시하였다.

2 쌀은 생산면적 감소와 생산자 고령화로 생산량이 지속적으로 감소하고 있으며 1인당 쌀 소비량은 더 크게 감소하여 재고 과잉 문제가 대두되었다.

3 쌀 소비 트렌드 키워드

[건강]
소비자들은 에너지원 공급 등 쌀의 긍정적인 효능에도 불구하고 고탄수화물 등 건강에 대한 부정적 인식을 크게 나타냈다.

[가공식품]
서구식 식단과 배달 문화 확산으로 쌀 가공식품에 대한 관심이 많아졌다.

[프리미엄]
소비자들이 편리성을 추구하면서 즉석밥, 냉동밥 구매 비중이 꾸준히 증가하고 있으며(한국농촌경제연구원의 가공식품 소비자태도조사 결과), 간편식 소비는 증가할 것으로 예상되었다.

[소포장]
미곡류의 전반적 매출 감소에도 향미 등 프리미엄 쌀의 매출은 크게 증가하였고, 대용량 포장 쌀의 판매건수가 소용량 포장 쌀에 비해 더 크게 감소하는 등 소포장 쌀을 선호하는 현상이 나타났다.

지농 47 · 축산경제, 투게더 축산유통 플러스 워크숍

1 급격한 축산물 유통사업 환경변화에 대응하고, 농협 축산경제의 유통부문 도약과 수익원 확대를 위한 '7-Re경영'을 추진목표로 선정하였다.

2 7-Re경영
- 재설정(Reset)
- 재편성(Reorganize)
- 연구개발(Research & Development)
- 소매판매(Retail)
- 온라인사업 강화(Reinforce E-commerce)
- 비용절감(Reduce cost)
- 책임경영(Responsible management)

지농 48 · 가축시장 정보제공 플랫폼 개설

1 농협 축산정보센터는 전국 가축시장 운영현황과 시장별 출품우 정보를 한눈에 확인할 수 있고 거래농가 편익을 위한 플랫폼을 만들었다.

2 농협 축산정보센터(livestock.nonghyup.com) 홈페이지 내 생축거래센터를 통해 전국 가축시장 90개소의 위치, 개장일 및 연락처 등이 제공된다. 또한, 가축질병·전염병 발생 시 휴장여부, 휴장에 따른 생축거래센터 운영현황과 생축거래센터별 매도 희망우가 등재된다.

3 플랫폼은 시장별 전자경매시스템과 연계되어 전자경매시장에 출품되는 출품우들의 정보와 경매결과도 제공해 거래를 희망하는 축산농가의 편의성이 크게 향상될 전망이다.

4 생축거래센터는 코로나19·구제역 등 비상상황 발생 시 축협이 장소제공 없이 수요·공급 농가 간을 연계하여 거래하는 시스템이다.

지농 49. 농협축산연구원 스마트팜 다부처 패키지 혁신기술개발 사업

1 개요

1. 스마트팜 다부처 패키지 혁신기술개발 사업은 스마트팜 융합·원천기술 개발·확산을 통한 지속가능한 농축산업 구현 및 글로벌 경쟁력을 목표로 한다.
2. 농림축산식품부·농촌진흥청·과학기술정보통신부의 공동사업으로 농협축산연구원 사업 공모를 통해 선정된 3개 과제를 추진한다.

2 사업 내용

1. 축산연구원은 ■ 한우 개체별 경제형질 정밀 측정·관리·예측 모델링 기술 ■ 축우 생체정보 기반 개체별 정밀모니터링 및 사양기술개발 ■ 축우(한우/젖소) 2세대 스마트 축산모델 개발 및 실증에 관하여 공동연구팀과 과제를 수행하게 된다.
2. 축우(한우/젖소) 2세대 스마트 축산모델 개발 및 실증 과제의 공동연구 책임기관인 축산연구원은 스마트 축산 빅데이터 유전체 정보를 연계한 축우 개량형질 및 평가모형 개발 공동과제를 수행한다.
3. 다양한 경로로 축적된 번식, 사양, 환경 등의 ICT정보, 출하정보, 개체이력정보와 축산연구원이 보유한 유전체 정보를 연계하여 새로운 경제형질을 발굴하고 유전능력평가에 적용하는 연구와 현장실증 연구 수행을 통해 컨설팅 콘텐츠 제공 및 축산농가 생산성 향상에 기여할 것으로 기대된다.
4. 스마트팜은 연구 전문성을 높이기 위해 축산연구원을 비롯한 한우·젖소개량사업소 등 농협 내 개량관련 부서에 근무하고 있는 유전·육종분야 박사들로 연구팀을 구성하였다.

지농 50. 축산 스마트팜 토탈 솔루션 추진

1. 농협은 데이터를 기반으로 하는 디지털 축산업을 확산시키기 위해 ICT 기반 스마트팜 토탈 솔루션 구축 시범사업 대상 축협으로 한우 분야에 강원도 평창영월축협, 낙농 분야는 충남 당진낙농축협을 선정해 스마트팜 구축 사업을 추진했다.

2. 축산 분야에서 ICT 기반 미래 축산 선도를 목적으로 가족형 축산농가 맞춤 스마트팜 토탈 솔루션을 개발하여 10,000호에 보급하는 것을 목표로 삼았다.

3. 미래 축산사업을 선도하기 위해 정보통신기술(ICT) 및 빅데이터 기반 스마트팜 솔루션을 개발하고 이를 축산농가가 쉽게 활용할 수 있도록 확대하는 계획을 수립했다.

4. 축산 스마트팜 토탈 솔루션의 완벽한 구현을 위해 스마트팜 토탈 솔루션 구축, 솔루션 연계사업 및 보급 확대, 스마트팜 토탈 솔루션 품질관리 및 기능 확대를 단계적으로 추진해 나아갈 계획이다.

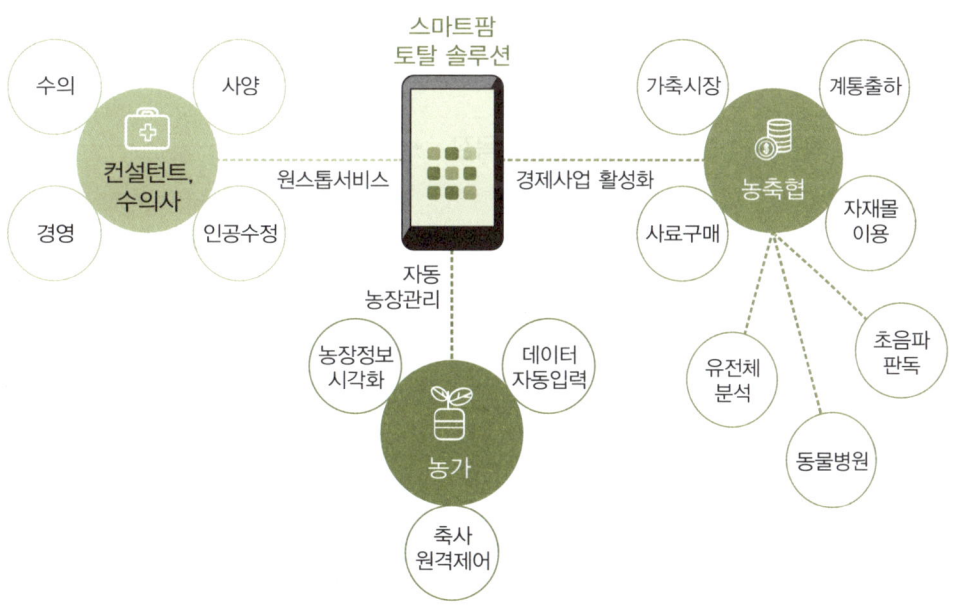

지농 51. 축산 분야 스마트팜 토탈 솔루션 본격화

1. 농협은 ICT 기반 스마트팜 토탈 솔루션 구축을 위한 본격적 솔루션 개발을 추진하고 있다.
2. 스마트팜 토탈 솔루션 인프라 구축 및 1단계 개발 사업은 고령농가 맞춤 인터페이스, 농가 데이터 시각화, 농가수기입력 최소화 등의 기존과 차별화된 시스템으로 농협 경제사업과 연계해 축산농가에 서비스를 제공한다.
3. 축산 스마트팜 토탈 솔루션 구축 키워드 5가지
   - 표준모델 ■ 국산화 ■ 데이터 통합 ■ 에이징 테크(Ageing Tech) ■ 스마트팜 후계농 육성
4. 국산 발정탐지기 정확도를 획기적으로 제고하기 위해 설계 단계에서부터 현장의 의견을 충분히 반영할 수 있도록 시범축협을 비롯한 일선현장과의 지속적인 소통을 통한 피드백을 반영하는 시스템으로 운영한다.
5. 향후 ICT 기반 스마트팜 토탈 솔루션은 시스템 구축 목적과 그에 따른 달성 방안 수립에 있어 분석 단계부터 정확한 요구사항 범위를 확정하고 신속한 의사결정을 통해 축산농가에게 획기적인 도움이 되는 시스템이 될 수 있도록 할 계획이다.

지농 52. 스마트 목장관리 플랫폼, 「NH하나로목장」

1 개요
농협경제지주 축산경제는 빅데이터와 ICT 기반의 스마트 목장관리 플랫폼인 'NH하나로목장'을 출시하였다.

2 플랫폼 이용 방법
1. NH하나로목장은 곳곳에 흩어져 있는 축산관련 빅데이터를 활용하여 한우농가가 목장을 손쉽게 관리할 수 있도록 만든 스마트폰 애플리케이션으로 구글 플레이스토어와 애플 앱스토어를 통해 무료로 다운받을 수 있다.
2. 사용자 본인 농장의 한우개체 이력번호 중 하나를 입력하고 휴대폰 본인인증을 거치면 손쉽게 서비스를 이용할 수 있다.
3. NH하나로목장을 통해 ■ 목장의 축우 현황과 혈통정보 ■ 농·축협을 통한 사료구입 내역 ■ 축산물공판장 출하 기록과 번식·출하성적 ■ 축산물 시세 등 경제 및 경영정보가 제공되어 농가의 가축생산 및 농장관리에 효율적으로 활용할 수 있다.

4. 한우개량사업소에 정액 신청과 함께 당첨결과 확인도 가능하다.
5. 호환 기종에 한하여 ICT 장비와 연동도 가능해 축우의 발정과 건강이상 여부를 원격으로 상시 확인하는 것도 가능하다.

3 애플리케이션 구성

1. 농가별 맞춤 정액추천 및 계획교배 정보
2. 농가별 종합컨설팅 정보
3. 농협 축산연구원을 통한 유전체분석 결과 조회
4. 축산물공판장 실시간 출하현황 조회
5. 축산관련 보조금 정보
6. 한우농가 커뮤니티
7. 축협 공지사항 알림
8. 유전능력 평가기반 계획교배 기능
9. 한우 뿌리 농가 암소 순위
10. 모바일 분만신고
11. 사료급여 측정 정보통신기술(ICT) 연계

4 확대 방안

축산업도 노동집약적 산업에서 데이터 기반의 고도화된 기술 산업으로 변화하기 위해 NH하나로목장을 축산 대표 디지털 플랫폼으로 성장시켜, 축산업을 미래지향적인 고부가가치 산업으로 발전시킬 계획이다.

지농 53 • 플랫폼 신기능, 비대면 한우 거래

1. 스마트 가축시장 플랫폼은 수기·대면업무로 이루어지던 산지 생축거래의 전 과정을 디지털·비대면화한 플랫폼이다.
2. 기존의 고가 응찰기 대신 농가 본인의 스마트폰으로 '가축시장' 앱이나 홈페이지(가축시장.kr)를 통해 경매실황을 관전하고 비대면 응찰까지 할 수 있다.

★ 카카오 알림톡 정보제공
★ 무인 키오스크 경매참가 등록
★ 전국 가축시장 분석자료 원클릭 조회
★ 출장우의 혈통·교배·분만정보·촬영이미지 제공
★ 경매실황 유튜브Live 방송지원 기능 등

지농 54 • 농협의 축산전문 온라인몰, 「농협 LYVLY」

1. 농협 축산경제는 '농업인과 소비자가 함께 웃는 유통대변혁'의 일환으로 축산전문 온라인몰 '농협 LYVLY(라이블리)'를 운영하고 있다.
2. 농협 LYVLY(www.nhlyvly.com)는 농협이 직접 운영하는 공판장에서 도축부터 가공, 포장까지 책임 생산한 PB상품과 함께, 전국 농축협에서 생산한 우수한 축산물을 함께 취급하는 온라인 통합 플랫폼이다.
3. 제품은 도축부터 포장단계까지 외부노출 없이 위생과 안전성을 극대화하였고 중간 유통비용을 절감한 만큼 소비자에게 우수한 축산물을 합리적인 가격에 제공한다.
4. 기존에 운영하던 도매사업자 대상 축산물 온라인몰인 e-고기장터 역시 LYVLY와 통합하여 운영한다. 더불어 시스템 개선을 통해 일반 소비자뿐 아니라 정육점, 식당 등 도매고객을 위해서 보다 업그레이드된 서비스와 혜택을 제공한다.

지농 55 · 한우농가 디지털 기반 컨설팅

1 개요

농협이 구축한 빅데이터 플랫폼 '한우핵심DB'와 'NH하나로목장'을 활용해 사업대상자 선정부터 사후관리까지 컨설팅 전 과정을 데이터·디지털 기술 기반으로 전환한 것이다.

2 진행 절차

1. 한우 농가 생산성의 4개 핵심 테마
   - 도체중
   - 등급출현율
   - 번식간격
   - 송아지폐사율 농가 데이터 분석
2. 총 80호의 취약 농가를 컨설팅 대상자로 선정한다.
3. 선정된 농가에게는 계량화된 중장기 목표가 부여되며, 경제지주 전문가, 축협 컨설턴트, 외부 전문가가 합동으로 데이터를 분석 후 농가에 방문해 실질적인 개선 방안을 제시한다.
4. 방문 컨설팅 종료 후에는 개선 방안에 대한 이행 여부를 'NH하나로목장'을 통해 점검하고, 농가 성적 변화 보고서도 상시 제공하여 사후관리도 강화한다.

지농 56 • 스마트 축산물공판장 플랫폼 개발

농협 축산물 도매사업 연내 스마트화로 유통 비용 절감 기대

1 배경

1. 축산물 도매유통 사업의 디지털 전환을 위해 스마트 축산물공판장 플랫폼을 개발하였다.
2. 출하부터 정산까지 도매유통 전 과정을 온라인에서 확인하고 처리할 수 있는 시스템으로 유선 및 대면으로 진행되던 업무가 시간, 장소 구애 없이 가능하게 되어 축산물 유통 비용도 절감된다.

2 주요 기능

- 언제 어디서나 출하신청이 가능한 모바일 출하약정
- 출하한 축산물의 처리 과정을 실시간으로 확인하는 출하과정 알림서비스
- 온라인 화상 경매시스템 등

3 방향

소비자들이 고품질의 축산물을 저렴하게 만나볼 수 있도록, 산지는 스마트 가축시장 플랫폼, 도매는 스마트 축산물공판장 플랫폼, 소매는 LYVLY를 통해 산지-도매-소매로 이어지는 축산물 유통 전 과정을 디지털화해 나갈 계획이다.

스마트 축산물공판장 플랫폼 구축 전·후 비교 모식도

유통단계	플랫폼 구축 전	플랫폼 구축 후
출하	**서면 출하 접수 · 수기 처리** • 농가 → 축협_유선으로 출하 요청 • 축협 → 공판장_업무PC로 출하 신청 • 공판장_종이 신청서를 시스템에 접수	**디지털 출하접수 · 정산 농가** 농가(출하시기) → 축협 → 공판장 모바일 출하 | 출하접수 자동화
경매	**재래식 경매** • 구형 경매 응찰기 • 장소 제약 • 펜데믹 대응 불가 경매	**스마트 응찰&비대면 경매** 스마트폰 경매 | 경매 현장 생중계
정산	**경매 이후 복잡한 행정 업무** 공판장, 검사관, 축평원, 거래처 ↔ 거래인	**공판장 원스톱 행정서비스 제공** 거래인 → • 낙찰서, 공급명세서 • 도축검사확인서(연계) • 등급판정확인서(연계)

지농 57. 키르기스스탄에 국산 젖소 유전자원 첫 수출

1. 농협경제지주 젖소개량사업소는 중앙아시아 키르기스스탄에 국내에서 생산된 인공수정용 젖소 정액 2천 개(0.5ml/개)를 수출하면서 동남아시아, 동아프리카에 이어 중앙아시아에 젖소 유전자원 수출 판로를 넓혀 나갔다.
2. 수출한 젖소 정액은 현지 암소 1,000마리를 동시에 인공수정할 수 있는 분량으로, 한 마리당 하루 우유 생산량이 약 6kg 정도에 불과한 키르기스스탄 토종 암소에 사용하면 생산 능력이 최소 3~4배가 증대된 젖소 암소를 얻을 수 있어 현지 농가의 생산성 제고에 큰 역할을 할 것으로 기대한다.
3. 농협경제지주는 농촌진흥청의 코피아(KOPIA)사업과 연계하여 2014년 우간다 수출을 시작으로 동아프리카와 동남아시아에 젖소 유전자원을 수출해 왔으며, 인공수정 교육과 컨설팅 등 현지 기술 지원에도 힘쓰며 국산 젖소 정액의 수출 판로를 확대하는 데 주력해왔다.

지농 58. 축산 전문가의 노하우를 전달하는 농협 생생토크

1. 축협 조합원 농가를 대상으로 질병 및 사양 전문 축산컨설턴트가 송아지 질병관리 요령, 생산비 절감 방안 등에 대해 강의 및 상담을 진행하는 '축산농가가 공감하는 생생토크' 현장컨설팅을 실시하였다.
2. 농협 생생토크는 농협이 중점 추진하고 있는 컨설팅 프로그램으로 축산농가가 어려움을 겪고 있는 분야를 사전 조사하고, 분야별 전문가를 농가나 축협에 파견하여 농가분석, 상담, 강의 등을 통해 축산농가의 고민을 해결해주는 사업이다.
3. 사료값 인상에 따른 비용절감, 고급육 생산, 질병예방 등 축산현장에서 겪고 있는 애로사항을 해결하여 축산농가 경쟁력 제고에 도움이 될 것으로 기대했다.

지농 59 · MZ세대 공략을 위한 「NH육튜브」 운영

1 유튜브 채널 'NH육튜브'는 MZ세대(밀레니얼+Z세대)의 취향을 저격하고 부담 없이 즐길 수 있는 축산관련 콘텐츠이다.

2 농협·축산업 홍보 콘텐츠

★ 숏쿡 – 짧은 시간 내 재미있고 정확하게 설명하는 요리 레시피
★ 챌린저 – 전국 방방곡곡 축산 관련 현장 체험
★ 육학다식 – 일상 속 축산물 관련 궁금증 해결 토크쇼
★ 틈새시장 – 이벤트성 자율 콘텐츠
★ 머슴아말왕 – NH농협의 다양한 사업부를 배경으로 체험형 도전 과제를 수행
★ 육스토랑 – NH농협의 다양한 축산 관련 브랜디드 지식교양 콘텐츠
★ 종강후인턴활동 – 농협 축산경제 서포터즈의 활동 기록
★ 육니버시티 – 축산학과 대학생들의 대학생활 웹드라마
★ 축경생활 – 축산업계 직장인들 브이로그
★ 드랍더미트 – 축산 관련 정보를 쉽고 재미있게 전달하는 정보성 콘텐츠
★ 고기한리뷰 – 축산물 제품 리뷰 및 요리 소개

3 NH육튜브는 축산관련 요리 및 제품리뷰, 정보전달 등의 콘텐츠로 축산물 및 축산업 관련 지식을 재미있게 전달해 왔다. 또한 농협 축산경제 직원들의 직장생활 콘텐츠는 취업준비생들에게 큰 인기를 끌었다.

지농 60. 농협 공판장 전자거래 플랫폼

1 개요

1. '농협 공판장 전자거래 플랫폼'은 기존의 '온라인농산물거래소'와 '인터넷통합거래시스템'을 통합한 디지털 유통 플랫폼으로 농산물 유통의 효율성을 극대화하고 있다.
2. 구매자는 전국 산지의 농산물을 비대면(Untact) 채널로 손쉽게 구매할 수 있다.
3. 농가수취가격 제고와 물류효율성 제고를 통한 산지 농산물 제값받기와 소비자 농산물 구매가격 안전을 목적으로 한다.

2 특징

1. 출하처의 최저희망가격 제시 기능 구현과 저율의 상장수수료를 적용으로 기존 도매시장 대비 낮은 가격으로 거래될 수 있다.
2. 산지 출하처들이 등록한 상품이미지와 거래 관련 정보를 인터넷과 모바일을 통해 구매자들에게 제공함으로써 언제 어디서든 쉽게 입찰거래와 정가거래에 참여할 수 있는 B2B 거래 시스템을 구축하였다.
3. 거래소 출하물량은 엄격한 표준 출하규격을 준수하며, 상품이미지 열람을 통해 상품품질을 확인하고 거래하게 된다.
4. 대금정산은 구매자가 약정한 공판장에서 수행하는데, 출하처에 대한 대금정산은 거래확정 당일자에, 구매자는 건별 외상거래 약정기일 내에 공판장으로 대금 정산한다.
5. 구매자는 원하는 가격으로 거래하여 추가 배송비 부담 없이 산지로부터 신선한 농산물을 직송 구매할 수 있다.

지농 61 • 도매시장 식자재 온라인 유통사업, 「싱싱이음」

1 개요

'싱싱이음'은 모바일앱을 활용한 농협공판장 식자재몰로 구매자(외식업소 등)가 발주한 농산물을 중도매인이 직접 배송하는 배달형 식자재 유통사업이다. 싱싱이음은 회원제로 운영되고 밤 11시까지 주문하면 다음날 아침 9시 이전에 배송받을 수 있다.

2 사업 목표

1. 농협은 싱싱이음 사업으로 농협공판장의 기존 물류 인프라를 활용하면서 모바일 플랫폼을 이용하여 중도매인과 외식업소 간 직거래 활성화로 유통단계가 축소되는 것을 목표로 한다.

2. 식자재몰를 통해 외식업소는 신선한 농산물을 경쟁력 있는 가격으로 구매하고 중도매인은 새로운 거래처 발굴과 취급물량 증대를 출하농업인은 수취가격을 제고할 것으로 기대한다. 농협은 가락시장부터 전국 농협공판장까지 순차적으로 사업범위를 확대하여 새로운 시장을 개척할 것이다.

3. 농협경제지주, 한국외식업중앙회 외식가족공제회, 전국농협중도매인연합회 간 상호 유기적인 협조를 통해 우리농산물 소비촉진과 더불어 농업과 외식업 발전을 위해 3자 간 업무협약도 체결하였다.

4. 농협은 온라인농산물거래소를 통해 농산물 도매거래를 온라인으로 구현한 데 이어, 공판장 온라인 식자재몰을 통해 중도매인의 판로확대를 지원하고, 지속적인 혁신을 통해 농산물 가격을 지지하고 농업인 실익 증진과 안정적인 먹거리 공급을 위해 노력해 나갈 계획이다.

지농 62. 「GreenBio 연합 투자설명회」 개최

1. 농협 창업농지원센터는 경기 안양 경기벤처창업지원센터에서 농업기술실용화재단, 경기도 경제과학진흥원과 공동으로 유망 창업농산업체의 투자유치 지원을 위한 'GreenBio 연합 투자설명회'를 개최한 바 있다.

2. 투자설명회에서 세 기관은 농식품펀드를 활용하여 유망 농산업체의 코로나 극복과 그린바이오 분야 육성을 위해 판로, 투자유치, 창업공간, 교육 및 컨설팅 등을 지원하는 데 힘을 합치기로 하였다.

3. 이를 위해 세 기관은 농수산가공품, 대체식품, 생명소재 등 GreenBio 농산업 분야 우수 Startup 13개사를 선정한 바 있다.

4. 설명회에서는 각 기관 담당자와 1:1 상담을 통해 기술이전, 기술평가를 통한 One-Stop 종합컨설팅 등 맞춤형 지원사업을 안내하고 우수업체는 소정의 절차를 거쳐 ■ 농협창업농지원센터의 창업 및 농신보 등 금융 컨설팅 ■ 경기도경제과학진흥원의 도내 17개 벤처센터 입주 ■ 농업기술실용화재단의 후속투자 및 국내외 판로를 지원하기로 계획했다.

5. 또한 3개 우수업체에 대해서는 투자자금 유치를 위해 농식품펀드 운영 투자자와 참가업체간 네트워킹 기회를 제공했다.

6. 농협 창업농지원센터는 투자설명회를 계기로 초기 유망 농산업체뿐 아니라 향후 청년농업인들을 위한 적극적인 농식품펀드 투자유치 행사를 개최해 지원할 계획을 세웠다.

지농 63 ・ 산지 온라인사업을 위한 한국형 타오바오촌 「온라인지역센터」 개소

1. 농협은 산지 온라인사업을 위해 한국형 타오바오촌 모델인 '온라인지역센터' 1·2호점을 각각 충북과 전북에 개소했다. 이후 지역별 온라인지역센터를 확대해 나갔다.

2. 온라인지역센터는 중국의 알리바바가 농촌의 온라인 구·판매사업을 지원하기 위해 타오바오촌을 4천 개 이상 설립하여 온라인 상품 및 콘텐츠를 제작한 사례를 벤치마킹한 것으로, 농협이 보유하고 있는 산지인프라와 인력을 활용하여 농업인들이 생산한 농식품과 특산물을 온라인으로 손쉽게 판매할 수 있도록 도와주는 역할이다.

3. 센터 내에는 상품촬영 및 상세페이지 제작 등 콘텐츠 작업과 라이브 커머스 등을 구현할 수 있는 환경을 조성하고, 지역의 상품을 발굴하고 제작을 지원하는 '산지어시스턴트'를 육성하였다.

4. 온라인지역센터는 산지 중심의 농식품 온라인 사업체계 구축을 위한 초석이 되고 기존 대형 업체 중심의 온라인 중계거래와 차별화된 생산자와 소비자(D2C) 간 직거래를 지향한다.

지농 64 ・ 농업·농촌 전기차 충전인프라 보급활성화

1. 농협경제지주는 전기차 충전인프라 구축을 통해 농업인 전기차 충전 편의성을 높이고 농촌 지역에 친환경에너지 보급을 활성화하고자 SK시그넷, SK에너지와 업무협약을 체결한 바 있다.

2. 최근 농협은 충전 인프라 사업을 본격화하며, 'NH 차지(NH Charge)'라는 전기차 충전 서비스 브랜드를 출범하였다.

3. 농협은 2030년까지 5,000대의 충전기 보급을 목표로 설정하고, 농업인과 농촌 지역 주민들에게 전기차 충전의 편리함과 친환경 에너지 사용 기회를 제공하고자 한다.

지농 65. 전기·수소차 충전사업

1. 농협은 사업승인 전까지 주유소 내 부대시설로만 충전소를 설치할 수 있었던 친환경 자동차 충전시설과 수소연료 공급시설 설치 사업을 독자적으로 수행할 수 있게 되었다.
2. 전기차 보급이 확대됨에 따라 농촌지역 주민과 농촌을 찾는 전기차 이용자들을 위한 인프라 확대가 필요하다.
3. 전기 화물차, 농기계 보급으로 농업인들의 친환경차 충전수요가 증가하고 있는 상황에서 농식품부 사업승인을 받게 됨에 따라 농협 주유소뿐만 아니라 하나로마트, 자재센터 등으로 전기·수소차 충전소를 점차 확충해 나갈 방침이다.

지농 66. 농·축산분야 탄소중립 달성을 위한 협력 강화

1. 농협경제지주와 금융지주는 정부의 2050 탄소중립 정책에 동참하고 기후변화 위기에 공동으로 대응하며 농축산업의 지속성장 실현을 위해 협력을 강화해 나가기로 했으며 각 부문별 농축산 분야 탄소중립을 위해 추진할 사항들을 발표했다.
2. 농협경제지주는 사업 전반에 친환경 요소를 도입할 계획을 밝히며 농업경제는 태양광을 통한 사용에너지의 친환경화, 저탄소인증 농산물 취급 및 친환경 농자재 공급 확대를, 축산경제는 가축분뇨의 자원화와 신재생에너지화, 저탄소 사양기술과 환경부담저감 사료의 개발 등을 주요 추진과제로 꼽았다.
3. 농협금융은 농협금융만의 특수성을 보유한 ESG 금융상품과 그린뉴딜과 연계한 그린 임팩트 투자로 경제지주와 협력해 나가며 농협은행의 신재생에너지 관련 정책자금을 활성화하고 경제지주가 추진하는 바이오에너지화사업 등에 적극적으로 투자를 실행하겠다고 발표했다.
4. 사회공헌 캠페인을 구상하여 농축산 분야의 탄소저감을 위한 다양한 환경개선활동에 임직원 모두가 동참할 계획도 밝혔다.
5. 또한 이상기후로 인한 리스크에 선제적으로 대응하고, 농축산 분야의 탄소중립 달성을 위해 농협 내 경제와 금융이 함께 협력을 강화해가고 범농협 ESG 시너지를 창출함으로써 국가적 차원의 탄소중립 달성에 노력하겠다고 밝혔다.

지농 67 · ESG 경영, 농·축협 지붕임대 태양광사업

1 개요

1. 농·축협 협업을 통한 ESG 경영실천의 일환으로 1호 발전소(충북 청산농협), 2호 발전소(강원 진부농협), 3호 발전소(경북 청도군 새청도농협)를 준공하였다.
2. '농·축협 지붕임대 태양광사업'은 농협경제지주가 농·축협 건물 지붕을 임차해 태양광발전소를 설치·운영하고 농·축협과 수익을 공유하는 신재생에너지사업 모델로, 범농협 ESG 경영실천의 일환으로 2023년부터 진행되고 있다.

2 신재생에너지

1. 1호 발전소는 선별장과 저온저장 창고로 이용 중인 건물지붕을 활용해 $2,518m^2$(763평) 면적에 200kW급 용량으로 설치됐다. 연간 예상 발전량은 255MWh로, 충북 옥천 지역에 거주하는 67가구가 한 해 동안 사용할 수 있는 용량이다.
2. 3호 발전소는 집하장과 저온저장고 등으로 이용 중인 4개의 건물 지붕을 활용해 $3,398m^2$(1,207평) 면적에 281kW급 용량으로 설치되었다. 연간 예상 발전량은 359,000kWh로, 인근 100가구가 한 해 동안 사용할 수 있는 용량이다.

3 ESG 경영

1. '1농협 1태양광 갖기' 운동을 적극 추진해 농촌의 신재생에너지 보급 확대에 앞장서고 정부의 탄소중립 달성에 기여하고자 한다.
2. 농·축협 지붕임대 태양광사업 외에도 농가 대상 태양광발전소 컨설팅, 우수 시공업체 알선, 주민 참여형 태양광 사업모델 제안 등 농촌지역 신재생에너지 보급 확대 및 농업인 소득 향상을 위해 지원하고자 한다.

지농 68. 친환경·저탄소 인증 농·축산업인 우대 「탄소Zero챌린지적금」

1 농협중앙회와 농림축산식품부는 ESG 농축산업 정착을 촉진하기 위해 친환경·저탄소 인증 농·축산업인에게 금리를 우대하는 '탄소Zero챌린지적금'을 출시했다.

2 친환경·저탄소 농축산물 인증서를 취득한 농·축협 조합원의 경우 최고 4%p의 우대금리를 제공받을 수 있는 1년 만기 상품으로 계좌당 매월 최소 1만 원부터 최대 10만 원 납입한도로 최대 2계좌까지 가입할 수 있다.

3 우대금리

- ★ 친환경/저탄소 농축산물 관련 인증서 보유 시 최고 0.5%p
- ★ 친환경/저탄소 농축산물 관련 인증제도 학습 시 최고 0.5%p
- ★ 탄소중립생활 실천 동참 서약 시 최고 0.5%p
- ★ 영업점 자체 우대 최고 0.5%p를 적용

특히 우대금리 항목 중 2개 이상에 해당하는 고객(선착순 10만좌)에게는 2.0%p의 특별 우대금리도 추가로 제공한다.

(단위 : 연 세전 %p)

구분	우대금리 (전 고객)	특별 우대금리 10만좌 선착순
친환경/저탄소 농축산물 생산 관련 인증서★ 보유 시	최고 0.5	추가 2.0 (이벤트기간 동안 2개 이상 충족 시)
친환경/저탄소 농축산물 관련 인증제도★★ 학습 시	최고 0.5	
탄소중립생활 실천 동참 서약 시★★★	최고 0.5	
영업점 자체 우대	최고 0.5	
계	최고 2.0	최고 2.0

★ 농림축산식품부에서 인정하는 친환경(유기 또는 무농약), GAP, 저탄소 농축산물 생산 관련 인증서
★★ www.enviagro.go.kr 사이트에서 학습 가능
★★★ 냉난방 온도 조정, 고효율 가전제품 사용, 절전 멀티탭 사용, 저탄소 인증 농산물 이용, 과대포장 제품 사지 않기, 음식물 쓰레기 절감, 대중교통 이용, 전기·수소차 이용, 친환경 운전, 쓰레기 분리배출, 다회용기 사용, 전자영수증 사용

지농 69 · '61억 걸음 걷기' ESG 실천 캠페인 ·

1 개요

농식품 분야의 탄소중립 정책에 맞춰 저탄소 농업구조로 전환 및 농축산물 생산 · 유통단계의 탄소배출 감축방안에 대해 탄소저감 실천문화 확산 및 농협의 ESG 실천의지에 대한 공감대 형성을 위해 '농협과 함께 걷는 61억 걸음 걷기 캠페인'을 펼친 바 있다.

2 실행 내용

1. 가까운 거리는 차량 대신 걸어 다니는 습관으로 탄소배출을 줄이고 61억 걸음을 달성하면 61천 그루의 나무를 심어 탄소흡수원을 늘리는 친환경 활동을 지속 실천하자는 내용이다.
2. 61억 걸음은 1961년 농협 설립 이래 농업인, 고객, 지역사회, 임직원이 손잡고 함께 걸어온 61년을 의미한다. 또한 61억 걸음의 거리는 지구 100바퀴 거리에 해당되는 걸음으로 앞으로 100일간 매일 지구 1바퀴씩(6천만여 걸음) 걸으며 환경의 소중함을 되새기고 '함께하는 100년 농협'을 구현해 나가자는 의미를 담았다.
3. NH헬스케어 앱★을 다운받아 일상생활 속 걷기를 실천하는 방식으로 진행되었다.

   ★ NH헬스케어 앱 : NH농협생명이 출시한 디지털 헬스케어 플랫폼으로 걷기를 통해 랜선 텃밭을 가꾸고 수확한 농산물을 포인트로 전환해 사용 또는 기부할 수 있으며, 스트레스 지수 · 호흡 · 심박수 측정 등 헬스케어 서비스를 제공한다.

지농 70 · 「ESG 양파」 출시 ·

1
농산물 재배와 유통 단계에 걸쳐 ESG 요소를 적극 반영한 'ESG 양파'를 출시했다. 재배 시에는 옥수수 전분 성분의 생분해성 필름을 사용하고 포장에는 6개월 이내 자연 분해되는 친환경 소재를 사용해 환경오염 우려 및 폐기비용을 절감할 수 있다.

★ 저탄소인증 : 생산 과정에서 발생하는 온실가스 배출 경감
★ GAP인증 : 생산부터 유통까지 식품안전을 위협하는 위해 요소 점검

2 박스 형태로 보관이 용이, 기존 양파 대비 더 단단하고 지속성 및 저장성이 뛰어나다.
3 산지와 농협에서도 못난이 농산물 판매, 친환경 포장재 등 ESG 정책 방향에 맞추고 있다.

지농 71 ▸ 농협, 애플데이 - "둘(2)이 서로 사(4)과하는 하루 되세요"

1. 애플데이는 사과가 익어가는 10월에 '둘(2)이 서로 사(4)과하고 화해하는 날'이라는 의미를 담아 2001년 학교폭력대책국민협의회가 지정한 기념일로, 농협은 화해와 용서의 문화 확산, 사과 소비촉진 및 농가소득 증대를 위해 매년 행사를 추진해 왔다.

지농 72 ▸ 온라인 선플운동 협약 체결

1. 농협 대학생 봉사단인 N돌핀 단원들은 선플 선언문을 낭독하며 인터넷상에서 서로 응원하고 배려하는 데 앞장서고 혐오표현으로 고통 받는 이들에게 용기와 희망을 전달하였다.
2. 선플재단은 2007년부터 온라인에서 혐오 표현 추방과 인터넷 평화 운동을 펼쳤고 2021년 4월에는 5월 23일을 악플 없는 날로 선포하여 사회전반에 공감대를 형성해 나갔다.

지농 73 ▸ 나눔장터 「농(農)RUN마켓」

1. 농협 임직원들이 물품을 기증하거나 애장품 경매 또는 겨울 외투를 기부하는 행사로 기획한 바 있다.
2. 판매 수익금 및 미판매 기증물품은 도움이 필요한 이웃을 위해 사용되며 임직원들이 기증한 외투는 겨울이 없는 나라에서 온 외국인 근로자와 그 가족에게 전달하여 따뜻한 겨울을 보낼 수 있게 한다.
3. 농협은 우리 사회의 빈곳에 행복을 채워가는 나눔문화를 적극 실천하기 위해 동참하고 앞으로도 농업인과 국민, 지역사회와 「함께하는 100년 농협」을 이루겠다고 밝혔다.

지농 74 ● 보이스피싱 피해예방 우수보안관 제도로 고객 자산 보호 ●

1. 보이스피싱 피해 예방에 기여한 농·축협 직원 52명을 '우수보안관'으로 선정하고, 예방 실적이 뛰어난 사무소에 '우수 사무소' 현판을 수여했다.
2. 농협은 2017년부터 보이스피싱 피해금 인출 방지 및 사기범 검거 등에 기여한 직원을 선발하는 우수보안관 제도를 운영하였다. 이후 창구 직원의 신속한 대응에 따른 피해 예방 금액은 2017년 36억 원(142건)에서 2020년 200억 원(1,198건)으로 증가했다.
3. 농협상호금융은 전기통신금융사기 화상교육 및 사이버교육 시행, 금융 취약계층에 대한 피해예방 공연 콘텐츠 제작·보급을 통해 금융사기 피해 예방에 앞장선다.

지농 75 ● 금융소비자보호 헌장 ●

1 개요

농협의 모든 임직원이 금융소비자의 권익보호를 최우선 가치로 삼고, 모든 금융소비자가 차별 없이 금융서비스를 누릴 수 있도록 하겠다는 의지를 담은 헌장이다.

2 내용

1. 금융소비자에게 적합한 최상의 상품과 서비스를 개발·제공하여 고객의 편익을 증진
2. 상품과 서비스의 주요 내용을 정확히 이해하고, 충분히 설명하여 금융소비자의 합리적 선택에 도움 제공
3. 금융소비자의 의사에 반하여 금융상품의 구매를 강요하는 불건전 영업행위나 부당권유행위 방지
4. 금융소비자의 불만을 사전에 예방하고 피해구제 및 민원을 공정하고 신속하게 처리
5. 협동조합 이념을 바탕으로 금융소외계층을 따뜻한 관심으로 보살피고, 농업인과 지역민을 위한 금융기관으로서 역할

지농 76 · 부패방지경영시스템(ISO 37001) 인증 획득

1. 농협은 국제표준화기구(ISO)가 제정한 부패방지경영시스템(ISO 37001) 인증을 획득했다.
2. ISO 37001 표준은 뇌물방지, 윤리경영, 법규준수, 리더십 등 세부 행동준칙을 전 세계의 기업에 동일하게 명시하도록 하는 국제표준이다.
3. 농협은 '청렴·공정업무로 신뢰받는 농협상 구현'이란 윤리경영 비전을 바탕으로 청렴도 최우수 기관으로 도약하기 위해 내부통제 시스템을 지속적으로 개선·보완하고, 윤리경영 실천을 위한 캠페인을 지속적으로 전개했다.

지농 77 · 「이동법률상담센터」 운영

1. 농협은 농업인 법률적 고충해결 지원 및 제도개선을 위한 현장의견 수렴을 위한 '이동법률상담센터'를 열었다.
2. 농협은 2011년부터 지역 농·축협 종합감사 기간 중 이동법률상담센터를 운영해 오고 있으며, 이를 통해 해당 지역의 농업인들이 일상생활에서 겪을 수 있는 법률문제에 대한 고충해결을 지원해 왔다.
3. 이동법률상담센터에서는 농협중앙회 소속 변호사가 함께 참석하여 해당 지역농협을 통해 신청받은 농업인들에게 개별상담 방식으로 법률자문을 진행한다.

지농 78 · 농업인 무료법률상담

1. 농업인을 비롯한 취약계층과 조합원 대상으로 농업인 권익보호를 위한 '농업인 무료법률상담'을 실시한다.
2. 농업인 무료법률상담은 영농과 생활과정에서 발생하는 각종 법률적 분쟁과 억울함을 해소하기 위해서 이고 시간적·지리적 불편함을 덜어주고자 농협중앙회 소속 변호사가 현장을 찾아가 1:1 맞춤형 법률상담 서비스를 제공한다.
3. 농협중앙회는 1996년부터 농업인 무료법률상담을 실시하고 있으며, 2021년에는 법무지원국을 신설하고 무변촌(無辯村)지역 농업인의 법률리스크 경감을 위한 현장 맞춤형 법률서비스를 제공하는 등 농업인 권익보호에 앞장서고 있다.
4. 법률상담을 받은 농업인은 법적 문제가 있었지만, 법률지식에 대한 어려움과 변호사 상담비용 등으로 부담이 컸다며 농협이 무료법률상담을 진행해주어 많은 도움이 되었다.

지농 79 · 의료시설 부족한 농촌으로 찾아가는 의료 서비스, 「농촌 지역 왕진버스」

1. '농촌 왕진버스'(舊 농업인 행복버스)는 병의원, 약국 등 의료 시설이 부족한 농촌 및 인구감소 지역 주민들에게 양·한방 의료, 구강검진 및 검안 등 종합 의료서비스를 제공하는 사업이다.
2. 의료기반 시설이 취약한 농촌 주민들의 질병예방 및 건강관리를 통해 지역 소멸 위기에 놓여있는 농촌의 정주 조건 개선을 목표로 시행된다. 농촌 지역은 고령화율과 유병률이 도시에 비해 높으나 교통과 의료 접근성이 낮은 상황이다. 직접 마을 단위로 찾아가면서 의료 공백 해소에 기여하고 있다.
3. 인구 감소 문제를 겪고 있는 농촌 지역 주민들에게 더 나은 삶의 질을 제공하고, 활력 넘치는 농촌 공간을 만드는 데 기여한다.

지농 80. 여신관리 종합서비스 지원 「연체채권 119 현장지원단」 출범

1. 농협 상호금융은 부동산 시장의 불확실성과 고금리 장기화 기조 속 농·축협의 경영 안정성 제고를 위해 '연체채권 119 현장지원단'을 신설하였다.
2. 운영 방침은 농·축협의 체계적인 연체 채권 관리를 지원하고 은행권 수준의 건전성 확보이다.
3. 여신제도 전문가, 변호사, 감정평가사로 구성된 지원단은 전국을 순회하며 도움이 필요한 농·축협에 ▲부동산권리분석 ▲여신법률지원 ▲부실채권매각 ▲연체채권회수독려 등 다양한 여신관리 지원 서비스를 제공함으로써 채권 회수율을 높여 농·축협의 재정 건전성을 강화하는 역할을 수행한다.

지농 81. 농협 흙사랑, 냄새 없는 천연 유기물 화분용 비료

1 개요

1. 농협 흙사랑은 가정에서 키우는 식물을 편리하게 관리할 수 있도록 천연 유기물을 원료로 만든 '화분용 비료'를 출시했다.
2. 식물을 활용한 실내 인테리어 '플랜테리어'와 '홈 가드닝'에 대한 소비자 관심이 높아진 것을 반영해 개발한 냄새 없는 천연 화분용 비료이다.

2 특징

1. 최고 품질의 천연 유기물 부엽토(이탄)로 만들어 냄새가 나지 않고 모든 식물에 안전하게 사용할 수 있다.
2. 사용 편의를 위해 그레뉼(입상) 타입으로 개선된 부엽토는 풀이나 낙엽 등이 퇴적과 미생물 작용을 받아 생성된 천연유기질 영농자재다.

지농 82 · 농기계 수리기사 구인난 해소에 총력

1. 농협은 지역농협 농기계센터의 수리기사 채용 시 농업계 고등학교 및 대학교의 인력 Pool을 활용할 수 있도록 징검다리 역할을 맡아 지역농협의 농기계 수리기사 구인난 해소에 노력하였다.

2. 농기계 정비 전문인력 양성을 위해 직원 역량과 경력에 맞춰 입문단계부터 고급단계까지 총 6단계의 수준별 학습 프로그램을 운영하는 등 기술교육을 지원하였다.

3. 6단계 교육과정 중 1단계(입문)인 「신규직원 양성과정」은 지역농협의 채용 예정자가 한국폴리텍대학교에서 농기계 기본이론과 실무교육 등을 배우는 채용 연계형 국비과정으로, 현장 경험이 없는 신규직원도 단계별 교육을 통해 전문가로 성장할 수 있는 기회를 제공하는 것이다.

4. 또한 농협경제지주는 지역농협의 스마트 수리장비 구입비용의 일부를 무이자로 지원하는 등 농기계센터의 인력부족 해소를 위해 다양한 지원을 하고자 노력하였다.

고시넷 **지역농협** 6급 통합기본서

영역별 출제키워드

의사소통능력	단어 의미 파악, 단어 유추, 맞춤법과 같은 어휘·어법 문제와 제시된 글의 내용과 흐름을 이해하는 문제가 출제됨. 특히 유의어·반의어 유형이 많이 출제되었으므로 평상시 많은 기사나 글을 읽어 다양한 어휘를 접하는 것이 필요함.
수리능력	수추리 문제나 속도, 시간, 개수 등을 구하는 문제와 도표, 그래프 등 자료를 활용하는 문제, 자료를 그래프로 변환하는 문제 등이 출제됨.
문제해결능력	조건 추리, 단어 관계 유추, 명제나 진위 추론 등의 문제와 실무를 바탕으로 적절한 해결책 도출 등의 문제가 출제됨. 의사소통, 수리, 자원관리 등의 영역과 혼합된 유형도 나타나므로 다양한 문제를 접하는 것이 중요함.
자원관리능력	시간, 예산관리에 대한 개념과 활용을 측정하는 기초적인 문제와 직장 생활에서 쓰이는 실무 관련 자료를 통하여 예산 계획 등을 하는 복합적인 문제가 출제됨.
조직이해능력	조직체계의 개념 파악과 조직에 따라 업무를 이해 및 적용하는 문제, 적절한 결재 양식을 찾는 문제가 출제되며, 일부에서는 농협 상식, 진행 중인 사업 이해 등도 출제되므로 미리 학습이 필요함.

파트 1

직무능력평가
영역별 기본학습

- 의사소통능력
- 수리능력
- 문제해결능력
- 자원관리능력
- 조직이해능력

지역농협 6급 직무능력평가

유형별 출제비중

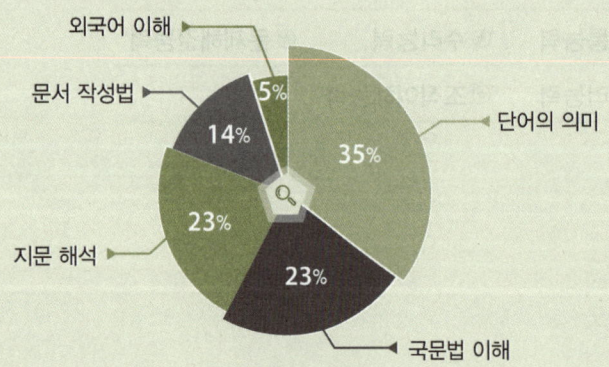

- 외국어 이해 5%
- 문서 작성법 14%
- 지문 해석 23%
- 국문법 이해 23%
- 단어의 의미 35%

출제분석

2024년 지역농협 6급 필기시험의 의사소통능력에서는 어휘, 의미·관계, 어법과 같은 국문법 관련 문제를 통해 변별을 확보하고자 하였다. 60문항 유형에서는 유의어·반의어, 맞춤법 문제가 다수 출제되었으며, 사자성어, 접속어 등의 어휘 문제와 난도가 높지 않은 독해 문제, 공문서 작성 이해 문제로 언어능력을 측정하였다. 70문항 유형에서도 유의어와 반의어, 사자성어 이해 문제 등을 통해 수험생들의 어휘 능력을 중점적으로 측정하였다.

1장

의사소통능력

테마 1 출제유형학습

테마 2 유형별 학습

테마 1 출제유형학습
의사소통능력

01 어휘

01 의사소통능력

1 어휘 관계

1. 유의 관계 : 의미가 같거나 비슷한 단어들의 의미 관계

특징	• 의미가 비슷하지만 똑같지 않다는 점에 유의한다. • 가리키는 대상의 범위가 다르거나 미묘한 느낌의 차이가 있어 서로 바꾸어 쓸 수 없다.
예시	곱다≒아름답다 / 말≒언사(言辭) / 기아≒기근 / 돈독하다≒두텁다

2. 반의 관계 : 서로 반대의 뜻을 지닌 단어들의 의미 관계

특징	• 대상에 대한 막연한 의미를 대조적인 방법으로 명확하게 부각시켜 준다. • 반의 관계에 있는 두 단어는 서로 공통되는 의미 요소 중 오직 하나만 달라야 한다.
예시	간헐↔지속 / 경감↔가중 / 곰살궂다↔무뚝뚝하다

3. 상하 관계 : 두 단어 중 한쪽이 의미상 다른 쪽을 포함하거나 포함되는 의미 관계

특징	• 상위어와 하위어의 관계는 상대적이다. • 상위어는 일반적이고 포괄적인 의미를 가진다. • 하위어일수록 개별적이고 한정적인 의미를 지닌다.
예시	나무-소나무, 감나무, 사과나무 / 동물-코끼리, 판다, 토끼

4. 동음이의어 관계 : 단어의 소리가 같을 뿐 의미의 유사성은 없는 관계

특징	• 사전에 서로 독립된 별개의 단어로 취급된다. • 상황과 문맥에 따라 의미를 파악해야 한다.
예시	배(선박)-배(배수)-배(신체)-배(과일)

확인문제

* 다음 단어와 밑줄 친 단어 중 의미가 서로 유사한 것은?

> 선양

① 선생님은 우리들의 학습 의욕을 고취시킬 수 있는 방법을 고민하셨다.
② 신제품이 출시되면 적절한 마케팅으로 선전해야 한다.
③ 관중들의 큰 함성 덕분에 선수들의 사기가 고무되었다.
④ 경제를 발전시킬 수 있는 방안에 대해 생각하고 있다.
⑤ 엄마의 지나친 독려가 오히려 부담스러웠지만 무사히 시험을 마쳤다.

정답 ①

해설 • 선양(宣揚) : 명성이나 권위 등을 널리 떨치게 함.
• 고취(鼓吹) : 의견이나 사상 등을 열렬히 주장하여 불어넣음.

5. 다의 관계 : 의미적으로 유사성을 갖는 관계

특징	• 의미들 중에는 기본적인 '중심 의미'와 확장된 '주변 의미'가 있다. • 사전에서 하나의 단어로 취급한다.
예시	다리 1. 사람이나 동물의 몸통 아래 붙어 있는 신체의 부분. 서고 걷고 뛰는 일 따위를 맡아 한다. 예 다리에 쥐가 나다. 2. 물체의 아래쪽에 붙어서 그 물체를 받치거나 직접 땅에 닿지 아니하게 하거나 높이 있도록 버티어 놓은 부분. 예 책상 다리 3. 안경의 테에 붙어서 귀에 걸게 된 부분. 예 안경다리를 새것으로 교체했다. 4. 오징어나 문어 따위 동물의 머리에 여러 개 달려 있어, 헤엄을 치거나 먹이를 잡거나 촉각을 가지는 기관 예 그는 술안주로 오징어 다리를 씹었다. 눈 1. 빛의 자극을 받아 물체를 볼 수 있는 감각 기관. 척추동물의 경우 안구·시각 신경 따위로 되어 있어, 외계에서 들어온 빛은 각막·눈동자·수정체를 지나 유리체를 거쳐 망막에 이르는데, 그 사이에 굴광체(屈光體)에 의하여 굴절되어 망막에 상을 맺는다. 예 눈이 맑다. 2. 물체의 존재나 형상을 인식하는 눈의 능력. 눈으로 두 광점을 구별할 수 있는 능력으로, 광도나 그 밖의 조건이 동일할 때, 시각 세포의 분포 밀도가 클수록 시력이 좋다. 예 눈이 좋다. 3. 사물을 보고 판단하는 힘 예 그는 보는 눈이 정확하다. 4. 무엇을 보는 표정이나 태도 예 동경의 눈으로 바라보다. 5. 태풍에서 중심을 이루는 부분

6. 동위 관계 : 하나의 상위개념에 속하는 서로 대등한 하위 개념의 관계

특징	같은 범주에 속하는 단어를 의미한다.
예시	사자-호랑이 / 기독교-불교 / 바나나-코코넛 / 첼로-바이올린

7. 인과 관계

특징	두 단어가 서로 원인과 결과를 나타내는 관계이다.
예시	가을-단풍

8. 고유어와 한자어의 관계 : 같은 뜻을 나타내는 고유어와 한자어의 관계

특징	본디부터 있던 말에 새로 만들어진 말의 관계이다.
예시	곰살궂다-다정하다

9. 재료-결과물관계

특징	두 단어 중 한 단어는 재료에 해당하고 다른 하나는 재료로 만든 결과물인 관계이다.
예시	카카오-초콜릿 / 무-단무지 / 쌀-한과

10. 도구-용도관계

특징	두 단어 중 한 단어는 도구이고 다른 단어는 그 도구를 사용하는 용도에 해당하는 관계를 의미한다.
예시	붓-그림 / 펜-글씨 / 온도계-측정

11. 장치-동력원관계

특징	두 단어 중 한 단어는 장치이고 다른 단어는 그 장치를 사용할 수 있는 힘이 되는 관계를 말한다.
예시	자동차-휘발유

12. 제작-사용관계

특징	한 단어는 제품이나 서비스 등을 제작하는 전문가이고 한 단어는 전문가가 만든 것을 나타내며 나머지 하나는 이용하는 사람을 나타내는 관계이다.
예시	대장장이-가위-엿장수 / 기술자-경운기-농부

13. 존칭관계

특징	존칭의 의미를 나타내는 말로 가리키는 대상의 범주는 같으나 성별에 따라 용어에 차이가 나는 단어의 관계를 뜻한다.
예시	영식-영애 / 선친-현비 / 가친-자친 / 춘부장-자당

14. 순서관계

특징	위치나 시간의 흐름에 따라 이어지는 단어의 관계이다.
예시	봄-여름-가을-겨울 / 할아버지-아버지-아들 / 뿌리-줄기-잎

② 다의어·동음이의어

다의어는 두 가지 이상의 뜻을 가진 단어로, 서로 연관성이 있는 의미를 여러 가지 가지고 있는 단어이다. 동음이의어는 소리는 같지만 뜻이 서로 다른 두 개 이상의 단어로 의미상 연관성이 없는 것을 말한다. 다의어는 하나의 낱말에 의미가 여러 개가 있으므로 중심의미와 주변의미로 나눌 수 있으며 사전에서 찾아보았을 경우 다의어는 한 표제어 아래 묶여 있다. 반면 동음이의어는 소리는 같으나 다른 뜻을 지닌 낱말이므로 사전에도 각각 다른 표제어로 등재되어 있다.

긋다 기출	어떤 특정한 부분을 강조하거나 드러나게 하기 위하여 금이나 줄을 그리다. 예 바닥에 금을 긋다.
	성냥이나 끝이 뾰족한 물건을 평면에 댄 채로 어느 방향으로 약간 힘을 주어 움직이다. 예 짓궂은 친구 하나가 그의 뺨에 색연필을 그어 놓았다.
	물건값 따위를 바로 내지 않고 외상으로 처리하다. 예 외상값이 밀려서 이제 그을 곳도 없다.
	일의 경계나 한계 따위를 분명하게 짓다. 예 나는 무의식 속에서 그녀와 선을 긋고 있었다.
	시험 채점에서 빗금을 표시하여 답이 틀림을 나타내다. 예 틀린 답에는 줄을 그어 버려라.
나오다 기출	안에서 밖으로 오다. 예 어머니는 길에 나오셔서 나를 기다리셨다.
	처리나 결과로 이루어지거나 생기다. 예 맑은 날보다 흐린 날에 사진이 잘 나온다.
	어떤 곳을 벗어나, 소속된 단체나 직장 따위에서 물러나다. 예 개인 사업을 하기 위해 회사에서 나왔습니다.
	어떠한 물건이 발견되다. 예 하루 종일 찾던 지갑이 책상 서랍에서 나왔다.
	감정 표현이나 생리 작용 따위가 나타나다. 예 자꾸 울음이 나와서 혼났다.
나타나다 기출	보이지 아니하던 어떤 대상의 모습이 드러나다. 예 다시 내게 나타나면 가만두지 않겠다.
	어떤 일의 결과나 징후가 겉으로 드러나다. 예 열심히 공부한 결과가 시험 성적에 나타나기 시작했다.
	생각이나 느낌 따위가 글, 그림, 음악 따위로 드러나다. 예 그의 주장은 이 글에 잘 나타났다.
	내면적인 심리 현상이 얼굴, 몸, 행동 따위로 드러나다. 예 그의 얼굴에는 굳은 의지가 나타났다.
	어떤 새로운 현상이나 사물이 발생하거나 생겨나다. 예 약을 먹었더니 효과가 나타나는 듯하다.

확인문제

* 다음 중 적절하지 않은 것은?
① '밤을 까다.', '칠흑같이 캄캄한 밤'에서 '밤'은 동음이의어이다.
② '사람이나 동물의 다리 맨 끝부분'을 가리킬 때의 발과 '한 발 뒤로 물러서다.'에서의 발은 다의어이다.
③ '머리를 자주 감으면 머릿결이 상한다.', '아이가 졸린지 눈을 스르르 감는다.'에서의 '감다'는 동음이의어이다.
④ '버릇없는 아이에게 따끔한 말을 한마디 쏘다.', '적의 진지에 대포를 쏘다.'의 '쏘다'는 다의어이다.
⑤ '아무래도 누군가 그를 밀고 있다.'의 경우와 '당원들은 당 총재를 대통령 후보로 밀었다.'의 경우의 '밀다'는 동음이의어이다.

정답 ⑤

해설 '아무래도 누군가 그를 밀고 있다.'와 '당원들은 당 총재를 대통령 후보로 밀었다'의 '밀다'는 의미상 연관성이 있으므로 다의어이다.

확인문제

* 다음 중 나머지 단어의 의미를 모두 포괄하는 것은?

① 이용하다 ② 부리다
③ 쓰다   ④ 덮다
⑤ 나타내다

정답 ③

해설 ① 대상을 필요에 따라 이롭게 쓰다.
② 사람에게 일정한 돈을 주고 어떤 일을 하게 하다.
④ 얼굴이나 머리에 모자 따위를 덮다.
⑤ 머릿속의 의견을 종이 같은 것에 글로 나타낸다.

다루다 기출	일거리를 처리하다. 예 무역 업무를 다루다.
	어떤 물건을 사고파는 일을 하다. 예 중고품을 다루다.
	기계나 기구 따위를 사용하다. 예 악기를 다루다.
	가죽 따위를 매만져서 부드럽게 하다. 예 가죽을 다루다.
	어떤 물건이나 일거리 따위를 어떤 성격을 가진 대상 혹은 어떤 방법으로 취급하다. 예 그는 외과 수술을 전문으로 다룬다.
	사람이나 짐승 따위를 부리거나 상대하다. 예 코치는 여자아이를 남자아이처럼 다루었다.
	어떤 것을 소재나 대상으로 삼다. 예 모든 신문에서 남북 회담을 특집으로 다루고 있다.
떼다 기출	붙어 있거나 잇닿은 것을 떨어지게 하다. 예 벽에 붙은 전단지를 떼다.
	전체에서 한 부분을 덜어내다. 예 세금을 뗀 나머지 금액을 받는다.
	어떤 것에서 마음이 돌아서다. 예 이런 일에는 관심을 떼지 않을 수가 없다.
	눈여겨 지켜보는 것을 그만 두다. 예 그 아이에게서 눈을 떼면 언제 사라질지 모른다.
	장사를 하기 위해 한꺼번에 많은 물건을 사다. 예 도매상에서 물건을 떼다가 장사를 한다.
	함께 있던 것을 홀로 남기다. 예 친구를 떼고 혼자 오다.
	봉한 것을 뜯어서 열다. 예 편지 봉투를 떼어 보다.
	걸음을 옮기어 놓다. 예 발걸음을 떼다.
	배우던 것을 끝내다. 예 그 나이에 벌써 구구단을 뗐다.
	성장의 초기 단계로서 일상적으로 하던 일을 그치다. 예 이제 막 젖을 뗀 강아지
	수표나 어음, 증명서 따위의 문서를 만들어 주거나 받다. 예 서류와 함께 제출할 등본을 떼러 갔다.
	남에게서 빌려온 돈 따위를 돌려주지 않다. 예 주변 사람들로부터 돈을 떼고 도망쳤다.

만들다 기출	노력이나 기술 따위를 들여 목적하는 사물을 이루다. 예 음식을 만들다.
	책을 저술하거나 편찬하다. 예 학습지, 수험서를 만들다.
	새로운 상태를 이루어 내다. 예 새 분위기를 만들다.
	글이나 노래를 짓거나 문서 같은 것을 짜다. 예 노래를 만들다.
	규칙이나 법, 제도 따위를 정하다. 예 회칙을 만들다.
	기관이나 단체 따위를 결성하다. 예 동아리를 만들다.
	돈이나 일 따위를 마련하다. 예 여행 경비를 만들다.
	틈, 시간 따위를 짜내다. 예 짬을 만들다.
	허물이나 상처 따위를 생기게 하다. 예 얼굴에 상처를 만들다.
	말썽이나 일 따위를 일으키거나 꾸며 내다. 예 괜한 일을 만들어서 힘이 든다.
	영화나 드라마 따위를 제작하다. 예 그녀는 인간적인 드라마를 만드는 감독이다.
	무엇이 되게 하다. 예 이웃 나라를 속국으로 만들다.
	그렇게 되게 하다. 예 혈압을 올라가게 만들다.
맵다 기출	성미가 사납고 독하다. 예 어머니는 매운 시집살이를 하셨다.
	고추나 겨자와 같이 맛이 알알하다. 예 찌개가 맵다.
	날씨가 몹시 춥다. 예 겨울바람이 맵고 싸늘하게 불었다.
번지다 기출	액체가 묻어서 차차 넓게 젖어 퍼지다. 예 종이에 잉크가 번지다.
	병이나 불, 전쟁 따위가 차차 넓게 옮아가다. 예 전염병이 온 마을에 번지다.
	말이나 소리 따위가 널리 옮아 퍼지다. 예 나쁜 소문이 마을 곳곳에 번지다.
	빛, 기미, 냄새 따위가 바탕에서 차차 넓게 나타나거나 퍼지다. 예 엷은 웃음이 입가에 번진다.
	풍습, 풍조, 불만, 의구심 따위가 어떤 사회 전반에 차차 퍼지다. 예 사회 전반에 보신주의 풍조가 유행처럼 번지고 있다.

확인문제

* 다음 중 나머지 단어의 의미를 모두 포괄하는 것은?
① 빠르다　② 강하다
③ 헤아리다　④ 세다
⑤ 희어지다

정답 ④

해설 ① 물이나 불, 바람 등의 기세가 크거나 빠르다.
② 행동이나 밀고 나가는 기세가 강하다.
③ 어떤 물건의 수효를 헤아리다.
⑤ 머리카락이나 수염 같은 털이 희어지다.

사람 기출	생각을 하고 언어를 사용하며 도구를 만들어 쓰고 사회를 이루어 사는 동물≒인간 예 사람은 만물의 영장이다.
	어떤 지역이나 시기에 태어나거나 살고 있거나 살았던 자 예 동양 사람
	일정한 자격이나 품격 등을 갖춘 이≒인간/인격에서 드러나는 됨됨이나 성질 예 사람을 기르다.
	상대편에게 자기 자신을 엄연한 인격체로서 가리키는 말 예 돈 좀 있다고 사람 무시하지 마라.
	친근한 상대편을 가리키거나 부를 때 사용하는 말 예 이 사람아, 이게 얼마 만인가?
	자기 외의 남을 막연하게 이르는 말 예 사람들이 뭐라 해도 할 수 없다.
	뛰어난 인재나 인물 예 이곳은 사람이 많이 난 고장이다.
	어떤 일을 시키거나 심부름을 할 일꾼이나 인원 예 그 일은 사람이 많이 필요하다.
정하다 기출	여럿 가운데 선택하거나 판단하여 결정하다. 예 약속 장소로 서울역 1번 출구 앞으로 정하다.
	규칙이나 법 따위의 적용 범위를 결정하다. 예 오랜 의논 끝에 몇 가지 규칙을 정하다.
	뜻을 세워 굳히다. 예 그는 다시는 담배를 피우지 않겠다고 마음을 정했다.
주다 기출	물건 따위를 건네어 가지거나 누리게 하다. 예 친구의 생일을 기념하여 선물을 주다.
	시간 따위를 허락하여 가지거나 누리게 하다. 예 마감까지 앞으로 이틀의 시간이 주어졌다.
	자격이나 권리, 점수 따위를 가지게 하다. 예 인권은 태어날 때부터 당연히 주어지는 권리이다.
	역할 따위를 가지게 하다. 예 특히 그들에게는 중대한 임무가 주어졌다.
	감정을 겪게 하거나 느끼게 하다. 예 그 분의 연설이 내게 큰 용기를 주었다.
	시선이나 관심 따위를 어떤 곳으로 향하다. 예 지나가는 시민들이 길거리 공연에 눈길을 주다.
	속력이나 힘 따위를 내다. 예 손에 힘을 주고 강하게 밀어야 한다.
	정이나 마음을 베풀거나 터놓다. 예 정은 주지 않을 것이다.

풀다 기출	금지되거나 제한된 것을 할 수 있도록 터놓다. 예 구금을 풀다. 모르거나 복잡한 문제 따위를 알아내거나 해결하다. 예 궁금증을 풀다. 춥던 날씨가 누그러지다. 예 날씨가 풀렸다. 사람을 동원하다. 예 사람을 풀어 수소문을 하다. 묶이거나 감기거나 얽히거나 합쳐진 것 따위를 그렇지 아니한 상태로 되게 하다. 예 보따리를 풀다.

③ 유의어

소리는 서로 다르지만 그 뜻이 비슷한 말을 가리킨다. 이러한 단어들을 유의 관계에 있다고 한다.

돌파구 기출	부닥친 장애나 어려움 따위를 해결하는 실마리 예 그들은 서로 협력하여 사태 해결의 새 돌파구를 마련하였다.
타개하다 기출	매우 어렵거나 막힌 일을 잘 처리하여 해결의 길을 열다. 예 정부는 수출 부진을 타개하기 위해 새로운 경기 부양책을 내놓았다.
해결하다	제기된 문제를 해명하거나 얽힌 일을 잘 처리하다. 예 노조는 사장단과의 직접 협상으로 모든 것을 해결하겠다는 태도를 취하고 있다.
극복하다	악조건이나 고생 따위를 이겨 내다. 예 국민의 신뢰와 협조가 없이는 경제난을 극복하기 어려울 것이다.
답파하다	험한 길이나 먼 길을 끝까지 걸어서 돌파하다. 예 그는 의지를 시험하기 위해 지리산을 답파하는 걸 계획했다.
아우르다 기출	여럿을 모아 한 덩어리나 한 판이 되게 하다. 예 이번 문제는 시민들의 의견을 아울러서 해결하겠다는 것이 시장의 방침이다.
포괄하다	일정한 대상이나 현상 따위를 어떤 범위나 한계 안에 모두 끌어넣다. 예 구체적인 사례까지 모두 포괄하기 힘든 법조문의 특성을 파고들어 악용하는 사례가 있다.
망라하다	널리 받아들여 모두 포함하다. 예 그의 작품 역시 그의 사랑과 그의 아이들에 관한 이야기로 그의 생애를 망라한 하나의 자서전인 것이다.
일괄하다	개별적인 여러 가지 것을 한데 묶다. 예 그는 제시된 안건을 일괄하여 검토하고, 공통된 문제점을 찾아보았다.
불러일으키다 기출	어떤 마음, 행동, 상태를 일어나게 하다. 예 젊은이들에게 과학 기술에 대한 관심을 불러일으키다.
야기하다 기출	일이나 사건 따위를 끌어 일으키다. 예 오해를 야기하는 행동을 하다.

확인문제

01~02. 다음 단어와 유사한 뜻을 지닌 단어를 고르시오.

01. 하늬바람

① 동풍　② 서풍
③ 남풍　④ 북풍
⑤ 북동풍

02. 차치하다

① 차지하다　② 소유하다
③ 덮어두다　④ 긴장하다
⑤ 방치하다

01.

정답 ②

해설 '하늬바람'은 서쪽에서 부는 건조하고 서늘한 바람을 이르는 순우리말로, 주로 농촌이나 어촌에서 이르는 말이다.

02.

정답 ③

해설 '차치하다'는 주로 '그 문제는 차치하고서라도~'의 문장으로 쓰이는데, 이를 보면 무언가를 염두에 두지 않는다는 의미로 사용되고 있음을 알 수 있다. 따라서 '내버려 두고 문제 삼지 아니하다.' 의미의 단어를 선택하면 된다.

생각	사물을 헤아리고 판단하는 작용 예 좋은 글이란 글쓴이의 생각과 느낌이 효과적으로 표현·전달될 수 있는 글이다.
고찰 기출	어떤 것을 깊이 생각하고 연구함. 예 문화에 대한 고찰 없이 인간의 삶을 이해하는 것은 불가능하다.
거절	상대편의 요구, 제안, 선물, 부탁 따위를 받아들이지 않고 물리침. 예 친구의 부탁이라 거절도 못 했다.
고사 기출	제의나 권유 따위를 굳이 사양함. 예 수차례의 고사 끝에 결국에는 그 제의를 받아들이게 되었다.
사양	겸손하여 받지 아니하거나 응하지 아니함. 또는 남에게 양보함. 예 사양 말고 많이 드세요.
묵과	잘못을 알고도 모르는 체하고 그대로 넘김. 예 그들의 독재적인 행위를 이대로 묵과했다가는 앞으로 큰일이 날 것이다.
용인 기출	너그러운 마음으로 참고 용서함. 예 구시대의 악습을 용인할 수는 없다.
성마르다	참을성이 없고 성질이 조급하다. 예 성마른 성격
성급하다	성질이 급하다. 예 너무 성급하게 굴면 일을 그르치기 쉽다.
옹졸하다	성품이 너그럽지 못하고 생각이 좁다. 예 옹졸한 생각
시망스럽다	몹시 짓궂은 데가 있다. 예 그는 말을 시망스럽게 해 다른 사람을 당황스럽게 한다.
짓궂다	장난스럽게 남을 괴롭고 귀찮게 하여 달갑지 아니하다. 예 짓궂게 놀리다.
무릇	대체로 헤아려 생각하건대 예 무릇 법도란 지키기 위해 존재하는 것이다.
대저	대체로 보아서 예 대저 효는 인륜의 근본이다.
대범	대체로 헤아려 생각하건대 예 대범 사람이라면 사람 할 도리를 해야지.
간헐	얼마 동안의 시간을 두고 되풀이하여 일어났다 쉬었다 함.
단속(斷續)	끊겼다 이어졌다 함. 또는 끊었다 이었다 함.
영속	영원히 계속함. 예 우리 민족의 영속과 발전을 위해 더 이상 독재자들이 역사를 더럽히는 일이 있게 해서는 안 된다.
지속	어떤 상태가 오래 계속됨. 예 약효의 지속 시간

④ 혼동하기 쉬운 단어

가늠	사물을 어림잡아 헤아림. '가늠하다'와 연관 예 그 건물의 높이가 가늠이 안 된다.
가름	쪼개거나 나누어 따로따로 되게 하는 일 예 둘로 가름
갈음	다른 것으로 바꾸어 대신함. 예 새 책으로 갈음하였다.
가없다	끝이 없다. 예 나의 가없는 의문들
가엾다	마음이 아플 만큼 안되고 처연하다. ≒가엽다. 예 소년 가장이 된 그 애가 보기에 너무 가엾었다.
간가	집의 칸살의 얽이, 시문이나 필획의 짜임새 예 간가의 높은 마루를 돌아 한 방에 모였다.
간극	사물·시간·두 가지 사건 및 현상 사이의 틈 예 이론과 현실 사이의 간극
간간이	시간적인 사이를 두고서 가끔씩 ≒간간 예 간간이 들려오는 기적 소리.
간간히	입맛 당기게 약간 짠 듯이 예 간간히 조리다.
각출	각각 내놓음. 예 재벌 기업마다 수재 의연금의 각출을 약속하였다.
갹출	같은 목적을 위하여 여러 사람이 돈을 나누어 냄. ≒거출 예 행사 비용 갹출
갑절	어떤 수나 양을 두 번 합한 만큼 예 이곳 전세 보증금이 다른 곳의 갑절이다.

곱절	1. 어떤 수나 양을 두 번 합한 만큼
	    예 생산량이 작년보다 곱절이나 늘었다.
	2. 일정한 수나 양이 그만큼 거듭됨을 이르는 말
	    예 세 곱절 / 영농 방식을 이처럼 개선하면 소득이 몇 곱절 높아지게 된다.

거치다	오가는 도중에 어디를 지나거나 들르다. 예 영월을 거쳐 왔다.
걷히다	'걷다('거두다'의 준말)'의 피동사 예 외상값이 잘 걷힌다.
걷잡다	한 방향으로 치우쳐 흘러가는 형세 따위를 붙들어 잡다. 예 걷잡을 수 없는 상태
겉잡다	겉으로 보고 대강 짐작하여 헤아리다. 예 겉잡아서 이틀 걸릴 일

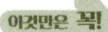

소리의 길이에 따라 의미가 분화되는 단어들

1. 길[道] 위에 한 길:짜리 통나무가 굴러다닌다.
2. 김 씨가 가장 좋아하는 반찬은 김:이다.
3. 밤[夜]에 삶은 밤:[栗]을 먹었다.
4. 배[梨]값이 배:[倍]로 올랐다.
5. 솔[松]잎을 모아 솔:을 만들어 방을 청소했다.
6. 눈[目]에 눈:[雪]이 들어갔다.
7. 손:[孫]이 많으면 손[手]이 많이 간다.
8. 죄를 뉘우치기 위한 벌[罰]로 벌:[蜂]을 보살피게 하였다.
9. 겨울에 굴을 굴:[窟]속에 들어가서 구워먹었다.
10. 한 집안의 부:(富)는 부(父)에 따라 결정된다.

결재	결정할 권한이 있는 상관이 부하가 제출한 안건을 검토하여 허가하거나 승인함. 예) 결재가 나다.	
결제	증권 또는 대금을 주고받아 매매 당사자 사이의 거래 관계를 끝맺는 일 예) 어음의 결제	
곤욕	심한 모욕. 또는 참기 힘든 일 예) 곤욕을 치르다.	
곤혹	곤란한 일을 당하여 어찌할 바를 모름. 예) 예기치 못한 질문에 곤혹을 느끼다.	
골다	잠잘 때 거친 숨결이 콧구멍을 울려 드르렁거리는 소리를 내다. 예) 그 사람 코를 고는 소리가 요란해서 나는 한숨도 자지 못했다.	
곯다	속이 물크러져 상하다. 예) 참외가 속으로 곯아서 만져 보면 물컹거린다.	
그슬다	불에 겉만 약간 타게 하다. 예) 장작불에 털을 그슬다.	
그을다	햇볕이나 불, 연기 따위를 오래 쬐어 검게 되다. 예) 햇볕에 얼굴이 검게 그을었다.	
깍듯이	분명하게 예의범절을 갖추는 태도 예) 손님을 깍듯이 대접해야지	
깎듯이	동사의 '깎다'의 어간과 어미 '듯이'가 결합한 말로 깎는 것처럼 이라는 뜻이다. 예) 연필을 깎듯이 이걸 좀 깎아 봐	
깐보다	어떤 형편이나 기회에 대하여 마음속으로 가늠하다. 또는 속을 떠보다. 예) 일을 깐보고 시작하다.	
깔보다	얕잡아 보다. 예) 어리다고 그 아이를 무시하고 깔보다가는 큰코다친다.	
껍데기	달걀이나 조개 따위의 겉을 싸고 있는 단단한 물질 예) 달걀 껍데기를 깨뜨리다.	
껍질	물체의 겉을 싸고 있는 단단하지 않은 물질. 예) 귤의 껍질을 까다.	
낟알	껍질을 벗기지 아니한 곡식의 알 예) 낟알을 줍다.	
낱알	하나하나 따로따로인 알	
낫잡다	금액, 나이, 수량, 수효 따위를 계산할 때에, 조금 넉넉하게 치다. 예) 손님이 더 올지 모르니 음식을 낫잡아 준비해라.	
낮잡다	실제로 지닌 값보다 낮게 치다. 예) 물건 값을 낮잡아 부르다.	

다리다	옷이나 천 따위의 주름이나 구김을 펴고 줄을 세우기 위하여 다리미나 인두로 문지르다. 예 다리미로 옷을 다리다.	
달이다	액체 따위를 끓여서 진하게 만들다. 예 간장을 달이다.	
다치다	부딪치거나 맞거나 하여 신체에 상처가 생기다. 예 부주의로 손을 다쳤다.	
닫히다	열린 문짝, 뚜껑, 서랍 따위가 도로 제자리로 가 막히다. 예 문이 저절로 닫혔다.	
닫치다	열린 문짝, 뚜껑, 서랍 따위를 꼭꼭 또는 세게 닫다. 예 문을 힘껏 닫쳤다.	
단근질	불에 달군 쇠로 몸을 지지는 일=낙형 예 그는 모진 단근질까지 당하고도 말문을 끝까지 열지 않았다.	
담금질	고온으로 열처리한 금속 재료를 물이나 기름 속에 담가 식히는 일 예 쇠를 단단하게 하려면 담금질을 해야 한다.	
-데	내가 직접 경험한 사실을 나중에 보고하듯이 말할 때 쓰이는 말 예 그가 그런 말을 하데.	
-대	남에게 들은 어떤 사실을 상대방에게 옮겨 전하는 말. '-다고 해.'의 준말 예 그 남자가 그녀를 떠났대.	
돋구다	안경의 도수 따위를 더 높게 하다. 예 눈이 침침한 걸 보니 안경의 도수를 돋굴 때가 되었나 보다.	
돋우다	위로 끌어 올려 도드라지거나 높아지게 하다. 예 호롱불의 심지를 돋우다.	
뒤처지다	어떤 수준이나 대열에 들지 못하고 뒤로 처지거나 남게 되다. 예 성적이 남들보다 뒤처지다.	
뒤쳐지다	물건이 뒤집혀서 젖혀지다.	
띠다	빛깔이나 색채 따위를 가지다. 예 그녀의 반지가 붉은색을 띠었다.	
띄다	'뜨이다(눈에 보이다)'의 준말 예 원고에 오탈자가 눈에 띈다.	
마파람	뱃사람들의 은어로, '남풍'을 이르는 말 예 마파람에 게 눈 감추듯	
맞바람	사람이나 물체의 진행 방향과 반대 방향으로 부는 바람 예 맞바람 속을 뚫고 걸어가면서 생각하였다.	
막역하다	허물이 없이 아주 친하다. 예 막역한 친구	
막연하다	갈피를 잡을 수 없게 아득하다. 예 앞으로 살아갈 길이 막연하다.	

매다	끈이나 줄 따위의 두 끝을 엇걸고 잡아당기어 풀어지지 아니하게 마디를 만들다. 예 신발 끈을 매다.
메다	어깨에 걸치거나 올려놓다. 예 어깨에 배낭을 메다.
면면이	저마다 따로따로. 또는 여러 면에 있어서 예 그는 모인 사람 모두에게 면면이 찾아다니며 인사를 하였다.
면면히	끊어지지 않고 죽 잇따라 예 우리 단일 민족은 면면히 이어 왔습니다.
목매다	높은 곳에 목을 걸어 매달다, 일이나 사람에게 전적으로 의지하다. 예 이 정도까지 사사로운 건에 목매어 있으면 안 된다.
목메다	기쁨이나 설움 따위의 감정이 북받쳐 기운이 목에 엉기어 막히다. 예 설움에 목메어 하염없이 울었다.
묵다	일정한 때를 지나서 오래된 상태가 되다. 예 묵은 때를 벗기다.
묶다	끈, 줄 따위를 매듭으로 만들다. 예 신발 끈을 묶다.
-ㄹ는지	뒤 절이 나타내는 일과 상관이 있는 어떤 일의 실현 가능성에 대한 의문을 나타내는 연결 어미 예 비가 올는지 바람이 몹시 강하다.
-ㄹ런지	'-ㄹ는지'의 잘못
바치다	신이나 웃어른에게 정중하게 드리다. 예 나라를 위해 목숨을 바쳤다.
받치다	물건의 밑이나 옆 따위에 다른 물체를 대다. 예 우산을 받치고 간다.
받히다	머리나 뿔 따위에 세차게 부딪다. '받다'의 피동사 예 쇠뿔에 받혔다.
밭치다	'밭다'를 강조하여 이르는 말 예 술을 체에 밭친다.
반드시	틀림없이 꼭 예 반드시 시간에 맞추어 오너라.
반듯이	작은 물체, 또는 생각이나 행동 따위가 비뚤어지거나 기울거나 굽지 아니하고 바르게 예 머리단장을 곱게 하여 옥비녀를 반듯이 찌르다.
반증	어떤 사실이나 주장이 옳지 아니함을 그에 반대되는 근거를 들어 증명함. 또는 그런 증거 예 우리에겐 그 사실을 뒤집을 만한 반증이 없다.
방증	사실을 직접 증명할 수 있는 증거가 되지는 않지만, 주변의 상황을 밝힘으로써 간접적으로 증명에 도움을 줌. 또는 그 증거 예 방증 자료

부수다	단단한 물체를 여러 조각이 나게 두드려 깨뜨리다. 예 돌을 잘게 부수다.
부시다	그릇 따위를 씻어 깨끗하게 하다. 예 솥을 부시다.
부치다	편지나 물건 따위를 일정한 수단이나 방법을 써서 상대에게로 보내다. 예 편지를 부치다.
붙이다	맞닿아 떨어지지 않게 하다. '붙다'의 사동사 예 우표를 붙인다. / 책상끼리 붙이자.
불고하다	돌아보지 아니하다. 예 체면을 불고하다.
불구하다	얽매여 거리끼지 아니하다. ≒물구하다. 예 몸살에도 불구하고 출근하다.
불다	바람이 일어나서 어느 방향으로 움직이다. 예 동풍이 부는 날
붇다	물에 젖어서 부피가 커지다. 예 콩이 붇다.
비스듬하다	수평이나 수직이 되지 아니하고 한쪽으로 기운 듯하다. 예 책들이 비스듬하게 꽂혀 있다.
비스름하다	거의 비슷하다. 예 그는 아버지와 겉모양은 비스름했지만 성격은 아주 딴판이다.
살찌다	몸에 살이 필요 이상으로 많아지다(동사). 예 그는 너무 살쪘다.
살지다	살이 많고 튼실하다(형용사). 예 살진 송아지
새다	기체, 액체 따위가 틈이나 구멍으로 조금씩 빠져 나가거나 나오다. 예 지붕에서 비가 샌다.
세다	머리카락이나 수염 따위의 털이 희어지다. 예 머리가 허옇게 세다.
새우다	한숨도 자지 아니하고 밤을 지내다. ≒패다 예 밤을 새워 공부하다.
세우다	몸이나 몸의 일부를 곧게 펴게 하거나 일어서게 하다. 예 머리를 꼿꼿이 세우다.
쇠락	쇠약하여 말라서 떨어짐. 예 혁신하지 않는 기업은 쇠락의 길을 걷기 마련이다.
쇄락	기분이나 몸이 상쾌하고 깨끗함. 예 심신이 맑아지는 상태에 영문 모를 쇄락을 지니기도 하였다.

실재	실제로 존재함. 예 실재의 인물	
실제	사실의 경우나 형편 예 실제 모습	
썩이다	걱정이나 근심 따위로 마음이 몹시 괴로운 상태가 되게 만들다. 예 이제 부모 속 좀 작작 썩여라.	
썩히다	유기물이 부패 세균에 의하여 분해됨으로써 원래의 성질을 잃어 나쁜 냄새가 나고 형체가 뭉개지는 상태가 되게 하다. 예 음식을 썩혀 거름을 만들다.	
아니오	부정의 뜻을 나타내는 '아니다'의 활용형 예 이것은 내 잘못이 아니오.	
아니요	윗사람이 묻는 말에 부정하여 대답할 때 쓰는 말 예 네가 유리창을 깨뜨렸지? 아니요, 제가 안 그랬어요.	
안치다	밥, 떡, 찌개 따위를 만들기 위하여 그 재료를 솥이나 냄비 따위에 넣고 불 위에 올리다. 예 밥을 안친다.	
앉히다	사람이나 동물이 윗몸을 바로 한 상태에서 엉덩이에 몸무게를 실어 다른 물건이나 바닥에 몸을 올려놓게 하다. 예 윗자리에 앉힌다.	
어름	두 사물의 끝이 맞닿은 자리 예 눈두덩과 광대뼈 어름에 시커먼 멍이 들었다.	
얼음	물이 얼어서 굳어진 물질 예 얼음 조각	
여위다	몸의 살이 빠져 파리하게 되다. 예 여윈 손	
여의다	부모나 사랑하는 사람이 죽어서 이별하다. 예 그는 일찍이 부모를 여의고 고아로 자랐다.	
옷거리	옷을 입은 모양새 예 그는 옷거리가 좋다.	
옷걸이	옷을 걸어 두도록 만든 물건 예 그는 집에 돌아오자마자 외투를 벗어 옷걸이에 걸었다.	
유래	사물이나 일이 생겨남. 또는 그 사물이나 일이 생겨난 바 예 한식의 유래	
유례	같거나 비슷한 예 예 세계에서 유례를 찾기 힘든 것이다.	
이따가	조금 지난 뒤에 예 이따가 오너라.	
있다가	동사 '있-'에 연결 어미 '-다가'가 결합된 말 예 집에 있다가 무료해서 나왔다.	

일절	아주, 전혀, 절대로의 뜻으로, 흔히 행위를 그치게 하거나 어떤 일을 하지 않을 때에 쓰는 말 예 출입을 일절 금하다.	
일체	모든 것 예 도난에 대한 일체의 책임을 지다.	
잃다	1. 가졌던 물건이 자신도 모르게 없어져 그것을 갖지 아니하게 되다. 　예 가방을 잃다. 2. 땅이나 자리가 없어져 그것을 갖지 못하게 되거나 거기에서 살지 못하게 되다. 　예 직장을 잃다. / 조국을 잃다.	
잊다	1. 한번 알았던 것을 기억하지 못하거나 기억해 내지 못하다. 　예 영어 단어의 철자를 잊다. 2. 본분이나 은혜 따위를 마음에 새겨 두지 않고 저버리다. 　예 본분을 잊다. / 은혜를 잊다.	
작다	길이, 넓이, 부피 따위가 비교 대상이나 보통보다 덜하다. 예 깨알처럼 작은 글씨	
적다	수효나 분량, 정도가 일정한 기준에 미치지 못하다. 예 수입이 적다.	
재고	어떤 일이나 문제 따위에 대하여 다시 생각함. 예 그 일의 결과는 너무나 뻔하므로 재고의 여지도 없다.	
제고	쳐들어 높임. 예 생산성의 제고	
저리다	뼈마디나 몸의 일부가 오래 눌려서 피가 잘 통하지 못하여 감각이 둔하고 아리다. 예 다리가 저리고 아프다.	
절이다	푸성귀나 생선 따위를 소금기나 식초, 설탕 따위에 담가 간이 배어들게 하다. '절다'의 사동사 예 생선을 소금에 절이다.	
좇다	목표, 이상, 행복 따위를 추구하다. 예 명예를 좇는 젊은이	
쫓다	어떤 대상을 잡거나 만나기 위하여 뒤를 급히 따르다. 예 쫓고 쫓기는 숨 막히는 추격전을 벌이다.	
주리다	제대로 먹지 못하여 배를 곯다. 예 그 먹는 품으로 보아 몹시 배를 주리고 있었다는 것을 알 수 있었다.	
줄이다	물체의 길이나 넓이, 부피 따위를 본디보다 작게 하다. '줄다'의 사동사 예 집을 줄여 이사를 하였다.	
지양	더 높은 단계로 오르기 위하여 어떠한 것을 하지 아니함.	
지향	어떤 목표로 뜻이 쏠리어 향함. 또는 그 방향이나 그쪽으로 쏠리는 의지 예 평화 통일 지향	

지피다	아궁이나 화덕 따위에 땔나무를 넣어 불을 붙이다. 예 군불을 지피다.
짚이다	헤아려 본 결과 어떠할 것으로 짐작이 가다. 예 아무리 생각해 보아도 짚이는 바가 없다.
편재	한 곳에 치우쳐 있음. 예 부의 편재
편제	어떤 조직이나 기구를 편성하여 체제를 조직함. 또는 그 기구나 체제 예 조직의 편제
푼푼이	한 푼씩 한 푼씩 예 푼푼이 번 돈
푼푼히	모자람이 없이 넉넉하게 예 용돈을 푼푼히 주다.
펴다	접히거나 개킨 것을 젖히어 벌리다, 주름 따위를 없애어 반반하게 하다, 굽은 것을 곧게 하다. 예 날개를 펴다.
피다	꽃봉오리 따위가 벌어지다, 연탄이나 숯 따위에 불이 일어나 스스로 타다, 형편이 나아지다. 예 개나리가 활짝 피었다.
한참	시간이 상당히 지나는 동안 예 한참 뒤
한창	어떤 일이 가장 활기 있고 왕성하게 일어나는 때. 또는 어떤 상태가 가장 무르익은 때 예 공사가 한창인 아파트
해어지다 (해지다)	닳아서 떨어지다. 예 옷소매가 너덜너덜하게 해져 있었다.
헤어지다	모여 있던 사람들이 따로따로 흩어지다. 정을 끊고 갈라서다. 예 다시 만남을 기약하고 헤어지다.
(으)러(목적)	예 공부하러 간다.
(으)려(의도)	예 서울 가려 한다.
(으)로서 (자격)	예 사람으로서 그럴 수는 없다.
(으)로써 (수단)	예 닭으로써 꿩을 대신했다.

5 주요 한자어

加減 가감 더할 가, 덜 감
[해석] 더하거나 뺌. 또는 그렇게 하여 알맞게 맞추는 일
[예] 사실을 加減 없이 전달했다.

價格 가격 값 가, 격식 격
[해석] 물건이 지니고 있는 가치를 돈으로 나타낸 것
[예] 새 옷을 저렴한 價格으로 샀다.

覺醒 각성 깨달을 각, 깰 성
[해석] 깨달아 앎.
[예] 모두의 覺醒 없이는 공해 문제를 풀 수 없다.

刻心 각심 새길 각, 마음 심
[해석] 잊지 않도록 마음에 깊이 새겨 두다.
[예] 내 말을 刻心해서 잘 들어라.

間隔 간격 사이 간, 막을 격
[해석] 공간적, 시간적으로 벌어진 사이
[예] 그와의 間隔은 불과 1센티미터

看做 간주 볼 간, 지을 주
[해석] 상태, 모양, 성질 따위가 그와 같다고 봄. 또는 그렇다고 여김.
[예] 위험한 인물로 看做되다.

看破 간파 볼 간, 깨뜨릴 파
[해석] 속내를 꿰뚫어 알아차림.
[예] 그의 정체가 쉽게 看破되지는 않았다.

勘案 감안 정할 감, 책상 안
[해석] 여러 사정을 참고하여 생각함.
[예] 그가 바쁜 것을 勘案하여 일정을 짰다.

講究 강구 강론할 강, 궁구할 구
[해석] 좋은 대책과 방법을 궁리하여 찾아내거나 좋은 대책을 세움.
[예] 대응책을 講究하다.

講演 강연 강론할 강, 멀리 흐를 연
[해석] 일정한 주제에 대하여 청중 앞에서 강의 형식으로 말함.
[예] 국제 문제에 대한 講演을 듣다.

槪括 개괄 대개 개, 묶을 괄
[해석] 중요한 내용이나 줄거리를 대강 추려 냄.
[예] 그는 이 작품에서 시대의 역사적 槪括을 시도했다.

介在 개재 끼일 개, 있을 재
[해석] 어떤 것들 사이에 끼여 있음.
[예] 사적 감정의 介在가 이 일의 변수이다.

開拓 개척 열 개, 헤칠 척
[해석] 새로운 영역, 운명, 진로 따위를 처음으로 열어 나감.
[예] 해외 시장을 開拓하다.

更新 갱신 다시 갱, 새로울 신
[해석] 이미 있던 것을 고쳐 새롭게 함.
[예] 면허 更新을 거부하다.

醵出 갹출 추렴할 갹, 날 출
[해석] 같은 목적을 위하여 여러 사람이 돈을 나누어 냄.
[예] 사람들이 醵出하여 기금을 마련하였다.

揭揚 게양 들 게, 오를 양
[해석] 기(旗) 따위를 높이 걺.
[예] 운동회 날 운동장에는 만국기가 揭揚되어 펄럭였다.

이것만은 꼭!

두 가지 이상으로 쓰이는 한자 ㄱ~ㅅ

- 車 수레 (거) : 車馬(거마)
  수레 (차) : 汽車(기차)
- 見 볼 (견) : 見聞(견문)
  뵐 (현) : 謁見(알현)
- 宅 집 (댁) : 宅內(댁내)
  집 (택) : 邸宅(저택)
- 讀 읽을 (독) : 讀書(독서)
  구절 (두) : 句讀(구두)
- 洞 고을 (동) : 洞里(동리)
  꿰뚫을 (통) : 洞察(통찰)
- 率 율 (률, 율) : 比率(비율)
  거느릴 (솔) : 食率(식솔)
- 復 다시 (부) : 復興(부흥)
  돌아올 (복) : 光復(광복)
- 殺 죽일 (살) : 殺害(살해)
  감할 (쇄) : 殺到(쇄도)
- 狀 형상 (상) : 狀態(상태)
  문서 (장) : 儀狀(의장)
- 塞 변방 (새) : 要塞(요새)
  막을 (색) : 閉塞(폐색)
- 索 찾을 (색) : 索引(색인)
  적막할 (삭) : 索莫(삭막)
- 說 말씀 (설) : 說明(설명)
  달랠 (세) : 遊說(유세)
  기쁠 (열) : 說樂(열락)
- 食 먹을 (식) : 食糧(식량)
  밥 (사) : 單食(단사)
- 數 셈 (수) : 數學(수학)
  자주 (삭) : 頻數(빈삭)
  촘촘할 (촉) : 數罟(촉고)

이것만은 꼭!
두 가지 이상으로 쓰이는 한자 ㅇ~ㅎ

- 惡 악할 (악) : 惡魔(악마)
  미워할 (오) : 憎惡(증오)
- 樂 풍류 (악) : 音樂(음악)
  즐거울 (락) : 安樂(안락)
  좋아할 (요) : 樂山樂水(요산요수)
- 易 쉬울 (이) : 容易(용이)
  바꿀 (역) : 貿易(무역)
- 咽 목구멍 (인) : 咽喉(인후)
  목멜 (열) : 嗚咽(오열)
- 刺 찌를 (자) : 刺客(자객)
  찌를 (척) : 刺殺(척살)
  수라 (라) : 水剌(수라)
- 切 끊을 (절) : 切斷(절단)
  모두 (체) : 一切(일체)
- 參 참여할 (참) : 參拜(참배)
  석 (삼) : 參拾(삼십)
- 推 밀 (추) : 推理(추리)
  밀 (퇴) : 推敲(퇴고)
- 暴 사나울 (포) : 暴惡(포악)
  사나울, 나타낼 (폭) : 暴行(폭행)
- 畵 그림 (화) : 畵工(화공)
  그을 (획) : 畵順(획순)
- 行 다닐 (행) : 追行(추행)
  항렬 (항) : 行列(항렬)
- 滑 미끄러울 (활) : 滑走(활주)
  익살스러울 (골) : 滑稽(골계)

揭載 게재 들 게, 실을 재
[해석] 글이나 그림 따위를 신문이나 잡지 따위에 실음.
[예] 그의 논문은 유명 학회지에 揭載될 예정이다.

堅持 견지 굳을 견, 가질 지
[해석] 어떤 견해나 입장 따위를 굳게 지니거나 지킴. / 굳게 지지함.
[예] 신중한 자세를 堅持하다.

譴責 견책 꾸짖을 견, 꾸짖을 책
[해석] 허물이나 잘못을 꾸짖고 나무람.
[예] 지각을 하는 바람에 상사에게 譴責을 당했다.

決裂 결렬 결정할 결, 찢을 렬(열)
[해석] 교섭이나 회의 따위에서 의견이 합쳐지지 않아 각각 갈라서게 됨.
[예] 노사 협상이 決裂되다.

結縛 결박 맺을 결, 묶을 박
[해석] 자유롭지 못하게 얽어 구속함.
[예] 인습의 結縛에서 풀려나다.

決裁 결재 결정할 결, 마를 재
[해석] 결정할 권한이 있는 상관이 부하가 제출한 안건을 검토하여 허가하거나 승인함.
[예] 決裁를 올리다.

決濟 결제 결정할 결, 건널 제
[해석] 일을 처리하여 끝을 냄.
[예] 숙박비를 카드로 決濟하다.

更迭 / 更佚 경질 고칠 경, 갈마들 질 / 고칠 경, 방탕할 질
[해석] 어떤 직위에 있는 사람을 다른 사람으로 바꿈.
[예] 비서실장의 更迭 사유를 밝히다.

啓發 계발 열 계, 필 발
[해석] 슬기나 재능, 사상 따위를 일깨워 줌.
[예] 합리적인 사고를 啓發하다.

考慮 고려 상고할 고, 생각할 려
[해석] 생각하고 헤아려 봄.
[예] 그 문제는 아직 考慮 중이다.

固守 고수 굳을 고, 지킬 수
[해석] 차지한 물건이나 형세 따위를 굳게 지킴.
[예] 올해 우리 팀은 선두권 固守를 목표로 삼고 있다.

雇用 고용 품팔 고, 쓸 용
[해석] 삯을 주고 사람을 부림.
[예] 사립 탐정을 雇用하여 그 사람의 뒷조사를 했다.

苦衷 고충 고마울 고, 속마음 충
[해석] 괴로운 심정이나 사정
[예] 다른 사람의 苦衷을 덜어 주다.

困難 곤란 괴로울 곤, 어려울 난
[해석] 사정이 몹시 딱하고 어려움. 또는 그런 일
[예] 생활에 困難을 겪다.

汨沒 골몰 다스릴 골, 잠길 몰
[해석] 다른 생각을 할 여유도 없이 한 가지 일에만 파묻힘.
[예] 대책 마련에 汨沒하다.

驕慢 교만 교만할 교, 게으를 만
[해석] 잘난 체하며 뽐내고 건방짐.
[예] 그 애는 자기 집이 좀 잘산다고 驕慢하였다.

球根 구근 공 **구**, 뿌리 **근**
[해석] 지하에 있는 식물의 뿌리나 줄기, 잎이 비대하게 양분을 저장한 것
[예] **球根**은 가뭄이 심할 때를 제외하고는 물을 줄 필요가 없다.

區分 구분 구역 **구**, 나눌 **분**
[해석] 일정한 기준에 따라 전체를 몇 개로 갈라 나눔.
[예] 우리는 옳고 그른 일들을 **區分**할 줄 알아야 한다.

具備 구비 갖출 **구**, 갖출 **비**
[해석] 있어야 할 것을 빠짐없이 다 갖춤.
[예] 최신 시설을 **具備**한 연구소

構造 구조 얽을 **구**, 지을 **조**
[해석] 부분이나 요소가 어떤 전체를 짜 이룸. 또는 그렇게 이루어진 얼개
[예] 이 제품은 **構造**가 간단하여 가격이 싸고 고장이 적다.

構築 구축 얽을 **구**, 쌓을 **축**
[해석] 어떤 시설물을 쌓아 올려 만듦.
[예] 방공호 **構築** / 독자적 세력을 **構築**하다.

窮乏 궁핍 다할 **궁**, 가난할 **핍**
[해석] 몹시 가난함.
[예] 돈이 없어 **窮乏**히 지내다.

權勢 권세 권세 **권**, 기세 **세**
[해석] 권력과 세력을 아울러 이르는 말
[예] **權勢** 있는 집안

權益 권익 권세 **권**, 더할 **익**
[해석] 권리와 그에 따르는 이익
[예] 국회에서는 노동자의 **權益**을 보호하는 법을 통과시켰다.

規範 규범 법 **규**, 법 **범**
[해석] 인간이 행동하거나 판단할 때에 마땅히 따르고 지켜야 할 가치 판단의 기준
[예] 도덕적 **規範**을 따르다.

規律 규율 법 **규**, 법 **율(률)**
[해석] 질서나 제도를 유지하기 위하여 정하여 놓은, 행동의 준칙이 되는 본보기
[예] 엄격한 **規律**

金一封 금일봉 쇠 **금**, 한 **일**, 봉할 **봉**
[해석] 금액을 밝히지 않고 종이에 싸서 봉하여 주는 상금, 격려금, 기부금 등의 돈
[예] 보육시설에 **金一封**이 전달되었다.

記錄 기록 기록할 **기**, 기록할 **록(녹)**
[해석] 주로 후일에 남길 목적으로 어떤 사실을 적음.
[예] 사건 **記錄**을 들춰 보다. / 세계 최고 **記錄**

機密 기밀 틀 **기**, 빽빽할 **밀**
[해석] 외부에 드러내서는 안 될 중요한 비밀
[예] **機密**을 누설하다.

寄與 기여 부칠 **기**, 더불어 **여**
[해석] 도움이 되도록 이바지함.
[예] 국가와 사회의 발전에 **寄與**하다.

氣焰 기염 기운 **기**, 불꽃 **염**
[해석] 불꽃처럼 대단한 기세
[예] 도전자는 케이오 승을 거두겠다고 **氣焰**을 토하고 있다.

懦弱 / 愞弱 나약 나약할 **나**, 약할 **약** / 겁낼 **나**, 약할 **약**
[해석] 의지가 굳세지 못함.
[예] 왕은 나이가 어리고 마음이 **懦弱**한 분이었다.

TIP 가족의 호칭

구분	자기	
	산 사람	죽은 사람
아버지	家親(가친), 嚴親(엄친), 父主(부주)	先親(선친), 先考(선고), 先父君(선부군)
어머니	慈親(자친), 母主(모주), 家慈(가자), 慈闈(자위)	先妣(선비), 先慈(선자)
할아버지	祖父(조부), 王父(왕부)	祖考(조고), 王考(왕고)

구분	타인	
	산 사람	죽은 사람
아버지	椿府丈(춘부장), 椿丈(춘장), 椿堂(춘당)	先大人(선대인), 先考丈(선고장), 先丈(선장)
어머니	慈堂(자당), 大夫人(대부인), 母堂(모당), 萱堂(훤당), 母夫人(모부인)	先大夫人(선대부인), 先夫人(선부인)
할아버지	王尊丈(왕존장), 王大人(왕대인)	先祖父丈(선조부장), 先王考丈(선왕고장)

TIP

나이를 나타내는 한자
- 10세 : 沖年(충년)
- 15세 : 志學(지학)
- 20세 : 弱冠(약관)
- 30세 : 而立(이립)
- 40세 : 不惑(불혹)
- 50세 : 知天命(지천명)
- 60세 : 耳順(이순)
- 61세 : 還甲(환갑), 華甲(화갑), 回甲(회갑)
- 70세 : 古稀(고희), 從心(종심)
- 77세 : 喜壽(희수)
- 80세 : 傘壽(산수)
- 88세 : 米壽(미수)
- 90세 : 卒壽(졸수)
- 91세 : 望百(망백)
- 99세 : 白壽(백수)
- 100세 : 上壽(상수), 期願之壽(기원지수)

懶怠 나태 게으를 **나(라)**, 게으를 **태**
[해석] 행동, 성격 따위가 느리고 게으름.
[예] 그는 너무 懶怠해서 맡은 일을 제때에 해내지 못한다.

爛商 난상 불에 데일 **난(란)**, 장사 **상**
[해석] 충분히 의논함. 또는 그런 의논
[예] 시장은 시민들과 爛商한 뒤에 쓰레기 매립장 건설을 약속했다.

捺印 날인 손으로 누를 **날**, 도장 **인**
[해석] 도장을 찍음.
[예] 서류에 捺印을 하다.

捏造 날조 반죽할 **날**, 지을 **조**
[해석] 사실이 아닌 것을 사실인 것처럼 거짓으로 꾸밈.
[예] 유언비어 捏造

濫用 남용 넘칠 **남(람)**, 쓸 **용**
[해석] 일정한 기준이나 한도를 넘어서 함부로 씀.
[예] 권력의 濫用을 막을 수 있는 제도적 장치가 필요하다.

露宿 노숙 이슬 **로**, 잘 **숙**
[해석] 사방이나 하늘을 가리지 않는 장소에서 잠을 잠.
[예] 회장에 일찍 들어가기 위해 출입구 앞에서 露宿을 하였다.

論據 논거 논의할 **논**, 의거할 **거**
[해석] 어떤 이론이나 논리, 논설 따위의 근거
[예] 명백한 論據를 제시하다.

論駁 논박 논의할 **논(론)**, 얼룩말 **박**
[해석] 어떤 주장이나 의견에 대하여 그 잘못된 점을 조리 있게 공격하여 말함.

[예] 젊은 학자의 새로운 주장은 論駁의 대상이 될 것이다.

論議 논의 논의할 **논(론)**, 의논할 **의**
[해석] 어떤 문제에 대하여 서로 의견을 내어 토의함. 또는 그런 토의
[예] 구체적인 대책이 論議되다.

論題 논제 논의할 **논(론)**, 제목 **제**
[해석] 논설이나 논문, 토론 따위의 주제나 제목
[예] 오늘 우리가 토론한 論題는 환경오염이다.

論證 논증 논의할 **논**, 증거 **증**
[해석] 옳고 그름을 이유를 들어 밝힘. 또는 그 근거나 이유
[예] 학문에서는 철저한 論證이 가장 중요하다.

團欒 단란 둥글 **단**, 난나무 **란(난)**
[해석] 한 가족의 생활이 원만하고 즐겁다.
[예] 가족과 團欒히 지내다.

端緒 단서 바를 **단**, 실마리 **서**
[해석] 어떤 문제를 해결하는 방향으로 이끌어 가는 일의 첫 부분
[예] 경찰은 사건의 端緒를 찾았다.

擔保 담보 멜 **담**, 보전할 **보**
[해석] 맡아서 보증함.
[예] 그 일의 성사를 제가 擔保 못하겠으니 믿어 주십시오.

踏步 답보 밟을 **답**, 걸음 **보**
[해석] 상태가 나아가지 못하고 한 자리에 머무르는 일 혹은 그 상태
[예] 의견 대립으로 회담이 踏步 상태에 놓여 있다.

當選 당선 마땅할 당, 가릴 선
[해석] 선거에서 뽑힘.
[예] 그가 출마하면 當選은 확실하다.

撞着 당착 칠 당, 붙을 착
[해석] 말이나 행동 따위가 앞뒤가 맞지 않음. / 서로 맞부딪침.
[예] 그의 말은 撞着이 심하여 도무지 갈피를 잡기 어렵다.

當初 당초 마땅 당, 처음 초
[해석] 일이 생기기 시작한 처음
[예] 當初 연말까지 진행되어야 했던 일이 계속 미뤄지고 있다.

賭博 도박 노름 도, 넓을 박
[해석] 돈이나 재물 따위를 걸고 주사위, 골패, 마작, 화투, 트럼프 따위를 써서 서로 내기를 하는 일=노름
[예] 賭博으로 가산을 탕진하다.

跳躍 도약 뛸 도, 뛸 약
[해석] 몸을 위로 솟구치는 일, 더 높은 단계로 발전하는 것을 비유적으로 이르는 말
[예] 실패를 跳躍의 계기로 만들어 성장하는 모습을 보여야 한다.

挑戰 도전 돋을 도, 싸울 전
[해석] 정면으로 맞서 싸움을 걺.
[예] 그의 최대 장점은 挑戰 정신이다.

媒介 매개 중매 매, 끼일 개
[해석] 둘 사이에서 양편의 관계를 맺어 줌.
[예] 말라리아는 모기를 媒介로 하여 전염된다.

罵倒 매도 욕할 매, 넘어질 도
[해석] 심하게 욕하며 나무람.
[예] 사람들은 그를 기회주의자라고 罵倒한다.

埋設 매설 묻을 매, 베풀 설
[해석] 지뢰, 수도관 따위를 땅속에 파묻어 설치함.
[예] 수도관 埋設 공사

免職 면직 면할 면, 벼슬 직
[해석] 일정한 직위나 직무에서 물러나게 함.
[예] 무능력과 직무 유기로 免職이 불가피하다.

摸索 모색 본뜰 모, 찾을 색
[해석] 일이나 사건 따위를 해결할 수 있는 방법이나 실마리를 더듬어 찾음.
[예] 외국 진출을 摸索하다.

默過 묵과 잠잠할 묵, 지날 과
[해석] 잘못을 알고도 모르는 체하고 그대로 넘김.
[예] 이번 잘못을 그대로 默過할 수는 없다.

門外漢 문외한 문 문, 바깥 외, 한나라 한
[해석] 어떤 일에 직접 관계가 없는 사람. 어떤 일에 전문적인 지식이 없는 사람
[예] 門外漢 눈에는 다 똑같아 보인다.

問責 문책 물을 문, 꾸짖을 책
[해석] 잘못을 캐묻고 꾸짖음.
[예] 사고 경위를 問責하다.

未達 미달 아닐 미, 통할 달
[해석] 어떤 한도에 이르거나 미치지 못함.
[예] 기준 함량에 未達되다.

剝奪 박탈 벗길 박, 빼앗을 탈
[해석] 남의 재물이나 권리, 자격 따위를 빼앗음.
[예] 선거권 및 피선거권 剝奪

[확인문제]

* 공통으로 쓰인 한자의 독음이 같은 것은?
① 更新된 계약 문서를 조사하다.
   更生의 길로 인도하다.
② 불교에서는 殺生을 금지한다.
   계산이 相殺되었다.
③ 그 안건은 否決되었다.
   그 노인은 否塞한 말년을 지내고 있다.
④ 개펄이 開拓되어서는 안 된다.
   답사의 목적은 비문을 拓本하는 것이다.

[정답] ①

[해설] ① 更 : 다시 갱, 고칠 경
• 更新(갱신) : 법률관계의 존속 기간이 끝났을 때 그 기간을 연장하는 일.
• 更生(갱생) : 마음이나 생활 태도를 바로잡아 본디의 옳은 생활로 되돌아가거나 발전된 생활로 나아감.

[오답풀이]
② 殺 : 죽일 살/감할 살, 빠를 쇄, 맴도는 모양 설, 윗사람 죽일 시
• 殺生(살생) : 사람이나 짐승 따위의 생물을 죽임.
• 相殺(상쇄) : 상반되는 것이 서로 영향을 주어 효과가 없어지는 일
③ 否 : 아닐 부, 막힐 비
• 否決(부결) : 의논한 안건을 받아들이지 아니하기로 결정함. 또는 그런 결정.
• 否塞(비색) : 운수가 꽉 막힘.
④ 拓 : 넓힐 척/주울 척, 박을 탁
• 開拓(개척) : 거친 땅을 일구어 논이나 밭과 같이 쓸모 있는 땅으로 만듦. 새로운 영역, 운명, 진로 따위를 처음으로 열어 나감.
• 拓本(탁본) : 비석, 기와, 기물 따위에 새겨진 글씨나 무늬를 종이에 그대로 떠냄. 또는 그렇게 떠낸 종이

확인문제

* 밑줄 친 부분의 한자가 옳은 것은?
① 학술지의 규정(規正)에 따라 표절 논문을 반려하였다.
② 문법 구조(救助)를 잘 이해하면 독해력이 향상된다.
③ 각급 기관에서 협조할 사안이 충분(充分)히 있다.
④ 사회적 현상(懸賞)을 파악하여 정책을 마련해야 한다.

[정답] ③

[해설] 충분(充分) : 모자람이 없이 넉넉함.

[오답풀이]
① • 규정(規定) : 1. 규칙으로 정함. 또는 그 정하여 놓은 것 2. 내용이나 성격, 의미 따위를 밝혀 정함. 또는 그 정하여 놓은 것
　• 규정(規正) : 바로 잡아서 고침.
② • 구조(構造) : 부분이나 요소가 어떤 전체를 짜 이룸. 또는 그렇게 이루어진 얼개
　• 구조(救助) : 재난 따위를 당하여 어려운 처지에 빠진 사람을 구하여 줌.
④ • 현상(現狀) : 나타나 보이는 현재의 상태
　• 현상(懸賞) : 무엇을 모집하거나 구하거나 사람을 찾는 일 따위에 현금이나 물품 따위를 내걺. 또는 그 현금이나 물품

反駁 반박 돌이킬 **반**, 얼룩말 **박**

[해석] 어떤 의견, 주장, 논설 따위에 반대하여 말함.
[예] 발언자의 주장을 조목조목 反駁하다.

發見 발견 필 **발**, 볼 **견**

[해석] 미처 찾아내지 못하였거나 아직 알려지지 아니한 사물이나 현상, 사실 따위를 찾아냄.
[예] 그는 우연히 아버지의 유품을 發見하였다.

發掘 발굴 필 **발**, 팔 **굴**

[해석] 땅속이나 큰 덩치의 흙, 돌 더미 따위에 묻혀 있는 것을 찾아서 파냄.
[예] 유적 發掘 / 모범 사례 發掘

發達 발달 필 **발**, 통할 **달**

[해석] 신체, 정서, 지능 따위가 성장하거나 성숙함.
[예] 통신 산업의 發達로 원거리 통신이 편해졌다.

拔萃 발췌 뽑을 **발**, 모을 **췌**

[해석] 책, 글 따위에서 필요하거나 중요한 부분을 가려 뽑아냄, 혹은 그 내용
[예] 다음은 농촌 고령화에 관한 기사를 拔萃한 내용이다.

賠償 배상 물어줄 **배**, 갚을 **상**

[해석] 남의 권리를 침해한 사람이 그 손해를 물어 주는 일.
[예] 피해자에게 손해를 賠償했다.

病弊 병폐 병들 **병**, 폐단 **폐**

[해석] 병통과 폐단을 아울러 이르는 말=병패
[예] 病弊를 극복하다.

報償 보상 갚을 **보**, 갚을 **상**

[해석] 남에게 진 빚 또는 받은 물건을 갚음. 어떤 것에 대한 대가로 갚음.
[예] 빌린 돈의 報償이 어렵게 되었다.

扶助 부조 도울 **부**, 도울 **조**

[해석] 잔칫집이나 상가 등에 돈이나 물건을 보내어 도와줌, 혹은 그 돈이나 물건
[예] 그는 생계 때문에 扶助를 조금밖에 못 가져온 것에 풀이 죽어 있었다.

事件 사건 일 **사**, 사건 **건**

[해석] 사회적으로 문제를 일으키거나 주목을 받을 만한 뜻밖의 일
[예] 事件의 진상을 밝히다.

思考 사고 생각 **사**, 상고할 **고**

[해석] 생각하고 궁리함.
[예] 진보적 思考

思索 사색 생각 **사**, 찾을 **색**

[해석] 어떤 것에 대하여 깊이 생각하고 이치를 따짐.
[예] 思索의 계절

使用 사용 부릴 **사**, 쓸 **용**

[해석] 일정한 목적이나 기능에 맞게 씀.
[예] 공공 물건은 잘 使用해야 한다.

思惟 사유 생각 **사**, 생각할 **유**

[해석] 대상을 두루 생각하는 일
[예] 패러다임의 전환은 思惟 체계가 바뀌는 것이다.

産地 산지 낳을 **산**, 땅 **지**

[해석] 생산되어 나오는 곳
[예] 産地의 가격, 쌀의 産地

相續 상속 서로 상, 이을 속

[해석] 뒤를 이음.
[예] 어머니는 외할아버지의 유산을 相續했다.

相殺 상쇄 서로 상, 감할 쇄

[해석] 상반되는 것이 서로 영향을 주어 효과가 없어지는 일
[예] 무슨 일을 하여도 과거의 잘못이 相殺되지 않는다.

上午 상오 윗 상, 낮 오

[해석] 밤 0시부터 낮 12시까지의 사이
[예] 사건은 上午 10시경 발생했다.

石彫 석조 돌 석, 새길 조

[해석] 돌에 조각함, 혹은 그런 물건
[예] 해외로 불법 유출된 조선의 石彫 유물이 36년 만에 돌아왔다.

說明 설명 말씀 설, 밝을 명

[해석] 어떤 일이나 대상의 내용을 상대편이 잘 알 수 있도록 밝혀 말함. 또는 그런 말
[예] 보고서에 대한 說明이 끝나자 질문이 쏟아졌다.

損害 손해 덜 손, 해로울 해

[해석] 물질적으로나 정신적으로 밑짐. 늑손, 해손
[예] 자연재해로 인한 損害

熟考 숙고 익을 숙, 상고할 고

[해석] 곰곰 잘 생각함. 또는 그런 생각
[예] 밤낮 없이 熟考한 결과 최선의 해결책을 찾았다.

審査 심사 살필 심, 조사할 사

[해석] 자세하게 조사하여 등급이나 당락 따위를 결정함.
[예] 서류 전형을 통과하기 위해서는 까다로운 審査를 거쳐야 한다.

案件 안건 책상 안, 사건 건

[해석] 토의하거나 조사하여야 할 사실늑안
[예] 영업부의 案件이 통과되었다.

安堵 안도 편안할 안, 담 도

[해석] 사는 곳에서 평안히 지냄. 또는 그런 곳
[예] 安堵의 한숨을 쉬었다.

軋轢 알력 삐걱거릴 알, 수레에 칠 력 (역)

[해석] 수레바퀴가 삐걱거린다는 뜻으로, 서로 의견이 맞지 아니하여 사이가 안 좋거나 충돌하는 것을 이르는 말
[예] 파벌 간의 軋轢이 심하다.

斡旋 알선 관리할 알, 돌 선

[해석] 남의 일이 잘되도록 주선하는 일
[예] 친구의 斡旋으로 일자리를 구하였다.

役割 역할 부릴 역, 벨 할

[해석] 자기가 하여야 할 맡은 바 직책이나 임무, 영화나 연극에서 배우가 맡아서 하는 소임
[예] 예원이는 이번 연극에서 나무 役割을 맡았다.

提示 제시 끌 제, 보일 시

[해석] 어떠한 의사를 말이나 글로 나타내어 보임.
[예] 글의 목적이 명확히 提示되었다.

制裁 제재 억제할 제, 마를 재

[해석] 일정한 규칙이나 관습의 위반에 대하여 제한하거나 금지함. 또는 그런 조치
[예] 유엔 안보리의 도발국 制裁 방안

확인문제

* 다음 한자어의 발음과 뜻풀이가 옳지 않은 것은?

① 捏造(날조) - 어떤 일을 허위로 조작함.
② 正鵠(정곡) - 과녁의 한복판이 되는 점으로 목표나 핵심을 뜻하는 말
③ 什器(집기) - 집 안이나 사무실에서 쓰는 온갖 기구
④ 澎湃(팽배) - 기세나 사조 따위가 세차게 일어 넘침.
⑤ 馴化(순화) - 잡스러운 것을 걸러서 순수하게 함.

[정답] ⑤

[해설] 馴化(순화) : 생물이 새로운 환경에 옮겨진 후 점차 그 환경에 적응하고 유전적으로 변화하여 가는 일. 길들이기 → 醇化(순화) : 잡스러운 것을 없애고 순수하게 함.

확인문제

* 다음 한자어가 가리키는 대상이 옳지 않은 것은?

① 춘부장(椿府丈) – 상대방의 아버지
② 자당(慈堂) – 상대방의 어머니
③ 종형(從兄) – 상대방의 형님
④ 자형(姊兄) – 누나의 남편

정답 ③

해설 종형(從兄) : 사촌 형
남의 형은 '백씨, 백씨장, 중씨, 중씨장'이라고 표현하고, 사후에는 '선백씨장, 선중씨장' 등으로 표현한다.

直結 직결 곧을 **직**, 맺을 **결**

[해석] 사이에 다른 것을 개입하지 않고 직접 연결함.
[예] 환경 문제는 인간과 **直結**된다.

職責 직책 벼슬 **직**, 꾸짖을 **책**

[해석] 직무상의 책임
[예] 맡은 **職責**을 성실히 수행하였다.

遮蔽 차폐 가릴 **차**, 덮을 **폐**

[해석] 가려 막고 덮음.
[예] 일부 발전소의 방사능 **遮蔽** 시설이 불안정한 사실이 밝혀졌다.

採用 채용 캘 **채**, 쓸 **용**

[해석] 사람을 골라서 씀.
[예] 신입사원을 **採用**하다.

貪慾 탐욕 탐낼 **탐**, 욕심 **욕**

[해석] 지나치게 탐하는 욕심
[예] **貪慾**은 인간을 파멸로 몰아간다.

態度 태도 모양 **태**, 법도 **도**

[해석] 몸의 동작이나 몸을 가누는 모양새
[예] 사장님 앞에서의 그의 **態度**는 당당했다.

被害 피해 입을 **피**, 해로울 **해**

[해석] 생명이나 신체, 재산, 명예 따위에 손해를 입음. 또는 그 손해
[예] 전쟁으로 **被害**를 입다.

割引 할인 나눌 **할**, 끌 **인**

[해석] 일정한 값에서 얼마를 뺌.
[예] 그 매장에서는 20% **割引**을 해서 판매한다.

解弛 해이 풀 **해**, 늦출 **이**

[해석] 긴장이나 규율 따위가 풀려 마음이 느슨함.
[예] **解弛**해진 기강을 바로 세우기 위함이다.

曉天 효천 새벽 **효**, 하늘 **천**

[해석] 날이 밝아 올 무렵, 날이 샐 무렵에 밝아 오는 하늘
[예] **曉天**에 서리가 내렸다.

休憩 휴게 쉴 **휴**, 쉴 **게**

[해석] 어떤 일을 하다가 잠깐 동안 쉼.
[예] 이용객의 편의를 위한 **休憩** 시설이 마련되어 있다.

6 한자성어

- 苛斂誅求(가렴주구) : 세금 같은 것을 가혹하게 받고 국민을 못살게 구는 일
- 刻苦勉勵(각고면려) : 어떤 일에 고생을 무릅쓰고 몸과 마음을 다하여, 무척 애를 쓰면서 부지런히 노력함.
- 刻骨難忘(각골난망) : 은덕을 입은 고마움이 마음깊이 새겨져 잊히지 아니함.
- 刻舟求劍(각주구검) : 칼을 강물에 떨어뜨리자 뱃전에 그 자리를 표시했다가 나중에 그 칼을 찾으려 한다는 뜻으로, 판단력이 둔하여 융통성이 없고 세상일에 어둡고 어리석음을 이르는 말
- 肝膽相照(간담상조) : 간과 쓸개를 내놓고 서로에게 내보인다는 뜻으로, 서로 마음을 터놓고 친밀히 사귐.
- 間於齊楚(간어제초) : 제(齊)나라와 초(楚)나라 사이라는 뜻으로, 약(弱)한 자가 강(强)한 자들 사이에 끼여 괴로움을 받음을 이르는 말
- 渴而穿井(갈이천정) : 목이 마르면 그때서야 비로소 우물을 판다는 뜻으로, 사전의 준비 없이 일이 생긴 후에야 비로소 서둘러 봐야 아무 소용이 없음을 이르는 말
- 蓋世之才(개세지재) : 세상(世上)을 마음대로 다스릴 만한 뛰어난 재기(才氣) 또는 그러한 재기를 가진 사람
- 居安思危(거안사위) : 편안한 때에 미래에 닥칠 위태로움을 생각함.
- 車載斗量(거재두량) : 물건을 수레에 싣고 말로 헤아린다는 뜻으로, 아주 많음, 또는 많아서 귀하지 않음을 이르는 말
- 乾坤一擲(건곤일척) : 주사위를 던져 승패를 건다는 뜻으로, 운명과 흥망·승패를 걸고 단판승부를 겨루는 것
- 去頭截尾(거두절미) : 머리와 꼬리를 잘라버린다는 뜻으로, 앞뒤의 말을 생략하고 요점만 말한다는 뜻
- 堅如金石(견여금석) : 굳기가 금이나 돌 같음.
- 見危致命(견위치명) : 나라의 위태로움을 보고 목숨을 버림.
- 牽强附會(견강부회) : 가당치 않은 말을 억지로 끌어다가 이치에 맞추어 댐.
- 見利思義(견리사의) : 이익(利益)을 챙겼으면 그것이 의(義)에 맞는가 어떤가를 먼저 생각해야 함.
- 犬馬之勞(견마지로) : 자기의 노력을 낮추어 하는 말, 임금이나 나라에 충성을 다하는 일
- 犬兔之爭(견토지쟁) : 개와 토끼의 다툼이라는 뜻으로 두 사람의 싸움에 제 삼자가 이익을 본다는 말
- 結者解之(결자해지) : 맺은(結) 사람이 푼다(解)는 뜻으로, 자기가 저지른 일은 자기가 해결해야 한다는 말
- 結草報恩(결초보은) : 죽어서까지 은혜를 잊지 않고 갚음.
- 傾國之色(경국지색) : 뛰어나게 아름다운 미인을 이르는 말
- 耕當問奴(경당문노) : 농사일은 당연히 머슴에게 물어야 함. 모르는 일은 그 방면의 전문가에게 상의해야 한다는 말

확인문제

*다음 글의 내용과 가장 관련이 있는 한자성어는?

A시는 산림자원을 보존하기 위해 숲 가꾸기 사업 및 산물 수집단을 적극적으로 운영한 결과 2만 명이 넘는 일자리를 창출하였다. 결과적으로 일자리 창출과 함께 산림자원도 증대시키는 만족스러운 결과를 얻었다고 평가받고 있다.

① 지록위마(指鹿爲馬)
② 일거양득(一擧兩得)
③ 침소봉대(針小棒大)
④ 건곤일척(乾坤一擲)
⑤ 동량지재(棟梁之材)

정답 ②

해설 일거양득(一擧兩得) : 한 가지 일로 두 가지 이득을 얻는다.

오답풀이
① 지록위마(指鹿爲馬) : 윗사람을 농락하고 권세를 마음대로 함.
③ 침소봉대(針小棒大) : 작은 일을 크게 불리어 떠벌림.
⑤ 동량지재(棟梁之材) : 한 집안이나 나라의 중심이 되는 인재

- 敬而遠之(경이원지) : 겉으로는 공경하는 체하면서 속으로는 멀리한다는 뜻. '경원(敬遠)'은 준말
- 鯨戰蝦死(경전하사) : 고래 싸움에 새우 등 터진다라는 뜻으로, 강한 자들끼리의 싸움에 약한 자가 끼여 피해를 당한다는 말
- 股肱之臣(고굉지신) : 임금이 가장 믿고 중하게 생각하는 신하
- 孤軍奮鬪(고군분투) : 적은 인원이나 약한 힘으로 남의 도움을 받지 아니하고 힘에 벅찬 일을 잘해내는 것을 이르는 말
- 叩盆之痛(고분지통) : 물동이를 두들기는 쓰라림이라는 말로, 아내가 죽은 슬픔을 말함.
- 姑息之計(고식지계) : 당장의 편안함만을 꾀하는 일시적인 방편
- 枯魚之肆(고어지사) : 목마른 고기의 어물전이라는 말로, 매우 곤궁한 처지를 비유함.
- 孤掌難鳴(고장난명) : 손뼉도 마주쳐야 된다. 혼자서 할 수 없고 협력해야 일이 이루어짐.
- 苦盡甘來(고진감래) : 쓴 것이 다하면 단 것이 온다는 뜻으로 고생 끝에 즐거움이 온다는 것을 뜻함.
- 高枕安眠(고침안면) : 베개를 높이 하여 편안히 잔다. 근심 없이 편히 지냄.
- 曲學阿世(곡학아세) : 학문을 왜곡하여 세속에 아부함.
- 骨肉相爭(골육상쟁) : 가까운 혈족끼리 또는 같은 민족끼리 서로 다투고 싸움.
- 空前絕後(공전절후) : 어떤 예가 이전에도 없고, 이후에도 없을 것임.
- 過恭非禮(과공비례) : 지나친 공손은 도리어 예가 아님.
- 過猶不及(과유불급) : 정도를 지나침은 미치지 않은 것보다 못함.
- 刮目相對(괄목상대) : 남의 학식이나 재주가 놀랄 만큼 부쩍 늘음을 이르는 말
- 矯角殺牛(교각살우) : 소의 뿔을 바로잡으려다가 소를 죽인다는 뜻으로 곧 조그만 일을 고치려다 큰일을 그르친다는 말
- 巧言令色(교언영색) : 교묘한 말과 상냥한 얼굴빛. 즉, 남에게 아첨하는 말과 태도
- 膠柱鼓瑟(교주고슬) : 고지식하여 조금도 융통성이 없음.
- 膠漆之交(교칠지교) : 아교와 칠의 사귐과 같이 퍽 사이가 친하고 두터움. =膠漆之心(교칠지심)
- 狡免三窟(교토삼굴) : 교활한 토끼는 세 개의 굴을 파 놓는다는 뜻으로, 교묘하게 숨어 재난을 피함을 비유하여 이르는 말
- 狗猛酒酸(구맹주산) : 주막의 개가 사나우면 손님이 없어 술이 시어진다는 뜻으로, 간신배가 있는 나라에는 어진 신하들이 모이지 않음을 이르는 말
- 口蜜腹劍(구밀복검) : 말로는 친한 듯하나 속에는 칼 같은 마음을 품음.
- 救死不瞻(구사불첨) : 곤란이 극심하여 다른 일을 돌볼 겨를이 없음.
- 口尙乳臭(구상유취) : 입에서 아직 젖내가 난다는 뜻으로 언행이 아직 유치함.
- 九十春光(구십춘광) : 노인의 마음이 청년같이 젊음.
- 群盲撫象(군맹무상) : 여러 맹인이 코끼리를 만져보고 제각각 판단함. 작은 것만 보고 큰 것은 보지 못함.
- 捲土重來(권토중래) : 어떤 일에 한 번 실패한 사람이 그 실패에 굴하지 않고 다시 시작함.

- 金科玉條(금과옥조) : 금이나 옥처럼 귀중히 여겨 꼭 지켜야 할 법칙이나 규정
- 錦上添花(금상첨화) : 비단 위에 꽃을 더한다는 뜻으로 좋은 일 위에 또 좋은 일이 더하여짐을 비유적으로 이르는 말
- 今昔之感(금석지감) : 현재와 옛날을 비교하여 너무 많이 달라졌음을 느끼는 감정
- 騎虎之勢(기호지세) : 범을 타고 가는 형세라는 뜻으로 한 번 시작한 일을 중도에서 그만둘 수 없는 형세
- 樂生於憂(낙생어우) : 즐거움은 근심하는 가운데에서 생긴다는 말
- 卵上加卵(난상가란) : 알 위에 알을 포갠다는 뜻으로 정성이 지극하면 감천함.
- 爛商公論(난상공론) : 여러 사람들이 모여 충분히 의논함.
- 囊中之錐(낭중지추) : '주머니 속의 송곳'이라는 뜻으로 재능이 뛰어난 사람은 숨어 있어도 자연히 드러나게 됨.
- 內省不疚(내성불구) : 마음속에 조금도 부끄러울 것이 없음. 즉, 마음이 결백함.
- 內憂外患(내우외환) : 나라 안팎의 근심 걱정
- 老當益壯(노당익장) : 사람은 늙을수록 더욱 기운을 내어야 하고 뜻을 굳게 해야 함.
- 勞心焦思(노심초사) : 애를 써 속을 태움.
- 怒蠅拔劍(노승발검) : 파리 때문에 성질이 난다고 칼을 뽑아 듦. 작은 일을 갖고 수선스럽게 화내는 것을 비유함.
- 綠衣使者(녹의사자) : 푸른 옷을 입은 사자라는 말로, 앵무새의 다른 명칭
- 論功行賞(논공행상) : 공적을 가려 알맞은 상을 줌.
- 弄瓦之慶(농와지경) : 딸을 낳은 즐거움
- 能小能大(능소능대) : 작은 일이나 큰 일 모두 잘해냄.
- 多岐亡羊(다기망양) : 여러 갈래의 길에서 양을 잃음. 학문의 길이 여러 갈래라 진리를 찾기 어려움.
- 斷金之交(단금지교) : 친구 사이의 사귀는 정이 매우 깊음.
- 斷機之戒(단기지계) : 학문을 중도에서 그만두면 아니됨을 경계하는 말
- 簞食瓢飮(단사표음) : 도시락 밥과 표주박 물이라는 뜻으로, 청빈하고 소박한 생활을 이르는 말
- 丹脣皓齒(단순호치) : 붉은 입술과 하얀 이란 뜻으로, 여자의 아름다운 얼굴을 이르는 말
- 堂狗風月(당구풍월) : 서당 개가 풍월을 읊음. 무식한 자도 유식한 자와 같이 있으면 다소 유식해진다는 뜻
- 螳螂拒轍(당랑거철) : 사마귀가 앞발을 들고 수레를 멈추려 했다는 데서 유래한 말로 제 역량을 생각하지 않고 강한 상대나 되지 않을 일에 덤벼드는 무모한 행동거지를 비유한 말 =螳螂之斧(당랑지부)
- 螳螂在後(당랑재후) : 사마귀가 매미를 덮치려고 엿보는 데에만 정신이 팔려 자신이 참새에게 잡아먹힐 위험에 처해 있음을 몰랐다는 데서 유래한 말로 눈앞의 이익에만 정신이 팔려 뒤에 닥친 위험을 알지 못함을 이르는 말

> **확인문제**
>
> * 다음 중 '눈앞의 이익에만 정신이 팔려 뒤에 닥친 위험을 깨닫지 못함'을 뜻하는 한자성어는?
> ① 能小能大(능소능대)
> ② 螳螂窺蟬(당랑규선)
> ③ 同苦同樂(동고동락)
> ④ 勿失好機(물실호기)
> ⑤ 門前成市(문전성시)
>
> **정답** ②
>
> **해설** ④ 勿失好機(물실호기) : 결코 잃을 수 없는 절호의 기회. 또는 절호의 기회를 잃지 않음.
> ⑤ 門前成市(문전성시) : 찾아오는 이가 많아 집 앞이 시장을 이루다시피 함.

- 道不拾遺(도불습유) : 길에 물건이 떨어져 있어도 주워가지 않음. 나라가 잘 다스려져 태평하고 풍부한 세상을 형용하는 말
- 倒行逆施(도행역시) : 거꾸로 행하고 거슬러 시행한다는 뜻으로, 도리(道理)에 순종하지 않고 일을 행하며 상도(常道)를 벗어나서 일을 억지로 한다는 의미
- 讀書亡羊(독서망양) : 책을 읽다가 양을 잃어버린다는 뜻으로, 다른 일에 정신이 팔린다는 뜻
- 獨也靑靑(독야청청) : 홀로 푸르다는 말로, 홀로 높은 절개를 드러내고 있음을 의미함.
- 獨掌不鳴(독장불명) : 한 손바닥으로는 소리가 나지 않음. 혼자서는 일하기도 어렵고 둘이 협력하여야 함.
- 獨學孤陋(독학고루) : 혼자 공부한 사람은 견문이 좁아서 정도(正道)에 들어가기 어렵다.
- 同價紅裳(동가홍상) : 같은 값이면 다홍치마라는 뜻으로 같은 조건이라면 좀 더 나은 것을 택한다는 의미
- 同苦同樂(동고동락) : 괴로움을 함께 하고 즐거움도 함께 함. 세상의 즐거운 일과 괴로운 일들을 모두 함께 겪는 것을 말함.
- 同心同德(동심동덕) : 같은 목표를 위해 다같이 힘쓰는 것을 이르는 말
- 杜門不出(두문불출) : 집에서 은거하면서 관직에 나가지 아니하거나 사회의 일을 하지 아니함을 비유적으로 이르는 말
- 馬耳東風(마이동풍) : 동풍이 말의 귀에 스쳐 간다는 뜻으로 남의 말에 귀 기울이지 않고 지나쳐 흘려버림을 이르는 말
- 麻中之蓬(마중지봉) : 삼 가운데 자라는 쑥이라는 뜻으로, 좋은 환경의 감화를 받아 자연히 품행이 바르고 곧게 된다는 비유
- 莫逆之交(막역지교) : 뜻이 서로 맞아 지내는 사이가 썩 가까운 벗
- 萬古風霜(만고풍상) : 오랜 세월 동안에 겪어 온 수많은 고생
- 面從腹背(면종복배) : 앞에서는 순종하는 체하고, 돌아서는 딴 마음을 먹음.
- 明眸皓齒(명모호치) : 밝은 눈동자와 하얀 이, 미인을 뜻함.
- 明若觀火(명약관화) : 불을 보는 것처럼 밝게 보임. 명백함.
- 明哲保身(명철보신) : 사리에 따라 나옴과 물러남을 어긋나지 않게 함. 요령 있게 처세를 잘하는 것
- 目不識丁(목불식정) : 丁자도 구별하지 못함. 낫 놓고 기역자도 모름.
- 目不忍見(목불인견) : 차마 눈 뜨고는 볼 수 없는 참상 또는 꼴불견
- 無用之物(무용지물) : 쓸모가 없는 사람이나 물건을 이르는 말
- 博而不精(박이부정) : 여러 방면으로 널리 알고는 있으나 자세하지는 못함.
- 斑衣之戲(반의지희) : 늙은 부모를 위해 색동옷을 입고서 부모를 위로하였다는 고사에서 나온 말로, 늙어서도 부모에게 효도를 다함.
- 反哺之孝(반포지효) : 자식이 자라서 부모를 봉양함.
- 傍若無人(방약무인) : 곁에 사람이 없는 것처럼 아무 거리낌 없이 함부로 말하고 행동함을 이르는 말

- 蚌鷸之勢(방휼지세) : 서로 물러섬이 없이 버티고 양보하지 않은 모양
- 百家爭鳴(백가쟁명) : 여러 사람이 서로 자기주장을 내세우는 일
- 白骨難忘(백골난망) : 백골이 되더라도 잊기 어려움을 뜻하는 말로, 입은 은혜가 커 결코 잊지 않겠다는 의미
- 百年之計(백년지계) : 오랜 세월을 위한 계획
- 百里之才(백리지재) : 재능이 뛰어난 사람을 일컫는 말. 노숙이 방통을 유비에게 추천하면서 방통을 이에 비유함.
- 白面書生(백면서생) : 글만 읽고 세상 물정을 모르는 사람
- 百折不屈(백절불굴) : 어떠한 어려움에도 뜻을 굽히지 않음.
- 病入膏肓(병입고황) : 몸 깊은 곳에 병이 들어 고칠 수 없다는 뜻
- 覆轍之戒(복철지계) : 먼저 간 수레가 엎어진 것을 보고 경계한다는 말로 남의 실패에서 교훈을 얻는다는 말
- 不知所云(부지소운) : 제갈량의 전출사표에 나오며, 무슨 말을 했는지 알 수가 없다는 뜻
- 附和雷同(부화뇌동) : 주관이 없이 남들의 언행에 덩달아 좇음.
- 不問曲直(불문곡직) : 옳고 그른 것을 따지지 않고 무작정 행함.
- 不世之才(불세지재) : 세상에 보기 어려운 큰 재주. 또는 그런 재주를 가진 사람
- 不撓不屈(불요불굴) : 결심이 흔들리지 않고 굽힘이 없음.
- 不恥下問(불치하문) : 아랫사람이나 자기보다 못한 사람에게 묻기를 부끄러워하지 않음.
- 鵬程萬里(붕정만리) : 머나먼 여정, 또는 훤히 펼쳐진 긴 장래
- 四顧無親(사고무친) : 사방을 둘러보아도 친한 사람이 없음. 즉, 의지할 사람이 없음.
- 舍己從人(사기종인) : 자기의 이전 행위를 버리고 타인의 선행을 본떠 행함.
- 四面楚歌(사면초가) : 사방이 다 적에게 싸여 도움이 없이 고립된 상황
- 邪不犯正(사불범정) : 바르지 못한 것이 바른 것을 범하지 못함. 즉, 정의가 반드시 승리한다는 의미
- 事不如意(사불여의) : 일이 뜻대로 되지 않음.
- 捨生取義(사생취의) : 목숨을 버리고 의리를 좇음.
- 射石成虎(사석성호) : 돌을 범인 줄 알고 쏘았더니 화살이 꽂혔다는 말로, 성심을 다하면 아니 될 일도 이룰 수 있다는 것
- 四通八達(사통팔달) : 도로나 교통망, 통신망 등이 이리저리 사방으로 통한다.
- 事必歸正(사필귀정) : 모든 잘잘못은 반드시 바르게 돌아옴.
- 傷弓之鳥(상궁지조) : 화살에 상처를 입은 새란 뜻으로, 화살에 놀란 새는 구부러진 나무만 봐도 놀란다는 뜻
- 上山求魚(상산구어) : 산 위에서 물고기를 찾음. 당치 않은 데 가서 되지도 않는 것을 원한다는 말
- 上壽如水(상수여수) : 건강하게 오래 살려면 흐르는 물처럼 도리에 따라서 살아야 한다는 뜻

- 霜風高節(상풍고절) : 어떠한 난관이나 어려움에 처해도 결코 굽히지 않는 높은 절개
- 雪膚花容(설부화용) : 눈처럼 흰 살결과 꽃처럼 아름다운 얼굴. 아름다운 여인의 모습을 이르는 말
- 雪上加霜(설상가상) : 눈 위에 서리가 덮임. 불행이 겹쳐 일어남.
- 歲寒三友(세한삼우) : 추운 겨울에도 추위를 잘 견디는 나무[소나무(松), 대나무(竹), 매화(梅)]
- 小貪大失(소탐대실) : 작은 것에 욕심을 내다가 큰 것을 잃음.
- 束手無策(속수무책) : 어떤 일을 처리할 방도가 없어 꼼짝 못함.
- 送舊迎新(송구영신) : 묵은 해를 보내고 새해를 맞음.
- 首丘初心(수구초심) : 여우가 죽을 때 머리를 자기가 살던 굴이 있는 언덕 쪽으로 머리를 둔다는 뜻으로 고향을 그리워하는 마음을 이르는 말
- 手不釋卷(수불석권) : 손에서 책을 놓지 않음. 열심히 학문을 닦음.
- 守株待兔(수주대토) : 토끼가 그루터기에 부딪혀 죽기를 기다린다는 뜻으로, 한 가지 일에 얽매어 발전을 모르는 사람을 이르는 말
- 脣亡齒寒(순망치한) : 입술이 없으면 이가 시리다는 뜻으로 가까운 사이에 있는 어느 한쪽이 망하면 다른 한쪽도 그 영향을 받아 온전하기 어려움을 이르는 말
- 阿鼻叫喚(아비규환) : 여러 사람이 지옥 같은 고통을 못 이겨 울부짖음. 눈으로는 볼 수 없는 참혹한 광경이나 상태를 이르는 말
- 安貧樂道(안빈낙도) : 가난한 가운데서도 편안하게 생활하며 도를 즐김.
- 暗中摸索(암중모색) : 어둠 속에서 더듬어 찾음. 확실한 방법을 모른 채 어림으로 무엇을 찾아내려 함.
- 哀而不悲(애이불비) : 속으로 슬퍼하지만 겉으로는 슬픔을 표시하지 않음.
- 吾鼻三尺(오비삼척) : 내 코가 석 자라는 뜻으로 자기 사정이 몹시 급하여 다른 사람을 돌볼 겨를이 없다는 뜻
- 吳越同舟(오월동주) : 원수 사이인 오나라 사람과 월나라 사람이 같은 배를 탔다는 뜻으로, 사이가 안 좋은 사람이라도 위급하면 서로 돕는다는 말
- 欲速不達(욕속부달) : 일을 너무 빠르게 하려고 서두르면 도리어 이루지 못함.
- 龍頭蛇尾(용두사미) : 용 머리에 뱀 꼬리라는 뜻으로, 처음은 거창하나 끝은 좋지 않다는 뜻
- 流芳百世(유방백세) : 빛나는 명예를 먼 후세에 길이 남김.
- 遺臭萬年(유취만년) : 더러운 이름을 만대에까지 남김.
- 陰德陽報(음덕양보) : 남이 모르게 덕행을 쌓은 사람은 보답을 받음.
- 泣斬馬謖(읍참마속) : 제갈량이 군령을 어긴 마속을 울면서 참형에 처했다는 고사로 큰 목적을 위하여 자기가 아끼는 사람을 버림을 이르는 말
- 泥田鬪狗(이전투구) : 진흙탕에서 싸우는 개라는 뜻으로, 강인한 성격의 함경도 사람을 이르는 말. 자기의 이익을 위하여 비열하게 다투는 것을 비유적으로 표현한 말
- 仁者無敵(인자무적) : 어진 사람은 천하에 적대시 하는 사람이 없음.
- 一刻如三秋(일각여삼추) : 일각이 삼 년처럼 여겨지도록 기다리는 마음이 간절함.

- 一擧兩得(일거양득) : 한 가지 일을 해서 두 가지 이익을 얻음.
- 日久月深(일구월심) : 날이 오래고, 달이 깊어감. 날로 달로 깊어짐을 의미
- 一罰百戒(일벌백계) : 한 사람을 벌주어 백 사람을 경계한다는 뜻으로 다른 사람들에게 경각심을 불러일으키기 위하여 본보기로 한 사람에게 중한 처벌을 내리는 일
- 一石二鳥(일석이조) : 돌 한 개를 던져 두 마리의 새를 잡는다는 뜻으로 동시에 두 가지 이득을 본다는 말
- 一視同仁(일시동인) : 멀거나 가까운 사이에 관계없이 모두 친하게 대해 준다는 말
- 自家撞着(자가당착) : 자기의 말이나 행동이 전후가 맞지 않음.
- 自繩自縛(자승자박) : 자신이 한 말과 행동에 자기가 구속되어 얽매이게 됨.
- 自中之亂(자중지란) : 자기네 동료끼리 일어나는 싸움
- 自畵自讚(자화자찬) : 자기가 그린 그림을 자기 스스로 칭찬한다는 뜻으로 자기가 한 일에 스스로 자랑함을 이르는 말
- 輾轉反側(전전반측) : 혼자 드러누워 이리저리 뒤척이며 잠을 이루지 못함.
- 頂門一鍼(정문일침) : '정수리에 놓는 침'이라는 뜻으로, 따끔한 충고나 교훈을 의미
- 走馬加鞭(주마가편) : 달리는 말에 채찍질을 더한다는 의미로, 열심히 일하는 사람을 더욱 잘하도록 편달한다는 뜻
- 走馬看山(주마간산) : 말을 타고 달리면서 산천을 구경한다는 의미로, 사물의 겉만 대강 훑어보고 지나친다는 뜻
- 竹馬故友(죽마고우) : 대나무로 만든 말을 타고 놀던 벗이라는 뜻으로 어릴 때부터 같이 놀며 자란 벗을 이르는 말
- 靑出於藍(청출어람) : 쪽에서 뽑아낸 푸른 물감이 쪽보다 더 푸르다는 뜻으로 제자가 스승보다 나음을 비유적으로 이르는 말
- 卓上空論(탁상공론) : 현실성이 없는 허황된 이론
- 兔死狗烹(토사구팽) : 토끼를 잡으면 필요가 없어진 사냥개는 삶아 먹힌다는 뜻으로, 필요할 때는 쓰고, 필요가 없어지면 버리는 것을 이르는 말
- 表裏不同(표리부동) : 겉으로 드러나는 말과 행동이 속으로 가지는 생각이 다르다는 말
- 解衣推食(해의추식) : 옷을 벗어주고 음식을 줌. 남에게 은혜를 베풂.
- 螢雪之功(형설지공) : 반딧불과 눈빛으로 공부를 한다는 뜻으로, 고생을 하면서 부지런히 공부하는 자세를 이르는 말
- 花容月態(화용월태) : 꽃다운 얼굴과 달 같은 자태라는 뜻으로 아름다운 여인의 얼굴과 맵시를 이르는 말
- 厚顔無恥(후안무치) : 뻔뻔스러워 부끄러움이 없음.

확인문제

* 다음 중 '말이나 행동이 형편에 맞거나 조리에 닿지 아니함'을 뜻하는 말로 옳은 것은?
① 머쓱하다   ② 무색하다
③ 물색없다   ④ 마뜩하다
⑤ 설레발치다

정답 ③

해설 ① 무안을 당하거나 흥이 꺾여 어색하고 열없다.
② 본래의 특색을 드러내지 못하고 보잘것없다.
④ 제법 마음에 들 만하다.
⑤ 몹시 서두르며 부산하게 굴다.

7 순우리말

- **가납사니** : 되잖은 소리로 자꾸 지껄이는 수다스러운 사람
- **가멸다** : 재산이 많고 살림이 넉넉함.
- **가뭇없다** : (사라져서) 찾을 길이 없음.
- **가웃** : 되, 말, 자의 수를 셀 때 그 단위의 약 반에 해당하는 분량
- **가이없다** : 끝이 없음. 한이 없음.
- **가탈** : 일이 수월하게 되지 않도록 방해하는 일. 억지 트집을 잡아 까다롭게 구는 일
- **갈마들다** : 서로 번갈아 듦.
- **갈붙이다** : 남을 헐뜯어 이간 붙임.
- **갈음하다** : 본디 것 대신에 다른 것으로 갊.
- **갈피** : 일이나 물건의 부분과 부분이 구별되는 어름
- **감바리** : 이익을 노리고 남보다 먼저 약삭빠르게 달라붙는 사람 유 감발저뀌
- **거레** : 까닭없이 어정거려 몹시 느리게 움직이는 것
- **거츨하다** : 여위고 기름기가 없어 모양이 거칠어 보임.
- **결곡하다** : 얼굴의 생김새나 마음씨가 깨끗하게 야무져서 빈틈이 없음.
- **곁두리** : 농부나 일꾼들이 끼니 외에 참참이 먹는 음식 유 사이참, 샛밥
- **괭이잠** : 깊이 들지 못하고 자주 깨면서 자는 잠
- **나래** : 논, 밭을 골라 반반하게 고르는 데 쓰는 농구(農具)
- **나비잠** : 갓난아이가 두 팔을 머리 위로 벌리고 자는 잠
- **나우** : 좀 많게, 정도가 좀 낫게
- **난달** : 길이 여러 갈래로 통한 곳
- **날밤** : 부질없이 새우는 밤. 생밤[生栗]
- **날포** : 하루 남짓한 동안, '-포'는 '동안'을 나타내는 접미사
- **내로라하다** : 어떤 분야를 대표할 만하다.
- **내박치다** : 힘차게 집어 내던짐.
- **너름새** : 말이나 일을 떠벌이어서 주선하는 솜씨. 판소리에서 광대의 연기 유 발림
- **노느다** : 물건을 여러 몫으로 나눔.
- **느껍다** : 어떤 느낌이 사무치게 일어남.
- **느즈러지다** : 마음이 풀려 느릿해짐.
- **능갈치다** : 능청스럽게 잘 둘러대는 재주가 있음.
- **능을 두다** : 넉넉하게 여유를 둠.
- **다랍다** : 아니꼬울 만큼 잘고 인색함. 때가 묻어 깨끗하지 못함.
- **다락같다** : (물건 값이) 매우 비쌈.
- **대두리** : 큰 다툼. 일이 크게 벌어진 판
- **더끔더끔** : 그 위에 더하고 또 더하는 모양
- **더펄이** : 성미가 덥적덥적하고 활발한 사람을 홀하게 이르는 말

- **도린곁** : 사람이 별로 가지 않는 외진 곳
- **두럭** : 노름이나 놀이로 여러 사람이 모인 때, 여러 집들이 한데 모인 집단
- **두름** : 물고기 스무 마리를 열 마리씩 두 줄로 엮은 것을 단위로 이르는 말
- **뜨더귀** : 조각조각으로 뜯어내거나 가리가리 찢어내는 짓, 혹은 그 조각
- **마수걸이** : 맨 처음으로 물건을 파는 일. 또는 거기서 얻은 소득
- **먼지잼하다** : 비가 겨우 먼지나 날리지 않을 만큼 옴.
- **멍에** : 마소의 목에 얹어 수레나 쟁기를 끌게 하는 둥그렇게 구부러진 막대
- **메떨어지다** : (모양이나 몸짓이) 어울리지 아니하고 촌스러움.
- **몰강스럽다** : 모지락스럽게 못할 짓을 예사로 할 만큼 억세거나 야비함.
- **몽구리** : 바짝 깎은 머리
- **몽니** : 심술궂은 성질
- **몽따다** : 알고 있으면서 모른 체함.
- **무꾸리** : 점치는 일, 무당이나 판수에게 길흉을 점치게 하는 일
- **발등걸이** : 남이 하려는 일을 먼저 앞질러서 하려는 행동
- **밭다** : 액체가 바짝 졸아서 말라붙음.
- **배내** : 일부 명사의 어근에 붙어 '배 안에 있을 때부터'의 뜻으로 쓰임.
- **보릿고개** : 햇보리가 나올 때까지의 넘기 힘든 고개, 곡식이 떨어지고 보리가 여물기 전의 농촌의 식량 사정이 어려운 시기를 비유적으로 이르는 말
- **부럼** : 정월 보름날에 까서 먹는 밤, 잣, 호두, 땅콩 따위를 이르는 말
- **비다듬다** : 곱게 매만져서 다듬음.
- **비대다** : 남의 이름을 빌어서 댐.
- **빈지** : 한 짝씩 떼었다 붙였다 하는 문 **본** 널빈지
- **빚물이** : 남이 진 빚을 대신으로 물어주는 일
- **사로자다** : 자는 둥 마는 둥하게 잠.
- **사로잠그다** : 자물쇠나 빗장 따위를 반쯤 걺.
- **사레** : 음식을 잘못 삼켜 식도가 아닌 기관 쪽으로 들어갈 때 기침처럼 뿜어 나오는 기운
- **사북** : 쥘부채의 아랫머리, 또는 가위다리의 어긋 매겨지는 곳에 못과 같이 꽂아서 돌쩌귀처럼 쓰이는 물건. '가장 중요한 부분'의 비유
- **사뿟** : 발을 가볍게 얼른 내디디는 모양
- **사위다** : 사그라져 재가 됨.
- **사위스럽다** : 어쩐지 불길하고 꺼림칙함.
- **삯메기** : 농촌에서 끼니를 먹지 않고 품삯만 받고 하는 일
- **살피** : 두 땅의 경계선을 간단히 나타낸 표
- **상길(上-)** : 여럿 중에 제일 나은 품질
- **상판대기** : 얼굴을 속되게 이르는 말.
- **새우잠** : 새우처럼 등을 구부리고 자는 잠. 불편하게 자는 잠

확인문제

* 다음 밑줄 친 단어 중 고유어인 것은?
① 그녀는 운전면허 시험에 또 떨어져서 창피했다.
② 그는 담배에 불을 붙였다.
③ 나는 바지 기장을 줄여서 입었다.
④ 냄비에서 물이 끓고 있다.
⑤ 그는 모자를 벗어 가방 속에 넣었다.

정답 ③

해설 기장은 옷의 길이를 의미하는 고유어이다.

확인문제

※ 밑줄 친 어휘의 뜻풀이가 옳지 않은 것은?

① 해미 때문에 한 치 앞도 보이지 않았다.
  - 해미 : 바다 위에 낀 짙은 안개
② 이제는 <u>안갚음</u>할 때가 되었다.
  - 안갚음 : 남에게 해를 받은 만큼 저도 그에게 해를 다시 줌
③ 그 울타리는 오랫동안 살피지 않아 영 <u>볼썽</u>이 아니었다.
  - 볼썽 : 남에게 보이는 체면이나 태도
④ <u>상고대</u>가 있는 풍경을 만났다.
  - 상고대 : 나무나 풀에 내려 눈처럼 된 서리

정답 ②

해설
- 안갚음 : 까마귀 새끼가 자라서 늙은 어미에게 먹이를 물어다 주는 일. 자식이 커서 부모를 봉양하는 일
- 앙갚음 : 남이 자에게 해를 준 대로 저도 그에게 해를 줌.

- **샌님** : 생원(生員)님의 준말. 얌전하고 고루한 사람을 놀림조로 이르는 말
- **서리** : 떼를 지어서 주인 모르게 훔쳐다 먹는 장난. 무엇이 많이 모여 있는 무더기
- **설면하다** : 자주 못 만나서 좀 섫. (사귀는 사이가) 정답지 아니함.
- **성금** : (말하거나 일을 한 것에 대한) 보람이나 효력
- **스스럽다** : (서로 사귀는 정분이) 그리 두텁지 않아 조심하는 마음이 있음.
- **슴베** : (칼, 괭이, 호미, 낫 따위의) 날의 한 끝이 자루 속에 들어간 부분
- **실터** : 집과 집 사이에 남은 기름하고 좁은 빈 터
- **아람** : 밤 등이 저절로 충분히 익은 상태
- **아름** : 두 팔을 둥글게 모아서 만든 둘레. 혹은 그 둘레의 길이나 그 안에 들어갈 만한 분량을 세는 단위
- **아리잠직하다** : 키가 작고 얌전하며, 어린 티가 있음.
- **아스러지다** : 작고 단단한 물체가 센 힘에 짓눌리어 부서짐.
- **아우르다** : 여럿으로 한 덩어리나 한 판을 이룸.
- **알심** : 은근히 실속 있게 동정하는 마음이나 정성. 보기보다 야무진 힘
- **알음** : 사람끼리 서로 아는 일
- **애면글면** : 힘에 겨운 일을 이루려고 온 힘을 다하는 모양
- **애살스럽다** : 군색하고 애바른 데가 있음.
- **앵돌아지다** : 틀려서 홱 돌아감. 마음이 노여워서 토라짐.
- **얄개** : 되바라지고 얄망궂은 언동
- **어귀차다** : 뜻이 굳고 하는 일이 여무짐. 작은말 아귀차다
- **어름** : 두 물건이 맞닿은 자리
- **여우잠** : '겉잠'의 북한어. 깊이 들지 않은 잠
- **영절하다** : 말로는 그럴듯함.
- **오달지다** : 야무지고 실속이 있음.
- **이래라저래라** : '이리하여라 저리하여라'가 줄어든 말
- **이죽거리다** : 자꾸 밉살스럽게 지껄이며 짓궂게 빈정거리다는 뜻의 '이기죽거리다'의 준말
- **자리끼** : 잘 때 마시려고 머리맡에 준비해두는 물
- **자반뒤집기(佐飯-)** : 몹시 아파서 엎치락뒤치락거림.
- **자투리** : 팔거나 쓰거나 하다가 남은 피륙의 조각
- **잔득하다** : 몸가짐이 제법 차분하고 참을성이 있음. 큰말 진득하다
- **재우치다** : 빨리하여 몰아치거나 재촉함.
- **잼처** : 다시, 거듭, 되짚어
- **적바림** : (뒤에 들추어 보려고 글로) 간단히 적어 두는 일 또는 적어 놓은 간단한 기록
- **제겨디디다** : 발 끝이나 발꿈치만 땅에 닿게 다니다.
- **종요롭다** : 몹시 긴요함.
- **주적거리다** : 걸음발타는 어린아이가 제멋대로 걷는 것

- 중절대다 : 수다스럽게 중얼거림.
- 지돌이 : 험한 산길에서 바위 따위에 등을 대고 가까스로 돌아가게 된 곳 반 안돌이
- 지정거리다 : 곧장 더 나아가지 아니하고 한 자리에서 지체함.
- 짜장 : 참, 과연, 정말로
- 채신머리 : 처신(處身)을 속되게 이르는 말 비표준어 체신머리
- 책상물림(册床-) : 글공부만 하여 세상 물정에 어두운 사람
- 추스르다 : 물건을 가볍게 들썩이며 흔듦. 물건을 위로 추켜올림.
- 츱츱하다 : 다랍고 염치가 없음.
- 치받이 : 비탈진 곳의 올라가게 된 방향 반 내리받이
- 치살리다 : 지나치게 추어줌.
- 토막말 : 긴 내용을 간추려 한마디로 표현하는 말. 아주 짤막한 말
- 투미하다 : 어리석고 둔함.
- 트레바리 : 까닭없이 남의 말에 반대하기를 좋아하는 성미
- 푸새 : 산과 들에 저절로 나서 자라는 풀
- 푸지다 : 매우 많아서 넉넉하다.
- 한둔 : 한데에서 밤을 지냄. 노숙
- 핫아비 : 아내가 있는 남자 반 홀아비
- 핫어미 : 남편이 있는 여자 반 홀어미
- 해거름 : 해가 질 무렵 준 해름
- 해사하다 : 얼굴이 희고 맑음.
- 해작이다 : 조금씩 들추거나 파서 헤침.
- 헙헙하다 : 대범하고 활발함. 가진 것을 함부로 써 버리는 버릇이 있음.
- 홉뜨다 : 눈알을 굴려 눈시울을 치뜨다.

8 관용적 어휘

- 가슴에 불붙다 : 감정이 격해지다.
  예 꼭 성공하겠다는 생각이 가슴에 불을 붙였다.
- 가슴이 미어지다 : 슬픔, 고통 때문에 마음이 괴롭다.
  예 엄마 생각에 가슴이 미어진다.
- 간을 꺼내어 주다 : 비위를 맞추기 위해 중요한 것을 아낌없이 주다.
  예 그는 승진을 위해 상사에게 간을 꺼내어 주는 시늉까지 한다.
- 귀가 가렵다 : 남이 제 말을 한다고 느끼다.
  예 어쩐지 귀가 가렵더라니, 너희가 내 얘기를 하고 있었구나.
- 귀가 번쩍 뜨이다 : 들리는 말에 선뜻 마음이 끌리다.
  예 형이 산 복권이 당첨되었다는 말에 귀가 번쩍 뜨였다.

이것만은 꼭!
관용적 표현이란?
원래의 뜻과는 다른 새로운 뜻으로 굳어져 쓰이는 표현을 말하는 것으로 관용어와 속담 등이 포함된다.

확인문제

* 다음 중 관용적 표현과 그 의미가 잘못 짝지어진 것은?

① 심장이 약하다 : 마음이 약하고 숫기가 없다.
② 심장이 크다 : 겁이 없고 대담하다.
③ 심장에 파고들다 : 사람의 마음을 일어나게 하다.
④ 심장을 찌르다 : 핵심을 꿰뚫어 알아차리다.
⑤ 심장이 뛰다 : 가슴이 조마조마하거나 흥분되다

정답 ③

해설 심장에 파고들다 : 어떤 일이나 말이 마음속 깊이 새겨져 자극되다.

확인문제

* 밑줄 친 말의 의미는?

가희야, 네가 그래도 얼굴은 내밀고 가야 하지 않겠니?

① 과묵해서 말을 쉽게 안 하다.
② 모임이나 자리에 잠깐 들르다.
③ 뒤떨어진 생각에서 벗어나다.
④ 마음에 들어 만족스럽다.

정답 ②

- 눈에 차다 : 마음에 들어 만족스럽다.
  예 언니의 눈에 차는 남자는 별로 없다.
- 눈이 뒤집히다 : 충격적인 일을 당하거나 어떤 일에 집착하여 이성을 잃다.
  예 그 꼴을 보는 순간 눈이 뒤집혔다.
- 머리를 깨다 : 뒤떨어진 생각에서 벗어나다.
  예 할아버지는 머리가 깬 분이셔서, 그 시절에 어머니를 유학까지 보내셨다.
- 목에 힘을 주다 : 거드름을 피우거나 남을 깔보는 듯한 태도를 취하다.
  예 반장이 되자 목에 힘을 주고 다녔다.
- 목구멍에 풀칠하다 : 겨우 생계를 유지하다.
  예 목구멍에 풀칠할 방도가 없다.
- 손톱도 안 들어가다 : 사람됨이 몹시 야무지고 인색하다.
  예 그는 손톱도 안 들어가는 영감이다.
- 숨이 턱에 닿다 : 몹시 숨이 차다.
  예 완주를 했더니 숨이 턱에 닿아 죽을 것 같아.
- 어깨가 가볍다 : 책임에서 벗어나 마음이 가뿐하다.
  예 숙제를 마치니 어깨가 가볍다.
- 어깨가 처지다 : 낙심하여 풀이 죽다.
  예 경기에 져서 어깨가 처진 채 돌아왔다.
- 얼굴만 쳐다보다 : 아무 대책 없이 서로에게 기대기만 하다.
  예 그 소식을 듣고, 부부는 서로 얼굴만 쳐다보고 있었다.
- 얼굴을 내밀다 : 모임이나 자리에 잠깐 들르다.
  예 잠깐 얼굴이나 내밀고 가라.
- 입이 천 근 같다 : 과묵해서 말을 쉽게 안 하다.
  예 내 친구는 입이 천 근 같다.
- 입에 달고 다니다 : 입만 떼면 그 말을 하다.
  예 그는 아프다는 말을 입에 달고 다닌다.
- 코가 꿰이다 : 약점이 잡히다.
  예 아마도 코가 꿰여서 어쩔 수 없이 만나는 것 같다.
- 코가 비뚤어지게 : 몹시 취할 정도로
  예 코가 비뚤어지게 술을 마셨다.
- 피가 끓다 : 기분이나 감정 따위가 북받쳐 오른다. 젊고 혈기가 왕성하다.
  예 피 끓는 청춘의 열기를 식혀 다오.
- 피를 빨다 : 재산이나 노동력 따위를 앗아가다.
  예 이제 내 피 좀 그만 빨아라.
- 잔뼈가 굵다 : 어떤 특정한 일을 계속하여 그 일에 익숙하다.
  예 그는 공사판에서 잔뼈가 굵다 보니, 다른 일꾼들보다 솜씨가 좋다.
- 입술을 깨물다 : 분하거나 고통스럽다. 무언가를 결심하다.
  예 다시는 연락하지 않으리라 다짐을 하며 입술을 깨물었다.

- **악머구리 끓듯** : 많은 사람이 모여서 시끄럽게 마구 떠드는 모양
  예) 그의 호통에 악머구리 끓듯 하던 아이들도 조용해졌다.
- **씨알머리가 없다** : 별다른 실속이 없거나 하찮다.
  예) 씨알머리 없는 이야기는 이제 그만두고 어서 일을 해라.
- **귀가 여리다** : 남의 말을 그대로 믿어 버리다.
  예) 그는 귀가 여려서 아무 말이나 믿는다.
- **손을 벌리다** : 무엇을 달라고 요구하거나 구걸하다. 참 손을 내밀다
  예) 그녀에게 손 벌리는 짓은 이제 그만 해라.
- **손이 뜨다** : 일하는 동작이 몹시 굼뜨다.
  예) 그렇게 손이 떠서야 언제 일을 마치냐?
- **입을 닦다** : 이익 같은 것을 혼자 챙기고 아닌 체하다.
  예) 혼자 먹고 입을 닦아버리네.
- **김이 식다** : 재미나 의욕이 없어지다.
  예) 나는 그 일에 대한 김이 식어 버렸다.
- **가락이 나다** : 일하는 기운이나 능률이 오르다.
  예) 재미있게 일하기로 마음먹고 나니 절로 가락이 났다.
- **수가 익다** : 일 따위가 손에 익거나 익숙하여지다.
  예) 돈 계산을 많이 하더니 이제 수가 익었다.
- **난장을 치다** : 함부로 마구 떠들다.
  예) 네 일이 아니라고 그렇게 난장을 쳐서야 되겠니.
- **변죽을 울리다** : 직설적으로 말하지 않고 에둘러서 말하다.
  예) 이제 변죽은 그만 울리고 하고 싶은 말을 해 봐.
- **개나발을 불다** : 사리에 맞지 아니하는 헛소리를 하다.
  예) 취객은 개나발을 불다가 결국 가게에서 쫓겨났다.
- **개가를 올리다** : 큰 성과를 거두다.
  예) 대원들은 탐사 1년 만에 개가를 올리고 돌아왔다.
- **바람이 들다** : 다 되어 가는 일에 탈이 생기다.
  예) 이번 일에 바람이 들지 않도록 조심해야 한다.
- **바람을 넣다** : 남을 부추겨서 행동을 하게 하는 마음이 들도록 하다.
  예) 놀러 가자고 옆에서 바람을 넣었다.
- **바람을 쐬다** : 기분 전환을 위해 바깥이나 다른 곳을 다니다.
  예) 공부를 하다 잠시 바람을 쐬러 나갔다.
- **모골이 송연하다** : 무엇을 보거나 어떤 일을 당하여 털이 곤두서고 온몸이 오싹해지다.
  예) 귀신이 튀어나오는 장면에 모골이 송연해졌다.
- **입추의 여지가 없다** : 송곳 하나 세울 자리가 없을 만큼 매우 비좁다.
  예) 광장은 청중들로 이미 입추의 여지가 없었다.
- **난탕을 치다** : 무질서하고 난잡스럽게 마구 행동하다.
  예) 젊은 시절에 난탕을 치다가는 늙어서 후회한다.

확인문제

* 밑줄 친 말이 비유하는 것은?

그 청년은 <u>서리 맞은 구렁이</u> 같았다.

① 해사하고 훤칠한 사람
② 행동이 굼뜨고 힘이 없는 사람
③ 다가올 미래를 준비하는 사람
④ 성격이 모질고 독한 사람

정답 ②

해설 '서리 맞은 구렁이'는 행동이 굼뜨고 힘이 없는 사람을 비유적으로 이르는 말이다.

- 건몸이 달다 : 이유 없이 혼자서만 애쓰며 안달하다.
  - 예 사정을 잘 알면서도 어머니는 공연히 건몸이 달았다.
- 꼭지를 따다 : 처음 시작하다.
  - 예 오랜 창업 준비 끝에 꼭지를 따게 됐다.
- 배에 기름이 오르다 : 넉넉해져 먹고 살 만하다.
  - 예 배에 기름이 오르니 딴 생각을 한다.
- 마각을 드러내다 : 숨기고 있던 일이나 정체를 드러내다. 참 마각(馬脚) : 말의 다리
  - 예 그들은 차츰 흉악한 마각을 드러내기 시작했다.
- 발꿈치를 물리다 : 믿었던 사람에게 배신을 당하다. 유 발뒤축을 물리다
  - 예 아끼던 후배에서 발꿈치를 물렸다.
- 엉덩이가 구리다 : 부정이나 잘못을 저질러 떳떳하지 못하다.
  - 예 좋은 말로 할 때 엉덩이가 구린 녀석들은 다 나와라!

⑨ 틀리기 쉬운 표준어

- 여름이라 더워서 머리를 싹둑(O) / 싹뚝(X) 잘랐다.
  - → 'ㄱ, ㅂ' 받침 뒤에 나는 된소리는 비슷한 음절이 겹쳐 나는 경우가 아니면 된소리로 적지 않는다.
- 어릴 적 할머니의 반짇고리(O) / 반짓고리(X)는 보물 상자였다.
  - → 끝소리가 'ㄹ'인 말과 딴 말이 어울릴 적에 'ㄹ'이 'ㄷ' 소리로 나는 것은 'ㄷ'으로 적는다.
- 이 일은 며칠이나(O) / 몇 일이나(X) 걸리겠니?
  - → '몇 일'은 몇+일에서 온 말이 아니다. 어원이 불문명한 말이므로 소리 나는 대로 '며칠'로 적는다.
- 대답도 넙죽(O) / 넓죽(X) 잘한다.
  - → '넙죽'은 '길쭉하고 넓다'는 뜻의 '넙죽하다'의 어근이다.
- 궂은(O) / 굿은(X) 날씨가 계속되었다.
  - → 국어에 'ㅊ' 받침의 '굿다'는 표현은 존재하지 않는다. '비나 눈이 내려 날씨가 나쁘다'는 뜻의 표현은 'ㅈ' 받침의 '궂다'이다.
- 일을 어벌쩡하게(O) / 어물쩡하게(X) 넘어가려고 해서는 안 된다.
  - → '어물쩡하다'는 '어벌쩡하다'의 비표준어이다.
- 소문이 금세(O) / 금새(X) 퍼졌다.
  - → '금새'는 '금시(今時)에'를 줄인 표현인 '금세'의 비표준어이다.
- 나는 이 집에 눈곱(O) / 눈꼽(X)만큼의 미련도 없다.
  - → '눈'과 '곱' 두 단어가 어울려 이루어진 말이므로 각각 그 원형을 밝히어 적는다.
- 축낸 돈을 빨리 메워(O) / 메꿔(O) 넣으십시오.
  - → '메우다'의 비표준어였던 '메꾸다'는 '부족하거나 모자란 것을 채우다'는 뜻으로 2011년 표준어로 인정되었다.

- 남의 일에 함부로 알은체(O) / 알은척(O) / 아는척(X) / 아는체(X)하지 마라.
  → '알은체'와 '알은척'은 모두 '어떤 일에 관심을 가지는 듯한 태도를 보임'이라는 뜻의 표준어이며, '아는척'과 '아는체'는 한 단어가 아니므로 각각 '아는 척'과 '아는 체'와 같이 띄어 써야 한다.
- 그는 야멸치게(O) / 야멸차게(O) 따지는 법이 없었다.
  → '야멸치다'의 비표준어였던 '야멸차다'는 두 표현의 어감의 차이가 있음이 인정되어 2011년 표준어로 인정되었다.
- 베개(O) / 배개(X) / 배게(X) / 베게(X) / 벼게(X)를 베고 누워 있는 한 경주마의 영상이 화제가 되었다.
  → '잠을 자거나 누울 때 머리를 괴는 물건'을 의미하는 단어는 '누울 때 머리 아래에 받치다'는 표현의 동사 '베다'에 접미사 '-개'가 붙어 이루어진 '베개'가 올바른 표현이다.
- 방 한편(O) / 한쪽(O) / 한켠(X) / 한 켠(X)에 물건들이 쌓여 있었다.
  → 어느 한 방향을 가리키는 표현으로 '켠'은 '편(便)'의 잘못된 표현이며 '한편'의 의미로 '한켠'을 쓰는 경우가 있으나 '한편'만 표준어로 삼는다. '한편'과 '한쪽'은 모두 두루 쓰이므로 모두 표준어로 삼는다.
- 공연이 끝나자 우레(O) / 우뢰(X)와 같은 박수가 쏟아졌다.
  → '우레'의 의미로 '우뢰(雨雷)'를 쓰는 경우가 있으나 이는 순우리말인 우레를 한자어로 잘못 인식한 것으로 잘못된 표현이다.
- 우리나라(O) / 저희 나라(X)에서는 설날에 떡국을 먹습니다.
  → 자기의 나라나 민족을 나타낼 때에는 '우리'의 낮춤말인 '저희'로 표현하지 않는다.
- 임산부의 배 속(O) / 뱃속(X)에 아이가 잠들어 있다.
  → '뱃속'은 '마음'을 속되게 이른 말로, '배의 안쪽'을 의미하는 표현은 '배 속'이 올바르다.
- 여기까지 오는 길에 뱃멀미(O) / 배멀미(X)로 고생했다.
  → '배멀미'는 '배를 탔을 때 어지럽고 메스꺼워 구역질이 나는 증세'의 의미인 '뱃멀미'의 비표준어이다.
- 회사 쪽의 책임이 확인되는 대로 법적 조치(O) / 조처(O) / 조취(X)를 취할 계획이다.
  → '문제나 일을 처리함'을 의미하는 표현으로 조치(措置), 조처(措處)를 사용할 수 있으며, 조취는 잘못된 표현이다.
- 가방에 짐들을 욱여넣다(O) / 우겨넣다(X).
  → '우겨넣다'는 '주위에서 중심으로 함부로 밀어 넣다'는 의미의 표현인 '욱여넣다'의 비표준어이다.
- 정부의 늑장(O) / 늦장(O) 대처가 큰 비판을 받았다.
  → '늑장'과 '늦장'은 모두 '느릿느릿 꾸물거리는 태도'의 표준어로 '늑장 부리다', '늦장 부리다'로 표현할 수 있다.
- 아직 미련을 버리지 못한 그가 가엽게(O) / 가엾게(O) 느껴지기도 했다.
  → '마음이 아플 만큼 안되고 처연하다'는 의미의 '가엽다'와 '가엾다'는 모두 표준어이다.

확인문제

* 다음 중 표준어로만 묶인 것은?
① 뻐꾸기 – 깍두기 – 마늘종 – 저녁놀
② 웃어른 – 소줏잔 – 아랫간 – 귀퉁배기
③ 기찻길 – 나루터 – 콧망울 – 파리
④ 암키와 – 윗도리 – 마냥모 – 날개짓
⑤ 홀쭉히 – 오누이 – 골똘히 – 겹질리다

정답 ⑤

해설 '겹질리다'는 '몸의 근육이나 관절이 제 방향대로 움직이지 않거나 지나치게 빨리 움직여서 다치다'라는 뜻이다. → 팔을 잘못 짚어 팔목이 겹질렸다 / 차에서 내리다 발목을 겹질렸다.
≒ 접질리다(O) / 겹지르다, 접지르다(잘못된 표현)

- 그는 담배 한 개비(O) / 개피(X) / 가치(X) / 까치(X) / 가피(X)를 입에 물었다.
  → 가늘고 짤막하게 쪼갠 토막을 세는 단위의 표현은 '개비'이며, '개피', '가치', '까치', '가피' 모두 틀린 표기이다.
- 담벼락에 낙서가 괴발개발(O) / 개발새발(O) / 괴발새발(X) 그려져 있었다.
  → 글씨를 되는 대로 아무렇게나 써 놓은 모양을 고양이(괴)의 발과 개의 발에 비유한 '괴발개발' 외에 개의 발과 새의 발을 비유한 '개발새발'이 2011년에 추가로 표준어로 인정되었으며, '괴발새발'은 잘못된 표현이다.
- 나뭇잎을 본떠(O) / 본따(X) 무늬를 새겨 넣었다.
  → '본보기로 삼아 그대로 좇아 하다'는 의미의 표현은 '본뜨다', 버선이나 옷 따위를 만들 때 쓰기 위해 본보기로 만든 실물 크기의 물건'인 본(本)을 만든다는 의미로 '본을 뜨다'는 표현을 사용할 수 있다. '본을 따다', '본따다'는 잘못된 표현이다.
- 이 세상에는 별의별(O) / 별별(O) / 별에별(X) / 별의 별(X) 사람들이 다 있다.
  → '별의별'과 '별별'은 모두 '보통과 다른 갖가지의'라는 의미의 관형사로, '별에별'은 잘못된 표현이다. 또한 '별의별' 자체가 하나의 단어이므로 '별의 별'과 같이 띄어 쓰지 않는다.
- 병상에 누워있는 그의 얼굴이 해쓱하다(O) / 핼쑥하다(O) / 핼쓱하다(X).
  → '얼굴에 핏기나 생기가 없어 파리하다'는 표현으로 '해쓱하다', '핼쑥하다'를 사용할 수 있으며, '핼쓱하다'는 잘못된 표현이다.
- 바닥에 부서진(O) / 부숴진(X) 조각들이 가득하다.
  → '부서지다'는 '단단한 물체를 깨뜨려 여러 조각을 내다'의 의미인 '부수다'의 피동의 의미이므로, 여기에 피동의 표현을 만들기 위해 '-어지다'를 붙여 '부수어지다', '부숴지다'로 표현하는 것은 잘못된 표기이다.
- 그는 동료를 두고 먼저 떠나기가 영 꺼림칙했다(O) / 꺼림직했다(O) / 께름칙했다(O) / 께름직했다(O).
  → '꺼림칙하다', '께름칙하다' 외에 '꺼림직하다'와 '께름직하다'까지 모두 2018년부터 표준어로 인정되었다.
- 그 사람도 가끔은 어리바리(O) / 어리버리(X)할 때가 있더라.
  → '어리버리'는 '정신이 또렷하지 못하거나 기운이 없어 몸을 제대로 가누지 못하는 모양'이라는 뜻의 '어리바리'의 비표준어이다.
- 아무리 그래도 생때같은(O) / 생떼같은(X) 자식들을 굶길 수는 없었다.
  → '아무 탈 없이 멀쩡하다', '공을 많이 들여 소중하다'는 뜻의 표현은 '생때같다'이며, '생떼같다'는 비표준어이다. '생떼'는 '떼'에 '억지스러운'이라는 뜻의 접두사 '생-'을 붙여 '억지로 쓰는 떼'를 의미한다.
- 공공기관에서 큰 소리로 트림(O) / 트름(X)을 하는 것은 예의에 어긋난다.
  → '먹은 음식이 위에서 잘 소화되지 않아 생긴 가스가 입에서 복받쳐 나옴. 또는 그 가스'라는 뜻의 단어는 '트림'으로, '트름'은 비표준어이다.

- 여름에 **메밀(O) / 모밀(X)**가루로 국수를 만들어 먹었다.
  → '모밀'은 마디풀과의 한해살이풀인 '메밀'의 옛말로, 현재는 '메밀'을 표준어로, '모밀'을 비표준어로 규정하고 있다.
- 그런 옷은 **남우세스러워서(O) / 남세스러워서(O) / 남사스러워서(O)** 어떻게 입고 다녀요?
  → '남에게 놀림과 비웃음을 받을 듯하다'는 뜻의 '남우세스럽다'와 그 준말인 '남세스럽다' 외에 '남사스럽다'도 같은 의미로 2011년 표준어로 인정되었다.
- 언덕배기에 앉아 **해질녘(O) / 해질녁(X)**의 노을을 바라봤다.
  → 해질녘의 '녘'은 '방향, 어떤 때의 무렵'이라는 뜻이다.
- 오늘은 **끗발(O) / 끝발(X)**이 서는 날이 아니라고 중얼거리며 노름판을 나왔다.
  → '노름 따위에서 좋은 끗수가 잇달아 나오는 기세나, 아주 당당한 권세'라는 뜻의 단어는 '끗발'로, '끝발'은 비표준어이다.
- 그때 그 아이는 **짓궂은(O) / 짖궂은(X) / 짓꿎은(X)** 장난을 치다 크게 혼쭐이 났다.
  → '장난스럽게 남을 괴롭고 귀찮게 하다'는 의미의 단어는 '짓궂다'로, '짖궂다', '짓꿎다', '지꿎다'는 모두 잘못된 표기이다.
- 사람들이 그 사람의 옷을 **희한하게(O) / 희안하게(X)** 쳐다보며 지나갔다.
  → '매우 드물거나 신기하다'는 뜻의 단어는 '희한(稀罕)하다'로, '희안하다'는 비표준어이다.
- 그녀는 조금만 **추어올리면(O) / 추켜올리면(O) / 치켜올리면(O) / 치켜세우면(O) / 추켜세우면(O)** 기고만장해진다.
  → '누군가를 높게 칭찬하다'는 뜻으로 '추어올리다', '치켜세우다' 외에 '치켜올리다', '추켜세우다', '추켜올리다'까지 모두 2018년부터 표준어로 인정되었다.
- 이번 여행은 세 명만 **단출하게(O) / 단촐하게(X)** 떠날 작정이야.
  → '단출하다'는 '식구나 구성원이 많지 않아서 홀가분하다', '일이나 차림차림이 간편하다'는 의미의 '단출하다'의 비표준어이다.

확인문제

*다음 중 복수표준어가 아닌 것은?
① 자장면 – 짜장면
② 메우다 – 메꾸다
③ 날개 – 나래
④ 먹을거리 – 먹거리
⑤ 허섭쓰레기 – 허접쓰레기

정답 ⑤

해설 '허섭쓰레기'는 표준어가 아니다.
허섭스레기 – (추가)허접쓰레기

오답풀이
① 자장면 – (추가) 짜장면
② 메우다 – (추가) 메꾸다
③ 날개 – (추가) 나래
④ 먹을거리 – (추가) 먹거리

02 독해

1 의미

1. 직업현장에서 자신의 업무와 관련된 인쇄물이나 기호화된 정보 등 필요한 문서를 확인하여 문서를 읽고, 내용을 이해하여 요점을 파악하는 능력
2. 문서에서 주어진 문장과 정보 등을 이해하여 자신에게 필요한 행동을 추론할 수 있어야 하고 도표나 수, 기호를 이해하고 표현할 수 있는 능력

2 직장에서 요구되는 독해능력

1. 문서를 읽고 이해할 수 있는 능력
2. 문서나 자료에 수록된 정보를 확인한 후, 정보를 비교·분석하여 통합할 수 있는 능력
3. 문서에 나타난 타인의 의견을 이해하여 요약·정리할 수 있는 능력
4. 문서에 수록된 정보를 파악하여 자신에게 필요한 행동을 추론할 수 있는 능력
5. 도표, 수, 기호 등을 이해하고 표현할 수 있는 능력

3 독해 절차

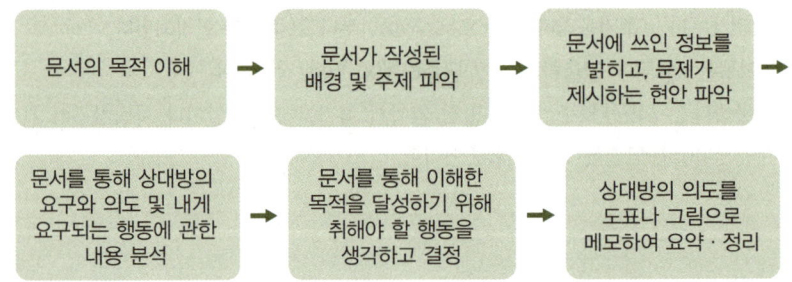

4 독해의 유형

1. 사실적 독해
    (1) 개념 : 글을 구성하는 단어, 문장, 문단의 내용을 정확히 이해하거나 글에 나타난 개념이나 문자 그대로를 이해하는 것을 목적으로 하는 독해
    (2) 유형
        ① 중심내용 파악
        ② 내용의 일치 여부 확인
        ③ 어휘 의미, 개념 이해
        ④ 글의 구조 및 전개 방식에 대한 이해

(3) 해결 전략
① 문제 해결에 필요한 정보가 글에 명시되어 있으므로 핵심어를 찾아 표시해가며 정확하게 읽는 연습이 필요함.
② 단락을 도식화하여 글의 구조를 파악하는 연습을 하고 각 문단에서 중심내용과 뒷받침 내용을 구분하며 읽도록 함.

2. 추론적 독해

   (1) 개념 : 글에서 생략된 내용을 추론하거나 숨겨진 필자의 의도, 목적 등을 추론하는 독해. 독자는 자신의 지식과 경험, 문맥, 글에 나타난 표지 등을 이용하여 생략된 내용을 추론하여 의미를 구성함.

   (2) 유형
   ① 글에 나타난 필자의 의도 파악하기
   ② 생략된 정보 추론하기
   ③ 빈칸 채우기
   ④ 숨겨진 주제 파악하기

   (3) 해결 전략 : 생략된 내용을 추론할 때에는 빈칸 앞과 뒤의 문장에 주목하고, 필자의 의도를 파악할 때에는 문맥에 유의하여 글 전체의 분위기와 논조를 파악함.

3. 비판적 독해

   (1) 개념 : 글의 사실적인 이해와 추론적인 이해를 넘어서 글의 내용에 대해 판단하여 읽는 것으로 글에 나타난 주제, 글의 구성, 자료의 정확성과 적절성 등을 비판하며 읽는 독해

   (2) 유형
   ① 글의 논리상 오류 찾기
   ② 글의 주제와 관련이 없는 소재 찾기
   ③ 글의 목적에 맞는 구성 방법인지 판단하기
   ④ 글에 나타난 필자의 생각이 바람직한지 판단하기

   (3) 해결 전략 : 글의 논리상 오류가 무엇인지 파악하고 글의 주제와 관련되지 않은 내용이 글에 제시되지 않았는지 판단·평가함.

확인문제

* 다음 글의 주제 및 중심 내용으로 알맞은 것은?

재정적 어려움을 가지는 언론사가 특종을 잡기 위해 선택할 수 있는 가장 좋은 전략은 정치적 지향성을 강하게 드러내는 것이다. 구독자들은 언론사와 자신의 정치적 지향점이 같다고 느끼면 더 많은 후원을 하는 경향이 있기 때문이다. 구독자 수가 많지 않은 대안언론의 가장 큰 수입원은 구독자들에게 받는 후원금이다. 따라서 대안언론에게는 후원금을 많이 받아내는 전략이 곧 생존전략이다.

① 대안언론이 정치성을 띠는 것은 불가피한 측면이 있다.
② 언론사에 대한 기부 활동은 제한되어야 한다.
③ 대안언론에 대한 지원을 확대해야 한다.
④ 언론은 공정해야 하므로 정치적인 행태를 보여서는 안 된다.
⑤ 대안언론의 수익구조를 개선할 필요가 있다.

정답 ①

One Point Lesson

문단의 종류 알아보기
- 주지 : 글쓴이의 중심 생각과 주제가 나타나는 문단
  → 그러므로, 따라서
- 예시 : 구체적인 사례를 통해 내용을 뒷받침하는 문단
  → 예컨대, 예를 들어, 가령
- 부연 : 중심 내용에 덧붙여 자세하게 설명하는 문단
  → 다시 말하면
- 전제 : 결론을 도출하기 위해 근거를 제시하는 문단
  → 왜냐하면 ~ 때문이다
- 연결 : 앞의 내용을 이어받거나 화제를 전환하는 문단
  → 또한, 뿐만 아니라, 그러나, 그런데, 그리고
- 강조 : 앞서 서술한 내용을 다시 언급하고 요약하는 문단
  → 즉, 요컨대

5 글의 전개 방식

1. **비교** : 둘 이상의 사물이나 현상 등을 견주어 공통점이나 유사점을 설명하는 방법
   - 예) 영화는 스크린이라는 공간 위에 시간적으로 흐르는 예술이며, 연극은 무대라는 공간 위에 시간적으로 흐르는 예술이다.

2. **대조** : 둘 이상의 사물이나 현상 등을 견주어 상대되는 성질이나 차이점을 설명하는 방법
   - 예) 고려는 숭불정책을 지향한 데 비해 조선은 억불정책을 취하였다.

3. **분류** : 작은 것(부분, 종개념)들을 일정한 기준에 따라 큰 것(전체, 유개념)으로 묶는 방법
   - 예) 서정시, 서사시, 극시는 시의 내용을 기준으로 나눈 것이다.

4. **분석** : 하나의 대상이나 관념을 그 구성 요소나 부분들로 나누어 설명하는 방법
   - 예) 물고기는 머리, 몸통, 꼬리, 지느러미 등으로 되어 있다.

5. **정의** : 시간의 흐름과 관련이 없는 정태적 전개 방식으로 어떤 대상의 본질이나 속성을 설명할 때 쓰이는 전개 방식. '종차+유개념'의 구조를 지니는 논리적 정의와 추상적이거나 매우 복잡한 개념을 정의할 때 쓰이는 확장적 정의가 있음.

6. **유추** : 생소한 개념이나 복잡한 주제를 보다 친숙하고 단순한 것과 비교하여 설명하는 방법. 서로 다른 범주에 속하는 사물 간의 유사성을 드러내어 간접적으로 설명하는 방법이기 때문에 유추에 의해 진술된 내용은 사실성이 떨어질 가능성이 있음.

7. **논증**
   **명제 : 사고 내용 및 판단을 단적으로 진술한 주제문, 완결된 평서형 문장 형식

   (1) **사실 명제** : 진실성과 신빙성에 근거하여 존재의 진위를 판별할 수 있는 명제
   - 예) '홍길동전'은 김만중이 지은 한문 소설이다.

   (2) **정책 명제** : 타당성에 근거하여 어떤 대상에 대한 의견을 내세운 명제
   - 예) 농촌 경제를 위하여 농축산물의 수입은 억제되어야 한다.

   (3) **가치 명제** : 공정성에 근거하여 주관적 가치 판단을 내린 명제
   - 예) 인간의 본성은 선하다.

   (4) **논거** : 명제를 뒷받침하는 논리적 근거, 즉 주장의 타당함을 밝히기 위해 선택된 자료
   ① 사실 논거 : 객관적 사실로써 증명될 수 있는 논거로 객관적 지식이나 역사적 사실, 통계적 정보 등이 해당된다.
   ② 소견 논거 : 권위자의 말을 인용하거나 일반적인 여론을 근거로 삼는 논거

8. **묘사** : 묘사란 대상을 그림 그리듯이 글로써 생생하게 표현해 내는 진술방식

   (1) 객관적(과학적, 설명적) 묘사 : 대상의 세부적 사실을 객관적으로 표현하는 진술 방식으로, 정확하고 사실적인 정보 전달이 목적

   (2) 주관적(인상적, 문학적) 묘사 : 글쓴이의 대상에 대한 주관적인 인상이나 느낌을 그려내는 것으로, 상징적인 언어를 사용하며 주로 문학 작품에 많이 쓰임.

9. **서사** : 행동이나 상태가 진행되는 움직임을 시간의 경과에 따라 표현하는 진술 방식으로 '무엇이 발생하였는가?'에 관한 질문에 답하는 것

10. **과정** : 어떤 특정한 목표나 결말을 가져오게 하는 일련의 행동, 변화, 기능, 단계, 작용 등에 초점을 두고 글을 전개하는 방법

11. **인과** : 어떤 결과를 가져오게 한 원인 또는 그 원인에 의해 결과적으로 초래된 현상에 초점을 두고 글을 전개하는 방법

6 글의 유형

1. **논설문**

   (1) 정의 : 문제에 대한 자신의 주장이나 의견을 논리정연하게 펼쳐서 정당성을 증명하거나 자기가 원하는 방향으로 독자의 생각이나 태도를 변화시키기 위해 쓰는 글

   (2) 요건 : 명제의 명료성과 공정성, 논거의 확실성, 추론의 논리성, 용어의 정확성

   (3) 유형

구분 \ 유형	설득적 논설문	논증적 논설문
목적	상대편을 글쓴이의 의견에 공감하도록 유도	글쓴이의 사고, 의견을 정확한 근거로 증명
방법	지적인 면과 감정적인 부분에 호소	지적인 면과 논리적인 부분에 호소
언어 사용	지시적인 언어를 주로 사용하지만 때로는 함축적 언어도 사용	지시적인 언어만 사용
주제	정책 명제	가치 명제, 사실 명제
용례	신문의 사설, 칼럼	학술 논문

확인문제

* 다음 서론을 참고할 때 본론에서 취할 글쓰기 태도로 가장 적절한 것은?

> 한국 사회도 다원화되고 있다. 예전에 비해 다양한 사고와 가치가 공존하고 있다. 그러나 아직도 자신과 다른 생각이나 가치관에 대해 배타적 자세를 취하는 경우가 많이 나타난다. 그 결과 사회적으로 어떤 이슈가 있을 때 국론이 분열되어 격렬하게 대립되는 상황도 생기곤 한다. 이런 문제점을 그대로 방치한다면 장래 우리들에게 큰 위기로 다가올 수도 있다.

① 문제점을 해결할 수 있는 방책을 제시하고 타당성을 논의한다.
② 시간의 흐름과 더불어 상황이 어떤 식으로 변해 왔는지를 일목요연하게 정리한다.
③ 대립되는 두 대상이 어떻게 다른지를 살피고 차이가 나타난 원인을 제시한다.
④ 여러 사례들을 나열한 후 공통적인 것끼리 묶어서 분류한다.
⑤ 동일한 상황 속에 담긴 상반된 의미를 추출하여, 각각에 대해 자세히 고찰한다.

정답 ①

(4) 독해 요령
① 사용된 어휘가 지시적 의미임을 파악하며 주관적인 해석이 생기지 않도록 한다.
② 주장 부분과 증명 부분을 구분하여 필자가 주장하는 바를 올바로 파악해야 한다.
③ 필자의 견해에 오류가 없는지를 살피는 비판적인 자세가 필요하다.
④ 지시어, 접속어 사용에 유의하여 논리 전개의 흐름을 올바르게 파악해야 한다.
⑤ 필자의 주장, 반대 의견을 구분하여 이해하도록 한다.
⑥ 논리적 사고를 통해 읽음으로써 필자가 주장한 바를 이해하고 나아가 비판적 자세를 통해 자기의 의견을 세울 수 있어야 한다.

2. 설명문

(1) 정의 : 어떤 사물이나 사실을 쉽게 일러 주는 진술 방식으로 독자의 이해를 돕는다.

(2) 요건
① 논리성 : 내용이 정확하고 명료해야 한다.
② 객관성 : 주관적인 의견이나 주장이 배제된 보편적인 내용이어야 한다.
③ 평이성 : 문장이나 용어가 쉬워야 한다.
④ 정확성 : 함축적 의미의 언어를 배제하고 지시적 의미의 언어로 기술해야 한다.

(3) 독해 요령 : 추상적 진술과 구체적 진술을 구분해 가면서 주요 단락과 보조 단락을 나누고 배경 지식을 적극적으로 활용하며 단락의 통일성과 일관성을 확인한다. 또한 글의 설명 방법과 전개 순서를 파악하며 읽는다.

3. 기사문

(1) 정의 : 생활 주변에서 일어나는 사건을 발생 순서에 따라 객관적으로 쓰는 글로 육하원칙에 입각하여 작성한다.

(2) 특징 : 객관성, 신속성, 간결성, 보도성, 정확성

(3) 형식
① 표제 : 내용을 요약하여 몇 글자로 표현한 것이다.
② 전문 : 표제 다음에 나오는 한 문단 정도로 쓰인 부분으로 본문의 내용을 육하원칙에 의해 간략하게 요약한 것이다.
③ 본문 : 기사 내용을 구체적으로 서술한 부분이다.
④ 해설 : 보충 사항 등을 본문 뒤에 덧붙이는 것으로 생략 가능하다.

(4) 독해 요령 : 사실의 객관적 전달에 주관적 해설이 첨부되므로 사실과 의견을 구분하여 읽어야 하며 비판적이고 주체적인 태도로 정보를 선별하는 것이 필요하다. 평소 신문 기사를 읽고 그 정보를 실생활에서 재조직하여 활용하는 자세가 필요하다.

확인문제

* 다음은 연설문의 일부이다. 화자의 논지 전개 방식으로 가장 적절한 것은?

조금만 생각하면 우리의 환경을 위해 할 수 있는 일이 아주 많습니다. 먼저 일회용 물품들을 사용하지 않도록 합시다. 우리가 잠깐 쓰고 버리는 일회용 물품들 중에는 앞으로 오백 년 동안 지구를 괴롭히게 되는 것도 있다고 합니다. 평소에 일회용 도시락과 종이컵을 사용하지 않는 것도 우리들이 어렵지 않게 지구를 보호할 수 있는 방법 가운데 하나입니다.

① 문제 해결을 위한 사례를 제시하고 있다.
② 문제 해결을 위한 방법을 제시하고 있다.
③ 문제 해결을 위한 기존의 방법과는 다른 대안을 제시하고 있다.
④ 문제 해결을 위한 사례의 장단점을 분석하고 있다.

정답 ②

4. 보고문

(1) 정의 : 조사·연구 등의 과정이나 결과를 보고하기 위하여 쓰는 글이다.

(2) 특징 : 객관성, 체계성, 정확성, 논리성

(3) 작성 요령 : 독자를 정확히 파악, 본래 목적과 범위에서 벗어나지 않도록 하며 조사한 시간과 장소를 정확히 밝히고 조사자와 보고 연·월·일을 분명히 밝혀야 한다.

종류	내용
영업보고서	재무제표와 달리 영업상황을 문장 형식으로 기재해 보고하는 문서
결산보고서	진행됐던 사안의 수입과 지출결과를 보고하는 문서
일일업무보고서	매일의 업무를 보고하는 문서
주간업무보고서	한 주간에 진행된 업무를 보고하는 문서
출장보고서	회사 업무로 출장을 다녀온 후 외부 업무나 그 결과를 보고하는 문서
회의보고서	회의 결과를 정리해 보고하는 문서

5. 공문서

(1) 정의 : 행정 기관에서 공무원이 작성한 문서로 행정상의 일반적인 문서

(2) 작성 요령 : 간단명료하게 작성하되 연·월·일을 꼭 밝혀야 하며 중복되는 내용이나 복잡한 부분이 없어야 함.

(3) 기능

① 의사 전달의 기능 : 조직체의 의사를 내부나 외부로 전달

② 의사 보존의 기능 : 업무 처리 결과의 증거 자료로서 문서가 필요할 때나 업무 처리의 결과를 일정 기간 보존할 필요가 있을 때 활용

③ 자료 제공의 기능 : 문서 처리가 완료되어 보존된 문서는 필요할 때 언제든지 다시 활용되어 행정 활동을 촉진함.

03 문서작성

1 의미

1. 직장생활에서 요구되는 업무의 목적과 상황에 적합한 아이디어나 정보를 전달할 수 있도록 문서로 작성할 수 있는 능력을 말한다.
2. 직장인은 자신에게 주어진 업무에 관하여 필요한 문서가 무엇인지 이해하고 작성하여야 조직의 요구에 효과적으로 부응할 수 있으므로, 문서를 이해하고 상황과 목적에 맞는 문서작성능력을 키우는 것이 중요하다.

> **TIP**
> 문서를 시각화하여 표현하면 문서의 내용을 보다 쉽게 상대방에게 전달할 수 있다.
>
> **문서 시각화의 원칙**
> 1. 보기 쉬워야 함.
> 2. 이해하기 쉬워야 함.
> 3. 다채롭게 표현되어야 함.
> 4. 숫자는 그래프로 표시함.

2 문서작성의 구성 요소

1. 직업인이 작성하는 문서는 상대를 설득하거나 조직의 의견을 전달하는 기능을 하는 공적인 문서이다. 따라서 길이가 길고 중구난방식으로 나열되어서는 안 되고 일관적이며 통일성을 갖추고 객관적인 근거가 명확한지, 핵심사항이 정확한지를 확인해야 한다.

2. 문서작성의 5가지 구성 요소
   (1) 품위 있고 짜임새 있는 골격
   (2) 객관적이고 논리적이며 체계적인 내용
   (3) 이해하기 쉬운 구조
   (4) 명료하고 설득력 있는 구체적인 문장
   (5) 세련되고 인상적이며 효과적인 배치

3 문서작성의 원칙

1. **문장은 짧고 간결하게 작성한다.**
   - 문서의미 전달에 문제가 없다면 가능한 끊어서 문장을 짧게 만든다.
   - 기교를 피하고 실질적인 내용을 담는다.

2. **상대방이 이해하기 쉽게 작성한다.**
   이해하기 쉽도록 우회적인 표현이나 현혹적인 문구는 되도록 자제한다.

3. **불필요한 한자의 사용은 배제한다.**
   - 의미 전달에 그다지 중요하지 않은 경우 한자 사용을 자제한다.
   - 상용한자 범위 내에서 사용한다.

4. **간결체로 작성한다.**
   적절하게 행과 단락을 나누어 문서가 난잡하게 보이지 않도록 한다.

5. 긍정문으로 작성한다.
   부정문이나 의문문의 형식은 되도록 피한다.

6. 간단한 표제를 붙인다.
   문서의 내용을 일목요연하게 파악할 수 있다.

7. 문서의 주요한 내용을 먼저 쓰도록 한다.
   결론을 먼저 쓴다.

4 효과적인 문서작성

1. **내용이해** : 전달하고자 하는 내용과 그 핵심을 완벽히 파악해야 한다.
2. **목표설정** : 전달하고자 하는 목표를 정확히 설정해야 한다.
3. **구성** : 효과적인 구성과 형식이 무엇인지 생각해야 한다.
4. **자료수집** : 목표를 뒷받침해 줄 자료를 수집해야 한다.
5. **핵심전달** : 단락별 핵심을 하위목차로 요약해야 한다.
6. **대상파악** : 대상에 대한 이해와 분석을 철저히 해야 한다.
7. **보충설명** : 질문을 예상하고 그에 대한 구체적인 답변을 준비해야 한다.

5 문서작성 시 주의사항

1. 문서는 그 작성시기가 중요하므로 정확하게 기입한다.
2. 문서작성 후 반드시 다시 한번 내용을 검토해야 한다.
3. 문서의 첨부자료는 반드시 필요한 자료 외에는 첨부하지 않도록 한다.
4. 문서내용 중 금액, 수량, 일자 등의 기재에 정확성을 기하여야 한다.
5. 문서는 육하원칙에 맞게 쓴다.
6. 문서는 한 사안을 한 장의 용지에 작성해야 한다.
7. 작성자의 성의가 담기도록 경어나 단어사용에 신경을 써야 한다.

6 문서의 종류에 따른 작성법

1. **공문서**
   (1) 목적을 먼저 파악한 후 정보를 수집한다.
   (2) 회사 외부로 전달되는 글이므로 '누가, 언제, 어디서, 무엇을, 어떻게(왜)'가 드러나도록 육하원칙에 맞게 작성한다.
   (3) 날짜는 숫자로 표기 시 연, 월, 일의 글자는 생략하고 그 자리에 마침표를 찍어 표시하거나 '년', '월', '일'을 써서 구분한다.
   예) 202×. 12. 31. 202×년 12월 31일

확인문제

01~03. 다음 문장의 빈칸에 들어갈 알맞은 말을 〈보기〉에서 찾아 넣으시오.

01. 문장은 짧고 (   )하게 작성한다.

02. (   )의 사용은 자제한다.

03. 문서의 (   ) 내용을 먼저 쓰도록 한다.

〈보기〉
㉠ 만연 ㉡ 한자
㉢ 긍정문 ㉣ 주요한
㉤ 간결 ㉥ 표제

01.
정답 ㉤

02.
정답 ㉡

03.
정답 ㉣

TIP

공문서의 구성 요소
- 두문 : 발신기관명과 분류기호 및 문서번호, 시행일, 수신란
- 본문 : 제목과 내용, 붙임
- 결문 : 발신명의와 수신처란

(4) 시, 분은 24시각제에 따라 숫자로 표시하고 시, 분의 글자는 생략하고 사이에 쌍점(:)을 찍어 구분한다.

    예 오후 3시 40분(×) → 15:40(○)

(5) 한 장에 담는 것을 원칙으로 하며 마지막에는 '끝.' 자로 마무리한다.

(6) 내용이 복잡할 경우 '다음' 또는 '아래'와 같은 항목을 만들어 구분하고, 주로 대외문서라 장기간 보관되는 문서이므로 정확하게 기술한다.

(7) 상대방이 이해하기 쉽게 작성하며 작성이 완료된 후에는 검토과정을 거친다.

2. 설명서

(1) 명령문보다 평서형으로 쓰고, 정확한 내용 전달을 위해 간결하게 작성한다.

(2) 상품이나 제품에 대해 설명하는 글이므로 정확하게 기술하고 소비자들이 이해하기 어려운 전문 용어보다는 이해하기 쉬운 용어를 사용한다.

(3) 복잡한 내용은 도표를 이용하여 시각화하고 동일한 문장 반복을 피하며 다양한 표현을 활용한다.

3. 기획서

(1) 무엇을 위한 기획서인지, 핵심 메시지가 정확히 도출되었는지 확인한다.

(2) 상대가 채택할 수 있도록 설득력을 갖추어야 하므로 상대가 요구하는 점이 무엇인지 고려하여 글의 내용이 한눈에 파악되도록 체계적으로 목차를 구성한다.

(3) 효과적인 전달을 위해 내용을 시각화하고 인용한 자료의 출처가 정확한지 확인한다.

(4) 제출하기 전에 충분한 검토가 필요하다.

(5) 6W3H 분석에 따라 작성한다.

Why	• 배경 : 왜 이 기획을 해야만 하는가? • 목적 : 이 기획은 조직에 어떤 가치를 제공하는가?
What	• 목표 : 구체적으로 무엇을 달성하고자 하는가? • 기대효과 : 기획안을 성공적으로 추진하면 어떤 효과를 얻을 수 있는가? • 내용 : 기획의 핵심 과제와 주요 내용은 무엇인가?
Whom	누구를 대상으로 할 것인가?
Where	어느 지역을 대상으로 할 것인가?
Who	기획의 추진 주체는 누구인가?
When	언제 이 기획을 실행할 것인가?
How	• 어떤 절차와 방법으로 기획할 것인가? • 어떤 절차와 방법으로 기획안을 실행할 것인가?
How much	• 기획 예산은 얼마나 되는가? • 기획의 실행 예산은 얼마나 되는가?
How long	이 기획의 상세 일정은 어떻게 되는가?

4. 기안서

(1) 작성 목적과 이유, 기대효과 등을 정확히 숙지한 후 육하원칙에 맞게 간결하고 명확하게 작성한다.

(2) 복잡한 내용일 때는 먼저 결론을 내린 후 이유를 설명하고 보는 이가 이해하기 쉬운 단어를 사용하며 전문용어의 사용은 피한다.

(3) 서식, 용지의 규격을 통일하여 작성한다.

5. 보고서

(1) 핵심 내용은 구체적으로 제시하고 핵심사항은 간결하게 쓰며 내용의 중복은 피한다.

(2) 복잡한 내용은 도표나 그림을 활용하고 참고자료는 정확하게 제시한다.

(3) 제출하기 전 최종 점검을 거치고, 내용에 대한 예상 질문을 사전에 파악하여 미리 대비한다.

6. 보도자료

(1) 방송매체나 인터넷 매체, 인쇄매체와 같은 언론매체를 통해 대중에게 전달되므로 이해하기 쉽고 대중의 호기심을 이끌 만한 내용으로 작성한다.

(2) 연결어나 수식어가 많지 않은 간단명료한 문장으로 작성하고 특정 내용에 대한 구체적인 자료나 이미지를 첨부할 수 있다.

7. 이메일

(1) 메일의 제목은 핵심을 담아 간결하게 작성한다.

(2) 강조해야 하는 메일일 경우, 제목 머리에 [중요], [요청], [긴급] 등을 붙여 빠르게 확인할 수 있도록 한다.

(3) 본문을 작성할 때는 상대방이 중요한 내용을 파악할 수 있게끔 핵심 위주로 작성한다.

(4) 메일을 발송하기 전 발신인, 수신인, 참조, 첨부파일이 제대로 설정되어 있는지 맞춤법 오류는 없는지 반드시 확인 후 시작과 끝 부분에 감사 인사를 넣는 것이 바람직하다.

04 어법

1 음운의 변동

한 형태소가 다른 형태소와 결합할 때 그 환경에 따라 발음이 달라지는 현상

1. 음절의 끝소리 규칙 : 국어에서 음절의 끝소리로 발음될 수 있는 자음은 'ㄱ, ㄴ, ㄷ, ㄹ, ㅁ, ㅂ, ㅇ'의 일곱 소리뿐으로, 이 일곱 소리 밖의 자음이 음절 끝에 오면 그것은 이 일곱 자음 중의 하나로 바뀌게 되는 현상

- ㅍ → ㅂ / ㅅ, ㅆ, ㅈ, ㅊ, ㅌ, ㅎ → ㄷ / ㄲ, ㅋ → ㄱ

예) 잎 → [입] / 옷 → [옫], 바깥 → [바깓], 히읗 → [히읃] / 부엌 → [부억]

> **표준어 규정** 표준발음법 : 제4장 받침의 발음
>
> **제8항** 받침소리로는 'ㄱ, ㄴ, ㄷ, ㄹ, ㅁ, ㅂ, ㅇ'의 7개 자음만 발음한다.
>
> **제9항** 받침 'ㄲ, ㅋ', 'ㅅ, ㅆ, ㅈ, ㅊ, ㅌ', 'ㅍ'은 어말 또는 자음 앞에서 각각 대표음 [ㄱ, ㄷ, ㅂ]으로 발음한다.
>
> **제10항** 겹받침 'ㄳ', 'ㄵ', 'ㄼ, ㄽ, ㄾ', 'ㅄ'은 어말 또는 자음 앞에서 각각 [ㄱ, ㄴ, ㄹ, ㅂ] 으로 발음한다. 다만, '밟-'은 자음 앞에서 [밥]으로 발음하고, '넓-'은 '넓죽하다' 와 '넓둥글다'의 경우에 [넙]으로 발음한다.
>
> **제11항** 겹받침 'ㄺ, ㄻ, ㄿ'은 어말 또는 자음 앞에서 각각 [ㄱ, ㅁ, ㅂ]으로 발음한다. 다만, 용언의 어간 말음 'ㄺ'은 'ㄱ' 앞에서 [ㄹ]로 발음한다.

2. 동화

(1) **자음동화** : 음절 끝 자음이 그 뒤에 오는 자음과 만날 때, 어느 한쪽이 다른 쪽 자음을 닮아서 그와 비슷한 성질을 가진 자음이나 같은 소리로 바뀌기도 하고, 두 소리가 다 바뀌기도 하는 현상

① 파열음 'ㅂ, ㄷ, ㄱ'이 비음 'ㅁ, ㄴ' 앞에서 각각 'ㅁ, ㄴ, ㅇ'이 됨.
예) 밥물 → [밤물]

② 비음 'ㅁ, ㅇ'과 유음 'ㄹ'이 만나면 'ㄹ'이 비음 'ㄴ'이 됨.
예) 종로 → [종노]

③ 파열음 'ㅂ, ㄷ, ㄱ'과 유음 'ㄹ'이 만나면 'ㄹ'이 비음 'ㄴ'이 되고, 이렇게 변해서 된 'ㄴ'을 닮아서 파열음 'ㅂ, ㄷ, ㄱ'이 각각 비음 'ㅁ, ㄴ, ㅇ'이 됨.
예) 섭리 → [섭니] → [섬니], 국립 → [국닙] → [궁닙]

④ 비음 'ㄴ'이 유음 'ㄹ' 앞에 오거나 뒤에 오면 'ㄴ'이 'ㄹ'로 변함.
예) 신라 → [실라]

확인문제

* ㉠과 ㉡이 동시에 드러난 사례를 고르면?

㉠ 받침 'ㄲ, ㅋ', 'ㅅ, ㅆ, ㅈ, ㅊ, ㅌ', 'ㅍ'은 어말 또는 자음 앞에서 각각 대표음 [ㄱ, ㄷ, ㅂ]으로 발음한다.

㉡ 비음화는 비음이 아닌 자음이 비음의 영향을 받아 비음 'ㄴ, ㅁ, ㅇ'으로 동화되는 현상이다. 닫는대[단는다], 접는대[점는다], 먹는대[멍는다]를 예로 들 수 있다.

① 입는다[임는다]
② 돋는[돈는]
③ 낯다[낟따]
④ 앞만[암만]

정답 ④

해설 • 앞만[압만 → 암만]
먼저 첫음절 끝소리 'ㅍ'은 음절의 끝소리 규칙에 따라 'ㅂ'으로 바뀐다. 그리고 끝음절 첫소리 'ㅁ'의 영향을 받아 'ㅂ'은 'ㅁ'으로 바뀐다.

> **표준어 규정** 표준발음법 : 제5장 음의 동화
>
> **제18항** 받침 'ㄱ(ㄲ, ㅋ, ㄳ, ㄺ), ㄷ(ㅅ, ㅆ, ㅈ, ㅊ, ㅌ, ㅎ), ㅂ(ㅍ, ㄼ, ㄿ, ㅄ)'은 'ㄴ, ㅁ' 앞에서 [ㅇ, ㄴ, ㅁ]으로 발음한다.
> **제19항** 받침 'ㅁ, ㅇ' 뒤에 연결되는 'ㄹ'은 [ㄴ]으로 발음한다.
> **제20항** 'ㄴ'은 'ㄹ'의 앞이나 뒤에서 [ㄹ]로 발음한다.

(2) 구개음화

① 끝소리가 'ㄷ, ㅌ'인 형태소가 'ㅣ'나 'ㅑ, ㅕ, ㅛ, ㅠ'로 시작되는 형식 형태소와 만나면 'ㄷ, ㅌ'이 구개음인 'ㅈ, ㅊ'으로 변하는 현상. 역행 동화에 해당함.
  예 굳+이 → [구디] → [구지], 밭+이 → [바티] → [바치]

② 'ㄷ' 뒤에 형식 형태소 'ㅎ'이 오면, 먼저 'ㄷ'과 'ㅎ'이 결합하여 'ㅌ'이 되고 그 다음 'ㅌ'이 구개음화하여 'ㅊ'이 됨.
  예 닫+히+어 → 닫혀 → [다텨] → [다쳐] → [다처]

> **표준어 규정** 표준발음법 : 제5장 음의 동화
>
> **제17항** 받침 'ㄷ, ㅌ(ㄾ)'이 조사나 접미사의 모음 'ㅣ'와 결합되는 경우에는, [ㅈ, ㅊ]으로 바꾸어서 뒤 음절 첫소리로 옮겨 발음한다.
> [붙임] 'ㄷ' 뒤에 접미사 'ㅎ'가 결합되어 '티'를 이루는 것은 [치]로 발음한다.

3. 음운의 축약과 탈락

(1) **음운의 축약** : 두 개의 음운이 합쳐져 하나의 음운으로 줄어드는 현상
  ① 자음의 축약 : 'ㅂ, ㄷ, ㅈ, ㄱ'이 'ㅎ'과 만나면 'ㅍ, ㅌ, ㅊ, ㅋ'가 됨.
    예 좋고 → [조코]
  ② 모음의 축약 : 두 개의 형태소가 서로 만날 때 앞뒤 형태소의 두 음절이 한 음절로 축약됨. 예 오+아서 → 와서, 뜨+이다 → 띄다

(2) **음운의 탈락** : 두 음운이 만나면서 한 음운이 사라져 소리가 나지 않는 현상
  ① 동음 탈락 예 가+아서 → 가서, 간난 → 가난
  ② 'ㄹ' 탈락 예 바늘+질 → 바느질, 딸+님 → 따님
  ③ 'ㅡ' 탈락 예 뜨+어 → 떠, 쓰+어 → 써
  ④ 'ㅎ' 탈락 예 낳은[나은], 쌓이다[싸이다]

4. 사잇소리 현상

(1) 두 개의 형태소 또는 단어가 합쳐져서 합성 명사를 이룰 때, 앞말의 끝소리가 울림소리이고 뒷말의 첫소리가 안울림 예사소리일 경우 뒤의 예사소리가 된소리로 바뀌는 현상
  예 초+불(촛불) → [초뿔], 배+사공(뱃사공) → [배싸공], 밤+길 → [밤낄]

확인문제

* 다음과 같은 발음을 바로잡는 데 활용할 수 있는 어문 규범 내용으로 가장 적절한 것은?

> 부엌이[부어기], 꽃이[꼬시], 무릎을[무르블]

① 겹받침 'ㄺ, ㄻ, ㄿ'은 어말 또는 자음 앞에서 각각 [ㄱ, ㅁ, ㅂ]으로 발음한다.
② 'ㅎ(ㄶ, ㅀ)' 뒤에 모음으로 시작된 어미나 접미사가 결합되는 경우에는, 'ㅎ'을 발음하지 않는다.
③ 받침소리로는 'ㄱ, ㄴ, ㄷ, ㄹ, ㅁ, ㅂ, ㅇ'의 7개 자음만 발음한다.
④ 홑받침이나 쌍받침이 모음으로 시작된 조사나 어미, 접미사와 결합되는 경우에는 제 음가대로 뒤 음절 첫소리로 옮겨 발음한다.
⑤ 받침 'ㄱ(ㄲ, ㅋ, ㄳ, ㄺ), ㄷ(ㅅ, ㅆ, ㅈ, ㅊ, ㅌ, ㅎ), ㅂ(ㅍ, ㄼ, ㄿ, ㅄ)'은 'ㄴ, ㅁ' 앞에서 [ㅇ, ㄴ, ㅁ]으로 발음한다.

정답 ④
해설 ・부엌이[부어키], 꽃이[꼬치], 무릎을[무르플]

확인문제
* 밑줄 친 단어 중 우리말의 어문 규정에 따라 맞게 쓴 것은? ① 윗층에 가 보니 전망이 정말 좋다. ② 뒷편에 정말 오래된 감나무가 서 있다. ③ 그 일에 익숙지 않으면 그만두자. ④ 생각컨대, 그 대답은 옳지 않을 듯하다.
정답 ③
해설 '익숙'과 같이 어근의 끝소리가 안울림소리(ㄱ, ㄷ, ㅂ, ㅅ, ㅈ 등)일 때에는 뒤에 붙는 '하'를 줄여 쓴다. 익숙하지 → 익숙지 〈'-하'를 줄일 때〉 1. '-하' 앞의 어근이 울림소리(ㄴ, ㄹ, ㅁ, ㅇ)로 끝나면, 모음 'ㅏ'만 줄어들고 'ㅎ'은 남겨 뒤의 자음 어미와 축약하여 거센소리로 줄여 쓸 수 있다. 예 만만하지=만만치 / 심심하지=심심치 2. '-하' 앞의 어근이 안울림소리로 끝나면, '하'를 통째로 줄여 쓸 수 있다. 예 생각하건대=생각건대 / 익숙하지=익숙지

(2) 앞말이 모음으로 끝나고 뒷말이 'ㅁ, ㄴ'으로 시작될 때 'ㄴ' 소리가 덧나는 현상
   예 이+몸(잇몸) → [인몸], 코+날(콧날) → [콘날]

(3) 앞말이 모음으로 끝나고 뒷말의 첫소리로 모음 'ㅣ, ㅑ, ㅕ, ㅛ, ㅠ' 등이 올 때 'ㄴㄴ' 소리가 덧나는 현상
   예 나무+잎 → [나문닙]

5. **된소리되기(경음화)**

(1) 안울림소리 뒤에 안울림 예사소리가 오면 그 예사소리가 된소리로 발음되는 현상
   예 입+고 → [입꼬], 젖+소 → [젇소] → [젇쏘]

(2) 끝소리가 'ㄴ, ㅁ'인 용언 어간에 예사소리로 시작되는 활용 어미가 이어지면 그 소리가 된소리로 발음되는 현상
   예 넘+고 → [넘꼬], 넘+더라 → [넘떠라]

> **표준어 규정** 표준발음법 : 제6장 경음화
>
> 제23항 받침 'ㄱ(ㄲ, ㅋ, ㄳ, ㄺ), ㄷ(ㅅ, ㅆ, ㅈ, ㅊ, ㅌ), ㅂ(ㅍ, ㄼ, ㄿ, ㅄ)' 뒤에 연결되는 'ㄱ, ㄷ, ㅂ, ㅅ, ㅈ'은 된소리로 발음한다.
> 제24항 어간 받침 'ㄴ(ㄵ), ㅁ(ㄻ)' 뒤에 결합되는 어미의 첫소리 'ㄱ, ㄷ, ㅅ, ㅈ'은 된소리로 발음한다. 다만, 피동, 사동의 접미사 '-기-'는 된소리로 발음하지 않는다.
> 제25항 어간 받침 'ㄼ, ㄾ' 뒤에 결합되는 어미의 첫소리 'ㄱ, ㄷ, ㅅ, ㅈ'은 된소리로 발음한다.
> 제26항 한자어에서, 'ㄹ' 받침 뒤에 연결되는 'ㄷ, ㅅ, ㅈ'은 된소리로 발음한다. 다만, 같은 한자가 겹쳐진 단어의 경우에는 된소리로 발음하지 않는다.
> 제27항 관형사형 '-(으)ㄹ' 뒤에 연결되는 'ㄱ, ㄷ, ㅂ, ㅅ, ㅈ'은 된소리로 발음한다. 다만, 끊어서 말할 적에는 예사소리로 발음한다.
> 제28항 표기상으로는 사이시옷이 없더라도 관형격 기능을 지니는 사이시옷이 있어야 할 (휴지가 성립되는) 합성어의 경우에는 뒤 단어의 첫소리 'ㄱ, ㄷ, ㅂ, ㅅ, ㅈ'을 된소리로 발음한다.

2 형태소

1. **개념** : 일정한 뜻(의미)을 가진 가장 작은 말의 단위
   예 하늘이 맑다 → 하늘(명사)/이(조사)/맑-(형용사 어간)/-다(종결 어미)

2. **형태소의 종류**

   (1) 자립성의 유무에 따라 : 자립형태소(체언, 수식언, 독립언), 의존형태소(어간, 어미, 조사, 접사)

   (2) 의미의 허실에 따라 : 실질형태소(자립형태소, 어간), 형식형태소(어미, 조사, 접사)

③ 단어의 형성

1. **단일어와 복합어**

   (1) 단일어 : 하나의 어근으로 된 단어 예 산, 하늘, 맑다

   (2) 복합어 : 합성어와 파생어 예 합성어 : 논밭 / 파생어 : 풋사과, 나무꾼

2. **파생어** : 어근의 앞이나 뒤에 파생 접사가 붙어서 만들어진 단어로 어근의 앞에 붙는 파생 접사가 접두사, 뒤에 붙는 것이 접미사이다.

   (1) 접두사에 의한 파생어 : 뒤에 오는 어근의 뜻을 제한
      예 군말, 짓밟다, 헛고생

   (2) 접미사에 의한 파생어 : 어근의 뜻만 제한하는 것이 아니라 어근의 품사를 바꾸기도 함.
      예 구경꾼, 걸음, 공부하다

3. **합성어** : 둘 이상의 어근이 결합하여 만들어진 단어

   (1) 유형에 따라 : 통사적 합성어(통사적 구성과 일치), 비통사적 합성어(통사적 구성과 불일치) 예 통사적 합성어 : 산나물 / 비통사적 합성어 : 늦더위

   (2) 의미에 따라 : 병렬합성어(대등 관계), 종속합성어(주종 관계), 융합합성어(제3의 뜻) 예 병렬합성어 : 강산 / 종속합성어 : 비빔밥 / 융합합성어 : 세월

④ 품사

1. **체언** : 주로 주어, 목적어, 보어가 되는 자리에 오는 부류의 단어. 조사와 결합할 수 있으며 일반적으로 형태의 변화가 없음.

   (1) 명사 : 체언 중 가장 일반적인 부류로 구체적인 대상의 이름
      ① 쓰이는 범위에 따라 : 고유 명사(인명, 지역명, 상호명 등), 보통 명사
      ② 자립성의 유무에 따라 : 자립 명사, 의존 명사(-대로 등)

   (2) 대명사 : 어떤 대상의 이름을 대신하여 그것을 가리키는 말. 체언, 명사를 대신하는 말

   (3) 수사 : 수량이나 순서를 가리키는 말. 수사에도 조사가 결합하므로 체언에 속함.
      ┌ 양수사(수량 → 둘, 셋, 이, 삼)
      └ 서수사(순서 → 첫째, 둘째)

2. **관계언** : 주로 체언 뒤에 붙어 다양한 문법적 관계를 나타내거나 의미를 추가하는 의존 형태소. 앞말이 그 문장의 다른 말에 대해 가지는 관계를 나타내 주거나 앞말에 특별한 뜻을 더하여 줌.

   (1) 격조사 : 앞에 오는 체언이 문장 안에서 일정한 자격을 가지도록 하는 조사. 주격, 서술격, 목적격, 보격, 관형격, 부사격, 호격 조사가 있음.

확인문제

* 다음 중 품사가 다른 하나는?
① 원하는 <u>대로</u> 이루어졌다.
② 예상한 바와 같<u>이</u> 주가가 떨어졌다.
③ 전에는 <u>더러</u> 갔지마는 요새는 그곳에 가지 못한다.
④ 방안은 먼지 하나 <u>없이</u> 깨끗하다.
⑤ 놀고 싶을 때 <u>실컷</u> 놀아라.

정답 ①

해설 관형사형 어미 뒤의 '대로'는 의존 명사가 된다. 만약 체언 뒤에 붙여 쓰는 경우라면 조사가 된다. 여기에서는 '어떤 모양이나 상태와 같이'의 뜻으로 쓰인 의존 명사이다.

(2) **접속 조사** : 두 단어를 같은 자격으로 이어 주는 구실을 하는 조사. '와/과, 랑, 하고'가 있음.

(3) **보조사** : 격조사가 올 자리에 놓이거나 격조사와 결합되어 특별한 뜻을 더해 주는 조사

3. **용언** : 문장의 주어를 서술하는 기능을 가진 말들을 용언이라 하며 동사와 형용사, 보조 용언이 있음.

(1) **동사** : 문장 주어의 어떤 움직임이나 작용을 나타내는 단어의 부류
- 자동사 : 움직임이나 작용이 그 주어에만 그치기 때문에 목적어가 필요 없음.
- 타동사 : 움직임이 다른 대상에 미치므로 목적어가 필요함.

(2) **형용사** : 문장 주어의 성질이나 상태를 나타내는 단어의 부류
- 성상 형용사 : 성질이나 상태를 나타냄.
  예 고요하다, 달다, 예쁘다, 향기롭다
- 지시 형용사 : 지시성을 나타냄.
  예 이러하다, 그러하다, 저러하다

4. **수식언** : 다른 말을 수식하는 기능을 하며 관형사와 부사가 있음.

(1) **관형사** : 체언 앞에 놓여서 체언, 주로 명사를 꾸며 주는 단어로 조사와 결합할 수 없으며, 형태가 변화하지도 않음. 성상 관형사와 지시 관형사, 수 관형사가 있음.

(2) **부사** : 동사나 형용사를 수식하거나 문장을 수식하는 것을 본래의 기능으로 하는 단어로 다른 부사를 수식하는 경우도 있으며 일부 체언 앞에 와서 그 체언에 특별한 뜻을 더하여 주는 것도 있음.

5. **독립언** : 부름, 대답, 느낌 등을 나타내는 데 쓰이면서 형태가 변하지 않고 놓이는 위치가 비교적 자유로우며, 문장 속의 다른 성분에 얽매이지 않아 비교적 독립성이 있는 말. 주로 감탄사가 있음.

5 한글 맞춤법

1. 두음 법칙

[10항]
한자음 '녀, 뇨, 뉴, 니'가 단어 첫머리에 올 적에는 두음 법칙에 따라 '여, 요, 유, 이'로 적는다. 다만, 다음과 같은 의존 명사에는 '냐, 녀' 음을 인정한다.
[붙임 1] 단어의 첫머리 이외의 경우에는 본음대로 적는다. 예 남녀, 당뇨
[붙임 2] 접두사처럼 쓰이는 한자가 붙어서 된 말이나 합성어에서 뒷말의 첫소리가 'ㄴ' 소리로 나더라도 두음 법칙에 따라 적는다. 예 신여성, 공염불

[11항]
한자음 '랴, 려, 례, 료, 류, 리'가 단어의 첫 머리에 올 적에는 두음 법칙에 따라 '야, 여, 예, 요, 유, 이'로 적는다. 다만, 다음과 같은 의존 명사는 본음대로 적는다.
[붙임 1] 단어의 첫머리 이외의 경우에는 본음대로 적는다. 다만, 모음이나 'ㄴ' 받침 뒤에 이어지는 '렬, 률'은 '열, 율'로 적는다. 예 규율, 비율, 선율
[붙임 2] 외자로 된 이름을 성에 붙여 쓸 경우에도 본음대로 적을 수 있다. 예 신립
[붙임 3] 준말에서 본음으로 소리 나는 것은 본음대로 적는다. 예 국련(국제 연합)
[붙임 4] 접두사처럼 쓰이는 한자가 붙어서 된 말이나 합성어에서 뒷말의 첫소리가 'ㄴ' 또는 'ㄹ' 소리로 나더라도 두음 법칙에 따라 적는다. 예 역이용, 연이율

[12항]
한자음 '라, 래, 로, 뢰, 루, 르'가 단어의 첫머리에 올 적에는 두음 법칙에 따라 '나, 내, 노, 뇌, 누, 느'로 적는다.
[붙임 1] 단어의 첫머리 이외의 경우에는 본음대로 적는다. 예 쾌락, 극락
[붙임 2] 접두사처럼 쓰이는 한자가 붙어서 된 단어는 뒷말을 두음 법칙에 따라 적는다. 예 상노인, 중노동, 비논리적

2. 접미사가 붙어서 된 말

[19항]
어간에 '-이'나 '-음/-ㅁ'이 붙어서 명사로 된 것과 '-이'나 '-히'가 붙어서 부사로 된 것은 그 어간의 원형을 밝히어 적는다. 예 길이, 깊이, 걸음, 묶음, 같이, 굳이, 밝히, 익히
다만, 어간에 '-이'나 '-음'이 붙어서 명사로 바뀐 것이라도 그 어간의 뜻과 멀어진 것은 원형을 밝히어 적지 아니한다. 예 굽도리, 코끼리, 거름, 노름
[붙임] 어간에 '-이'나 '-음' 이외의 모음으로 시작된 접미사가 붙어서 다른 품사로 바뀐 것은 그 어간의 원형을 밝히어 적지 아니한다. 예 귀머거리, 너머, 거뭇거뭇, 부터, 조차

[20항]
명사 뒤에 '-이'가 붙어서 된 말은 그 명사의 원형을 밝히어 적는다.
1. 부사로 된 것 : 곳곳이, 낱낱이, 몫몫이, 샅샅이
2. 명사로 된 것 : 곰배팔이, 바둑이, 삼발이
[붙임] '-이' 이외의 모음으로 시작된 접미사가 붙어서 된 말은 그 명사의 원형을 밝히어 적지 아니한다. 예 꼬락서니, 끄트머리, 모가치, 바가지

[21항]
명사나 혹은 용언의 어간 뒤에 자음으로 시작된 접미사가 붙어서 된 말은 그 명사나 어간의 원형을 밝히어 적는다. 예 값지다, 홑지다, 낚시, 늙정이
다만, 다음과 같은 말은 소리대로 적는다.
1. 겹받침의 끝소리가 드러나지 아니하는 것 : 할짝거리다, 널따랗다, 널찍하다
2. 어원이 분명하지 아니하거나 본뜻에서 멀어진 것 : 넙치, 올무, 납작하다

3. 합성어 및 접두사가 붙은 말

[27항]
둘 이상의 단어가 어울리거나 접두사가 붙어서 이루어진 말은 각각 그 원형을 밝히어 적는다.
예 국말이, 꺾꽂이, 꽃잎
[붙임 1] 어원은 분명하나 소리만 특이하게 변한 것은 변한 대로 적는다. 예 할아버지
[붙임 2] 어원이 분명하지 아니한 것은 원형을 밝히어 적지 아니한다. 예 골병, 며칠
[붙임 3] '이[齒, 虱]'가 합성어나 이에 준하는 말에서 'ㄴ' 또는 'ㄹ'로 소리 날 때에는 '니'로 적는다. 예 사랑니, 덧니, 어금니, 앞니

[28항 : 'ㄹ' 탈락]
끝소리가 'ㄹ'인 말과 딴 말이 어울릴 적에 'ㄹ' 소리가 나지 아니하는 것은 아니 나는 대로 적는다. 예 다달이, 따님, 바느질, 화살, 싸전, 우짖다

[29항]
끝소리가 'ㄹ'인 말과 딴 말이 어울릴 적에 'ㄹ' 소리가 'ㄷ' 소리로 나는 것은 'ㄷ'으로 적는다.
예 반짇고리, 사흗날, 섣부르다, 잗다랗다

[30항 : 사이시옷]
1. 순우리말로 된 합성어로서 앞말이 모음으로 끝난 경우
   (1) 뒷말의 첫소리가 된소리로 나는 것 : 못자리, 바닷가, 아랫집, 우렁잇속, 잇자국, 킷값
   (2) 뒷말의 첫소리 'ㄴ, ㅁ' 앞에서 'ㄴ' 소리가 덧나는 것 : 멧나물, 아랫니, 텃마당
   (3) 뒷말의 첫소리 모음 앞에서 'ㄴㄴ' 소리가 덧나는 것 : 두렛일, 뒷일, 베갯잇

2. 순우리말과 한자어로 된 합성어로서 앞말이 모음으로 끝난 경우
   (1) 뒷말의 첫소리가 된소리로 나는 것 : 귓병, 머릿방, 아랫방, 자릿세, 전셋집, 찻잔
   (2) 뒷말의 첫소리 'ㄴ, ㅁ' 앞에서 'ㄴ' 소리가 덧나는 것 : 곗날, 제삿날, 훗날, 툇마루
   (3) 뒷말의 첫소리 모음 앞에서 'ㄴㄴ' 소리가 덧나는 것 : 가욋일, 사삿일, 예삿일

3. 두 음절로 된 다음 한자어
   예 곳간(庫間), 셋방(貰房), 숫자(數字), 찻간(車間), 툇간(退間), 횟수(回數)

확인문제

* 다음 중 한글 맞춤법에 따라 바르게 표기된 것은?
① 철수는 우리 반에서 키가 열둘째이다.
② 요즘 재산을 떨어먹는 사람이 많다.
③ 나는 집에 사흘 동안 머무를 예정이다.
④ 숫병아리가 내게로 다가왔다.

정답 ③
해설 ① 순서가 열두 번째이므로 차례를 뜻하는 '열두째'로 써야 한다.
② '털어먹는'으로 바꾸어야 한다.
④ '수-'가 '병아리' 앞에 붙을 때는 '수평아리'라고 써야만 한다.

4. 준말

[32항]
단어의 끝모음이 줄어지고 자음만 남은 것은 그 앞의 음절에 받침으로 적는다.
예 기럭아, 엊그저께, 엊저녁, 갖고, 딛고

[35항]
모음 'ㅗ, ㅜ'로 끝난 어간에 '-아/-어, -았-/-었-'이 어울려 'ㅘ/ㅝ, ㅘㅆ/ㅝㅆ'으로 될 적에는 준 대로 적는다.   예 꽈/꽜다, 봐/봤다, 둬/뒀다
[붙임 1] '놓아'가 '놔'로 줄 적에는 준 대로 적는다.
[붙임 1] 'ㅚ' 뒤에 '-어, -었-'이 어울려 'ㅙ, ㅙㅆ'으로 될 적에도 준 대로 적는다.
　　　　 예 괘/괬다, 돼/됐다, 쐐/쐤다

[37항]
'ㅏ, ㅓ, ㅗ, ㅜ, ㅡ'로 끝난 어간에 '-이-'가 와서 각각 'ㅐ, ㅔ, ㅚ, ㅟ, ㅢ'로 줄 적에는 준 대로 적는다.
예 뵈다, 띄다, 씌다

[38항]
'ㅏ, ㅗ, ㅜ, ㅡ' 뒤에 '-이어'가 어울려 줄어질 적에는 준 대로 적는다.
예 띄어, 뵈어/보여, 틔어/트여

[39항]
어미 '-지' 뒤에 '않-'이 어울려 '-잖-'이 될 적과 '-하지' 뒤에 '않-'이 어울려 '-찮-'이 될 적에는 준 대로 적는다.   예 그렇잖은, 만만찮다, 적잖은, 변변찮다

[40항]
어간의 끝음절 '하'의 'ㅏ'가 줄고 'ㅎ'이 다음 음절의 첫소리와 어울려 거센소리로 될 적에는 거센소리로 적는다.   예 다정타, 흔타, 정결타, 간편케
[붙임 1] 'ㅎ'이 어간의 끝소리로 굳어진 것은 받침으로 적는다.   예 않다, 그렇지
[붙임 2] 어간의 끝음절 '하'가 아주 줄 적에는 준 대로 적는다.   예 거북지, 생각건대
[붙임 3] 다음과 같은 부사는 소리대로 적는다.   예 결단코, 결코, 아무튼, 요컨대

5. 띄어쓰기

[41항]
조사는 그 앞말에 붙여 쓴다.
예 꽃이, 꽃밖에, 꽃이나마, 꽃처럼

1. 체언 다음의 '대로, 만큼, 뿐'은 조사이다.
　　예 너대로, 나만큼, 너뿐
2. 체언+'같이'가 '처럼'이나 '때'의 뜻을 나타내면 조사이므로 붙여 쓴다.
　　예 너같이, 매일같이
3. '밖에'가 '오직 그것뿐'을 나타낼 때도 조사이므로 붙여 쓴다.
　　예 너밖에, 할 수밖에(조사) ↔ 밖에 나가서 놀아라.(명사)

이것만은 꼭!

조사
주로 체언에 붙어 뒤에 오는 다른 단어에 대하여 가지는 문법적 관계를 표시하거나 그 말의 뜻을 도와주는 품사로, 격조사, 보조사, 접속조사 등이 있다.

[42항] 의존 명사는 띄어 쓴다.
예 아는 것이 힘이다. / 나도 할 수 있다. / 그가 떠난 지가 오래다.

[구별해서 써야 하는 의존 명사]
[대로] 체언 뒤에 붙어서 '그와 같이'란 뜻을 나타내는 경우 조사이므로 붙여 쓴다.
예 법대로, 약속대로 이행하라
용언의 관형사형 뒤에서 '그와 같이'란 뜻을 나타내는 경우는 의존 명사이므로 띄어 쓴다.
예 약속한 대로 이행한다.

[만큼] 앞말과 비슷한 정도나 한도임을 나타내는 경우에는 조사이므로 붙여 쓴다.
예 집을 대궐만큼 크게 짓다.
앞의 내용에 상당한 수량이나 정도임을 나타내는 경우에는 의존 명사이므로 띄어 쓴다.
예 노력한 만큼 대가를 얻다.

[뿐] 체언 뒤에 붙어서 한정의 뜻을 나타내는 경우는 조사로 다루어 붙여 쓴다.
예 남자뿐이다.
용언의 관형사형 '-을' 뒤에서 '따름'이란 뜻을 나타내는 경우는 의존 명사이므로 띄어 쓴다.
예 웃을 뿐이다.

[43항]
단위를 나타내는 명사는 띄어 쓴다. 다만, 순서를 나타내는 경우나 숫자와 어울리어 쓰이는 경우에는 붙여 쓸 수 있다.
예 한 개, 차 한 대, 두시 삼십분 오초, 제일과, 육층

[44항]
수를 적을 때는 '만(萬)' 단위로 띄어 쓴다.
예 십이억 삼천사백오십육만 칠천팔백구십팔

[45항]
두 말을 이어 주거나 열거할 적에 쓰이는 다음의 말들은 띄어 쓴다.
예 국장 겸 과장, 열 내지 스물, 청군 대 백군

[46항]
단음절로 된 단어가 연이어 나타날 적에는 붙여 쓸 수 있다.
예 좀더 큰것, 이말 저말

[48항]
성과 이름, 성과 호 등은 붙여 쓰고, 이에 덧붙는 호칭어, 관직명 등은 띄어 쓴다. 다만, 성과 이름, 성과 호를 분명히 구분할 필요가 있을 경우에는 띄어 쓸 수 있다.
예 충무공 이순신 장군, 남궁억/남궁 억

이것만은 꼭!

보조 용언이 거듭 나타나는 경우에는 앞의 보조 용언만을 붙여 쓸 수 있다.
예 되어 가는 듯하다. (O)
　　되어가는 듯하다. (O)

⑥ 국어의 로마자 표기법

1. 로마자 표기의 기본 원칙

(1) 국어의 로마자 표기는 국어의 표준 발음법에 따라 적는 것을 원칙으로 한다.

(2) 로마자 이외의 부호는 되도록 사용하지 않는다.

2. 표기 일람

[1항]
모음은 다음 각 호와 같이 적는다.

1. 단모음

ㅏ	ㅓ	ㅗ	ㅜ	ㅡ	ㅣ	ㅐ	ㅔ	ㅚ	ㅟ
a	eo	o	u	eu	i	ae	e	oe	wi

2. 이중모음

ㅑ	ㅕ	ㅛ	ㅠ	ㅒ	ㅖ	ㅘ	ㅙ	ㅝ	ㅢ
ya	yeo	yo	yu	yae	ye	wa	wae	wo	ui

[붙임 1] 'ㅢ'는 'ㅣ'로 소리 나더라도 ui로 적는다. **예** 광희문 Gwanghuimun

[2항]
자음은 다음 각 호와 같이 적는다.

1. 파열음

ㄱ	ㄲ	ㅋ	ㄷ	ㄸ	ㅌ	ㅂ	ㅃ	ㅍ
g, k	kk	k	d, t	tt	t	b, p	pp	p

2. 파찰음 · 마찰음

ㅈ	ㅉ	ㅊ	ㅅ	ㅆ	ㅎ
j	jj	ch	s	ss	h

3. 비음 · 유음

ㄴ	ㅁ	ㅇ	ㄹ
n	m	ng	r, l

[붙임 1] 'ㄱ, ㄷ, ㅂ'은 모음 앞에서는 'g, d, b'로, 자음 앞이나 어말에서는 'k, t, p'로 적는다. **예** 구미 Gumi, 합덕 Hapdeok, 한밭[한받] Hanbat

[붙임 2] 'ㄹ'은 모음 앞에서는 'r'로, 자음 앞이나 어말에서는 'l'로 적는다. 단, 'ㄹㄹ'은 'll'로 적는다. **예** 칠곡 Chilgok, 대관령[대괄령] Daegwallyeong

---

확인문제

* 국어의 로마자 표기법으로 옳은 것은?
① 묵호 Muko
② 극락전 Geuknakjeon
③ 경포대 Gyeongphodae
④ 평창 Pyeongchang

정답 ④

해설 평창 Pyeongchang : 각 자음과 모음별 표기법은 다음과 같다.

ㅍ	ㅕ	ㅇ	ㅊ	ㅏ	ㅇ
p	yeo	ng	ch	a	ng

오답풀이
① 묵호[무코] Mukho : 체언에서 'ㄱ, ㄷ, ㅂ' 뒤에 'ㅎ'이 따를 때에는 'ㅎ'을 밝혀 적는다.
② 극락전[긍낙쩐] Geungnakjeon : '극락'에서 발생한 자음동화는 인정하여 표기에 반영하고, 된소리되기는 표기에 인정하지 않는다.
③ 경포대 Gyeongpodae : 'ㅍ'은 'p'로 적는다.

3. 표기상의 유의점

[1항]
음운 변화가 일어날 때에는 변화의 결과에 따라 적는다. 다만, 체언에서 'ㄱ, ㄷ, ㅂ' 뒤에 'ㅎ'이 따를 때에는 'ㅎ'을 밝혀 적는다. 예 묵호(Mukho), 집현전(Jiphyeonjeon)
[붙임] 된소리되기는 표기에 반영하지 않는다.
예 압구정 Apgujeong, 낙성대 Nakseongdae, 합정 Hapjeong

[4항]
인명은 성과 이름의 순서로 띄어 쓴다. 이름은 붙여 쓰는 것을 원칙으로 하되 음절 사이에 붙임표(-)를 쓰는 것을 허용한다.
1. 이름에서 일어나는 음운 변화는 표기에 반영하지 않는다.
2. 성의 표기는 따로 정한다.

[5항]
'도, 시, 군, 구, 읍, 면, 리, 동'의 행정 구역 단위와 '가'는 각각 'do, si, gun, gu, eup, myeon, ri, dong, ga'로 적고, 그 앞에는 붙임표(-)를 넣는다. 붙임표(-) 앞뒤에서 일어나는 음운 변화는 표기에 반영하지 않는다.
예 충청북도 Chungcheongbuk-do, 종로 2가 Jongno 2(i)-ga
[붙임] '시, 군, 읍'의 행정 구역 단위는 생략할 수 있다. 예 청주시 Cheongju

7 외래어 표기법

1. 표기의 기본 원칙

제1항 외래어는 국어의 현용 24자모만으로 적는다.
제2항 외래어의 1음운은 원칙적으로 1기호로 적는다.
제3항 받침에는 'ㄱ, ㄴ, ㄹ, ㅁ, ㅂ, ㅅ, ㅇ'만을 쓴다.
제4항 파열음 표기에는 된소리를 쓰지 않는 것을 원칙으로 한다.
제5항 이미 굳어진 외래어는 관용을 존중하되 그 범위와 용례는 따로 정한다.

확인문제

* 외래어 표기법으로 옳지 않은 것은?
① 파이팅 ② 슈퍼마켓
③ 꼬냑   ④ 팸플릿

정답 ③

해설 외래어 표기는 원지음의 발음을 따르되, 일반적으로 된소리는 표기하지 않는다. 따라서 '코냑(프 cognac)'으로 써야 한다.

2. 외래어 표기 바로 알기

원어 표기	잘못된 표기	바른 표기
gossip	고십, 까십, 가쉽	가십
croquette	고로케, 크로케트	크로켓
gradation	그라데이션	그러데이션
gips	집스	깁스
narration	나레이션, 나래슌, 네레이션	내레이션
nonsense	넌센스, 넌쎈스	난센스
nonfiction	넌픽션	논픽션

원어 표기	잘못된 표기	바른 표기
dynamic	다이나믹, 다이내미크	다이내믹
début	데뷰, 디부트	데뷔
desktop	데스크탑	데스크톱
doughnut	도너스, 도우넛	도넛
rendez-vous	랑데뷰	랑데부
running	런닝	러닝
lemonade	레몬에이드	레모네이드
rainbow	레인보우	레인보
recreation	레크레이션	레크리에이션
report	레포트	리포트
rent-a-car	렌트카	렌터카
robot	로보트	로봇
robotology	로보털로지	로보톨로지
lobster	롭스터	로브스터, 랍스터
remote control	리모콘	리모컨
ringer	닝겔, 링게르, 링겔	링거
mania	매니아	마니아
mail	매일, 맬	메일
melon	메론	멜론
message	메세지	메시지
mechanism	매커니즘, 메카니즘	메커니즘
membership	멤버쉽	멤버십
mineral	미네럴, 미너럴	미네랄
body lotion	바디로션, 보디로숀, 바디로숀	보디로션
Valentine Day	발렌타인데이, 발렌타이데이	밸런타인데이
badge	뱃지, 뺏지	배지
balance	발란스, 배런스	밸런스
bonnet	보네트, 보넷, 본네트, 본넷	보닛
bourgeois	부르조아, 부르지아	부르주아
buffet	부펫, 부페	뷔페
pierrot	삐에로	피에로
Santa Claus	산타크로스, 산타클로즈, 산타크로즈	산타클로스
sausage	소세지, 쏘시지, 쏘세지	소시지
sofa	쇼파	소파
shrimp	쉬림프	슈림프

확인문제

* 외래어 표기가 옳지 않은 것은?
① flash – 플래시
② shrimp – 쉬림프
③ presentation – 프레젠테이션
④ Newton – 뉴턴

정답 ②

해설

×	○
플래쉬, 후레시, 프래쉬	플래시(flash)
쉬림프	슈림프(shrimp)
프리젠테이션	프레젠테이션(presentation)
뉴튼, 뉴톤	뉴턴(Newton)

원어 표기	잘못된 표기	바른 표기
snack	스넥	스낵
snowboard	스노우보드, 스노보오드, 스노우보오드	스노보드
step	스텦, 스텦프, 스텝프	스텝
stainless	스텐리스, 스텐레스	스테인리스
straw	스트로우	스트로
spuit	스포이드, 스푸이트	스포이트
sponge	스폰지	스펀지
symbol	심볼, 씸볼, 씸벌	심벌
mattress	마트리스	매트리스
sprinkler	스프링쿨러	스프링클러
stamina	스태미너	스태미나
staff	스탭	스태프
Singapore	싱가폴	싱가포르
Arab Emirates	아랍 에미레이트	아랍 에미리트
outlet	아울렛	아웃렛
eye shadow	아이섀도우	아이섀도
accessory	악세사리, 액세사리, 악세서리	액세서리
accelerator	악셀, 악셀레이트	액셀러레이터
allergie	알레지, 알러지	알레르기
encore	앵코르, 앙콜, 앵콜	앙코르
ad lib	애드립, 에드립	애드리브
application	어플리케이션	애플리케이션
accent	액센트	악센트
air conditioner	에어콘	에어컨, 에어컨디셔너
endorphin	엔돌핀	엔도르핀
yellow	옐로우	옐로
ambulance	엠뷸런스, 엠블란스, 엠블런스	앰뷸런스
offside	오프싸이드, 옵사이드	오프사이드
oxford	옥스포드	옥스퍼드
workshop	워크샾	워크숍
window	윈도우	윈도
jumper	잠퍼	점퍼, 잠바
junior	쥬니어	주니어
chart	챠트	차트
chocolate	초코렛	초콜릿

원어 표기	잘못된 표기	바른 표기
damage	데미지	대미지
chimpanzee	킴팬지	침팬지
color	칼라, 콜로르	컬러
carol	캐롤, 카럴, 카롤	캐럴
coordinator	커디네이터	코디네이터
coffee shop	커피샵	커피숍
cunning	컨닝	커닝
contest	컨테스트	콘테스트
column	칼름, 콜럼	칼럼
container	콘테이너	컨테이너
control	콘트롤	컨트롤
collection	콜렉션, 콜렉티온, 컬렉티온	컬렉션
concours	콩쿨, 콩쿠르스	콩쿠르
coup d'etat	쿠테타	쿠데타
crystal	크리스탈	크리스털
Christian	크리스찬, 크리스티언	크리스천
klaxon	크락션, 크랙슨, 클락션	클랙슨
panel	패날, 판넬	패널
fanfare	빵빠르, 팽파르	팡파르
presentation	프리젠테이션	프레젠테이션
flute	플룻, 플롯, 프루트	플루트
highlight	하일라이트	하이라이트
foundation	화운데이션	파운데이션
file	화일	파일

05 경청 · 의사표현 · 외국어

01 의사소통능력

1 경청

1. 의미

(1) 다른 사람의 말을 주의 깊게 들으며 공감하는 능력으로, 원활한 의사소통을 위해서는 다른 사람의 말을 주의 깊게 듣고 공감할 수 있는 능력을 필수적으로 갖추어야 한다.

(2) 경청은 대화의 과정에서 상대에게 신뢰를 쌓을 수 있는 최고의 방법이다. 우리가 경청하면 상대는 안도감을 느끼고, 듣는 이에게 무의식적인 믿음을 갖게 된다. 그리고 우리가 말을 할 경우, 자신도 모르게 더 집중하게 된다. 이런 심리적 효과로 말과 메시지, 감정을 보다 효과적으로 상대에게 전달할 수 있다.

2. 적극적 경청과 소극적 경청

적극적 경청	• 자신이 상대방의 이야기에 주의를 집중하고 있음을 행동을 통해 외적으로 표현하며 듣는 것 • 상대방의 말 중 이해가 안 되는 부분을 질문하거나, 자신이 이해한 내용을 확인하기도 하고, 때로는 상대의 발언 내용과 감정에 대해 공감할 수 있다.
소극적 경청	• 상대방의 이야기에 특별한 반응을 표현하지 않고 수동적으로 듣는 것 • 상대방이 하는 말을 중간에 자르거나 다른 화제로 돌리지 않고 상대의 이야기를 수동적으로 따라가는 것

3. 효과적인 경청 방법

방법	내용
공감 준비	대화를 시작할 때는 먼저 나의 마음속에 있는 판단과 선입견, 충고하고 싶은 생각들을 모두 다 비워내기
상대방 인정	상대방의 말과 행동에 잘 집중하여 상대방이 얼마나 소중한 존재인지를 인정. 상대를 완전한 인격체로 인정해야 진정한 마음의 소리를 듣기
말하기 절제	이해를 받으려면 먼저 상대에게 귀를 기울이기
겸손하게 이해	상대가 나의 생각과 다른 말을 해도 들어줄 줄 아는 자세가 필요하다. 상대방이 원하는 것은 자신의 말을 진정으로 들어주고 자신을 존중하며 이해해 주기
온몸으로 응답	경청은 귀로만 하는 것이 아니라 눈, 입, 손과 같은 몸짓과 눈빛으로 응답하기

4. 경청을 방해하는 습관

구분	내용
짐작하기	상대방의 말을 믿고 받아들이기보다 자신의 생각에 들어맞는 단서를 찾아 자신의 생각을 확인하는 것
대답할 말 준비하기	상대방의 말을 들은 뒤 자신이 다음에 할 말을 생각하기에 바빠서 상대방이 말하는 것을 잘 듣지 않는 것
걸러내기	상대의 말을 듣기는 하지만 상대방의 메시지를 온전하게 듣지 않는 것
판단하기	상대방에 대한 부정적인 판단 때문에 또는 상대방을 비판하기 위해 상대방의 말을 제대로 듣지 않는 것
다른 생각하기	상대방에게 관심을 기울이지 않고 다른 생각을 하는 것
조언하기	말끝마다 조언하려고 끼어드는 것
언쟁하기	단지 반대하고 논쟁하기 위해서만 상대방의 말에 귀를 기울이는 것
자존심 세우기	자존심 때문에 자신의 부족한 점에 대한 상대방의 말을 들을 수 없는 것
슬쩍 넘어가기	문제를 회피하거나 농담으로 넘기려 하는 것
비위 맞추기	상대방을 위로하거나 비위를 맞추기 위해 빨리 동의하는 것

5. 대화를 통한 경청 훈련

구분	내용
주의를 기울이기 (바라보기, 듣기, 따라하기)	말하는 상대를 바라보고 듣거나 따라하며 주의를 기울임.
상대방의 경험을 인정하고 더 많은 정보 요청하기	다른 사람의 메시지를 인정하는 것은 그가 인도하는 방향으로 따라가고 있다는 것을 언어적·비언어적인 표현을 통하여 상대방에게 알려주는 반응임.
정확성을 위해 요약하기	요약하는 기술은 상대방에 대한 자신의 이해의 정확성을 확인하는데 도움이 되고, 자신과 상대방을 서로 알게 하며, 자신과 상대방의 메시지를 공유할 수 있도록 함.
개방적인 질문하기	상대방의 다양한 생각을 이해하고 상대방으로부터 보다 많은 정보를 얻기 위한 방법으로, 서로에 대한 이해의 정도를 높일 수 있음.
'왜'라는 말 삼가기	'왜'라는 질문은 보통 진술을 가장한 부정적·추궁적, 강압적인 표현이므로 되도록 사용하지 않는 것이 좋음.

6. 경청의 올바른 자세

(1) 혼자서 대화를 독점하지 않으며 상대방의 말을 가로채지 않는다.

(2) 상대방의 이야기를 가로막지 않으며 의견이 다르더라도 일단 수용한다.

(3) 말하는 순서를 지키며 논쟁에서는 먼저 상대방의 주장을 들어준다.

(4) 시선(Eye-Contact)을 맞춘다.

(5) 귀로만 듣지 말고 오감을 동원해 적극적으로 경청한다.

(6) 상대를 정면으로 마주하는 자세는 그와 함께 의논할 준비가 되었음을 알리는 자세이다.

(7) 손이나 다리를 꼬지 않는 소위 개방적 자세를 취하는 것은 상대에게 마음을 열어 놓고 있다는 표시이다.

(8) 상대방을 향하여 상체를 기울여 다가앉은 자세는 자신이 열심히 듣고 있다는 사실을 강조하는 것이다.

(9) 우호적인 눈의 접촉을 통해 자신이 관심을 가지고 있다는 사실을 알게 된다.

7. 공감적 듣기 전략

집중하기	• 상대방과 눈 맞추기 • 고개 끄덕이기 • '그래?', '맞아' 등의 반응 보이기
격려하기	• 상대방이 한 말 중 주요한 어휘나 표현 반복하기 • 내용의 이해를 위해 미진한 부분에 대해 질문하기 • '좀 더 이야기 해 줄래?', '계속 말해도 돼'와 같은 말로 계속 대화를 이어나가기
반영하기	• 들은 내용을 자신이 이해한 말로 재진술하기 • 상대방의 견해를 뒷받침해 줄 만한 자신의 경험을 제시하고, 이에 대한 상대방의 의견 묻기

2 의사표현

1. 의미

(1) 말하는 사람이 자신의 생각과 감정을 듣는 사람에게 음성 언어나 신체언어로 표현하는 능력으로, 의사표현력은 직장인들이 개인이나 조직의 관계를 유지하고 업무 성과를 높이기 위해 필수적으로 요구되는 능력이다.

(2) 의사표현에는 음성언어와 신체언어가 있는데, 음성언어는 입말로 표현하는 구어이고, 신체언어는 신체의 한 부분인 표정, 손짓, 발짓, 몸짓 따위로 표현하는 몸말을 의미한다.

(3) 의사표현은 말이 그 사람의 이미지를 결정한다는 점에서 중요하다.

2. 의사표현의 종류

(1) **공식적 말하기** : 사전에 준비된 내용을 대중을 상대로 말하기
   예 연설, 토의, 토론 등

(2) **의례적 말하기** : 정치적·문화적 행사에서와 같이 의례 절차에 따라 하는 말하기
   예 식사, 주례, 회의

(3) 친교적 말하기 : 매우 친근한 사람들 사이에 가장 자연스런 상태에 떠오르는 대로 주고받는 말하기
  예 일상 대화

3. **원활한 의사표현의 지침**

    (1) 올바른 화법을 위해 독서를 하라.
    (2) 좋은 청중이 되라.
    (3) 칭찬을 아끼지 마라.
    (4) 공감하고, 긍정적으로 보이게 하라.
    (5) 겸손하라.
    (6) '뒷말'을 숨기지 마라.
    (7) '첫마디' 말을 준비하라.
    (8) 이성과 감성의 조화를 꾀하라.

4. **상황과 대상에 따른 의사 표현법**

    (1) 상대방의 잘못을 지적할 때 : '칭찬의 말', '질책의 말', '격려의 말' 순서대로, 질책을 가운데 두고 칭찬을 먼저 한 다음 끝에 격려의 말을 하는 샌드위치 화법을 사용한다. 충고는 가급적 최후의 수단으로 은유적으로 접근하는 것이 효과적일 수 있다.
    (2) 상대방을 칭찬할 때 : 본인이 중요하게 여기는 것을 칭찬하며 아부로 여겨지지 않게 한다.
    (3) 상대방에게 요구해야 할 때 : 먼저 상대의 사정을 파악하여 상대를 우선시하는 태도를 보인 후 응하기 쉽게 구체적으로 부탁한다.
    (4) 상대방의 요구를 거절해야 할 때 : 먼저 사과를 한 후 응할 수 없는 이유를 설명하며 모호한 태도보다는 단호하게 거절한다.
    (5) 명령해야 할 때 : '□□을/를 이렇게 해라.'처럼 강압적인 말투보다는 '○○를(을) 이렇게 해주는 것이 어떻겠습니까?'라는 식으로 부드러운 말투로 표현하는 것이 효과적이다.
    (6) 설득해야 할 때 : 일방적으로 상대방에게 강요를 해서는 안 되며, 먼저 양보하는 태도를 보여 이익을 서로 공유하겠다는 의지를 보인다.
    (7) 충고해야 할 때 : 정말로 필요한 경우에만 하며, 예화 등의 비유법으로 깨우치게 한다.

5. 의사표현의 방해 요인과 제거 방법

방해 요인		제거 방법
연단 공포증		• 완전무결하게 준비하라. • 청중 앞에서 말할 기회를 자주 가지라. • 정해진 시간보다 더 많이 준비하라. • 충분히 휴식하라. • 처음부터 웃겨라. • 심호흡을 하라. • 청자분석을 철저히 하라.
말	장단 고저 발음 속도 쉼 띄어 말하기	• 등이 의자 등에 닿지 않도록 몸을 앞으로 조금 당겨라. • 앉은 채로 키를 최대한 높일 수 있도록 상체를 위로 쭉 뻗어라. • 가장 큰 소리로 말하는 것처럼 가능한 한 성대와 목의 근육을 조여라. • 한꺼번에 긴장된 모든 근육을 풀어라. • 가능한 몸을 이완시키고 바로 앉아, 목과 목구멍의 근육이 완전히 이완되도록 하라. • 머리가 정상적인 자세보다 더 어깨에 가까워져야 한다. • 말하는 동안 하품을 할 때의 목의 근육과 목청을 유지할 수 있도록 4~5번 정도 하품을 하라. • 이러한 자세를 계속 유지하면서 짧은 문장을 크게 소리 내어 읽어 보아라.
음성		• 숨을 얕게 들이마시면 목소리가 떨리기 때문에 숨을 깊게 들이마셔라. • 음가를 정확히 내기 위해서는 입을 크게 벌려라. • 술과 담배를 절제하고, 충분한 휴식을 취하라.
몸짓	외모 동작	• 두 다리 사이를 너무 넓게 벌리지 않는다. • 몸의 체중을 한쪽 다리에 의존하지 않는다. • 지나치게 경직된 자세를 피하고 갑자기 자세를 고치지 않는다. • 뒷짐을 지거나, 팔짱을 끼지 않으며, 손을 주머니에 넣지 않는다. • 화자는 청자와 시선을 맞추어야 하며 여러 청자에게 골고루 시선을 분배한다. • 눈동자를 함부로 굴리지 않는다. • 시선을 불안하게 두지 않는다.
유머		• 자기의 실패담을 이야기한다. • 기발하고 참신한 자료를 찾는다. • 습관적인 사고방식을 배제한다. • 청자 가운데 한 사람을 소재로 삼아 이야기한다. • 쾌활한 태도로 간단한 이야기를 임기응변식으로 처리한다. • 이야기는 빨리 하고 빨리 끝낸다. • 서투른 유머를 해서는 안 된다. • 무리하게 웃기려고 하지 않는다. • 청자를 염두에 두고 이야기를 선택해야 한다.

One Point Lesson

전화 관련 영어 표현

- Who do you wish(=want) to speak to?
  누구를 바꿔 드릴까요?
- I'll put you through him.
  전화 연결하겠습니다.
- Mr. Kim, you are wanted on the phone.
  김 선생님, 전화 왔습니다.
- The line is busy.
  지금 통화 중입니다.
- I'm afraid her phone is busy. Would you like to hold?
  그녀는 통화 중인 것 같습니다. 기다리시겠습니까?
- He's not in at the moment.
  그는 지금 자리에 없습니다.
- Who was that?
  누구한테서 온 전화예요?
- There is no one here by that name.
  그런 사람 여기 없는데요.
- What number are you calling?
  몇 번에다 전화를 거셨습니까?
- You have(=get) the wrong number.
  전화를 잘못 거셨군요.
- Would you like to leave a message?
  전하실 말씀 있으세요?

③ 기초외국어

1. **의미** : 직업 생활 중에 필요한 문서이해나 문서작성, 의사표현, 경청 등의 의사소통을 기초외국어로 가능하게 하는 능력

2. **기초외국어로 의사소통 시 필요한 능력**

    (1) 자신이 전달하고 싶은 것을 결정하는 사고력
    (2) 생각한 내용을 어떤 형태로 표현할 것인가를 결정하는 표현력

3. **비언어적 의사소통의 종류**

표현방식	구분	의미
표정으로 알아채기	웃는 표정	행복, 만족, 친절
	눈살을 찌푸리는 표정	불만족, 불쾌
	눈을 마주 쳐다보는 것	흥미, 관심
	눈을 마주치지 않는 것	무관심
음성으로 알아채기	높은 어조	적대감, 대립감
	낮은 어조	만족, 안심
	큰 목소리	내용 강조, 흥분, 불만족
	빠른 말의 속도	공포, 노여움
	자주 말을 중단함	결정적인 의견이 없음, 긴장, 저항

4. **외국인과의 의사소통에서 피해야 할 행동**

    (1) 상대를 볼 때 흘겨보거나, 아예 보지 않는 행동
    (2) 팔이나 다리를 꼬는 행동
    (3) 표정 없이 말하는 것
    (4) 대화에 집중하지 않고 다리를 흔들거나 펜을 돌리는 행동
    (5) 맞장구를 치지 않거나, 고개를 끄덕이지 않는 것
    (6) 자료만 보는 행동
    (7) 바르지 못한 자세로 앉는 행동
    (8) 한숨, 하품을 하는 것
    (9) 다른 일을 하면서 듣는 것
    (10) 상대방에게 이름이나 호칭을 어떻게 할지 먼저 묻지 않고 마음대로 부르는 것

One Point Lesson

은행 관련 영어 표현

- I would like to open an account.
  계좌를 개설하고 싶습니다.
- I want a savings account.
  저축 예금을 하고 싶습니다.
- I'd like to make a deposit of 100 dollars.
  100달러를 예금하고 싶습니다.
- I'd like to withdraw 100 dollars.
  100달러를 인출하고 싶습니다.
- I'd like to change this 100 dollar bill into 10 ten-dollar bills.
  100달러 지폐를 10달러 지폐 10장으로 바꾸고 싶습니다.
- Can you break this bill?
  지폐를 잔돈으로 바꿔 주시겠어요?
- I'd like to cash travelers check.
  여행자 수표를 현찰로 바꾸고 싶습니다.
- Could you endorse this check, please?
  이 수표에 배서해 주시겠습니까?
- I'd like to apply for a loan.
  대출을 신청하려 합니다.
- I'd like to rent a safety-deposit box.
  금고를 대여하고 싶습니다.
- What's the exchange rate today?
  오늘 환율이 어떻게 됩니까?
- I want to know my balance.
  예금 잔고를 알고 싶습니다.

테마 2 의사소통능력
유형별 학습

▶ 정답과 해설 2쪽

유형 01 · 어휘 관계 추론하기

[01 ~ 03] 다음 중 제시된 단어가 공통으로 연상되는 단어를 고르시오.

01.

| 강감찬, 귀주대첩, 팔만대장경 |

① 고구려　　② 백제　　③ 신라
④ 고려　　　⑤ 조선

02.

| 쥐불놀이, 부럼, 오곡밥 |

① 설날　　② 추석　　③ 한식
④ 단오　　⑤ 정월대보름

03.

| 해수욕, 장마, 매미 |

① 거미　　② 여름　　③ 모래사장
④ 휴가　　⑤ 우산

[04 ~ 05] 다음 중 빈칸에 들어갈 단어를 고르시오.

04.

| 계산기 – 계산의 관계는 피아노 –(　　)의 관계와 같다. |

① 건반　　　　　② 악기　　　　　③ 기타
④ 연주　　　　　⑤ 음악

05.

| 장미꽃 – 식물의 관계는 호랑이 –(　　)의 관계와 같다. |

① 동물　　　　　② 식물　　　　　③ 조류
④ 인간　　　　　⑤ 사자

06. 다음 중 단어의 관계가 ㉠ : ㉡과 가장 유사한 것은?

㉠가마는 조그마한 가옥 모양처럼 생긴 탈것이다. 대개 가마뚜껑과 가마바탕, 가마채로 구성되며, 방석이 곁들여진다. 가마 안에 사람이 타면, 가마 앞뒤에서 두 ㉡사람 또는 네 사람이 가마채를 손으로 들거나 끈으로 매어 운반한다.

　　㉠　　　㉡　　　　　　㉠　　　㉡
① 나무　：　지게　　　② 공　：　테니스
③ 풍차　：　전기　　　④ 연필　：　펜
⑤ 자동차　：　엔진

빠른 풀이 비법

어휘의 관계를 파악하는 문제는 단순히 어휘의 뜻을 아는 것이 아니라 어휘가 가지고 있는 의미나 속성 등을 전부 고려해야 풀 수 있다. 따라서 이러한 문제는 제시된 어휘의 관계가 무엇인지를 먼저 파악한 후 선택지 중에서 빈칸에 들어갈 수 있는 가장 적절한 어휘를 골라야 한다.

유형 02 • 문맥에 맞는 어휘 고르기

빠른 풀이 비법
어휘 빈칸 문제는 오답이 확실한 어휘를 선택지에서 제외하면서 푸는 방법이 효과적이다. 만약 빈칸에 들어갈 어휘가 무엇일지 헷갈릴 때에는 간단한 예문에 적용시켜 의미를 추론해 보는 방법이 있다.

07. 다음 빈칸에 들어갈 단어로 가장 적절한 것은?

> 앞으로 농산물 가격이 어떻게 변화될지 그 (   )을/를 잘 파악해야 한다.

① 작용(作用)   ② 추이(推移)   ③ 동선(動線)
④ 당락(當落)   ⑤ 정세(情勢)

08. 다음 빈칸에 들어갈 단어로 가장 적절한 것은?

> 농촌과 도시를 (   ) 다리, 농민과 도시민의 연결통로인 농협이 되겠습니다.

① 잇는   ② 잇는
③ 인는   ④ 잊는

09. 다음 중 ㄱ~ㄷ에 들어갈 단어를 가장 바르게 짝지은 것은?

> • 지난 상반기 매출액은 회사의 목표액을 크게 (ㄴ)했다.
> • 기안서 제출 전 반드시 부서장의 (ㄱ)를 받아오셔야 합니다.
> • 안전 관리 대책 수립이 마무리되지 않았는데 공사를 (ㄷ)하는 것은 옳지 않다.

	ㄱ	ㄴ	ㄷ
①	상충	결제	강행
②	상충	결재	유보
③	상회	결재	강행
④	상회	결재	유보
⑤	상회	결제	강행

10. 다음 중 문맥의 흐름상 빈칸에 들어갈 수 없는 단어는?

> 운용자금이 많아질수록 투자 기회는 부족해졌고, 더욱 위험한 자산에 투자하지 않으면 안 되었다. 이들의 신화는 오래가지 않았다. 몇 년이 지나지 않아 LTCM은 위기에 (   )했다. LTCM은 1997년에 러시아 재무부 채권에 투자하였으나 1997년 동남아시아와 한국에서 외환 위기가 (   )됐고, 그 (   )(으)로 러시아가 모라토리엄을 선언하는 (   )이/가 발생한 것이다.

① 여파 ② 사태 ③ 고용
④ 봉착 ⑤ 시작

11. 다음 글의 빈칸 ㉠에 들어갈 단어로 가장 적절한 것은?

> 정부에서 '제1차 국가 탄소중립·녹색성장 기본계획' 의안을 발표했다. '기후위기 대응을 위한 탄소중립·녹색성장 기본법'에 따른 법정 계획으로, 향후 20년간 탄소중립 사회로의 이행을 위한 구체적 방안을 담은 의안이다.
> 우선 2018년 대비 온실가스를 40%나 더 감축하겠다는 목표가 눈에 띈다. 이 목표를 달성하기 위해 보다 체계적으로 강화된 계획도 제시되어 있다. 기존에는 산업공정 배출시설 중심의 소극적 개선 계획이 주를 이루었다면, 올해는 현 인프라를 점진적으로 저탄소·순환경제 체계로 전환하려는 계획들이 두드러진다.
> 돌이켜보면 기술 발전의 '전환기'에는 늘 거대한 (㉠)이(가) 존재했다. 목질계 연료가 석탄으로, 석탄이 석유로, 석유가 전기로 전환되는 시점마다 증기기관, 내연기관, 발전기술과 같은 새로운 기술이 뒤따랐다. 저탄소·순환경제로의 전환을 시도하는 현 상황에서도 재생에너지, 무공해차, 순환이용, 수소, CCUS(탄소 포집·활용·저장기술) 등의 기술혁신이 가속화되고 있는 양상이다.

① 장애 ② 정책
③ 혁신 ④ 발표

유형 03 • 단어의 의미 파악하기

빠른 풀이 비법

어휘의 사전적 의미를 파악하는 문제는 문맥적 의미와 다르게 그 단어 자체의 뜻을 묻는 문제이다. 따라서 단어의 정확한 뜻이 무엇인지 파악하는 것이 문제를 푸는 핵심이다.

12. 다음 글의 밑줄 친 ㉠ ~ ㉤의 사전적 의미로 적절하지 않은 것은?

> 권위주의나 권위주의 문화는 기업경영의 투명성, 공정성, 합리성을 해쳐 종종 윤리적 문제를 일으킨다. 기업은 주주, 거래처, 종업원뿐만 아니라 지역사회, 생태계를 포함하는 다양한 이해관계자를 상대한다. 권위주의 문화가 ㉠<u>팽배</u>한 사회에서 경영자는 정당한 근거 없이 거래처에 막대한 피해를 안기고는 이에 대해 책임지지 않는다. 무엇을 해도 괜찮은 갑(甲)과 힘없이 당하는 을(乙)의 관계가 당연한 거래질서로 받아들여진다. 수년 전 모 기업 최고경영자가 부하 직원에게 폭력을 행사하고 아무런 부끄럼 없이 돈으로 ㉡<u>무마</u>하려고 했던 일이 있었다. 이것 역시 권위주의적 문화가 만들어 낸 사건이다.
>
> 권위주의 문화는 모든 기업구성원의 생각과 행동에 ㉢<u>체화</u>되어 나타나기도 한다. 누군가의 을이었던 사람이 다른 사람에게는 갑이 된다. 부패, 강압, ㉣<u>월권</u>이 계층 피라미드를 타고 맨 아래까지 이어지고, 마침내 기업 경계를 넘어 하청업체나 대리점 같은 또 다른 을을 찾아 퍼져 나간다. 서구사회에서 기업윤리 문제는 보통 과도한 이윤추구의 결과로 이해되곤 한다. 우리의 경우에는 권위주의 문화까지 더해지면서 더욱 해결하기 어려운 윤리적 문제를 낳는다. 동쪽에서 뺨 맞고 서쪽에 가서 화풀이하는 것이 당연한 규범처럼 받아들여지다 보니 부패나 월권 같은 비윤리적인 문제에 대한 해결의 ㉤<u>실마리</u>가 보이지 않는다.

① ㉠ – 어떤 기운이나 사조 따위가 거세게 일어남.
② ㉡ – 분쟁이나 사건 등을 어루만져 달래거나 어물어물 덮어 버림.
③ ㉢ – 몸소 경험을 통해 알아지거나 이해됨.
④ ㉣ – 자기 권한 밖의 일에 관여함.
⑤ ㉤ – 일이나 사건을 풀어 나갈 수 있는 계기

13. 다음 중 밑줄 친 부분이 아래의 문장과 같은 의미로 쓰인 것은?

> 건전한 사고를 가지고 있는 농협 조합원이 많다.

① 보수적 사고가 사회 전반에 깔려 있다.
② 사원모집에 관한 사고를 보면 자격 기준이 나온다.
③ 비행기 추락 사고로 사망하였다.
④ 무슨 사고로 참석하지 못했어?

14. 다음 글의 밑줄 친 부분과 같은 의미로 쓰인 것은?

> 당나라 중기 관료이자 학자인 조광(趙匡)은 '선거의(選擧議)'라는 글에서 과거제도의 10가지 폐단을 지적하였는데, 이는 세 가지 정도로 요약할 수 있다.
> "하나, 과거시험이 나라를 다스릴 수 있는 능력을 따지지 않으니 배우는 것은 쓸모가 없고 쓸모 있는 것은 배우지 않아 관리들 가운데 맡은 직무를 감당하는 자가 적다. 둘, 지식인들은 고관들을 찾아다니며 끌어줄 것을 청하고 자기와 같은 무리를 비방함으로써 앞자리를 다툰다. 셋, 매년 초가을에 장안으로 길을 떠나서 늦봄에야 돌아오고 제대로 쉬지도 못한 가운데 또 금방 가을이 다가온다. 그러니 제대로 된 공부는 하지도 못하고 천박한 재주만 더 부리게 된다. 가난한 자들은 여비조차 감당할 수 없다."

① 그는 친구와 다투다 갑자기 의식을 잃고 병원 응급실로 실려 갔다.
② 늘 친구와 1, 2위를 다투다 보니 어느새 실력이 늘었다.
③ 형사는 범인 검거를 위해 분초를 다투며 증거를 수집했다.
④ 그들은 다투다 결론을 짓지 못하여 결국 제비를 뽑았다.

15. 다음 중 밑줄 친 부분이 아래의 문장과 같은 의미로 사용된 것은?

> 여행을 가면 지금 하는 걱정들이 모두 <u>씻은</u> 듯이 사라질 거야.

① 그 선수는 그동안의 부진을 <u>씻어</u> 내는 듯 연신 유효타를 날렸다.
② 상처를 깨끗하게 <u>씻어</u> 내지 않아서인지 이미 상태가 심각했다.
③ 속세와의 인연을 <u>씻고</u> 산으로 들어가 자연인이 되었다.
④ 단골 치킨집 사장님이 사실 범죄 조직에서 손을 <u>씻고</u> 가게를 차린 거래.
⑤ 네가 받아간 게 얼만데 입을 <u>씻고</u> 모른 체하려던 건 아니겠지?

16. 다음 중 밑줄 친 부분이 〈보기〉의 '나누다'와 가장 유사한 것은?

보기
> 최 대리, 이 자료를 영업1팀과 영업2팀에 해당하는 것으로 좀 <u>나눠</u> 주겠나?

① 사과가 한 개 남았으니 너희 둘이 사이좋게 <u>나눠</u> 먹어라.
② 우리는 저녁에 술을 한잔 <u>나누면서</u> 재미있는 이야기꽃을 피웠다.
③ 3시간 동안 의견을 <u>나누었으나</u> 결국 합의점에 도달하지 못하였다.
④ 우리는 고향이 서울인 사람과 서울 외 지역인 사람들로 <u>나누어</u> 줄다리기를 하였다.
⑤ 부부는 그렇게 모든 어려움을 <u>나누면서</u> 사는 사람들이라네.

17. 다음 중 밑줄 친 단어의 의미와 가장 유사한 것은?

> 그는 생판 남인 아이를 데려다 <u>거두고</u> 닦달질해 제 식구로 만들었다고 한다.

① 수습(收拾)하고　　② 양육(養育)하고　　③ 정리(定理)하고
④ 훈육(訓育)하고　　⑤ 교육(敎育)하고

18. 다음 밑줄 친 단어와 그 의미의 연결로 적절하지 않은 것은?

① 최종 결정금액이 지급될 것으로 예정된 날에서 유예될 수 있다. → 미루다.
② 총 비용에 시설보수비용을 계상하였다. → 임의로 계산하다.
③ 조직의 공동목표 달성을 위해 분파주의적인 태도를 지양해야 한다. → 하지 않다, 피하다.
④ 부서 간 바로잡아야 할 관행이나 문제점이 있다면 그 예를 적시해 주십시오. → 구체적으로 제시하다.

19. 다음 글의 밑줄 친 ㉠~㉤과 바꿔 쓸 수 있는 단어로 적절하지 않은 것은?

> M 기관과 H 공사는 모바일로 편리하게 여행할 수 있는 관광 환경 조성을 위한 '스마트 관광도시 ㉠시범 조성 사업' ㉡공모를 실시한다.
> 스마트 관광도시 시범조성은 내·외국인 관광객이 많이 찾는 방문지에 다양한 스마트 관광 요소를 집약해 여행 편의를 제공하고, 지역 관광 경쟁력을 강화해 스마트 관광 생태계를 조성하는 것을 목표로 하는 총 40억 원 규모의 사업으로 올해 처음 ㉢실시된다.
> 사업 계획서는 오는 5일부터 16일까지 접수하며, 응모 대상은 광역 지방자치단체를 대표로 하는 지자체와 민간으로 구성된 컨소시엄이다. 응모된 사업들은 심사를 거쳐 후보 대상지 3곳을 선정하여 사업 계획을 구체화한 후 현장 시연 등의 ㉣심사를 거쳐 최종 1곳을 선정한다.
> 방한 외래 관광객의 78.3%가 스마트폰을 활용해 관광 정보를 ㉤입수하고 있으며, 최신 정보통신기술을 활용한 홍보나 예약, 결제 등 다양한 서비스가 스마트폰을 통해 이뤄지는 등 스마트 관광에 대한 관심이 높아지고 있으므로 이 사업은 지자체의 많은 주목을 받을 것으로 기대된다.

① ㉠ 시범(示範) → 공시(公示)
② ㉡ 공모(公募) → 모집(募集)
③ ㉢ 실시(實施) → 시행(施行)
④ ㉣ 심사(審査) → 심고(審考)
⑤ ㉤ 입수(入手) → 취득(取得)

유형 04 • 우리말 표기법 알기

20. 다음 중 밑줄 친 부분의 표기법이 옳은 것은?

① 밥 먹은 후 바로 <u>설거지</u>를 해야 한다.
② 늦여름 배추는 대부분 <u>고냉지</u>에서 재배한다.
③ 어릴 적 나는 아버지의 <u>넙적한</u> 등에 기대어 잠들곤 했다.
④ 사정은 딱하군. <u>그럴지만은</u> 나도 남 걱정할 처지는 아니야.

21. 다음 밑줄 친 부분의 맞춤법이 옳지 않은 것을 모두 고르면?

> ㉠ 빨랫줄에 걸어 놓은 빨래가 그만 바람에 <u>날라가고</u> 말았다.
> ㉡ <u>꽃봉우리</u>가 맺혔으니 꽃들이 터져 나오듯 피는 것도 이젠 시간문제다.
> ㉢ 담배를 <u>피우면서</u> 무슨 건강보조제를 먹는다고 그래요?
> ㉣ <u>산봉오리</u>는커녕 중턱까지도 올라가지 못하고 지쳐서 내려왔다.
> ㉤ <u>뒷심</u>이 부족해서 늘 경기에서 지곤 한다.
> ㉥ 동물원의 호랑이는 암놈, <u>숫놈</u>이 각각 한 마리씩이다.
> ㉦ 짐을 <u>실는</u> 동안 저는 서류 정리를 하겠습니다.

① ㉠, ㉡, ㉥
② ㉠, ㉥, ㉦
③ ㉡, ㉢, ㉣, ㉥
④ ㉡, ㉣, ㉤, ㉦
⑤ ㉠, ㉡, ㉣, ㉥, ㉦

22. 다음 중 띄어쓰기가 잘못된 문장은?

① 30년만에 찾아온 무더위가 기승을 부리고 있다.
② 그 일을 하든 말든 내 알 바가 아니야.
③ 그를 만난 지도 꽤 오래되었다.
④ 그녀는 존경할 만한 사람이다.
⑤ 네가 하고 싶은 대로 해도 좋다.

23. 다음 (가)~(마)의 밑줄 친 순우리말과 그 뜻풀이를 바르게 연결한 것은?

(가) 우쭐우쭐 <u>곤댓짓하며</u> 의기양양하던 승자의 모습은 어디로 갔는가?
(나) 둘레에 이끼 낀 작은 정원석을 배치하고 <u>곰상스럽게</u> 만들어 놓은 연못은 소일거리가 없는 이 집 노인의 손장난이었던 것이다.
(다) 괜히 <u>게염내지</u> 말아요. 김 안 나는 숭늉 더 뜨겁다고 그 집은 짓거리를 입으루 하는가 부지, 조용헌 거 보면.
(라) <u>객쩍은</u> 소리 그만두어요. 그 따위 실없는 소리를 할 때가 아니에요
(마) 누님은 중성적인 <u>걸실걸실한</u> 성격을 가진 부인이라, 내 배 앓아 낳은 딸이 아니라고 구박을 하거나 들볶거나 할 사람은 아니었지만….

---보기---

ㄱ. 성질이 너그러워 말과 행동이 시원스럽다.
ㄴ. 부러워하며 시샘하고 탐내는 마음
ㄷ. 뽐내어 우쭐거리며 하는 고갯짓을 하다.
ㄹ. 성질이나 행동이 잘고 꼼꼼한 데가 있다.
ㅁ. 행동이나 말, 생각이 쓸데없고 싱겁다.

	(가)	(나)	(다)	(라)	(마)
①	ㄱ	ㄴ	ㅁ	ㄷ	ㄹ
②	ㄷ	ㄱ	ㄴ	ㅁ	ㄹ
③	ㄷ	ㄹ	ㄱ	ㄴ	ㅁ
④	ㄷ	ㄹ	ㄴ	ㅁ	ㄱ

유형 05 한자로 표기하기

24. 다음 글의 밑줄 친 '부정'의 한자 표기가 바른 것은?

> 끊임없이 파이를 키워야만 쳇바퀴의 회전력을 유지할 수 있는 자본주의의 숙명은 속칭 혁신이라는 이름의 '신상'을 계속 재생산해야 한다. 그 특유의 왕성한 생산력 때문에 종종 자신들이 심혈을 기울여 만들었던 기존 제품에 대한 철저한 <u>부정</u>을 감내해야만 한다. 이전에 생산된 제품은 이러한 점이 문제가 있었기 때문에 이러이러한 점이 개선되었다는 정도로는 안 된다. 완전히 새로운 개념의 제품을 내놓았다며 혁명 수준의 혁신을 강조해야 한다. 물질문명의 발달이라는 측면에선 당연히 지향점이 분명한 발전적 방향이다. 지극히 생산적이며 건설적이기까지 하다. 그러나 가만히 생각해보면 지독해 보이기까지 한 자기부정의 메커니즘이 그 자리의 중심을 차지하고 있다.

① 不正 ② 不定 ③ 不貞
④ 否定 ⑤ 不淨

25. 다음 ⊙과 ⓒ에 각각 들어갈 한자표기로 옳은 것은?

> **시행령 제2조(정의)** 이 영에서 사용하는 용어의 뜻은 다음 각호와 같다.
> 1. "정거장"이란 여객의 승하차(여객 이용시설 및 편의시설을 포함한다), 화물의 적하(⊙), 열차의 조성(ⓒ : 철도차량을 연결하거나 분리하는 작업을 말한다), 열차의 교차통행 또는 대피를 목적으로 사용되는 장소를 말한다.

	⊙	ⓒ		⊙	ⓒ		⊙	ⓒ
①	積下	潮聲	②	積下	組成	③	積貨	調性
④	積貨	組成	⑤	奏譁	調性			

TIP
단어를 한자로 표기하는 문제는 어려운 한자보다는 기본적인 한자들이 주로 출제되므로 이를 파악해 두기 위해 일상생활에서 자주 사용하는 한자부터 암기해 나가는 것이 중요하다.

26. 다음 글에서 밑줄 친 부분의 한자 표기로 올바른 것은?

> 마을의 여건에 따라 인구·사회변화는 다양하게 나타나고 있다. 이에 획일적 메뉴 제시 방식의 사업추진을 지양하고, 마을의 성장, 쇠퇴 특성과 유형을 고려하여 마을에 필요한 핵심 사업을 추진할 수 있도록 해야 한다.

① 盛壯, 衰堆
② 成章, 衰退
③ 成長, 衰退
④ 成長, 衰堆

27. 다음 중 밑줄 친 한자의 쓰임이 옳은 것은?

① 촉매(觸媒)는 물질의 반응 속도를 빠르게 할 수 있다.
② 닫혀 있는 담론은 진정한 의미(意美)의 담론이 아니다.
③ 약물 치료(治廖)와 상담 치료를 병행하는 것이 효과가 더 좋다.
④ 자신이 좋아하는 일에 열광(熱光)할 수 있다는 것도 복이다.

28. 다음 중 ( ) 안에 들어갈 한자를 순서대로 바르게 배열한 것은?

> 일부 학원이 미국 대학입학자격시험(SAT) 문제를 유출( )한 정황( )이 포착( )돼 국내 시험이 연속 취소되는 초유의 사태가 발생하자 서울시교육청이 문제 유출자를 사실상 '퇴출'하는 특단( )의 대책을 마련했다. 문제를 유출하고도 오히려 '족집게'로 소문나면서 인기 학원이 되거나 학원 간판만 바꿔 달아 영업하는 고리를 끊어 불법행위자는 학원가에 발붙일 수 없게 할 방침( )이다.

① 有出 – 政況 – 捕捉 – 特段 – 方針
② 流出 – 程況 – 捕着 – 特端 – 方枕
③ 有出 – 政況 – 捕促 – 特但 – 方砧
④ 流出 – 情況 – 捕捉 – 特段 – 方針
⑤ 誘出 – 情況 – 捕促 – 特端 – 方枕

확인문제

*다음 중 無告의 의미로 적절한 것은?

① 서로 맞서서 버팀.
② 원본을 베끼어 그림.
③ 괴로운 처지를 하소연할 곳이 없음.
④ 삯돈을 냄이 없음.
⑤ 하소연하여 바로잡아 주기를 원함.

정답 ③
해설 무고(없을 무, 고할 고)

유형 06 · 한자성어 · 속담 파악하기

빠른 풀이 비법

한자성어(속담) 문제는 독해 문제와 결합하여 출제되기도 한다. 이러한 유형의 경우 글의 내용과 한자성어(속담)를 연결해야 하므로 한자성어(속담)의 뜻을 알지 못하면 풀기 어렵다. 따라서 자주 나오는 한자성어(속담)들은 따로 정리해서 암기하는 것이 좋다.

29. 다음의 상황을 나타내는 사자성어로 가장 적절한 것은?

> ○○팀은 중요한 프로젝트를 진행하던 중 팀원 A가 실수를 하였다고 판단했다. 처음에는 팀원 모두가 그 실수를 바로잡기 위해 해결책을 모색하려 하였으나, A는 끝까지 자신의 실수를 인정하지 않고 "나는 실수를 저지른 적이 없다."라는 말만 반복하였다. 팀원들은 A의 주장이 이상하다고 느꼈지만, A의 말을 믿고 문제가 발생한다면 협력하기로 합의를 보았다. 그러나 결과적으로 프로젝트는 실패하였다. 자체 조사 결과, 실패 원인이 A의 부주의로 인한 것임이 밝혀졌다. 그럼에도 불구하고 A는 오히려 그 원인을 다른 팀원들에게서 찾으며 책임을 전가하였다.

① 견리사의(見利思義)
② 견마지성(犬馬之誠)
③ 교각살우(矯角殺牛)
④ 낭중지추(囊中之錐)
⑤ 후안무치(厚顏無恥)

30 다음 글의 ㉠~㉢에 들어갈 한자성어로 적절하지 않은 것은?

> 총리와 장관 후보자에 대한 국회 인사청문회가 사자성어(四字成語) 학습장이 되었다. 다만 부정적인 예문이 대부분인 게 안타깝다. 먼저 (㉠)(이)다. 다들 '위장전입이 뭐 어떻냐'는 투다. 자녀의 학업을 위해서인데 말이다. 쪽방촌 매입은 투기가 아니라 투자란다. 노후 대비라는 것이다. 이쯤 되면 (㉡)이/가 맞다. 남이 하면 불륜, 내가 하면 로맨스다. 법적·도덕적 흠결을 (㉢)(으)로 호도하며 어물쩍 넘기는 거다. 일국의 지도자로서 (㉣)(이)다. 낯가죽이 두꺼워 부끄러움을 모른다는 말이다.

① 아전인수(我田引水)
② 견강부회(牽強附會)
③ 허장성세(虛張聲勢)
④ 후안무치(厚顏無恥)
⑤ 인지상정(人之常情)

31. 다음 글을 읽고 이해한 내용으로 가장 적절한 것은?

> 기록적인 장마로 전국에서 인명 피해가 속출했다. 행정안전부 중앙재난안전대책본부(중대본)의 집계에 따르면 8월 12일 오전 6시 현재 폭우로 인한 사망자 33명, 실종 9명이 발생했으며 이재민은 약 7,800명에 달한다. 8월 13일 현재 사망자만 30명이 넘었다. 특히 전남 곡성 산사태 5명, 전북 장수 산사태 2명, 경기 가평 산사태 3명, 평택 산사태 3명 등 사망자의 약 40%인 13명이 산사태 피해였다.
>
> 그런데 산사태의 원인을 파고들면 모두 인재로 확인되고 있다. 비가 많이 와서 자연형 산사태가 발생한 것이 아니라 산지 관리를 못하고 무분별하게 이용하고 개발하는 과정에서 빚어진 참사였다. 산지를 이용하면서 집중강우에 대비한 배수체계가 이루어지지 않아 발생한 인재였던 것이다. 정부는 우면산 산사태 이후 산지재해를 근본적으로 막겠다고 선언했으나, 현장에서의 산지관리는 재해예방과는 거리가 멀었다.
>
> 앞으로 집중폭우는 예측불허로 전국의 산지에 밀어 닥칠 것이다. 이번 여름 장마는 수도권부터 영호남까지 전국에 걸쳐 일어났으며 한반도가 기후변화에 직면했다는 생생한 증거다. 우리 국토의 약 64%가 산지다. 이번 산사태에 의한 인명피해는 기후위기 시대, 정부가 국민의 안전을 담보하기 위해 무엇을 해야 하는지 분명하게 보여 주고 있다. 국가적 재해재난 중의 하나인 산사태 대응에서 지금까지와는 확연히 다른 근본적인 대비를 요구한다.

① 사후약방문(死後藥方文)식의 땜질 처방 말고 근본적인 해결책과 대비가 필요해.
② 사공이 많으면 배가 산으로 간다고 산사태를 한 곳에서 집중 관리해야 해.
③ 원숭이도 나무에서 떨어질 때가 있으니 산사태 문제에 방심하면 안 돼.
④ 백지장도 맞들면 낫다고 다 같이 힘을 모아야 해.

유형 07 문서의 종류별 작성법 이해하기

TIP 문서작성의 단계
1. 계획하기 : 글을 쓰기 전 글의 주제, 글을 쓰는 목적, 예상 독자를 고려하여 글을 쓰기 위한 계획을 세운다.
2. 내용 생성하기 : 설정한 주제를 뒷받침하기 위한 내용을 찾는다.
3. 내용 조직하기 : 내용을 전개하는 조직을 구성하고 개요를 작성한다.
4. 표현하기 : 글을 쓰기 위해 세운 계획에 따라 그 내용을 글로 표현한다.
5. 고쳐쓰기 : 작성한 글을 검토하여 바르게 고친다.

32. 다음은 ○○농협 기획본부 직원들의 대화이다. 제시된 문서작성의 단계 중 대화의 내용과 관련 있는 단계는?

[A 사원]: 이번 프로젝트를 직원들에게 소개하는 글을 작성하려는데, 첫 문장을 어떻게 써야 할지 모르겠어요.

[B 사원]: A 사원이 설정한 글의 예상 독자를 생각해 보고, 흥미를 끌만한 문장으로 글을 시작하면 좋겠습니다.

문서작성 단계
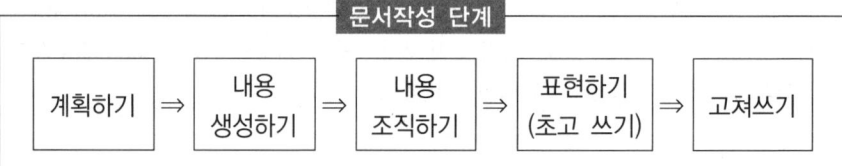
계획하기 ⇒ 내용 생성하기 ⇒ 내용 조직하기 ⇒ 표현하기(초고 쓰기) ⇒ 고쳐쓰기

① 계획하기
② 내용 생성하기
③ 내용 조직하기
④ 표현하기

33. 다음 ㉠ ~ ㉤ 중 보고서 작성 방법으로 적절하지 않은 것을 모두 고르면?

㉠ 내용에 대한 예상 질문을 사전에 파악하여 미리 대비한다.
㉡ 정확한 자료로 구성하고, 가독성이 높게 작성한다.
㉢ 완성도에 신경 쓰며 한 번에 최종 완성하여야 한다.
㉣ 상대방이 내용을 빠르게 파악할 수 있도록 한 장에 내용을 담아낸다.
㉤ 핵심 내용을 구체적으로 제시하되 간결한 표현을 사용한다.

① ㉠, ㉣
② ㉠, ㉤
③ ㉢, ㉣
④ ㉢, ㉤

34. 다음 공문의 밑줄 친 ㉠∼㉢ 중 공문서 작성법에 따라 잘못 작성된 것을 모두 고르면?

△△공단

㉠<u>발신</u>   관련 기관 대표 및 담당자 등
(경유)
㉡<u>내용</u>   세미나 참여 신청 안내

---

1. 귀 기관의 무궁한 발전을 기원합니다.

2. 우리 △△농협에서는 ○○운동연합, ◇◇윤리연구소, □□윤리협회와 공동 주최로 아래와 같이 세미나를 개최하오니 많은 관심과 참여 바랍니다.

- 아 래 -

  가. 주제 : 국내 아동인권의 현재와 미래
  나. 일시 : 202X. 11. 12.(일) 16 : 00 ~ 18 : 00
  다. 장소 : S 대학교 진리관
  라. ㉢<u>좌장</u> : 김▲▲(K 대학교 아동학과 교수)

3. 세미나 참여를 희망하는 기관은 붙임의 신청서를 작성하여 아래와 같이 제출하여 주시기 바랍니다.
  가. 제출기한 : 202X. 10. 31.(화)
  나. 제출방법 : 이메일 접수(△△공단 홍■■ 과장, abcdefg@korea.or.kr)
  ※ 본 세미나는 향후 코로나19 상황에 따라 변경될 수 있음.

㉣<u>붙임</u>   1. 세미나 참여 신청 안내문 1부.
           2. 세미나 참여 신청서 1부. 끝.

△△농협 이사장 [직인]

---

① ㉠, ㉡
② ㉡, ㉣
③ ㉠, ㉡, ㉢
④ ㉠, ㉢, ㉣

유형 08 의사소통 상황 이해하기

이것만은 꼭!
말하기의 종류
1. 정보전달 : 어떤 대상에 대한 정보나 지식을 전달하는 말하기로 발표, 안내 등을 할 때 쓰이는 말하기 방법이다.
2. 설득 : 듣는 이에게 자신의 주장을 따르도록 하는 말하기로 설득 연설, 협상 등에서 주로 쓰인다.
3. 친교표현 : 다른 사람과의 관계를 돈독히 유지하기 위한 말하기로 일상적인 대화에서 주로 쓰이는 말하기이다.

35. 다음 ㄱ~ㅁ은 상황에 따른 의사표현법의 예시이다. 그중 효과적인 의사표현의 예시로 적절한 것을 모두 고르면?

> ㄱ. 상대의 잘못을 지적할 때 : 계약서에 최종 서명을 누락하여 회사에 손해가 발생하였는데, 본인은 그 책임을 어떻게 질 겁니까?
> ㄴ. 상대의 요구를 거절해야 할 때 : 안타깝지만, 이번 계약은 예산의 범위를 초과해서 진행할 수 없습니다.
> ㄷ. 상대에게 부탁할 때 : 괜찮으시다면, 7월 25일까지 계약서를 제출해 주시겠어요?
> ㄹ. 상대를 설득해야 할 때 : 부대비용은 저희가 부담하겠으니 이번 계약을 진행하였으면 합니다.
> ㅁ. 상대에게 요구해야 할 때 : 계약서 원본은 우리기관 ○○부서 사무실에 직접 방문하여 제출해 주시는 것이 어떻겠습니까?

① ㄴ, ㄷ, ㄹ
② ㄱ, ㄷ, ㅁ
③ ㄱ, ㄴ, ㄹ, ㅁ
④ ㄴ, ㄷ, ㄹ, ㅁ

36. (주)○○관광개발의 관광사업부 직원들은 매출 향상을 위해 회의를 진행 중이다. 다음 중 박 부장의 말을 바르게 경청한 사람은?

> 박 부장 : 본부장 회의에서 매출 향상을 위해 여행상품이 연령대, 소득 격차 등에 따라 세분화될 필요가 있다는 결론이 났고, 이건 특히 내가 아주 강조한 의견이기도 하네. 자, 이제 여러분들이 여행상품 세분화의 실행 방안에 대한 의견들을 말해보게나.
> A 대리 : 부장님, 그러면 혹시 각 권역별 특성에 맞는 상품 개발에 대한 논의도 있었나요?
> B 사원 : 네, 저는 고객의 안전이 최우선이라고 예전부터 생각해 왔습니다.
> C 사원 : 부장님 의견에 전적으로 동의합니다.
> D 차장 : 글쎄요, 여행상품 차별화로 매출 향상이 될 수 있을지 의문입니다.
> E 과장 : 역시 우리 부장님의 의견은 늘 윗선에 잘 받아들여지는 거 같아요.

① A 대리
② B 사원
③ C 사원
④ D 차장
⑤ E 과장

유형 09 · 글의 흐름에 맞게 문장 배열하기

37. 다음 (가) ~ (다)를 글의 흐름에 맞게 순서대로 나열한 것은?

> (가) 여기서 유래된 산탄총은 일반적인 총기가 한 발의 탄환으로 목표물에 명중하는 것을 목적으로 하는 것과 달리 다수의 탄환을 동시에 발사하여 목표물에 적중할 확률을 높이는 데 중점을 둔다.
> (나) 15세기경 최초의 총기가 등장했을 때, 당시의 금속 제련, 가공 기술로는 명중률이 높은 총을 제작할 수 없어 토끼나 참새 같은 작은 목표물을 맞히기 어려웠다.
> (다) 사냥꾼들은 작은 탄환 여러 발을 뭉쳐서 장전하고, 한 번에 쏘아 일정 범위에 탄을 흩뿌리는 방식을 고안했다.

① (가)-(나)-(다) ② (가)-(다)-(나)
③ (나)-(가)-(다) ④ (나)-(다)-(가)
⑤ (다)-(나)-(가)

빠른 풀이 비법

문장을 배열하는 문제는 접속사나 지시어가 문장을 문맥에 맞게 적절히 배열할 수 있도록 힌트를 제공한다. 따라서 이러한 지시어들을 먼저 확인하는 방법이 효과적이다.

38. 다음 글에 이어지는 문장 ㉠~㉣을 논리적 순서에 따라 배열한 것은?

> 우리의 인구 정책은 인구 부족에 대응하기 위해 지난 15년 동안 400조 원에 달하는 예산을 썼지만 실제 효과는 미미하다.
>
> ㉠ 다음으로 근본적인 저출산 대책은 지역의 교육 환경을 획기적으로 개선하고 지역에서 기업들이 번성해 많은 일자리를 제공하는 일이다.
> ㉡ 재정 투입과 더불어 지역의 자생력을 키워 줄 수 있는 환경 조성이 무엇보다 시급하다.
> ㉢ 그 중의 하나는 갈수록 심화되고 있는 인구의 수도권 쏠림 현상을 완화하는 일이다.
> ㉣ 인구를 늘리기 위해 국가 재정을 투입하는 것도 중요하지만 근본적인 문제가 무엇인지 생각해 보아야 한다.

① ㉡-㉣-㉠-㉢ ② ㉡-㉣-㉢-㉠
③ ㉣-㉠-㉡-㉢ ④ ㉣-㉡-㉢-㉠

유형 10 • 필자의 견해·의도 파악하기

> **빠른 풀이 비법**
> 저자의 견해와 일치하는 것, 혹은 저자가 지향하는 것을 찾는 문제는 글의 주제와 맞닿아 있다. 따라서 중심 내용이나 핵심어를 놓치지 않고 글을 읽어 나가도록 한다.

39. 다음 글에 나타난 사랑에 대한 필자의 입장으로 적절하지 않은 것은?

> 사랑은 본래 '주는 것'이다. 시장형 성격의 사람은 사랑을 받는 것에 대한 교환의 의미로만 주어야 한다고 본다. 대부분의 비생산적인 성격의 사람은 주는 것을 가난해지는 것으로 생각해서 주려고 하지 않는다. 다만 어떤 사람은 환희의 경험보다 고통을 감수하는 희생이라는 의미에서 사랑을 주는 것을 덕으로 삼는다. 그들은 모두 사랑에 대해 오해하고 있다. 생산적인 성격의 사람은 사랑을 주는 것이 잠재적인 능력의 최고 표현이며 생산적인 활동이라고 본다. 이것은 상대방의 생명과 성장에 적극적인 관심을 가지는 것이고 자발적으로 책임지는 것이며, 착취 없이 존경하는 것이다.

① 사랑은 능동적으로 활동하여 자신의 생동감을 고양하는 것이다.
② 사랑은 상대방을 있는 그대로 존중하는 것이다.
③ 사랑은 상대방에 대해 적극적인 관심을 갖는 것이다.
④ 사랑은 자신을 희생하여 상대방이 원하는 것을 들어주는 것이다.
⑤ 사랑을 주는 행위는 잠재 능력의 최고 표현이다.

40. 다음과 같은 논리 전개에 전제가 되어 있는 생각은?

> 정의사회란 별다른 것이 아니다. 군인은 자신의 임무인 국토방위를 충실히 하고 근로자는 자신의 직장에서 성실히 일을 하며, 학생은 자신의 본분인 학업에 열중하고 정치가는 자신의 영역에서 최선을 다하면 저절로 이루어지는 것이다.

① 개인적인 의식 개혁이 바로 정의사회를 건설하는 것은 아니다.
② 사회의 구성원이 전부 옳다고 해서 그 구성원으로 조직된 사회가 반드시 정의사회가 되는 것은 아니다.
③ 사회 윤리란 개인 윤리의 확대가 아니다.
④ 전체는 부분의 합계가 아니다.
⑤ 남의 일에 간섭하지 말아야 한다.

유형 11 • 글의 주제 파악하기 •

41. 다음 글을 읽고 보인 반응 중 글의 주제에 가장 부합하는 것은?

○○위원회는 장애인 거주시설에서 거주하던 지적 장애인에게 발생한 응급상황에 대해 의사소통이 제대로 되지 않아 다음날 사망에 이른 것과 관련하여 의견을 표명하였다. 지적장애인은 자신의 증상을 제대로 표현할 수 없으므로 유사한 사건이 언제든지 발생할 수 있어 대응 체계를 충실히 갖추고 적용하는 것은 시설 운영자의 기본적인 보호 의무에 포함된다고 판단하였다. ○○위원회는 피해자 김 모 씨(지적장애 1급)에 대해 응급이송이 늦은 것이 피해자의 직접적인 사망원인이라고 인정하기 어려우나 이로 인해 피해자가 적시에 진료받을 기회를 상실했으므로 향후 유사 사례가 발생하지 않도록 시설장에게 응급상황 발생에 대하여 대응지침을 마련하고, 종사자와 거주인들이 지침을 숙지할 수 있도록 교육을 강화할 것을 권고했다.

피해자의 유가족인 김 모 씨는 피해자가 거주하던 장애인 거주시설의 피해자에 대한 응급조치가 미흡하여 피해자가 사망하였다고 ○○위원회에 다음과 같은 내역의 진정을 제기하였다. 피해자는 사건 당일 오전부터 창백한 얼굴로 소리를 지르는 등의 행동을 보여 같은 날 주간에 병원진료를 받았으나 혈압, 혈액, 소변, X-ray 검사 결과 별다른 이상 소견을 보이지 않아 이상증세 발생 시 응급실을 방문하라는 의사 당부를 받고 시설로 복귀하였다. 같은 날 22시부터 피해자가 다시 이상증세를 보여 안정제를 먹였으나 나아지지 않아 다음 날 새벽 1시경 생활지도교사가 피해자를 개인 차량에 태워 병원에 도착하였다. 응급실 도착 당시 피해자는 맥박이 190까지 올라가 의료진이 지속적으로 약을 투여하였으나 효과가 없었다. 이후 피해자의 심장 박동이 느려져 심폐소생술을 실시하였으나 소생 가능성이 없어 피해자 가족에게 연락을 하고 가족이 병원에 도착한 후 같은 날 오전 9시에 사망하였다. 피진정시설 측은 피해자가 평소에도 소리 지르는 경우가 있었고 전날 낮에 진료한 결과 특이한 소견이 없어 응급상황으로 생각하지 않았으며 119를 부르는 것보다 직접 병원으로 이송하는 것이 빠르다고 판단하였다는 설명이다. 그러나 당시 피진정시설은 중증지적장애인 거주시설 특성에 맞는 응급상황 지침이 없었으며 피해자 사망 전뿐 아니라 사망 후에도 종사자와 거주인 대상의 응급상황 대응 지침 마련이나 이에 대한 교육이 전혀 없었던 것으로 확인되었다.

① 장애인의 진료받을 기회가 사회적으로 보장되어야 해.
② 지적장애인을 위한 응급체계를 마련해야 해.
③ 장애인 시설 종사자의 미흡한 행동으로 장애인이 숨진 것은 안타까워.
④ 응급이송 중 사망에 따른 보상금 지급체계가 가장 시급히 개선되어야 할 문제야.
⑤ 중증지적장애인 거주시설 운영자의 기본 권리를 회복해야 해.

> **빠른 풀이 비법**
> 시간이 부족할 경우에는 글의 구조를 먼저 살펴보는 것도 방법이다. 주제와 중심내용을 찾는 문제일 경우 글의 첫 문단과 마지막 문단에 집중하도록 한다.

유형 12 · 글의 세부 내용 이해하기

TIP
세부 내용을 파악하는 문제에서 쉽게 범할 수 있는 실수는 글의 내용과 맞는 것을 고르는 문제인지, 틀린 것을 고르는 문제인지 문제 자체를 혼동하는 경우이다. 대부분의 직무능력평가는 제한시간을 짧게 주고 있으므로 주어진 시간 내 최대한 실수를 줄이는 것도 굉장히 중요하다. 따라서 질문 자체를 혼동하지 않도록 주의해야 한다.

42. 다음 글의 내용에 대해 제시한 견해로 적절하지 못한 것은?

> 한국 사회는 이미 '초저출산 사회'로 접어들었고 최근에는 초저출산 현상이 심화되는 양상이다. 일선 지방자치단체들이 인구 증가시책의 하나로 출산·양육지원금을 경쟁적으로 늘리고 있으나 출생아는 고사하고 인구가 오히려 점점 줄어들고 있다.
>
> 전북 진안군은 파격적인 출산장려금 지원에도 좀처럼 인구가 늘지 않아 고민이다. 2013년 2만 7천 6명이던 진안군 인구는 지난해 2만 6천 14명으로 줄었다. 해마다 감소하는 출산율을 높이기 위해 지난해 출산장려금을 대폭 늘렸는데도 효과를 보지 못했다. 진안군은 2007년부터 첫째·둘째 120만 원, 셋째 이상 450만 원씩 지원하던 출산장려금을 지난해 각 360만 원과 1천만 원으로 늘렸다. 열악한 군의 재정 상황에도 인구를 늘리기 위한 고육지책이었다.
>
> 경북 영덕군은 첫째 출산 때 30만 원, 둘째 50만 원, 셋째 이상 100만 원을 주고 첫돌에 30만 원, 초등학교 입학 때는 40만 원을 준다. 하지만 2013년 말, 인구가 4만 142명에서 2014년 3만 9천 586명으로 줄어들어 4만 명 선이 무너졌다. 이후에도 2015년 3만 9천 191명, 2016년 3만 9천 52명에서 2017년 6월 3만 8천 703명으로 계속 감소하고 있다.

① 우리나라는 지속적인 출산율 저하로 초저출산 현상을 겪고 있다.
② 일회적이고 단편적인 지원책으로는 출산율을 늘리는 데 한계가 있다.
③ 일선 지방자치단체들이 인구 증가시책의 하나로 출산·양육지원금제도를 시행하고 있으나 오히려 인구가 줄고 있다.
④ 국가 차원의 보육체계 강화나 인식의 전환 없는 대책은 효과가 제한적일 수밖에 없다.
⑤ 지방자치단체들은 출산율을 높일 수 있는 실효성 있는 지원금 액수가 어느 정도인지 제대로 파악하지 못하고 있다.

43. 다음 글에 대한 이해로 적절하지 않은 것을 〈보기〉에서 모두 고르면?

책은 인간이 가진 독특한 네 가지 능력의 유지, 심화, 계발에 도움을 주는 매체이다. 하지만 문자를 고안하고 책을 만들고 책을 읽는 일은 결코 '자연스러운' 행위가 아니다. 인간의 뇌는 애초부터 책을 읽으라고 설계된 것이 아니기 때문이다. 문자가 등장한 역사는 6천 년, 지금과 같은 형태의 책이 등장한 역사 또한 6백여 년에 불과하다. 책을 쓰고 읽는 기능은 생존에 필요한 다른 기능들을 수행하도록 설계된 뇌 건축물의 부수적 파생 효과 가운데 하나이다. 말하자면 그 능력은 덤으로 얻어진 것일 뿐이다.

그런데 이 '덤'이 참으로 중요하다. 책 없이도 인간은 기억하고 생각하고 상상하고 표현할 수 있다지만, 책과 책 읽기는 인간이 이 능력을 키우고 발전시키는 데 중대한 차이를 낳기 때문이다. 또한 책을 읽는 문화와 책을 읽지 않는 문화는 기억, 사유, 상상, 표현의 층위에서 상당한 질적 차이를 가진 사회적 주체들을 생산한다. 그렇기는 해도 모든 사람이 맹목적인 책 예찬자가 될 필요는 없다. 그러나 중요한 것은 인간을 더욱 인간적이게 하는 소중한 능력들을 지키고 발전시키기 위해서 책은 결코 희생될 수 없는 매체라는 사실이다. 그 능력을 지속적으로 발전시키는 데 드는 비용은 적지 않다. 무엇보다 책 읽기는 결코 손쉬운 일이 아니기 때문이다. 책 읽기에는 상당량의 정신 에너지와 훈련이 요구되며, 독서의 즐거움을 경험하는 습관 또한 요구된다.

보기

㉠ 책 읽기는 별다른 훈련이나 노력 없이도 마음만 먹으면 가능한 일이다.
㉡ 책을 쓰고 읽는 기능은 인간 뇌의 본래적 기능이 아니다.
㉢ 책과 책 읽기는 인간의 기억, 사유, 상상 등과 관련된 능력을 키우는 데 상당히 중요한 변수로 작용한다.
㉣ 독서 문화는 특정 층위에서 사회적 주체들의 질적 차이를 유발한다.
㉤ 책 읽기는 손쉬운 일이 아니며 상당량의 정신 에너지와 훈련이 요구되므로, 우선적으로 책이 좋은 것이라는 절대적인 믿음이 필요하다.

① ㉠, ㉡ ② ㉠, ㉢ ③ ㉠, ㉤
④ ㉡, ㉣ ⑤ ㉡, ㉤

📑 **빠른 풀이 비법**

1. 우선 포전매매와 계약재배를 정확히 파악한다.
2. **44**번의 제시된 상황이 포전매매인지 계약재배인지를 정확히 판단하여 문제를 푼다.
3. **45**번 문제는 포전매매와 계약재배의 차이점 및 특징을 파악하여 문제를 풀어야 하므로 지문에서 포전매매와 계약재배의 차이점 및 특징 부분에 밑줄 등의 표시를 하며 읽는다.

[44 ~ 45] 다음은 ○○농협에서 조합원에게 제공하는 농산물 매매 계약 시의 유의사항 안내문이다. 이어지는 질문에 답하시오.

〈농산물 매매 계약 시 유의사항〉

· **농작물 포전매매**

　농작물 포전매매는 농작물이 완전히 성숙하기 이전에 밭에 식재된 상태에서 일괄하여 매도하는 거래의 유형으로 농작물이 성숙할 때까지 매도인(농업인)이 농작물을 관리하다가 약정된 기일에 매수인(수집상)에게 양도하는 계약을 말한다. 포전매매에서는 계약 시기와 농작물의 수확기 사이의 기간이 다소 길고, 일기변화와 농작물의 관리에 의하여 수확량이 좌우되며, 농산물의 수급상황에 따라 가격의 변동폭이 크기 때문에 계약 당시 당사자가 인식했던 계약과는 다른 결과가 발생할 가능성이 많다. 매수인은 계약에 앞서 농작물의 파종상태 및 예상 수확량을 파악하고 농업인이 농작물을 성실히 관리하고 있는가를 확인하여야 한다. 또한 계약서에 기재된 재배면적과 실제 면적과의 차이가 있는지, 계약자가 진정한 농작물의 처분권한이 있는 자인지를 확인해야 한다. 그에 비해 매도인의 경우 관리 부실(병충해 방제의 미흡, 시비의 미흡)의 문제, 매매대금의 감액요구, 매수인이 농작물을 수거하지 않는 경우, 수거비용의 부담 문제, 매매대금의 지급 없이 연락이 두절되는 상황 등을 유의해야 한다.

· **농작물 계약재배**

　계약재배는 농작물의 파종기에 앞서 당사자가 농작물의 품목, 출하량, 규격, 단가, 대금정산 방법 등을 미리 계약으로 정하고 이를 농업인이 관리, 경작하여 상대방에게 출하하는 유형의 계약이다. 대리권 없는 자와의 계약 시 소유자로부터 계약 무효, 무단점유로 인한 부동산의 인도 청구 등을 받을 수 있으며 보증금 반환 시에도 곤란을 겪을 수 있다. 임차부동산이 공유로 되어 있을 경우에는 공유지분 과반수를 가진 자와 계약을 해야 한다. 계약재배 대상을 기준으로 분류하면 일반 농작물 계약재배와 특수 작물 계약재배로 나눌 수 있다. 일반 농작물 계약재배는 과·채류와 같은 일반 농작물을 대상으로 하는 경우로서 채소의 수급 및 가격 안정을 위해 정부와 농협에서 실시하고 있는 농산물 '수급안정사업'과 농업인과 상인의 자유계약에 의한 경우가 있다. 또한 일반 농작물에 관한 계약재배에서는 매수인이 농작물의 품목 등을 정하고 농업인이 스스로 종자를 구입하여 파종하는 경우가 대부분이다. 특수 작물 계약재배는 경작 방법 및 수급량 등이 일반인에게 알려지지 않은 특수한 작물을 대상으로 하는 경우로서, 종자 등을 매수자가 공급하고 농업인이 이를 구성, 농작물을 재배한 후 이를 매수할 것을 조건으로 하는 경우가 많은데, 일반 작물과는 달리 특수한 작물은 재배의 조건(토질, 기후 등)과 기술지도 상황에 따라 재배 결과가 많이 달라지므로 농업인의 입장에서는 특히 주의를 요한다.

44. 윗글을 참고할 때 다음 상황에 대해 판단한 내용으로 적절하지 않은 것은?

> 생과일주스 사업을 하는 김 씨는 최근 매출이 늘어나는 것을 보면서 앞으로도 매출이 상승할 것으로 기대했다. 김 씨는 과일을 좀 더 저렴하고 신선하게 얻을 궁리를 하다 농업인과 직접 거래하기로 했다. 김 씨는 알고 지냈던 농업인 박 씨가 딸기, 토마토를 심어 얼마 전부터 재배를 시작했다는 말을 들었고, 박 씨가 농작물을 잘 관리해 수확하면 양도받기로 계약했다. 박 씨는 몇 개월간 공들여 농작물을 관리했고, 양도할 시기가 됐으나 김 씨와 연락이 잘되지 않았다. 알고 보니 김 씨가 하던 생과일주스 사업은 그 이후로 매출이 크게 줄었고 김 씨는 양도를 받을 때 최종적으로 지불해야 하는 매매대금을 지불할 능력이 없었기 때문이었다.

① 위 상황은 농작물 포전매매의 사례이다.
② 위 상황은 농작물 계약재배의 사례로 볼 수도 있고, 그 중 일반 농작물 계약재배의 사례라 볼 수 있다.
③ 김 씨는 매수인이고 박 씨는 매도인이다.
④ 농작물 재배시기에 박 씨는 김 씨의 매매대금 이행능력을, 김 씨는 박 씨의 농작물 관리 상황을 점검해야 할 필요가 있다.

TIP

포전매매
농작물이 완전히 성숙하기 이전에 밭에 식재된 상태에서 일괄하여 매도하는 거래 유형

계약재배
농작물의 파종기에 앞서 당사자가 농작물의 품목, 출하량, 규격, 단가, 대금정산 방법 등을 미리 계약으로 정하고 이를 농업인이 관리, 경작하여 상대방에게 출하하는 유형

45. 윗글을 참고하여 ○○농협 김 사원이 조합원 고객의 질문에 대답한 내용으로 적절한 것은?

① 조합원 : 농업인이 상인과 직접 자유계약을 통해 농산물 계약재배를 할 수 있나요?
　김 사원 : 네, 할 수 있습니다. 일반 농작물 계약재배에 해당됩니다.
② 조합원 : 정부와 농협에서 실시하는 수급안정사업은 포전매매 형태인가요, 계약재배 형태인가요?
　김 사원 : 포전매매의 형태입니다.
③ 조합원 : 특수 작물 계약재배는 일반 작물 계약재배와 무엇이 다른가요?
　김 사원 : 특수 작물 계약재배는 매도를 하는 농업인이 종자를 구입하고 파종을 한다는 것이 일반 농작물 계약재배와의 차이점이라고 할 수 있습니다.
④ 조합원 : 포전매매에서 매수인이 주의해야 할 점은 무엇인가요?
　김 사원 : 농작물의 종자를 얼마나 잘 구입해서 공급하느냐가 가장 중요합니다.

유형 13 · 글의 중심 내용 이해하기

[46 ~ 47] 다음 글을 읽고 이어지는 질문에 답하시오.

> 주지주의적이고 윤리적인 전통에서 벗어나 있는 에피쿠로스(Epicurus)는 자기 수양과 수련을 통해서 감각적 쾌락이 아닌 정신적 쾌락을 성취하고 개인의 자유와 행복에 이르는 것을 목표로 하였다. 그에 따르면, 물질적인 것 또는 감각적인 것에서 즐거움을 얻는 것이 아니라 마음의 편안함이나 정신적 가치의 추구를 통해 개인의 정신적 즐거움을 추구하는 것이 행복의 요체이다.
> 에피쿠로스는 육체적 쾌락이 아닌 소극적인 의미의 쾌락, 즉 고통을 피하는 데서 진정한 쾌락을 찾았다. 그는 "나에게 있는 것은 오직 살아 있는 것만 있는 것이다. 그러니 살아 있는 동안만이 내가 의식하는 삶의 전부이니 걱정하지 말고 자신의 삶을 즐기라"라고 주장한다. 이러한 사고방식을 가진 에피쿠로스는 당장의 고통을 스스로의 힘으로 이겨 내는 것, 지금 현존하는 이곳의 고통의 부재와 배척이 곧 자신이 실제로 추구해야 할 행복과 쾌락의 요체로 보았다.
> 그는 인간의 욕구를 결핍으로 보았고 자연스러운 욕구와 헛된 욕구로 구분하였다. 배고픔, 잠과 같은 생리적이고 자연스러운 욕구를 충족시키는 것은 선하지만, 정복욕이나 사치욕과 같은 것은 충족시킬수록 더 불어날 뿐만 아니라, 욕구의 충족이 오히려 고통을 낳으므로 피해야 할 것으로 본 것이다. 또한 그는 물질적인 것을 추구하더라도 소소하고 조그마한 일상의 즐거움 같은 것들을 큰 즐거움으로 생각할 줄 아는 깨달음의 자세를 ㉠견지해야 한다고 보았다. 더 나아가 이러한 깨달음이 유지될 수 있도록 마음의 수련이 필요하다고 역설하였다. 그렇게 해서 일상에서 두려움이 자기를 흔들어 대도 흔들리지 않는 마음의 상태를 유지할 수 있는 능력을 갖추어야 한다는 것이다. 이처럼 흔들리지 않는 마음의 상태가 아타락시아(ataraxia)이다.
> 한편 에피쿠로스는 행복의 요소로서 세 가지를 제시하였다. 첫째는 우정이요, 둘째는 자유이고, 셋째는 사색이다.

TIP

주지주의
지성 또는 이성이 의지나 감정보다도 우위에 있다고 생각하는 철학상의 입장으로, 즉 지성·이성·오성(悟性)이 지니는 기능을 감정이나 의지의 기능보다도 상위에 있다고 보는 입장이다.

에피쿠로스
헬레니즘 시대의 그리스 철학자이며 유물론자. 아테네에 학교를 세우고, 이것을 '정원학교'라 불렀다.

46. 다음 중 에피쿠로스가 말하는 우정, 자유, 사색에 의한 행복의 특징으로 적절하지 않은 것은?

① 나를 지지해 주고 인정해 주는 친구가 나의 인생을 즐겁게 해 주기 때문에 우정은 행복의 요소인 것이다.
② 선의 추구를 통해 내세(來世)에도 자유로움을 얻을 수 있는 사색이 행복의 중요한 요체이다.
③ 사색을 통하여 마음에 있는 근심과 걱정들을 떨쳐내고 자신들이 생각하는 올바른 삶을 살아가는 것이 행복이다.
④ 몸과 마음이 얽매이지 않고 자유로운 상태에서 편안함을 추구하는 것이 행복이다.
⑤ 물질적인 것과 생리적인 욕구를 추구하는 것은 헛된 욕구가 아니다.

47. 다음 밑줄 친 부분이 윗글의 ㉠의 의미와 같지 않은 것은?

① 조금 더 강경한 노선을 <u>견지</u>해야겠어.
② 그 일에 있어서는 매우 신중한 자세를 <u>견지</u>할 필요가 있다.
③ 그는 그 안건에 대한 반대 입장을 <u>견지</u>하고 있다.
④ 예술가의 <u>견지</u>에서 보면 하찮은 돌멩이도 훌륭한 작품 소재가 된다.
⑤ 지식인은 냉철한 비판의식의 <u>견지</u>를 필요로 한다.

유형 14 · 글의 흐름에 맞게 내용 추가하기

빠른 풀이 비법

1. 지문의 ⓐ ~ ⓓ가 빈칸으로 되어 있으므로 이곳에 대한 문제가 나올 것임을 미리 파악하고 지문을 읽어 본다.
2. ⓐ ~ ⓓ와 관련된 문제가 **49**번이므로 **48**번보다 먼저 문제를 푼다.

[48 ~ 49] 다음은 ○○농협이 공시한 계약재배 안내사항이다. 이어지는 질문에 답하시오.

II. 20X1년도 추곡수매 계약재배 안내 등

1. 자체 추곡수매 약정

1) 20X1년 추곡수매 품종
   - 중생종(자라는 데 걸리는 시간이 중간 정도에 속함) : 진상(진상2 품종은 수매 대상 아님)
   - 만생종(자라는 데 걸리는 시간이 120 ~ 125일 걸리는 성숙기가 늦은 품종) : 참드림
     ☞ 각각 지정된 품종 외에는 수매 불가. 수매계약 후 제한수량 초과 시 일정 비율로 감축함.

ⓐ

2) 수매량 배정
   - 수매약정 최고 한도 : 세대당 40kg 1,000가마 이내, 조합원 벼농사를 경작하는 재배면적을 기준으로 300평당 수매 벼(40kg/가마) 최고 16가마 생산량을 참고하여 희망 수매량을 신청
   - 약정 후 5월 말까지는 품종 변경이 가능(5월 말 이후 변경불가)

ⓑ

3) 재배지역 : 경기도 관내로 벼 수확 후 1일 이내에 수매가능 지역
     ☞ 타 도지역은 원산지 표시 제한이므로 반입 절대 불가. 당해 조합원 제명(수라청 RPC 운영위원회 의결사항)

ⓒ

4) 수매가격
   - 기준 품종 : 추청(RPC 운영위원회에서 매년 결정)
   - 진상 : 추청 가격의 80%에 해당하는 가격

ⓓ

5) 수매 제한 농가
   - 품종함입 및 하위품종 납품자
   - 계약 물량 한도 상당부분(계약물량의 20% 이상) 초과 시(1 ~ 3년간 수매제한 및 최대 조합원 제명)

48. 다음 중 위 계약재배 안내사항의 내용과 다른 것은?

① 20X1년 추곡수매 대상 품종은 2가지이다.
② 세대당 벼농사 재배면적 기준 21,000평 면적의 경작지에서 수확한 대상 품종이 모두 수매 가능하다.
③ 타 도지역 재배 벼는 원산지 문제로 인해 수매가 절대 불가능하다.
④ 수매가격을 결정하는 기준 품종은 '추청'이다.

TIP
추곡수매
정부나 공공단체가 양곡의 확보와 가격조절을 목적으로 자유시장을 거치지 않고 농민에게서 직접 추곡을 수매하는 제도

49. 다음 중 위 안내문의 ⓐ ~ ⓓ에 삽입될 만한 내용으로 적절하지 않은 것은?

① ⓐ : 조생종은 품종에 관계없음.
② ⓑ : 극심한 자연재해로 인정되는 경우 변경 약정기간 별도 공지
③ ⓒ : 볍씨 종자는 경기도 농업기술원 보급종 및 자가 채취 인정
④ ⓓ : 조생종과 참드림은 추청 가격 대비 각각 75%, 90%에 해당하는 가격

유형 15 · 글의 전개방식 파악하기

[50 ~ 51] 다음 글을 읽고 이어지는 질문에 답하시오.

우리는 야만인들의 식인 풍습의 기원에 대해 알아보고 그에 대한 긍정적인 고찰 해 볼 필요가 있다. 식인 풍습의 기원에는 주술적 또는 종교적인 이유들이 존재할 것이다. 실제로 어떤 부족은 조상의 신체의 일부분이나 적의 시체나 살점들을 먹음으로써 죽은 자의 덕이나 힘을 획득하고자 한다. 이 의식은 대부분 매우 비밀스럽게 거행되며, 그들이 먹고자 하는 것을 다른 음식물과 섞거나 빻아 가루로 만들어 약간의 유기물을 더해 먹는다. 가끔 공개적으로 식인 풍습이 진행되더라도 그것은 부족에 큰 해를 끼친 사람의 시신을 물질적으로 파괴함으로써 육체적 부활의 가능성을 없애고 영혼과 육체의 연결을 끊기 위해서 진행되었다. 이러한 이유를 제대로 알아보지 않고 단지 이원론적인 확신에 의해서 식인 풍습이 문제가 있다고 보는 것은 정당하지 못하다. 뿐만 아니라 우리가 식인종들이 죽음의 신성함을 무시한다며 그들을 비난하는 행위는 사실 해부학 실습을 용인하는 현대 사람들을 향한 비난과도 같다고 볼 수 있다. 만약 다른 사회에서 온 학자가 우리의 문화를 관찰하고 조사하게 된다면, 우리의 풍습 또한 그들에게 비문명적이라고 인식될 수 있다는 것을 알아야 한다.

한편 우리는 식인 풍습의 기원과 관련하여 재판과 형벌에 대한 관점의 차이를 생각해 볼 수 있다. 식인 풍습을 실행하는 사회에서는 어떤 위협적인 힘을 지니고 있는 사람의 능력을 가져와 자신의 부족에 유리하도록 변모시키는 방법이 식인을 통해 이루어지며 그들을 자기네 육체 속으로 빨아들이는 것이 형벌이라고 믿는다. 반면 현재 우리가 살고 있는 사회에서는 앙트로페미(Anthropemie ; 특정인을 축출 또는 배제해 버리는 일)라는 방안을 채택한다. 즉, 동일한 문제에 직면했을 때 두 사회가 서로 정반대의 해결방안을 선택했던 것이다. 우리는 끔찍한 존재들을 일정 기간 또는 영원히 격리하고 고립시킴으로써 그들을 사회로부터 추방한다. 또한 이러한 존재들을 위해 특정 목적을 가지고 고안된 시설을 개발하기도 한다. 이와 같은 양상은 우리가 야만인이라고 부르는 식인 부족의 사회에 있어서는 극심한 공포를 일으킬 것이다. 단지 그들이 우리와 대칭적인 관습들을 지니고 있다는 이유만으로 그들을 야만적이라고 간주하듯이 우리도 그들에게는 야만적으로 보이게 될 것이다.

50. 다음 중 윗글을 작성한 필자의 의도로 적절한 것은?

① 식인 풍습 재조명
② 야만적 식인 풍습과 문명사회의 형벌 대비
③ 문명과 야만의 판단 기준 설정
④ 문명과 야만의 개념 비판
⑤ 재판과 형벌에 관한 새로운 관점 제시

51. 윗글을 읽고 추론할 수 있는 내용으로 적절하지 않은 것은?

① 식인종의 식인 풍습은 무서운 힘을 흡수하려는 목적을 갖고 있다.
② 특수한 존재를 먹어버리는 행위나 사회적으로 추방하는 행위는 둘 다 형벌의 목적을 띠기도 한다.
③ 의식적인 식인 풍습은 육체와 영혼을 분리하지 않는 일원론적 사고에 따른 것이다.
④ 식인 풍습을 비판하는 행위와 식인 풍습을 행하는 행위는 동일한 철학적 기반을 갖고 있다.
⑤ 하나의 기준으로 특정 문화의 옳고 그름을 판단할 수 없다.

유형 16 · 기초외국어능력 활용하기

52. 다음 대화의 빈칸에 들어갈 적절한 표현을 고르면?

> A : Excuse me, is this the NongHyup Bank?
> B : Yes it is. How can I help you?
> A : I have a job interview at two o'clock with Ms. Park in the marketing department. Actually I only have ten minutes before the interview time. (   )?
> B : It's on the fifth floor, in suite 508 next to the conference room. I'll call her and let her know you're here.

① Which floor is the conference being held on
② Can you tell me where Ms. Park's office is
③ Where can I find the conference materials
④ Is it possible to reschedule the interview time

TIP
어휘
salutation : 인사, 인사말
abbreviation : (~의) 축약형

53. 다음 중 제시된 글의 성격으로 적절한 것은?

> Personal messages sent by email, (SMS) text messages and other social media (such as WhatsApp, Twitter, Tumblr and online chatrooms) are usually much more informal in style than letters on paper. Instead of 'Dear X', they might begin for example 'X, Hi', 'Hi X', 'Hello X', 'Good morning X', or with no salutation at all. Sentence structure may be simplified, for example 'Can't come because work'. Afterthoughts that are added after the signature (or in following messages) are often introduced by PS (AmE P.S.), an abbreviation of the Latin post scriptum (written afterwards). People who have forgotten to include an attachment often send it in a follow-up message beginning with 'Oops!'.

① admonishing   ② informative   ③ advertising
④ informal   ⑤ apprehensive

54. ○○농협 신협사업본부 예산관리팀에 근무 중인 A 대리는 근무 중 외국인 B로부터 다음과 같은 전화를 받았다. 그 내용에 관한 설명으로 가장 적절한 것은?

- A : Thank you for calling. How can I help you?
- B : Hello. May I speak with department manager Kim?
- A : Sorry, Kim is not available right now. (   )
- B : OK, please tell him, "Check an e-mail and reply, please," and I will try to get in touch with him later. Thank you.
- A : Sure, I will make sure he gets the message. Have a great day.

① 대화의 빈칸에 들어갈 내용으로 'Can I take a message?'가 적절하다.
② 지금 김 부장은 자리에 앉아 있으나 A 대리가 전화 응대를 하고 있는 상황이다.
③ B가 김 부장에게 전화로 직접 의사소통을 하고 있는 상황이다.
④ B는 A에게 이메일을 체크하고 답장을 보내달라고 요청하고 있다.

지역농협 6급 직무능력평가

유형별 출제비중

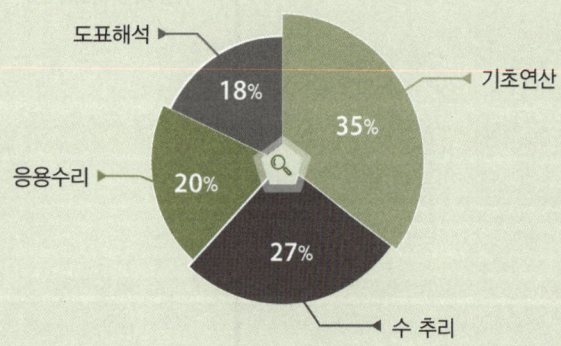

- 도표해석 18%
- 기초연산 35%
- 수 추리 27%
- 응용수리 20%

출제분석

2024년 지역농협 6급 필기시험의 수리능력에서는 크게 수 규칙, 응용수리와 자료해석 문제가 출제되었다. 전반적으로 난이도가 평이하였으나, 자료해석의 경우 한 번에 여러 개 제시된 도표 자료를 종합하여 분석하도록 구성된 문제도 여럿 출제되었다. 60문항 유형에서는 단순 사칙연산 문제와, 거리·속력·시간 문제, 환율 계산, 문자열 등의 문제가 출제되었다. 70문항 유형에서도 평균, 이윤, 최소공배수 계산과 같은 문제가 출제되었다.

2장

수리능력

테마 1 출제유형학습
테마 2 유형별 학습

테마 1 출제유형학습

수리능력

01 기초계산

> 02 수리능력

1 사칙연산

1. **사칙연산** : 수에 관한 덧셈(+), 뺄셈(-), 곱셈(×), 나눗셈(÷)의 네 종류의 계산법

2. **사칙연산의 필요성**

   (1) 사칙연산은 업무수행에 필수불가결한 요소이다.

   (2) 간단한 사칙연산에서부터 다단계의 복잡한 사칙연산까지 수행할 수 있어야 하며, 업무의 정확도를 기하기 위해 연산 결과의 오류까지도 수정할 수 있는 능력이 필요하다.

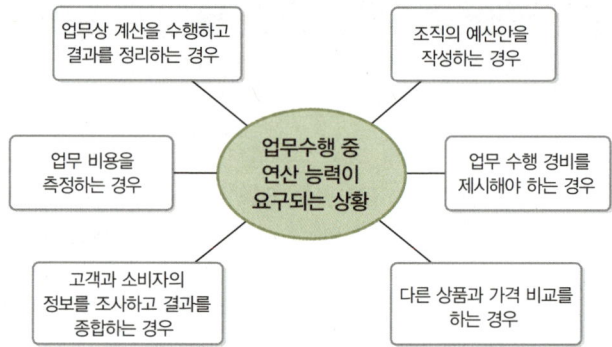

3. **검산**

   (1) 검산 : 연산의 결과를 확인하는 과정

   (2) 검산방법

역연산	• 덧셈은 뺄셈으로, 뺄셈은 덧셈으로, 곱셈은 나눗셈으로, 나눗셈은 곱셈으로 확인하는 방법 • 본래의 풀이와 반대로 연산을 해 가면서 본래의 답이 맞는지를 확인한다. • 번거롭고 시간이 많이 걸릴 수 있지만 가장 확실하기 때문에 16세기 여러 수학자들이 이 방법을 주장하였다. • 우리나라 교과서에서도 현재 이 방법으로 검산을 지도하고 있다.
구거법	• 어떠한 정수의 각 자릿수의 합을 9로 나눈 나머지는 원래의 수를 9로 나눈 나머지와 같다는 성질을 이용하는 방법 • 각 수를 9로 나눈 나머지만 계산해서 좌변과 우변의 9로 나눈 나머지가 같은지 확인한다.

확인문제

* 다음의 수식을 계산했을 때 가장 큰 수가 나오는 것을 고르면?

① 183+277-25
② 235+289-36
③ 839-421+53
④ 752-509+194
⑤ 684-361+157

정답 ②

해설
① 183+277-25=435
② 235+289-36=488
③ 839-421+53=471
④ 752-509+194=437
⑤ 684-361+157=480

2 덧셈의 비교

1. 숫자 각각의 대소를 비교한다.

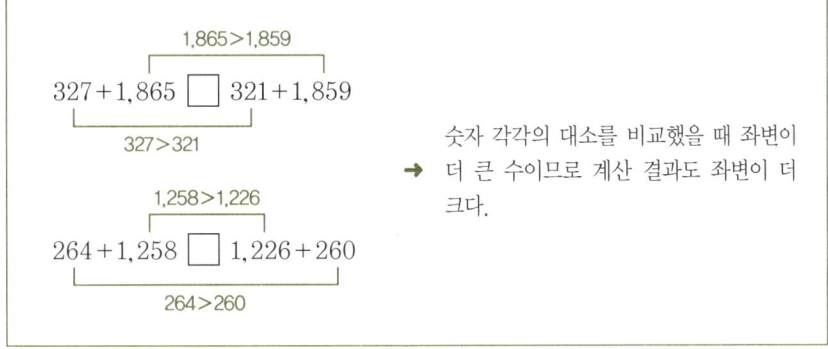

→ 숫자 각각의 대소를 비교했을 때 좌변이 더 큰 수이므로 계산 결과도 좌변이 더 크다.

2. 숫자 각각의 증감을 비교한다.

→ 숫자 각각의 증감을 비교했을 때 18-16=2이므로 계산 결과는 좌변이 더 크다.

3 뺄셈의 비교

1. 빼어지는 수와 빼는 수의 증감을 파악한다.

```
        감소
   ┌──────────┐
1,865 − 327 □ 1,871 − 325
   └──────────┘
        증가
```

→ 빼어지는 수(1,865와 1,871)는 증가, 빼는 수(327과 325)는 감소했으므로 계산 결과는 우변이 더 크다.

2. 숫자 각각의 증감을 비교한다.

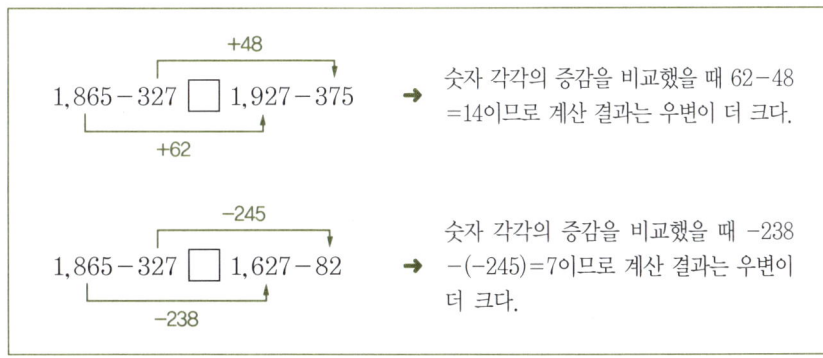

→ 숫자 각각의 증감을 비교했을 때 62-48=14이므로 계산 결과는 우변이 더 크다.

→ 숫자 각각의 증감을 비교했을 때 -238-(-245)=7이므로 계산 결과는 우변이 더 크다.

④ 곱셈의 비교

1. 숫자 각각의 대소를 비교한다.

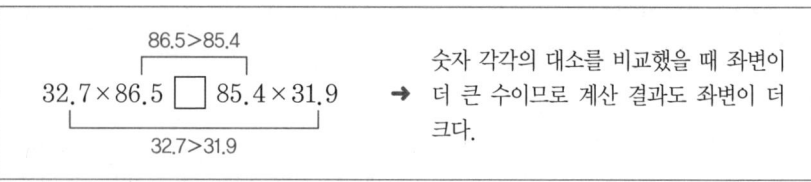

→ 숫자 각각의 대소를 비교했을 때 좌변이 더 큰 수이므로 계산 결과도 좌변이 더 크다.

2. 비교하기 쉽게 숫자를 조정한다.

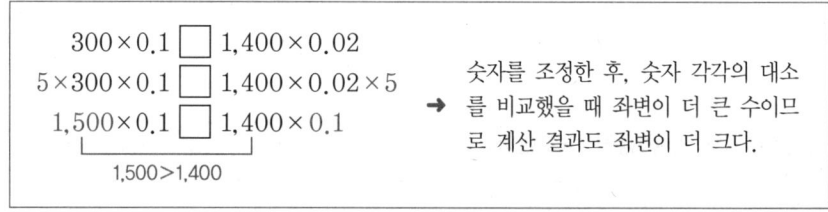

→ 숫자를 조정한 후, 숫자 각각의 대소를 비교했을 때 좌변이 더 큰 수이므로 계산 결과도 좌변이 더 크다.

3. 숫자 각각의 증가율을 비교한다.

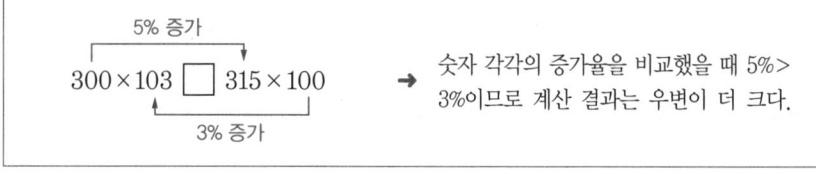

→ 숫자 각각의 증가율을 비교했을 때 5%>3%이므로 계산 결과는 우변이 더 크다.

4. 곱셈 속산법

(1) %의 계산 : 10%, 5%, 1%를 유효하게 조합하여 간단히 한다.
 - 10%는 끝 수 1자릿수를 제한 수
 - 1%는 끝 수 2자릿수를 제한 수
 - 5%는 10%의 절반

> 예) 230,640의 15%는 다음과 같이 구할 수 있다.
> 230,640의 10%는 23,064
> 230,640의 5%는 10%의 절반이므로 11,532
> 따라서 230,640의 15%는 23,064+11,532=34,596

(2) 배수의 계산
 - 25배는 100배를 4로 나눈다.
 - 125배는 1,000배를 8로 나눈다.
 - 75배는 300배를 4로 나눈다.

확인문제

*3,624의 25배는?

① 90,500
② 90,600
③ 90,700
④ 90,800
⑤ 90,900

정답 ②

해설 3,624의 100배는 362,400 이므로 362,400÷4=90,600

5 나눗셈 속산법

1. 근사치를 이용하여 계산한다.
2. 나눗셈의 성질에 착안하여 곱셈으로 다시 계산한다.
3. 공약수로 두 수를 나눠 숫자의 크기를 줄여 계산한다.
4. 나눗수에 가까운 숫자로 나누어 보정하면서 계산한다.

> 예
> ▶ $54,027 \div 162$
>   ↓ 두 수의 공약수인 9로 나눔
> $6,003 \div 18$
>   ↓ 두 수의 공약수인 9로 나눔
> $667 \div 2 = 333.5$
>
> ▶ $421 \div 1.25$
> $125 \times 8 = 1,000$이므로 $1.25 = \dfrac{10}{8}$ 이다.
> 따라서 $421 \div 1.25 = 421 \div \dfrac{10}{8} = 421 \times \dfrac{8}{10} = 336.8$
>
> ▶ $116,900 \div 350$
>   ↓ 두 수에 2를 곱함
> $233,800 \div 700$
>   ↓ 두 수를 100으로 나눔
> $2,338 \div 7 = 334$

확인문제

* 주어진 수식의 답을 구하면?

$$684 \div 20$$

① 3.24 ② 342
③ 34.2 ④ 56
⑤ 862

정답 ③

해설 $684 \div 20$에서 1의 자리를 버림하고 약분하여 소거하면 계산 없이 소수점의 위치만으로 답을 찾을 수 있다.
$680 \div 20 = 68 \div 2 = 34 ≒ 34.2$

6 분수의 비교

1. 곱셈을 사용

> $\dfrac{b}{a}$와 $\dfrac{d}{c}$의 비교(단, $a, b, c, d > 0$) $bc > ad$이면 $\dfrac{b}{a} > \dfrac{d}{c}$

2. 어림셈과 곱셈을 사용

> $\dfrac{47}{140}$과 $\dfrac{88}{265}$의 비교 → $\dfrac{47}{140}$은 $\dfrac{1}{3}$보다 크고 $\dfrac{88}{265}$은 $\dfrac{1}{3}$보다 작으므로 $\dfrac{47}{140} > \dfrac{88}{265}$

3. 분모와 분자의 배율을 비교

> $\dfrac{351}{127}$과 $\dfrac{3,429}{1,301}$의 비교
> 3,429는 351의 10배보다 작고 1,301은 127의 10배보다 크므로 $\dfrac{351}{127} > \dfrac{3,429}{1,301}$

4. 분모와 분자의 차이를 파악

$$\frac{b}{a} \text{와 } \frac{b+d}{a+c} \text{의 비교(단, } a, b, c, d > 0)$$

$$\frac{b}{a} > \frac{d}{c} \text{이면 } \frac{b}{a} > \frac{b+d}{a+c} \qquad \frac{b}{a} < \frac{d}{c} \text{이면 } \frac{b}{a} < \frac{b+d}{a+c}$$

확인문제

* 다음을 주어진 단위에 알맞게 변환하면?

4시간 = (   )초

① 1,800   ② 3,000
③ 10,800 ④ 14,400
⑤ 16,200

정답 ④

해설 1시간 = 60분 = 3,600초이므로, 4시간은 3,600 × 4 = 14,400(초)이다.

7 단위환산

단위	단위환산		
길이	• 1cm=10mm • 1in=2.54cm	• 1m=100cm • 1mile=1,609.344m	• 1km=1,000m
넓이	• $1cm^2=100mm^2$	• $1m^2=10,000cm^2$	• $1km^2=1,000,000m^2$
부피	• $1cm^3=1,000mm^3$	• $1m^3=1,000,000cm^3$	• $1km^3=1,000,000,000m^3$
들이	• $1m\ell=1cm^3$	• $1d\ell=100cm^3=100m\ell$	• $1\ell=1,000cm^3=10d\ell$
무게	• 1kg=1,000g	• 1t=1,000kg=1,000,000g	• 1근=600g
시간	• 1분=60초	• 1시간=60분=3,600초	
할푼리	• 1푼=0.1할	• 1리=0.01할	• 1모=0.001할
데이터 양	• 1KB=1,024B • 1TB=1,024GB	• 1MB=1,024KB • 1PB=1,024TB	• 1GB=1,024MB • 1EB=1,024PB

02 수열

1 수열

1. **등차수열** : 첫째항부터 차례로 일정한 수를 더하여 만들어지는 수열. 각 항에 더하는 일정한 수, 즉 뒤의 항에서 앞의 항을 뺀 수를 등차수열의 공차라고 한다.

   등차수열 $\{a_n\}$에서 $a_2 - a_1 = a_3 - a_2 = \cdots = a_{n+1} - a_n = d(\text{공차})$

   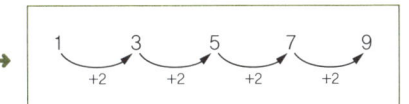

2. **등비수열** : 첫째항부터 차례로 일정한 수를 곱하여 만들어지는 수열. 각 항에 곱하는 일정한 수, 즉 뒤의 항을 앞의 항으로 나눈 수를 등비수열의 공비라고 한다.

   등비수열 $\{a_n\}$에서 $\dfrac{a_2}{a_1} = \dfrac{a_3}{a_2} = \cdots = \dfrac{a_{n+1}}{a_n} = r(\text{공비})$

   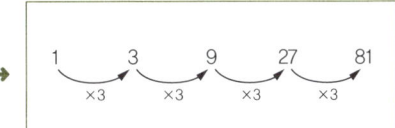

3. **등차계차수열**

   앞의 항과의 차가 등차를 이루는 수열 →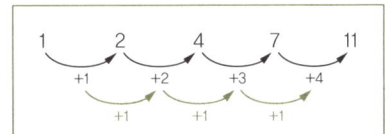

4. **등비계차수열**

   앞의 항과의 차가 등비를 이루는 수열 →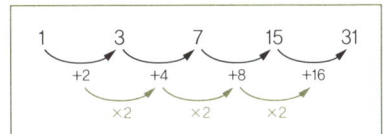

5. **피보나치수열**

   앞의 두 항의 합이 그 다음 항이 되는 수열 → 1, 1, 2, 3, 5, 8, 13, 21, 34, …

확인문제

* 다음 숫자들의 배열 규칙을 찾아 '?'에 들어갈 알맞은 숫자를 고르면?

   $\dfrac{1}{3}$ $\dfrac{1}{7}$ $\dfrac{1}{11}$ (?)

   ① $\dfrac{1}{12}$ ② $\dfrac{1}{13}$
   ③ $\dfrac{1}{14}$ ④ $\dfrac{1}{15}$
   ⑤ $\dfrac{1}{16}$

정답 ④

해설 각 항의 역수로 만들어진 수열 3, 7, 11, $\dfrac{1}{?}$이 공차가 4인 등차수열이므로 $\dfrac{1}{?} = 15$이다. 따라서 '?'에 들어갈 숫자는 $\dfrac{1}{15}$이다.

2 문자 수열

1. 일반 자음

ㄱ	ㄴ	ㄷ	ㄹ	ㅁ	ㅂ	ㅅ
1	2	3	4	5	6	7
ㅇ	ㅈ	ㅊ	ㅋ	ㅌ	ㅍ	ㅎ
8	9	10	11	12	13	14

2. 쌍자음이 포함된 자음(사전에 실리는 순서)

ㄱ	ㄲ	ㄴ	ㄷ	ㄸ	ㄹ	ㅁ	ㅂ	ㅃ	ㅅ
1	2	3	4	5	6	7	8	9	10
ㅆ	ㅇ	ㅈ	ㅉ	ㅊ	ㅋ	ㅌ	ㅍ	ㅎ	
11	12	13	14	15	16	17	18	19	

3. 일반 모음

ㅏ	ㅑ	ㅓ	ㅕ	ㅗ	ㅛ	ㅜ	ㅠ	ㅡ	ㅣ
1	2	3	4	5	6	7	8	9	10

4. 이중모음이 포함된 모음 순서(사전에 실리는 순서)

ㅏ	ㅐ	ㅑ	ㅒ	ㅓ	ㅔ	ㅕ
1	2	3	4	5	6	7
ㅖ	ㅗ	ㅘ	ㅙ	ㅚ	ㅛ	ㅜ
8	9	10	11	12	13	14
ㅝ	ㅞ	ㅟ	ㅠ	ㅡ	ㅢ	ㅣ
15	16	17	18	19	20	21

5. 알파벳

A	B	C	D	E	F	G	H	I
1	2	3	4	5	6	7	8	9
J	K	L	M	N	O	P	Q	R
10	11	12	13	14	15	16	17	18
S	T	U	V	W	X	Y	Z	
19	20	21	22	23	24	25	26	

확인문제

* 다음 문자들의 배열 규칙을 찾아 '?'에 들어갈 알맞은 문자를 고르면?

| A D G J M (?) |

① P ② Q
③ R ④ S
⑤ T

정답 ①

해설 3씩 증가하는 규칙을 가진 등차수열이다.
A → D → G → J → M → (?)
1 → 4 → 7 → 10 → 13 → (?)
  +3 +3 +3 +3 +3
따라서 '?'에 들어갈 문자는 13+3 =16에 해당하는 P이다.

03 응용수리

02 수리능력

1 거리 · 속력 · 시간

1. 공식

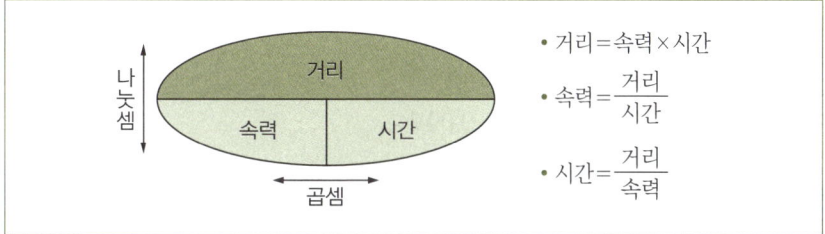

- 거리 = 속력 × 시간
- 속력 = $\dfrac{거리}{시간}$
- 시간 = $\dfrac{거리}{속력}$

2. 풀이 방법

| 거리, 속력, 시간 중 무엇을 구하는 것인지를 파악하여 공식을 적용하고 방정식을 세운다. | • 단위 변환에 주의한다.
• 1km = 1,000m • 1m = $\dfrac{1}{1,000}$ km
• 1시간 = 60분 • 1분 = $\dfrac{1}{60}$ 시간 |

2 농도

1. 공식

$$농도(\%) = \dfrac{용질(소금)의\ 질량}{용액(소금물)의\ 질량} \times 100 = \dfrac{용질의\ 질량}{용매의\ 질량 + 용질의\ 질량} \times 100$$

2. 풀이 방법

| 두 소금물 A, B를 하나로 섞었을 때 | → | (1) (A+B) 소금의 양 = A 소금의 양 + B 소금의 양
(2) (A+B) 소금물의 양 = A 소금물의 양 + B 소금물의 양
(3) (A+B) 농도 = $\dfrac{(A+B)\ 소금의\ 양}{(A+B)\ 소금물의\ 양} \times 100$ |

3 일의 양

1. 공식

- 일률 = $\dfrac{\text{일량}}{\text{시간}}$
- 일량 = 시간 × 일률
- 시간 = $\dfrac{\text{일량}}{\text{일률}}$

2. 풀이 방법

(1) 전체 일을 1로 둔다.
(2) 단위시간당 일의 양을 분수로 나타낸다.

4 약·배수

1. **공약수** : 두 정수의 공통 약수가 되는 정수, 즉 두 정수가 모두 나누어떨어지는 정수를 말한다.
2. **최대공약수** : 공약수 중에서 가장 큰 수로, 공약수는 그 최대공약수의 약수이다.
3. **서로소** : 공약수가 1뿐인 두 자연수이다.
4. **공배수** : 두 정수의 공통 배수가 되는 정수를 말한다.
5. **최소공배수** : 공배수 중에서 가장 작은 수로, 공배수는 그 최소공배수의 배수이다.
6. **최대공약수와 최소공배수의 관계**

| $G\,)\,\underline{A\ \ B}$ $a\ \ b$ | 두 자연수 A, B의 최대공약수가 G이고 최소공배수가 L일 때 | ➡ | $A = a \times G$, $B = b \times G$ (a, b는 서로소)라 하면 $L = a \times b \times G$가 성립한다. |

7. **약수의 개수**

자연수 n이 $p_1^{e_1} p_2^{e_2} \cdots p_k^{e_k}$로 소인수분해될 때, n의 약수의 개수는 $(e_1+1)(e_2+1)\cdots(e_k+1)$개이다.

확인문제

* 12와 30의 최대공약수를 구하면?

정답 6

해설 12의 약수 : 1, 2, 3, 4, 6, 12
30의 약수 : 1, 2, 3, 5, 6, 10, 15, 30
12와 30의 공약수는 1, 2, 3, 6이므로 최대공약수는 6이다.

5 손익계산

1. 공식

- 정가 = 원가 × $\left(1+\dfrac{이익률}{100}\right)$
- 정가 = 원가 + 이익
- 할인율(%) = $\dfrac{정가-할인가(판매가)}{정가} \times 100$
- 할인가 = 정가 × $\left(1-\dfrac{할인율}{100}\right)$ = 정가 − 할인액
- 이익 = 원가 × $\dfrac{이익률}{100}$

2. 풀이 방법

(1) 정가가 원가보다 a원 비싸다. → 정가 = 원가 + a

(2) 정가가 원가보다 $b\%$ 비싸다. → 정가 = 원가 × $\left(1+\dfrac{b}{100}\right)$

(3) 판매가가 정가보다 c원 싸다. → 판매가 = 정가 − c

(4) 판매가가 정가보다 $d\%$ 싸다. → 판매가 = 정가 × $\left(1-\dfrac{d}{100}\right)$

확인문제

* 수영이는 할인 판매 중인 바지를 22,000원에 구매했다. 만약 할인율이 20%라면 바지의 정가는 얼마인가?

① 27,500원
② 28,000원
③ 28,500원
④ 29,000원
⑤ 29,500원

정답 ①

해설 바지의 정가를 x로 놓고 식을 세우면 다음과 같다.
$x-(x \times 0.2)=22,000$
∴ $x=27,500$(원)

6 원리합계

1. 정기예금

(1) 단리 : 원금에 대해서만 이자를 붙이는 방식이다.

$S=A(1+rn)$

**S : 원리합계, A : 원금, r : 연이율, n : 기간(년)

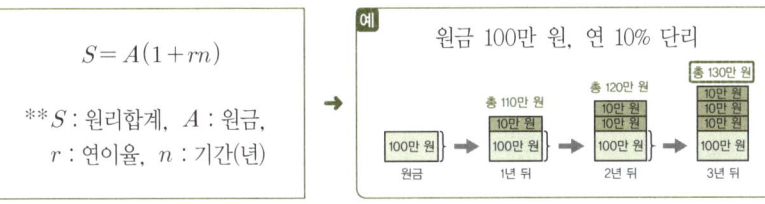

(2) 복리 : 원금뿐만 아니라 원금에서 생기는 이자에도 이자를 붙이는 방식이다.

$S=A(1+r)^n$

**S : 원리합계, A : 원금, r : 연이율, n : 기간(년)

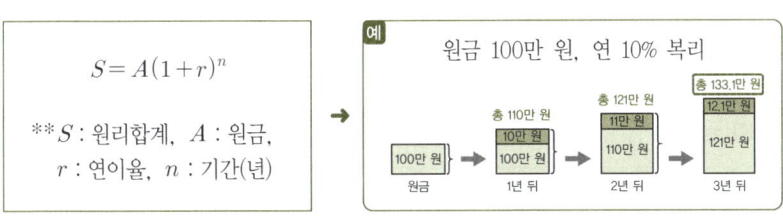

확인문제

* 올해부터 매년 초에 30만 원씩 1년마다 복리로 적립할 때, 10년 후 그 해 말에 계산한 원리합계는? (단, 연이율 6%, $1.06^{10} ≒ 1.791$로 계산한다)

① 약 349만 원
② 약 419만 원
③ 약 489만 원
④ 약 549만 원
⑤ 약 589만 원

정답 ②

해설 $S=$
$\dfrac{30 \times (1+0.06)\{(1+0.06)^{10}-1\}}{0.06}$
$=\dfrac{30 \times 1.06 \times (1.791-1)}{0.06}$
≒ 419(만 원)

2. 정기적금

(1) **기수불** : 각 단위기간의 첫날에 적립하는 방식으로, 마지막에 적립한 예금도 단위기간 동안의 이자가 발생한다.

> **예**
> - 단리 : $S = An + A \times r \times \dfrac{n(n+1)}{2}$
> - 복리 : $S = \dfrac{A(1+r)\{(1+r)^n - 1\}}{r}$
>
> → $**S$: 원리합계, A : 원금, r : 연이율, n : 기간(년)

(2) **기말불** : 각 단위기간의 마지막 날에 적립하는 방식으로 마지막에 적립한 예금은 이자가 발생하지 않는다.

> **예**
> - 단리 : $S = An + A \times r \times \dfrac{n(n-1)}{2}$
> - 복리 : $S = \dfrac{A\{(1+r)^n - 1\}}{r}$
>
> → $**S$: 원리합계, A : 원금, r : 연이율, n : 기간(년)

3. 72의 법칙
이자율을 복리로 적용할 때 투자한 돈이 2배가 되는 시간을 계산하는 방법이다.

$$\text{원금이 2배가 되기까지 걸리는 시간(년)} = \dfrac{72}{\text{이자율(\%)}}$$

7 간격

1. 직선상에 심는 경우

구분	양쪽 끝에도 심는 경우	양쪽 끝에는 심지 않는 경우	한쪽 끝에만 심는 경우
필요한 나무 수	$\dfrac{\text{직선 길이}}{\text{간격 길이}} + 1$ =간격의 수+1	$\dfrac{\text{직선 길이}}{\text{간격 길이}} - 1$ =간격의 수-1	$\dfrac{\text{직선 길이}}{\text{간격 길이}}$ =간격의 수
직선 길이	간격 길이×(나무 수-1)	간격 길이×(나무 수+1)	간격 길이×나무 수

2. 원 둘레상에 심는 경우

(1) 공식

> - 필요한 나무 수 : $\dfrac{\text{둘레 길이}}{\text{간격 길이}}$ =간격의 수
> - 둘레 길이 : 간격 길이×나무 수

(2) 원형에 나무를 심을 때 특징

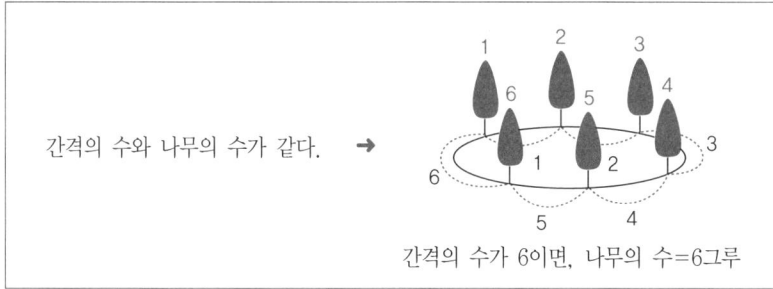

간격의 수와 나무의 수가 같다. →

간격의 수가 6이면, 나무의 수=6그루

(3) 풀이 순서
① 일직선상에 심는 경우인지 원형상에 심는 경우인지 구분한다.
② 공식을 적용하여 풀이한다.

8 나이 · 시계각도

1. 나이

(1) x년이 흐른 뒤에는 모든 사람이 x살씩 나이를 먹는다.

(2) 시간이 흘러도 객체 간의 나이 차이는 동일하다.

2. 시침의 각도

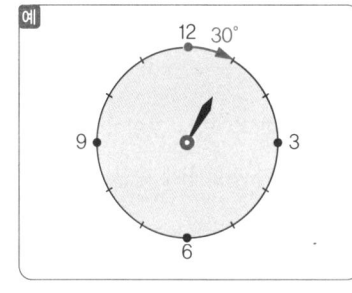

→
- 12시간 동안 회전한 각도 : 360°
- 1시간 동안 회전한 각도 : 360°÷12= 30°
- 1분 동안 회전한 각도 : 30°÷60=0.5°
  ↳ X시 Y분일 때 시침의 각도 : 30° $X+0.5°Y$

3. 분침의 각도

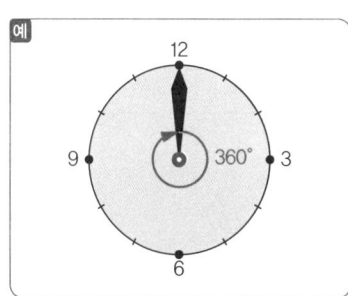

→
- 1시간 동안 회전한 각도 : 360°
- 1분 동안 회전한 각도 : 360°÷60=6°
  ↳ X시 Y분일 때 분침의 각도 : $6°Y$

4. 시침과 분침이 이루는 각도

| X시 Y분일 때 시침과 분침이 이루는 각도 | → | $\|(30°X+0.5°Y)-6°Y\| = \|30°X-5.5°Y\|$ (단, 각도 A가 180°보다 클 경우 360°−A를 한다) |

⑨ 곱셈공식

- $(a \pm b)^2 = a^2 \pm 2ab + b^2$
- $(a+b)(a-b) = a^2 - b^2$
- $(a \pm b)^3 = a^3 \pm 3a^2b + 3ab^2 \pm b^3$
- $(x+a)(x+b) = x^2 + (a+b)x + ab$
- $(ax+b)(cx+d) = acx^2 + (ad+bc)x + bd$
- $(a \pm b)^2 = (a \mp b)^2 \pm 4ab$
- $(a+b+c)^2 = a^2 + b^2 + c^2 + 2ab + 2bc + 2ca$
- $(a \pm b)(a^2 \mp ab + b^2) = a^3 \pm b^3$
- $a^2 + b^2 = (a \pm b)^2 \mp 2ab$
- $a^2 + \dfrac{1}{a^2} = \left(a \pm \dfrac{1}{a}\right)^2 \mp 2$ (단, $a \neq 0$)

⑩ 집합

1. **집합** : 주어진 조건에 의하여 그 대상을 명확하게 구분할 수 있는 모임이다.
2. **부분집합** : 두 집합 A, B에 대하여 집합 A의 모든 원소가 집합 B에 속할 때, 집합 A는 집합 B의 부분집합(A⊂B)이라 한다.
3. **집합의 포함 관계에 대한 성질**

임의의 집합 A, B, C에 대하여
- ∅⊂A, A⊂A
- A⊂B이고 B⊂A이면 A=B
- A⊂B이고 B⊂C이면 A⊂C

확인문제

01~03. 곱셈공식을 이용하여 다음 식을 전개하시오.

01. $(2x-y)^2$

02. $(x+y)(x-2y)$

03. $(x+2)(x^2-2x+4)$

01.
정답 $4x^2 - 4xy + y^2$

02.
정답 $x^2 - xy - 2y^2$

03.
정답 $x^3 + 8$

4. 합집합, 교집합, 여집합, 차집합

합집합	교집합
A∪B={x	x∈A 또는 x∈B}	A∩B={x	x∈A이고 x∈B}
여집합	차집합
A^c={x	x∈U이고 x∉A}	A−B={x	x∈A이고 x∉B}

> **확인문제**
>
> * 두 집합 A={0, 1, 3a+5}, B={−4, b, 2b−3}에 대하여 A∩B={1, 2}를 만족할 때 a+b의 값은?
>
> ① −2   ② −1
> ③ 0   ④ 1
> ⑤ 2
>
> **정답** ④
>
> **해설** 3a+5=2, a=−1
> b=1이면 B={−4, 1, −1}로 조건을 만족하지 않으므로 b=2이다.
> ∴ a+b=1

5. 집합의 연산법칙

• 교환법칙	A∪B=B∪A, A∩B=B∩A
• 결합법칙	(A∪B)∪C=A∪(B∪C), (A∩B)∩C=A∩(B∩C)
• 분배법칙	A∪(B∩C)=(A∪B)∩(A∪C), A∩(B∪C)=(A∩B)∪(A∩C)
• 드모르간의 법칙	$(A∪B)^c=A^c∩B^c$, $(A∩B)^c=A^c∪B^c$
• 차집합의 성질	A−B=A∩B^c
• 여집합의 성질	A∪A^c=U, A∩A^c=∅

11 지수와 로그법칙

1. 지수법칙

$a>0$, $b>0$이고 m, n이 임의의 실수일 때

- $a^m \times a^n = a^{m+n}$
- $a^m \div a^n = a^{m-n}$
- $(a^m)^n = a^{mn}$
- $(ab)^m = a^m b^m$
- $\left(\dfrac{a}{b}\right)^m = \dfrac{a^m}{b^m}$ (단, $b \neq 0$)
- $a^0 = 1$
- $a^{-n} = \dfrac{1}{a^n}$ (단, $a \neq 0$)

2. 로그법칙

- 로그의 정의 : $b = a^x \Leftrightarrow \log_a b = x$ (단, $a > 0,\ a \neq 1,\ b > 0$)

$$a > 0,\ a \neq 1,\ x > 0,\ y > 0 \text{일 때}$$

- $\log_a xy = \log_a x + \log_a y$
- $\log_a \dfrac{x}{y} = \log_a x - \log_a y$
- $\log_a x^p = p \log_a x$
- $\log_a \sqrt[p]{x} = \dfrac{\log_a x}{p}$
- $\log_a x = \dfrac{\log_b x}{\log_b a}$ (단, $b > 0,\ b \neq 1$)

12 제곱근

1. 제곱근

어떤 수 x를 제곱하여 a가 되었을 때, x를 a의 제곱근이라 한다.

예 → $x^2 = a \Leftrightarrow x = \pm \sqrt{a}$ (단, $a \geq 0$)

2. 제곱근의 연산

$$a > 0,\ b > 0 \text{일 때}$$

- $m\sqrt{a} + n\sqrt{a} = (m+n)\sqrt{a}$
- $m\sqrt{a} - n\sqrt{a} = (m-n)\sqrt{a}$
- $\sqrt{a}\sqrt{b} = \sqrt{ab}$
- $\sqrt{a^2 b} = a\sqrt{b}$
- $\dfrac{\sqrt{a}}{\sqrt{b}} = \sqrt{\dfrac{a}{b}}$

3. 분모의 유리화 : 분수의 분모가 근호를 포함한 무리수일 때 분모, 분자에 0이 아닌 같은 수를 곱하여 분모를 유리수로 고치는 것이다.

$$a > 0,\ b > 0 \text{일 때}$$

- $\dfrac{a}{\sqrt{b}} = \dfrac{a\sqrt{b}}{\sqrt{b}\sqrt{b}} = \dfrac{a\sqrt{b}}{b}$
- $\dfrac{\sqrt{a}}{\sqrt{b}} = \dfrac{\sqrt{a}\sqrt{b}}{\sqrt{b}\sqrt{b}} = \dfrac{\sqrt{ab}}{b}$
- $\dfrac{1}{\sqrt{a}+\sqrt{b}} = \dfrac{\sqrt{a}-\sqrt{b}}{(\sqrt{a}+\sqrt{b})(\sqrt{a}-\sqrt{b})} = \dfrac{\sqrt{a}-\sqrt{b}}{a-b}$ (단, $a \neq b$)
- $\dfrac{1}{\sqrt{a}-\sqrt{b}} = \dfrac{\sqrt{a}+\sqrt{b}}{(\sqrt{a}-\sqrt{b})(\sqrt{a}+\sqrt{b})} = \dfrac{\sqrt{a}+\sqrt{b}}{a-b}$ (단, $a \neq b$)

확인문제

* $a = \sqrt{2},\ b = \sqrt[3]{3}$일 때, $\sqrt[8]{6}$을 $a,\ b$로 나타내면?

① $\sqrt[4]{a}\sqrt{b}$ ② $\sqrt[3]{a}\sqrt{b}$
③ $\sqrt{a}\sqrt{b}$ ④ $\sqrt{ab}$
⑤ $a^2 b$

정답 ①

해설 $\sqrt[8]{6} = \sqrt[8]{2}\sqrt[8]{3}$
$= \sqrt[4]{\sqrt{2}}\sqrt{\sqrt[4]{3}}$
$= \sqrt[4]{a}\sqrt{b}$

13 방정식

1. 등식($A = B$)의 성질

(1) 양변에 같은 수 m을 더해도 등식은 성립한다. $A+m=B+m$

(2) 양변에 같은 수 m을 빼도 등식은 성립한다. $A-m=B-m$

(3) 양변에 같은 수 m을 곱해도 등식은 성립한다. $A\times m=B\times m$

(4) 양변에 0이 아닌 같은 수 m을 나누어도 등식은 성립한다.
$A\div m=B\div m$ (단, $m\neq 0$)

2. 이차방정식의 근의 공식

$$ax^2+bx+c=0 \text{일 때(단, } a\neq 0) \quad x=\frac{-b\pm\sqrt{b^2-4ac}}{2a}$$

3. 이차방정식의 근과 계수와의 관계 공식

- $ax^2+bx+c=0$ (단, $a\neq 0$)의 두 근이 α, β일 때
  → $\alpha+\beta=-\dfrac{b}{a}$ $\alpha\beta=\dfrac{c}{a}$

- $x=\alpha$, $x=\beta$를 두 근으로 하는 이차방정식
  → $a(x-\alpha)(x-\beta)=0$

4. 연립일차방정식의 풀이 방법

(1) 계수가 소수인 경우 : 양변에 10, 100, …을 곱하여 계수가 모두 정수가 되도록 한다.

(2) 계수가 분수인 경우 : 양변에 분모의 최소공배수를 곱하여 계수가 모두 정수가 되도록 한다.

(3) 괄호가 있는 경우 : 괄호를 풀고 동류항을 간단히 한다.

(4) $A=B=C$의 꼴인 경우 : ($A=B$, $A=C$), ($B=A$, $B=C$), ($C=A$, $C=B$)의 3가지 중 어느 하나를 택하여 푼다.

5. 이차방정식의 풀이 방법

(1) $AB=0$의 성질을 이용한 풀이

$AB=0$이면 $A=0$ 또는 $B=0$ → $(x-a)(x-b)=0$이면 $x=a$ 또는 $x=b$

확인문제

* 이차방정식 $x^2-3x-1=|x-2|$의 두 근의 곱이 $a+b\sqrt{3}$일 때, $a+b$의 값은?

① -3   ② -2
③ -1   ④ 1
⑤ 2

정답 ①

해설
i) $x\geq 2$
$x^2-3x-1=x-2$
$x^2-4x+1=0$
근의 공식을 이용하면
$x=2+\sqrt{3}$

ii) $x<2$
$x^2-3x-1=-x+2$
$x^2-2x-3=0$
근의 공식을 이용하면
$x=-1$

따라서 두 근의 곱은 $-2-\sqrt{3}$이므로 $a+b=-3$이다.

확인문제

* 이차방정식 $x^2-2x+3=0$의 한 근을 α라고 할 때, $\alpha+\dfrac{3}{\alpha}$의 값은?

① -3   ② -2
③ 1   ④ 2
⑤ 3

정답 ④

해설 두 근을 α, β라 하면, 이차방정식 근과 계수의 관계에서 $\alpha+\beta=2$, $\alpha\beta=3$이 성립한다.
이때 $\alpha\beta=3$에 의해
$\beta=\dfrac{3}{\alpha}$이므로
$\alpha+\dfrac{3}{\alpha}=\alpha+\beta=2$

확인문제

* 다음 이차방정식의 해를 구하면?

$$2x^2-7x+3=0$$

[정답] $x=3$ 또는 $x=\frac{1}{2}$

[해설] $2x^2-7x+3=0$을 인수분해 하면 $(x-3)(2x-1)=0$이므로 $x=3$ 또는 $x=\frac{1}{2}$이다.

---

(2) 인수분해를 이용한 풀이 : 주어진 방정식을 (일차식)×(일차식)=0의 꼴로 인수분해 하여 푼다.

$$ax^2+bx+c=0 \xrightarrow{\text{인수분해}} a(x-p)(x-q)=0 \longrightarrow x=p \text{ 또는 } x=q$$

(3) 제곱근을 이용한 풀이

- $x^2=a$ (단, $a \geq 0$)이면 $x=\pm\sqrt{a}$
- $ax^2=b$ (단, $\frac{b}{a} \geq 0$)이면 $x=\pm\sqrt{\frac{b}{a}}$
- $(x-a)^2=b$ (단, $b \geq 0$)이면 $x-a=\pm\sqrt{b}$에서 $x=a\pm\sqrt{b}$

(4) 완전제곱식을 이용한 풀이 : 이차방정식 $ax^2+bx+c=0$(단, $a \neq 0$)의 해는 다음과 같이 고쳐서 구할 수 있다.

- $a=1$일 때, $x^2+bx+c=0$ → $(x+p)^2=q$의 꼴로 변형
- $a \neq 1$일 때, $ax^2+bx+c=0$ → $x^2+\frac{b}{a}x+\frac{c}{a}=0$
  $(x+p)^2=q$의 꼴로 변형

14 부등식

1. 성질

- $a<b$일 때, $a+c<b+c$, $a-c<b-c$
- $a<b$, $c>0$일 때, $ac<bc$, $\frac{a}{c}<\frac{b}{c}$
- $a<b$, $c<0$일 때, $ac>bc$, $\frac{a}{c}>\frac{b}{c}$

2. 일차부등식의 풀이 순서

(1) 미지수 x를 포함한 항은 좌변으로, 상수항은 우변으로 이항한다.

(2) $ax>b$, $ax<b$, $ax \geq b$, $ax \leq b$의 꼴로 정리한다(단, $a \neq 0$).

(3) 양변을 x의 계수 a로 나눈다.

확인문제

* 한 다발에 2,000원인 안개꽃 한 다발과 한 송이에 800원인 장미로 꽃다발을 만들려고 한다. 포장비 3,000원을 포함한 전체 비용이 15,000원 이하라면 장미를 최대 몇 송이 살 수 있는가?

① 11송이 ② 12송이
③ 13송이 ④ 14송이
⑤ 15송이

[정답] ②

[해설] 장미를 x송이 산다고 하면
$2,000+800x+3,000 \leq 15,000$
$800x \leq 10,000$
$x \leq 12.5$
따라서 장미는 최대 12송이 살 수 있다.

15 비와 비율

1. **비** : 두 수의 양을 기호 ' : '을 사용하여 나타내는 것이다.

| 비례식에서 외항의 곱과 내항의 곱은 항상 같다. | → | $A:B=C:D$일 때, $A\times D=B\times C$ |

2. **비율** : 비교하는 양이 원래의 양(기준량)의 얼마만큼에 해당하는지를 나타낸 것이다.

- 비율 = $\dfrac{\text{비교하는 양}}{\text{기준량}}$
- 비교하는 양 = 비율 × 기준량
- 기준량 = 비교하는 양 ÷ 비율

소수	분수	백분율	할푼리
0.1	$\dfrac{1}{10}$	10%	1할
0.01	$\dfrac{1}{100}$	1%	1푼
0.25	$\dfrac{25}{100}=\dfrac{1}{4}$	25%	2할 5푼
0.375	$\dfrac{375}{1,000}=\dfrac{3}{8}$	37.5%	3할 7푼 5리

※ 백분율(%) : 기준량이 100일 때의 비율
※ 할푼리 : 비율을 소수로 나타내었을 때 소수 첫째 자리, 소수 둘째 자리, 소수 셋째 자리를 이르는 말

16 도형

1. **둘레**

원의 둘레(원주)	부채꼴의 둘레
$l=2\pi r$	$l=2\pi r\times\dfrac{x}{360}+2r$

확인문제

* 양의 실수 x, y, z가 비례식 $(x+y):(y+z):(z+x)=3:4:5$를 만족할 때, $\dfrac{xy+yz+zx}{x^2+y^2+z^2}$ 의 값은?

① $\dfrac{5}{14}$ ② $\dfrac{9}{14}$
③ $\dfrac{11}{14}$ ④ $\dfrac{13}{14}$
⑤ $\dfrac{15}{14}$

정답 ③

해설 $x+y=3k$, $y+z=4k$, $z+x=5k$ ㉠
세 식을 모두 더하면
$x+y+z=6k$ ㉡
㉠과 ㉡을 통해 x, y, z를 구하면
$x=2k$, $y=k$, $z=3k$
$\therefore \dfrac{2k^2+3k^2+6k^2}{4k^2+k^2+9k^2}=\dfrac{11}{14}$

2. 사각형의 넓이

정사각형의 넓이	직사각형의 넓이	마름모의 넓이
$S = a^2$	$S = ab$	$S = \dfrac{1}{2}ab$
사다리꼴의 넓이	평행사변형의 넓이	
$S = \dfrac{1}{2}(a+b)h$	$S = ah$	

3. 삼각형의 넓이

삼각형의 넓이	정삼각형의 넓이
$S = \dfrac{1}{2}bh$	$S = \dfrac{\sqrt{3}}{4}a^2$
직각삼각형의 넓이	이등변삼각형의 넓이
$S = \dfrac{1}{2}ab$	$S = \dfrac{a}{4}\sqrt{4b^2 - a^2}$

이것만은 꼭!

특수한 직각삼각형의 세 변의 길이의 비

- 직각이등변삼각형

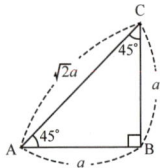

$\overline{AB} : \overline{BC} : \overline{AC} = 1 : 1 : \sqrt{2}$

- 세 각의 크기가 30°, 60°, 90°인 삼각형

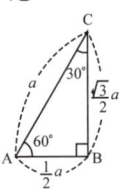

$\overline{AB} : \overline{BC} : \overline{AC} = 1 : \sqrt{3} : 2$

4. 원과 부채꼴의 넓이

원의 넓이	부채꼴의 넓이
$S = \pi r^2$	$S = \dfrac{1}{2} r^2 \theta = \dfrac{1}{2} rl$ (θ는 중심각(라디안))

5. 특수한 직각삼각형의 세 변의 길이의 비

직각이등변삼각형	세 각의 크기가 30°, 60°, 90°인 삼각형
$\overline{AB} : \overline{BC} : \overline{AC} = 1 : 1 : \sqrt{2}$	$\overline{AB} : \overline{BC} : \overline{AC} = 1 : \sqrt{3} : 2$

6. 피타고라스의 정리

직각삼각형에서 직각을 끼고 있는 두 변의 길이의 제곱을 합하면 빗변의 길이의 제곱과 같다.

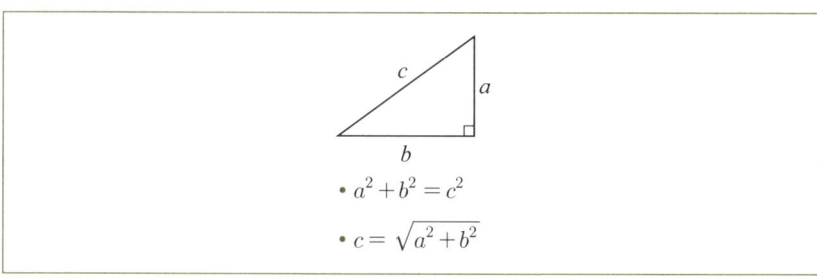

- $a^2 + b^2 = c^2$
- $c = \sqrt{a^2 + b^2}$

7. 입체도형의 겉넓이와 부피

구	원기둥
$S = 4\pi r^2$ $V = \dfrac{4}{3}\pi r^3$	$S = 2\pi rh + 2\pi r^2$ $V = \pi r^2 h$
원뿔	정육면체
$S = \pi r\sqrt{r^2 + h^2} + \pi r^2$ $V = \dfrac{1}{3}\pi r^2 h$	$S = 6a^2$ $V = a^3$
직육면체	정사면체
$S = 2(ab + bc + ca)$ $V = abc$	$S = \sqrt{3}\,a^2$ $V = \dfrac{\sqrt{2}}{12}a^3$
정사각뿔	

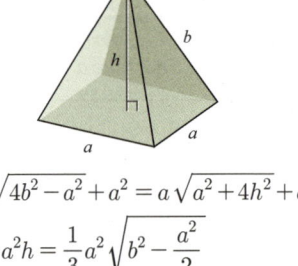

$S = a\sqrt{4b^2 - a^2} + a^2 = a\sqrt{a^2 + 4h^2} + a^2$

$V = \dfrac{1}{3}a^2 h = \dfrac{1}{3}a^2\sqrt{b^2 - \dfrac{a^2}{2}}$

04 통계

02 수리능력

1 통계의 의미

1. 사람이나 사물, 사건 등을 대상으로 조사하고 그 결과를 구체적인 숫자로 나타낸 것
2. 모든 사회 및 자연현상을 나타내 주는 의미를 가진 수치이다.

2 통계의 유용성

1. 수학적 진리와 과학적인 검증의 근거 자료가 된다.
2. 해당 속성을 한눈에 일목요연하면서도 논리적으로 표현해 준다.
3. 단순한 기술적인 통계에 그치는 것이 아닌 정밀한 분석이 가능하다.
4. 통계를 이용하면 앞으로 일어날 상황을 예측할 수 있으므로 회사는 물론 국가에서도 계획을 수립할 때 통계를 이용하게 된다.
5. 개별 자료로는 명확히 알 수 없지만 많은 자료를 합하여 통계를 만들어 보면 하나의 현상을 명확하게 파악할 수 있다.

3 기초통계능력의 사용 예

1. 연간 상품 판매실적을 제시하는 경우
2. 업무비용을 다른 조직과 비교하는 경우
3. 업무 결과를 제시하는 경우
4. 상품판매를 위한 지역조사를 실시하는 경우

확인문제

* 다음 중 통계의 일반적인 기능에 대한 설명으로 옳지 않은 것은?
① 의사결정의 보조수단으로 활용할 수 있다.
② 통계만으로는 대상 집단의 특성을 유추해 낼 수 없다.
③ 관찰 가능한 자료를 통해 논리적으로 어떠한 결론을 추출·검증한다.
④ 수량적 자료를 쉽게 처리 가능한 형태로 축소시킨다.

정답 ②

해설 표본을 활용하면 대상 집단의 특성을 유추할 수 있으므로 옳지 않다.

확인문제

* 어떤 학생의 시험 성적이 59점, 68점, 83점일 때, 이 학생의 시험 점수 평균은?
① 68점 ② 69점
③ 70점 ④ 71점
⑤ 72점

정답 ③

해설 $\frac{59+68+83}{3}=70$(점)

4 기초통계

종류	내용
백분율	• 전체의 수량을 100으로 하여, 나타내려는 수량이 그중 몇이 되는가를 가리키는 수 • 기호는 %(퍼센트)이며, $\frac{1}{100}$이 1%에 해당된다. • 오래전부터 실용계산의 기준으로 널리 사용되고 있으며, 원 그래프 등을 이용하면 이해하기 쉽다.
범위	• 관찰값의 흩어진 정도를 나타내는 도구로서 최곳값과 최젓값을 가지고 파악하며, 최곳값에서 최젓값을 뺀 값에 1을 더한 값을 의미한다. • 계산이 용이한 장점이 있으나 극단적인 끝 값에 의해 좌우되는 단점이 있다.

평균	• 관찰값 전부에 대한 정보를 담고 있어 대상집단의 성격을 함축적으로 나타낼 수 있는 값이다.
	• 자료에 대해 일종의 무게중심으로 볼 수 있다.
	• 모든 자료의 자료값을 합한 후 자료값의 개수로 나눈 값을 의미한다.
	$$평균 = \frac{자료의\ 총합}{자료의\ 총\ 개수}$$
	• 평균의 종류
	  - 산술평균 : 전체 관찰값을 모두 더한 후 관찰값의 개수로 나눈 값
	  - 가중평균 : 각 관찰값에 자료의 상대적 중요도(가중치)를 곱하여 모두 더한 값을 가중치의 합계로 나눈 값

분산	• 자료의 퍼져있는 정도를 구체적인 수치로 알려주는 도구이다. • 각 관찰값과 평균값의 차이의 제곱을 모두 합한 값을 개체의 수로 나눈 값을 의미한다. $$분산 = \frac{(편차)^2의\ 총합}{변량의\ 개수}$$
표준편차	• 분산값의 제곱근 값을 의미한다(표준편차 = $\sqrt{분산}$). • 평균으로부터 얼마나 떨어져 있는가를 나타내는 개념으로, 평균편차의 개념과 개념적으로는 동일하다. • 표준편차가 크면 자료들이 넓게 퍼져있고 이질성이 큰 것을 의미하며, 작으면 자료들이 집중하여 있고 동질성이 큰 것을 의미한다.

5 다섯숫자요약

평균과 표준편차만으로는 원 자료의 전체적인 형태를 파악하기 어렵기 때문에 최솟값, 하위 25% 값(Q_1, 제1사분위수), 중앙값(Q_2), 상위 25% 값(Q_3, 제3사분위수), 최댓값 등을 활용하며, 이를 다섯숫자요약이라고 부른다.

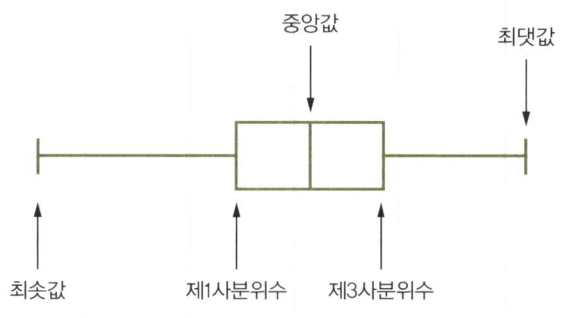

1. **최솟값** : 원 자료 중 값의 크기가 가장 작은 값이다.

2. **최댓값** : 원 자료 중 값의 크기가 가장 큰 값이다.

3. **중앙값** : 관찰값을 최솟값부터 최댓값까지 크기순으로 배열하였을 때 순서상 중앙에 위치하는 값으로 평균값과는 다르다. 관찰값 중 어느 하나가 너무 크거나 작을 때 자료의 특성을 잘 나타낸다.

| 자료의 개수(n)가 홀수인 경우 | → | 예 • 중앙에 있는 값
• 중앙값 = $\frac{n+1}{2}$ 번째의 변량 |

| 자료의 개수(n)가 짝수인 경우 | → | 예 • 중앙에 있는 두 값의 평균
• 중앙값 = $\frac{n}{2}$ 번째와 $\frac{n}{2}+1$ 번째 변량의 산술평균 |

4. **하위 25% 값과 상위 25% 값** : 원 자료를 크기순으로 배열하여 4등분한 값을 의미한다. 백분위수의 관점에서 제25백분위수, 제75백분위수로 표기할 수도 있다.

이것만은 꼭!

- 총수 n이 홀수일 때는 $\frac{n+1}{2}$ 번째의 변량
- 총수 n이 짝수일 때는 $\frac{n}{2}$ 번째와 $\frac{n+2}{2}$ 번째 변량의 산술평균

6 도수분포표

1. 도수분포표 : 자료를 몇 개의 계급으로 나누고, 각 계급에 속하는 도수를 조사하여 나타낸 표이다.

몸무게(kg)	계급값	도수
30 이상 ~ 35 미만	32.5	3
35 ~ 40	37.5	5
40 ~ 45	42.5	9
45 ~ 50	47.5	13
50 ~ 55	52.5	7
55 ~ 60	57.5	3

- 변량 : 자료를 수량으로 나타낸 것
- 계급 : 변량을 일정한 간격으로 나눈 구간
- 계급의 크기 : 구간의 너비
- 계급값 : 계급을 대표하는 값으로 계급의 중앙값
- 도수 : 각 계급에 속하는 자료의 개수

2. 도수분포표에서의 평균, 분산, 표준편차

- 평균 $= \dfrac{\{(계급값) \times (도수)\}의\ 총합}{(도수)의\ 총합}$
- 분산 $= \dfrac{\{(편차)^2 \times (도수)\}의\ 총합}{(도수)의\ 총합}$
- 표준편차 $= \sqrt{분산} = \sqrt{\dfrac{\{(편차)^2 \times (도수)\}의\ 총합}{(도수)의\ 총합}}$

이것만은 꼭!

- 평균
$= \dfrac{\{(계급값) \times (도수)\}의\ 총합}{(도수)의\ 총합}$
- 분산
$= \dfrac{\{(편차)^2 \times (도수)\}의\ 총합}{(도수)의\ 총합}$
- 표준편차 $= \sqrt{분산}$
$= \sqrt{\dfrac{\{(편차)^2 \times (도수)\}의\ 총합}{(도수)의\ 총합}}$

3. 상대도수

(1) 도수분포표에서 도수의 총합에 대한 각 계급의 도수의 비율이다.
(2) 상대도수의 총합은 반드시 1이다.

→ 계급의 상대도수 $= \dfrac{각\ 계급의\ 도수}{도수의\ 총합}$

4. 누적도수

(1) 도수분포표에서 처음 계급의 도수부터 어느 계급의 도수까지 차례로 더한 도수의 합이다.

각 계급의 누적도수 = 앞 계급까지의 누적도수 + 그 계급의 도수

(2) 처음 계급의 누적도수는 그 계급의 도수와 같다.
(3) 마지막 계급의 누적도수는 도수의 총합과 같다.

7 경우의 수

1. **합의 법칙** : 두 사건 A, B가 동시에 일어나지 않을 때, 사건 A, B가 일어날 경우의 수를 각각 m, n이라고 하면, 사건 A 또는 B가 일어날 경우의 수는 $m+n$가지이다.

2. **곱의 법칙** : 사건 A, B가 일어날 경우의 수를 각각 m, n이라고 하면, 사건 A, B가 동시에 일어날 경우의 수는 $m \times n$가지이다.

3. **순열**

서로 다른 n개에서 중복을 허용하지 않고 r개를 골라 순서를 고려해 나열하는 경우의 수	→	예 $_nP_r = n(n-1)(n-2)\cdots(n-r+1)$ $= \dfrac{n!}{(n-r)!}$ (단, $r \leq n$)

4. **조합**

서로 다른 n개에서 순서를 고려하지 않고 r개를 택하는 경우의 수	→	예 $_nC_r = \dfrac{n(n-1)(n-2)\cdots(n-r+1)}{r!}$ $= \dfrac{n!}{r!(n-r)!}$ (단, $r \leq n$)

5. **중복순열**

서로 다른 n개에서 중복을 허용하여 r개를 골라 순서를 고려해 나열하는 경우의 수	→	예 $_n\Pi_r = n^r$

6. **중복조합**

서로 다른 n개에서 순서를 고려하지 않고 중복을 허용하여 r개를 택하는 경우의 수	→	예 $_nH_r = {}_{n+r-1}C_r$

7. **같은 것이 있는 순열**

n개 중에 같은 것이 각각 p개, q개, r개일 때, n개의 원소를 모두 택하여 만든 순열의 수	→	예 $\dfrac{n!}{p!q!r!}$ (단, $p+q+r=n$)

확인문제

* 6개의 상품 중에서 2개를 고를 때 가능한 경우의 수는? (단, 순서는 상관하지 않는다)
① 15가지 ② 20가지
③ 25가지 ④ 30가지
⑤ 35가지

정답 ①

해설 순서를 생각하지 않고 뽑으므로 조합을 사용한다.
$_6C_2 = \dfrac{6 \times 5}{2 \times 1} = 15$(가지)

확인문제

* a, a, a, b, b, c를 일렬로 나열하는 경우의 수는?
① 45가지 ② 50가지
③ 55가지 ④ 60가지
⑤ 65가지

정답 ④

해설 $\dfrac{6!}{3!2!} = 60$(가지)이다.

8. 원순열

| 서로 다른 n개를 원형으로 배열하는 경우의 수 | → | 예 $\dfrac{_n\mathrm{P}_n}{n} = (n-1)!$ |

9. 최단경로의 수

(1) 덧셈방식

① 출발 지점에서 도착 지점까지 가는 길을 차례로 더해 가며 구하는 방법이다.

② [그림 1]처럼 A의 위와 오른쪽 방향의 각 교차점에 1을 적는다. A에서 그 장소까지 가는 방법이 1가지라는 의미이다. 이때 지나갈 수 없는 지점에는 0을 적는다.

③ [그림 2]처럼 대각선상 두 개의 숫자의 합을 오른쪽 위에 적는다. 이를 [그림 1]에 적용하면 [그림 3]과 같다.

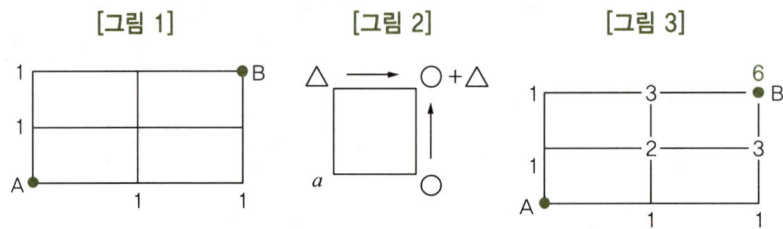

(2) 조합 활용법

- 세로 a블록, 가로 b블록의 경로를 최단거리로 가려면 $_{a+b}\mathrm{C}_a$가지의 조합이 있다.

$$_{a+b}\mathrm{C}_a = \dfrac{(a+b)!}{a!b!}$$

8 확률

1. 일어날 수 있는 모든 경우의 수를 n가지, 사건 A가 일어날 경우의 수를 a가지라고 하면 사건 A가 일어날 확률 $P=\dfrac{a}{n}$, 사건 A가 일어나지 않을 확률 $P'=1-P$이다.

2. 두 사건 A, B가 배반사건(동시에 일어나지 않을 때)일 경우
   $$P(A \cup B) = P(A) + P(B)$$

3. 두 사건 A, B가 독립(두 사건이 서로 영향을 주지 않을 때)일 경우
   $$P(A \cap B) = P(A)P(B)$$

4. **조건부확률** : 확률이 0이 아닌 두 사건 A, B에 대하여 사건 A가 일어났다고 가정할 때, 사건 B가 일어날 확률
   $$P(B|A) = \dfrac{P(A \cap B)}{P(A)} \text{ (단, } P(A) > 0)$$

확인문제

*서로 배반사건인 두 사건 A, B에 대하여 $P(B)=\dfrac{2}{3}P(A)$, $P(A \cup B)=\dfrac{2}{3}$일 때, $P(A)$의 값은?

① $\dfrac{3}{10}$ ② $\dfrac{2}{5}$

③ $\dfrac{1}{2}$ ④ $\dfrac{3}{5}$

⑤ $\dfrac{7}{10}$

정답 ②

해설 두 사건 A, B가 배반사건이므로 $P(A \cup B) = P(A) + P(B)$이다.

$\dfrac{2}{3} = P(A) + \dfrac{2}{3}P(A)$

$\dfrac{2}{3} = \dfrac{5}{3}P(A)$

$\therefore P(A) = \dfrac{2}{5}$

05 자료해석

1 도표 작성

1. 도표의 의미

(1) 선, 막대, 원 등으로 그림을 그려서 내용을 시각적으로 표현하여 다른 사람이 한 눈에 자신의 주장을 알아볼 수 있게 하는 것이다.

(2) 여러 가지 자료를 분석하여 그 관계를 일정한 양식의 그림으로 나타낸 것을 의미한다.

2. 도표 작성의 목적

(1) **보고·설명** : 회사 내 회의에서의 설명, 상급자에게 보고, 때로는 현상 분석을 하여 전체의 경향이나 이상 수치를 발견하거나, 문제점을 명백히 밝혀 대책이나 계획을 세우기 위해 적극적으로 활용된다.

(2) **상황분석** : 도표를 보다 적극적으로 활용하거나 회사의 상품별 매출액의 경향을 본다거나 거래처의 분포를 보는 경우

(3) **관리목적** : 진도관리나 회수상황을 파악하는 경우

3. 도표의 작성 절차

단계	설명
어떠한 도표로 작성할 것인지를 결정	주어진 자료를 면밀히 검토하여 어떠한 도표를 활용하여 작성할 것인지를 결정한다.
가로축과 세로축에 나타낼 것을 결정	보통 가로축에는 명칭 구분(연, 월, 장소 등), 세로축에는 수량(금액, 매출액 등)을 나타내며 축의 모양은 L자형이 일반적이다.
가로축과 세로축의 눈금의 크기를 결정	주어진 자료를 가장 잘 표현할 수 있도록 가로축과 세로축의 눈금의 크기를 결정해야 한다. 한 눈금의 크기가 너무 크거나 작으면 자료의 변화를 잘 표현할 수 없다.
자료를 가로축과 세로축이 만나는 곳에 표시	자료 각각을 결정된 축에 표시한다. 이때 가로축과 세로축이 만나는 곳에 정확히 표시하여야 정확한 그래프를 작성할 수 있다.

확인문제

* ㉠ ~ ㉥을 도표 작성 절차에 맞게 배열하면?

㉠ 가로축, 세로축의 눈금의 크기 정하기
㉡ 표시된 점에 따라 도표 작성하기
㉢ 가로축, 세로축에 나타낼 것을 정하기
㉣ 도표 종류 정하기
㉤ 제목 및 단위 표시하기
㉥ 자료를 가로축과 세로축이 만나는 곳에 표시하기

정답 ㉣-㉢-㉠-㉥-㉡-㉤

표시된 점에 따라 도표 작성	표시된 점들을 활용하여 도표를 작성한다. 선 그래프는 표시된 점들을 선분으로 이어 도표를 작성하고, 막대 그래프는 점들을 활용하여 막대를 그려 도표를 작성한다.
도표의 제목 및 단위 표시	도표를 작성한 후에는 도표의 상단 혹은 하단에 제목과 함께 단위를 표기한다.

4. 도표 작성 시 유의점

(1) 선(절선) 그래프 작성 시 유의점

① 선(절선) 그래프를 작성할 때에는 세로축에 수량(금액, 매출액 등), 가로축에 명칭 구분(연, 월, 장소 등)을 제시하며, 축의 모양은 L자형으로 하는 것이 일반적이다.

② 선 그래프에서는 선의 높이에 따라 수치를 파악하는 경우가 많으므로 세로축의 눈금을 가로축의 눈금보다 크게 하는 것이 효과적이다.

③ 선이 두 종류 이상인 경우에는 반드시 무슨 선인지 그 명칭을 기입해야 하며, 그래프를 보기 쉽게 하기 위해서는 중요한 선을 다른 선보다 굵게 한다든지 그 선만 색을 다르게 하는 등의 노력을 기울일 필요가 있다.

[S 방송국의 어느 드라마 국내·국외 시청률]

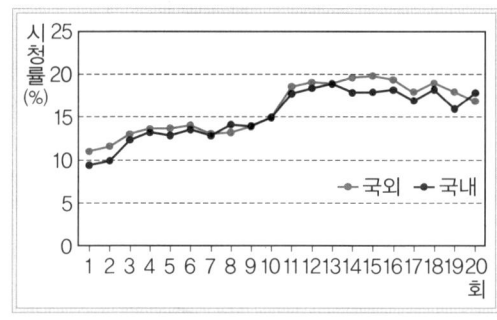

(2) 막대 그래프 작성 시 유의점

① 막대를 세로로 할 것인가 가로로 할 것인가의 선택은 개인의 취향에 따라 다르나, 세로로 하는 것이 보다 일반적이다.

② 축은 L자형이 일반적이나 가로 막대 그래프는 사방을 틀로 싸는 것이 좋다.

③ 가로축은 명칭 구분(연, 월, 장소, 종류 등)으로, 세로축은 수량(금액, 매출액 등)으로 정하며 막대 수가 부득이하게 많을 경우에는 눈금선을 기입하는 것이 알아보기 쉽다. 또한, 막대의 폭은 모두 같게 해야 한다.

확인문제

* 다음 중 도표를 작성할 때의 유의사항으로 옳지 않은 것은?

① 막대 그래프를 작성할 때는 일반적으로 가로축에 수량, 세로축에 명칭 구분을 기입한다.
② 원 그래프를 작성할 때는 일반적으로 정각 12시 방향의 선을 기점으로 오른쪽 방향으로 진행한다.
③ 선 그래프를 작성할 때 선이 두 종류 이상이면 무슨 선인지 명칭을 기입하여 구분한다.
④ 막대 그래프를 작성할 때 막대의 폭은 모두 같은 것이 바람직하다.

정답 ①

해설 막대 그래프를 작성할 때에는 세로축에 수량, 가로축에 명칭 구분으로 하는 것이 일반적이다.

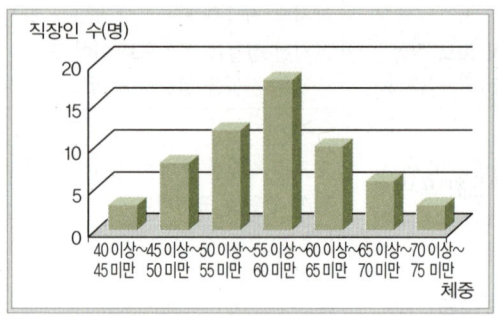

[어느 기업의 직장인 체중 분포]

(3) 원 그래프 작성 시 유의점

① 원 그래프를 작성할 때에는 정각 12시의 선을 시작선으로 하며 이를 기점으로 하여 오른쪽으로 그리는 것이 일반적이다.
② 분할선은 구성비율이 큰 순서로 그리되 '기타' 항목은 구성비율의 크기에 관계없이 가장 뒤에 그리는 것이 좋다.
③ 각 항목의 명칭은 같은 방향으로 기록하는 것이 일반적이지만, 만일 각도가 작아서 명칭을 기록하기 힘든 경우에는 지시선을 써서 기록한다.

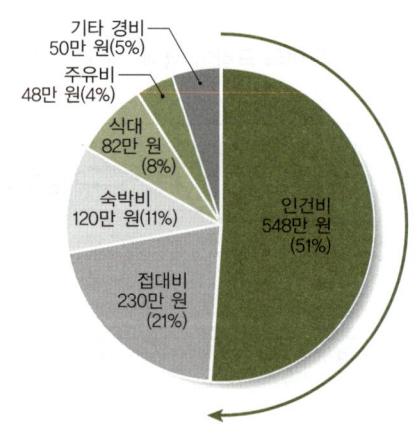

[비용 지출내역]

(4) 층별 그래프 작성 시 유의점
① 층별을 세로로 할 것인가 가로로 할 것인가 하는 것은 작성자의 기호나 공간에 따라 판단한다. 그러나 구성비율 그래프는 가로로 작성하는 것이 좋다.

[건설시장의 부문별 시장규모 구성비]

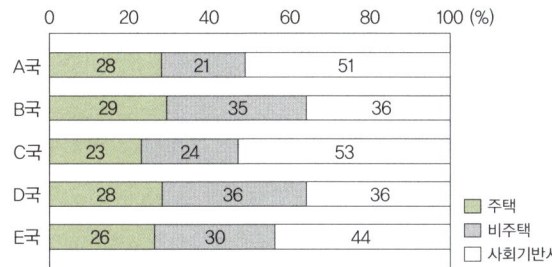

② 눈금은 선 그래프나 막대 그래프보다 적게 하고 눈금선을 넣지 않아야 하며 층별로 색이나 모양이 모두 완전히 다른 것이어야 한다.

[어느 지역의 인구통계학적 조사 결과]

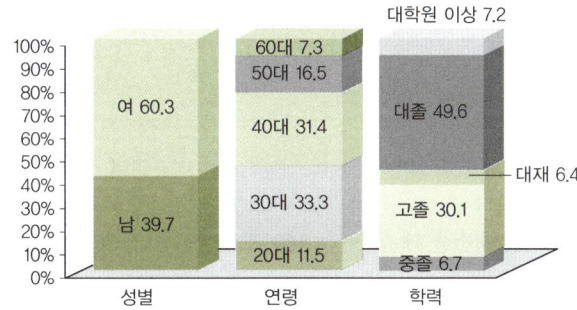

③ 같은 항목은 옆에 있는 층과 선으로 연결하여 보기 쉽도록 하여야 하며 가장 중요한 것은 세로 방향일 경우 위로부터 아래로, 가로 방향일 경우 왼쪽에서 오른쪽으로 나열하면 보기가 좋다.

(5) 도수분포표 작성 시 유의점
① 각 구간의 폭은 같은 것이 바람직하다.
② 계급의 수는 분포의 특성이 나타날 수 있게 6개 이상 15개 미만이 바람직하다.
③ 계급에 속하는 도수가 없거나 너무 적지 않게 구간을 결정한다.
④ 극한값을 반영하기 위하여 제일 아래 계급이나 위 계급을 개방할 수도 있다.

2 자료해석의 특징과 대처법

1. 자료해석에서 요구하는 것은 주어진 자료만으로 논리적으로 도출해 낼 수 있는 사항을 올바르게 판단하는 능력이다. 선택지의 내용이 상식적으로는 옳다고 여겨지는 경우에도 자료를 통해 논리적으로 이끌어 낼 수 없다면 정답이라고 할 수 없다.
2. 비율, 증가율, 지수 등을 올바르게 이해해야 한다.
3. 계산 테크닉을 익혀서 쓸데없는 계산을 하지 않도록 한다. 또한 간단한 계산은 암산으로 끝낼 수 있도록 훈련하는 것이 좋다.
4. 선택지를 검토할 때에는 옳고 그름의 판단이 쉬운 것부터 순서대로 확인한다.
5. 자료의 단위, 각주 등을 놓치지 않도록 주의한다.

TIP
변동률과 배율의 관계

$X\%$의 변동률 $\Rightarrow \dfrac{100+X}{100}$배

3 변동률(증감률)

1. 공식

- 변동률 또는 증감률(%) = $\dfrac{\text{비교시점 수치} - \text{기준시점 수치}}{\text{기준시점 수치}} \times 100$
- 기준시점 수치를 X, 비교시점 수치를 Y, 변동률(증감률)을 $g\%$라 하면

$$g = \dfrac{Y-X}{X} \times 100 \qquad Y-X = \dfrac{g}{100} \times X \qquad Y = \left(1 + \dfrac{g}{100}\right)X$$

2. 계산 방법

값이 a에서 b로 변화하였을 때 $\dfrac{b-a}{a} \times 100$ 또는 $\left(\dfrac{b}{a} - 1\right) \times 100$으로 계산한다.

> **예** 값이 256에서 312로 변화하였을 때 증감률은 $\dfrac{312-256}{256} \times 100 ≒ 22(\%)$이다.
> 다른 방법도 있다. 312는 256의 약 1.22배인데 이는 256을 1로 설정할 때 312는 약 1.22라는 의미이다. 따라서 0.22가 늘어났으므로 증감률은 22%임을 알 수 있다.

4 변동률과 변동량의 관계

변동률이 크다고 해서 변동량(증가량, 변화량, 증감량)이 많은 것은 아니다.

> **예** A의 연봉은 1억 원에서 2억 원으로, B의 연봉은 2,000만 원에서 8,000만 원으로 인상되었다. A의 연봉증가액은 1억 원이고 B의 연봉증가액은 6,000만 원이며, A의 연봉증가율은 $\dfrac{2-1}{1} \times 100 = 100(\%)$이고, B의 연봉증가율은 $\dfrac{8,000-2,000}{2,000} \times 100 = 300(\%)$이다.
> 따라서 연봉증가액은 A가 B보다 많지만, 연봉증가율은 A가 B보다 작다.

5 증가율과 구성비의 관계

전체량을 A, 부분량을 B라고 하면 부분량의 구성비는 $\dfrac{B}{A}$이다. 만약 어느 기간에 전체량이 a, 부분량이 b 증가했다고 하면 증가 후의 구성비는 $\dfrac{B(1+b)}{A(1+a)}$이다(단, a, b는 증가율이다). 여기서 $a > b$이면 $\dfrac{B}{A} > \dfrac{B(1+b)}{A(1+a)}$, $a < b$이면 $\dfrac{B}{A} < \dfrac{B(1+b)}{A(1+a)}$가 된다.

- 전체량의 증가율 > 부분량의 증가율 ⇨ 구성비 감소
- 전체량의 증가율 < 부분량의 증가율 ⇨ 구성비 증가

6 지수

1. 지수란 구체적인 숫자 자체의 크기보다는 시간의 흐름에 따라 수량이나 가격 등 해당 수치가 어떻게 변화되었는지를 쉽게 파악할 수 있도록 만든 것으로 통상 비교의 기준이 되는 시점(기준시점)을 100으로 하여 산출한다.

2. 기준 데이터를 X, 비교 데이터를 Y라 하면, 지수 $= \dfrac{Y}{X} \times 100$

3. 데이터 1의 실수를 X, 데이터 2의 실수를 Y, 데이터 1의 지수를 k, 데이터 2의 지수를 g라 하면 다음과 같은 비례식이 성립한다. $\quad X : Y = k : g$

4. 비례식에서 외항의 곱과 내항의 곱은 같으므로 $Xg = Yk$이다.

   따라서 $Y = \dfrac{g}{k} \times X$, $X = \dfrac{k}{g} \times Y$

> **이것만은 꼭!**
> 지수에는 반드시 기준수가 존재하며, 기준수가 제시되어 있을 때에만 각 지수가 나타내는 실수의 값을 알 수 있다. 만약 지수만 주어지고 기준수가 주어지지 않는다면, 기준수가 같은 항목 간에는 실수의 대소 비교를 할 수 있지만 기준수가 다른 항목 간에는 실수의 대소 비교를 할 수 없다.

7 퍼센트(%)와 퍼센트포인트(%p)

퍼센트는 백분비라고도 하는데 전체의 수량을 100으로 하여 해당 수량이 그중 몇이 되는가를 가리키는 수로 나타낸다. 퍼센트포인트는 이러한 퍼센트 간의 차이를 표현한 것으로 실업률이나 이자율 등의 변화가 여기에 해당된다.

> **예** 실업률이 작년 3%에서 올해 6%로 상승하였다.
> → 실업률이 작년에 비해 100% 상승 또는 3%p 상승했다.
>
> 여기서 퍼센트는 $\dfrac{\text{현재 실업률} - \text{기존 실업률}}{\text{기존 실업률}} \times 100$'을 하여 '100'으로 산출됐고, 퍼센트포인트는 퍼센트의 차이이므로 6 − 3을 해서 '3'이란 수치가 나온 것이다.

8 가중평균

1. 중요도나 영향도에 해당하는 각각의 가중치를 곱하여 구한 평균값을 가중평균이라 한다.

2. 주어진 값 $x_1, x_2, \cdots, x_n$에 대한 가중치가 각각 $w_1, w_2, \cdots, w_n$이라 하면

$$가중평균 = \frac{x_1 w_1 + x_2 w_2 + \cdots + x_n w_n}{w_1 + w_2 + \cdots + w_n}$$

9 단위당 양

1. 자동차 천 대당 교통사고 발생건수, 단위면적당 인구수 등과 같이 정해진 단위량에 대한 상대치이다. 따라서 기준이 되는 단위량에 대응하는 실수(위의 예에서는 자동차 대수, 면적)가 주어져 있지 않으면 단위당 양에만 기초해서 실수 그 자체(위의 예에서는 교통사고 발생건수, 인구수)를 비교하는 것은 불가능하다.

2. **계산 방법**

- X, Y를 바탕으로 X당 Y를 구하는 경우 → $(X당 Y) = \dfrac{Y}{X}$
- X당 Y, X를 바탕으로 Y를 구하는 경우 → $Y = X \times (X당 Y)$
- X당 Y, Y를 바탕으로 X를 구하는 경우 → $X = Y \div (X당 Y)$

10 그래프의 종류

꺾은선 그래프	막대 그래프
• 시계열 변화를 표시하는 데 적합한 그래프 • 세로축에 양, 가로축에 시계열을 표시한다. 예 〈월별 고객불만 건수〉 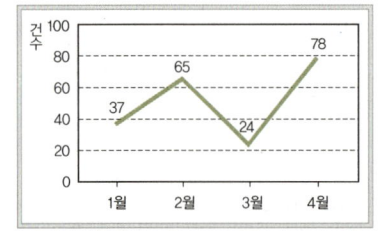	• 비교하고자 하는 수량을 막대의 길이로 나타냄으로써 각 수량 간의 대소 비교가 가능한 그래프 • 가로축에 시계열을 표시할 경우 꺾은선 그래프와 동일한 효과를 가진다. 예 〈지방 중소병원 고객의 주거지역 분포〉 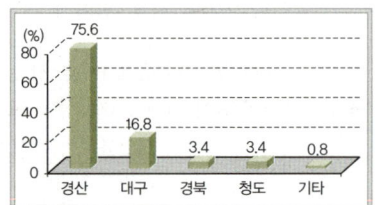

TIP

- X, Y를 바탕으로 X당 Y를 구하는 경우
  $(X당 Y) = \dfrac{Y}{X}$
- X당 Y, X를 바탕으로 Y를 구하는 경우
  $Y = X \times (X당 Y)$
- X당 Y, Y를 바탕으로 X를 구하는 경우
  $X = Y \div (X당 Y)$

확인문제

* 결산보고를 효과적으로 하기 위해 연도별 매출액 추이를 도표로 작성하려고 한다. 다음 중 어떤 도표로 작성하는 것이 효과적인가?

① 꺾은선 그래프
② 막대 그래프
③ 원 그래프
④ 산점도
⑤ 띠 그래프

정답 ①
해설 시계열 변화를 표시하는 데 적합한 그래프는 꺾은선 그래프이다.

히스토그램	원 그래프
• 도수분포를 나타내는 그래프 • 막대 사이에 간격이 없다. 예 〈볼링 동호회 회원들의 볼링 점수〉 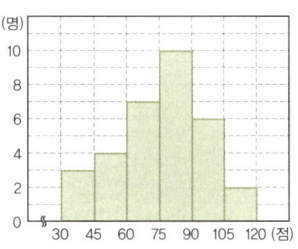	• 원을 분할하여 내역이나 내용의 구성비를 작성하는 그래프 • 전체에 대한 구성비를 표현할 때 적합하다. • 각 항목의 구성비에 따라 중심각이 정해지고 중심각 360°가 100%에 대응한다. $$구성비(\%) = \frac{중심각}{360°} \times 100$$ 예 〈비용 지출내역〉 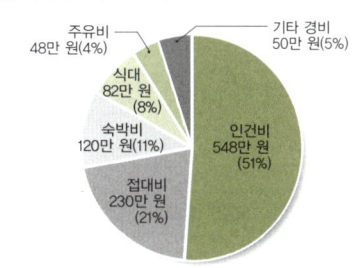
레이더차트(방사형 그래프, 거미줄 그래프)	띠 그래프
• 항목의 수만큼 레이더 형상으로 축을 뻗어 값을 선으로 연결함으로써 합계나 비율의 차이를 비교하는 그래프 예 〈식품 A, B의 영양성분〉 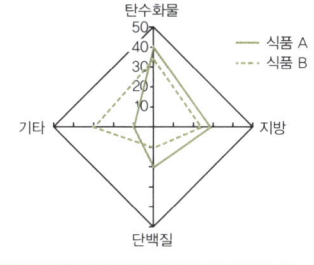	• 각 요소의 구성비를 띠 모양으로 나타낸 그래프 • 막대 전체를 100%로 두고 각 항목의 구성비에 따라 막대의 내용을 구별하여 구성비를 시각적으로 표현한다. 예 〈건설시장의 부문별 시장규모 구성비〉 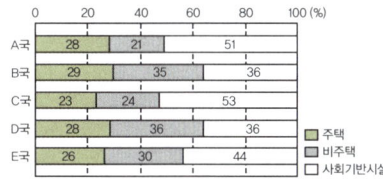

층별 그래프	피라미드도
• 합계와 각 부분의 크기를 백분율 또는 실수로 나타내고 시간적 변화를 보고자 할 때 활용할 수 있는 그래프	• 두 개의 그룹을 대상으로 할 때 사용되며, 하나의 항목에 대한 히스토그램을 좌우에 나누어 표시한다.
예 〈상품별 매출액 추이〉 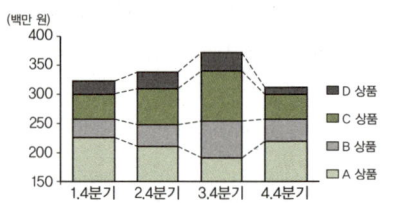	예 〈2030년 인구피라미드〉 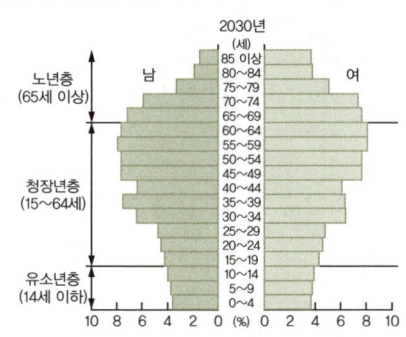
영역 그래프	그림 그래프
• 데이터의 총량과 그 구성비의 추이를 층으로 나타내고 층 폭의 변화로 경향을 볼 수 있는 그래프	• 수를 그림으로 나타내 한눈에 보이도록 만든 그래프
예 〈범죄유형별 시간대별 발생 비율〉 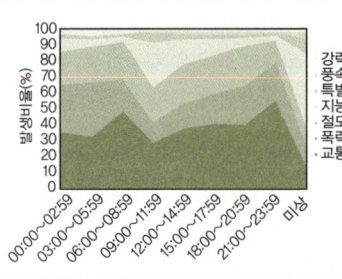	예 〈성남시 인구수〉 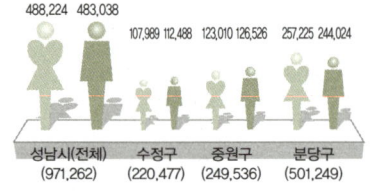

산점도(상관도)	물방울차트
• 2개의 연속형 변수 간의 관계를 보기 위하여 직교좌표의 평면에 관측점을 찍어 만든 그래프 • 두 변수의 관계를 시각적으로 검토할 때 유용하다. 예 〈A 중학교 학생들의 키와 몸무게〉 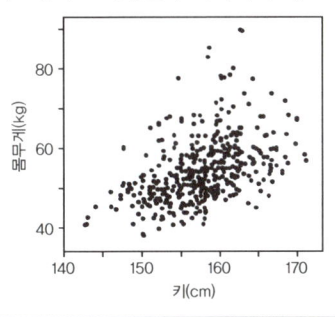	• 원(물방울)의 크기로 데이터의 대소를 비교하는 그래프 예 〈은행별 총자산, 당기순이익, 총자산 이익률〉 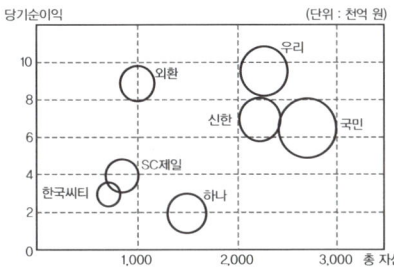
상자그림	삼각도표(삼각좌표)
• 다섯숫자요약(중앙값, 제1사분위수, 제3사분위수, 최댓값, 최솟값)을 시각적으로 표현한 그림 • 이상점이 포함되어 있는지를 쉽게 판단할 수 있다. 예 〈국어, 영어, 수학 성적〉 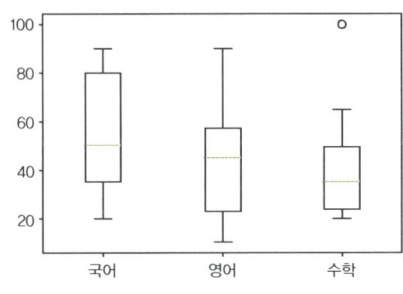	• 3가지 항목의 전체에 대한 구성비를 정삼각형 내부에 점으로 표현한 그래프 • 자료를 세 가지 요소로 분류 가능할 때 사용한다. 예 〈'의료', '연금', '기타 복지'가 사회보험 비용 전체에서 차지하는 비율〉 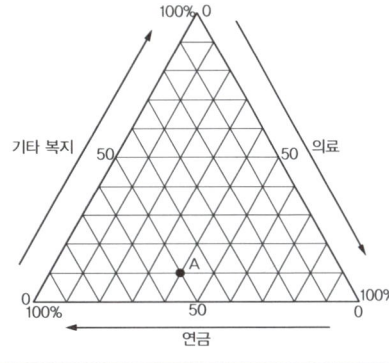

유형별 학습

▶ 정답과 해설 12쪽

유형 01 수열추리

[01 ~ 03] 다음 숫자들의 배열 규칙을 찾아 '?'에 들어갈 알맞은 숫자를 고르시오.

01.

| 2 | 6 | 12 | 22 | (?) | 62 | 96 |

① 38 ② 36 ③ 34
④ 32 ⑤ 30

02.

| 10 | 11 | 22 | 19 | 20 | 40 | 37 | (?) |

① 36 ② 37 ③ 38
④ 39 ⑤ 40

03.

| 1 | 4 | 4 | 9 | 9 | (?) | 16 | 22 | 25 | 30 | 36 | 39 | 49 | 49 |

① 11 ② 12 ③ 15
④ 16 ⑤ 18

| 유형 02 | 문자추리 |

[04 ~ 05] 제시된 기호의 규칙에 의해 글자가 다음과 같이 변화할 때, '?'에 들어갈 알맞은 글자를 고르시오.

04.

| K O R E A → ◎ → R O K E A |
| W O R L D → ◆ → A S V P H |

| E A R T H → ◎ → ◆ → (?) |

① XVLIE
② RKELS
③ MWZYE
④ XWJCG

05.

T	U	B	E	→	◆	→	D	E	L	O
F	I	N	D	→	★	→	A	D	I	Y
L	O	V	E	→	★	→	◆	→	(?)		

① QTAJ
② MPWF
③ ZCJS
④ ADKT

06. 다음 알파벳과 숫자의 연관된 규칙을 찾아 '?'에 들어갈 숫자를 고르면?

A	X	H	U	I	J	C	P
26	3	19	6	18	17	24	(?)

① 11
② 13
③ 16
④ 18

TIP 알파벳 순서

A	B	C	D	E	F	G
1	2	3	4	5	6	7
H	I	J	K	L	M	N
8	9	10	11	12	13	14
O	P	Q	R	S	T	U
15	16	17	18	19	20	21
V	W	X	Y	Z		
22	23	24	25	26		

유형 03 · 계산식의 대소 비교하기

07. 다음 수식을 계산했을 때 가장 큰 수가 나오는 것은?

① 504-55+42　　　　② 502-76+64
③ 505-49+37　　　　④ 503-68+57

08. 다음 수식을 계산했을 때 가장 작은 수가 나오는 것은?

① 19-2+8　　② 23-7+8　　③ 30÷6×5
④ 5×8÷2　　⑤ 3×15-14

09. A, B, C의 대소를 바르게 비교한 것은?

$$A = \left(\frac{189}{21} + 2.8\right) \times 10$$
$$B = (11^2 + 18) - 4^2$$
$$C = (15 - 32 + 1)^2 \div 2$$

① B > A > C　　　　② B > C > A
③ C > A > B　　　　④ C > B > A
⑤ A > C > B

이것만은 꼭!

사칙연산 계산 순서
1. 괄호 안을 먼저 계산한다.
2. 지수를 다음으로 계산한다.
3. 곱셈과 나눗셈을 계산한다.
4. 덧셈과 뺄셈을 계산한다.
5. 만약 동순위 연산이 2개 이상이면 계산은 왼쪽에서 오른쪽 순서대로 한다.

유형 04 · 일의 양 계산하기

TIP
- 일률 = $\dfrac{\text{일량}}{\text{시간}}$
- 일량 = 시간 × 일률
- 시간 = $\dfrac{\text{일량}}{\text{일률}}$

10. 새로운 프로젝트에 사원 A, B, C를 투입해 진행하려고 한다. A와 B가 투입되면 5일이 걸리고, B와 C가 투입되면 10일이 걸리며, A와 C가 투입되면 8일이 걸린다. C 사원이 혼자 프로젝트를 진행한다면 최소 며칠이 걸리겠는가?

① 40일 ② 60일 ③ 70일
④ 80일 ⑤ 120일

11. 같은 팀의 동료인 A와 B는 함께 프로젝트를 진행하고 있다. 이 프로젝트는 A가 혼자서 진행하는 경우 20일, B가 혼자서 진행하는 경우 30일이 걸린다고 한다. 이를 A, B가 각각 5일 동안 진행한 후 둘이 함께 진행하여 완료하려고 한다면, 프로젝트를 완료하는데 두 사람이 함께 일을 한 기간은 얼마인가? (단, 기타 지체되는 시간은 없으며, 두 사람의 일 진행 속도는 일정하다고 가정한다)

① 3일 ② 4일 ③ 5일
④ 6일 ⑤ 7일

유형 05 금액·할인율 계산하기

12. 다음은 공시된 유로 환율의 고시표이다. 이 씨는 출장을 가기 위해 202X년 11월 5일에 100유로를 샀다가 출장이 취소되어 다음 날 다시 팔았다고 할 때, 이 씨의 이익 또는 손해액은 얼마인가?

구분	살 때	팔 때
202X년 11월 5일	1,343.02원	1,295.96원
202X년 11월 6일	1,354.48원	1,310.61원

① 3,241원 이익
② 3,241원 손해
③ 4,706원 이익
④ 4,706원 손해
⑤ 4,387원 손해

13. H 씨는 농산물 시장에서 구매한 귤 50상자를 판매하였다. 45상자는 구매한 가격에 20%의 이익을 붙여서 판매하였고, 이후 마감 시간이 다 되어 나머지 5상자는 기존에 판매하던 가격의 70% 가격으로 할인하여 판매하였다. 50상자를 모두 판매한 후 H 씨가 127,100원의 이익을 얻었다면, 농산물 시장에서 구매한 귤 한 상자의 가격은 얼마인가?

① 15,500원
② 16,000원
③ 16,500원
④ 17,000원

14. 도지는 2년 만기의 연이율 20%의 복리예금상품에 150만 원을 예치하였다. 2년 후 도지가 받게 되는 이자 금액은 얼마인가?

① 440,000원
② 550,000원
③ 660,000원
④ 770,000원
⑤ 880,000원

> **TIP**
> 원금을 A, 연이율을 r, 기간(년)을 n이라고 할 때
> • 정기예금의 단리 이자 : $A(1+rn)$
> • 정기예금의 복리 이자 : $A(1+r)^n$

유형 06 날짜·시간 계산하기

15. ○○회사의 셔틀버스 3대가 7시에 동시에 출발한다면 그다음 동시에 출발하는 시간은 언제인가?

- A 버스는 25분 만에 출발지로 돌아오고, 5분 휴식 후 다시 출발한다.
- B 버스는 50분 만에 출발지로 돌아오고, 10분 휴식 후 다시 출발한다.
- C 버스는 1시간 10분 만에 출발지로 돌아오고, 10분 휴식 후 다시 출발한다.

① 8시   ② 11시   ③ 12시
④ 12시 50분   ⑤ 16시 30분

TIP 특정 간격으로 발생하는 일이 동시에 다시 발생하는 때를 찾는 경우는 최소공배수를 활용하는 문제이다.

16. A 시에서 장애인 거주시설 1동당 중증 장애인 20명씩 모두 만 명을 수용하는 것을 목표로 2020년 기준 400동에서 2021년부터 매년 10동씩 확대한다고 하였을 때, 이 사업의 목표를 달성할 수 있는 해는?

① 2025년도   ② 2027년도   ③ 2030년도
④ 2032년도   ⑤ 2036년도

유형 07 · 거리 · 속력 · 시간 활용하기

TIP
단위변환에 주의한다.
- 60분=3,600초
- 60분=1시간
- 45분=$\frac{3}{4}$시간
- 30분=$\frac{1}{2}$시간
- 20분=$\frac{1}{3}$시간
- 10분=$\frac{1}{6}$시간

17. A 씨는 N 기업에 입사하여 첫 회의준비를 맡게 되었다. 그런데 중요한 서류를 집에 놓고 와, 직접 운전을 해서 가지고 왔다. 회사에서 집까지의 거리는 15km이고 갈 때의 속력은 80km/h, 올 때의 속력은 75km/h였다면 A 씨가 운전한 시간은 모두 몇 분인가?

① 20.25분　　② 21.25분　　③ 22.25분
④ 23.25분　　⑤ 24.25분

18. 남궁민 대리는 집에서 아침에 자전거를 타고 시속 12km로 출근했다가 저녁에 출근할 때와 같은 길로 시속 4km로 걸어서 집으로 퇴근했다. 출근과 퇴근에 걸리는 시간이 1시간 차이가 났다면 남궁민 대리의 집에서 직장까지의 거리는 얼마인가?

① 4km　　② 5km
③ 6km　　④ 7km

19. 서울에서 근무하는 M 부장은 대전으로 출장을 갔다. 다음 〈상황〉을 참고할 때, 구간 단속구간의 제한속도는?

상황
- 서울에서 대전까지의 이동거리는 160km이며, 60km의 구간 단속구간이 있다.
- 일반구간에서는 시속 100km를 유지하며 운전하였다.
- 구간 단속구간에서는 제한속도를 유지하며 운전하였다.
- M 부장은 운전 중 한 번도 쉬지 않았으며 출발한 지 2시간 만에 대전에 도착하였다.

① 45km/h ② 50km/h ③ 55km/h
④ 60km/h ⑤ 65km/h

20. A는 강에서 열리는 수영대회에 출전하였다. 다음 상황에서 A가 완주하는 데 걸리는 시간은?

- 출발점에서 반환점까지의 거리는 1km이다.
- A의 속력은 4km/h이다.
- 강의 유속은 1km/h이다.
- 반환점에서 돌고 다시 출발점에 도달하는 것이 완주이다.
- 강물은 출발점에서 반환점으로 향하는 방향으로 흐른다.

① 32분 ② 30분
③ 28분 ④ 26분

유형 08 • 개수 · 횟수 계산하기

TIP
단순계산 문제이지만 제시된 정보가 많아 실수하기 쉬운 문제이다. 각각의 무게와 수량에 유의하여 문제를 해결한다.

21. A 팀장은 해외출장지에서 팀원들과 지인에게 선물할 기념품 15개를 구입했다. 귀국하기 위해 정리한 짐의 내용이 다음과 같다면, 위탁수하물로 부칠 캐리어에는 기념품을 최대 몇 개까지 넣을 수 있는가? (단, 위탁수하물의 허용 무게를 초과하는 기념품은 기내에 들고 탑승할 예정이다)

- 위탁수하물로 부칠 수 있는 무게는 캐리어를 포함하여 최대 20kg이다.
- 캐리어에는 서류와 옷, 신발, 기념품을 넣어야 한다.
- 캐리어의 무게는 4.5kg이고, 서류의 무게는 2.2kg이다.
- 옷은 1.7kg 무게의 꾸러미 2개가 있고, 신발의 무게는 1.2kg이다.
- 기념품 1개의 무게는 800g이다.

① 10개　　② 11개　　③ 12개
④ 13개　　⑤ 14개

22. ○○보쌈집에는 보쌈, 수육, 비빔밥, 된장찌개 4가지 메뉴가 있다. 메뉴 한 개당 각각 3인분, 2인분, 1인분, 1인분에 해당된다고 할 때, 총 10인분을 주문하기 위해서는 다음 중 어떤 조합이 가장 적합한가?

① 보쌈 2+수육 1+비빔밥 1
② 보쌈 2+수육 1+비빔밥 1+된장찌개 1
③ 보쌈 1+수육 2+비빔밥 2
④ 보쌈 3+비빔밥 1+된장찌개 1
⑤ 보쌈 3+수육 1+비빔밥 1

유형 09 인원수 구하기

23. ○○기업의 작년과 올해의 신입사원 채용 현황이 다음과 같을 때, 작년 고졸 신입사원과 대졸 신입사원의 비율은? (단, 작년과 올해 모두 신입사원은 고졸과 대졸만 채용했다고 가정한다)

- 작년 신입사원은 총 2,000명이고 올해 신입사원은 총 1,960명이다.
- 올해 대졸 신입사원은 작년 대비 8% 감소하였다.
- 올해 고졸 신입사원은 작년 대비 12% 증가하였다.

① 1 : 2 ② 2 : 3 ③ 3 : 5
④ 3 : 7 ⑤ 5 : 7

TIP
1. 올해 신입사원의 수를 작년 신입사원 수를 기준으로 설명하고 있기 때문에 작년 신입사원 수를 미지수로 설정한다.
2. 문제에서 요구하는 비율의 시점이 언제인지 유의한다.

24. ○○기업에서 일하는 A씨는 회의실의 의자 배치를 변경하였다. 다음과 같은 상황에서 이 기업의 총직원 수는 얼마인가?

- 한 줄에 총 15개의 의자를 배치하였다.
- 임원용 의자 7개를 단상 뒤편에 따로 배치하고 나니 모든 줄에 빈 좌석이 없었다.
- 의자 배치를 변경하고 나니 변경 전보다 의자가 16줄이 줄어들었다.
- 변경 전에는 한 줄에 13개의 의자를 배치했었다.
- 변경 전에는 임원을 포함한 전체 직원이 첫 줄부터 줄을 채워 앉았을 때 마지막 줄에는 2명만이 앉았다.
- 의자 배치의 전후로 총직원 수의 변동은 없다.

① 1,408명 ② 1,413명 ③ 1,422명
④ 1,429명 ⑤ 1,432명

유형 10 간격 구하기

TIP
- 직선상에 심는 경우
  나무의 수 = 간격 수 + 1
- 원 둘레상에 심는 경우
  나무의 수 = 간격 수

25. 다음의 경우 필요한 나무는 총 몇 그루인가?

- 한 변의 길이가 20m인 정사각형 모양의 공원에 4m마다 단풍나무를 심는다.
- 산책로의 길이는 120m이며 한 변만을 따라 4m 간격으로 벚꽃나무를 심는다. 단, 산책로의 시작과 끝에도 나무를 심는다.
- 분수의 둘레는 27m로, 3m 간격마다 미루나무를 심는다.

① 59그루   ② 60그루   ③ 61그루
④ 62그루   ⑤ 63그루

26. 원형 공사장 주변에 말뚝을 박아 간이 펜스를 치려고 한다. 말뚝과 말뚝의 거리를 5m 간격으로 유지할 경우와 8m 간격으로 유지할 경우의 필요한 말뚝의 개수는 3개 차이가 난다. 이 경우, 말뚝과 말뚝의 사이를 2m로 유지한다면 몇 개의 말뚝이 필요한가?

① 15개   ② 16개
③ 18개   ④ 20개

유형 11 · 경우의 수 구하기

27. 대리 6명과 사원 2명을 2개의 조로 나누어 회의를 진행하려고 한다. 다음 〈조건〉을 모두 만족하도록 조를 나눈다고 할 때, 가능한 경우의 수는 몇 가지인가?

조건

- 각 조에는 최소 3명이 배정되어야 한다.
- 사원 2명은 같은 조에 포함되어야 한다.
- 조의 순서는 구분하지 않는다.
---

① 40가지
② 41가지
③ 42가지
④ 43가지

TIP

순열
$$_nP_r = \frac{n!}{(n-r)!}$$

조합
$$_nC_r = \frac{n!}{r!(n-r)!}$$

28. 다음 정보를 바탕으로 할 때, 올해 임원진으로 가능한 조합의 수는?

- 봉사 모임의 회원은 임원진을 포함하여 총 17명이다.
- 임원진은 회장, 부회장, 총무 각 1명으로 구성되어 있으며, 매년 1월 임원진을 새로 선출한다.
- 지난해 임원진은 올해 임원이 될 수 없지만, 그전에 임원을 맡았던 사람은 또 임원이 될 수 있다.
---

① 5가지
② 384가지
③ 1,360가지
④ 2,184가지
⑤ 4,080가지

유형 12 확률 구하기

29. 거래처 관리 업무를 담당하는 김, 이, 박 사원은 A ~ E 5개의 새로운 거래처를 2개, 2개, 1개로 나누어 관리하기로 하였다. 김 사원이 E 거래처 하나만을 관리하게 될 확률은 얼마인가?

① $\frac{1}{12}$ ② $\frac{1}{15}$

③ $\frac{1}{18}$ ④ $\frac{1}{21}$

TIP
조건부확률
확률이 0이 아닌 두 사건 A, B에 대하여 사건 A가 일어났다고 가정할 때, 사건 B가 일어날 확률
$P(B|A) = \frac{P(A \cap B)}{P(A)}$
(단, $P(A) > 0$)

30. 어느 해 우리나라에 입국한 외국인을 대상으로 국적과 방문 목적을 조사하였다. 조사에 참여한 외국인 중 중국인이 전체의 30%이고, 관광을 목적으로 우리나라에 온 중국인은 20%였다. 이 조사에 참여한 외국인 중에서 임의로 뽑은 한 명이 중국인일 때, 그 사람이 관광을 목적으로 우리나라에 방문했을 확률은?

① $\frac{2}{3}$ ② $\frac{1}{2}$ ③ $\frac{1}{3}$

④ $\frac{1}{4}$ ⑤ $\frac{1}{5}$

유형 13 평균·최빈값·중앙값 구하기

31. 다음은 A 프로축구팀의 한 시즌 득점에 대한 대푯값을 정리한 표이다. 해당 시즌에 골을 넣은 선수가 10명이고, 최다 득점자가 30골을 넣었다고 할 때, 다음 중 옳지 않은 것은?

평균	중앙값	최빈값
7점	2점	1점, 2점

① A 팀의 시즌 총득점은 70점이다.
② A 팀의 두 번째 최다 득점자는 11골 이상을 넣었다.
③ A 팀에서 한 골을 득점한 선수의 수와 두 골을 득점한 선수의 수가 같다.
④ A 팀의 득점자들을 골을 많이 넣은 순서대로 나열했을 때 다섯 번째 최다 득점자는 세 골을 넣었다.

이것만은 꼭!
평균·최빈값·중앙값
- 평균 : 자료 전체의 합을 자료의 개수로 나눈 값
- 최빈값 : 주어진 자료 중 가장 많은 빈도로 나타나는 변량 또는 자료
- 중앙값 : 자료를 크기 순서대로 나열했을 때 중앙에 위치하는 값

32. ○○기업에서는 연말에 분기별 평가 점수가 평균 80점 이상인 부서에 우수 등급을 부여한다. A 부서의 올해 1, 2, 3분기 평가 점수가 아래와 같을 때, 이 A 부서가 우수 등급을 받기 위해서는 4분기 성적이 몇 점 이상이어야 하는가?

1분기	2분기	3분기	4분기
85점	69점	76점	?

① 84점
② 86점
③ 88점
④ 90점

유형 14 · 분산·표준편차 구하기

33. M사의 매장에서는 하루 동안 판매한 A 제품의 개수를 50일간 조사하여 다음과 같은 표를 만들었다. 다음 표를 참고할 때 A 제품의 표준편차는 얼마인가?

A 제품 판매 개수(개)	일수(일)
10 ~ 20	5
20 ~ 30	22
30 ~ 40	18
40 ~ 50	3
50 ~ 60	2
합계	50

① 81　　　② 36　　　③ 18
④ 9　　　⑤ 3

34. 직원 A ~ F의 사내 업무 평가 점수의 평균을 구하여 편차를 계산하였더니 결과가 다음과 같았다. 이들의 분산과 표준편차는 얼마인가?

직원	A	B	C	D	E	F
편차	3	−1	x	2	0	−3

　　분산　표준편차　　　　분산　표준편차
①　4　　1　　　　② 6　　2
③　9　　3　　　　④ 9　　2
⑤　4　　2

유형 15 · 부등식·방정식 활용하기 ·

35. $-5 < x < 2$ 인 모든 실수 x에 대하여 $-3x + y = 2$의 해가 $a < y < b$ 일 때, $a - b$의 값은?

① -21　　② -5
③ 5　　④ 21

36. $-3 \leq x \leq 4$, $2 \leq y \leq 6$일 때, $3x - \frac{1}{2}y$의 최댓값과 최솟값의 합은?

① -1　　② 0
③ 1　　④ 2

37. 사내 남녀 혼성 축구시합에서 여사원의 골은 3점, 남사원의 골은 1점을 인정하기로 했다. A 팀은 총 12번의 골로 20점을 획득했을 때, 여사원이 넣은 골의 수는?

① 2골　　② 3골
③ 4골　　④ 5골

유형 16 · 자료의 수치 분석하기

이것만은 꼭!
2개 이상의 항목이 하나의 그래프에 표현된 경우 범례 등을 참고하여 각각 어떤 항목을 나타내고 있는지 반드시 확인한다.

[38 ~ 39] 다음은 H사의 20X0 ~ 20X4년 매출액과 영업이익을 나타낸 자료이다. 이어지는 질문에 답하시오.

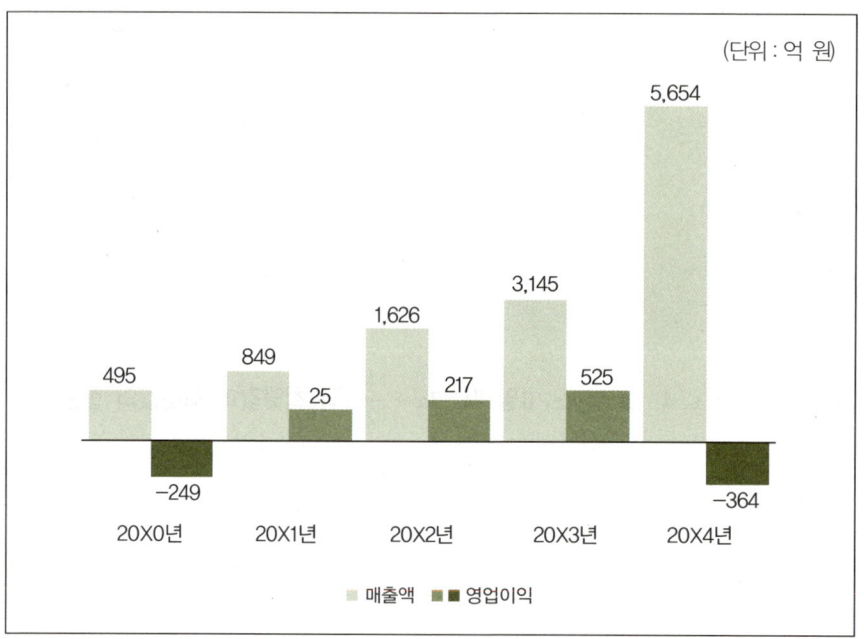

38. 다음 중 자료에 대한 설명으로 옳지 않은 것은?

① 20X0년 영업이익은 -249억 원을 기록했다.
② 20X3년 매출액은 전년 대비 약 83% 증가하였다.
③ 20X4년 영업이익은 전년 대비 889억 원 줄어들었다.
④ 20X4년 매출액은 20X0년 매출액의 11배 이상이다.
⑤ 20X1년에 25억 원의 영업이익을 내며 흑자로 전환했으나 20X4년에 다시 적자로 돌아섰다.

39. H사의 20X4년 매출액은 전년 대비 몇 % 증가하였는가? (단, 소수점 아래 첫째 자리에서 반올림한다)

① 76% ② 78% ③ 80%
④ 82% ⑤ 84%

40. 다음은 농촌의 농가/비농가 인구 추이를 나타낸 자료이다. 빈칸 A, B에 들어갈 알맞은 숫자를 순서대로 나열한 것은? (단, 소수점 아래 둘째 자리에서 반올림한다)

(단위 : 천 명, %)

구분	2005년	2010년	2015년	2005년 대비 2015년 증감률
농촌인구	8,764 (100.0)	8,758 (100.0)	9,392 (100.0)	(B)
재촌 농가인구	2,762 (31.5)	2,384 (A)	1,933 (20.6)	−30.0
재촌 비농가인구	6,002 (68.5)	6,373 ( )	7,459 (79.4)	24.3

① 29.3, 6.8
② 7.2, 26.5
③ 27.2, 7.2
④ 8.3, 27.8

유형 17 · 자료를 그래프로 변환하기

41. 다음 우리나라 농촌과 도시의 유소년, 생산연령, 고령인구의 추이를 나타낸 표를 근거로 그래프를 작성하였을 때 자료의 내용과 부합하지 않는 것은? (단, 그래프와 표의 단위는 동일하다)

구분		2000년	2005년	2010년	2015년
농촌(명)	소계	9,343	8,705	8,627	9,014
	유소년인구	1,742	1,496	1,286	1,130
	생산연령인구	6,231	5,590	5,534	5,954
	고령인구	1,370	1,619	1,807	1,930
읍(명)	소계	3,742	3,923	4,149	4,468
	유소년인구	836	832	765	703
	생산연령인구	2,549	2,628	2,824	3,105
	고령인구	357	463	560	660
면(명)	소계	5,601	4,782	4,478	4,547
	유소년인구	906	664	521	427
	생산연령인구	3,682	2,962	2,710	2,849
	고령인구	1,013	1,156	1,247	1,271
도시(명)	소계	36,641	38,336	39,364	40,691
	유소년인구	7,897	7,490	6,501	5,777
	생산연령인구	26,742	28,100	29,245	30,276
	고령인구	2,002	2,746	3,618	4,639

①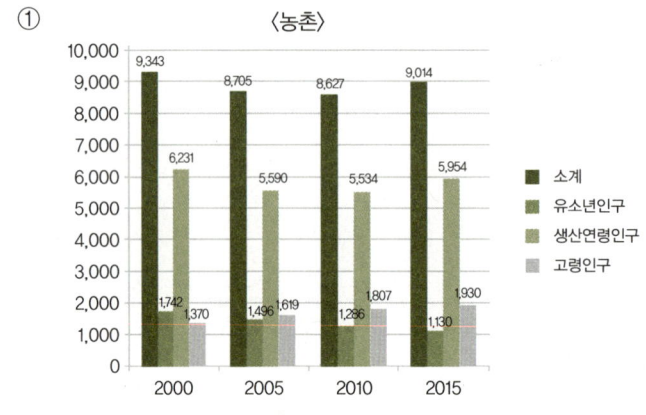
〈농촌〉

②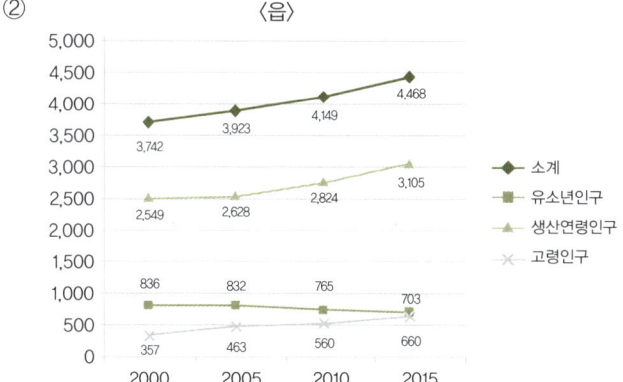

③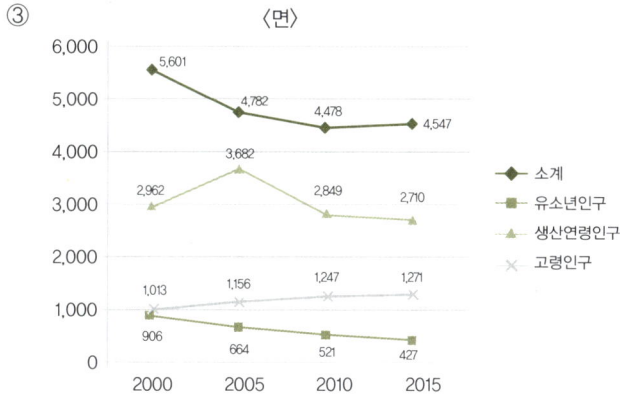

④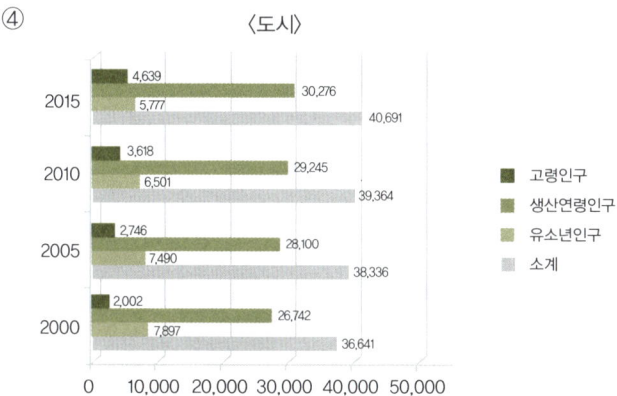

42. 다음 회계감리 결과(위반 또는 종결) 현황에 대한 표의 내용과 일치하지 않는 그래프는?

(단위 : 건)

구분		표본감리	혐의감리	위탁감리	합계
20X5년	감리	204	28	13	245
	위반	16	26	12	54
20X6년	감리	222	30	16	268
	위반	43	26	16	85
20X7년	감리	99	20	18	137
	위반	29	19	18	66
20X8년	감리	79	33	15	127
	위반	19	32	15	66
20X9년	감리	49	16	33	98
	위반	10	14	28	52

① 〈20X5년 회계감리 결과 비율〉

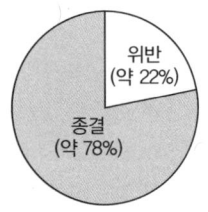

② 〈20X6년 표본감리 결과 비율〉

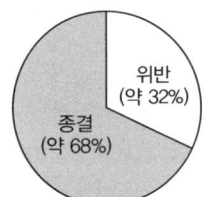

③ 〈20X7년 회계감리 종류별 비율〉

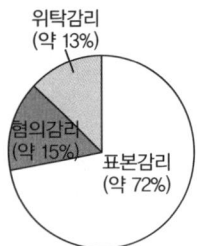

④ 〈20X8년 회계감리 종류별 비율〉

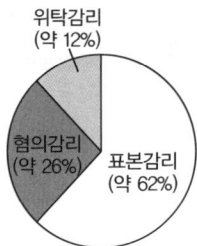

⑤ 〈20X9년 회계감리 위반 종류별 비율〉

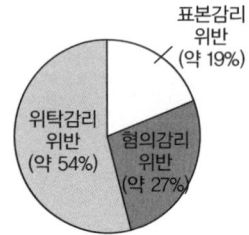

43. 다음은 ○○적금 상품의 가입현황을 나타낸 표이다. 각 항목을 나타낸 그래프로 적절하지 않은 것은?

성별		연령대		신규금액		계약기간	
여성	71%	20대	57%	5만 원 미만	57%	1년 미만	66%
		30대	37%	5만 원 이상~ 10만 원 미만	6%	1년 이상~ 2년 미만	14%
남성	29%	40대	6%	10만 원 이상~ 50만 원 이하	37%	2년 이상~ 3년 이하	20%
		기타	0%	기타	0%	기타	0%

① ②
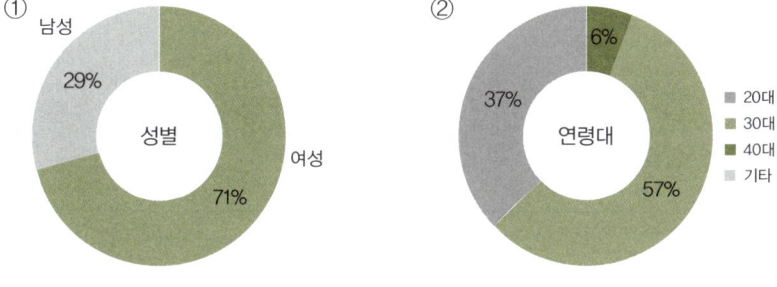

③ ④
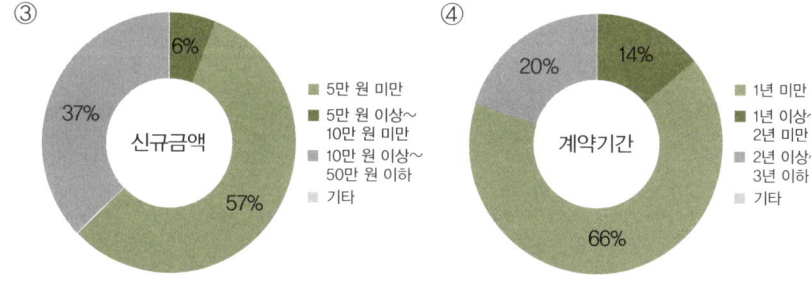

빠른 풀이 비법
선택지를 먼저 확인하여 필요한 정보를 빠르게 파악한 뒤 자료와 비교하면 문제풀이 시간을 단축할 수 있다. 범례에 유의하며 자료와 선택지의 수치 및 항목을 비교한다.

유형 18 · 분수식 계산하기

44. 다음 식에서 x의 값은?

$$\frac{2}{5}\left(\frac{2x-7}{3}-\frac{1}{4}\right) \div \frac{2}{3} = \frac{1-3x}{5} + \frac{1}{4}$$

① -1
② $-\frac{1}{2}$
③ 2
④ 3

45. 다음 식을 성립하게 하는 x의 값은?

$$x = \cfrac{1}{1+\cfrac{1}{\cfrac{1}{x-5}-1}}$$

① -3
② -2
③ 2
④ 3

46. 방정식 $\dfrac{y+3}{2}=\dfrac{x+y+5}{3}=\dfrac{x-y+7}{5}$ 을 만족하는 $x+y$의 값은?

① -1
② 0
③ 1
④ $\dfrac{1}{3}$

TIP

연속적인 분수의 형태로 나타나는 연분수는 가분수를 대분수의 형태로 전환하고 그 역수를 구하는 과정을 반복하여 구할 수 있다. 반대로 연분수를 구성하고 있는 대분수를 가분수의 형태로 고치고 그 역수를 구하여, 연분수를 가분수의 형태로 만들 수 있다.

유형 19 · 도형의 수치 계산하기

47. 밑면이 정사각형인 어느 사각기둥의 부피가 300,000cm³이다. 밑면의 둘레가 그 사각기둥과 같고 높이는 20% 늘린 원기둥의 부피는? (단, $\pi = 3$으로 계산한다)

① 120,000cm³
② 240,000cm³
③ 360,000cm³
④ 480,000cm³

48. 한 변의 길이가 1인 정사각형을 다음과 같이 늘려나간다. 색칠한 사각형이 25개가 되었을 때, 전체 도형의 둘레와 넓이의 합은?

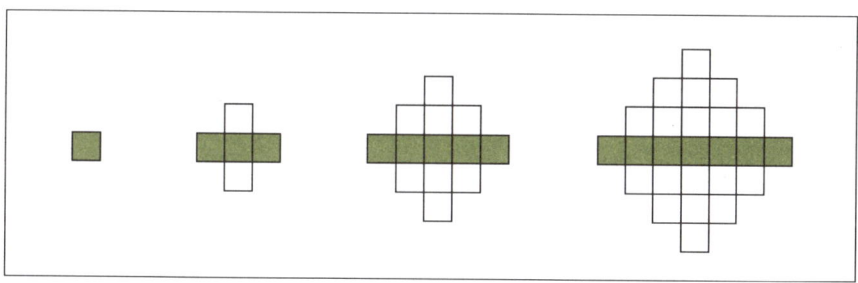

① 313
② 363
③ 413
④ 463

지역농협 6급 직무능력평가

유형별 출제비중

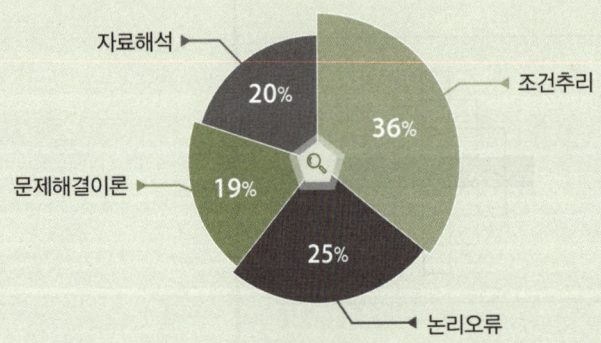

- 조건추리 36%
- 논리오류 25%
- 문제해결이론 19%
- 자료해석 20%

출제분석

2024년 지역농협 6급 필기시험의 문제해결능력에서는 문제해결을 위한 각종 전략 이론을 이해하는 문제, 명제 추론 문제, 조건이나 자료를 바탕으로 해결하는 문제가 주로 출제되었다. 60문항 유형에서는 SWOT 분석, 문제 유형 분류, 문제해결법인 발상의 전환, 문제해결 절차 등에 대해 묻는 문제도 출제되었다. 70문항 유형에서도 진위 추론, 명제 추론, 문제 유형 구분과 같은 문제가 출제되었으며, 제시된 조건이 까다로워 풀이에 다소 시간이 걸리는 문제들도 출제되었다.

3장

문제해결능력

테마 1 출제유형학습
테마 2 유형별 학습

테마 1 출제유형학습
문제해결능력

01 언어추리

03 문제해결능력

1 명제

1. **명제** : 'P이면 Q이다(P → Q)'라고 나타내는 문장을 명제라 부르며 P는 가정, Q는 결론이다.

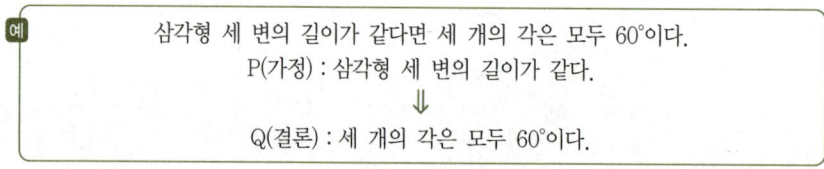

(1) **명제의 역** : 원 명제의 가정과 결론을 바꾼 명제로 'Q이면 P이다'를 말한다(Q → P).

예 세 개의 각이 모두 60°이면 삼각형 세 변의 길이는 같다.

(2) **명제의 이** : 원 명제의 가정과 결론을 둘 다 부정한 명제로 'P가 아니면 Q가 아니다'를 말한다(~P → ~Q).

예 삼각형 세 변의 길이가 같지 않다면 세 개의 각은 모두 60°가 아니다.

(3) **명제의 대우** : 원 명제의 역의 이, 즉 'Q가 아니면 P가 아니다'를 말한다(~Q → ~P).

예 세 개의 각이 모두 60°가 아니면 삼각형 세 변의 길이는 같지 않다.

(4) **역·이·대우의 관계** : 원 명제가 옳을(참) 때 그 역과 이도 반드시 옳다고 할 수 없으나, 그 대우는 반드시 참이다. 즉, 원 명제와 대우의 진위는 반드시 일치한다.

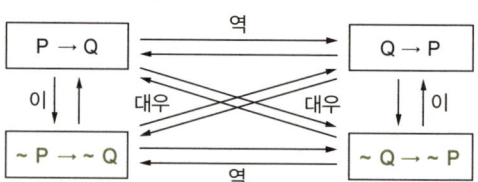

2. 삼단논법

(1) 두 개의 명제를 전제로 하여 하나의 새로운 명제를 도출해 내는 것을 말한다.

> **예**
> [명제 1] P이면 Q이다(P → Q).
> [명제 2] Q이면 R이다(Q → R).
> ⇩
> P이면 R이다(P → R).

(2) 여기서 'P → Q'가 참이고 'Q → R'이 참일 경우, 'P → R' 또한 참이다.

> **예**
> 테니스를 좋아하는 사람은 축구를 좋아한다.
> 축구를 좋아하는 사람은 야구를 싫어한다.
> ⇩
> 테니스를 좋아하는 사람은 야구를 싫어한다.

2 논증

1. 연역추론

| 전제에서 시작하여 논리적인 주장을 통해 특정 결론에 도달한다. | → | **예** 사람은 음식을 먹어야 살 수 있다. 나는 사람이다. 나는 음식을 먹어야 살 수 있다. |

2. 귀납추론

| 관찰이나 경험에서 시작하여 일반적인 결론에 도달한다. | → | **예** 소크라테스는 죽었다. 플라톤도 죽었다. 아리스토텔레스도 죽었다. 이들은 모두 사람이다. 그러므로 모든 사람은 죽는다. |

3 참·거짓[진위]

1. **의미** : 여러 인물의 발언 중에서 거짓을 말하는 사람과 진실을 말하는 사람이 있는 문제이다. 이런 문제를 해결하는 기본 원리는 참인 진술과 거짓인 진술 사이에 모순이 발생한다는 점이다.

2. **직접 추론** : 제시된 조건에 따른 경우의 수를 하나씩 고려하면서 다른 진술과의 모순 여부를 확인하여 참·거짓을 판단한다.

   (1) 가정을 통해 모순을 고려하는 방법
   ① 한 명이 거짓을 말하거나 진실을 말하고 있다고 가정한다.

확인문제

* 다음의 내용이 모두 참일 때 밑줄 친 부분에 들어갈 알맞은 말은?

- 만화책을 좋아하면 아이스크림을 좋아한다.
- 매운 음식을 즐겨 먹지 않으면 아이스크림을 좋아하지 않는다.
- _____

① 매운 음식을 즐겨 먹으면 아이스크림을 좋아한다.
② 만화책을 좋아하면 매운 음식을 즐겨 먹는다.
③ 아이스크림을 좋아하지 않으면 만화책을 좋아한다.
④ 만화책을 좋아하면 매운 음식을 즐겨 먹지 않는다.
⑤ 아이스크림을 좋아하면 만화책을 좋아한다.

정답 ②

해설 첫 번째 명제와 두 번째 명제의 대우 '아이스크림을 좋아하면 매운 음식을 즐겨 먹는다.'를 연결하면 '만화책을 좋아하면 매운 음식을 즐겨 먹는다.'가 성립한다.

② 가정에 따라 조건을 적용하고 정리한다.
③ 모순이 없는지 확인한다.

> **예** 네 사람 중에서 진실을 말하는 사람이 3명, 거짓을 말하는 사람이 1명 있다고 할 때, 네 명 중 한 사람이 거짓말을 하고 있다고 가정한다. 그리고 네 가지 경우를 하나씩 검토하면서 다른 진술과 제시된 조건과의 모순 여부를 확인하여 거짓을 말한 사람을 찾는다. 거짓을 말한 사람이 확정되면 나머지는 진실을 말한 것이므로 다시 모순이 없는지 확인한 후 이를 근거로 하여 문제에서 요구하는 사항을 추론할 수 있다.

TIP 모든 조건의 경우를 고려하는 것도 방법이지만 진술 내용이 일치하는 경우가 나타날 때는 그룹으로 나누어 분석하는 것이 더 효율적이다.

(2) 그룹으로 나누어 고려하는 방법
① 진술에 따라 그룹으로 나누어 가정한다.
② 나눈 가정에 따라 조건을 반영하여 정리한다.
③ 모순이 없는지 확인한다.

A의 발언 중에 'B는 거짓말을 하고 있다'라는 것이 있다.	A와 B는 다른 그룹
A의 발언과 B의 발언 내용이 대립한다.	
A의 발언 중에 'B는 옳다'라는 것이 있다.	A와 B는 같은 그룹
A의 발언과 B의 발언 내용이 일치한다.	

※ 모든 조건의 경우를 고려하는 것도 방법이지만 그룹을 나누어 분석하는 것이 더 효율적일 때 사용하는 방법이다.
– 거짓을 말하는 한 명을 찾는 문제에서 진술하는 사람 A~E 중 A, B, C가 A에 대해 말하고 있고 D에 대해 D, E가 말하고 있다면 적어도 A, B, C 중 두 사람은 정직한 사람이므로 A와 B, B와 C, C와 A를 각각 정직한 사람이라고 가정하고 분석하여 다른 진술의 모순을 살핀다.

3. **간접 추론** : 제시된 진술이 모두 참이라고 가정하고 모순이 발생하는 진술을 찾아 문제를 해결한다. 특히 제시된 정보가 상당히 제한적일 때 직접 추론을 통해서는 너무나 많은 경우를 고려해야 한다면 간접 추론을 통한 문제해결이 더 적절할 수 있다.

> **예** 네 사람 중에서 진실을 말하는 사람이 3명, 거짓을 말하는 사람이 1명 있다고 할 때 거짓을 말하는 사람을 찾아가는 방법은 진술이 모두 참이라고 가정하고 진술 간의 조화 여부를 검토하여 다른 세 진술과 조화를 이룰 수 없거나 제시된 조건에 부합하지 않는 진술을 찾는 것이다.

4 자리 추론과 순위 변동

1. 자리 추론

(1) 기준이 되는 사람을 찾아 고정한 후 위치관계를 파악한다.
(2) 다른 사람과의 위치관계 정보가 가장 많은 사람을 주목한다.
(3) 정면에 앉은 사람들의 자리를 고정한다.
(4) 떨어져 있는 것들의 위치관계를 먼저 정한다.
(5) 좌우의 위치에 주의한다.

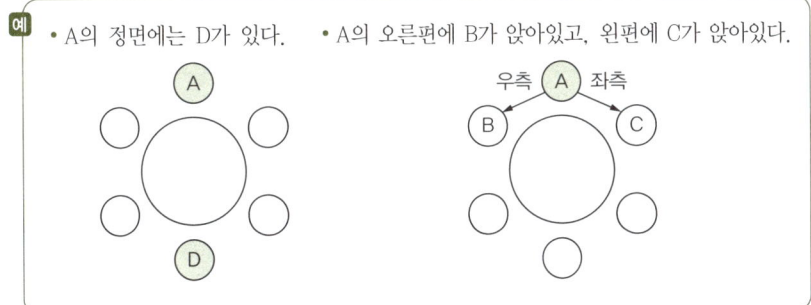

2. 순위 변동 : 마라톤과 같은 경기에서 경기 도중의 순서와 최종 순위로 답을 추론하는 문제이다.

(1) 가장 많은 조건이 주어진 것을 고정한 후 분석한다.
(2) '어느 지점을 먼저 통과했다' 등으로 순위를 확실하게 알 수 있는 경우에는 부등호를 사용한다.
   예 A는 B보다 먼저 신호를 통과했다. A > B
(3) 순위를 알 수 없는 부분은 □, ○ 등을 사용하여 사이 수를 표시한다.
   예 B와 D 사이에는 2대가 통과하고 있다. B○○D, D○○B
(4) 생각할 수 있는 경우의 수를 전부 정리한다.
   예 A의 양옆에는 B와 D가 있다. BAD, DAB
(5) 'B와 C 사이에 2명이 있다', 'B와 C는 붙어 있지 않다' 등 떨어져 있는 조건에 주목하여 추론한다. 선택지에 있는 값을 넣어 보면 더 쉽게 찾을 수 있다.

빠른 풀이 비법

주어진 조건을 선택지에 대입하여 충족하지 못하는 선택지를 제외하는 소거법도 있다.

확인문제

* A ~ E는 마라톤 경기 중이다. 다음 조건을 바탕으로 할 때, 최종 순위가 2등인 사람은? (단, 주어진 조건 외 변동사항은 없다)

〈조건〉
• 출발 직후 1등은 C이며, B와 C 사이에 두 명이 있다.
• 반환점 통과 전 A는 B보다 앞서 있다.
• A는 가장 먼저 반환점을 통과했다.
• E는 D보다 먼저 반환점을 통과했다.

① A ② B
③ C ④ D
⑤ E

정답 ③

해설 알 수 있는 출발 직후 순위를 정리하면 C□□B□이다. A가 B보다 앞서 있으므로 CA□B□ 또는 C□AB□로 추론할 수 있다. 반환점을 A가 먼저 통과하여 순위는 AC□B□가 되고 마지막 조건에 따라 ACEBD가 된다.

빠른 풀이 비법

- 조건 중 기간이 분명한 부분은 선분도 등을 통해 이해하면서 정리하면 보다 쉽게 파악할 수 있다.
- 선분도 등을 통해 정리할 때는 인물이나 부서 등을 헷갈리지 않도록 다른 기호 등을 활용하는 것이 좋다.

5 기간 · 방향 · 시간 추론

1. 기간 추론 : 회사 재직 기간이나 취임 순서 또는 잡지의 발행 기간 등에 관한 문제이다.

(1) 선분도는 다음과 같이 시간 순으로 나타내며 대입하였을 때 이해하기 쉽다.

> 예) 부장은 20X7년 4월에 A 부서에서 B 부서로 이동하였고 과장은 20X5년 4월에 C 부서에서 D 부서로 이동하였다.
>
>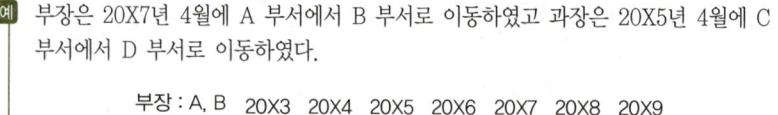

(2) 조건에서 재직과 이동한 기간을 명확하게 알아본다.

(3) 'OO와 함께 OO년 근무했다'라는 조건에 주의한다.

> **참고**
> **기간 추론 문제 풀기**
> - 조건을 선분도 등으로 표시한다.
> - 조건을 잘 이해하고 정리하며 선분도에 표시할 부분을 표시해 나간다.
> - 위의 결과를 분석하여 답을 찾는다.

2. 방향 추론 : 건물과 건물, 인물과 건물 간의 위치 관계를 이해하는 문제이다.

(1) 8방위를 기본으로 하여 방향의 기준을 찾는다.

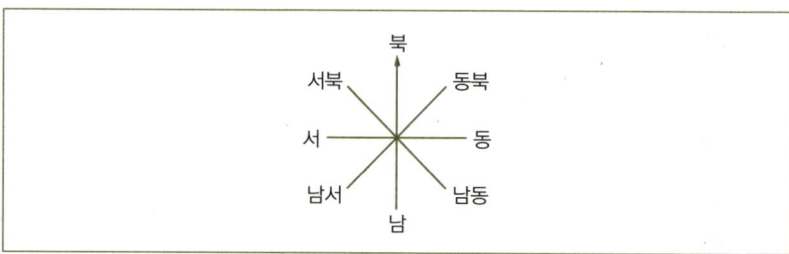

(2) 제시된 조건을 그림으로 정리한다.

> 예) 학교는 A의 집의 동쪽에 있다.
>
>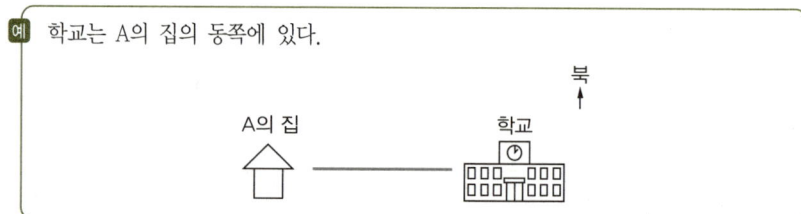

> **TIP**
> **방향 추론 문제 풀기**
> • 조건에 맞춰 방위와 거리의 관계를 그림으로 표시한다. 이때, 조건에서 여러 패턴의 그림을 그리는 경우도 많다.
> • 정리한 조건에 따라 확인할 수 있는 것부터 표시한다.

3. **시간 추론** : 도착한 순서나 작업시간을 계산할 때, 각각의 시계에 오차가 있을 경우의 시간을 추론하는 문제이다.

   (1) 각 시계별 시간을 도식화하여 정리하면 파악하기 쉽다.

   > **예**
   > • A의 시계가 정확한 시간을 표시하고 있다고 가정한다.
   > • A의 도착시각은 A의 시계로는 10시 10분, B의 시계로는 10시 8분, C의 시계로는 10시 13분이다.
   > • B의 도착시각은 B의 시계로는 10시 5분이다.
   > • C의 도착시각은 C의 시계로는 10시 4분이다.
   >
   > | 구분 | A 도착 | B 도착 | C 도착 | 오차 |
   > |---|---|---|---|---|
   > | A의 시계 | 10:10 | | | ±0 |
   > | B의 시계 | 10:08 | 10:05 | | -2 |
   > | C의 시계 | 10:13 | | 10:04 | +3 |

   (2) 기준으로 설정한 시간과의 차이를 다음과 같이 명확하게 표기한다.

   예 B 시계가 A 시계보다 x분 빠르면 $-x$분, 느리면 $+x$분이 된다.

   > **참고**
   > **시간 추론 문제 풀기**
   > • 각자의 시계와 시간의 관계를 표로 만든다.
   > • 기준으로 삼을 시계를 정하고 각각의 오차를 파악한다.
   > • 조건을 보고 표에 표시할 부분을 표시해 나간다.

확인문제

* 서울에 근무하는 A 과장은 4월 20일 오후 7시 30분에 터키 앙카라에 근무하는 P 지사장과 업무통화를 시작해서 30분 후 종료했다. 통화를 종료한 앙카라 현지 시각은?

〈서울 – 오타와 시간〉

도시	대한민국 서울	캐나다 오타와
날짜	4월 20일	4월 20일
시간	오후 7시	오전 6시

〈오타와 – 앙카라 시간〉

도시	캐나다 오타와	터키 앙카라
날짜	4월 20일	4월 21일
시간	오후 7시	오전 2시

① 4월 20일 오후 1시
② 4월 20일 오후 1시 30분
③ 4월 20일 오후 2시
④ 4월 21일 오후 1시
⑤ 4월 21일 오후 1시 30분

정답 ③

해설 서울은 오타와보다 13시간 빠르고 앙카라는 오타와보다 7시간 빠르다. 따라서 서울은 앙카라보다 6시간 빠르므로 통화가 종료된 앙카라 현지시각은 4월 20일 오후 2시이다.

02 논리오류

1 형식적 오류

추리 과정에서 따라야 할 논리적 규칙을 준수하지 않아 생기는 오류이다.

1. 타당한 논증형식

(1) 순환논증의 오류(선결문제 요구의 오류) : 증명해야 할 논제를 전제로 삼거나 증명되지 않은 전제에서 결론을 도출함으로써 전제와 결론이 순환적으로 서로의 논거가 될 때의 오류이다.
　예 그의 말은 곧 진리이다. 왜냐하면 그가 지은 책에 그렇게 적혀 있기 때문이다.

(2) 자가당착의 오류(비정합성의 오류) : 모순이 내포된 전제를 바탕으로 결론을 도출해 내는 오류이다.
　예 무엇이든 녹이는 물질이 존재합니다. 그것은 지금 이 호리병 안에 있습니다.

2. 부당한 논증형식

(1) 선언지 긍정의 오류 : 배타성이 없는 두 개념 외에는 다른 가능성이 없을 것으로 생각하여 생긴 오류이다.
　예 인간은 폭력적인 종족이거나 자만적인 종족이다. 인간은 폭력적인 종족이다. 그러므로 인간은 자만적인 종족이 아니다.

(2) 전건 부정의 오류 : 전건을 부정하여 후건 부정을 타당한 결론으로 도출해 내는 오류이다.
　예 바람이 부는 곳에는(전건) 잎이 있다(후건).
　　 그 숲에서는 바람이 불지 않았다(전건 부정). 그러므로 그 숲에는 잎이 없다(후건 부정).

(3) 후건 긍정의 오류 : 후건을 긍정하여 전건 긍정을 타당한 결론으로 도출해 내는 오류이다.
　예 눈이 오면(전건) 신발이 젖는다(후건).
　　 신발이 젖었다(후건 긍정). 그러므로 눈이 왔다(전건 긍정).

(4) 매개념 부주연의 오류 : 매개역할을 하는 중개념의 외연이 한 번도 주연이 되지 않았을 때 결론을 내는 허위의 오류이다.
　예 1은 숫자이고 2도 숫자이므로 1은 2다.

확인문제

* 다음 글에 나타난 논리오류는?

> 담배는 백해무익(百害無益)하다는데 흡연을 하다니, 넌 죽고 싶은가 보구나?

① 연민에 호소하는 오류
② 의도 확대의 오류
③ 분할의 오류
④ 애매어의 오류
⑤ 범주의 오류

정답 ②

해설 흡연을 한다고 해서 그 결과를 의도한 것이 아닌데 의도한 것이라고 판단하는 의도 확대의 오류에 해당한다.

② 비형식적 오류

논리적 규칙은 준수하였지만 논증의 전개과정에서 생기는 오류이다.

1. 심리적 오류

(1) **공포(협박)에 호소하는 오류** : 공포나 위협, 힘 등을 동원하여 자신의 주장을 받아들이게 하는 오류이다.
   - 예) 제 뜻에 따르지 않는다면 앞으로 발생하는 모든 일의 책임은 당신에게 있음을 분명히 알아두십시오.

(2) **대중(여론)에 호소하는 오류** : 많은 사람의 선호나 인기를 이용하여 자신의 주장을 정당화하려는 오류이다.
   - 예) 대다수가 이 의견에 찬성하므로 이 의견은 옳은 주장이다.

(3) **동정(연민)에 호소하는 오류** : 연민이나 동정에 호소하여 자신의 주장을 받아들이게 하는 오류이다.
   - 예) 재판관님, 피고가 구속되면 그 자식들을 돌볼 사람이 없습니다. 재판관님의 선처를 부탁드립니다.

(4) **부적합한 권위에 호소하는 오류** : 논지와 직접적인 관련이 없는 권위(자)를 근거로 내세워 자기주장에 정당성을 부여하는 오류이다.
   - 예) 환자에게 수혈을 하는 것은 환자 자신에게 좋지 않아. 경전에 그렇게 쓰여 있어.

(5) **원천 봉쇄의 오류(우물에 독 뿌리기)** : 자신의 주장에 반론 가능성이 있는 요소를 나쁜 것으로 단정함으로써 상대방의 반론을 원천적으로 봉쇄하는 오류이다.
   - 예) 나의 주장에 대하여 이의를 제기하는 사람이 있습니까? 공산주의자라면 몰라도 그렇지 않으면 나의 주장에 반대하지 않겠지요.

(6) **인신공격의 오류** : 주장하는 논리와는 관계없이 상대방의 인품, 과거의 행적 등을 트집 잡아 인격을 손상하면서 주장이 틀렸다고 비판하는 오류이다.
   - 예) 넌 내 의견에 반박만 하고 있는데, 넌 이만한 의견이라도 낼 실력이 되니?

(7) **정황에 호소하는 오류** : 주장하는 사람이 처한 개인적인 정황 등을 근거로 하여 자신의 주장에 타당성을 부여하거나 다른 사람의 주장을 비판하는 오류이다.
   - 예) 아이를 낳아보지도 않은 사람이 주장하는 육아 정책은 절대 신뢰할 수 없습니다.

(8) **역공격의 오류(피장파장의 오류)** : 비판받은 내용이 상대방에게도 동일하게 적용될 수 있음을 근거로 비판을 모면하고자 할 때 발생하는 오류이다.
   - 예) 나한테 과소비한다고 지적하는 너는 평소에 얼마나 검소했다고?

(9) **사적 관계에 호소하는 오류** : 정 때문에 논지를 받아들이게 하는 오류이다.
   - 예) 넌 나하고 제일 친한 친구잖아. 네가 날 도와주지 않으면 누굴 믿고 이 세상을 살아가라는 거니?

확인문제

* 다음 논리 오류 중 심리적 오류에 해당하지 않는 것은?
① 공포에 호소하는 오류
② 원천 봉쇄의 오류
③ 정황에 호소하는 오류
④ 역공격의 오류
⑤ 허수아비 공격의 오류

정답 ⑤

해설 허수아비 공격의 오류는 자료적 오류로, 상대의 주장을 다른 논점으로 비약하여 반박하는 오류이다.

2. 자료적 오류

(1) 무지에 호소하는 오류 : 증명할 수 없거나 반대되는 증거가 없음을 근거로 자신의 주장이 옳다고 정당화하려는 오류이다.
   예 진품이 아니라는 증거가 없기 때문에 이 도자기는 진품으로 봐야 해.

(2) 발생학적 오류 : 어떤 대상의 기원이 갖는 특성을 그 대상도 그대로 지니고 있다고 추리할 때 발생하는 오류이다.
   예 은우의 아버지가 공부를 잘했으니 은우도 틀림없이 공부를 잘할 거다.

(3) 성급한 일반화의 오류 : 부적합한 사례나 제한된 정보를 근거로 주장을 일반화할 때 생기는 오류이다.
   예 그녀는 이틀 동안 술을 마신 걸로 보아 알코올 중독자임이 틀림없다.

(4) 우연의 오류 : 일반적인 사실이나 법칙을 예외적인 상황에도 적용하여 발생하는 오류이다.
   예 모든 사람은 표현의 자유를 가지고 있다. 그러므로 판사는 법정에서 자신의 주관적 의견을 표현해도 된다.

(5) 원인 오판의 오류(잘못된 인과관계의 오류) : 한 사건이 다른 사건보다 먼저 발생했다고 해서 전자가 후자의 원인이라고 잘못 추론할 때 범하는 오류이다.
   예 어젯밤에 돼지꿈을 꾸고 복권에 당첨되었습니다.

(6) 의도 확대의 오류 : 의도하지 않은 결과에 대해 의도가 있다고 판단하여 생기는 오류이다.
   예 난간에 기대면 추락의 위험이 있다고 적혀 있다. 그러므로 이 난간에 기댄 사람은 모두 추락하고 싶은 것이다.

(7) 복합 질문의 오류 : 한 번에 둘 이상의 질문을 하여 답변자가 어떠한 대답을 하더라도 질문자의 생각대로 끌려가 한 개의 질문에는 긍정하게 되는 오류이다.
   예 어제 당신이 때린 사람이 두 사람이지요? / 아니오. / 음, 그러니까 당신은 어제 사람들을 때렸다는 것을 인정하는군요.

(8) 분할의 오류 : 전체가 참인 것을 부분에 대해서도 참이라고 단정하여 발생하는 오류이다.
   예 스페인은 남아공 월드컵의 우승국이므로 스페인의 축구선수는 모두 훌륭하다.

(9) 합성의 오류 : 부분이 참인 것을 전체에 대해서도 참이라고 단정하여 발생하는 오류이다.
   예 성능이 좋은 부품들로 만든 컴퓨터이므로 이 컴퓨터는 아주 좋다.

(10) 허수아비 공격의 오류 : 상대방의 주장을 반박하기 쉬운 다른 논점(허수아비)으로 변형, 왜곡하여 비약된 반론을 하는 오류이다.
   예 방사능 피폭으로 인간은 각종 암과 기형아 출산 등의 큰 피해를 입었다. 그러므로 이 지역에 원자력 발전소를 세우는 것에 반대하는 바이다.

보충플러스
의도 확대의 오류
결과 중심으로 의도를 확대해석하거나 정당화하는 오류를 말한다. 이를 지적하는 말로 "성공이 성공을 낳고 실패가 실패를 낳는다."가 있다. 성공한 사람은 무슨 안 좋은 일을 해도 그 행위에 큰 의미가 있는 것처럼 보여지고, 실패한 사람은 무슨 좋은 일을 해도 한심하게 보여진다는 것이다. 그렇기 때문에 의도 확대의 오류는 결과주의로 보여지기도 한다.

(11) **흑백 논리의 오류** : 모든 문제를 양극단으로만 구분하여 추론할 때 생기는 오류이다.
   예 민주주의자가 아니라면 모두 공산주의자이다.

(12) **논점 일탈의 오류** : 어떤 논점에 대하여 주장하는 사람이 그 논점에서 빗나가 다른 방향으로 주장하는 경우에 범하는 오류이다.
   예 너희들 왜 먹을 것을 가지고 싸우니? 빨리 들어가서 공부나 해!

(13) **잘못된 유추의 오류(기계적 유비 추리)** : 서로 다른 사물의 우연적이며 비본질적인 속성을 비교하여 결론을 이끌어 냄으로써 생기는 오류이다.
   예 컴퓨터와 사람은 비슷한 점이 많아. 그렇기 때문에 틀림없이 컴퓨터도 사람처럼 감정을 지녔을 거야.

(14) **오도된 생생함의 오류** : 직접 대면한 개인에게 전해 들은 지나치게 인상적인 정보에 쏠려 합리적 귀납을 거부할 때 나타나는 오류이다.
   예 거시적 경제 지표만 좋으면 뭐해, 주위 사람들은 다 경제적으로 힘들다는데…

(15) **공통원인 무시의 오류** : 여러 원인 중 하나가 원인의 전부라고 오해하여 발생하는 오류
   예 영화 〈알라딘〉이 흥행한 이유는 4D 영화이기 때문이다.

③ 언어적 오류

1. **강조의 오류** : 문장의 어떤 부분을 부당하게 강조함으로써 범하는 오류이다.
   예 친구를 헐뜯으면 안 되느니라. / 그럼 친구 아닌 다른 사람은 헐뜯어도 되겠죠?

2. **애매어의 오류** : 둘 이상의 의미가 있는 다의어나 애매한 말의 의미를 혼동하여 생기는 오류이다.
   예 꼬리가 길면 결국 잡힌다. 원숭이는 꼬리가 길다. 그러므로 원숭이는 결국 잡힌다.

3. **애매문의 오류** : 구나 문장의 구조가 애매하여 발생하는 오류이다.
   예 아내는 나보다 고양이를 더 좋아해(아내가 고양이를 좋아하는 정도가 내가 고양이를 좋아하는 정도보다 크다는 의미일 수도 있고, 아내가 나를 좋아하는 정도보다 고양이를 좋아하는 정도가 더 크다는 의미일 수도 있다).

4. **은밀한 재정의의 오류** : 어떤 용어의 사전적 의미에 자의적 의미를 덧붙여 사용함으로써 발생하는 오류이다.
   예 그런 완벽한 남자의 청혼을 거절하다니 제정신이니? 정신 병원에 한번 가 보자.

5. **범주의 오류** : 단어의 범주를 잘못 인식한 데서 생기는 오류이다.
   예 아버지, 저는 과학자가 되기보다는 물리학자가 되고 싶습니다(물리학자가 과학자의 하나라는 점에서 보면 단어의 범주를 잘못 인식하고 있다).

확인문제

* 다음 중 언어적 오류에 해당하지 않는 것은?
① 나는 하루와 단오를 만났다.
② 친구와 밤늦게 다니지 말라고 하셨으니까 형과는 밤늦게 다녀도 된다.
③ 필구는 겨울을 싫어하니까 여름을 좋아한다.
④ 동주가 응원하는 야구팀이 3연패하였다.

정답 ③

해설 자료적 오류 중 흑백 논리의 오류에 해당한다.

03 문제해결

1 문제의 의미

1. 원활한 업무 수행을 위해 해결되어야 하는 질문이나 논의 대상, 해결하기를 원하지만 해결 방법을 모르는 상태나 얻고자 하는 방안이 있지만 방안을 얻는 과정을 알지 못하는 상태를 말한다. 문제의 근본 원인이 되는 사항으로 문제해결의 핵심사항인 문제점과는 다르다.
2. 문제는 조직에서 있어야 할 모습, 바람직한 상태, 기대되는 결과인 '목표'와 현재의 모습, 예상되는 상태, 예기치 못한 결과인 '현상'과의 차이를 말한다.

2 문제의 분류

업무를 수행함에 있어 논의을 통해 해결해야 하는 사항을 의미하는 문제는 일반적으로 창의적 문제와 분석적 문제로 구분된다.

구분	창의적 문제	분석적 문제
문제 제시 방법	• 현재는 문제가 없더라도 보다 나은 방법을 찾기 위한 탐구 • 문제가 명확하지 않음.	• 현재 문제 또는 미래에 예상되는 문제에 대한 탐구 • 문제가 명확함.
해결방법	• 창의력을 통한 아이디어를 통해 해결	• 분석·논리·귀납과 같은 논리적 방법을 통해 해결
해답 수	• 해답 수 많음. • 다양한 해답 중 보다 나은 것 선택	• 해답 수 적음. • 한정된 해답에서 선택
특징	• 주관적, 직관적, 감각적, 정성적, 개별적, 특수적	• 객관적, 논리적, 이성적, 정량적, 일반적, 공통적

3 문제의 유형

1. **기능에 따른 문제 유형** : 제조 문제, 판매 문제, 자금 문제, 인사 문제, 경리 문제, 기술상 문제 등
2. **해결방법에 따른 문제 유형** : 논리적 문제, 창의적 문제 등
3. **시간에 따른 문제 유형** : 과거 문제, 현재 문제, 미래 문제 등
4. **업무수행과정 중 발생한 문제**

    (1) 발생형 문제(보이는 문제) : 눈앞에 보이는 문제
    ① 이미 발생하여 걱정하고 해결해야 하는 문제이다.
    ② 기준을 일탈해서 발생하는 일탈형 문제와 기준에 미달하여 생기는 미달형 문제로 나누어지며 원상복귀가 필요하다.
    ③ 문제 원인이 내재되어 원인지향적 문제라고도 한다.

확인문제

* 다음에서 공통적으로 말하고 있는 것은?

• 해결하기를 원하지만 실제로 해결해야 하는 방법을 모르고 있는 상태
• 업무를 수행함에 있어 논의를 통해 해결해야 되는 사항
• 해답이 있지만 그 해답을 얻는 데 필요한 행동을 알지 못하는 상태

정답 문제

(2) **탐색형 문제(찾는 문제)** : 눈에 보이지 않는 문제
  ① 현 상황을 개선하거나 효율 증가를 위한 문제이다.
  ② 방치하면 후에 손실이 따르고 해결할 수 없는 문제로 나타난다.
  ③ 잠재문제, 예측문제, 발견문제로 구분된다.

잠재문제	• 잠재되어 인식하지 못하다가 문제가 커져 해결이 어려운 문제 • 존재하지만 숨어 있어서 조사 및 분석을 통해 찾아야 하는 문제
예측문제	현재는 문제가 발견되지 않았으나 진행 상황으로 예측하였을 때 문제가 일어날 수 있는 문제
발견문제	현재는 문제가 없지만 유사 기업의 업무 방식과 선진 기업의 업무에 대한 방법을 통해 보다 나은 제도나 기술 등을 발견하여 개선 및 향상할 수 있는 문제

(3) **설정형 문제(미래 문제)** : 미래에 대응하는 경영 전략 문제
  ① 앞으로 어떻게 할 것인가에 대한 문제이다.
  ② 기존과 관계없이 미래지향적 새 과제와 목표를 설정함에 따라 발생하는 문제이다.
  ③ 다양한 창조적인 노력이 요구되어 창조적 문제라고도 한다.

4 문제해결의 기본요소

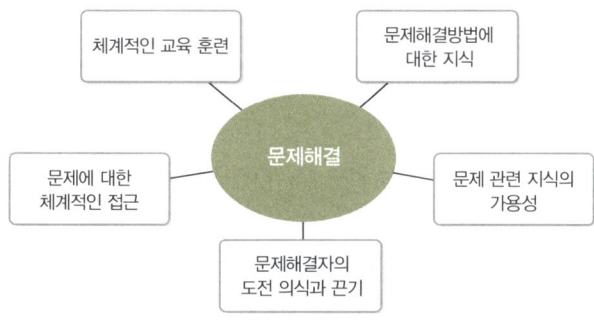

1. **체계적인 교육 훈련** : 효과적인 아이디어를 통한 문제해결을 위해서는 창조적 문제해결을 위한 기술 습득이 필요하며 개인은 사내·외의 체계적 교육 훈련으로 기본 지식을 익혀야 한다.

2. **문제해결방법에 대한 지식** : 일반적 문제와 전문적 문제에 따라 적용되는 기술과 지식이 다르므로 이를 위한 다양한 문제해결방법과 사고를 쌓아야 한다.

3. **문제 관련 지식의 가용성** : 풍부한 경험과 지식을 통해 담당 업무 및 해당 문제에 대한 기본 지식을 갖추어야 한다.

4. **문제해결자의 도전 의식과 끈기** : 도전 의식과 새로운 것을 추구하는 태도, 위기를 이겨내려는 태도 등이 문제해결의 밑바탕이 된다.

5. **문제에 대한 체계적인 접근** : 효과적인 문제해결을 위해서는 문제에 대한 체계적인 접근으로 분석하여 해결한다.

⑤ 문제해결 시 필요한 기본사고

1. **전략적 사고** : 당면한 문제와 방법에만 집착하지 말고 문제 및 방안이 상위 시스템 또는 타 문제와 어떻게 연결되어 있는지를 생각하는 것이 필요하다.
2. **분석적 사고** : 전체를 각 요소로 나누어 의미를 도출한 후 우선순위를 부여하고 구체적인 해결방법을 생각한다.

> **참고**
>
> 분석적 사고 유형
> - 성과 지향의 문제 : 기대하는 결과를 명시하고 효과적인 달성 방법을 미리 구상하고 실행
> - 가설 지향의 문제 : 현상 및 원인 분석 전에 지식과 경험을 바탕으로 일의 과정이나 결과, 결론을 가정하고 검증 후 사실일 경우 다음 단계의 일을 수행
> - 사실 지향의 문제 : 일상 업무에서 일어나는 상식, 편견에서 벗어나 객관적 사실로부터 사고와 행동 실행

3. **발상의 전환** : 기존 사물과 세상을 보는 틀을 전환하여 새로운 사고를 지향한다.
4. **내·외부 자원의 효과적 활용** : 문제해결 시 필요한 기술, 재료, 방법, 사람 등의 자원 확보 계획을 수립하고 내부 및 외부 자원을 효과적으로 활용한다.

⑥ 문제해결 시 방해요인

1. **문제를 철저하게 분석하지 않는 경우** : 문제가 무엇인지 문제의 구도를 심도 있게 분석하지 않으면 문제해결이 어려워진다. 즉, 어떤 문제가 발생했을 때 직관에 근거하여 성급히 판단해 문제의 본질을 명확하게 분석하지 않고 대책안을 수립, 실행하는 것이다. 이 경우 근본적인 해결을 하지 못하거나 새로운 문제를 야기하는 결과를 초래할 수 있다.
2. **고정관념에 얽매이는 경우** : 상황이 무엇인지를 분석하기 전에 개인적인 편견이나 경험, 습관으로 인해, 정해진 규정과 틀에 얽매여서 증거와 논리에도 불구하고 새로운 아이디어와 가능성을 무시하는 것이다.
3. **쉽게 떠오르는 단순한 정보에 의지하는 경우** : 문제해결에 있어 종종 기존에 알고 있는 단순한 정보들에 의존하는 경향이 있다. 단순한 정보에 의지하면 문제를 해결하지 못하거나 오류를 범하게 된다.
4. **너무 많은 자료를 수집하려고 노력하는 경우** : 자료를 수집하는 데 있어 구체적인 절차를 무시하고 많은 양의 자료를 얻으려는 데에만 온 노력을 쏟는 것이다. 무계획적으로 자료를 수집할 경우 무엇이 제대로 된 자료인지를 알지 못하는 우를 범할 우려가 많다.

7 문제해결방법

1. **소프트 어프로치(Soft Approach)**

   (1) 직접적인 표현이 바람직하지 않다고 여기며 무언가를 시사 또는 암시하여 의사를 전달하고 문제해결을 도모하는 방법

   (2) 권위나 공감에 의지하여 의견을 중재하고 타협과 조정을 통하여 해결한다.

   (3) 결론이 애매하게 끝나는 경우가 적지 않으나, 이심전심을 유도하는 것을 목적으로 한다.

2. **하드 어프로치(Hard Approach)**

   (1) 서로의 생각을 직설적으로 주장하고 논쟁이나 협상을 통해 서로의 의견을 조정하는 방법

   (2) 중심적 역할을 하는 것이 사실과 원칙에 근거한 토론이며 제3자는 이를 기반으로 구성원에게 지도 및 설득을 하고 전원이 동의하는 일치점을 찾아낸다.

   (3) 합리적이지만 단순한 이해관계의 조정에 그칠 수 있어 창조적인 아이디어나 높은 만족감을 이끌어 내기 어렵다.

3. **퍼실리테이션(Facilitation)**

   (1) '촉진'을 의미하며 보다 생산적인 결과를 가져올 수 있도록 그룹의 나아갈 방향을 알려 주고, 깊이 있는 대화를 통해 주제에 대한 이해 및 공감이 이뤄지도록 도와주는 방법

   (2) 초기에 생각하지 못했던 창조적인 해결방법이 도출됨과 동시에 구성원의 동기와 팀워크가 강화된다.

   (3) 퍼실리테이션의 효과로 자기 자신의 변혁을 추구할 수 있다.

   (4) 구성원이 자율적으로 실행하는 것이며 제3자가 합의점 등을 미리 준비하여 예정대로 결론이 도출되게 하면 안 된다.

> **참고**
>
> **퍼실리테이션 스킬**
> - 객관적으로 사물을 보는 능력
> - 타인의 견해를 편견 없이 듣는 청취 능력
> - 다양한 관점으로 사물을 보는 관찰력
> - 인간관계 능력 및 현상에 대한 분석력
> - 논리적 사고 능력
>
> **퍼실리테이션에 필요한 기본 역량**
> - 문제의 탐색 및 발견
> - 문제해결을 위한 구성원 간의 커뮤니케이션 조정
> - 합의 도출을 위한 구성원 간의 갈등 관리

확인문제

* 미팅이 효율적이고 체계적으로 진행되도록 촉진하고, 미팅의 주제나 목표를 달성하도록 지원하는 문제해결방법은?
① 소프트 어프로치
② 하드 어프로치
③ 퍼실리테이션
④ 코디네이터
⑤ 미들 어프로치

정답 ③

해설 퍼실리테이션(facilitation)이란 '촉진'을 의미하며, 어떤 그룹이나 집단이 의사 결정을 잘하도록 도와주는 일을 의미한다. 최근 많은 조직에서는 보다 생산적인 결과를 가져올 수 있도록 그룹이 어떤 방향으로 나아갈지 알려 주고, 주제에 대한 공감을 이룰 수 있도록 능숙하게 도와주는 퍼실리테이터를 활용하고 있다.

4. 다중투표법(Multi-voting)

(1) 퍼실리테이션의 의사결정방법 중 하나로, 참가자들이 직접 투표하여 최종적으로 아이디어들을 선택한다는 점에서 가장 선호되는 방법

(2) 가장 중요하거나 선호되는 아이디어를 선택하기 위해 사용된다.

> **참고**
>
> **적용 상황**
> - 아이디어들을 처리하기에 더 용이한 크기로 줄일 때
> - 다루어야 할 문제, 처리해야 할 원인, 실행해야 할 해결안을 선택해야 할 때
> - 나열된 아이디어가 많은 목록의 크기를 줄일 때
> - 다양한 아이디어들을 기준에 따라 선별하거나 우선순위를 부여하려 할 때
>
> **진행 방법**
> - 진행자는 번호를 붙인 아이디어들을 참가자들에게 보여 준다.
> - 모든 참가자들은 나열된 아이디어 중 2분의 1에 대하여 투표를 진행한다.
> - 진행자는 집계하여 적은 표를 받아 선택되지 못한 아이디어는 제거한다.
> - 줄어든 목록에 대해 참가자들이 다시 투표를 진행한다.
> - 진행자는 모든 투표상황을 집계하고 세 번째 단계를 반복한다.
> - 이와 같은 투표를 아이디어 항목 수가 4~6개로 줄어들 때까지 반복 진행한다.
> - 마지막으로 남은 4~6개 아이디어 항목에 우선순위를 매겨 문서를 작성한다.
>
> **특징**
> - 모든 사람들의 의견 일치를 보장하지 않는다.
> - 매 투표 후 실시되는 토론은 최선의 선택을 이끌어 내고 합의에 도달할 수 있도록 해 준다.
> - 투표 후 실시되는 토론을 통해 팀이 합의에 도달했는지 점검할 수 있다.
>
> **주의사항**
> - 투표를 시작하기 전 현재 의사결정을 위해 중요한 척도들에 대해 자유토론을 실시하도록 한다.
> - 가장 중요한 문제나 근본적인 원인에 대해 양질의 데이터를 수집 및 분석한 후에 진행해야 한다.
> - 인원수와 아이디어 수가 동일할 경우 개인의 목적에 따라 투표를 하게 되므로 주의해야 한다.

8 문제해결 절차

1단계 문제 인식	• 문제를 파악해 우선순위를 정하고 목표를 명확히 하는 단계 • WHAT?을 결정함.
2단계 문제 도출	• 문제를 분석하여 해결점을 명확히 하는 단계 • 인과 관계 및 구조를 파악하는 단계
3단계 원인 분석	• 핵심 문제 분석을 통해 근본 원인을 도출하는 단계 • Issue 분석 → Data 분석 → 원인 파악
4단계 해결안 개발	• 근본 원인을 해결할 수 있는 최적의 해결 방안을 수립하는 단계
5단계 실행 및 평가	• 실행 계획을 실제 상황에 맞게 적용하는 활동 • 장애가 되는 문제의 원인을 제거하는 단계

9 문제해결 시 환경분석

1. 3C 분석

(1) 환경을 구성하고 있는 요소인 자사(Company), 경쟁사(Competitor), 고객(Customer)을 3C라고 하며, 3C에 대한 분석을 통해 환경 분석을 수행할 수 있다.

(2) 3C 분석의 고객 분석에서는 "고객은 자사의 상품·서비스에 만족하고 있는지", 자사 분석에서는 "자사가 세운 달성 목표와 현상 간에 차이가 없는지", 경쟁사 분석에서는 "경쟁 기업의 우수한 점과 자사의 현상과 차이가 없는지"의 질문을 통해서 환경을 분석한다.

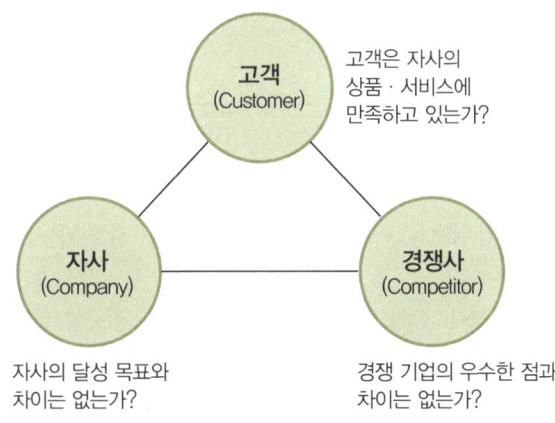

보충플러스
FAW(Force At Work) 분석
3C 분석의 부족한 거시환경 분석을 보완하기 위한 것으로 경제 규제 기술, 국제관계 분석 후 거시적 경영환경과 사업의 발전 방향을 도출할 때 사용된다.

2. SWOT 분석

(1) 기업 내부의 강점, 약점과 외부 환경의 기회, 위협 요인을 분석·평가해 문제해결 방안을 개발하는 방법으로 내부 요인과 외부 요인 2개의 축으로 구성된다.

(2) 내부 요인과 외부 요인에 대한 분석이 끝난 후 매트릭스가 겹치는 SO, WO, ST, WT에 해당되는 최종 분석을 실시하게 된다.

확인문제

* 다음 중 외부 위협을 극복하기 위해 자신의 강점을 더욱 활용하는 SWOT 전략은?
① SO 전략　② ST 전략
③ WO 전략　④ WT 전략

정답 ②

해설 외부 위협을 최소화하기 위해 내부 강점을 극대화하는 전략은 ST 전략이다.

		내부 환경 요인	
		강점 (Strength)	약점 (Weakness)
외부 환경 요인	기회 (Opportunity)	SO 내부 강점과 외부 기회 요인을 극대화	WO 외부 기회를 이용하여 내부 약점을 강점으로 전환
	위협 (Threat)	ST 외부 위협을 최소화하기 위해 내부 강점을 극대화	WT 내부 약점과 외부 위협을 최소화

3. 외부 환경 요인 분석과 내부 환경 요인 분석

(1) 외부 환경 요인 분석

① 자신을 제외한 모든 정보를 기술한다.
② 언론매체, 개인 정보망 등을 통하여 입수한 상식적인 세상의 변화 내용을 시작으로 당사자에게 미치는 영향을 순서대로 점차 구체화한다.
③ 인과관계가 있는 경우 화살표로 연결한다.
④ 동일한 데이터라도 자신에게 긍정적으로 전개되면 기회로, 부정적으로 전개되면 위협으로 나눈다.
⑤ SCEPTIC 체크리스트

> • Social(사회)
> • Competition(경쟁)
> • Economic(경제)
> • Politic(정치)
> • Technology(기술)
> • Information(정보)
> • Client(고객)

(2) 내부 환경 요인 분석

① 경쟁자와 비교하여 나의 강점과 약점을 분석한다.
② 강점과 약점의 내용을 보유하거나 동원 가능하거나 활용 가능한 자원(Resources)을 포함한다.
③ MMMITI 체크리스트를 활용할 수 있지만 반드시 적용할 필요는 없다.

> • Man(사람)
> • Material(물자)
> • Money(돈)
> • Information(정보)
> • Time(시간)
> • Image(이미지)

4. 거시환경요인 분석

(1) PEST 분석 : 기업이 통제 불가능한 정치적, 경제적, 사회문화적, 기술적 흐름을 분석하는 기법이다.

① 정치적(Political) : 사업과 관련된 정치적 이슈, 주당 근무시간 규제, 최저임금 인상 등과 같은 정부 정책 및 지원 사항, 관련 인증 강화와 같은 법규나 규제의 변화, FTA와 같은 무역협정 등 정책, 제도, 규제, 세금, 노동법, 무역 제재, 환경법, 관세 등이 이에 해당한다.

② 경제적(Economical) : GDP나 가처분 소득 변화, 이자율 상승 및 하락, 환율 등락, 원자재 혹은 에너지 가격의 변화, 물가 상승과 하락 등 거시경제적 측면에서 사업에 영향을 미칠 수 있는 경제적 요인들을 말한다. 경제성장률, 금리, 환율, 인플레이션 정도, 소득분포, 저축률, 이자 등이 이에 해당한다.

③ 사회문화적(Social) : 고령화, 저출산과 같은 인구 변화추이, 소확행이나 가성비 추구와 같은 소비 트렌드, 화학물질 사용에 대한 거부감 상승과 같은 환경 이슈, 여성의 사회참여 등 문화적 요소와 교육 환경, 가치관 변화, 보건인지도, 인구성장률 등이 이에 해당한다.

④ 기술적(Technological) : 5G와 같은 정보 통신기술 변화, 신소재 또는 신기술의 등장, 빅데이터, 블록체인 등을 포함한 4차 산업혁명 등 기술, 소재, 방법론 등과 R&D 활동, 자동화, 기술 관련 인센티브, 기술혁신 등이 이에 해당한다.

(2) STEEP 분석 : 산업 내에서 기업의 경쟁력에 영향을 미칠 수 있는 환경 요인을 파악하는 기법이다.

① 사회적 요인(Social) : 출생률, 사망률, 평균수명, 연령분포와 같은 인구 통계, 사회문화, 교육 수준, 행동양식과 규범, 사회전반의 가치 등이 이에 해당한다.

② 기술적 요인(Technological) : IT 트렌드, 혁신기술, 과학기술 보급, R&D, 자동화, 기술 인센티브 및 기술변화율 등이 이에 해당한다.

③ 환경적 요인(Environmental) : 지구온난화, 재순환, 전문환경, 날씨, 기수 및 기후변화와 같은 생태 및 환경 측면 등이 이에 해당한다.

④ 경제적 요인(Economical) : 환율, 무역수지, 금리, 예산 운영 정도, 취업율, 인플레이션 증가율, 신용경색 정도, GDP 대비 가계 부채, 가처분 소득 수준, 실업율, 임금 수준, 소비성향 등이 이에 해당한다.

⑤ 정치적 요인(Political) : 정치적 협의, 규제안, 이해정당과 NGOs, 세금 정책, 노동법, 환경법, 무역제한, 관세, 정치적 안정, 지원정책, 규제 합리화, 민영화, 자유화 등이 이에 해당한다.

5. **4P 분석** : 제품, 가격, 유통, 판매촉진을 효과적으로 구성 및 조합함으로써 소비자 욕구를 충족시키고 이익, 매출, 명성 등에서 기업의 목표달성을 위한 마케팅 효과를 극대화하고자 할 때 사용된다.

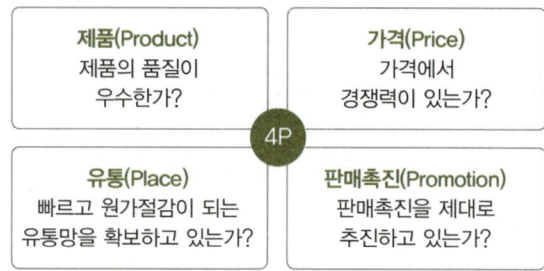

10 문제의 도출

1. 문제구조 파악 및 핵심문제 선정

절차	문제구조 파악	핵심문제 선정
내용	문제를 작고 다룰 수 있는 이슈들로 세분화	문제에 영향력이 큰 이슈를 핵심이슈로 선정

(1) 전체 문제를 개별화된 세부 문제로 쪼개는 과정으로 문제의 내용 및 미치고 있는 영향 등을 파악하여 문제의 구조를 도출한다.

(2) 문제가 발생한 배경이나 문제를 일으키는 메커니즘을 분명히 해야 하며, 현상에 얽매이지 말고 문제의 본질과 실제를 봐야 한다.

2. MECE(Mutually Exclusive Collectively Exhaustive)

(1) 전체를 여러 개의 묶음으로 나누어 파악하는 사고법으로, 어떤 사항이나 개념을 중복 없이, 누락 없이 부분집합으로 파악하는 방법이다.

(2) MECE를 활용한 문제해결의 7단계

문제파악(Identification)	문제의 핵심 파악, 문제의 해결방안 정리
문제분해(Breakdown)	로직트리(Logic Tree)를 활용하여 문제의 원인을 분해
불필요문제 제거(Non-critical)	효율성 위주의 문제해결
가설 수립(Hypothesis)	기승전결의 가설을 세우는 과정
계획 수립(Work Plan)	기간, 목표, 범위, 산출물 등의 계획을 수립
분석과 종합(Analysis and Synthesis)	가설을 검증하는 단계
메시지 전달(Communication)	결정권자에게 결과를 보고

3. 로직트리(Logic Tree)

(1) 해결책을 구체화할 때 제한된 시간 속에 넓이와 깊이를 추구하는 데 도움이 되는 기술이다.

(2) 전체 과제를 명확히 하고 분해해가는 가지의 수준을 맞춰야 한다.

(3) 원인이 중복되거나 누락되지 않고 각각의 합이 전체를 포함해야 한다.

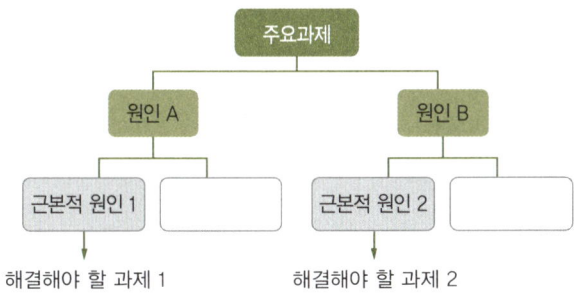

4. 맥킨지식 문제 분석법

Framing	문제의 범위가 어디까지인지 파악하고, 이를 쉽게 다룰 수 있는 작은 범위로 나누고 초기가설을 도출하는 단계
Designing	초기가설이 옳은지 아닌지를 증명하기 위해 어떤 분석이 필요한지를 규정하는 단계
Gathering	분석에 필요한 데이터, 사실을 모으는 단계
Interpreting	수집한 데이터를 바탕으로 초기가설의 유효성을 판단하고 결과를 해석해서 앞으로 어떤 행동을 취할지를 결정하는 단계

초기가설의 설정

초기가설을 설정하는 것은 설정된 가설의 유효성을 판단하여 효율적으로 문제를 해결할 수 있도록 한다는 점에서 의의를 가진다. 제한된 정보만으로 설정한 초기가설과 그 결론이 반드시 일치할 필요는 없으며, 설정된 가설을 기각함을 통해 문제의 원인을 찾아나갈 수 있다.

04 사고력

> 03 문제해결능력

1 창의적 사고

1. 의미

(1) 문제해결 시 이미 알고 있는 경험·지식을 해체 및 재조합해 새 아이디어를 산출하는 사고능력을 의미한다.

(2) 기존의 지식, 상상, 개념 등의 정보를 특정 요구에 맞거나 유용하도록 새롭게 조합하는 사고를 의미한다.

(3) 발산적인(확산적) 사고로 아이디어가 많으며 다양하고 독특한 것을 의미한다.

(4) 새롭고 유용한 아이디어를 생산하는 정신적인 과정으로 통상적인 것이 아닌 기발하고 신기하며 독창적인 것을 말한다.

(5) 유용하고 적절하며 가치가 있어야 한다.

2. 개발 방법

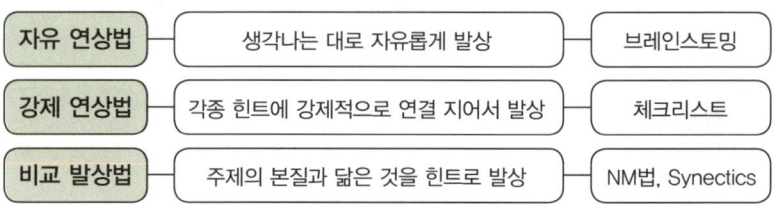

자유 연상법	생각나는 대로 자유롭게 발상	브레인스토밍
강제 연상법	각종 힌트에 강제적으로 연결 지어서 발상	체크리스트
비교 발상법	주제의 본질과 닮은 것을 힌트로 발상	NM법, Synectics

(1) 자유 연상법 : 어떤 생각에서 다른 생각을 계속해서 떠올리는 활동을 통해 주제에서 생각난 것을 열거하는 발산적 사고 방법이다.

예) 신차 출시

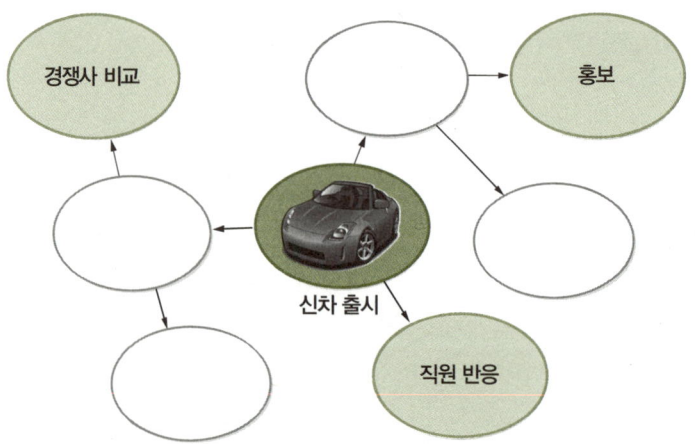

(2) 강제 연상법 : 각종 힌트에서 강제적으로 연결 지어서 발상하는 방법이다.

예 신차 출시

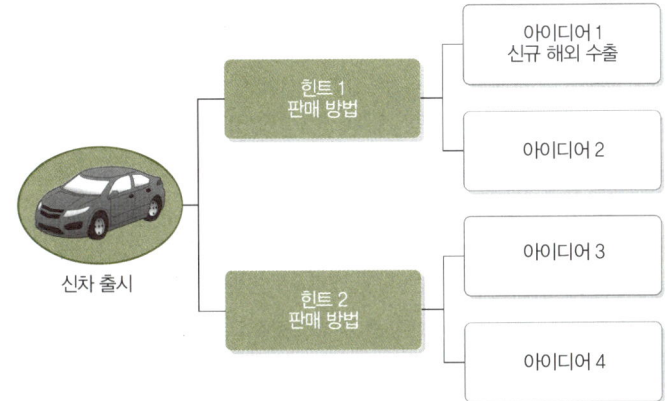

> 확인문제
>
> * 창의적 사고를 개발하기 위해 각종 힌트에 강제로 연결 지어서 발상하는 방법의 예는?
> ① NM법
> ② OG법
> ③ Synectics
> ④ 체크리스트
> ⑤ 브레인스토밍
>
> 정답 ④
>
> 해설 체크리스트는 강제 연상법의 한 예이다.
>
> 오답풀이
> ①, ③ 비교 발상법
> ⑤ 자유 연상법

(3) 비교 발상법 : 주제와 본질적으로 닮은 것을 힌트로 하여 새 아이디어를 얻는 방법이다. 본질적으로 닮은 것은 겉만 닮은 것이 아닌 힌트 및 주제가 본질적으로 닮았다는 것을 의미한다.

예 신차 출시와 신상품 비누

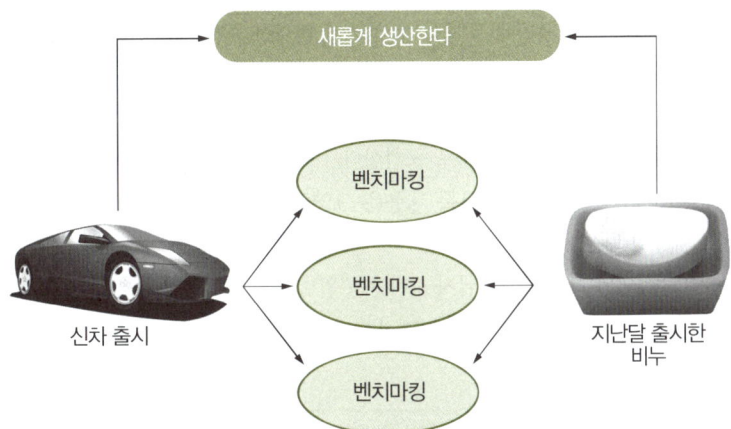

(4) 벤치마킹 : 특정 분야에서 뛰어난 상품, 기술, 경영 방식들을 합법적으로 응용하는 기법으로, 단순히 외부로부터 기술을 받아들이는 것이 아니라 자신의 환경에 맞게 이를 재창조하는 것을 의미한다.

3. **브레인스토밍(Brain Storming) 활용** : 창의적 사고 중 알렉스 오즈번이 고안한 기법으로 가장 흔하게 사용된다. 집단 효과를 살려 아이디어의 연쇄 반응을 통해 자유로운 아이디어를 내는 방법이다.

(1) 4대 원칙

비판 엄금 (Support)	비판은 커뮤니케이션의 폐쇄와 연결되므로 평가 단계 이전에 비판이나 판단은 하지 않고 나중까지 평가를 유보한다.
자유분방 (Silly)	자유롭게 발언하며 터무니없는 말을 해서는 안 된다는 생각은 배제해야 한다.
질보다 양 (Speed)	많은 아이디어가 있을 때 유용한 아이디어가 있을 가능성이 커지므로 양이 질을 낳는다는 생각으로 진행한다.
결합과 개선 (Synergy)	타인의 아이디어에 자극되면 보다 좋은 아이디어가 떠오를 수 있으며 여러 아이디어의 조합으로 또 다른 아이디어가 도출될 수 있다.

(2) 특징 및 유의사항

① 명확한 주제 : 논의하고자 하는 주제가 구체적이고 명확할수록 많은 아이디어가 도출될 수 있다.
② 효율적인 자리 배치 : 구성원들이 서로 얼굴을 볼 수 있도록 사각형이나 타원형으로 책상을 배치해야 한다.
③ 리더 선출 : 직급 및 근무 경력에 관계없이 분위기를 잘 조성하는 사람을 선출한다. 리더는 사전에 주제를 분석하여 다양한 아이디어가 나올 수 있도록 방법을 연구한다.
④ 구성원 모집 : 5 ~ 8명으로 구성된 다양한 분야의 사람들을 참석시키고 주제에 대한 전문가는 절반 이하로 포함한다.
⑤ 발언 기록 : 발언하는 모든 내용은 요약해서 잘 기록함으로써 구조화할 수 있어야 한다.
⑥ 아이디어에 대한 비판 금지 : 비판은 활발한 아이디어 도출을 저해하므로 엉뚱한 발언이라도 비판은 하지 않는다.

(3) 장 · 단점

장점	• 자연스러운 참가자들의 참여를 유도할 수 있다. • 자유로운 아이디어를 도출할 수 있다. • 창의적인 아이디어 및 해결책을 획득할 수 있다. • 비판 배제 원칙을 통한 발언의 활성화로 다양한 의견이 도출된다. • 소극적인 사람도 참여 가능하다. • 여러 아이디어의 결합이 획기적인 해결책으로 연결된다.
단점	• 엉뚱한 아이디어로 인해 회의의 방향을 잃을 수 있다. • 자유 발언으로 회의 주제에서 벗어나기 쉽다. • 정해진 시간 내 원하는 결과를 도출하지 못할 수 있다. • 경직된 분위기에서는 자유로운 발상을 살리지 못할 수 있다.

4. **브레인라이팅(Brain Writing) 활용** : 브레인스토밍에서 아이디어를 종이에 기록하여 제출하는 방법으로, 공개적인 발표가 어렵거나 구성원이 많은 경우에 적절하다. 6인의 구성원이 아이디어 3개를 5분마다 생각해 낸다고 하여 6-3-5기법이라고도 한다.

   (1) 진행 방법

   ① 책상을 원형이나 사각형으로 배치한 다음, 퍼실리테이터가 참가자들에게 테마(주제)에 대해 설명을 한다.
   ② 각 참가자들에게는 6 ~ 8개의 의견을 쓸 수 있는 한 장의 시트를 배분한다.
   ③ 3 ~ 5분간 각 참가자는 테마에 관한 자기 나름대로의 아이디어를 시트에 적는다. 주어진 시간이 지나면 자기의 시트를 왼쪽 옆의 참가자에게 전달하도록 한다.
   ④ 각 참가자는 오른쪽 옆의 참가자에게서 돌아온 시트에 쓰여져 있는 아이디어를 검토한 후 발전시킬 아이디어를 생각해 추가로 써 넣는다.
   ⑤ 모든 시트가 채워질 때까지 방법을 반복한다. 이전의 아이디어에 대한 발전된 아이디어가 없을 경우에는 독자적인 아이디어를 쓴다.
   ⑥ 작성된 시트를 취합한 후 아이디어를 평가한다.

   (2) 장·단점

장점	• 사람들 앞에서 발언하는 것에 소극적인 참가자들의 의견도 취합할 수 있다. • 아이디어를 분류하는 과정에서 참가자들의 의견을 효율적으로 집약할 수 있다. • 특정 구성원의 지배적인 영향력을 감소시킬 수 있다.
단점	• 글로 아이디어를 내기 때문에 말로 표현할 때보다 전달력이 다소 떨어질 수 있다. • 옆 사람의 아이디어를 잘못 해석하거나 해석 시간이 오래 걸릴 수 있다. • 참가자 간에 서로 자극하는 상승효과를 기대할 수 없다.

5. **KJ법(친화도 분석 기법) 활용** : 카와키타 지로가 개발하였으며 브레인스토밍과 함께 가장 많이 쓰이는 방법으로 문제를 정리하거나 발견에 효율적이다. 아이디어가 많을 때 KJ법을 활용하면 쉽게 정리할 수 있고 활용 방향도 보다 빠르게 발견할 수 있다.

   (1) 진행 방법

   ① 주제를 결정한다.
   ② 주제에 따른 아이디어(데이터)를 카드에 적는다.
   ③ 내용이 본질적으로 비슷한 카드끼리 분류한다.
   ④ 비슷한 내용으로 모인 그룹(소그룹)에 타이틀을 붙인다.
   ⑤ 타이틀이 비슷한 소그룹을 모아 대그룹으로 나누고 타이틀을 붙인다(반복).
   ⑥ 정리된 그룹들을 도표화하거나 문장화하여 정리하고 검토한다.

> **보충플러스**
> **브레인라이팅**
> 일종의 압축기법으로 다양한 정보들의 연관성을 이용하여 그룹으로 압축해 나가는 과정을 활용하기 때문에 'W형 문제해결 모델'이라 부르기도 한다.

(2) 장·단점

장점	• 상황이나 정보, 문제의 전체적인 형태를 파악하는 데 효과적이다. • 객관적인 사실과 정보가 바탕이므로 현실적인 대안을 도출할 수 있다. • 문제의 정리가 복잡하고 다양한 분야에서 폭넓게 활용된다.
단점	• 정보의 수집과 분석에 시간과 비용이 많이 투입된다. • 귀납적 접근방법이므로 연역적 접근방법을 도입할 경우, 중요 정보가 누락될 가능성이 있다.

6. **고든법 활용** : 고든(Gordon, W.)이 브레인스토밍의 결점을 보완하기 위해 만든 아이디어 발상법 중 하나이다. 문제가 구체적으로 제시되면 참가한 구성원들이 현실에 국한된 사고를 하게 되어 다양한 아이디어 발상이 어렵기 때문에 주제와 관계없는 사실에서 시작하여 문제해결에 도달하게 만드는 방법이다.

(1) 진행 방법

① 리더만 문제를 알고 적절한 아이디어가 나와 해결에 가까워질 때까지 구성원들에게 알리지 않는다.
② 리더는 아이디어 발상의 방향만 제시하여 구성원이 자유롭게 발언할 수 있도록 한다.
③ 문제해결에 가까운 아이디어들이 도출됐을 때 리더는 문제를 알린다.
④ 실현 가능한 아이디어를 중심으로 구체화한다(브레인스토밍과 동일하게 진행).

(2) 브레인스토밍과 비교

공통점	브레인스토밍의 4대 원칙(비판 엄금, 자유분방, 질보다 양, 결합과 개선)이 적용된다.
차이점	브레인스토밍은 구체적인 주제가 제시되지만 고든법은 단어만 제시된다.

7. **체크리스트 활용** : 오스본(Alex Osborn)의 체크리스트는 아이디어에 대해 9가지 항목에 따라 생각을 정리하는 것이다.

(1) 9가지 체크 항목

① 전용(Put to other uses) : 다른 용도로 사용할 수 있을까?
② 응용(Adapt) : 유사한 다른 방법을 응용할 수 있을까?
③ 변경(Modify) : 다르게 바꿔보면 어떨까?
④ 확대(Magnify) : 확대하면 어떨까?
⑤ 축소(Minify) : 축소하면 어떨까?
⑥ 대용(Substitute) : 다른 것으로 대체가 가능할까?
⑦ 재배열(Rearrange) : 순서를 바꿔보면 어떨까?
⑧ 역전(Reverse) : 거꾸로 적용하면 어떨까?
⑨ 결합(Combine) : 다른 것과 결합하면 어떨까?

8. **SCAMPER기법 활용** : 오스본의 체크리스트를 발전시킨 형태로 밥 에벌(Bob Eberle)이 고안한 아이디어 촉진 질문법으로, 아이디어에 대해 의도적으로 시험할 수 있는 7가지 규칙을 의미한다.

   (1) 7가지 규칙

   ① S – 대체하기(Substitute) : 무엇을 대신 사용할 수 있을까?
   ② C – 결합하기(Combine) : 무엇을 결합할 수 있을까?
   ③ A – 조절하기(Adjust, Adapt) : 조건에 적절하게 조절할 수 있을까?
   ④ M – 변형하기(Modify, Magnify, Minify) : 확대(축소)할 것은 없을까?
   ⑤ P – 용도 바꾸기(Put to other uses) : 다른 용도로 활용할 수 없을까?
   ⑥ E – 제거하기(Eliminate) : 삭제(제거)할 수 없을까?
   ⑦ R – 역발상·재정리하기(Reverse, Rearrange) : 형태나 형식을 바꿀 수 없을까?

9. **Synectics(발견적 문제해결법) 활용** : 문제에 대한 광범위한 접근으로부터 시작하여 얻어진 해결책을 직접 문제에 관련지어 구체적인 해결방안을 강구하도록 하는 방법이다. 네 가지의 유추를 중점으로 활용한다.

   (1) 유추의 종류

직접적 유추	서로 다른 두 개의 개념을 객관적으로 비교하는 유추
의인적 유추	자신이 진짜로 문제의 일부라는 생각으로 문제 자체가 요구하는 통찰을 하는 유추
상징적 유추	두 대상물 간의 관계를 기술하는 과정에서 상징을 활용하는 유추
환상적 유추	현실적인 유추로는 문제가 해결될 수 없을 때 활용하는 환상적이고 신화적인 유추

10. **NM기법 활용** : 인간의 창조적인 사고를 통해 자연적으로 거쳐가는 숨겨진 사고의 프로세스를 시스템화하여 그 순서에 따라 이미지 발상을 해가는 발상법을 말한다.

    (1) 진행 방법

    ① 과제를 설정한다. → 키워드를 결정한다.
    ② 키워드로 연상되는 것을 유추한다. → 연상 추론의 배경을 찾는다.
    ③ 아이디어를 발상한다. → 해결안으로 정리한다.

11. **트리즈(TRIZ)기법 활용** : 러시아 학자 겐리후 알트슐레르가 주장한 창의적 문제해결방법으로, 가장 많이 활용되는 아이디어 패턴 40개를 정리하였다.

    (1) 트리즈의 핵심기능

    ① 이상적인 해결안 설정
    ② 복잡한 문제를 단순한 문제로 변환
    ③ 도달해야 하는 요구 조건 간의 모순 극복
    ④ 심리적, 경험적 관성으로 인한 오류 극복

이것만은 꼭!
스캠퍼의 특징
1. 문제를 논리적이고 체계적으로 확인할 수 있다.
2. 사전에 고려해야 할 사항이 누락되는 것을 방지할 수 있다.
3. 아이디어의 무엇이 문제인지를 파악할 수 있다.

보충플러스
NM기법
고든의 시네틱스와 파블로프(Pavlov)의 조건반사이론, 뇌 신호계 모델의 가설을 바탕으로 개발되었다.

(2) 진행 방법
- 모수변화(Parameter changes)
- 분할(Segmentation)
- 유연성(Flexibility)
- 기계적 진동(Mechanical vibration)
- 색상변화(Color changes)
- 국소품질(Local quality)
- 복합재료(Composite materials)
- 범용성(Universality)
- 비대칭(Asymmetry)
- 상태 전이(Phase transitions)
- 다공성 소재(Porous materials)
- 평형추(Counterweight)
- 건너뛰기(Skipping)
- 높이유지(Equipotentiality)
- 기계식 시스템의 대체(Replace a mechanical system)
- 일회용품(Cheap short-living objects)
- 공압 및 수압(Pneumatics and hydraulics)
- 폐기 또는 복구(Discarding and recovering)
- 조처 과부족(Partial or excessive action)
- 유해물 이용(Convert harm into benefit)
- 불활성 환경(Inert environment)
- 연한 껍질이나 얇은 막(Flexible shells and thin films)
- 사전 보호조처(Beforehand cushioning)
- 강한 산화제의 이용(Use strong oxidizers)
- 사전예방조처(Preliminary anti-action)
- 유용한 조처의 지속(Continuity of useful action)
- 사전 준비조처(Prior action)
- 분리(Extraction)
- 주기적 조처(Periodic action)
- 반전(Inversion)
- 타원체(Spheroidality)
- 중간매개물(Intermediary)
- 대체수단(Copying)
- 다른 차원(Another dimension)
- 열팽창(Thermal expansion)
- 셀프서비스(Self-service)
- 병합(Merging)
- 포개기(Nesting)
- 동질성(Homogeneity)
- 피드백(Feedback)

(3) 4가지 분리의 원칙(Separation Principle)

① 시간에 의한 분리 : 하나의 속성이 어떤 때는 높고, 어떤 때는 낮게 한다. 혹은 하나의 속성이 어떤 때는 존재하고, 어떤 때는 존재하지 않게 한다. 대표적인 예로 전투기 날개가 있다. 전투기의 날개는 물리적 모순을 시간적 분리로 해결한 것으로 이착륙을 할 때 날개를 넓게 펴지만, 비행 중에는 날개를 접는다.

② 공간에 의한 분리 : 하나의 속성이 한쪽에서는 높고, 다른 쪽에서는 낮게 한다. 혹은 하나의 속성이 한쪽에서는 존재하고, 다른 쪽에서는 존재하지 않게 한다. 노인들이 주로 사용하는 초점이 두 개인 안경이 대표적인 예이다.

③ 부분과 전체에 의한 분리 : 하나의 속성이 전체 시스템의 수준에서는 어떤 하나의 값을 갖고, 부품 수준에서는 다른 값을 갖게 한다. 혹은 하나의 속성이 시스템 수준에서는 존재하지만, 부품 수준에서는 존재하지 않게 한다. 에폭시 수지와 경화제가 혼합되기 이전에는 액체이지만 혼합되면 고체로 변한다.

④ 조건에 의한 분리 : 하나의 속성이 어떤 조건에서는 높고, 다른 조건에서는 낮다. 혹은 하나의 속성이 어떤 조건에서는 존재하고 다른 조건에서는 존재하지 않는다. 가는 체의 틈새들은 물을 통과시키는 구멍의 역할을 하지만 곡물의 경우 구멍의 역할을 하지 않는다. 낮은 속도로 물에 들어가면 물은 부드럽지만 10미터 이상의 높이에서 물에 뛰어들면 물은 매우 단단하게 느껴진다.

12. 5 Why기법 활용 : 문제가 발생하는 원인에 대해 다섯 번에 걸쳐 연속적으로 질문을 던지면서, 문제의 근본적인 원인을 찾아 해결하는 방법을 말한다.

(1) 진행 방법

① 문제 상태를 기술하고, 이 문제의 원인이 무엇인지를 질문하고 답한다.
② 질문의 대답에 관하여 그 원인이 무엇인지를 다시 질문하고 답한다.
③ 위 과정을 더 이상의 질문이 나오지 않을 때까지 다섯 번 이상 반복한다. 이때 문제의 원인에 대한 질문으로 특정 인물에 대한 비난을 할 경우 그에 대한 처벌이라는 결론으로 이어지므로 이를 금지한다.
④ 도출된 근본적 원인에 대한 해결책을 제시한다.

> 예
> - 문제 : 토머스 제퍼슨 기념관의 대리석 지붕이 빨리 부식된다.
> - 대리석 지붕이 부식되는 이유 → 대리석 지붕을 세제로 자주 씻어서 부식이 일어난다.
> - 대리석 지붕을 세제로 자주 씻는 이유 → 지붕에 비둘기 배설물이 많다.
> - 지붕에 비둘기 배설물이 많은 이유 → 지붕에 비둘기의 먹이인 거미가 많다.
> - 지붕에 거미가 많은 이유 → 거미의 먹이인 나방이 많다.
> - 지붕에 나방이 많은 이유 → 직원들이 일찍 퇴근하면서 해 지기 전에 전등을 켠다.
> - 해결책 : 기념관 직원들을 늦게 퇴근시킨다.

② 논리적 사고

1. 의미
(1) 직장 생활 중에서 지속적으로 요구되는 능력이다.
(2) 사고의 전개에 있어서 전후의 관계가 일치하고 있는가를 평가하는 능력이다.

2. 구성 요소

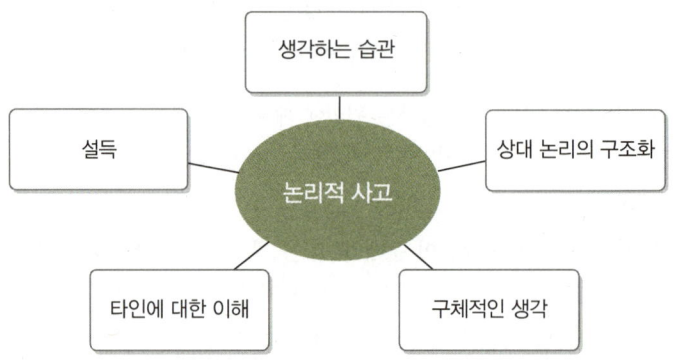

(1) **생각하는 습관** : 논리적 사고에 있어서 가장 기본이 되는 요소이다.
(2) **상대 논리의 구조화** : 자신의 논리에 빠지지 말고 상대의 논리를 구조화하는 것이 필요하다.
(3) **구체적인 생각** : 상대가 말하는 것을 잘 알 수 없을 때 업무 결과에 대한 구체적인 이미지를 떠올리거나 숫자를 적용하여 표현하면 구조화할 수 있다.
(4) **타인에 대한 이해** : 상대의 주장에 반론을 제시할 때는 상대 주장의 전체를 부정하거나 상대의 인격을 부정하는 태도를 지양한다. 반론 또는 찬성의 의견을 표하는 논의를 통해 이해가 깊어지거나 논점이 명확해지고 새로운 지식이 생기는 등 플러스 요인이 생기게 된다.
(5) **설득** : 공감을 필요로 하는 설득은 논쟁을 통하여 이루어지는 것이 아니라 논증을 통해 더욱 정교해진다. 따라서 이해는 머리로 하고, 납득은 머리와 가슴에서 동시에 되게 하여 그 사람이 내가 원하는 행동을 하게 한다. 또한 이 공감은 논리적 사고가 기본이 된다.

3. 개발 방법
(1) so what 방법
① "그래서 무엇이지"라는 자문자답의 의미로 눈앞에 있는 정보로부터 의미를 찾아내서 가치 있는 정보를 끌어내는 사고 방법이다.
② 단어나 체언만으로 표현하는 것이 아니라 주어와 술어가 있는 글로 표현함으로써 "어떻게 될 것인가?", "어떻게 해야 한다"라는 내용이 포함되어야 한다.

(2) 피라미드 구조화 방법 : 보조 메시지들을 통해 주요 메인 메시지를 얻고 다시 메인 메시지를 종합한 최종 정보를 도출하는 방법이다.

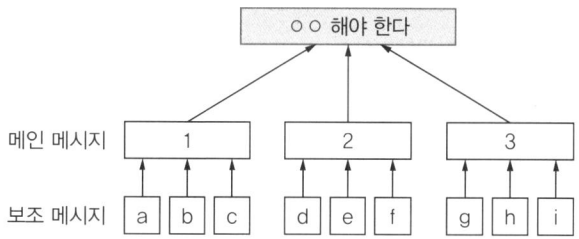

③ 비판적 사고

1. 의미

(1) 어떤 주제나 주장에 대해서 적극적으로 분석하고 종합하며 평가하는 능동적인 사고를 의미한다.

(2) 논증, 추론, 증거, 가치를 표현한 사례를 타당한 것으로 수용할 것인지 불합리한 것으로 거절할 것인지에 대해 결정을 내릴 경우 필요한 사고이다.

2. 태도

(1) 문제의식 : 비판적인 사고를 시작하기 위해서는 자신이 지니고 있는 문제와 목적을 확실하고 정확하게 파악해야 한다.

(2) 고정관념 타파 : 고정관념은 사물을 바로 보는 시각에 영향을 줄 수 있으며 일방적인 평가를 내리기 쉬우므로 지각의 폭을 넓혀 정보에 대한 개방성을 가지고 편견을 갖지 않는 것이 중요하다.

유형별 학습

테마 2 문제해결능력

▶ 정답과 해설 20쪽

유형 01 ─ 명제 판단하기

빠른 풀이 비법
- 'p → q'가 참'이고 'q → r'이 참'이면 'p → r도 참'이라는 삼단논법을 활용한다.
- 먼저 제시된 진술 중 서로 상충되는 것이 있는지 살펴본다.
- 하나씩 진실이라 가정하여 조건과 어긋나는 것을 찾는다.

01. 다음 명제가 모두 참이라고 할 때, 추론할 수 있는 내용으로 적절한 것은?

- 사과이면 가수이다.
- 빨간색이면 가수이다.
- 빨간색이고 사과이면 탱탱볼이다.
- 빨간색도 사과도 아니면 애플파이이다.

① 사과이면 빨간색이다.
② 탱탱볼이 아니면 가수가 아니다.
③ 가수가 아니면 빨간색이 아니다.
④ 애플파이가 아니면 탱탱볼이다.

02. 다음 〈조건〉이 참일 때, 반드시 참인 추론을 〈보기〉에서 모두 고르면?

조건

규칙을 잘 지키거나 협동 정신이 강하면, 동정심이 강하고 성실하다.

보기

ㄱ. 동정심이 약하거나 성실하지 않으면, 규칙을 잘 지키지도 않고 협동 정신도 약하다.
ㄴ. 규칙을 잘 지키지도 않으면서 협동 정신도 강하지 않은 동시에, 동정심이 강하지 않거나 성실하지 않다.
ㄷ. 규칙을 잘 지키고 협동 정신이 강한 동시에, 동정심은 약하거나 성실하지 않을 수 있다.

① ㄱ
② ㄱ, ㄴ
③ ㄱ, ㄷ
④ ㄴ, ㄷ
⑤ ㄱ, ㄴ, ㄷ

| 유형 02 | 전제 추론하기 |

03. 다음의 주장이 논리적으로 합당하기 위한 전제를 〈보기〉에서 모두 고른 것은?

> 실험용 쥐들을 좁은 공간에서 복잡한 생활을 하게 한 결과 난폭한 행동을 하는 비율이 증가했다는 최근의 연구보고서는, 도시에서 폭행범죄율이 증가하는 것이 사람들이 복잡한 생활을 하는 데 기인한다는 견해를 뒷받침한다.

보기

ㄱ. 폭행범죄율이 늘어나는 것은 국가적인 비극이다.
ㄴ. 인간의 행태에 대한 결론은 쥐의 행태로부터 추론될 수 있다.
ㄷ. 쥐를 대상으로 행태심리학적 실험을 하는 것은 비인도적이다.
ㄹ. 쥐와 인간에게 있어 좁은 공간에서 난폭한 행동을 유발하는 또 다른 원인은 없다.

① ㄴ, ㄹ
② ㄱ, ㄴ
③ ㄴ, ㄷ
④ ㄱ, ㄹ
⑤ ㄷ, ㄹ

04. 다음에 제시된 [결론]이 반드시 참이 되기 위해 빈칸에 들어갈 명제로 적절한 것은?

> [전제 1] 보라는 벼락치기로 공부했다.
> [전제 2] (   )
> [결론] 보라는 성적이 나빴다.

① 벼락치기로 공부한 어떤 사람은 성적이 나빴다.
② 모든 사람이 벼락치기로 공부했다.
③ 어떤 사람은 벼락치기로 공부하지 않았다.
④ 벼락치기로 공부한 사람은 모두 성적이 나빴다.

유형 03 진위 추론하기

05. 민지, 진철, 휘성, 혜주 4명 중 한 명이 꽃병을 깨뜨렸다. 그런데 이들 중 오직 한 명만이 진실을 말하고, 3명은 거짓말을 하고 있다. 이들의 발언을 참고로 하여 꽃병을 깨뜨린 사람과 사실을 말한 사람을 차례대로 고르면?

- 민지 : 진철이가 꽃병을 깨뜨렸어.
- 진철 : 민지는 거짓말을 하고 있어.
- 휘성 : 나는 꽃병을 깨뜨리지 않았어.
- 혜주 : 꽃병을 깨뜨린 사람은 민지야.

① 민지, 진철 ② 진철, 혜주 ③ 휘성, 진철
④ 혜주, 민지 ⑤ 민지, 휘성

06. 다음 〈보기〉의 내용 중 하나만 진실이고, 나머지는 모두 거짓이다. 갑, 을, 병 세 사람이 강아지, 고양이, 토끼 중 각각 서로 다른 동물을 키운다고 할 때, 다음 중 옳은 것은?

보기

㉠ 갑은 강아지를 키우지 않는다.
㉡ 갑은 고양이를 키우지 않는다.
㉢ 병은 고양이를 키우지 않는다.
㉣ 병은 토끼를 키운다.

① 을은 토끼를 키우지 않는다. ② 병은 고양이를 키우지 않는다.
③ 갑은 강아지를 키우지 않는다. ④ 을은 고양이를 키우지 않는다.
⑤ 갑은 토끼를 키운다.

07. ○○회사에 A, B, C, D, E 5명의 사원이 새로 입사하였다. 이들은 인사팀, 재무팀, 영업팀, 기획팀, 마케팅팀의 5개 팀에 각 1명씩 배치될 예정이다. 인사발령과 관련한 소문을 들은 5명의 신입사원은 자신이 들은 소문을 〈보기〉와 같이 2가지씩 말하였다. 직원별로 발언 중 하나는 참이고, 다른 하나는 거짓일 때, 이를 통해 알 수 있는 기획팀에 배치될 사원은?

보기

A : B는 영업팀에 배치될 예정이고, 나는 기획팀에 배치될 것이라고 해.
B : 나는 영업팀에 배치될 것이고, D는 인사팀에 배치될 것이라고 해.
C : 나는 재무팀에 배치될 것이고, A는 마케팅팀에 배치될 것이라고 해.
D : 나는 영업팀에 배치될 것이고, E는 기획팀에 배치될 것이라고 해.
E : 나도 내가 기획팀에 배치될 것이라고 들었고, C는 재무팀에 배치될 것이라고 하던데.

① A ② B ③ C
④ D ⑤ E

08. 가, 나, 다라고 표기되어 있는 세 개의 컵 중 하나에 공이 들어 있다. 공에 대한 다음 진술 중 오직 하나만 진실이라고 할 때, 항상 거짓인 내용은?

- 김 대리 : 공은 가 컵에 있거나 나 컵에 있다.
- 이 대리 : 공은 나 컵에 있거나 다 컵에 있다.
- 박 대리 : 공은 가 컵에 없고 다 컵에도 없다.

① 김 대리는 진실을 말했다.
② 이 대리는 진실을 말했다.
③ 박 대리는 진실을 말했다.
④ 공은 가 컵에 있다.

유형 04 순서 유추하기

빠른 풀이 비법
가장 명확하게 확정된 조건부터 추론을 시작하면 더 효율적으로 문제를 해결할 수 있다.

09. 사내 체육대회에서 각 부서별 대표 1명 또는 2명씩 총 7명(A, B, C, D, E, F, G)이 달리기 시합을 진행하였다. 시합 결과가 다음과 같다면 첫 번째로 결승점에 들어온 직원은 누구인가?

- 네 번째로 들어온 사람은 D이다.
- F보다 나중에 D가 들어왔다.
- G보다 나중에 F가 들어왔다.
- B보다 나중에 E가 들어왔다.
- D보다 나중에 E가 들어왔다.
- G보다 나중에 B가 들어왔다.
- A보다 나중에 F가 들어왔으나 A가 1등은 아니다.

① A ② B ③ C
④ E ⑤ G

10. 체육대회에 참가한 A, B, C, D의 100m 달리기 결과와 멀리뛰기 결과가 다음과 같을 때, A의 100m 달리기와 멀리뛰기의 성적은 각각 몇 등인가?

- 네 사람의 100m 달리기 기록과 멀리뛰기 기록은 모두 다르다.
- 100m 달리기 등수와 멀리뛰기 등수가 같은 사람은 없다.
- 100m 달리기 1등은 C이고, 멀리뛰기에서는 D가 꼴찌를 하였다.
- 100m 달리기에서는 B가 D보다 빨랐고 멀리뛰기에서는 B가 C보다 적게 뛰었다.

① 4등, 1등 ② 3등, 1등
③ 4등, 2등 ④ 3등, 2등

유형 05 · 자리 배치하기

11. 다음과 같이 다섯 명의 학생을 1번 책상에서부터 차례대로 배정할 때 가장 올바른 순서는?

> 다섯 명의 학생(A, B, C, D, E)이 시험을 볼 예정이다. 시험장에 책상은 왼쪽부터 1 ~ 5번까지 놓여 있고, 다음 조건을 만족하도록 책상에 앉아 시험을 응시할 예정이다.
>
> (1) 학생 A는 1번 또는 3번 책상에서만 응시할 수 있다.
> (2) 학생 B는 1번, 2번, 4번 책상에서만 응시할 수 있다.
> (3) 학생 D, E는 바로 옆에 앉아서 응시한다.

① A – B – C – E – D
② A – C – D – B – E
③ B – A – E – C – D
④ C – D – A – E – B
⑤ D – E – C – A – B

빠른 풀이 비법

주어진 조건을 선택지에 대입하여 충족하지 못하는 선택지를 제외하는 소거법을 활용하면 보다 쉽게 문제를 해결할 수 있다.

12. 채용 면접을 보기 위해 면접자 A ~ F 6명이 대기실 좌석에 앉아 있다. 면접자의 면접번호는 11번부터 18번까지이다. 〈대기실 좌석표〉와 〈조건〉을 참고할 때, 다음 중 옳은 것은?

〈대기실 좌석표〉

앞줄	11번	12번	13번	14번
뒷줄	15번	16번	17번	18번

조건
- 13번과 16번 면접자는 이번 면접을 불참했다.
- A의 면접번호는 11번이다.
- B는 홀수 번호이다.
- C와 F는 앞뒤로 나란히 앉아 있다.
- E와 F는 옆자리에 앉아 있다.

① E는 A의 옆자리에 앉아 있다.
② F는 B의 옆자리에 앉아 있다.
③ B의 앞자리 혹은 뒷자리는 비어 있다.
④ D의 앞자리 혹은 뒷자리는 비어 있다.

유형 06 · 주어진 조건으로 결과 추론하기 ·

이것만은 꼭!
발령받는 사람과 지사를 표로 정리하면 한눈에 해당 발령지를 파악할 수 있다. 이때 주어진 다른 조건도 함께 확인해야 실수를 줄일 수 있다.

13. 다음 중 〈조건〉을 바탕으로 반드시 참인 것을 고르면?

조건

4명의 사원 갑 ~ 정이 지방 지사로 발령이 예정되어 있다. 이 4명은 포항, 원주, 전주, 세종 중 한 지사 당 한 명씩 발령을 받게 되었다.

- 정 사원은 세종에 발령을 받지 않았다.
- 을 사원은 원주, 세종에 발령을 받지 않았다.
- 갑 사원과 병 사원은 전주에 발령받지 않았다.
- 을 사원과 정 사원은 포항에 발령을 받지 않았다.

---

① 갑 사원은 포항, 을 사원은 전주에 발령을 받았다.
② 을 사원은 전주, 정 사원은 원주에 발령을 받았다.
③ 갑 사원은 세종, 병 사원은 포항에 발령을 받았다.
④ 병 사원은 세종, 정 사원은 원주에 발령을 받았다.

14. 다음을 바탕으로 할 때, 을의 현재 나이는?

- 갑에게는 동생 A와 아들 B, 딸 C가 있다.
- B는 C보다 나이가 많다.
- A, B, C의 나이를 모두 곱하면 2,450이다.
- A, B, C의 나이를 모두 합하면 갑의 아내인 을 나이의 2배가 된다.
- A의 나이는 B보다 많다.
- 갑의 나이는 을보다 같거나 많다.
- 사람의 수명은 100세까지로 전제한다.
- 여성이 출산할 수 있는 나이는 19 ~ 34세로 전제한다.

---

① 25세　　② 26세　　③ 32세
④ 34세　　⑤ 38세

15. ○○농협의 사옥에는 5개 팀이 2 ~ 5층을 사용하고 있다. 다음 조건을 바탕으로 할 때, 옳지 않은 설명은? (단, 회계팀만 타 층의 복사기를 사용하며, 한 층에는 최대 2개 팀만 있다)

- 마케팅팀과 기획관리팀은 복사기를 같이 사용한다.
- 4층에는 회계팀만 있다.
- 총무팀은 홍보팀의 바로 아래층에 있다.
- 홍보팀은 마케팅팀의 아래쪽에 있으며 3층의 복사기를 사용하고 있다.
- 회계팀은 위층의 복사기를 사용하고 있다.

① 마케팅팀은 기획관리팀과 같은 층에 있다.
② 회계팀은 5층의 복사기를 사용한다.
③ 총무팀은 3층의 복사기를 사용한다.
④ 기획관리팀은 5층에 있다.

16. ○○기업은 근무평가 우수자를 선정하여 2년간 해외 연수 과정에 파견하려고 한다. 다음 기준과 〈후보자 명단〉을 바탕으로 선정할 때, 3순위로 선정되는 사람은 누구인가?

- 기본적으로 인사고과 점수에 따라 우선순위를 둔다.
- 부서장 추천이 있으면 인사고과 점수에서 3점을 가점한다.
- 징계가 있으면 인사고과 점수에서 5점을 감점한다.
- 인사고과 점수가 같으면 직급에 우선순위를 둔다.
- 위의 모든 기준에도 불구하고 TOEIC 점수가 980점 이상이면 우선 선정한다.

〈후보자 명단〉

구분	근무기간	직급	인사고과 점수	징계 여부	부서장 추천	TOEIC 점수
갑	3년	과장	90점	X	X	910점
을	4년	차장	85점	X	O	930점
병	3년	대리	85점	O	O	920점
정	4년	과장	92점	X	X	900점
무	2년	주임	88점	O	X	990점
기	1년	사원	84점	X	X	940점

① 갑   ② 을   ③ 정   ④ 무

> **One Point Lesson**
> - 문제해결능력에서 꾸준히 출제되는 유형으로 몇 가지 조건 제시와 함께 순서나 위치 또는 바른 조건을 추론하는 문제이다.
> - 조건을 표 등으로 정리하면 보다 쉽게 해결할 수 있다.

유형 07 · 논리적 오류 이해하기

17. 다음 대화에서 범하고 있는 논리적 오류로 알맞은 것은?

> A : 왜 여러분들은 H의 말을 신뢰하나요?
> B : 왜냐하면 H는 믿을 만한 사람이니까요. 그래서 H가 하는 말은 신뢰할 수 있어요.
> C : 그럼 H가 믿을 만한 사람이라고 생각하는 이유는 무엇인가요?
> D : H는 항상 신뢰할 만한 말만 하기 때문이죠.

① 정황에 호소하는 오류
② 자가당착의 오류
③ 순환논증의 오류
④ 인신공격의 오류
⑤ 잘못된 인과관계의 오류

18. 다음 글에서 나타나는 오류로 가장 적절한 것은?

> 이전부터 많은 영화의 소재이기도 했고, 우리들의 상상력을 자극하는 외계인은 아직도 그 존재에 대해 갑론을박하고 있다.
> 이번에 NASA의 뉴호라이즌스호가 보낸 명왕성의 사진을 보고 나는 다시 한 번 더 외계인의 존재를 확신한다. 우주는 무궁무진하고 우리는 외계인이 존재하지 않는다는 점을 증명할 수 없으니 결국 외계인은 존재하는 것이다. 앞으로 뉴호라이즌스호가 외계인을 발견하길 기대해 본다.

① 애매어의 오류
② 무지의 오류
③ 분할의 오류
④ 성급한 일반화의 오류

유형 08 · 문제의 유형 이해하기

19. K 씨는 퇴임 후 건물을 임대하여 SOHO 사무실을 운영하고 있다. 다음과 같은 K 씨의 상황에 내재해 있는 문제 유형을 모두 고른 것은?

> K 씨는 월 사무실 임대료를 얼마로 책정할 것이며, 보유 사무실 수와 사무실의 공실률을 어느 정도까지 유지해야 하는지, 공동 사무 공간에 들여놓아야 할 비품으로 무엇이 적당한지에 대해 고민을 거듭하는 중이다. K 씨는 투자한 돈에서 조금이라도 남는 장사는 되어야 한다는 생각에 작은 일도 쉽게 결정을 내리지 못하고 있다.
> 우선 지난주에는 사무실 두 개를 늘리기 위하여 큰 사무실 공간을 반으로 나누었다. 바깥쪽 공간은 공동 회의실로 쓰고 원래의 회의실 공간을 사무실로 개조해 활용할 계획이다. 공동 회의실은 각 입주자들이 거래처 손님과 함께 미팅할 수 있도록 꾸민 공동 공간으로 고급스러운 내부 장식도 갖추어 둔 상태이다. 원래 K 씨는 이 회의실에 방음벽을 설치하여 회의자들이 마음껏 큰 소리로 회의를 진행할 수 있도록 꾸미려 했으나 방음벽 설치비용이 예상보다 비싸서 그냥 일반 벽재로 작업을 의뢰하였다.

① 설정형 문제, 탐색형 문제
② 발생형 문제, 설정형 문제
③ 발생형 문제, 탐색형 문제
④ 탐색형 문제, 분석형 문제

20. 업무를 수행함에 있어서 답을 요구하는 질문이나 의논하여 해결해야 되는 '문제'는 창의적 문제와 분석적 문제로 구분할 수 있다. 이에 대한 설명으로 적절하지 않은 것은?

① 창의적 문제는 현재의 문제점이나 미래의 문제로 예견될 것에 대한 문제 탐구로 문제 자체가 명확하지만, 분석적 문제는 현재 문제가 없더라도 보다 나은 방법을 얻기 위한 문제 탐구로 문제 자체가 명확하지 않다.
② 창의적 문제는 창의력에 의한 많은 아이디어의 작성을 통해 해결하지만, 분석적 문제는 분석, 논리, 귀납과 같은 논리적 방법을 통해 해결한다.
③ 창의적 문제는 해답의 수가 많으며 많은 답 가운데 보다 나은 것을 선택할 수 있지만, 분석적 문제는 답의 수가 적으며 한정되어 있다.
④ 창의적 문제는 주관적, 직관적, 감각적, 정성적, 개별적, 특수적 특징을 갖지만, 분석적 문제는 객관적, 논리적, 정량적, 이성적, 일반적, 공통적이라는 특징을 갖는다.

TIP
정량적-정성적이란?
- 정량적 : 객관적인 데이터를 바탕으로 하여 수치화할 수 있는 것을 말한다.
- 정성적 : '정량적'에 대비되는 개념으로 질적인 것으로 이해할 수 있다.

유형 09 문제해결 분석

21. 다음 중 밑줄 친 부분은 문제해결 결과 중 어디에 해당하는가?

> ○○농협에 다니는 김 씨는 오늘 30분이나 지각을 하게 되었다. 어제 저녁까지 동네에서 친구들을 만나 과음을 한 탓에 알람소리를 듣지 못한 것이다. 늦게 일어난만큼 최대한 빠르게 준비하면서 택시를 탔지만 길마저 막혀 지각을 면치 못하였다. 결국 김 씨는 시말서를 작성하고 탕비실 정리를 1주일간 맡게 되었으며 다시는 <u>다음 날이 출근 날이라면 과음하지 않겠다</u>고 다짐하였다.

① 문제인식　② 문제도출　③ 원인분석　④ 해결안 개발

22. ○○공사에 취업하기 위해 2년째 도전하고 있는 L 씨는 스스로의 경쟁력을 알아보고자 다음과 같이 본인에 대한 SWOT 분석을 해 보았다. L 씨가 활용해야 할 WO 전략으로 적절한 것은?

> 〈내적요소〉
> - 꼼꼼함 덕분에 남들이 간과하는 것을 기억하고 캐치하는 능력
> - 예민한 성격과 기계를 싫어하는 성격으로 인한 스트레스
> - 정기적으로 갖는 명상을 통한 자기 반성
> - 친화력 있는 언어사용과 상대방에게 호감을 얻는 화술
> - 고민과 생각이 많아 느린 의사결정
> - 이해력이 좋아 남보다 빨리 얻는 해답
>
> 〈외적요소〉
> - 섬세한 손놀림과 기술이 필요한 작업을 중요시하는 분위기
> - 의사소통의 중요성이 강조되는 사회
> - 속도감 있는 일처리가 요구되는 조직문화
> - 사회에 팽배한 컴퓨터 만능주의
> - 디지털 흐름 속에 사라져가는 내적 성찰의 기회

① 대화와 대면협상이 주를 이루는 업무 활동 찾아보기
② 단시간에 해답을 찾는 능력이 필요한 업무 활동 찾아보기
③ 타인과의 접촉이 적고 컴퓨터 활용이 주된 업무 활동 찾아보기
④ 시간이 걸려도 중요한 것을 빠뜨리는 실수만은 용납되지 않는 업무 활동 찾아보기

유형 10 • 다양한 사고 활용하기 •

23. 다음 〈사례〉에서 알 수 있는 문제해결 사고로 가장 적절한 것은?

> △△도시의 A 놀이터는 현대적 안전 기준에 따라 설계되어 바닥은 고무 매트로, 놀이기구는 규정에 맞게 제작되었다. 그러나 아이들의 흥미를 끌지 못해 이용률이 점차 감소했다.
>
> 이에 놀이터 운영팀은 정형화된 안전만 제공하는 기존 설계가 문제이며 놀이터에 적정한 도전을 위한 '위험'이 필요하다고 판단하였다. 그리하여 고정된 놀이기구 대신, 아이들이 직접 조립하거나 변형할 수 있는 모듈형 놀이 요소와 나무 오르기 구역, 모래 언덕 등을 추가했다. 이러한 설계를 통해 놀이터는 아이들이 놀이를 창의적으로 구성하고 탐구와 위험 대응 및 통제 능력을 학습할 수 있는 공간으로 변모했다.
>
> 결과적으로 놀이 참여도와 흥미가 크게 증가했으며, 아이들은 문제해결능력과 성취감, 도전의식을 기르는 등 놀이의 가치를 경험할 수 있었다. △△도시의 놀이터 설계를 담당한 B 씨는 "완벽히 통제된 안전이 아닌, 도전 속에서 배우는 자율적 안전이 필요하다."라고 말했다.

① 발상의 전환
② 분석적 사고
③ 전략적 사고
④ 자원의 활용

24. 다음 설명을 바탕으로 할 때 비판적 사고를 기르기 위해 필요한 것은?

> 어떤 사태에 처했을 때 감정에 사로잡히거나 권위에 맹종하지 않고 합리적이고 논리적으로 분석·평가·분류하는 사고과정. 즉, 객관적 증거에 비추어 사태를 비교·검토하고 인과관계를 명백히 하며 여기서 얻어진 판단에 따라 행동하는 과정을 말한다.

① 구체적인 생각과 문제인식
② 생각하는 습관과 문제의식
③ 문제의식과 고정관념 타파
④ 타인에 대한 이해와 고정관념 타파

❖ 보충플러스
고정관념을 타파하여 사고의 폭을 넓히는 것은 비판적 사고의 중요한 태도 중 하나이다.

고정관념 타파의 예

상품	본래 용도	새로운 용도
스테이플러	서류 정리	벽에 종이를 고정
드라이어	머리 말리기	온풍을 이용하여 어깨 결림 완화
칫솔	양치질	빗의 이물질 제거
스카치 테이프	종이 붙이기	지문 채취

유형 11 • 창의적 사고기법 이해하기

25. 다음 내용과 가장 관련이 깊은 SCAMPER 기법은?

> Q사는 자동차 시장에 발을 들인 이후 지속적으로 '항공기를 만드는 자동차 회사'라고 홍보했다. 실제로 Q사에서 출시된 최초의 차량 '92001'도 항공기 엔지니어들의 작품이다. 세계 최초로 터보 엔진을 적용한 양산차였다. 1949년 선보인 '92'는 항공기 날개 모양을 본 따 디자인했고, 이후에도 항공 기술을 적용한 차들을 시장에 내놨다.
> 항공기 제작 기술에 기반한 Q사의 자동차 제조 기술은 뛰어났다. 전투기 비상 탈출장치에서 영감을 받아 세계 최초로 선루프를 선보였고, 항공기 착륙과 고도 조절을 목적으로 활용하는 스포일러를 차량에 적용한 것도 Q사가 최초다.

① Combine ② Adapt ③ Eliminate ④ Reverse

26. 다음은 발산적 사고의 하나인 '강제결합법'에 대한 설명이다. 이를 참고할 때, 강제결합법의 사례로 적절하지 않은 것은?

> 강제결합법(Forced Connection Method)은 서로 관계가 없는 둘 이상의 대상을 강제로 연결시켜 아이디어를 창출하는 방식이다. 조금 인위적인 방법이기는 하지만 지식과 경험이 부족할 때나 아이디어가 더 이상 생성되지 않을 때 유용하게 사용할 수 있다. 강제연결법은 두 대상의 관계성이 낮을 때 효과가 더 크게 나타날 수 있다. 두 대상은 머리에 떠오르는 대상으로 해도 되지만, 관계성이 낮아야 하기 때문에 예를 들어 단어카드를 무작위로 뽑아서 나온 단어들을 연결하는 방법을 사용할 수 있다. 그 방법은 다음과 같다.
> 1. 몇 백 개의 단어 카드를 만든다.
> 2. 상자에 넣고 잘 섞는다.
> 3. 2 ~ 3개의 단어 카드를 뽑는다.
> 4. 해당 단어가 암시하는 아이디어를 결합한다.

① 휴대폰의 특성을 시계에 접목하여 전화와 카메라, 알람 기능 등을 갖춘 스마트워치를 개발하였다.
② 기존 플라스틱 컵의 재질을 끊임없이 대체해 보는 과정을 통해 종이컵이 개발되었다.
③ 음성, 사전, LCD 등의 단어를 결합하여 음성지원 전자번역기를 개발하였다.
④ 구름과 가방이라는 키워드로 구름처럼 가벼우면서 튼튼한 가방을 개발하였다.
⑤ 계단을 밟고 내려가면 발전이 되는 '발전 계단'은 계단과 전기라는 단어를 결합하여 만든 아이디어가 반영되었다.

유형 12 • 자료를 분석하여 방안 추론하기 •

27. 다음 기사에 나타난 문제점을 해결하기 위한 정책 방안으로 적절한 것은?

> ○○도에 다문화 학생 규모는 2013년 4,998명에서 시작해 지난해 9,169명까지 늘어났으며, 올해는 1만 명을 훌쩍 넘길 것으로 전망된다. 이로 인해 지역에 따라 다문화 학생 수가 전체 학생의 30%를 넘는 학교도 무려 146곳이나 되고, 농어촌 유치원의 경우는 다문화 아동이 없으면 운영이 힘들 정도다. 하지만 일부 학부모들은 자신들의 자녀가 다문화 아동과 격의 없이 어울리는 것을 달가워하지 않는다고 한다.

① 다문화 가정 내부의 문제로 인식한다.
② 출신 국가의 국제적 위상에 따라 교육 기회를 다르게 준다.
③ 국가적 차원에서 문화적 동질성 확보를 위한 정책을 시행한다.
④ 다양한 문화의 다양성을 존중하고 외국인 이주자의 적응을 돕는 방안으로 정책을 마련한다.

28. 다음을 바탕으로 고령화 문제의 해결책을 논의할 때, 적절하지 않은 내용은?

> 1980년대 이후 농가인구의 고령화가 급격히 진행돼 전체인구 고령화율의 3배 이상 높음.
> • 농가인구 고령화율은 1980년 6.7%에서 2014년 39.1%로 약 6배 증가한 반면, 전체인구 고령화율은 3.8%에서 12.7%로 약 3배 증가함.
> • 농가인구 고령화율 : [1980년] 72.6만 명(6.7%) → [2000년] 87.6만 명(21.7%) → [2014년] 107.5만 명(39.1%)
> • 전체인구 고령화율 : [1980년] 145.6만 명(3.8%) → [2000년] 339.5만 명(7.2%) → [2014년] 638.6만 명(12.7%)
> 농촌은 이미 2000년에 초고령사회에 진입했으며, 앞으로 고령화는 더욱 심화될 전망임.

① 농작업 위탁 등 노인 대상 영농지원 강화
② 노인대학 활성화, 영화 상영 등 다양한 문화·여가활동 지원 강화
③ 무료급식서비스와 반찬배달서비스 등 노인복지 서비스 확대 필요
④ 사업 이용량에 따른 다양한 인센티브 제공 등 대농의 니즈에 부응한 서비스 제공
⑤ 노인 건강 증진을 위한 무료 이동 서비스 제공

빠른 풀이 비법

수치화된 자료 등이 제시된 문제일 경우 선택지를 먼저 살펴보고 해당 부분을 찾아 옳고 그름을 파악하는 것이 더욱 효과적이다.

유형 13. 자료 분석을 통해 문제해결하기

[29 ~ 30] ○○농협 직원 A는 다음 자료를 바탕으로 조합원에게 정보를 제공하고 있다. 이어지는 질문에 답하시오.

〈201X년 8월 23일부터 달걀 껍데기에 사육환경을 의무적으로 표시해야 합니다〉

사육환경표시는 축산물위생관리법에 따른 의무사항이며, 위반 시 가축사육업을 경영하는 자 및 시용란수집판매업자는 1년 이하의 징역 또는 1천만 원 이하의 벌금에 처해집니다.

〈난각표시 변경사항〉

기존	개선
01길동	1004AB38E2
• 1, 2번째 자리 : 시도별 부호 • 3, 4번째 자리 : 농장명	• 1, 2, 3, 4번째 자리 : 산란월일 • 5, 6, 7, 8, 9번째 자리 : 축산법에 따른 가축사육업허가(또는 등록)시 부여된 5자리 고유번호 • 10번째 자리 : 사육환경에 따라 방사(1), 축사 내 평사(2), 개선 케이지(3), 기존 케이지(4)

〈달걀사육환경 표시 Q&A〉

Q1 : 케이지 사육밀도를 계산할 때 전체 사육면적을 총 사육 동물 수로 나누면 되나요?	그렇지 않습니다. 전체 사육면적과 총 사육 동물 수로 계산을 하게 되면 정상범위에 들더라도 케이지 별로 사육밀도가 다를 수 있습니다. 케이지 단위면적당 사육 동물 수로 계산해야 합니다.
Q2 : 우리 농장은 케이지 사육을 하지만 방사장이 있어요. 방사로 표시할 수 있나요?	방사장 소유만으로 방사(1번)를 표시할 수는 없습니다. 동물보호법 시행규칙 별표6의 산란계 자유방목 기준을 충족하는 경우만 방사 표시를 할 수 있습니다.
Q3 : 동물복지 인증을 받지 않았는데 방사로 표시할 수 있나요?	동물보호법 시행규칙 별표6의 산란계 자유방목 기준을 충족하는 경우라면 동물복지 인증과 상관없이 방사 표시할 수 있습니다. 다만, 동물복지축산농장의 표시는 할 수 없습니다.
Q4 : 두 가지 사육방법을 병행하고 있을 경우 난각에는 어떻게 표시하여야 하나요?	두 가지 이상의 사육환경에서 달걀이 생산된다면 반드시 사육환경별로 각각 난각에 표시해야 합니다.

29. 다음 중 위의 자료를 바탕으로 직원 A가 사육환경표시에 대하여 제공한 정보로 적절한 것은?

① 사육환경표시는 축산물위생관리법에 따른 권고사항이니, 기준을 잘 살피고 적용하시면 됩니다.
② 201X년 6월 15일 산란하여 8월 22일 소비자에게 판매된 달걀의 난각표시는 10자리입니다.
③ 방사장 설비를 갖추었다면 해당 농장은 달걀 난각표시에 사육방식을 항상 1로 표시할 수 있습니다.
④ 201X년 9월에 산란한 달걀은 난각표시만으로 소비자들이 농장의 사육방식을 파악할 수 있어 매우 효율적입니다.
⑤ 방사와 축사 내 평사 방식을 모두 사용하는 농장일 경우 농장주께서는 둘 중 하나를 골라 사육방식을 일괄적으로 표시해야 합니다.

30. 사육환경표시에 대하여 한 농장주가 직원 A에게 다음과 같은 문의 사항을 남겼다. 위의 자료를 바탕으로 상황을 파악한 직원 A가 답변했을 때, 빈칸에 적절한 것은?

[문의]
농장주 : 제가 운영하는 가을농장은 고유번호가 DA77B인 산란계 농장이며 시도별 부호는 02입니다. 저는 이곳에서 이전에는 케이지 사육을 했는데, 201X년 9월부터 '동물보호법' 시행규칙 별표6의 기준에 맞는 산란계 자유방목으로 사육한 닭에서 달걀을 생산하고 있습니다. 201X년 9월 7일에 산란하여 201X년 9월 10일 도매상에 판매하려고 하는데, 달걀에 어떠한 난각표시를 해야할까요?

[답변]
직원 A : 문의주신 상황의 경우, 달걀에는 (   )로 표시하시면 됩니다.

① 02가을
② 0907DA77B1
③ 0907DA77B2
④ 0910DA77B1
⑤ 0910DA77B2

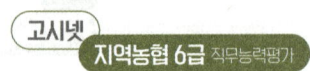

유형 14 · 자료 읽고 추론하기

[31 ~ 32] 다음 자료를 보고 이어지는 질문에 답하시오.

〈20X4년 친환경농산물 품평회〉

1. 부문별 출품 대상 품목 및 인증 기준

부문	출품 대상 품목	인증 기준
곡류	쌀(백미, 흑미, 찹쌀), 잡곡	유기, 무농약
과일류	사과, 배, 포도, 복숭아, 감귤 등	
채소류	무, 배추, 고추, 토마토, 딸기 등	
가공식품	친환경농산물 원료 가공식품	주재료 유기·무농약 원료 70% 이상

2. 출품자격 : 친환경농산물 생산 농업인, 단체(농협), 가공업체 등

가. 농업인
- 친환경농산물 생산 농업인
- 친환경농산물을 원료로 한 가공제품 생산자

나. 단체
- 친환경농산물 생산 혹은 출하(판매)하는 영농조합법인, 농업회사법인, 생활협동조합, 친환경농업단체, 지역(품목)농협조합공동사업법인·연합사업단 등 농협조직

  ※ 단, 소속단체에서 직접 생산하거나 상품화하여 판매하는 농산물에 한함.

다. 가공업체
친환경농산물을 원료로 가공제품을 생산(판매)하는 업체. 단, 가공품 친환경농산물은 국내 원료 70% 이상 사용

  ※ 본 품평회 최근 3개년(20X1 ~ 20X3)간 수상자는 출품은 가능하나 본상 시상 제외

3. 신청 절차
가. 신청 경로
   출품재(농업인·영농법인·가공공장·가공업체 등) → 지역(품목)농협 → 농협경제지주 지역본부 → 원예부(과채친환경팀 A 차장)

나. 신청 방법
  신청서 작성 후 제출 서류와 함께 기한 내 제출

구분	농업인 등 → 지역(품목)농협	지역(품목)농협 → 농협경제지주 지역본부	농협경제지주 지역본부 → 농협경제지주
제출 기한	20X4. 10. 29. (월)	20X4. 10. 30. (화)	20X4. 10. 31. (수)

다. 제출 서류
  친환경농산물 인증서 사본 1부

31. 다음 중 위의 자료에 대한 이해로 적절하지 않은 것은?

① 친환경농산물 품평회의 부문은 총 4개이다.
② 출품을 위해 제출해야 할 것은 신청서와 친환경농산물 인증서 사본이다.
③ 각 지역(품목)농협에서는 농협경제지주 지역본부로 10월 30일까지 출품자 서류를 제출해야 한다.
④ 신청서는 농협경제지주 원예부에서 최종적으로 받게 된다.
⑤ 품평회 출품 신청서는 지역(품목)농협에서 작성하게 된다.

32. 다음 중 친환경농산물 품평회의 출품자격이 없는 대상자는?

① 친환경농산물 생산 농업인
② 친환경농산물을 직접 생산하는 영농조합법인
③ 주재료 중 절반을 친환경농산물로 사용하여 가공제품을 생산한 업체
④ 20X2년 품평회 대상을 받았고, 친환경농산물을 직접 생산·출하(판매)하는 친환경 농업단체
⑤ 직접 상품화한 친환경농산물을 판매하는 생활협동조합

> **빠른 풀이 비법**
> 많은 양의 자료를 다 읽기보다는 선택지를 먼저 확인한 후에 비교하여 답을 찾아내는 것도 풀이 시간을 줄이는 하나의 방법이다.

지역농협 6급 직무능력평가

유형별 출제비중

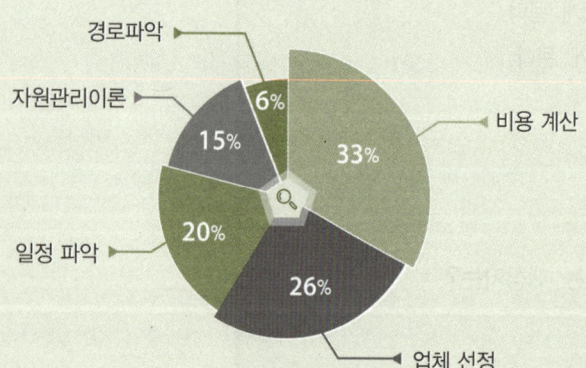

- 경로파악 6%
- 자원관리이론 15%
- 일정 파악 20%
- 업체 선정 26%
- 비용 계산 33%

출제분석

2024년 지역농협 6급 필기시험의 자원관리능력에서는 제시된 조건과 자료를 기준으로 자원을 효율적으로 관리하는 방법을 도출하거나 결과를 도출하는 문제가 다수 출제되었다. 문제 풀이 시 조건이나 자료에서 고려해야 할 부분들이 많아 높은 난도로 체감되었다. 60문항 유형에서는 예산이나 금액을 계산하는 문제, 예산관리 이론을 이해하는 문제 등이 출제되었다. 70문항 유형에서는 예산수립 과정, ERP(전사적 자원관리), 시간관리 방법, 물품 관리 방법 등의 이론을 확인하는 문제가 다수 출제되었다.

4장

자원관리능력

테마 1 출제유형학습
테마 2 유형별 학습

테마 1 출제유형학습
자원관리능력

01 시간관리

04 자원관리능력

① 시간관리의 의미와 시간자원의 특성

1. **시간관리의 의미** : 시간자원이 얼마나 필요한지를 확인하고 이용 가능한 시간자원을 최대한 수집하여 실제 업무에 어떻게 활용할 것인지를 계획하고 할당하는 능력

2. **시간자원의 특성**
   (1) 시간은 매일 주어지는 기적이다.
   (2) 시간은 똑같은 속도로 흐른다.
   (3) 시간의 흐름은 멈추게 할 수 없다.
   (4) 시간은 빌리거나 저축할 수 없다.
   (5) 시간은 어떻게 사용하느냐에 따라 가치가 달라진다.
   (6) 시간은 시절에 따라 밀도도 다르고 가치도 다르다.

② 시간관리의 중요성

1. 기업의 입장에서 시간관리를 통한 시간단축은 생산성 향상, 가격 인상, 위험 감소, 시장 점유율 증가의 효과를 거둘 수 있다. 여기서 가격 인상이란 기업의 입장에서 일을 수행할 때 소요되는 시간을 단축함으로써 발생하는 비용 절감과 이익 상승의 결과로 사실상 가격 인상의 효과가 있다는 의미이다.

2. 시간을 통제하는 것이 아닌 시간을 효율적으로 관리함으로써 삶의 여러 문제를 개선할 수 있다.

③ 시간관리의 효과

구분	내용
스트레스 감소	시간 낭비는 잠재적인 스트레스 유발요인이라 할 수 있으며, 시간관리를 통하여 일에 대한 부담을 줄여 스트레스를 감소시킬 수 있음.
균형적인 삶	시간관리를 잘한다면 직장에서 일을 수행하는 시간을 줄이고, 일과 가정, 혹은 자신의 다양한 여가를 동시에 즐길 수 있게 됨.
높은 생산성 제고	시간은 매우 한정된 자원이기에 시간을 적절히 관리하여 효율적으로 일을 하게 된다면 생산성을 크게 향상시킬 수 있음.
목표 달성	목표를 성취하기 위해서는 시간이 필요하기 때문에 시간관리가 중요함.

4 일 중독

1. 정의

(1) 1971년 미국의 경제학자 오츠(W. Oates)의 논문으로 알려진 용어로, 오츠는 강박적으로 일하는 습관과 업무제일주의를 성격적 성향이 아닌 알코올 중독과 같은 일종의 병으로 규정하였다.

(2) 일과 생활 사이의 균형을 상실하고, 강박적으로 일에 매몰되는 사람을 의미한다.

(3) 모바일 환경에서는 집에서도 일을 끊기 어렵고, 세계적인 대기업에 근무하는 직원들은 다른 국가, 다른 시간대에서 일하는 동료들과 계속 접촉하게 되면서 계속 일을 하게 되는 환경이 만들어지고 있다.

2. 일 중독자들의 경향

(1) 가장 생산성이 낮은 일을 가장 오래 하는 경향이 있다.
(2) 최우선 업무보다는 가시적인 업무에 전력을 다하는 경향이 있다.
(3) 자신이 할 수 있는 일은 다른 사람에게 맡기지 않는 경향이 있다.
(4) 위기 상황에 과잉 대처하면서 침소봉대하는 경향이 있다.

3. 일 중독자의 유형

유형	내용	자존감	강박감
성취적 일 중독자	완벽하게 업무를 수행하고 목표를 달성하는 쾌감에 빠져 일에 매진하는 유형의 일 중독자	높음	높음
강박적 일 중독자	업무를 수행하는 것에 개인적인 흥미를 느끼지는 못하나, 일을 하지 않으면 불안감을 느끼고 이에 벗어나기 위해 일에 매진하는 유형의 일 중독자	낮음	높음
열정적 일 중독자	업무 자체에 대한 흥미를 넘어 중독 수준의 몰입에 빠져 일에 매진하는 유형의 일 중독자	높음	낮음
타의적 일 성실자	자신의 의지가 아닌 타인의 명령이나 의무감 등 외적인 이유로 일에 매진하는 경우로, 외부환경의 변화만으로 일 중독자의 특징이 사라진다는 점에서 일 중독자로는 분류되지 않음.		

5 시간 낭비의 요인과 시간관리에 대한 오해

1. 시간 낭비의 요인

(1) 외적요인 : 외부인이나 외부에서 발생하는 시간에 의한 것으로 본인이 제어할 수 없음.
  예 동료, 가족, 고객, 문서, 교통 혼잡 등

(2) 내적요인 : 개인 내부의 습관에 의한 것
  예 계획 부족, 우유부단함, 사회 활동 등

(3) 기타 요인 : 시간에 대한 잘못된 인식, 시간관리에 대한 오해 등

이것만은 꼭!

워라밸(Work-life Balance)
근로시간 단축, 근로복지 등을 통해 일에 너무 치우치지 않는 '일과 생활의 균형'을 중시하는 사회 트렌드를 반영한 신조어이다.

2. 시간관리에 대한 오해

(1) 시간관리는 상식에 불과하다.
(2) 시간에 쫓기면 일을 더 잘할 수 있다.
(3) 시간관리는 할 일에 대한 목록만으로 충분하다.
(4) 시간관리는 창의적인 일에는 맞지 않다.
(5) 마감기한에 대한 관념보다 결과의 질을 중요하게 생각한다.

3. 직장에서의 시간 낭비 요인

• 목적이 불명확하다.	• 여러 가지 일을 한꺼번에 많이 다룬다.
• 1일 계획이 불충분하다.	• 서류정리를 하거나 서류를 숙독한다.
• 불필요한 스마트폰이나 컴퓨터 사용	• 조정부족, 팀워크의 부족
• 예정외의 방문자가 많다.	• 불완전한 정보, 정보의 지연
• 일을 끝내지 않고 남겨둔다.	• 긴 회의
• 커뮤니케이션 부족 또는 결여	• 일을 느긋하게 하는 성격
• 기다리는 시간이 많다.	• 권한위양을 충분히 하지 않고 있다.
• 우선순위가 없이 일을 한다.	• 장래의 일에 도움이 되지 않는 일을 한다.
• 게으른 성격, 책상 위는 항상 번잡하다.	• 부적당한 파일링시스템
• 일에 대한 의욕부족, 무관심	• 전화를 너무 많이 한다.
• 'No'라고 말하지 못하는 성격	• 극기심의 결여
• 소음이나 주의를 흩트리는 경우	• 회의나 타협에 대한 준비 불충분
• 잡담이 많다.	• 모든 것에 대해 사실을 알고 싶어 한다.
• 초조하고 성질이 급하다.	• 권한을 위양한 일에 대한 부적절한 관리

6 시간관리의 유형

1. **시간 창조형(24시간형 인간)** : 긍정적이며 에너지가 넘치고 빈틈없는 시간계획을 통해 비전과 목표 및 행동을 실천하는 사람

2. **시간 절약형(16시간형 인간)** : 8시간의 회사 업무 이외에도 8시간을 효율적으로 활용하고 8시간을 자는 사람. 정신없이 바쁘게 살아가는 사람

3. **시간 소비형(8시간형 인간)** : 8시간 일하고 16시간은 제대로 활용하지 못하며 빈둥대면서 살아가는 사람. 시간은 많음에도 불구하고 마음은 쫓겨 바쁜 척하고 허둥대는 사람

4. **시간 파괴형(0시간형 인간)** : 주어진 시간을 제대로 활용하기는커녕 시간관념 없이 자신의 시간은 물론 남의 시간마저 죽이는 사람

7 시간계획의 기본원리

[효과적인 시간관리와 비효과적인 시간관리]

효과적인 시간관리	비효과적인 시간관리
시간을 자율적으로 컨트롤한다.	시간에 끌려다닌다.
중요한 일을 우선으로 한다.	시시한 일을 할 때가 많다.
일의 질과 탁월성에 관심을 가진다.	일의 양에 관심을 가진다.
바쁠 때도 여유가 있어서 서두르지 않는다.	너무 바쁘거나, 너무 한가한 경우가 많다.
계획에 따라 행동한다.	계획이 없고 일관성이 없다.
삶이 균형과 조화를 이룬다.	삶이 불균형하고 혼란스럽다.
성취한 후의 기쁨과 보람을 느낀다.	일을 마쳐도 성취감을 느끼지 못하고 후회한다.

1. 60 : 40 규칙
(1) 자신에게 주어진 시간 중 계획된 행동을 하는 60%의 시간
(2) 계획 외의 행동에 대비하는 20%의 시간
(3) 자발적이고 창조성을 발휘하는 20%의 시간

2. 시간계획 시 명심해야 할 사항

- 행동과 시간/저해요인의 분석
- 규칙성 – 일관성
- 유연성
- 기록
- 기대 성과나 행동 목표 기록
- 일의 우선순위
- 시간의 낭비요인 파악과 여유시간 확보
- 정리할 시간
- 일·행동의 리스트화
- 현실적인 계획
- 시간 손실의 보상
- 차기계획에 미완료 일 반영
- 시간 프레임(Time Frame) 설정
- 권한의 위임
- 이동시간, 대기시간도 계획
- 시간 계획의 조정

3. 시간관리의 5가지 원칙
(1) **시간을 기록한다.** : 자신의 일과를 기록하여 시간을 어떻게 쓰는지 파악한다.
(2) **시간을 한정한다.** : 반드시 일을 시작하기 전에 마감시한을 먼저 설정한다.
(3) **시간을 포기한다.**
  ① 지금 당장하지 않아도 되는 일은 과감히 포기한다.
  ② 자신이 직접 하지 않아도 되는 일은 과감히 다른 사람에게 맡긴다.
(4) **시간을 통합한다.** : 집중할 수 있는 연속적인 시간을 모아서 사용한다.
(5) **시간의 우선순위를 정한다.** : 현재 자신에게 가장 중요한 일과 해야만 하는 일 등의 우선순위를 정한다.

보충플러스

시간의 지배자가 되는 시간관리 십계명
1. 규모가 큰 업무나 가치가 비슷한 업무는 모아서 한꺼번에 처리한다.
2. 의도적으로 외부의 방해를 차단한다.
3. 회의 시간을 제한하고 안건마다 기한을 설정한다.
4. 모든 업무에 대해 우선순위를 정한다.
5. 가능한 정말로 중요한 것만 실행한다.
6. 위임 가능성을 충분히 활용한다.
7. 큰 규모의 업무는 세분화한다.
8. A급 과제의 처리 기한은 자신에게 적합하게 설정한다.
9. 중점 과제를 먼저 처리한다.
10. 능률을 고려하여 계획을 수립한다.

> **확인문제**
>
> * 다음 효과적인 시간 계획을 작성하기 위한 과정을 순서대로 바르게 나열한 것은?
>
> ㉠ 명확한 목표 설정하기
> ㉡ 일의 우선순위 정하기
> ㉢ 예상 소요 시간 결정하기
> ㉣ 시간 계획서 작성하기
>
> 정답 ㉠ → ㉡ → ㉢ → ㉣

4. **효과적인 시간계획** : 명확한 목표를 설정하고 일의 우선순위를 정한다. 일의 우선순위를 정할 때에는 중요성과 긴급성을 바탕으로 시간관리 매트릭스를 만들어 정하는 것이 좋다. 또한 예상 소요시간을 결정하고 시간 계획서를 작성한다.

[일의 우선순위 판단을 위한 매트릭스]

	긴급함	긴급하지 않음
중요함	긴급하면서 중요한 일 • 위기상황 • 급박한 문제 • 기간이 정해진 프로젝트	긴급하지 않지만 중요한 일 • 예방 생산 능력활동 • 인간관계 구축 • 새로운 기회 발굴 • 중장기 계획, 오락
중요하지 않음	긴급하면서 중요하지 않은 일 • 잠깐의 급한 질문 • 일부 보고서 및 회의 • 눈앞의 급박한 상황 • 인기 있는 활동	긴급하지도 않고 중요하지 않은 일 • 바쁜 일, 하찮은 일 • 우편물, 전화 • 시간 낭비 거리 • 즐거운 활동

8 SMART 법칙

1. 개념

(1) 목표 설정 후 그 목표를 성공적으로 달성하기 위한 필수 요건을 5가지로 제시한 시간계획모델이다.

(2) 한정된 시간을 효율적으로 활용하기 위해 목표를 설정하고, 이를 장기·중기·단기 단위로 구분한다.

2. 내용

구분	내용
S(Specific) 구체적으로	목표를 구체적으로 설정한다. 예 나는 토익 점수 700점을 넘길 것이다.
M(Measurable) 측정 가능하도록	수치화, 객관화시켜서 측정이 가능한 척도를 세운다. 예 나는 2시간 안에 10페이지 분량의 보고서를 작성한다.
A(Action-oriented) 행동 지향적으로	사고 및 생각에 그치는 것이 아닌 행동을 중심으로 목표를 세운다.
R(Realistic) 현실성 있게	실현 가능한 목표를 세운다.
T(Time Limited) 시간적 제약이 있게	목표를 설정함에 있어서 제한 시간을 둔다. 예 오늘 안에, 이번 주 까지, 이번 달까지 등

02 예산관리

① 예산관리능력의 의미와 중요성

1. 예산의 의미
(1) 사전적 의미로 필요한 비용을 미리 헤아려 계산한 것이나 그 비용이라 할 수 있다.
(2) 넓은 범위에서 민간 기업이나 공공단체 및 기타 조직체는 물론이고 개인의 수입과 지출에 관한 것도 포함된다.

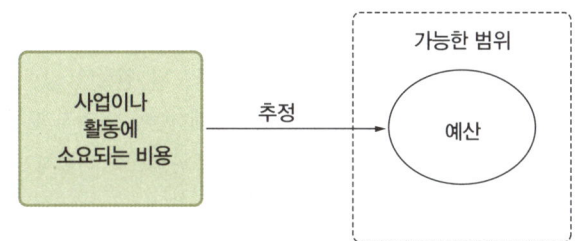

2. 예산관리의 의미
활동이나 사업에 소요되는 비용을 산정하고 예산을 편성하는 것뿐만 아니라 예산을 통제하는 것 모두를 포함한다.

3. 예산관리의 기능
(1) **계획기능** : 조직의 장기적 목표를 설정하고 이를 위한 종합예산을 편성
(2) **조정기능** : 조직의 목표에 따라 예산을 각 부문에 할당하고 이를 감독관리
(3) **통제관리기능** : 예산계획과 실제 예산 지출을 비교하여 부문의 성과를 평가하고 환류

4. 예산관리의 중요성
(1) 책정비용을 실제보다 높게 책정하면 경쟁력을 잃게 된다.
(2) 책정비용을 실제보다 낮게 책정하면 오히려 적자가 발생한다.
(3) 책정비용과 실제비용의 차이를 줄이고 비슷한 상태가 가장 이상적인 상태이다.

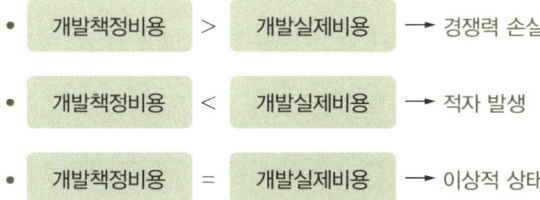

확인문제

* 다음 중 직접비용에 해당되는 것을 모두 고르면?

㉠ 시설비	㉡ 인건비
㉢ 보험료	㉣ 건물관리비
㉤ 사무비품비	㉥ 출장비

① ㉠, ㉣, ㉤
② ㉡, ㉢, ㉥
③ ㉠, ㉡, ㉥
④ ㉢, ㉤, ㉥
⑤ ㉠, ㉡, ㉣

정답 ③

이것만은 꼭!

고정비와 변동비
- 고정비 : 매출액의 증감과 관계없이 지출되는 비용
- 변동비 : 매출액의 증감과 함께 변하는 비용
- 총비용 : 고정비와 변동비를 합한 비용

One Point Lesson

과업세부도
1. 과제를 수행함에 있어서 필요한 활동의 규명에 과업세부도의 활용이 효과적이다.
2. 과제 및 활동의 계획을 수립하는 데 있어서 가장 기본적인 수단으로 활용되는 그래프로, 필요한 모든 일들을 중요한 범주에 따라 체계화시켜 구분한다.
3. 마지막으로 예산 배정 단계에서는 과업세부도와 예산을 매치시키는 것이 효과적이다.

② 예산의 구성요소

1. 비목과 세목

(1) 비목 : 예산을 구성하는 모든 원가의 속성을 파악하여 유사한 군별로 묶어 표현한 대분류 원가항목으로, 직접비용과 간접비용으로 구분한다.

(2) 세목 : 비목의 구성요소를 상세하게 표현한 중분류 원가항목을 의미한다.

2. 직접비용(Direct Cost)

(1) 제품 생산 또는 서비스를 창출하기 위해 직접 소비된 것으로 여겨지는 비용이다.

(2) 종류
① 재료비 : 제품의 제조를 위하여 구매된 재료에 지출한 비용
② 원료와 장비 : 제품을 제조하는 과정에서 소모된 원료나 장비에 지출한 비용, 장비를 실제로 구매한 비용뿐만 아니라 임대하는 비용까지 모두 포함
③ 시설비 : 제품을 효과적으로 제조하기 위한 목적으로 건설하거나 구매한 시설에 제출한 비용
④ 여행(출장)비 : 제품 생산이나 서비스를 창출하기 위한 출장이나 타 지역으로의 이동 등에 의해 발생하는 비용
⑤ 인건비 : 제품 생산이나 서비스를 창출하는 업무를 수행하는 사람들에게 지급되는 비용으로, 계약으로 고용한 외부 인력에 의한 비용까지 모두 포함

3. 간접비용(Indirect Cost)

(1) 제품을 생산하거나 서비스를 창출하기 위해 소비되는 비용 중에서 직접비용을 제외한 비용으로 생산에 직접 관련되지 않은 비용이다.

(2) 보험료, 건물관리비, 광고비, 통신비, 사무비품비, 각종 공과금 등이 있다.

4. 예산 수립 과정

순서	내용
필요한 모든 과업 활동 도출	업무를 추진하는 과정에서 예산이 필요한 모든 활동을 도출하는 것이 필요
우선순위 결정	활동별로 예산 지출 규모를 확인하고 우선적으로 추진해야 하는 활동을 선정하는 작업이 필요
예산 배정	우선순위가 높은 활동부터 적절하게 예산을 배정하고 실제 예산을 사용

③ 예산 집행 관리

1. 직장에서의 과제나 프로젝트 수행상 예산을 관리하기 위해서 수시로 예산 사용을 얼마만큼 했는지 알아볼 수 있도록 정리하는 것이 필요하다.
2. 관리자는 월 단위로 실행예산 대비 사용실적에 대한 워크시트를 작성함으로써 예산을 관리한다.
3. 예산 계획에 차질이 없도록 집행하기 위해서는 무엇보다 예산 집행 내역과 계획을 지속적으로 비교·검토하는 것이 중요하다.
4. 예산 집행의 원칙
   (1) 개별화의 원칙 : 재정통제체계는 개별 기관의 제약조건, 요구사항을 충족
   (2) 강제의 원칙 : 강제성을 띠는 명시적인 규정이 요구
   (3) 예외의 원칙 : 예외 상황을 고려
   (4) 보고의 원칙 : 보고 규정이 필요
   (5) 개정의 원칙 : 일정한 기간이 지난 후 규칙 개정
   (6) 효율성의 원칙 : 통제 시간과 비용의 최소화
   (7) 의미의 원칙 : 규칙, 기준, 의사소통 및 계약 등 이해와 전달
   (8) 환류의 원칙 : 부작용, 장단점을 개정에 반영

④ 예산의 유형

1. 항목별 예산(LIB ; Line-Item Budgeting)
   (1) 의미 : 예산을 지출 대상별로 분류해 편성하는 예산제도(투입중심예산)
   (2) 특징 : 전년도 예산을 주요 근거로 일정한 금액만큼 증가시킴(점증주의적 예산방식)

장점	단점
• 지출근거가 명확하여 예산통제에 효과적 • 예산항목별로 지출 정리로 회계에 유리	효율성, 생산성, 질을 결정하는 데 사용될 정보를 제공해 주지 않음. → 사업내용을 알기 어려움.

2. 성과주의 예산(PB ; Performance Budgeting)
   (1) 의미 : 예산을 사업별, 활동별로 분류하여 편성하되, 업무단위의 원가와 양을 계산해 편성, 기능주의 예산 또는 프로그램 예산이라고 함.
   (2) 특징 : 단위원가×업무량=예산, 관리지향 예산제도

장점	단점
• 자금배분이 합리적(단위비용 계산) • 프로그램의 효율성을 기할 수 있음.	업무측정 단위(시간, 횟수, 클라이언트 수) 설정과 단위원가 산출 곤란

보충플러스
효과적인 가계부 관리방법
- 하루도 빠뜨리지 말기
- 단돈 10원이라도 정확히 기록하기
- 지출하기 전에 예정 지출액 계산하기
- 지출 후 지출액을 예산과 비교한 후 차액을 파악하여 차후의 예산 설정에 참고하기
- 후회되는 지출 항목은 반복하지 않도록 표시하기

보충플러스
항목별 예산
점진주의적이므로 예산 증감의 신축성 없음.

보충플러스
성과주의 예산
일반인들이 기관의 사업목적을 이해하는 데 도움을 줌.

3. 프로그램 기획예산(PPBS ; Planning-Programming-Budgeting System)

(1) **의미** : 장기적 기획수립과 단기적인 예산편성을 프로그램 작성을 통하여 유기적으로 결합시킴으로써 합리적인 자원분배를 이룩하려는 예산체계(산출중심 예산)

(2) **특징** : 장기적 계획을 전제로 함, 목표를 분명히 하고 달성 강조

장점	단점
• 목표와 프로그램을 명확히 알 수 있고, 재정자원을 합리적으로 배분 • 프로그램 계획과 예산수립의 괴리를 막을 수 있고, 프로그램의 효과성을 높임.	• 목표설정이 어려움. • 보통 10년 장기계획과 1년의 예산을 연결시키므로 사회변동에 대한 탄력적 대응이 어려움. • 의사결정이 중앙 집중화되는 경향을 보임.

4. 영 기준예산(ZBB) : 예산의 감축 기능

(1) **의미** : 전년도 예산을 전혀 고려하지 않은 영 기준을 적용하여 체계적으로 사업의 우선순위를 결정하고 이에 따라 예산을 편성하는 제도

(2) **특징** : 매년 프로그램 목표와 수행능력을 새로 고려함, 사업의 비교평가에 기초하여 우선순위를 정하여 프로그램을 선택

장점	단점
• 예산절약과 프로그램의 쇄신에 기여함. • 재정운영과 자금배분의 탄력성 • 자금의 배분을 합리화 • 프로그램의 효율성과 효과성 향상	• 관리자들이 적절한 결정단위와 사업순위, 결정항목들을 결정하기 위한 훈련이 필요함. • 장기계획에 의한 프로그램 수행 곤란

5 회계

1. 회계활동

(1) **기록업무** : 수입과 지출에 관한 다양한 기록 장부를 마련하고 회계원칙에 따라 장부에 기록한다.

(2) **정리업무** : 각종 장부에 기록된 사항을 월별, 분기별로 주기적으로 종결하여 정리하는 업무로서 정기적인 재무보고서 작성에 필요한 절차이다.

(3) **보고서 작성** : 회계연도 말에는 1년 동안 수입과 지출의 현황을 파악할 수 있는 대차대조표 등의 보고서를 작성하여 이사회 등에 반드시 보고하고 재정지원조직이나 개인에게도 보고 또는 공개하여 재정자원이 유용하게 활용되었는지를 밝힌다.

2. 회계감사의 종류

(1) 목적에 따른 감사

① **재무제표감사** : 재무제표가 회계기준에 따라 적정하게 작성되었는지에 대한 의견을 표명하기 위해 수행하는 감사

보충플러스

회계의 정의

회계는 기업 실체와 이해 관계를 갖는 정보이용자에게 자원분배에 대한 합리적인 의사결정을 할 수 있도록 기업의 경제적 활동을 측정하여 정리된 재무제표 등을 전달하는 과정이다.

② 업무감사 : 어떤 경제주체의 영업활동 및 업무절차에 대하여 그 능률과 효과를 평가하는 목적으로 실시하는 감사

③ 이행감사 : 어떤 조직이 상위기관 등에서 정한 규정, 절차 등을 제대로 준수하였는지를 살펴볼 목적으로 실시되는 감사

(2) 감사 주체에 따른 감사

① 외부감사 : 피감사인과 독립된 감사인이 감사를 수행하는 것으로 공인회계사에 의한 재무제표감사가 대표적

② 내부감사 : 조직 내부의 종업원이나 임원에 의하여 실시되는 업무감사가 대표적

(3) 감사의 강제성 여부에 따른 감사

① 법정감사 : 관련 법률(대표적으로 「주식회사 등의 외부감사에 관한 법률」)이나 규정에 의하여 수행되는 감사

② 임의감사 : 감사의뢰인이 필요에 따라 자발적으로 수행되는 감사

(4) 감사 실시 시기에 따른 감사

① 중간감사 : 재무제표일 이전에 실시하는 감사로 감사위험을 평가하여 기말감사를 준비하는 감사(보통 9 ~ 11월)

② 기말감사 : 재무제표일 이후에 실시하는 감사로 입증절차의 계획에 따라 중요성 관점에서 적정하게 표시되었는지 의견표명(보통 1 ~ 3월)

(5) 감사의 계속성에 따른 감사

① 초도감사 : 당기의 감사인이 전기 재무제표를 감사하지 않은 경우

② 계속감사 : 당기의 감사인과 전기의 감사인이 동일한 경우

3. 재정평가

(1) 운영 및 목적성취에 대한 지출의 상태를 평가하는 것이다.

(2) 사업성취도에 대한 지출을 평가하는 것이기 때문에 예산편성과정부터 예산운영 등의 전 과정에 대한 평가를 한다.

(3) 지출이 예산대로 이루어졌다 하더라도 사업목적이 달성되지 못했을 때에는 그 지출은 적절하지 못한 것으로 평가되고 다음 회계연도에서는 그 지출내역에 수정이 가해지게 된다.

4. 재무상태표(대차대조표)

(1) 기업의 경제적 자원인 자산(Asset), 경제적 의무인 부채(Debt)와 자본(Equity)에 대한 정보를 제공하기 위해 기업이 공개하는 재무보고서이다.

(2) 계정식 재무상태표는 자산을 기록하는 차변, 자본과 부채를 기록하는 대변으로 구분하여 작성하여 대차대조표라고도 한다. 그 외에 좌우 구별 없이 위에서부터 자산, 부채, 자본 순서로 구분하여 표시하는 보고식 재무상태표가 있다.

TIP 내부감사와 외부감사 비교

	내부감사	외부감사
감사의 목적	경영관리층의 업무 보조	외부이해관계자의 이해 조정
감사인	조직 내 전문인	전문인, 상급기관
독립성	필수적이지 않음.	필수
이용자	주로 내부 경영진	일반 다수 대중
주감사 대상	효율성과 경영성과	재무제표, 특정항목 (이행감사)
감사 기능	지도, 자문적 기능	비판적 기능
법적 강제성	임의감사	법정감사

[계정식 재무상태표]

차변	대변
• 자산 　- 유동자산 : 당좌자산, 재고자산 　　예 현금, 현금성자산, 매출채권, 선급비용, 상품, 제품, 원재료, 저장품 등 　- 비유동자산 : 투자자산, 유형자산, 무형자산, 기타비유동자산 　　예 토지, 건물, 감가상각누계액, 기계장치, 영업권(권리금), 산업재산권(특허권, 상표권 등), 저작권, 프랜차이즈, 임차보증금 등	• 부채 　- 유동부채 　　예 매입채무, 단기차입금, 선수금, 미지급금 　- 비유동부채 　　예 회사채, 장기차입금 • 자본 　　예 자본금, 자본잉여금, 자본조정, 기타포괄손익누계액, 이익잉여금(결손금)

5. **책임회계제도(Responsibility Accounting)**

   (1) 원가가 발생하는 거래에 대한 권한과 책임을 부여한 책임중심점을 기준으로 거래 수익과 원가를 집계하여 책임자별 성과를 파악하면서 동시에 원가통제를 달성하는 제도이다.

   (2) 책임자별 성과 기록을 통한 동기부여와 원가통제를 통한 수익성 증대를 기대할 수 있다.

   (3) 책임중심점은 부문별, 제품별, 시장별, 지역별 등 다양한 기준으로 선정할 수 있으며, 반드시 권한과 책임의 범위를 명확히 규정해야 한다.

03 물적자원관리

1 물적자원의 종류와 관리의 중요성

1. 물적자원의 종류

(1) **자연자원** : 자연 상태에 있는 그대로의 자원이다.

　예 석유, 석탄, 나무 등

(2) **인공자원** : 사람이 인위적으로 가공하여 만든 물적자원이다.

　예 시설, 장비 등

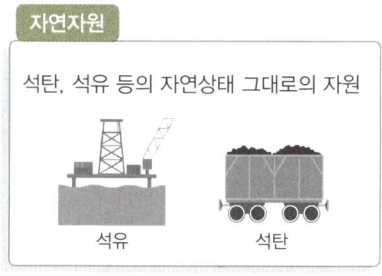

2. 물적자원관리의 중요성

(1) 물적자원을 얼마나 확보하고 활용할 수 있느냐가 큰 경쟁력이 된다.

(2) 개인 및 조직에 필요한 물적자원을 확보하고, 적절히 관리하는 것은 경쟁력을 높이는 일이다.

(3) 물적자원관리를 소홀히 하면 경제적 손실과 더불어 과제 및 사업의 실패를 낳을 수 있다.

[효과적인 물적자원관리]

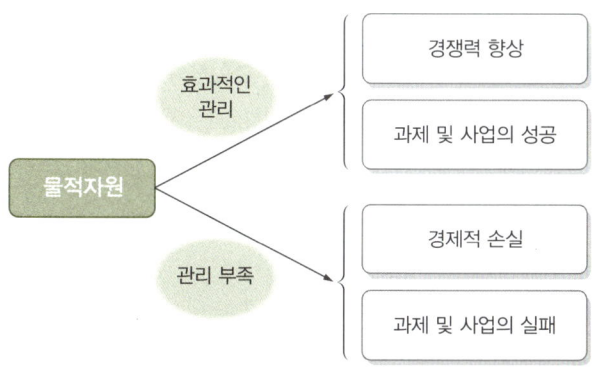

3. 물적자원관리가 필요한 경우

(1) 업무 수행에 필요한 물적자원을 효율적으로 활용하고 관리해야 하는 경우
(2) 공정 진행상의 생산성 향상을 위해 제품 생산에 필요한 물적자원을 조정해야 하는 경우
(3) 물적자원을 활용하기 위해서 업무지시서를 작성해야 하는 경우
(4) 업무 수행에 필요한 물적자원을 확보해야 하는 경우

4. 물적자원 활용의 방해요인

구분	내용
보관 장소를 파악하지 못하는 경우	• 한 번 활용한 물건을 다시 활용할 것이라는 생각을 하지 않고 아무 곳에나 놓아두게 됨. • 물적자원이 필요한 상황에 적시에 공급이 되지 않고 시간을 지체하게 되면 아무런 효과도 거둘 수 없게 됨.
훼손된 경우	보유하고 있는 물건을 적절히 관리하지 못해 고장이나 훼손되는 경우 다시 물품을 구입해야 하므로 경제적 손실을 가져올 수 있음.
분실한 경우	물품을 분실하는 것은 훼손된 경우와 마찬가지로 다시 그 물품을 구입해야 하므로 경제적인 손실을 가져올 수 있음.
분명한 목적이 없는 경우	불필요한 지출 발생으로 경제적 손실을 가져올 수 있음.

(1) 자원 낭비의 요소

구분	요소
비계획적 행동	계획 없이 충동적, 즉흥적으로 행동하기 때문에 자신이 활용할 수 있는 자원을 낭비하게 되는 경우
편리성 추구	• 자원을 활용하는 데 자신의 편리함을 최우선적으로 추구하기 때문에 나타나는 현상 • 종이컵과 같이 잦은 일회용품 사용, 할 일 미루기, 약속 불이행 등
자원에 대한 인식 부재	자신이 가지고 있는 중요한 자원을 인식하지 못하는 경우
노하우 부족	자원관리에 대한 경험이나 노하우가 부족한 경우

확인문제

* 물적자원의 활용을 적시에 활용할 수 없게 만드는 요인을 크게 3가지로 나타내었다. 빈칸에 들어갈 내용은?

보관장소의 파악 문제, (   ), 분실

정답 훼손 및 파손

[자원 낭비 요소]

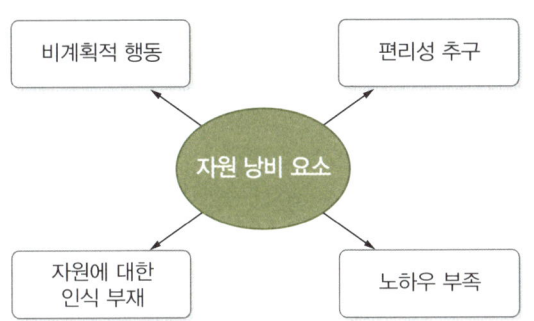

② 효과적인 물적자원관리 과정

1. 사용품과 보관품의 구분

(1) 해당 물품을 앞으로 계속 사용할 것인지, 그렇지 않을 것인지를 구분하는 과정이 이루어져야 한다.

(2) 이 과정을 거치지 않고 계속 사용할 물품을 창고나 박스에 보관한다면 다시 꺼내야 하는 경우가 반복되면서 물품 보관 상태가 나빠질 수 있다.

[효과적인 물적자원관리 과정]

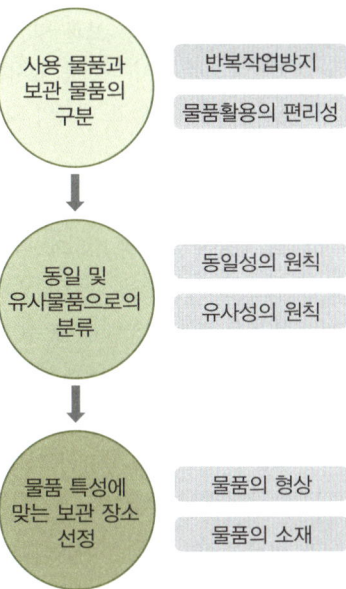

2. 동일 및 유사 물품의 분류

(1) 동일성의 원칙 : 같은 품종은 같은 장소에 보관하는 것이 원칙이다.

(2) 유사성의 원칙 : 유사품은 인접한 장소에 보관하는 것이 원칙이다.

(3) 특정 물품의 정확한 위치를 모르더라도 대략의 위치를 알고 있음으로써 찾는 시간을 단축할 수 있다.

3. 물품의 특성에 맞는 보관 장소 선정

(1) 개별 물품의 특성을 고려하여 보관 장소를 선정한다.

(2) 물품의 무게와 부피에 따라 차이를 두어 보관한다.

(3) 회전대응 보관의 원칙으로 물품을 보관한다.

4. 물품 보관의 원칙

(1) 통로대면보관의 원칙 : 창고 내에서 제품의 입고와 출고를 용이하게 하고 보관을 효율적으로 하기 위해서 통로 면에 보관하는 것이 창고의 레이아웃 설계의 기본인 동시에 창고 내의 흐름을 원활히 하고 활성화하기 위한 기본원칙이다.

(2) 높이쌓기의 원칙 : 제품을 평평하게 적재하는 것보다 높이 쌓게 되면 창고의 용적 효율을 높일 수 있다. 이는 창고 전체의 유효보관이란 관점에서도 입체효율을 향상하는 것은 당연하며, 선입선출 등 재고관리상 제약조건이 많은 경우 각각의 용도에 맞는 랙(Rack) 등 보관설비의 설치를 고려해야 한다.

(3) 선입선출의 원칙 : 선입선출(FIFO ; First In First Out)이란 먼저 입고된 제품을 먼저 출고한다는 원칙으로서, 이 원칙은 일반적으로 제품의 재고회전율(Life Cycle)이 낮은 경우에 많이 적용된다. 주요 대상품목은 형식의 변경이 적지 않은 제품, 회전율이 짧은 제품, 보관 시 파손, 감모가 생기기 쉬운 제품 등 주로 재고관리 비용과 선입선출을 함으로써 얻어지는 이익을 비교하여 결정되어지는 제품들이 적용 대상이다.

(4) 명료성의 원칙 : 보관되어 있는 제품을 용이하게 인식할 수 있도록 보관하는 원칙으로 창고 내 작업원 시각에 따라 보관품의 장소나 보관품 자체를 쉽게 파악할 수 있도록 해야 한다.

(5) 위치표시의 원칙 : 보관 및 적재되어 있는 제품의 랙 위치에 상황에 맞는 특정한 기호를 사용하여 위치를 표시함으로써 입출고 작업의 단순화를 통한 업무 효율화를 증대할 수 있고 재고의 파악 및 정리작업을 할 때 불필요한 작업이나 실수를 줄일 수 있다.

(6) 회전대응보관의 원칙 : 보관할 물품의 장소를 회전정도에 따라 정하는 원칙으로서 입출하 빈도의 정도에 따라 보관 장소를 결정하는 것을 말한다. 출입구가 동일한 창고의 경우 입출고 빈도가 높은 화물은 출입구와 가까운 장소에 보관하고 빈도가 낮은 경우에는 먼 장소에 보관하는 것이 이에 해당된다.

(7) 중량특성의 원칙 : 하역의 난이도를 고려하여 제품의 중량에 따라 보관 장소의 출입구를 기준으로 한 거리와 높낮이를 결정한다는 원칙이다. 제품의 하역작업을 할 때 허리 이하의 높이에서는 중량물과 대형물을 보관하고, 허리 이상의 높이에는 경량물과 소형물을 보관하도록 한다.

(8) 형상특성의 원칙 : 형상에 따라 보관방법을 변경하며, 형상특성에 부응하여 보관한다는 원칙이다. 표준화된 제품은 랙에 보관하고 표준화되지 않은 제품은 형상에 부응하여 보관한다.

(9) 네트워크 보관의 원칙 : 관련 제품을 한 장소에 모아 보관하는 원칙으로 출하 품목의 다양성에 따라 보관상의 곤란을 예상하여 물품정리가 용이하도록 보관하는 방식이다.

5. 물품의 기호화

(1) 바코드(Bar Code)
① 컴퓨터가 파악하기 쉽고 데이터를 빠르게 입력하기 위해 굵기가 다른 검은 막대와 하얀 막대를 조합시켜 문자나 숫자를 코드화 한 것이다.
② 제품에 인쇄된 바코드를 스캐너로 읽고 이를 데이터로 변환하여 활용한다.

확인문제

*다음에서 설명하는 물품 보관의 원칙은?

- 입·출하의 빈도가 높은 품목은 출입구 가까운 곳에 보관한다.
- 물품의 활용 빈도가 상대적으로 높은 것은 가져다가 쓰기 쉬운 위치에 먼저 보관하는 것을 말한다.

① 동일성의 원칙
② 유사성의 원칙
③ 명료성의 원칙
④ 네트워크 보관의 원칙
⑤ 회전대응보관의 원칙

정답 ⑤

(2) QR 코드(Quick Response Code)
  ① 흑백 격자무늬 패턴으로 정보를 나타내는 매트릭스 형식의 바코드로 기존 바코드에 비해 넉넉한 용량을 강점으로 다양한 정보를 담을 수 있다.
  ② 스마트폰 보급 확산에 따라 마케팅 도구로도 활용되고 있다.

(3) RFID(Radio-Frequency Identification)
  ① 물품에 태그를 부착하고 주파수를 이용해 물품을 식별하고 관리하는 기술이다.
  ② 바코드에 비해 먼 거리에서도 태그를 읽고, 물체를 통과해서도 식별할 수 있어 물품 안에 태그를 부착하여 사용할 수 있다.
  ③ 물품관리에서는 물품의 추적관리를 통해 재고 관리, 도난분실 예방 등에 주로 활용된다.

(4) 기호화된 물품 목록 작성의 효과
  ① 자신이 현재 보유하고 있는 물품의 종류를 쉽게 파악할 수 있다.
  ② 기호를 통해 물품의 위치를 쉽게 파악할 수 있다.
  ③ 현재 보유하고 있는 물품에 대한 관리와 새로운 물품 구입에 대한 정보를 한 번에 쉽게 확인할 수 있다.
  ④ 물품의 구입 및 상태를 정리해둠으로써 물품을 관리하는 데 관심을 기울일 수 있다.

(5) 자산관리시스템
  ① 자산의 출납을 전산화하여 자산의 모든 이동과정을 통합적으로 관리하는 시스템이다.
  ② 바코드, RFID, PDA 등을 활용하여 물품의 출납등록과 출입인원의 모니터링 기능 등을 제공한다.
  ③ 경영정보시스템과 전사적 자원관리 시스템 등 기존 시스템과 연동하여 보유한 자산의 현황을 신속하고 편리하게, 그리고 정확하게 파악하여 자산관리 담당 업무의 소요시간 단축에 기여한다.

③ 재고

1. 의의
(1) 수요 변화에 대처하기 위해 미리 확보하여 보유하고 있는 물품
(2) 재료, 부품, 반제품, 완주품 등 모든 종류의 물품들이 재고에 포함된다.

2. 재고평가의 방법
(1) **총평균법** : 기준이 되는 전체 기간의 재고금액을 총수량으로 나누어 평가
(2) **이동평균법** : 재고의 입출고가 발생할 때마다 모든 재고수량과 재고자산을 재평가
(3) **선입선출법** : 재고의 가치는 입고 당시의 가치에서 변하지 않고, 먼저 입고된 재고부터 출고된 것으로 재고상태를 평가

(4) 후입선출법 : 재고의 가치는 입고 당시의 가치에서 변하지 않고, 나중에 입고된 재고부터 출고된 것으로 재고상태를 평가

3. ABC 재고관리기법

(1) 재고를 매출가치를 기준으로 A부터 C까지의 세 등급으로 분류하고 각 분류별로 재고관리의 중요도를 차등 적용하여 재고관리의 효율성을 제고하는 기법이다.

(2) 전체 재고량의 20%가 전체 매출액의 80%를 차지하는 파레토 법칙을 이론적 전제로 한다.

(3) 재고의 분류

A 그룹	• 매출액 상위 70%, 전체 재고량의 10 ~ 20%의 재고품 • 잦은 재고검사, 높은 수준의 재고관리를 적용
B 그룹	• 매출액 차상위 20%, 전체 재고량의 20 ~ 30% • 중간 수준의 재고관리를 적용
C 그룹	• 매출액 하위 10%, 전체 재고량의 50 ~ 70% • 재고관리의 간소화, 낮은 수준의 재고관리를 적용

4. JIT(Just In Time, 적시생산방식)

(1) JIT는 모든 사업 운영에서의 낭비를 제거하기 위한 생산시스템이다.

(2) 재고의 존재 자체를 낭비로 간주하고, 생산 후 보관하는 재고를 포함하여 생산의 과정에서 발생하는 재고까지를 최소화한다.

(3) 재고 최소화를 위한 생산과정의 최적화로 재고 감소와 생산성 향상, 품질 향상을 동시에 지향한다.

4 공급사슬관리

1. 의의

(1) 공급사슬관리(SCM ; Supply Chain Management)는 제품이 생산자부터 고객에 이르기까지의 모든 물자·정보·재무의 흐름을 종합적으로 관리하는 시스템이다.

(2) 제품의 수요를 예측하고 제품의 생산계획을 수립하는 공급사슬계획과 제품이 효율적으로 전달될 수 있도록 하는 흐름을 관리하는 공급사슬실행으로 구성된다.

(3) 물자는 생산자에서 고객 방향으로 흐르고, 자금은 고객에서 생산자 방향으로 흐르며, 정보는 생산자부터 고객까지의 모든 단계에서 공유된다.

2. 목표

(1) 흐름의 최적화를 통한 비용 감소

(2) 물품의 정보를 동기화시키고 수요의 불확실성을 개선

(3) 고객의 수요에 대한 대응능력을 높여 고객만족도를 제고

3. 채찍효과(Bullwhip Effect)

(1) 공급단계를 지나면서 제품의 수요정보의 정확도가 떨어지면서 불확실한 수요에 대응하기 위해 각 공급단계별로 보유하게 되는 재고가 기하급수적으로 증폭되는 비효율적인 물류관리형태가 발생한다.

(2) 공급사슬관리는 공급단계에 있는 기업들 간에 물품의 실제 수요에 관한 정보를 실시간으로 공유하도록 하여 채찍효과가 발생하는 것을 방지한다.

4. 주요 관리요소

구매요소	공급자의 역량을 평가하고 공급자와의 신뢰관계를 형성
생산요소	재고의 관리와 통제, 품질관리
배송요소	제품의 운송수단을 관리하는 수송관리, 적시에 적량의 제품을 배송하는 고객서비스
통합요소	공급사슬을 구성하는 기업들 간의 활동과 기능의 조정 및 통합

04 인적자원관리

1 인적자원관리의 의의

1. 인적자원관리능력이 필요한 경우

(1) 업무 수행에 필요한 인적 자원을 효율적으로 활용, 관리해야 하는 경우
(2) 업무 수행에 있어서 거래처 직원을 관리해야 하는 경우
(3) 공정 진행상의 생산성 향상을 위해 제품 생산에 드는 인적 자원을 조정해야 하는 경우
(4) 업무계획서에 따라서 인력을 배치하는 경우
(5) 업무와 관련된 부서나 업체와 공동으로 업무를 진행해야 하는 경우

2. 인적자원관리의 기능

(1) **확보관리 기능** : 조직의 목표 달성에 적합한 인재를 모집하는 것
(2) **육성개발 관리 기능** : 모집한 인적자원이 능력을 최대한 발휘할 수 있도록 기회와 교육을 제공하는 것
(3) **평가관리 기능** : 직무의 가치를 측정하고 인적자원이 조직의 목표 달성에 기여한 정도를 측정하는 것
(4) **처우보상 관리 기능** : 인적자원이 조직의 목표에 공헌한 만큼의 대가를 제공하는 것
(5) **유지관리 기능** : 인적자원이 조직에 남아있도록 조직문화, 근로복지 등의 조직 내의 문제를 해결하는 내부관리

2 개인차원의 인적자원관리

1. 개인의 인적자원관리의 의미

(1) 개인은 인맥을 통해서 인적자원관리를 한다.
(2) **핵심 인맥** : 자신과 직접적인 관계에 있는 사람들로 가족, 친구, 직장동료, 선후배, 동호회 등이다.
(3) **파생 인맥** : 핵심 인맥뿐만 아니라 그 사람들로부터 알게 된 사람, 우연한 자리에서 서로 알게 된 사람 등 매우 다양한 파생 인맥이 존재한다.
(4) 파생 인맥은 계속 파생되어 수없이 넓어진다.

2. 개인의 인적자원관리의 중요성

(1) 자신의 인맥은 일을 수행하는 데 있어서 매우 중요한 역할을 한다.
(2) 자신의 인맥을 얼마나 활용하느냐에 따라 개인의 능력 이상의 성과를 가져올 수 있다.
(3) 개인은 인맥을 통해서 각종 정보 및 소스의 획득, 참신한 아이디어와 유사시의 도움 등의 다양한 장점을 누릴 수 있다.

보충플러스
인적자원관리의 발달 과정

	생산성 강조 시대	인간성 중시 시대	생산성과 인간성 동시 추구 시대
목표	생산성 향상	개인의 목표 추구	조직의 목표＋개인의 목표
내용	비용과 능률을 중시	감정을 중시	조직과 개인의 협동을 중시
인간관	합리적 인간관	비합리적인 측면의 인간관	복잡인, 복합인

TIP
인맥(人脈)
인맥은 사전적 의미로 정계, 재계, 학계 따위에서 형성된 사람들의 유대관계로 규정하고 있으나 이에 국한하지 않고 모든 개인에게 적용되는 개념으로, 자신이 알고 있거나 관계를 형성하고 있는 모든 사람들을 포함하는 개념이다.

3. 명함관리

(1) 교환 이후 적극적인 의사소통을 통해 자신의 인맥을 만드는 도구로 활용해야 한다.

(2) 상대방에 대한 구체적인 메모를 하는 것이 명함관리의 첫 걸음이다.

(3) 스마트폰이나 태블릿 PC를 이용한 명함관련 애플리케이션을 사용하는 방법도 있다.

4. 인맥관리카드

(1) 자신의 주변 인물들을 관리카드로 작성하여 관리하는 것이다.

(2) 이름, 관계, 직장 및 부서, 학력, 출신지, 연락처, 친한 정도 등의 내용이 포함된다.

(3) 핵심 인맥과 파생 인맥을 구분하여 작성한다.

(4) 파생 인맥 카드에는 핵심 인맥 카드와 달리 어떤 관계에 의해 파생되었는지를 기록해야 한다.

5. 소셜 네트워크(SNS ; Social Network Service)

(1) 초연결사회(Hyper-connected Society) : 정보통신기술이 발달하면서 사람, 정보, 사물 등이 네트워크로 촘촘하게 연결된 사회이다.

(2) 소셜네트워크를 통해 직접 대면하지 않고 시간과 공간을 초월하여 네트워크상의 인맥을 형성하고 관리할 수 있다.

(3) 비즈니스 특화 인맥관리서비스(Business Social Network Service) : 비즈니스에 특화된 소셜네트워크로 특히 인맥구축과 채용에 도움이 된다.

3 조직차원의 인적자원관리

1. 기업의 인적자원관리의 중요성

(1) 기업체에서 인적자원에 대한 관리는 조직의 성과에 큰 영향을 미친다.

(2) 기업에 있어서 인적자원은 능동성, 개발가능성, 전략적 자원의 특성을 갖는다.

① 능동성 : 인적자원은 능동적이고 반응적인 성격을 갖고 있으므로 기업의 성과는 인적자원의 욕구와 동기, 태도와 행동, 만족감 등에 따라 결정된다.

② 개발가능성 : 인적자원은 자연적인 성장과 성숙, 오랜 기간에 걸쳐서 개발될 수 있는 많은 잠재력과 자질을 보유하고 있다.

③ 전략적 자원 : 조직의 성과는 인적자원과 물적자원 등을 효율적, 능률적으로 활용하는 데 달려 있으며 이러한 자원을 활용하는 것은 인적자원이기 때문에 어느 자원보다 전략적 중요성이 강조된다.

확인문제

* 다음은 인맥에 대한 설명이다. ㉠과 ㉡에 들어갈 단어는?

> 인맥은 자신과 직접적인 관계에 있는 사람들인 (㉠)과 그 사람들로부터 알게 된 사람, 우연한 자리에서 서로 알게 된 사람 등 매우 다양한 (㉡)이 존재한다.

정답 ㉠ : 핵심 인맥
㉡ : 파생 인맥

보충플러스
인사관리의 흐름

직무 분석 → 인사 계획 → 모집 → 선발 → 배치 → 개발 → 활용 → 보상 → 유지

보충플러스
인적자원의 유지관리
- 종업원 상담제도
- 제안제도
- 사기조사

2. 인사관리의 원칙

(1) 적재적소배치의 원칙 : 해당 직무 수행에 가정 적합한 인재를 배치한다.

(2) 공정 보상의 원칙 : 공헌도에 따라 노동의 대가를 공정하게 지급한다.

(3) 공정 인사의 원칙 : 직무 배당, 승진, 상벌, 근무 성적, 임금 등을 공정하게 처리한다.

(4) 종업원 안정의 원칙 : 직업의 신분을 보장함으로써 안정된 직장 생활을 할 수 있도록 한다.

(5) 창의력 계발의 원칙 : 개인의 능력을 발휘할 수 있는 기회를 제공하고 그에 대한 보상을 한다.

(6) 단결의 원칙 : 구성원들이 서로 유대감을 가지고 협동, 단결할 수 있도록 한다.

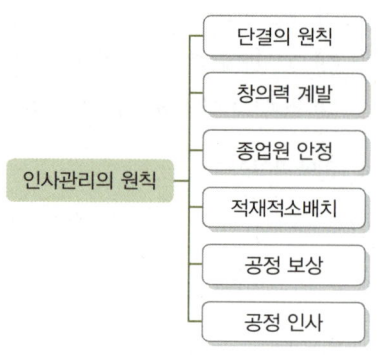

3. 사람 중심에서 직무 중심으로의 변화

구분	사람 중심 인력 운영	직무 중심 인력 운영
인력운용	선 선발 → 후 배치	선 배치 → 후 선발
노동시장	내부노동시장 의존	외부노동시장 의존
직무내용	비표준화	표준화
배치전환	직무순환 활용	체계적 경력경로 활용
차별화 기준	근속, 보유능력	직무가치, 성과
인력 육성 방향	표준화, Generalist	전문화, Specialist
인력 활용	높은 유연성	낮은 유연성

4. 인사관리의 기능적 차원

(1) 인력확보 : 조직의 목표를 달성하는 데 필요한 직무를 수행할 인적자원의 수와 질을 모집하고 선발

(2) 인력개발 : 확보된 인력이 역량을 최대한으로 발휘할 수 있도록 개발

(3) 인력평가 : 직무에 종사하는 종업원의 현재와 미래의 유용성을 체계적으로 평가

(4) 인력보상 : 조직의 목표 달성에 기여한 종업원에 대한 다양한 유형의 보상을 개발하고 이를 체계적으로 관리

(5) 인력유지 : 종업원이 성과 창출을 유지할 수 있도록 하는 근무환경을 제공하여 노사관계를 원활히 유지

(6) 인력방출 : 종업원의 고용관계를 자발적·비자발적으로 종료시키는 것

5. 알리바바(Alibaba)의 인재유형별 관리법

중국의 전자상거래 기업 알리바바는 인사평가에 있어서 성과(능력)와 협동정신(태도)을 기준으로 사냥개형, 들개형, 토끼형의 세 가지 종류로 분류하고, 분류에 따른 인적자원의 활용안을 제시하였다.

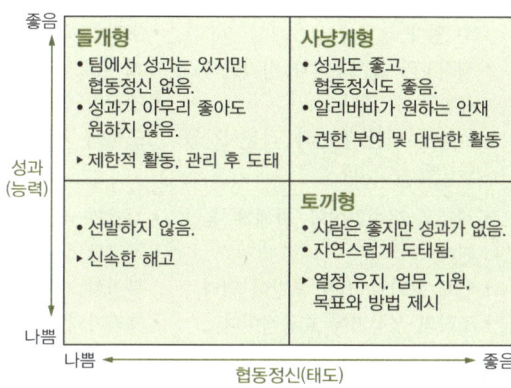

알리바바의 인재관리

알리바바의 인재유형은 성과와 협동정신을 모두 갖춘 사냥개형 인재를 가장 이상적인 사람으로 보고 이들을 위한 과감한 활동권한을 부여한다. 토끼형 인재와 들개형 인재는 곧 도태될 것이라고 보았으나, 알리바바는 성장의 가능성이 있는 토끼형 인재들에게 가치관과 업무능력을 배양하는 교육과 업무 지원, 목표 설정 등의 방법 등의 인재 육성을 함께 제시한다.

6. 인사평가 제도

(1) BSC(Balanced Score Card) 평가법
① 재무와 비재무, 장기와 단기, 결과와 과정의 균형을 고려하여 평가
② 결과에만 초점을 두고 최종평가를 하는 것이 아니라 그러한 성과를 발생시키는 원인과 제도에 대한 근본적인 관리를 함께함.

(2) 목표관리법(MBO ; Management by Objectives)
① 미리 상급자와 상의하여 달성할 목표를 정해놓고 일정 기간이 지나고 나면 달성한 성과와 계획했던 목표를 비교하여 집중해야 할 일을 선택
② 과업 실행이 올바르게 이루어지고 있는지 상급자와 함께 매월 확인하며 방향성을 잡음.
③ 하급자는 자신의 성과를 스스로 평가하고, 상급자는 하급자의 업적을 평가함. 평가 기간 내에 달성한 성과만을 객관적으로 평가

(3) 다면평가제(360도 평가)
① 피평가자와 관계되는 주변의 사람들이 평가
② 다양한 평가자의 시각을 통해 평가의 납득성을 제고시키고 피평가자의 전체적인 모습을 파악하기 위한 평가

7. 인적자원의 모집

(1) 내부모집과 외부모집
① 내부모집 : 내부의 인원을 승진, 부서이동, 직무이동을 통해 인적자원을 확보하는 제도로 기능목록이나 인력배치표를 통해 직무에 적합한 인재를 발굴한다.
② 외부모집 : 기업 외부의 노동시장에서 인적자원을 영입하는 방식으로 광고, 고용기관 알선, 인턴십, 현직 종업원 추천 등을 통해 이루어진다.

보충플러스

사내공모제(Job Posting)
기업 내 직원들을 대상으로 사내공모를 통한 직무이동을 하는 내부모집의 한 방법으로, 희망자를 대상으로 면접 등의 외부모집과 유사한 절차로 진행된다는 것이 특징이다. 이를 통해 기업의 내부인력 확보와 개인의 적성에 따른 직무선택의 욕구를 동시에 충족시킬 수 있다.

③ 내부모집과 외부모집의 장점과 단점

	장점	단점
내부모집	• 능력이 충분히 검증된 사람을 모집할 수 있다. • 신속한 충원과 충원비용을 줄일 수 있다. • 재직자의 동기부여와 장기근속을 유발할 수 있다. • 업무에 대한 훈련과 적응시간을 단축할 수 있다.	• 조직의 성장기에는 적임자를 찾기 어려울 수 있다. • 조직의 내부 정치와 관료제로 인해 비효율적일 수 있다. • 조직의 연쇄적인 이동으로 인해 조직에 혼란을 유발할 수 있다.
외부모집	• 새로운 아이디어와 견해가 유입된다. • 연쇄 효과로 인한 혼란이 없다. • 조직의 성장기에 효과적이다.	• 시간과 비용이 소요된다. • 선발할 때와 입사 이후의 성과의 불일치 가능성이 있다. • 재직자의 사기를 저하할 수 있다.

④ 사원추천모집제도(사내추천제) : 직원들에게 수시로 인재를 추천받아 면접을 실시해 선발하는 외부모집의 한 방법으로, 낮은 모집비용으로 검증된 인재를 채용할 수 있다는 장점이 있다.

(2) 조직의 수명주기에 따른 인적자원의 모집

① 도입기(창업단계) : 조직의 성장기반을 마련하고 개척하기 위해 리더십을 갖춘 외부의 우수인력을 영입한다.

② 성장기(집단공동체단계) : 조직이 성장하여 인력고용을 확대하고 내부 인적관리가 활발하게 이루어지는 단계로, 주로 종업원의 잠재력을 기준으로 선발한다.

③ 성숙기(공식화단계) : 외부인력의 모집보다는 내부인력의 이직이나 배치전환 등 내부효율성 통제를 목적으로 하는 인력조정을 중심으로 이루어진다.

④ 쇠퇴기(정교화단계) : 조직의 규모가 일시적으로 축소되며, 인력감축이나 재훈련 등의 인적자원관리를 실시하거나 소규모 조직으로의 개편을 통한 혁신과 내부합리화를 실시한다.

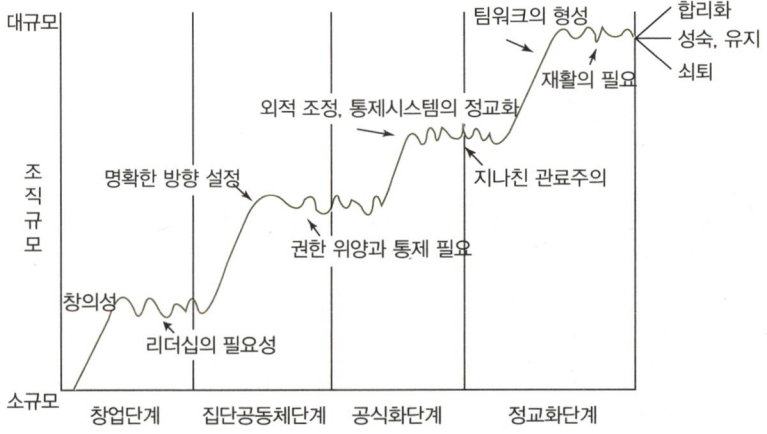

4 직무분석

1. 의미
(1) 인적자원관리의 가장 기본적인 기능 중 하나로 직무에 관련된 정보를 수집, 분석, 종합하는 활동이면서 특정 직무의 성질에 관한 조사, 연구이다.
(2) 직무의 성질과 요건 즉, 직무를 수행함에 있어서 종업원에게 요구되는 숙련, 지식, 책임 등을 결정하는 체계적인 절차이다.

2. 필요성
(1) 직무에 관한 개요, 작업자와 관리자가 직무의 내용과 요구사항을 이해하는데 도움을 줌.
(2) 모집, 선발과정에서 자격조건을 명시하고, 취업자에게 직무에 필요한 정보 제공
(3) 상하연결, 보고, 책임, 관리 등 조직관례를 명시
(4) 조직 계획과 인적자원계획에 도움이 되는 자료를 제공하여 교육훈련에 도움을 줌.
(5) 직무설계와 과업관리의 개선에 도움을 줌.
(6) 직무의 가치평가자료를 제공하여 직무평가를 통한 임금구조 균형 달성
(7) 경력경로와 진로의 선정 등 경력계획의 기본자료 제공
(8) 노사 간에 특정 직무에 대한 상호 이해 증진

3. 접근방법
(1) **관찰법** : 직무분석가가 특정직무가 수행되고 있는 것을 관찰하고 내용을 기록
(2) **면접법** : 직무분석가가 해당직무 수행자에게 면접을 실시하여 직무정보를 획득
(3) **질문지법** : 직무수행자에게 질문을 통하여 직무에 대한 정보를 획득
(4) **녹화법** : 단순반복 작업이며, 소음분진 등 장기간 관찰이 어려운 직무의 경우 비디오로 촬영
(5) **작업기록법** : 매일 작성하는 작업일지나 메모사항을 가지고 해당 직무정보를 수집
(6) **중요사실기록법** : 직무수행자의 직무행동 가운데 성과와 관련된 효과적인 행동과 비효과적인 행동을 구분하여 그 사례를 수집하고, 직무성과에 효과적인 행동패턴을 추출하여 분류하는 작업
(7) **종합법** : 두 가지 이상을 사용하여 정보를 수집하는 일종의 혼합, 절충식 방법

4. 직무분석의 세부목적
(1) **직무설계** : 기술 및 작업방법 변경에 따른 적합한 직무설계
(2) **인적자원계획** : 현재 및 미래 인적자원 적정 수 예측
(3) **모집 및 선발** : 배치, 이동, 승진의 기초자료 제공
(4) **인사고과** : 종업원들의 업적, 능력, 태도, 평가 기준 제공
(5) **인적자원 개발** : 종업원 교육훈련의 기준
(6) **인적자원의 보상** : 임금관리(직무급)의 기초자료 제공
(7) **안전 및 보건** : 작업조건과 환경실태 파악 → 개선에 도움

> **보충플러스**
> **직무분석 순서**
> 사전조사 → 직무분석표의 설계 → 직무분석표의 배부 → 분석조사표의 수집(직무정보의 획득) → 직무기술서의 작성 → 직무명세서의 작성

5. **직무기술서(Job Description)** : 직무분석 결과로 얻은 직무에 관한 내용, 성질, 수행방법 등 정보자료를 일정한 양식에 정리한 문서

    (1) **직무표식 부문** : 직무명칭, 직무부서, 직무부호 등
    (2) **직무개요 부문** : 직무의 범위, 목적, 내용 등을 간결한 문장으로 기술
    (3) **직무내용 부문** : 직무의 수행방법 및 기간, 관계활동사항 등을 상세히 기술
    (4) **직무요건 부문** : 기술 및 숙련, 노력, 책임 및 의무, 인적 자격 및 작업조건에 관한 사항 등을 기술

6. **직무명세서** : 직무기술서를 기초로 채용, 배치, 승진, 평가 등 인사관리의 목적에 따라 필요한 자료를 추출하고, 해당 직무담당자의 인적 자격요건을 정리한 문서

    (1) **직무확인사항** : 직무명칭, 직무부서, 직무부호 등
    (2) **직무내용** : 직무수행방법, 수행기간, 관계활동사항 등
    (3) **인적 요건** : 지식, 기술, 숙련, 체력, 성격요건, 경험요건, 교육요건, 기타 인격적 요건 등

[직무기술서, 직무명세서 비교]

직무기술서	직무명세서
• 직무명칭 • 직무의 소속직군, 직종 • 직무내용의 요약 • 수행되는 과업 • 직무수행의 방법 • 직무수행의 절차 • 사용되는 원재료, 장비, 도구 • 관련되는 타 직무와의 관계 • 작업 조건(인원수, 상호작용의 정도)	• 직무명칭 • 직무의 소속직군, 직종 • 요구되는 교육수준 • 요구되는 기능 / 기술 수준 • 요구되는 지식 • 요구되는 정신적 특성(창의력, 판단력) • 요구되는 육체적 능력 • 요구되는 작업 경험 • 책임의 정도

5 인사평가

1. **인사평가의 목적**

    (1) **인력계획 및 인사기능의 타당성 측정** : 기업의 장, 단기 인력개발 수립에 요청되는 양적, 질적 자료를 제공
    (2) **성과측정 및 보상** : 종업원의 성과를 측정하여 종업원의 관심사인 승급, 상여금, 임률 결정 및 승진에 활용
    (3) **조직개발 및 근로의욕증진** : 인사평가를 통해 직무담당자의 직무수행상 결함을 발견하고 개선할 계기를 찾음.

2. 인사평가에서 파악하는 능력

(1) 보유능력은 종업원이 잠재적으로 가지고 있는 능력으로 지식, 기능, 체력과 같은 기초적 능력과 이해력, 판단력 등의 사고능력과 표현력, 절충력 등의 대인능력과 같은 역동적 능력으로 구성된다.

(2) 발휘능력은 직무수행의 결과 발휘된 능력을 말하며 규율성, 책임성과 같은 집무태도와 일의 질, 일의 양, 업무수행도와 같은 업적으로 구성된다.

TIP
보유능력은 일반적으로 능력고과로 평가하고, 발휘능력 중 집무태도는 태도고과로, 업적은 업적고과로 평가된다.

3. 인사평가의 종류

평가의 종류	평가의 주안점	주요 평가 내용
업적(성과)평가 (Performance)	평가기간에 이룩한 업무실적을 평가	매출액, 생산량, 개선 실적, 실제 업무수행정도 등
능력 평가 (Ability)	개인이 보유하거나 발휘한 능력을 평가(보유능력보다 발휘능력으로 평가하는 것이 바람직함)	전문지식, 기술/기능, 리더십, 창의성
태도평가 (Attitude)	업무에 임하는 자세와 행동을 평가 (인성적 측면이 강함)	적극성, 협조성, 책임의식, 근태, 도전정신, 근면성, 개선의지 등
역량평가 (Competency)	우수한 성과를 달성한 고업적자로부터 일관되게 관찰되는 행동 특성으로 조직의 우선순위와 핵심역량을 반영하여 평가	사업과 전략 포커스, 직무 및 역할 관련 행동 특성, 경쟁력 있는 업적 관련 능력

이것만은 꼭!
인사평가의 접근법과 평가 기준

접근법	평가 기준 및 방법
행위자 지향 접근법	• 특성 • 직무 관련 기술
행위지향 접근법	• 핵심사건기법 • 행위기준평가법 • 행위빈도고과법
결과지향 접근법	• 목표관리법 • 종합성과 평가법
비교지향 접근법	• 서열법 • 강제할당법 • 쌍대비교법

4. **인사평가의 검증기준**

   (1) 전략적 수렴성(Strategic Congruence) : 조직의 전략과 목표, 그리고 조직문화에 수렴하는 직무성과와의 관련된 정도를 의미

   (2) 타당성(Validity) : 직무성과와 관련성 있는 내용을 측정하는 정도

   (3) 신뢰성(Reliability) : 성과측정에 있어 결과치의 일관성이나 안정성을 나타내는 지표

   (4) 수용성(Acceptability) : 평가도구를 사용하는 사람들이 효과 있는 평가 잣대로 받아들이는 정도

   (5) 구체성(Specificity) : 피평가자가 평가측정이 기대되는 행동이나 업적, 그리고 그 기대를 충족시키기 위해 구체적으로 어떻게 해야 할지에 대해 알려주는 정도

   (6) 민감도(Sensibility) : 해당 성과가 높은 사람과 낮은 사람들 간의 측정치 간 차이를 차별적으로 측정

   (7) 실행가능성(Practicality) : 평가를 실제로 측정하는 데 어려움이 없어야 함을 의미

5. **인사평가의 오류**

   (1) 현혹효과(Halo Effect) : 평가자가 피평가자를 평가할 때 어느 한 부분의 탁월한 성과로 인해 다른 부족한 성과까지 마치 후광처럼 감추어질 때 발생하는 오류를 의미한다.

   (2) 상동적 태도(Stereotyping) : 피평가자들이 속한 집단의 한 가지 범주에 따라 판단할 때 나타날 수 있는 오류를 의미한다.

   (3) 관대화 경향(Leniency Error) : 성과평가 시 평가자가 전체적으로 관대한 평가를 내려서 평가 결과의 범위가 대체적으로 상위에 배치되는 오류를 의미한다. 평가자는 피평가자들에게 좋은 인상을 받기 위해 관대하게 평가하는 경우가 있다.

   (4) 엄격화 오류(Strictness Error) : 피평가자들을 엄격하게 평가해서, 평가 결과의 범위가 대체적으로 하위에 배치되는 오류를 의미한다. 관대화 오류와 더불어 두 오류는 피평가자들이 차이를 결정하는 데 익숙지 않거나, 이들 사이의 대립을 꺼려서 정확한 평가를 하지 못하는 데서 비롯되는 경우가 많다.

   (5) 중심화 경향(Central Tendency) : 평가자의 평과 결과의 차이가 고성과자와 저성과자를 구분하기 힘들 정도로 적을 때 발생하는 오류이다. 이런 결과가 도출되면 다른 오류와 마찬가지로 성과 평가의 의미가 없어진다는 데 문제가 있다.

   (6) 논리적 오류(Logical Error) : 평가자가 평소 가진 논리적 사고에 얽매어 임의적으로 평가하는 경우로, 각 평가요소 간 논리적인 상관관계가 있는 경우 비교적 높게 평가된 평가요소가 있으면 다른 요소도 높게 평가하는 경향이다.

[인사평가표]

인사고과표	부서명	인사부
	작성자	
	페이지 번호	1/1페이지
	작성일자	20 . .

고과요소		착안점	고과자 1차	고과자 2차	고과자 3차	비고
업적	업무달성도	계획, 지시에 의해 부과된 업무의 달성 여부, 타 직원과의 업무량 비교 및 일정 기간 내의 달성 여부				
	업무의 질	업무 달성 결과의 질적 수준과 착오 누락오류의 발생빈도 및 그 잘못의 경중				
	업무개선	담당 업무 수행 시 능률 향상을 위한 구체적인 개선책 및 해결책을 꾸준히 모색하고 있는지의 여부				
능력	업무의 지식	당사 직무 수행에 필요한 사무 지식 및 전문적 지식의 정도				
	기획창의력	창의력을 바탕으로 주도면밀한 계획을 수립하여 이를 실천하는 능력				
	분석판단력	계획, 지시된 업무의 문제점을 파악, 분석하여 올바른 결론, 정확한 대책을 강구하는 능력				
	실천력	계획, 지시된 업무를 적극적으로 박력 있게 끝까지 추진하는 능력				
태도	책임감	맡은 바 일을 책임감 있게 수행하고 그 결과에 대하여 책임을 지는 태도				
	협동심	상사, 동료와의 협조 및 협동 관계가 긴밀한 정도				
	근무태도	당사 직원으로서의 기본적인 인격을 갖추고 있는지의 여부				
	근면성	성실, 근면한 자세로 업무에 임하고 있는지의 여부				
종합점수			점	점	점	

고과등급	구분	탁월	우수	양호	보통	미흡
	등급	A+	A	B	C	D

보충플러스

인사평가표 작성 시 주의사항

- 기업의 특성을 고려한다.
  조직의 사정과 규모에 적합한 인사고과 시스템을 정착한다.

- 신중한 평가 자세를 갖는다.
  평가 결과에 따라 연봉, 승진, 교육훈련 등에 영향을 주기 때문에 결과에 모든 책임을 진다는 자세를 갖는다.

- 인사고과에 대한 준비를 철저히 한다.
  - 피평가자에 대한 선입견과 편견을 버리고 사실에 입각하여 판단한다.
  - 평소 메모하는 습관을 통해 피평가자에 대한 관찰기록에 근거하여 평가한다.

- 인사고과 정보를 관리한다.
  공정한 평가방법을 적용하고 기본적으로 비밀로 관리한다.

테마 2 자원관리능력

유형별 학습

▶ 정답과 해설 27쪽

유형 01 ● 효과적인 자원관리 이해하기 ●

01. 다음에 제시된 글에서 엿볼 수 있는 '자원'의 특성으로 가장 적절한 것은?

> ExxonMobil이나 Chevron등 세계적인 석유회사들의 탐사성공률도 20 ~ 30%대에 불과하며 이들의 성공비결은 한두 개 사업에 올인하는 것이 아니고 장기간에 걸친 꾸준한 투자 및 수많은 실패에서 얻은 경험에 바탕을 두고 있다. 2006년 한국석유공사가 베트남에서 성공한 베트남 11 – 2광구 가스전 사업의 경우, 발견에서 상업생산까지 총 14년이 소요되었으며 투자된 비용만도 4억 불 이상이었다. 따라서 최근 자원개발사업에 참여하는 기업은 물론 투자자들도 유전개발사업을 단순히 "황금알을 낳는 거위"가 아니라 실패확률이 매우 높고 단기투자로 성과를 낼 수 없는 장기적 투자의 대상이란 시각에서 신중하게 접근해야 한다.

① 자원 개발은 항상 시간자원을 투입해야 한다.
② 투자자와 투자비용이 많을수록 더 높은 가치의 자원개발이 이루어진다.
③ 한 가지 자원을 개발, 관리하기 위해서는 다른 자원이 사용되기도 한다.
④ 비용이라는 자원이야말로 모든 자원을 확보할 수 있는 가장 중요한 자원이다.
⑤ 자원개발은 멀리 있는 것을 찾아서 개발하는 것이 아니라 가까운 곳에서 찾아야 한다.

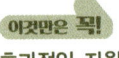
효과적인 자원관리 4단계

- 필요한 자원 종류와 양 확인하기
- 이용 가능한 자원 수집(확보)하기
- 자원 활용 계획 세우기
- 계획에 따라 수행하기

02. 자원은 유한하기 때문에 효과적으로 활용하기 위하여 세심한 관리가 필요하다. 자원을 관리하는 과정의 요소를 순서대로 바르게 나열한 것은?

> (가) 자원이 투입되는 활동의 우선순위를 고려하여 자원을 할당하고 계획을 세운다.
> (나) 자원이 얼마나 필요한지 시간, 예산, 인적자원, 물적자원으로 구분하여 파악한다.
> (다) 자원 활용에 대한 계획을 수립한 대로 업무를 수행한다.
> (라) 필요한 수량보다 여유 있게 이용 가능한 자원을 확보한다.

① (가) – (나) – (라) – (다)
② (가) – (라) – (다) – (나)
③ (나) – (라) – (가) – (다)
④ (나) – (라) – (다) – (가)
⑤ (라) – (가) – (나) – (다)

유형 02 ・ 자원 낭비의 요인 이해하기 ・

03. 다음은 김 대리의 하루 일과를 정리한 것이다. 〈조건〉을 바탕으로 밑줄 친 자원의 낭비요인 중 같은 종류끼리 바르게 묶은 것은?

> **조건**
> 자원의 낭비요인은 시간 낭비요인, 예산 낭비요인, 인적자원 낭비요인 등으로 구분한다.

> 김 대리는 어제 늦게까지 축구경기를 보다가 그만 ⓐ늦잠을 자 버리고 말았다. 부랴부랴 회사에 출근하였으나, 지각을 했다. 이후 김 대리는 탕비실에서 ⓑ1회용 종이컵으로 물을 마신 후 또 다른 종이컵에 커피를 타서 자리로 돌아왔다. 오전 업무를 본 후 점심시간에 동료들과 식사를 하면서 ⓒ새로 나온 별다방의 컵이 매우 인기가 높다는 말에 별다방의 컵을 사고 말았다. 식사 후 ⓓ핸드폰 충전기를 집에 놓고 왔다는 것을 깨닫고 새로 구입해 회사로 복귀하였다. 오후 근무를 하던 김 대리는 퇴근시간이 다가오자 일을 마치지 않았지만 ⓔ'내일 하면 괜찮겠지'라는 생각으로 퇴근 준비를 하고 집으로 향했다.

① ⓐ, ⓓ
② ⓑ, ⓔ
③ ⓐ, ⓓ, ⓔ
④ ⓑ, ⓒ, ⓓ

04. 다음 중 한정된 자원을 낭비하게 되는 행동으로 볼 수 없는 것은?

① 산더미처럼 쌓인 서류들을 닥치는 대로 처리하며 하나라도 더 마무리하려 한다.
② 까다로운 심사를 거쳐야 하는 서류는 뒤로 미루고 빨리 끝낼 수 있는 서류부터 검토를 완료하려 한다.
③ 어차피 계속 반복되는 작업이므로 기한을 정하기보다 여유 있게 계획하여 시간을 충분히 활용하려 한다.
④ 누구의 도움이 필요하며 어느 서류를 먼저 처리해야 효율적인지 파악하지 않는다.
⑤ 시간을 절약하지 않으면 돈이나 인력 등 연관된 자원에도 영향을 미칠 수 있음을 인식하고 동료의 협조를 구한다.

유형 03 효과적인 시간관리 방법 이해하기

05. 다음 〈보기〉에 제시된 항목 중, 시간계획을 함에 있어 명심할 만한 내용이 아닌 것을 모두 고르면?

보기

㉠ 자신에게 주어진 시간 중 적어도 60%는 계획된 행동을 하여야 한다.
㉡ 의지를 담아 최대한의 목표치를 설정한다.
㉢ 예정 행동만을 계획하는 것이 아니라 기대되는 성과나 행동의 목표도 기록한다.
㉣ 여러 일 중에서 어느 일을 가장 우선적으로 처리해야 할 것인가를 결정한다.
㉤ 유연하고 융통성 있는 시간계획보다 가급적 변경 없이 밀고 나갈 수 있는 계획이어야 한다.
㉥ 예상 못한 방문객 접대, 전화 등의 사건으로 예정된 시간이 부족할 경우를 대비하여 여유시간을 확보한다.
㉦ 반드시 해야 할 일을 끝내지 못했을 경우, 다음 계획에 영향이 없도록 가급적 빨리 잊는다.
㉧ 자기 외의 다른 사람(비서, 부하, 상사)의 시간 계획을 감안하여 계획을 수립한다.

① ㉠, ㉡, ㉦
② ㉡, ㉢, ㉤
③ ㉡, ㉤, ㉦
④ ㉢, ㉤, ㉥
⑤ ㉣, ㉥, ㉧

빠른 풀이 비법

업무의 시간계획이 일의 능률 향상과 연결되는지 파악한다. 실행 불가능한 선에서 무리하게 계획된 것인지도 함께 검토한다.

06. 다음 중 업무 시간계획을 짤 때 유의할 사항으로 적절하지 않은 것은?

① 시간계획은 목표 달성을 위한 과정이므로 유연하게 계획하는 것이 좋다.
② 계획 수립 시 여유시간과 정리할 시간도 확보해야 한다.
③ 단순 행동만을 계획하는 것이 아니라 기대되는 성과나 행동의 목표도 구상해야 한다.
④ 계획을 짤 때는 현실적으로 가능한 것보다 다소 상향조정해서 수립한다.

07. 다음 글을 읽고 시간과 관련하여 깨달을 수 있는 교훈으로 가장 적절한 것은?

> 우리가 평소 사용하는 전기에는 '대기전력'이라는 것이 있다. 이는 전자기기를 사용하지 않지만 의식하지 않는 사이에 소모되는 전기에너지로 쥐도 새도 모르게 전기를 잡아먹는다고 하여 '전기흡혈귀(Power Vampire)'라고도 불린다. 일반 가정에서 대기전력으로 소모되는 전기가 평균 사용량의 최대 11%에 달한다. 1년간 소모되는 대기전력만 아껴도 한 달 전기료를 아낄 수 있는 셈이다.

① 지나간 시간을 통해 미래의 시간을 바꿀 수 있다.
② 자투리 시간을 그냥 흘려보내지 않고 활용하여, 나만의 유용한 시간을 만들어야 한다.
③ 오늘이 마지막이라는 생각으로 하루하루의 시간을 가치 있게 사용해야 한다.
④ 시간을 돈으로 환산하였을 때의 가치를 생각하여 효율적인 계획을 세워야 한다.

08. 시간관리와 관련된 (가) ~ (다)에 들어갈 말을 바르게 짝지은 것은?

(가)	→	기억에 의존하지 않는다.
(나)	→	낭비와 비효율적으로 사용한 시간 분석
(다)	→	정말로 중요한 일을 하기에 충분한 시간 확보

	(가)	(나)	(다)
①	시간 기록	시간 재할당	시간 활용 분석
②	시간 기록	시간 활용 분석	시간 재할당
③	시간 재할당	시간 활용 분석	시간 기록
④	시간 재할당	시간 기록	시간 활용 분석

유형 04 시간낭비의 요인 파악하기

TIP
시간자원의 낭비요인
- 외적요인 : 외부에서 발생하는 요인에 의한 것으로 본인이 제어할 수 없음.
  예) 동료, 가족, 고객, 문서, 교통 혼잡
- 내적요인 : 개인 내부의 습관에 의한 것
  예) 계획 부족, 우유부단함, 사회 활동
- 기타요인 : 시간에 대한 잘못된 인식, 시간관리에 대한 오해 등

09. 다음 중 ⊙에 해당하지 않는 것은?

> 시간낭비의 요인은 크게 두 가지로 나뉜다. 첫 번째는 외적요인으로 외부에서 일어나는 요인에 의해 발생한다. 따라서 본인 스스로 조절하기 어려운 측면이 있다. 두 번째는 ⊙내적요인이다. 자신의 내부 요인으로 인해 발생하기 때문에 이를 극복하기 위해서는 좀 더 자율적인 노력이 필요하다.

① 우유부단함
② 계획 부족
③ 가정 불화
④ 집중력 부족

이것만은 꼭!
직장에서 발생할 수 있는 시간 낭비요인
- 불명확한 목적
- 여러 가지 일을 한 번에 많이 다룸.
- 불충분한 1일 계획
- 불필요한 서류 정리나 서류 숙독
- 불필요한 스마트폰이나 컴퓨터 사용
- 조정 및 팀워크 부족
- 예정 외의 방문자
- 불완전한 정보, 정보의 지연
- 미해결된 업무
- 불필요하게 긴 회의

10. 일반적으로 시간낭비 요인은 업무와 상관없는 일을 하는 것, 본연의 일을 중지하게 하는 것, 업무의 효율을 저하시키는 것, 이렇게 3가지로 구분할 수 있다. 다음 〈보기〉 중 직장에서의 대표적인 시간낭비 사례를 모두 고른 것은?

보기

⊙ 회의의 연장 또는 의사결정의 지연
ⓒ 권한을 위양한 일에 대한 부적절한 관리
ⓒ 커뮤니케이션을 위해 소요되는 준비 시간
㉡ 회의나 타협에 대한 준비 불충분
㉢ 여러 가지 일을 순차적으로 처리
㉣ 일에 대한 의욕 부족과 무관심
㉥ 업무의 우선순위 선정 미흡

① ⊙, ⓒ, ㉡, ㉣, ㉥
② ⊙, ⓒ, ㉢, ㉣, ㉥
③ ⓒ, ⓒ, ㉡, ㉢, ㉣
④ ⓒ, ㉡, ㉢, ㉣, ㉥

| 유형 05 | **시간관리 매트릭스 활용하기** |

11. 다음의 시간관리 매트릭스와 K 사원의 일과를 참고할 때, A ~ D와 (a) ~ (d)를 바르게 연결한 것은?

〈시간관리 매트릭스〉

구분	긴급한 일	긴급하지 않은 일
중요한 일	A	B
중요하지 않은 일	C	D

〈K 사원의 일과〉

기획팀의 막내 K 사원은 입사 이래 가장 바쁜 나날을 보내고 있다. 기획팀이 대규모 프로젝트를 시작하면서 (a) 탕비실의 물통이나 복사기를 관리하는 등 팀의 모든 잡무를 K 사원이 맡게 되었기 때문이다. K 사원은 출근을 하자마자 거래처에서 보낸 계약서를 확인했다는 안내 메일을 보낼 것을 부탁받았다. K 사원이 메일을 작성하려는 찰나 팀장이 30분 뒤에 회의를 열 것이라고 공지했다. 팀원들에게 (b) 새로운 아이디어 제출을 장려하기 위한 회의였다. 그런데 회의 자료를 담당하고 있는 P 대리가 지각을 하는 바람에 K 사원이 (c) 회의 자료를 인쇄하고 배포하는 업무를 하게 되었다. 한참 회의를 진행하던 도중, 팀장은 다른 팀장에게 한 통의 사내 메시지를 받았다. 기존에 진행하고 있던 프로젝트의 기획안 마감일이 바로 오늘까지였다는 것이다. 기획팀은 진행하던 회의를 멈추고 (d) 기존 프로젝트 기획안 작성에 매달렸다.

① A-(a), C-(b) ② A-(d), B-(b)
③ B-(b), D-(c) ④ C-(c), D-(b)

TIP

효과적인 시간관리 계획

순서	내용
명확한 목표 설정	한정된 시간을 효율적으로 활용하기 위해서는 먼저 분명한 목표가 필요함.
일의 우선 순위 구분	일반적으로 일이 가진 중요성과 긴급성을 바탕으로 구분함.
예상 소요 시간 결정	우선순위가 결정되었다면 각각의 할 일에 소요되는 예상 시간을 결정하는 것이 필요함.
시간 계획서 작성	앞서 도출된 해야 할 일의 우선순위와 소요 시간을 바탕으로 시간계획서를 작성함.

> [TIP]
> **직접비용**
> - 제품 생산 또는 서비스를 창출하기 위해 직접 소비된 것으로 여겨지는 비용
> - 재료비, 원료와 장비비, 시설비, 인건비 등
>
> **간접비용**
> - 제품을 생산하거나 서비스를 창출하기 위해 소비된 비용 중에서 직접비용을 제외한 것으로 제품 생산에 직접 관련되지 않은 비용
> - 보험료, 건물관리비, 광고비, 통신비, 사무비품비, 각종 공과금 등

유형 06 • 직접비 · 간접비 구분하기

12. 기업 경영상 지출하게 되는 비용을 직접비와 간접비로 구분하는데, 이는 개인의 가계 지출에도 그대로 적용할 수 있다. 다음 지출 내역 중 간접비의 총액은 얼마인가?

〈가계 지출 내역〉

H사 보험료	17만 원	자동차 보험료	11만 원
제반 공과금	73만 원	의류 구매	35만 원
외식비	55만 원	병원 치료비	7만 원
전세 보증금 지급	1억 2천만 원		

① 91만 원　　② 97만 원　　③ 101만 원
④ 108만 원　　⑤ 143만 원

13. 다음 사례에서 사용된 비용 중 그 유형이 다른 것은?

> 갑 회사는 새로운 서비스를 출시하며 자사 사원들로 이루어진 태스크포스팀을 새로운 서비스와 관련한 거래처에 출장 보내고, 서비스를 위한 서버도 확충하였다. 태스크포스팀 사원들이 사용한 비용은 전액 회사에서 지원하였다. 신규 서비스의 광고는 미디어, 셀럽, 번화가 광고판 등을 이용하였다.

① 시설비　　② 인건비　　③ 광고비
④ 출장비　　⑤ 서버 비용

유형 07 예산관리 이해하기

14. 예산을 효율적으로 활용하고 관리하는 것은 기업의 필수적인 요소이다. 다음 중 예산을 관리하는 과정을 바르게 나열한 것은?

> (가) 세부 활동별로 예산의 지출 규모를 확인한다.
> (나) 우선순위가 높은 활동부터 적절히 예산을 배정하고 집행한다.
> (다) 우선적으로 추진해야 하는 활동을 선정한다.
> (라) 업무 추진 과정에서 예산이 필요한 모든 활동을 도출한다.

① (다)-(나)-(라)-(가)
② (다)-(라)-(가)-(나)
③ (라)-(다)-(나)-(가)
④ (라)-(가)-(다)-(나)

15. 다음 〈보기〉에서와 같은 상황에 대한 설명으로 가장 적절하지 않은 것은?

> **보기**
>
> 신사업을 개발하기 위해 TF팀을 구성한 오 부장은 기술 개발의 가시적인 성과인 완제품 출시를 앞두고 있다. 이 제품은 경쟁 아이템이 없는 신제품으로 사업 초기에는 완벽한 독점 체제를 구축할 수 있을 것으로 전망된다. 오 부장은 그간 투입한 기술개발비와 향후 추가로 들어가게 될 홍보비, 마케팅비, 마진 등을 산정하여 신제품의 소비자 단가를 책정하기 위해 직원들과 회의를 하고 있다.

① 실제비용보다 책정비용을 높게 산정하면 제품의 경쟁력이 손실될 수 있다.
② 향후 추가될 예상 홍보비를 실제보다 넉넉하게 책정하여 단가에 반영할 경우 적자가 발생할 수 있다.
③ 개발비 등 투입 예상비용이 실제 집행된 비용과 같을수록 이상적이라고 볼 수 있다.
④ 마케팅 비용을 너무 적게 산정하여 단가에 반영할 경우 적자가 쌓일 수 있다.
⑤ 마케팅비를 과다 선정할 경우 제품 가격 경쟁력이 낮아질 수 있다.

유형 08 효과적인 물적자원관리 이해하기

16. 다음의 내용과 관련이 깊은 물품 보관의 원칙은?

> 수산물 유통을 전문으로 하는 저희 (주)아쿠아통운은 수산물을 보관함에 있어서 이 원칙을 철저히 준수합니다. 이 원칙은 주로 수명주기가 짧은 제품을 보관할 때 또는 보관 시 파손이나 감모가 생기기 쉬운 제품 등에 주로 사용됩니다.

① 중량특성의 원칙 ② 회전대응보관의 원칙
③ 선입선출의 원칙 ④ 유사성의 원칙
⑤ 통로대면보관의 원칙

17. 다음은 ○○농협의 물품관리규정 중 재고유지에 관한 내용이다. 재고를 관리할 필요가 있는 품목을 선정하는 기준으로 적절하지 않은 것은?

> 〈물품관리규정〉
> 제19조(재고수준 유지) 물품관리담당은 예측할 수 없는 물품의 수요에 대비하여 물품의 사용빈도, 재고수준 정수, 구매기간, 가격변동 등을 감안하여 수급에 차질이 없도록 재고를 적정수준으로 설정·유지할 수 있다.
> 제20조(재고유지품목의 선정기준) 제20조의 규정에 의하여 재고를 유지할 필요가 있는 품목은 다음 각 호의 기준에 따라 선정하여야 한다.
> －하략－

① 공통적으로 사용되는 품목
② 사용빈도가 많은 품목
③ 가격이 비교적 고액이고 취득에 번잡성이 적은 품목
④ 변질되지 않고 저장이 용이한 품목

유형 09 • 물적자원관리의 방해요인 이해하기

18. 다음 중 물적자원관리의 방해요인에 속하지 않는 것은?

① 물품이 훼손된 경우
② 물품이 분실된 경우
③ 목적 없이 물품을 구입한 경우
④ 물품의 보관 장소를 파악하지 못하는 경우
⑤ 물품의 보관 장소를 목적에 따라 구분하는 경우

19. 다음 사례에서 짐작할 수 있는 물품관리처 직원 A의 물품 보관상 문제점은?

> 혹서기와 혹한기 전에는 항상 물품관리처 직원들이 주의를 기울여야 한다. 가스의 수요량 변동이 심하여 혹시 있을지 모르는 수요 예측 오류에 대한 대처를 원활히 해야 하기 때문이다. 각종 크고 작은 설비의 오류나 기계장치의 오작동에 대비하여 필요한 기자재 여유분을 항상 보관하는 것도 반드시 확인해야 할 사항이다.
> 다가오는 혹한기를 대비하여 기자재 재고 물량을 정리하던 A는 자재 창고의 공간 부족으로 기자재 보관 장소를 구분하였다. 신규로 입고된 자재는 창고 안에 보관하고, 1년 이상 재고로 보유하던 기자재는 실외 야적장에 공간을 마련하여 보관해 두었다. 또한 부피가 커 공간을 많이 필요로 하는 물품들은 야적장에, 소규모 부품들은 창고 안에 보관하였다.

① 물품 특성과 쓰임새를 고려하여 보관 장소를 선정하지 않았다.
② 야적장 보안 시스템을 정비해 두지 않았다.
③ 물품의 정확한 크기를 확인하지 않았다.
④ 모든 보관품의 리스트를 일목요연하게 준비하지 못했다.
⑤ 소형 물품을 실외로, 대형 물품을 실내로 구분해 두어야 했다.

유형 10 · 인적자원관리 이해하기

20. 예산·시간·물적 자원보다 인적자원이 더욱 중요한 의미와 가치를 지니고 있다는 말을 뒷받침할 수 없는 설명은?

① 인적자원은 자원 자체의 양과 질에 의해 정해진 수동적인 자원이 아닌 능동성을 특징으로 한다.
② 인적자원은 오랜 기간에 걸쳐서 개발될 수 있는 많은 잠재능력과 자질을 보유하고 있다.
③ 인적자원은 그 자체로 기업의 경영 목적이 되며 기업 경영의 구성 요소이기도 하다.
④ 인적자원에 대한 개발 가능성은 환경변화와 이에 따른 조직변화가 심할수록 그 중요성이 더욱 커진다.
⑤ 다른 자원들을 개발·활용하는 주체가 바로 사람, 인적자원이므로 전략적 중요성이 더욱 크다고 할 수 있다.

21. 다음 글에 제시된 내용과 관련된 인사관리의 원칙으로 옳은 것은?

> A 기업은 모든 직원을 정규직으로 대우하고 월급을 한 번도 밀리지 않았지만, 그 이면에는 피 말리는 순간들이 있었다. 그러나 이 같은 배경 속에서 맺어진 신뢰가 갖는 힘은 놀라웠다. A 기업은 20~30대 결혼 적령기 직원이 많은 젊은 회사다. 지금도 매년 많은 직원들이 결혼도 하고 아이도 낳는데, 이른바 삼포세대(연애·결혼·출산 포기 세대)에 속한 직원들이 결혼과 출산을 많이 할 수 있다는 것은 회사에 대한 믿음이 있기 때문이다. 직원들은 A 기업에 대해 최소한 월급은 밀리지 않는 회사, 우리에게 작은 것 하나라도 더 주기 위해 애쓰는 회사, 노동력을 착취하거나 다른 생각을 하지 않는 회사라는 자부심을 갖고 있다고 한다. 이러한 자부심은 결국 책임감으로 이어지며 선순환되고 있다.

① 종업원 안정의 원칙
② 공정 보상의 원칙
③ 창의력 계발의 원칙
④ 단결의 원칙

유형 11 ● 자원관리능력 활용하기 ●

22. ○○농협은 소속 직원들의 역량 강화를 위한 정기 해외 파견근무 대상자를 선정하고자 한다. 다음 내용을 참고하여 20X4년 10월 파견근무에 선발될 직원은?

- 파견 인원 및 기간
  지원자 중 3명을 선발하여 1년간 이루어지며, 파견 기간은 변경되지 않는다.

- 선발 조건
  1) 업무능력에 대한 근무 평점이 보통 이상인 경우만 선발하고 업무능력 우수자가 반드시 1명 이상 선발되어야 한다.
  2) 직전 해외 파견근무가 종료된 이후 2년이 경과하지 않은 직원은 선발할 수 없다.
  3) 총무부 직원은 1명 이상 선발한다.
  4) 동일 부서에 근무하는 2명 이상의 팀장을 선발할 수 없다.
  5) 과장을 선발하는 경우 동일 부서에 근무하는 직원을 1명 이상 함께 선발한다.

- 지원자 현황

직원	직위	근무부서	업무능력	직전 해외 파견근무 종료 시점
갑	과장	총무	보통	20X1년 3월
을	과장	기획	미흡	20X2년 8월
병	팀장	총무	보통	20X2년 11월
정	팀장	영업	우수	20X1년 8월
무	팀장	영업	보통	20X2년 5월
기	사원	총무	보통	20X2년 5월
경	사원	기획	미흡	20X1년 7월

① 갑, 을, 병　　② 갑, 정, 기　　③ 병, 정, 경
④ 정, 기, 경　　⑤ 무, 기, 경

[23 ~ 24] 다음은 ○○농협의 농기계수리 보조 세부지원 기준이다. 이어지는 질문에 답하시오.

〈농기계수리 보조 세부지원 기준〉

기종	지원기준	지원금액/회	비고
대형	수리비의 50% 지원	최대 500천 원	엔진오일 등 소모성부품은 제외하며 연간 지원 한도를 초과할 수 없음. 수리센터에서 수리비용을 선 지급하고 신용카드영수증(또는 현금영수증)과 수리내역서를 본점 지도과에 제출하면 보조지원금액을 통장 입금처리. ※ 영수증만 제출하거나 수리내역서가 아닌 거래내역서 등을 제출 시 보조지원 불가.
중형		최대 300천 원	
소형		최대 150천 원	

〈1월 13일 수리비 지원 신청 내역〉

신청인	수리 기계 기종	제출 서류	수리비	연간 지원 한도 잔액	수리 센터
김○○	이앙기(중)	신용카드영수증+수리내역서	700,000원	250,000원	(A)
이○○	예초기(소)	현금영수증+수리내역서	200,000원	250,000원	(B)
김○○	양수기(소)	신용카드영수증+거래내역서	325,000원	420,000원	(C)
박○○	트랙터(대)	현금영수증+수리내역서	1,150,000원	1,205,000원	(D)
최○○	바인더(대)	신용카드영수증	940,000원	300,000원	(E)
춘○○	관리기(중)	수리내역서	653,000원	500,000원	(F)

23. ○○농협에서 농기계수리 보조금으로 지급할 금액의 합은?

① 850,000원 ② 900,000원
③ 950,000원 ④ 1,050,000원

24. 농협의 농기계 수리 센터는 하루에 수리 가능한 대수가 각각 정해져 있다. 또한 접수된 수리는 빠른 처리를 위해 처음 신청한 센터에 여유가 없으면 당일 해당 농기계 수리가 가능한 다른 센터로 이관된다. 다음의 신청 내역을 보고 판단한 내용으로 적절한 것은?

구분	하루 수리 가능 대수(대)			해당 센터 신청 기기	수리 접수 건수(건)		
	대	중	소		대	중	소
A 센터	15	10	12	이앙기, 양수기	18	15	12
B 센터	20	14	8	트랙터	15	9	8
C 센터	7	5	6	바인더	10	8	4
D 센터	9	12	9	예초기, 관리기	5	8	11

① 농기계의 다른 센터로의 이관 대수가 가장 많은 센터는 C 센터이다.
② 다른 센터로의 이관이 전혀 필요하지 않은 센터는 D 센터이다.
③ A 센터가 이관하는 농기계에 대한 수리 보조금의 최대 지원금 총합은 3,500,000원이다.
④ 소형 농기계의 A ~ D 센터 이관 대수는 총 2대이다.

[25 ~ 26] 다음은 지역농협의 위치와 비료 구매 신청 내역이다. 이어지는 질문에 답하시오.

〈지역농협 위치〉

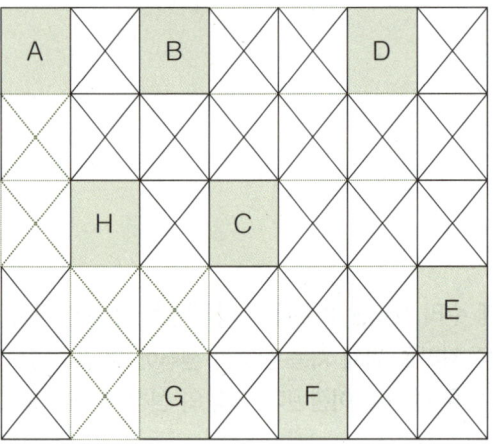

※ 그림에서 가로·세로 직선은 2km, 대각선은 3km이다. 점선으로 표시된 길은 이용할 수 없는 길이다. 하나의 지역농협(a')에서 다른 지역농협(b)에 도착하는 기준은 a'의 사각형 면적의 4개 꼭짓점 중 어느 곳에서든 출발해 b'의 사각형 면적 4개 꼭짓점 중 하나에 도달했을 때고 하나의 농협 구역 내에서의 이동 거리는 계산하지 않는다.

〈비료 구매 신청 내역〉
(단위 : 포대)

지역농협	비료(프릴요소+NK복합)
A 농협	7,000
B 농협	12,000
C 농협	7,000
D 농협	5,000
E 농협	8,000
F 농협	3,000
G 농협	7,000
H 농협	6,000

25. A ~ H 8개 지역농협에서 공동구매한 비료를 운반하려고 한다. 하나의 지역농협을 정해 가장 먼저 배송한 후 다른 농협을 돌고자 할 때, 다음 중 이동거리가 가장 짧은 배송 경로는? (단, 비료 원산지부터 배송하는 지역농협까지 거리는 무시하고, 지역농협 간 거리만 고려한다)

① A – B – C – H – G – F – E – D
② B – A – H – C – G – F – E – D
③ C – D – E – F – G – H – B – A
④ G – F – E – D – C – H – A – B

빠른 풀이 비법
- 선택지에 나온 배송 경로를 중심으로 거리를 파악한다.
- 지역농협의 개수(8개) – 1 = 배송 경로
- 모든 선택지에 D ~ E(E ~ D, 4km)의 경로가 있으므로 대각선(3km)으로 이동하지 않아도 되는 경로가 가장 짧은 경로이다.

26. 각 농협에서는 구매한 양의 비료가 도착하여 다음과 같은 내역으로 하차작업을 하였다. 하차인원 1인의 시간당 작업 효율이 가장 높은 농협은? (단, 하차작업 내내 작업의 속도와 시간당 작업량, 하차인원의 작업 숙련도는 모두 동일하다고 가정하며 소수점 아래 둘째 자리에서 반올림한다)

구분	A 농협	B 농협	C 농협	D 농협	E 농협	F 농협	G 농협	H 농협
하차인원 (명)	20	35	25	18	25	15	25	23
하차시간 (시간)	5	6	4.5	4	5	3	3	3.5

① A 농협
② D 농협
③ G 농협
④ H 농협

27. ○○농협은 방울토마토 농가 지원을 위해 조건에 따라 제품의 라벨스티커 재질과 제작 업체를 선정하려 한다. 5,000장의 스티커를 제작하고자 할 때, 선정 재질과 전체 수량의 제작 원가를 바르게 나열한 것은? (단, 제작 원가는 재질별 총금액과 업체의 공임비를 합산한 가격이다)

- 지원 정보
  - 종이 포장 라벨 스티커
  - 사이즈 : 9cm*10cm
  - 수량 : 농가당 1,000장

- 재질별 단가 및 특징

구분	단가 (원/1cm^2)	특징
아트지 코팅	1	이미지 삽입에 적합, 주로 라벨용 등 광범위하게 사용, 플라스틱의 평면 소재의 접착에 적합하며 내습성이 있음.
PVC	3	플라스틱 재질로 내구성, 내습성이 좋고 잘 찢어지지 않아 플라스틱 용기, 산업용 라벨 등으로 주로 쓰임.

※ PVC는 코팅이 되어 있음.

- 제작업체 현황

구분	공임비(원/1,000장)	최소 제작 수량(장)	제작 기간(일)
A사	2,000	2,000	5
B사	3,000	500	5
C사	2,500	1,000	6
D사	3,000	500	4

- 스티커 재질 선정 조건
  - 물에 젖지 않아야 한다.
  - 플라스틱 용기에 접착하기 적합해야 한다.
  - 위 조건을 모두 충족할 경우 단가가 낮은 재질을 선택한다.

- 제작 업체 선정 조건
  - 한 농가당 1,000장을 지원할 예정이므로 최소 제작 수량이 1,000장 이하인 업체를 선정한다.
  - 최소 제작 수량이 1,000장 이하인 업체가 여럿일 경우 제작 기간이 가장 짧은 업체를 선택한다.

	재질	제작 원가
①	아트지 코팅	455,000원
②	아트지 코팅	465,000원
③	PVC	455,000원
④	PVC	465,000원

28. F 회사 총무팀은 올해 높은 실적을 기념하며 총무팀 플레이숍을 계획하고 있다. 총무팀 정 대리가 다음 조건에 따라 출발일정을 짠다면 가장 적절한 출발일은 언제인가?

- 오늘은 금요일 오전이며, 플레이숍은 다음 주 안으로 진행되어야 한다.
- 총무팀은 총 5명으로 구성되어 있으며, 플레이숍은 1박 2일 일정으로 계획되어 있다.
- 총무팀 플레이숍은 평일 오전-오후, 주말 무관하여 출발할 수 있으나 일요일은 제외한다.
- 플레이숍은 가급적 모두 참석해야 하나, 부득이한 경우 참석하지 않을 수 있다.
- 총무팀장은 매주 수요일 오전 임원회의가 예정되어 있다.
- 총무팀 김 과장은 임원회의에 같이 참석하며, 화요일에는 사외 교육일정이 잡혀 있다.
- 총무팀 나 대리의 결혼식은 7일 남은 상태이다.
- 총무팀 이 주임은 나 대리와 정 대리가 사내에 있을 때 함께 등기소에 다녀오기로 했다.
- 총무팀 정 대리는 특별한 일정은 없으나 임원회의 전날은 보고자료 정리를 해야 한다.

① 월요일   ② 수요일
③ 목요일   ④ 금요일

지역농협 6급 직무능력평가

유형별 출제비중

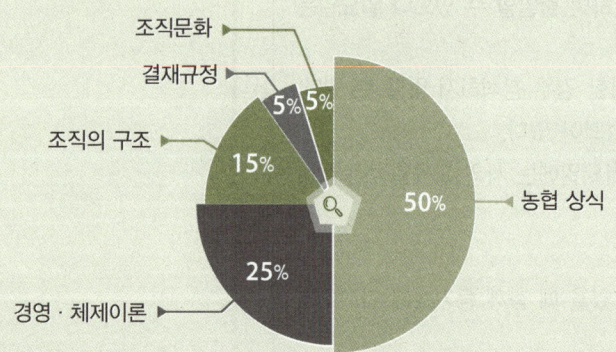

- 조직문화 5%
- 결재규정 5%
- 조직의 구조 15%
- 경영·체제이론 25%
- 농협 상식 50%

출제분석

2024년 지역농협 6급 필기시험의 조직이해능력에서는 이론 확인 문제가 주로 출제되었다. 또한, 농업·농협과 관련된 사업이나 농협 관련 기초 지식을 내용으로 하는 회사상식 영역의 문제를 출제하여, 미래에 지역농협의 인재가 될 수험생들이 농협에 대해 얼마나 이해하고 있는가를 함께 측정하고자 하였다. 60문항 유형에서는 농협의 로고, 농업협동조합의 역사, 고향사랑기부제 등이 회사상식 문제로 출제되었다. 70문항 유형에서는 농협의 인재상과 비전, 농민교육, 농협의 사회공헌활동사업 등에 관한 문제가 출제되었다.

5장

조직이해능력

테마 1 출제유형학습

테마 2 유형별 학습

테마 1 출제유형학습   조직이해능력

01 조직이해

1 조직과 기업의 의미

1. 조직의 의미

(1) 조직은 두 사람 이상이 공통의 목표를 달성하기 위해 의식적으로 구성된 상호작용과 조정을 행하는 행동의 집합체이다.
(2) 재화, 서비스를 생산하는 경제적 기능과 조직구성원에게 만족감을 주고 협동을 지속시키는 사회적 기능을 갖는다.
(3) 사람들은 조직에 속하거나 다른 조직에서 생산한 상품이나 서비스를 이용하고, 다른 조직과 함께 일을 하면서 관계를 맺는다.
(4) 일 경험에서 조직은 직장(기업)을 의미하고 최근에는 재택근무와 같은 원격근무(Remote Work)가 활성화되면서 물리적 장소의 개념이 점차 확대되고 있다.

2. 기업의 의미

(1) 기업은 노동과 자본, 물자, 기술 등을 투입하여 제품이나 서비스를 산출하는 기관이다.
(2) 고객에게 보다 좋은 상품과 서비스를 제공하고 잠재적 고객에게 마케팅을 하는, 고객을 만족시키는 주체로 이해된다.
(3) 구성원들을 경쟁력의 원천으로 바라보며, 그들의 능력을 개발하기 위해 노력한다.

2 조직의 유형

1. 공식성

(1) 공식조직 : 조직의 구조, 기능, 규정 등이 조직화되어 있는 조직이다.
(2) 비공식조직 : 개인들의 협동과 상호작용에 따라 형성된 자발적인 조직이다.
(3) 공식조직과 비공식조직의 비교

구분	공식조직	비공식조직
발생 형태	인위적	자연적
조직목표	단일성	다양성
강조점	공적, 조직체계적	사적, 사회심리적

확인문제

* 다음 중 조직의 유형에 대한 설명으로 옳지 않은 것은?

① 구조, 기능, 규정 등이 조직화되어 있는 조직을 공식적 조직이라 한다.
② 영리성을 기준으로 소규모 조직과 대규모 조직으로 나뉜다.
③ 정부조직, 병원, 대학, 시민단체 등은 비영리조직에 속한다.
④ 여러 국가에서 동시에 법인을 등록하고 경영활동을 하는 기업을 다국적 기업이라 한다.

정답 ②

장점	• 높은 수준의 생산적 규범 • 성문화된 규칙과 지시 • 목표달성의 전념	• 높은 수준의 심리적 안정감 • 고충 및 불만 해소 역할 • 쇄신적 분위기와 경직성 해소
단점	• 낮은 수준의 의사소통 경로 • 조직의 경직성 • 상명하달식 체계	• 조직 내 파벌 형성 • 불확실한 소문·정보의 유통 • 조직의 목표와 집단이익의 충돌
사례	정부, 기업, 군대 등	동아리, 동호회 등

2. 영리성

(1) 영리조직 : 기업과 같이 소유주나 주주의 이익을 위해 제품, 서비스 등을 제공하고 이에 대한 수익을 창출하는 조직이다.

(2) 비영리조직 : 정부를 비롯하여 병원, 대학, 시민단체와 같이 사회 전체의 이익과 공동의 이익을 위한 목적으로 운영되는 조직이다.

3. 규모

(1) 소규모 조직 : 가족 소유의 상점과 같이 작고 단순한 구조를 통해 유기적이고 자유롭게 운영되는 조직이다.

(2) 대규모 조직 : 대기업과 같이 비교적 많은 조직원과 복잡한 조직구조로 운영되며 표준화된 절차가 있는 조직이다.

4. 계층성

(1) 수직적 조직 : 업무처리의 권한을 수직으로 세분화하고, 유사한 과업 범위나 기술을 기준으로 구성원을 나누는 조직이다.

(2) 수평적 조직 : 권한을 상부에 집중시키지 않고 분산시킴으로써 조직구성원들의 참여도를 높이고 수평적인 관계를 강화하는 유연한 조직이다.

(3) 수직적 조직과 수평적 조직은 다양한 기준으로 비교된다.

구분	수직적 조직	수평적 조직
계층여부	계층적	비계층적
목표달성	직접적인 기여	간접적인 기여
명령, 집행권	높은 수준	낮은 수준
장점	• 권한과 책임의 명확성 • 신속한 결정 • 조직의 안정성	• 객관적 의사결정 • 조직의 유연성 • 대규모 조직에 유리
단점	• 주관적 의사결정 • 조직의 경직성 • 대규모 조직에 불리	• 불명확한 인사관계 • 책임소재에 대한 갈등유발 • 의사소통 경로 혼란
사례	대표 → 이사 → 국장 → 부장	인사부, 경영지원부, 영업부

③ 기업의 형태

1. **합명회사**

    (1) 2인 이상의 무한책임사원으로 구성되는 기업이다.

    (2) 출자한 모든 사원이 경영에 참여하고 회사의 채무에 대해 무한책임을 진다.

    (3) 대규모 자본 조달이 어려워 개인 기업의 특성을 보인다.

2. **합자회사**

    (1) 무한책임을 지는 출자자와 유한책임을 지는 출자자로 구성되는 기업이다.

    (2) 합명회사보다는 많은 투자자들로부터 자본을 조달할 수 있다는 장점을 가진다.

    (3) 기업의 경영은 무한책임을 지는 출자자가 담당하며 유한책임을 지는 출자자는 이익을 분배받을 수 있다.

3. **유한회사**

    (1) 1인 이상의 사원이 본인이 출자한 출자액만큼만 책임을 지는 형태의 기업이다.

    (2) 사원들의 책임이 간접적이며 유한하고 분화된 기관을 가지고 있다는 점에서 주식회사와 유사하다.

4. **유한책임회사**

    (1) 1인 이상의 유한책임사원으로 구성된 소규모 창업기업이다.

    (2) 사원이 아닌 자를 업무 집행자로 선임 가능하며 내부적으로는 조합의 특성을 가지고 외부적으로는 유한책임을 특징으로 한다.

5. **주식회사**

    (1) 주주들의 출자를 통해 형성된 기업이다.

    (2) 자본시장을 통하여 대규모 자본 조달이 가능하다.

    (3) 법인으로서의 특성, 계속 기업으로의 특징, 자본의 증권화, 출자자의 유한책임 등을 특징으로 한다.

    (4) 출자와 경영이 분리된 형태로, 가장 많은 기업이 주식회사의 형태로 설립되어 있다.

02 경영이해

○ 05 조직이해능력

1 경영의 의미와 경영의 구성요소

1. 경영의 의미

(1) 조직이 수립한 목적을 달성하기 위해 계획을 세우고 실행하고 그 결과를 평가하는 과정이다.

(2) 과거에는 경영을 단순히 관리라고 생각하였으나 경영은 관리 이외에도 조직의 목적을 설정하고, 이를 달성하기 위하여 전략을 수립하는 활동을 포함한다.

2. 경영의 구성요소

(1) **경영목적** : 조직의 목적을 어떤 과정과 방법을 택하여 수행할 것인가를 구체적으로 제시해주는 것이다.

(2) **조직구성원** : 조직에서 일하고 있는 임직원들로서, 이들의 역량에 따라 경영성과가 달라진다. 경영자는 조직의 목적에 부합하는 구성원들을 적재적소에 배치할 수 있어야 한다.

(3) **자금** : 경영활동에 사용할 수 있는 금전을 의미하며 조직의 지속가능성을 위한 재무적 기초가 된다.

(4) **전략** : 경영목적을 달성하기 위해 기업 내 모든 역량과 자원을 조직화하고 이를 실행에 옮겨 경쟁우위를 달성하는 일련의 방침 및 활동이다.

2 경영의 과정과 경영활동 유형

1. 경영의 과정

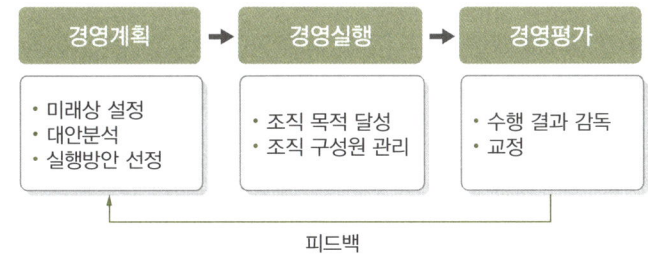

2. 경영활동 유형

(1) **외부 경영활동** : 조직외부에서 조직의 효과성을 높이기 위해 이루어지는 활동이다.
    예 시장에서 이루어지는 마케팅 활동 등

(2) **내부 경영활동** : 조직내부에서 인적·물적 자원 및 생산기술을 관리하는 활동이다.
    예 인사관리, 재무관리, 생산관리 등

확인문제

* 다음 사례를 읽고 조직 운영을 위한 경영 요소로 보기에 가장 어려운 것은?

A 씨는 최근 직장을 그만두고 지인들과 컨설팅 회사를 설립하였다. A 씨가 직장을 그만두게 된 데는 최고 경영자의 경영 이념이 자신의 이념과 상충되었기 때문이다.
이전 직장의 최고 경영자는 신기술을 가장 빠르게 받아들이고 꾸준히 '기술적인 혁신'을 이룩할 것을 경영 이념으로 삼았지만 A 씨는 조직을 운영하는 데 가장 기본이 되는 것은 사람이라 여겨 '인간존중'이 최우선이라고 생각하였다.
이에 따라 A 씨와 지인들은 '인간 존중'을 경영 목적으로 하고, 이를 바탕으로 구체적인 경영 전략을 수립하였다. 또한 회사를 운영하기 위한 자금을 마련하여 법인으로 등록하고 근로자를 모집, 채용하였다.

① 인적 자원
② 경영 목적
③ 조직원들의 연령
④ 전략

정답 ③

해설 제시된 사례는 조직을 운영하는 데 기초가 되는 경영 요소들을 보여주는 사례이다. 제시된 사례에서 경영목적, 인적 자원, 자금, 전략 등이 마련되어야 함을 확인할 수 있다. 이처럼 조직은 목적을 달성하기 위해 경영 구성요소에 대한 계획 수립 및 관리, 운영이 필요함을 알 수 있다.

③ 경영자의 의미와 역할

1. 경영자의 의미

(1) 조직의 전략, 관리 및 운영활동을 주관하며 조직구성원들과 의사결정을 통해 조직이 나아갈 방향을 제시하고 조직의 유지와 발전에 책임을 지는 사람이다.

(2) 조직의 변화 방향을 설정하는 리더이며 조직구성원들이 조직의 목표에 부합되는 행동을 할 수 있도록 이를 결합시키고 관리하는 관리자이다.

2. 민츠버그(Mintzberg)의 역할에 따른 경영자의 분류

대인적 역할	정보적 역할	의사결정적 역할
• 대표자 • 리더 • 연결자	• 정보탐색자(모니터링) • 정보보급자(전파자) • 대변인	• 기업가 • 분쟁해결자(위기관리) • 자원분배자 • 협상가

④ 의사결정

1. 의사결정의 의미

(1) 좁은 의미에서는 특정한 문제해결을 위한 대안선택 과정이다.

(2) 넓은 의미에서는 조직활동을 수행하기 위해 어떻게 조직을 구성하고 어떻게 인력을 배치하며 어떤 방법으로 통제와 조정을 할 것인지에 대해 결정하는 관리과정이다.

(3) 조직에서의 의사결정은 개인의 의사결정보다 복잡하며 신속하게 이루어져야 할 때가 많고 확실하지 못한 환경에서 이루어지기도 한다.

2. 의사결정 과정

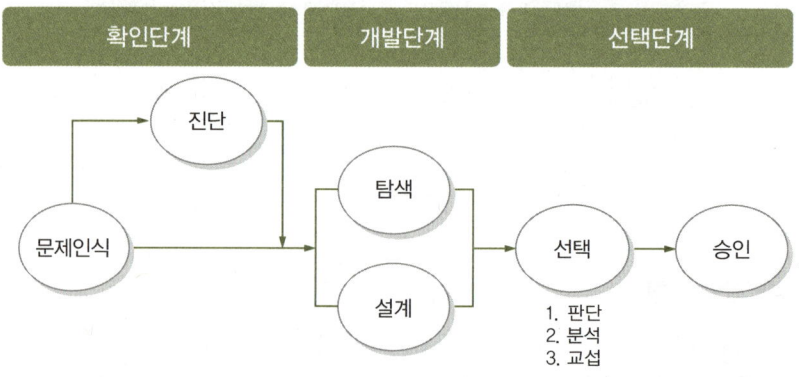

(1) 확인단계
① 의사결정이 필요한 문제를 인식하고 진단한다. 외부 환경이 변화하거나 내부에서 문제가 발생했을 때에 돌입한다.
② 진단 단계는 문제의 심각성에 따라서 체계적으로 이루어지며 비공식적으로 이루어지기도 한다.
③ 문제를 신속히 해결할 필요가 있는 경우에는 진단 시간을 줄이고 즉각적인 대응이 필요하다.

(2) 개발단계
① 확인된 문제나 근본적인 원인에 대하여 해결방안을 모색하는 단계이다.
② 기존의 방법으로 문제를 해결할 경우 조직 내 관련자와의 대화나 공식적인 문서 등을 참고할 수 있다.
③ 이전에 없었던 새로운 문제의 경우 다양한 해결안을 설계하여 시행착오를 거쳐 적합한 해결방법을 찾아 나가야 한다.

(3) 선택단계
① 마련한 해결방안 중 실행 가능한 해결안을 선택한다.
② 선택을 위한 3가지 방법으로는 의사결정권자 한 사람의 판단에 의한 선택, 경영과학 기법과 같은 분석에 의한 선택, 이해관계집단의 토의와 교섭에 의한 선택이 있다.
③ 해결방안이 선택되면 마지막으로 조직 내에서 공식적인 승인 절차를 거친 후 실행된다.

3. 집단의사결정의 장·단점
(1) 장점
① 개인보다 문제해결에 대한 더 많은 지식과 정보를 가지고 있기 때문에 다양한 대안을 개발할 수 있으며 대안의 평가에도 광범위한 시각을 가질 수 있다.
② 의사결정과정에 많은 사람들이 참여했기 때문에 결정된 사항을 수용하기 수월하다.
③ 개인에 의한 의사결정보다 더욱 합리적인 것으로 평가되어 결정에 만족하는 사람들이 많다.

(2) 단점
① 의견이 불일치하는 경우, 의사결정을 내리는 데 시간이 많이 소요된다.
② 특정 구성원에 의해 의사결정이 독점될 가능성이 있다.

4. 집단의사결정의 종류
(1) 브레인스토밍(Brain Storming) : 여러 명이 한 가지의 문제를 놓고 아이디어를 비판 없이 제시하여 그중 최선책을 찾아내는 방법이다. 브레인스토밍에는 다음과 같은 규칙이 있다.
① 다른 사람이 아이디어를 제시할 때는 비판하지 않는다.
② 문제에 대한 제안은 자유롭게 이루어질 수 있다.

③ 아이디어는 많이 나올수록 좋다.

④ 모든 아이디어들이 제안되고 나면 이를 결합하여 해결책을 마련한다.

(2) 브레인라이팅(Brain Writing)

① 브레인스토밍을 응용한 방법으로, 구두로 의견을 교환하는 브레인스토밍과 달리 브레인라이팅은 포스트잇과 같은 메모지에 의견을 적은 후 메모된 내용을 차례로 공유하는 방법이다.

② 모든 사람들이 평등하게 의견을 제시하므로 특정한 의견에 치우치지 않으며 발표를 망설이는 사람들도 부담스럽지 않게 참여할 수 있다는 장점이 있다.

(3) 델파이 기법(Delphi Technique)

① 설문조사를 통해 장래에 전개될 상황을 미리 예측하는 방법이다.

② 예측하고자 하는 특정 사회현상에 대해 그 분야의 전문가들로부터 앙케트를 통해 의견을 되풀이해 듣고, 여러 번 반복하여 얻은 견해들을 분석하여 예측의 자료로 삼는다.

③ 델파이 기법의 가장 큰 특징은 예측을 위해 전문가 한 사람이 아닌 관련 전문가 집단이 모두 동원된다는 점이다.

(4) 명목집단 기법

① 브레인스토밍과 브레인라이팅 기법의 장점들을 살리기 위해 고안된 것으로, 브레인스토밍기법에 토의 및 투표 기법 등의 요소가 결합된 방식이다.

② 먼저 구성원들이 문제를 확인한 후 주어진 시간 동안 침묵한 채 자신의 아이디어를 서면으로 정리하여 작성하고, 모든 아이디어가 기록될 때까지 일절 토의하지 않는다.

③ 토의가 끝난 후엔 비밀 투표를 통해 최고점수를 얻은 아이디어를 최적의 대안으로 확정한다. 이 방법은 주로 민감한 문제를 평가 할 때 사용된다.

5. 의사결정 방해요인

(1) 기업의 의사결정 이면에 스며들어 있는 조직 편향은 개인적 편향과 집단적 편향으로 분류할 수 있다.

(2) 개인적 편향

① 후광효과(Halo Effect) : 평가 대상의 부분적 특성에 주목하여 그 대상의 전반적 평가에 영향을 준다.

② 확증편향(Confirmation Bias) : 자신이 가진 사고의 틀에서 벗어나기보다 오히려 자신의 생각을 더 뒷받침해 주는 말 또는 증거만 확인하려고 한다.

③ 앵커링(Anchoring) : 초기 정보에 사고가 얽매여 그 사고의 틀에서 벗어나지 못한다.

(3) 집단적 편향

① 집단사고(Groupthink) : 응집력이 강한 집단의 구성원들이 의사결정을 내릴 때 갈등을 최소화하며 만장일치를 이루고자 한다.

② 폭포효과(Cascade Effect) : 리더의 첫 한마디에 조직구성원들의 의견이 리더와 같은 의견으로 모아진다.

5 경영전략

1. 경영전략의 수립절차

(1) 전략목표 설정
① 경영전략을 통해 비전과 미션을 규명하고 전략목표를 설정한다.
② 일반적으로 기업의 경영철학(핵심가치와 믿음), 목적(경영이념), 목표(경영목표)의 3개 요소로 구성된다.

(2) 환경 분석
① 내부환경을 분석하는 목적은 기업이 보유하고 있는 유형 및 무형의 경영자원과 경영기능에 대한 분석을 통해 기업의 강점과 약점을 도출하는 데 있다.
② 외부 환경을 분석하는 목적은 기업의 전략적 기회와 위협 요인을 규명하는 데에 있으며, 국내외 정치환경, 경제환경, 사회환경, 기술환경 그리고 산업환경 등이 이에 해당한다.
③ 환경 분석을 위해 SWOT 분석을 가장 많이 활용한다.

(3) 경영전략 도출
① 환경분석의 결과를 토대로 전략을 도출한다.
② 조직전략, 사업전략, 부문전략으로 구분할 수 있으며 이들 간에는 위계적 수준이 존재한다.
③ 가장 상위단계의 전략인 조직전략은 조직의 사명을 정의한다.
④ 사업전략은 사업수준에서 각 사업의 경쟁적 우위를 점하기 위한 방향과 방법을 다룬다.
⑤ 부문전략은 기능부서별로 사업전략을 구체화하여 세부적인 수행방법을 결정한다.

(4) 경영전략 실행
① 수립된 경영전략을 실행하여 경영의 목적을 달성한다.
② 전략을 적절하게 실행하기 위해서는 적절한 리더십이 발휘되어야 하고, 조직문화도 조성되어야 한다.

(5) 평가 및 피드백
① 일정한 기간을 두고 실제 성과와 목표 간의 차이를 분석하고 그 차이를 명확히 하여 원인분석과 피드백이 반드시 뒤따라야 한다.
② 성과와 계획 간의 차이분석을 위한 자료로는 판매실적, 생산실적 및 생산성, 재고, 연구개발실적, 회계자료 등을 비롯한 기업운영상 가시적으로 나타나는 여러 자료를 이용할 수 있다.

> **확인문제**
>
> *SWOT 분석에 대한 설명으로 옳지 않은 것은?*
>
> ① 경영전략을 수립하기 위해 조직의 내·외부 환경을 분석하는 방법 중 하나이다.
> ② 조직의 강점과 약점은 내부 환경 요인에 해당하는 것이다.
> ③ 조직 활동에 이점을 주는 환경 요인은 조직의 외부 환경에 해당한다.
> ④ 조직의 효과적인 성과를 방해하는 자원, 기술, 능력 등은 위협 요인에 해당한다.
>
> **정답** ④
>
> **해설** 조직의 효과적인 성과를 방해하는 자원, 기술, 능력 등은 기업 내부요인 중 약점에 해당된다.

2. SWOT 분석

(1) 기업의 환경분석을 통해 강점(Strength)과 약점(Weakness), 기회(Opportunity)와 위협(Threat) 요인을 규정하고 이를 토대로 마케팅 전략을 수립하는 기법이다.

(2) 어떤 기업의 내부환경을 분석해 강점과 약점을 발견하고, 외부환경을 분석하여 기회와 위협을 찾아내어 이를 토대로 강점은 살리고 약점은 죽이며, 기회는 활용하고 위협은 억제한다.

(3) 분석을 위해 사용되는 네 가지 요소를 SWOT이라고 한다.
   ① 강점(S) : 경쟁기업과 비교할 때 소비자로부터 강점으로 인식되는 것이다.
   ② 약점(W) : 경쟁기업과 비교할 때 소비자로부터 약점으로 인식되는 것이다.
   ③ 기회(O) : 외부환경에서 유리한 요인이다.
   ④ 위협(T) : 외부환경에서 불리한 요인이다.

(4) SWOT 분석에 의한 마케팅 전략은 네 가지가 존재한다.
   ① SO 전략(강점-기회전략) : 시장의 기회를 활용하기 위해 강점을 사용한다.
   ② ST 전략(강점-위협전략) : 시장의 위협을 회피하기 위해 강점을 사용한다.
   ③ WO 전략(약점-기회전략) : 약점을 극복함으로써 시장의 기회를 활용한다.
   ④ WT 전략(약점-위협전략) : 시장의 위협을 회피하고 약점을 최소화한다.

내부환경 외부환경	강점(S)	약점(W)
기회(O)	SO 전략 기회의 이점을 얻기 위해 강점을 활용하는 전략	WO 전략 약점을 극복하면서 기회의 이점을 살리는 전략
위협(T)	ST 전략 위협을 피하기 위해 강점을 활용하는 전략	WT 전략 약점을 최소화하고 위협을 피하는 전략

3. BCG 매트릭스

(1) 보스턴컨설팅그룹에 의해 1970년대 초반 개발된 것으로, 기업의 경영전략 수립에 있어 하나의 기본적인 분석도구로 활용되는 사업포트폴리오 분석법이다.

(2) 4사분면으로 나타내며 X축은 '상대적 시장점유율'을, Y축은 '시장성장률'을 나타낸다.

High
 스타(Star)   물음표(Question Mark)
시장
성장률
 현금젖소(Cash Cow)   개(Dog)
Low
 High   상대적 시장점유율   Low

구분	내용
스타	• 고성장 – 고점유율 사업으로, 현금의 유입이 크고 지속적인 투자가 필요 • 경쟁자들의 방어를 위해 많은 현금 유출이 수반됨.
현금 젖소	• 저성장 – 고점유율 제품들로서 이미 안정된 시장에서 선도적 지위를 유지 • 추가적인 투자가 필요하지 않으므로 현금 유출이 적어 물음표나 스타 제품을 지원함.
물음표	• 고성장 – 저점유율 제품들로서 성공하면 큰 수익을 올리지만 실패하면 큰 손실 발생 • 고성장에 따르는 투자로 자금 유출이 크며, 점유율 확보를 위해 제품을 선별해서 투자함.
개	• 저성장 – 저점유율 제품들로서 자체 사업을 유지하기 위한 자금은 창출할 수 있으나 시장이 위축되고 큰 수익이 기대되지 못하는 제품이므로 조만간 시장에서의 철수가 검토됨.

4. 경영전략 유형[사업단위]

원가우위 전략	• 원가 절감을 통해 해당 산업에서 우위를 점하는 전략이다. • 대량생산으로 원가를 낮추거나 새로운 생산 기술을 개발하는 방법이다. • 우리나라의 1970년대 섬유, 신발, 가발업체 등이 미국시장에 진출할 때 취한 전략이다.
차별화 전략	• 서비스 및 생산된 제품을 차별화해 고객에게 독특한 가치로 인식되도록 하는 전략이다. • 연구개발, 광고, 기술, 이미지, 서비스 등을 개선하는 활동을 포함한다.
집중화 전략	• 경쟁 업체나 조직 등이 소홀히 하고 있는 한정된 시장을 잡아 집중 공략하는 전략이다. • 원가 우위나 차별화되는 산업 전체를 대상으로 하는 반면, 집중화는 특정 산업을 대상으로 한다는 점이 특징이다.

03 체제이해

1 조직목표의 기능과 특징

1. 조직목표의 기능

(1) 조직이 존재하는 정당성과 합법성 제공
(2) 조직이 나아갈 방향 제시
(3) 조직구성원 의사결정의 기준
(4) 조직구성원 행동 수행의 동기유발
(5) 수행평가 기준
(6) 조직설계의 기준

2. 조직목표의 특징

(1) 공식적 목표와 실제적 목표가 다를 수 있음.
(2) 다수의 조직목표 추구 가능
(3) 목표들 사이에 위계적 상하관계가 존재
(4) 가변적 속성
(5) 조직의 구성요소와 상호관계를 가짐.

2 조직성과 평가방법

1. **MBO(Management By Objectives)** : 목표 중심의 참여적 관리기법으로, 상사와 부하가 공동으로 목표를 설정한 후 목표가 달성된 정도를 측정하고 평가함으로써 경영의 효율성을 증진시키는 전사적 차원의 조직관리 체계이다.

2. **OKR(Objective and Key Results)**
   (1) 조직적 차원에서 목표(Objective)를 설정하고, 결과를 추적할 수 있도록 해주는 목표 설정 프레임워크다.
   (2) MBO와 달리 단기적인 전략을 세워 구체적 수준의 목표를 달성하는 것으로써 회사와 팀, 그리고 각 구성원이 3개월마다 목표와 핵심결과를 정해 성과를 평가한다.

TIP
조직목표의 분류
1. 전체성과 : 조직의 성장목표
2. 자원 : 조직에 필요한 재료와 재무자원을 획득
3. 시장 : 시장점유율과 시장에서의 지위 향상
4. 인력개발 : 조직구성원에 대한 관리
5. 혁신과 변화 : 내·외 환경 변화에 대한 대응
6. 생산성 : 투입된 자원에 대비한 산출량 향상

이것만은 꼭!
조직목표는 내적요인과 외적요인에 따라 여러 가지 방향으로 다양하게 변한다.
- 내적요인 : 조직 리더의 결단이나 태도의 변화, 조직 내의 권력구조의 변화, 목표형성 과정의 변화 등
- 외적요인 : 경쟁업체의 변화, 조직차원의 변화, 국가정책의 변화 등

이것만은 꼭!
성과평가
성과평가는 평가 자체를 위한 평가가 아닌 전체 경영 시스템 속의 연속성 있는 경영 도구로 활용되며, 성과 계획 → 성과 수행 → 성과 측정 → 성과 점검 순으로 진행한다.

3. MBO와 OKR의 비교

구분	MBO	OKR
운영주기	1년 단위	3개월 단위
흐름	하향식 흐름	상향식 흐름
피드백	연 3회 피드백	주 2회, 월 8회, 분기 24회, 연 100회 이상의 피드백
목적	목표 달성 자체	목표 달성뿐만 아니라 과정에서의 성장
달성 가능성	100%	50 ~ 70%
자세	• 달성하기 쉬운 목표 설정 • 구성원들의 소극적 행동	• 도전적인 자세와 원대한 목표 • 어느 정도 실패에 대한 용인 • 과정에서 얻은 성장 중시
목표의 성격	양적 목표	질적 목표와 양적 목표가 모두 포함된 통합적 목표
목표의 개수	보통 5 ~ 7개의 목표 설정과 각 목표별 1 ~ 3개의 KPI 설정	원대한 목표 1개와 그에 따른 핵심결과지표 3개
보상과 연계	보상과 직결	성장과 도전적 과제를 중시

③ 조직구조와 조직문화

1. 조직구조의 구분

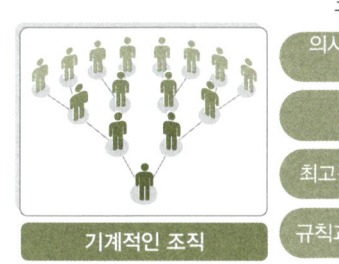

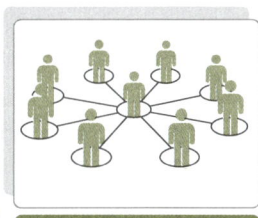

구분 기준
- 의사결정 권한의 집중정도
- 명령계통
- 최고경영자의 통제
- 규칙과 규제의 정도

기계적인 조직
- 업무가 분명하게 정의된다.
- 많은 규칙과 규제들이 존재한다.
- 공식적인 경로를 통해 상하 간 의사소통이 이루어진다.
- 엄격한 위계질서가 있다.
- 최고경영층(상부)에 의사결정이 집중된다.

유기적인 조직
- 의사결정권한이 하부구성원들에게 비교적 많이 위임된다.
- 업무가 고정되어 있지 않다.
- 비공식적인 의사소통이 원활하다.
- 환경의 변화에 따라 쉽게 변할 수 있다.

2. 조직문화

(1) 조직문화의 의미와 기능

① 조직문화란 다른 조직과 구별되는 개별조직 고유의 독특성으로, 구성원들 간에 공유되는 생활양식이나 가치를 가리킨다. 조직문화는 조직구성원들에게 행위지침을 제공하고 업무의 가이드라인 역할을 한다.

② 조직문화의 순기능과 역기능

순기능	역기능
• 일체감과 정체성 부여 • 몰입을 통한 시너지 효과 • 행동지침을 통한 구성원들의 일탈행위 통제	• 환경변화의 신속한 대응 저해 • 외부 집단에 대한 배타성 증가 • 창의성과 다양성을 저해

보충플러스

GWP(Great Work Place)
- 일하기 훌륭한 일터, 일하기 좋은 직장이란 의미
- 리더와 구성원, 구성원과 업무 그리고 구성원 간의 관계 수준을 높임으로써 경쟁력 강화

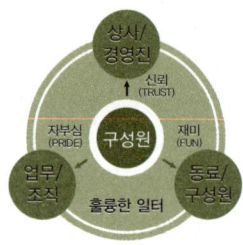

(2) 퀸(Quinn)의 조직문화 모형

① 퀸의 경쟁가치모형은 모순적이고 배타적인 조직문화 가치요소들을 포괄적으로 분석할 수 있는 틀을 제공해 준다.

② 퀸은 내부와 외부, 통제와 유연성이라는 두 가지 차원을 기준으로 4가지 유형의 조직문화를 도출했다.

	내부통합	외부지향
유연성	관계지향문화 (Human Resource Development)	혁신지향문화 (Open System)
질서	위계지향문화 (Hierarchical)	과업지향문화 (Production Oriented)

(3) 에드거 샤인(Edgar Schein)의 조직문화 층위

① 인위적 결과물(Artifacts) : 조직 구조 및 프로세스, 관례적 의식, 의사결정 체계, 직무체계, 문서화된 제도와 규정 등이 이에 해당하며 눈에 보이고, 들리고, 느껴지는 것이다.

② 표방하는 가치(Espoused Values) : 외부환경변화와 무관하게 조직이 지속적으로 지켜나가는 경영철학, 가치, 신념, 목표 등을 말하며 구성원의 말과 행동을 지배한다.

③ 기본적 가설(Underlying Assumptions) : 리더 및 구성원들의 무의식에 뿌리 깊게 자리 잡은 믿음, 인식, 감정의 총화로, 겉으로 드러나지 않아 관찰과 변화가 어렵다.

[Edgar Schein의 기업문화 층위]

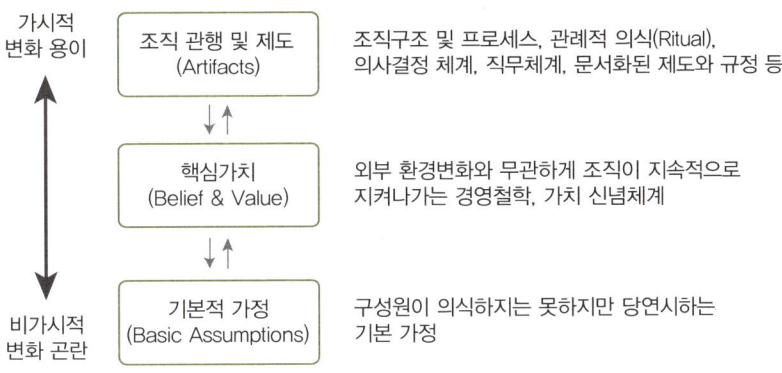

4 조직 유형

1. 종적 조직 설계유형

(1) **기능적 조직** : 환경이 안정적이거나 기업의 규모가 작을 때 기능적 조직구조의 형태를 이룬다. 상호 관련성 있는 업무를 동일 부서에 배치하는 가장 기본적인 구조로 부서 간 의존성이 크고 상호작용이 활발히 이뤄지며 조직 내부의 효율성이 중요시된다.

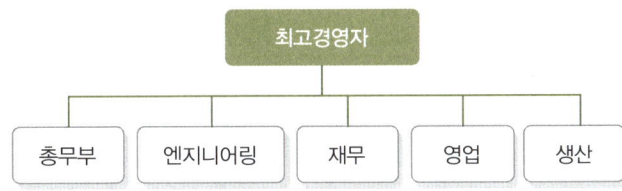

(2) **사업별 조직** : 급변하는 환경변화에 효과적으로 대응하고 제품, 지역, 고객별 차이에 신속하게 적응하기 위해서는 분권화된 의사결정이 가능한 사업별 조직구조 형태가 적합하다. 사업별 조직구조는 개별 제품, 서비스, 프로그램 등에 따라 조직화되고 각 사업별 구조 아래 생산, 판매, 회계 등의 역할이 이루어진다.

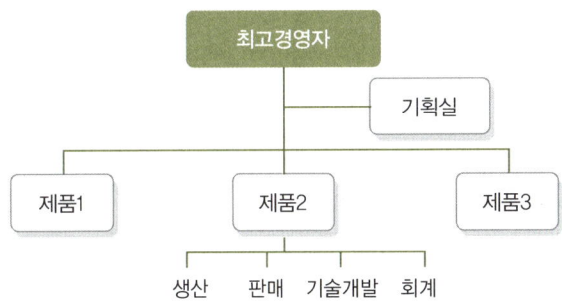

(3) **지역별 조직** : 지역별로 독자적인 지사를 구성하고 각 지역 고객들의 욕구에 집중한다.

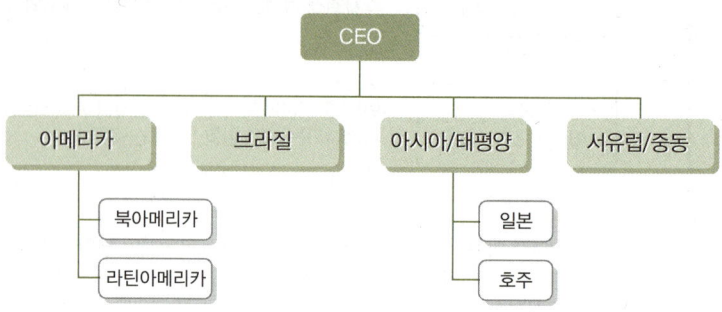

2. 횡적 조직 설계유형

(1) 매트릭스 조직

① 기능구조와 사업구조의 결합을 시도하는 조직구조로, 기존의 기능부서 상태를 유지한 채 특정한 프로젝트를 위해 서로 다른 부서의 인력이 함께 일하는 현대적 조직설계방식이다.

② 이원적 권한체계를 갖고 있으며 기능부서 통제권한의 계층은 수직적으로 흐르는 반면 사업부서 간 조정권한의 계층은 수평적으로 흐르는 특징이 있다.

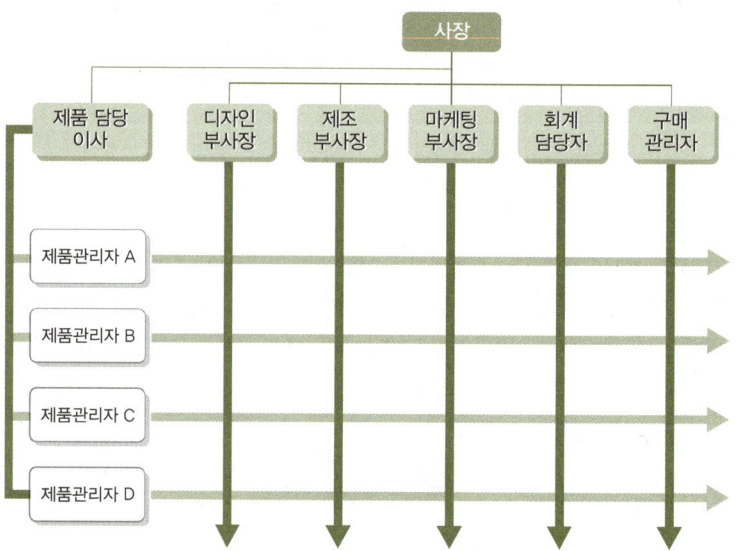

장점	단점
• 불안정한 환경에서 복잡한 의사결정이 가능하다. • 고객의 이중요구에 적절히 대응할 수 있다. • 여러 제품라인에 인적 자원을 공유할 수 있다. • 제품 기술 개발에 대한 적절한 기회를 제공한다.	• 이중보고 체계로 인해 종업원들이 혼란을 겪을 수 있다. • 기능부서와 사업부서 간의 갈등이 생길 수 있다. • 빈번한 회의와 조정 과정으로 시간이 낭비된다. • 권력 균형을 유지하는 데 많은 노력이 필요하다.

(2) 프로세스 조직
  ① 제품의 생산 과정을 바탕으로 설계되는 조직이다.
  ② 고객의 기대가치를 반영할 수 있도록 업무 프로세스를 우선으로 설계한 조직 유형이다.
  ③ 팀 단위의 업무 수행, 스탭 기능의 축소와 변화, 단순 연결과 다기능 과업 등을 특징으로 한다.

(3) 네트워크 조직
  ① 부서나 개인이 서로 독립성을 유지한 채 상대방과 강하게 연결된 조직이다.
  ② 전통적인 조직 구조는 계층별로 단절되어 있어 정보의 흐름이 수직적이지만 네트워크 조직은 계층이 거의 없어 수평적 연결과 왕래가 빈번히 일어난다.
  ③ 새로운 지식창조나 가치 창출이 용이하며 시장 상황에 맞는 유연한 대응이 가능해진다.

(4) 혼합형 조직
  ① 다양한 조직들의 강점을 취하고 약점을 피하는 방식이다.
  ② 대부분 대기업들은 혼합형 조직구조를 채택하고 있다.

3. 애자일(Agile) 조직

(1) 급변하는 시장 환경 속에서 다양한 수요에 유연하고 민첩하게 대응하기 위한 경영방식으로, 부서 간 경계를 허물고 필요에 맞게 소규모 팀을 구성해 업무를 수행하는 조직문화를 뜻한다. 완벽한 분석이나 기획을 추구하는 대신 작업 계획을 짧은 단위로 쪼개어 시제품을 만들고 피드백을 지속적으로 반영하는 식으로 업무의 완성도를 높이는 것이 특징이다.

(2) 애자일 조직의 5가지 특징
  ① 조직 전체에 공유된 목적과 비전
  ② 권한 위임을 받은 네트워크 팀 구조
  ③ 빠른 의사결정과 학습 사이클
  ④ 역동적인 사람 중심 모델
  ⑤ 차세대 기술 활용

(3) 조직 변화를 위한 4가지 전략 : 프로세스, 구조, 인재, 리더십의 4가지 측면을 통해 전략을 세울 수 있다.

	전략
프로세스	정기적·순차적으로 진행되는 체계적 전략기반 프로세스에서 고객 피드백을 즉각 반영할 수 있는 시행착오 기반 프로세스로 전환해야 한다.
구조	기능별 전문성과 효율성을 강조한 기능별 조직에서 기능통합, 권한위임, 성과 책임을 가지는 자기완결형 소규모 조직으로 변화해야 한다.
인재	연공, 상대평가에 기반을 둔 승진·보상을 통한 동기부여에서 주인의식, 자율성에 기반을 둔 내재적 동기부여로 바뀌어야 한다.
리더십	톱다운 방식의 관리자형리더에서 직원 개개인의 오너십을 중시하고 직접 뛰며 조직을 지원하는 '플레잉 코치'형 리더로 전환해야 한다.

5 조직의 구성요소

1. 맥킨지(McKinsey) 7S 모형

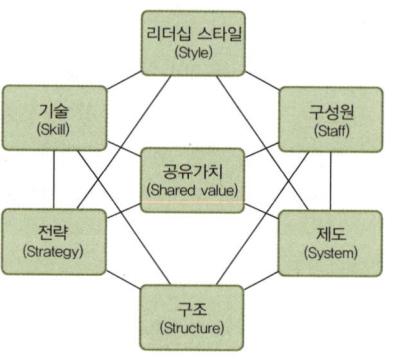

(1) 공유가치 : 조직 구성원들의 행동이나 사고를 특정 방향으로 이끌어가는 원칙이나 기준
(2) 리더십 스타일 : 구성원들을 이끌어 나가는 전반적인 조직관리 스타일
(3) 구성원 : 조직의 인력 구성과 구성원들의 능력과 전문성, 가치관과 신념, 욕구와 동기, 지각과 태도 그리고 그들의 행동 패턴 등을 의미
(4) 제도 : 조직 운영의 의사 결정과 일상 운영의 틀이 되는 각종 시스템을 의미
(5) 조직구조 : 조직의 전략을 수행하는데 필요한 틀로서 구성원의 역할과 그들 간의 상호관계를 지배하는 공식요소
(6) 전략 : 조직의 장기적인 목적과 계획 그리고 이를 달성하기 위한 장기적인 행동지침
(7) 기술 : 하드웨어는 물론 이를 사용하는 소프트웨어 기술을 포함하는 요소

확인문제

* 다음 중 조직문화의 구성요소에 대한 설명으로 옳지 않은 것은?

① 공유가치는 구성원의 행동이나 사고를 특정 방향으로 이끌어 가는 원칙이나 기준을 뜻한다.
② 조직의 전략을 수행하는 데 필요한 틀을 시스템이라고 한다.
③ 기술에는 하드웨어는 물론 소프트웨어 기술도 포함된다.
④ 구성원을 이끌어 나가는 리더의 조직 관리 스타일을 리더십 스타일이라고 한다.

정답 ②
해설 조직문화 구성요소에서의 시스템은 조직 운영의 의사결정과 일상운영의 틀이 되는 시스템을 지칭한다.

6 조직의 의사소통

1. **의사소통의 정의** : 의미 있는 정보전달 과정으로 특정 개인이나 집단 조직으로 구성되는 발신자가 특정 형태의 정보인 메시지를 수신자에게 전달하는 과정이다.

2. **의사소통의 방법**

    (1) 언어적 의사소통

    ① 구두에 의한 의사소통 : 직접적인 의사소통으로, 효율적인 반면 수신자에게 소홀히 다루어질 수 있다. 메시지 내용이 종업원에 불미스러운 사항일 경우, 문서보다는 구두에 의한 의사소통을 선호한다.

    ② 문서에 의한 의사소통 : 언어표현의 정확성과 메시지 내용의 기록이 요구되는 경우에 유리하다.

    (2) 비언어적 의사소통

    ① 구두 혹은 문서화된 언어를 이용하지 않고 메시지를 전달하는 것이다.

    ② 몸짓이나 자세, 옷차림, 시간 이용 방식, 다른 사람과의 거리 등이 비언어적 의사소통의 유형에 속한다.

    (3) 기술적 의사소통

    ① 전자메시지 시스템이나 원격회의, 팩스 등 시간과 장소, 사람에 관계없이 의사소통을 가능하게 한다.

    ② 의사소통의 새로운 기회와 유연성을 제공한다.

3. **의사전달망의 형태**

    (1) Y형 : 확고한 중심인물 없이 대다수의 구성원을 대표하는 지도자가 존재할 경우에 나타난다. 집단의 지도자가 의사소통의 중심이 되어 의사소통망을 형성한다.

    (2) 쇠사슬형 : 공식적인 명령계통에 나타나는 단순한 형태로, 순서는 존재하지만 중심인물이 존재하지 않는다. 수직 모형과 수평 모형이 있다.

    (3) 바퀴형 : 구성원들의 정보가 중심인물이나 집단의 지도자에게 집중된다. 중심인물이 빠르게 정보를 수집·종합할 수 있으므로 문제 해결 시 신속하지만 복잡한 일에는 그 유효성이 떨어진다는 단점을 가진다.

    (4) 원형 : 구성원 간에 뚜렷한 서열이 없는 경우에 나타나는 유형으로 중심인물이 없는 상황에서 의사소통의 목적과 방향 없이 구성원 사이에서 정보가 전달된다. 정보전달, 수집, 파악, 해결 등이 가장 느리지만 의사소통이 명백한 경우 만족도가 높다.

    (5) 전체 연결형 : 가장 바람직한 의사소통의 유형으로 구성원들 사이에서 정보 교환이 완전히 이루어진다. 바퀴형에 비하여 종합적인 상황파악과 문제해결을 하는 데에 걸리는 시간은 많지만, 상황에 대한 이해력이 높고 복잡하고 어려운 문제를 푸는 데 효과적이며 만족도도 높다.

구분	Y형	쇠사슬형	바퀴형	원형	전체 연결형
속도	빠름	중간	단순과업 : 빠름 복잡과업 : 늦음	모여 있는 경우 : 빠름 떨어져 있는 경우 : 늦음	빠름
정확성	높음	문서 : 높음 구두 : 낮음	단순과업 : 높음 복잡과업 : 낮음	모여 있는 경우 : 빠름 떨어져 있는 경우 : 낮음	중간
만족도	낮음	낮음	낮음	높음	높음
몰입정도	낮음	낮음	중간	높음	높음

[의사전달망의 형태]

Y형	쇠사슬형	바퀴형	원형	전체 연결형

7 권한위임

1. 권한위임의 의의 : 조직구성원에게 업무 재량을 위임하고 자주적이고 주체적인 체제 속에서 사람이나 조직의 의욕과 성과를 이끌어 낼 수 있다.

2. 권한위임의 중요성

(1) 조직구성원에게 자율권을 위임해 주고 의사결정에 참여시키며 도전의식과 비전을 심어 줌으로써 상하 간 긍정적 상호 관계를 가지게 한다.

(2) 권한위임은 리더가 부하 직원에게 권한의 일부를 떼어 주는 '분배'의 개념이 아니라 리더와 직원 양쪽 모두의 권한이 확대되는 과정이기 때문에 조직의 성과에도 영향을 미친다.

⑧ 지역 농축협

1. 농축협 조직 현황

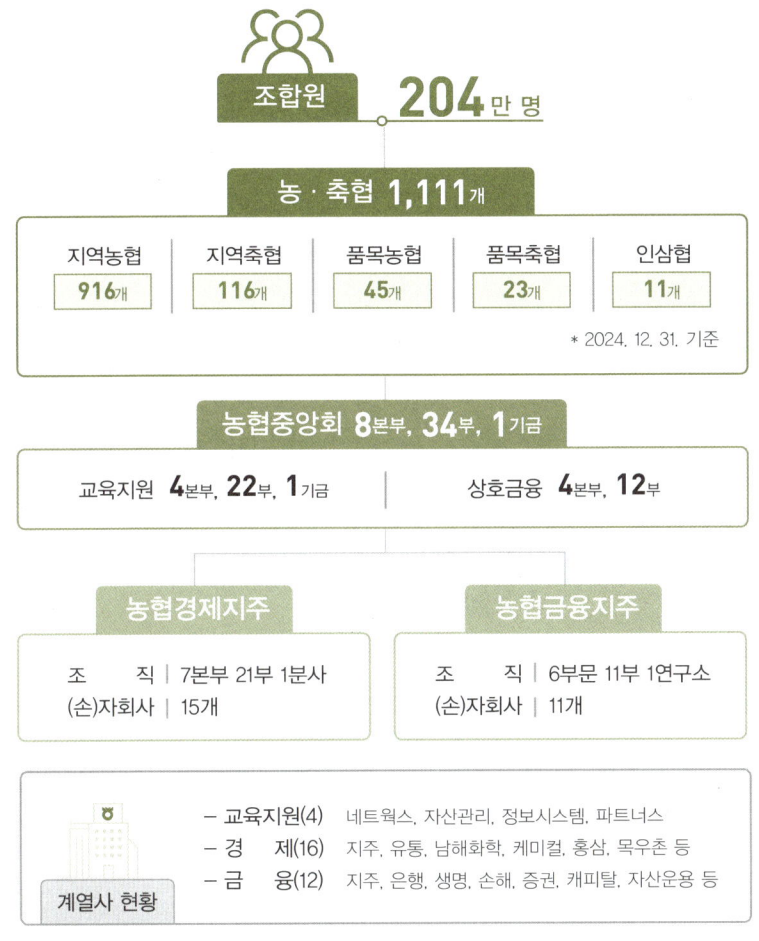

2. 비전 2030

[비전]

변화와 혁신을 통한 새로운 대한민국 농협

[슬로건]

희망농업, 행복농촌 농협이 만들어 갑니다.

[핵심가치]

★ 국민에게 사랑받는 농협

★ 농업인을 위한 농협

★ 지역 농축협과 함께하는 농협

★ 경쟁력 있는 글로벌 농협

[혁신전략]

1. 농업인·국민과 함께 「농사같이(農四價値)운동」 전개
2. 중앙회 지배구조 혁신과 지원체계 고도화로 「농축협 중심」의 농협 구현
3. 디지털 기반 「생산·유통 혁신」으로 미래 농산업 선도, 농업소득 향상
4. 「금융부문 혁신」과 「디지털 경쟁력」을 통해 농축협 성장 지원
5. 「미래 경영」과 「조직문화 혁신」을 통해 새로운 농협으로 도약

[엠블럼]

농협의 초성 ㄴ, ㅎ
ㄴ과 ㅎ으로 만든 수레

ㄴ과 ㅎ이 결합하여 '농'의 완성
농업·농촌의 새롭고 당당한 미래상의 중심에
「새로운 대한민국 농협」이 있음을 부각

변화와 혁신을 담은 수레
새 수레에 변화와 혁신의 황금빛 불꽃을 담아
희망농업, 행복농촌을 만들겠다는 의미

3. 농협의 CI

(1) 심벌마크

① [V]꼴은 [농]자의 [ㄴ]을 변형한 것으로 싹과 벼를 의미하며 농협의 무한한 발전을, [V]꼴을 제외한 아랫부분은 [업]자의 [ㅇ]을 변형한 것으로 원만과 돈을 의미하며 협동, 단결을 상징
② 마크 전체는 [협]자의 [ㅎ]을 변형한 것으로 [ㄴ+ㅎ]은 농협을 나타내고 항아리에 쌀이 가득 담겨 있는 형상을 표시하여 농가 경제의 융성한 발전을 상징

(2) 캐릭터 아리(ARI)

① 농업의 근원인 씨앗을 모티브로 하여 쌀알, 밀알, 콩알에서의 '알'을 따와 이름을 붙임.
② 통합 농협으로 새출발하는 농협의 미래지향적인 기업 이미지를 캐릭터를 통해 발현시키고자 함.
③ 우리의 전통 음율 '아리랑'을 연상하게 하여 '흥, 어깨춤' 등 동적인 이미지를 지님과 동시에 곡식을 담을 '항아리'도 연상하게 하여 '풍요'와 '결실'의 의미도 함께 지님.

04 업무이해

1 업무의 종류와 특성

1. 업무의 의미
(1) 조직의 목적을 달성하기 위해 상품이나 서비스를 창출하는 생산적인 활동이다.
(2) 조직의 목적을 달성하기 위해 조직이 개인에게 부여한 책임이자 의무이다.

2. 업무의 종류
(1) 조직의 업무는 조직 전체의 목적을 달성하기 위해 배분되는 것으로 목적 달성을 위해 효과적으로 분배되고, 원활하게 처리되는 구조가 필요하다.
(2) 각 조직마다 다른 외부적인 상황과 오랜 세월에 걸쳐 형성된 특유의 조직문화와 내부 권력 등에 의해 업무는 다양하게 구성될 수 있다.

부서	업무(예)
총무부	주주총회 및 이사회개최 관련 업무, 의전 및 비서업무, 집기비품 및 소모품의 구입과 관리, 사무실 임차 및 관리, 차량 및 통신시설의 운영, 국내외 출장 업무 협조, 복리후생 업무, 법률자문과 소송관리, 사내외 홍보 광고업무
인사부	조직기구의 개편 및 조정, 업무분장 및 조정, 인력수급계획 및 관리, 직무 및 정원의 조정 종합, 노사관리, 평가관리, 상벌관리, 인사발령, 교육체계 수립 및 관리, 임금제도, 복리후생제도 및 지원업무, 복무관리, 퇴직관리
기획부	경영계획 및 전략 수립, 전사기획업무 종합 및 조정, 중장기 사업계획의 종합 및 조정, 경영정보 조사 및 기획보고, 경영진단업무, 종합예산수립 및 실적관리, 단기사업계획 종합 및 조정, 사업계획, 손익추정, 실적관리 및 분석
회계부	회계제도의 유지 및 관리, 재무상태 및 경영실적 보고, 결산 관련 업무, 재무제표 분석 및 보고, 법인세, 부가가치세, 국세 지방세 업무자문 및 지원, 보험가입 및 보상업무, 고정자산 관련 업무
영업부	판매 계획, 판매예산의 편성, 시장조사, 광고 선전, 견적 및 계약, 제조지시서의 발행, 외상매출금의 청구 및 회수, 제품의 재고 조절, 거래처의 불만처리, 제품의 애프터서비스, 판매원가 및 판매가격의 조사 검토

3. 업무의 특성
(1) 조직의 목적을 효과적으로 달성하기 위해 세분화된 것이므로 같은 목적을 지향한다.
(2) 업무는 통합되어야 하므로 개인이 업무를 자유롭게 선택할 수 없다.
(3) 업무는 독립적인 동시에 조직 내 다른 업무들과 밀접한 관련성도 지니고 있어 우선순위에 따라 순차적으로 이루어지기도 하며 서로 정보를 주고받기도 한다.
(4) 업무마다 요구되는 지식, 기술, 도구의 종류가 다르고 자율성이나 재량권도 다르다.

확인문제

* 회사에 입사한 지 1년이 된 A에게 팀장은 "회사 직원들에 대해서는 충분히 알았을 텐데, 그럼 우리 조직에 대해서도 잘 알고 있나?"라고 질문을 던졌다. 다음 중 조직을 충분히 알기 위해 알아야 하는 항목으로 적절하지 않은 것은?
① 목적　② 위치
③ 구조　④ 환경

정답 ②

해설 팀장이 의도하는 바는 겉으로 쉽게 드러나는 회사의 위치 같은 것이 아니라, 조직의 목적이나 구조 혹은 주변의 환경 같은 것으로 이해하는 것이 바람직하다. 그러므로 정답은 ②이다.

2 업무 수행 절차

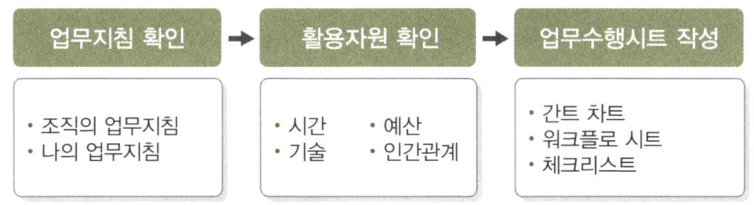

1. 업무지침 확인

(1) 업무를 수행하는 데 있어 안내자 역할을 하며 조직의 목적에 부합하여 업무를 수행하도록 안내한다.

(2) 개인의 업무지침을 작성할 때에는 조직의 업무지침, 장단기 목표, 경영전략, 조직 구조, 규칙 및 규정 등을 고려해야 한다.

(3) 조직이나 개인의 업무지침 모두 환경변화에 따라 신속하게 수정되지 않으면 오히려 잘못된 결과를 낳을 수 있으므로 지속적인 개정이 필요하다.

2. 활용자원 확인

(1) 업무와 관련된 자원으로는 물적자원(시간, 예산, 기술 등)과 인적자원이 있다.

(2) 자원들은 무한정 주어지는 것이 아니므로 제한된 조건하에서 효과적으로 활용한다.

3. 업무수행시트 작성

(1) 간트 차트(Gantt Chart)

① 단계별로 업무를 시작해서 끝나는 데 걸리는 시간을 바(bar)형식으로 표시한 것이다.

② 전체 일정을 한눈에 볼 수 있고 단계별로 소요되는 시간과 각 업무활동 사이의 관계를 보여 준다.

업무	6월	7월	8월	9월
설계				
자료수집	■■■■	■■		
기본설계		■■■		
타당성 조사 및 실시설계			■	
시공				
시공			■■■	
결과 보고				■■

확인문제

* 업무수행시트의 종류별 설명이 어울리게 연결하시오.

간트 차트 • • 단계별로 업무의 시작과 끝 시간을 바 형식으로 표현

워크플로 시트 • • 수행수준 달성을 자가점검

체크 리스트 • • 일의 흐름을 동적으로 보여줌

정답

간트 차트 •——• 단계별로 업무의 시작과 끝 시간을 바 형식으로 표현

워크플로 시트 •╲╱• 수행수준 달성을 자가점검

체크 리스트 •╱╲• 일의 흐름을 동적으로 보여줌

---

(2) 워크플로 시트(Work Flow Sheet)

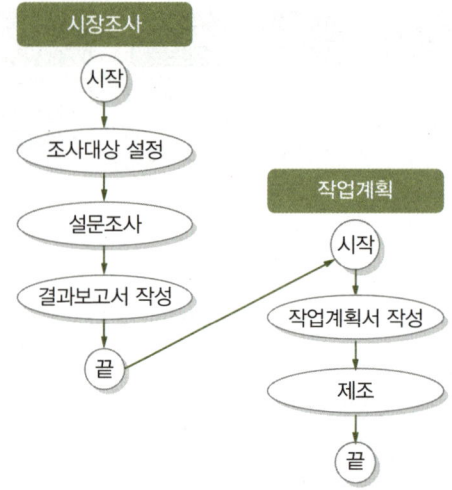

① 사용하는 도형을 다르게 사용하여 주·부 작업, 혼자 할 수 있는지의 유무 등으로 일을 구분해 표현한다.

② 일의 흐름을 동적으로 보여 주는 데 효과적이다.

(3) 체크리스트(Checklist)

① 업무의 각 단계를 효과적으로 수행했는지 스스로 점검해 볼 수 있다.

② 시간의 흐름을 표현하는 데 한계가 있다.

③ 업무별 수행수준 달성을 확인하기에 용이하다.

업무		체크	
		YES	NO
고객 관리	고객 대장을 정비하였는가?		
	3개월에 한 번씩 고객 구매 데이터를 분석하였는가?		
	고객의 청구 내용 문의에 정확하게 응대하였는가?		
	고객 데이터를 분석하여 판매 촉진 기획에 활용하였는가?		

4. **업무보고서 작성의 팔하원칙(5W3H)** : 보통 육하원칙에 입각해 보고서를 작성하지만 비즈니스 글쓰기에서는 두 가지를 추가해 팔하원칙으로 작성한다.

(1) Why, 왜 글을 써야 하는가? : 왜 글을 써야 하는지, 왜 이러한 기획을 입안하는지 그 의도나 이유, 배경을 묻는 것이다.

(2) Who, 누구를 위해서 쓰는가? : 누가 실시하는가, 누가 결재하는가, 누구를 위해서 작성하는가 묻는 것으로 실행자와 관련자 모두와 관련이 있다. 누가 쓰고, 누구에게 전달되고, 누가 읽느냐에 따라 보고서와 내용과 형식이 달라질 수 있다는 것을 보여주는 항목이다. Who는 팔하원칙에서 가장 중요한 원칙으로 여겨진다.

(3) What, 무엇을 위해 쓰는가? : 보고의 주제, 내용과 관련된 원칙이다. 보고서를 쓰기 위해서는 보고의 주제가 무엇인지 파악하고 정보를 찾아야 한다.

(4) When, 언제까지 쓸 것인가? : 언제 어떤 일정으로 실행할 것인가에 관한 것으로, 구체적인 실행계획과 연관이 있다. 실행계획을 짤 때 마감기한 뿐만 아니라 타임테이블을 만들어 사용하면 자신의 계획을 한눈에 알 수 있다.

(5) Where, 자료와 정보를 어디서 얻을 것인가? : 자료와 정보를 어디에서 얻을 것인지 환경적인 요소에 대해 묻는 원칙이다. 적합한 장소는 보고서 작성에 영향을 미치기 때문이다.

(6) How, 어떤 방법을 제시할 것인가? : 어떤 방법을 제시할 것인지, 어떻게 이 기획을 추진하려 하는지 방법이나 절차, 도구 등을 점검하는 원칙이다.

(7) How many, 어떤 수량을 제시할 것인가? : 건수와 수량이 얼마나 되는지 묻는 질문이다. 예를 들어 글쓰기에 대한 교육을 한다면 강의를 계획하고 일정을 잡기 전에 수강생이 어느 정도인지 파악하는 것이 중요하다. 따라서 보고서를 작성할 때는 어느 정도 분량이 필요한지 반드시 파악해야 한다.

(8) How much, 어떤 비용을 제시할 것인가? : 비용이 얼마나 들고, 우리에게 얼마만큼의 이익을 가져다 줄 수 있는지에 관한 것이다. 인건비, 조사비, 인쇄비 등 기타비용을 파악해 이익을 계산해야 한다.

③ 조직갈등

1. 조직갈등의 의미와 종류

(1) 조직갈등은 조직 내 둘 또는 그 이상의 당사자들이 과업을 달성하고 문제를 해결하는 과정에서 서로의 가치관과 이해관계의 충돌로 인해 심리적 대립이 발생하는 것이다.

(2) 조직갈등의 종류

업무 갈등	작업의 내용과 목표에 대한 갈등
과정 갈등	어떻게 작업을 완수할 것인지에 대한 갈등
관계 갈등	개인적인 관계에 기초한 갈등

(3) 조직갈등의 순기능과 역기능

순기능	역기능
• 창의성, 진취성, 융통성 고취 • 새로운 아이디어 유도 • 의사결정의 질적 개선 • 조직의 분위기 전환 및 환기 • 능력에 대한 새로운 평가	• 자원의 낭비 • 조직의 안정과 조화 방해 • 목표달성을 위한 노력 약화 • 업무의 생산성 저하 • 집단 내의 응집력 위태

2. 갈등 발생의 원인

(1) 대표적 갈등 발생의 원인

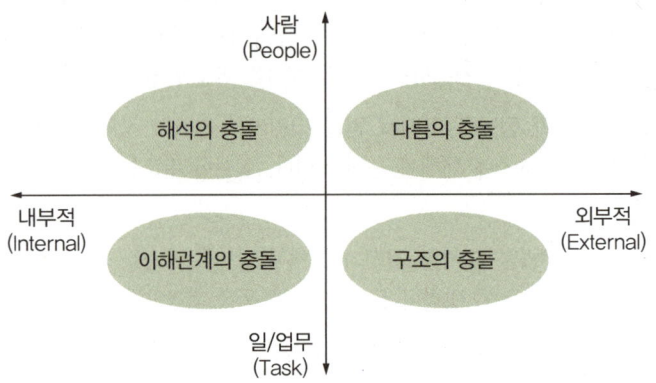

① 해석의 충돌
- 내부 요인이자 사람의 특성 때문에 생기는 갈등이다.
- 같은 사람, 같은 행동에 대해서 전혀 다른 해석을 하는 사람들 간에 생긴다.

② 다름의 충돌
- 외부 요인이자 사람의 특성 때문에 생기는 갈등이다.
- 서로 체질이 다른 사람들 간에 생긴다.

③ 이해관계의 충돌
- 내부 요인이자 일, 업무에서 생기는 갈등이다.
- 서로 원하는 것이 충돌할 때 생긴다.

④ 구조의 충돌
- 외부 요인이자 일, 업무에서 생기는 갈등이다.
- 갈등의 원인은 당사자의 잘못이 아니라 갈등이 생길 수밖에 없는 시스템이다.

(2) 갈등 유형에 따른 구성원 분류

① 조직 내 갈등 속에서 힘든 시간을 보내고 있다면 스스로가 조직 내에서 갈등을 일으키는 사람인지, 스스로를 둘러싼 조직원들은 어떤 유형인지 파악해야 한다.

② 조직 내 구성원들은 갈등 유형에 따라 다음과 같이 구분할 수 있다.

갈등 유형	공격 방식	상대방의 느낌	특징	대응 전략
나잘난 형	간섭	강요	• 강한 확신과 자기애 • 자기 의견에 대한 지나친 주장 • 단정적인 표현 방식	• 일의 경계를 분명히 구분하기 • 구체적인 대안 요구하기 • 가벼운 정보로 인식하기

속사포형	공격	아집	• 남의 말을 듣지 않고 자기주장 반복 • 성급한 판단과 행동 • 과도한 흥분과 분노	• 부드럽고 관대하게 대하기 • 중재자 활용하기 • 휴지기를 가진 후 회복 시도하기
완전 무결형	거부	답답함	• 심사숙고 • 느린 의사결정 • 실수에 대한 두려움	• 핵심에 대해 설명하기 • 의견 들어주기 • 결과에 대한 책임을 분명히 하기
권위 주의형	배척	꼬투리 잡기	• 지나친 의심과 걱정 • 상대방에 대한 통제 • 잘못은 언제나 남의 탓 • 과거에 대한 집착	• 먼저 인정하기 • 섣부르게 강요하지 않기 • 확실한 근거와 실행방안 준비하기
나몰라형	무관심	잘난 척	• 개인주의적 성향 • 침착하고 냉정 • 의무가 아닌 일에 불참	• 아이디어 추출 단계에 동참시키기 • 가벼운 대화를 통한 감정적 교류 시도하기 • 협조와 분명한 의사표현 요구하기

4 AI 시대의 업무

1. AI 시대의 직무 대체

(1) AI란 인간의 학습능력과 추론능력, 지각능력, 자연언어의 이해능력 등을 컴퓨터 프로그램으로 실현한 기술이다.

(2) 지금 시대는 일상, 교육, 업무, 의료, 예술 등 전반적인 분야로의 AI의 도입이 이루어지고 있어, AI 시대라고도 불린다.

(3) 기술 변화는 업무 자동화에 미치는 영향이 커 일자리의 형태에 변화를 줄 수 있으며, 자동화에 의한 대체는 특정 직무의 대량 소멸을 의미할 수 있다.

(4) 기술 변화가 직업을 파괴할 수는 있지만 전체적인 규모의 고용 파괴를 의미하지는 않는다.

(5) 4차 산업혁명이 직무와 직업, 고용에 미치는 영향은 자동화 영향의 연장선상에 있는데, 기술이 특정 일자리를 소멸시킬지의 여부는 해당 일자리의 업무를 기술이 모두 대체할 수 있느냐에 달려 있다.

2. AI 대체가 어려운 직무 특성

(1) 정교한 동작을 필요로 한다.
(2) 업무 공간이 비좁다.
(3) 창의력을 요구한다.
(4) 예술과 관련된 직무이다.
(5) 사람을 파악해야 하는 일이다.
(6) 협상과 설득을 시도해야 하는 일이다.

05 국제감각

1 국제감각과 글로벌화

1. 국제감각의 의미

(1) 일 경험을 함에 있어서 다른 나라의 문화와 국제적인 동향을 이해하여 업무에 활용하는 것이다.

(2) 인류가 살고 있는 지구를 하나의 공동체로 생각하고 각 국가의 문화적 특징, 의식, 예절 등을 익혀 세계 각국의 시장과 다양성에 적응하는 것이다.

2. 글로벌화의 의미

(1) 개인과 조직의 활동 범위가 세계로 확대되는 것이다.

(2) 다국적 기업이 등장하면서 범지구적 시스템과 네트워크 안에서 기업 활동이 이루어지는 국제경영이 중요시되고 있다.

(3) 경제나 산업 등의 측면에서 벗어나 다양한 분야까지 확대되는 개념으로 이해된다.

2 문화충격과 이문화 커뮤니케이션

1. 문화충격

(1) 한 문화권에 속한 사람이 다른 문화를 접하게 되었을 때 체험하는 충격을 의미한다.

(2) 문화충격에 대비하기 위해서는 다른 문화에 대한 개방적인 태도를 견지하고 자신의 기준으로 다른 문화를 평가하지 않으며 자신의 정체성을 유지하되 새롭고 다른 것을 경험한다는 적극적 자세를 취해야 한다.

2. 문화적응 : 문화적응은 다음과 같은 4단계를 거치며 이루어진다.

제1단계 허니문	외국에 도착해서 가장 처음 느끼는 감정으로, 다른 문화에 대한 기대와 흥분이 지배적이다. 자신이 속해 있었던 사회와 다른 모습이 전반적으로 신기하고 긍정적으로 보인다.
제2단계 문화 대면	허니문 시기의 흥분이 가라앉고 외국에서의 문화적인 차이들이 개인의 삶에 직접 개입됨에 따라 혼란과 불만의 순간들이 지속된다. 향수병으로 인해 우울해지기도 한다.
제3단계 문화 적응	문화 대면 단계에서 겪은 순간들을 통해 외국 문화와 자국 문화 간의 차이를 깨닫고 인정하면서 다른 새로운 문화에 적응한다. 문화 차이에서 오는 우울함을 해소하는 방법을 터득하며 문화를 조금씩 자연스럽게 즐기게 된다.
제4단계 문화 순응	다양한 사람들과 교류하며 문화가 인간의 삶에 미치는 영향을 조금 더 깊게 이해하게 된다. 외국의 다양한 문화적 지식에 대해 습득하며 새로운 국가의 가치, 관습, 신념들을 관찰하고 이해할 수 있는 사고의 폭이 넓어진다.

이것만은 꼭!

국제감각의 의미

1. 직장 생활을 하는 동안에 다른 나라의 문화와 국제적인 동향을 이해하여 업무에 활용하는 것이다.
2. 인류가 살고 있는 지구를 하나의 공동체로 생각하고 각 국가의 문화적 특징, 의식, 예절 등 세계 각국의 시장과 다양성에 적응하는 것이다.

3. 이문화 커뮤니케이션

(1) 상이한 문화 간의 커뮤니케이션으로 언어적 커뮤니케이션과 비언어적 커뮤니케이션으로 구분된다.

(2) 언어적 커뮤니케이션 : 의사소통을 할 때 직접적으로 사용되는 외국어 능력이다.

(3) 비언어적 커뮤니케이션 : 얼굴 표정, 시선 제스처, 자세 등 언어 외 수단을 이용한 소통행위를 의미한다. 외국어 능력이 뛰어나도 상대방 문화의 생활양식이나 행동규범, 가치관 등을 이해하지 못하면 잘못된 메시지를 전할 수 있다.

```
이문화 커뮤니케이션 = 언어적 커뮤니케이션 + 비언어적 커뮤니케이션
```

3 비즈니스 매너

1. 인사예절

   (1) 악수

   ① 반드시 오른손으로 악수해야 한다.
   ② 악수를 하면서 상대방의 눈을 바라보아야 한다.
   ③ 외국인과 악수할 때에는 허리를 꼿꼿이 세워 대등하게 악수를 해야 한다.
   ④ 남녀 모두 장갑을 벗는 것이 원칙이지만 거리라면 여성의 경우 벗지 않아도 된다.
   ⑤ 웃어른과 악수할 때 황송하다고 생각해서 두 손으로 감싸는 것은 좋지 않다.
   ⑥ 손을 쥐고 흔들 때는 윗사람이 흔드는 대로 따라서 흔든다.
   ⑦ 길에서 아는 사람을 만났을 경우에 들고 있던 물건은 왼손으로 옮긴다.

   (2) 명함교환

   ① 영미권의 명함은 사교용과 업무용으로 나누어지며, 업무용 명함에는 성명·직장 주소·직위가 표시되어 있다.
   ② 업무용 명함은 악수를 한 이후 교환하며, 아랫사람이나 손님이 먼저 꺼내 오른손으로 상대방에게 주고, 받는 사람은 두 손으로 받는 것이 예의이다.
   ③ 받은 명함은 탁자 위에 보이게 놓은 채로 대화를 하거나 내용을 확인한 후에 명함 지갑에 넣는다.
   ④ 명함을 구기거나 계속 만지는 것은 예의에 어긋나는 행동이다.

2. 전화예절

   (1) 전화 걸기

   ① 전화를 걸기 전에 먼저 준비를 한다. 정보를 얻기 위해 전화를 하는 경우라면 얻고자 하는 내용을 미리 메모하여 모든 정보를 빠뜨리지 않도록 한다.
   ② 전화를 건 이유를 숙지하고 이와 관련하여 대화를 나눌 수 있도록 준비한다.

③ 전화는 정상적인 업무가 이루어지고 있는 근무 시간에 걸도록 한다.
④ 원하는 상대와 통화할 수 없을 경우에 대비하여 비서나 다른 사람에게 메시지를 남길 수 있도록 준비한다.
⑤ 전화는 직접 걸도록 한다. 비서를 통해 고객에게 전화를 건다면 고객으로 하여금 당신의 시간이 고객의 시간보다 더 소중하다는 느낌을 갖게 만든다.
⑥ 다시 전화를 해 달라는 메시지를 받았다면 48시간 안에 가능한 한 빨리 답해 주도록 한다.

(2) 전화 받기
① 전화벨이 3 ~ 4번 울리기 전에 받고, 받는 사람이 누구인지를 즉시 말한다.
② 천천히, 명확하게 예의를 갖추고 목소리에 미소를 띠고 말한다.
③ 말을 할 때 상대방의 이름을 함께 사용한다.
④ 언제나 펜과 메모지를 곁에 두어 메시지를 바로 받아 적을 수 있도록 한다.
⑤ 긍정적인 말로 전화 통화를 마치도록 하고 상대방에게 감사의 표시를 한다.

4 국제 비즈니스 매너[미국에서 현지 미팅]

1. 옷차림
(1) 비즈니스 미팅 시 반드시 정장을 입고, 회색이나 푸른색이 무난하다.
(2) 넥타이는 울긋불긋한 색상만 피한다.

2. 악수
(1) 처음 만난 사람과 적절한 타이밍에 매너 있는 악수는 친밀감을 형성시키고, 상대에게 긍정적인 이미지를 준다.
(2) 자신감 있지만 너무 세지 않은 강도로 상대의 손을 쥐는데, 일반적으로 상대방이 나의 손을 쥔 강도와 동일한 세기로 상대의 손을 쥐는 것이 원칙이다.
(3) 잡은 손을 약 3초간 두 번 위아래로 흔드는 것이 적절하며, 악수하는 동안 상대방의 눈을 응시한다.
(4) 두 손을 이용한 악수는 진정한 애정의 표시이므로 첫 만남에서는 지양한다.
(5) 서로의 성별에 개의치 말고 언제든 악수를 청하거나 받아들일 자세가 필요하다.

3. 명함 교환
(1) 비즈니스 미팅 전 명함 교환 시 적절한 말로 양해를 구하는 것이 올바른 에티켓이다.
> 예 제 명함을 드려도 괜찮길 바라고, 당신의 명함도 저에게 건네주신다면 좋겠습니다.
(2) 상대의 명함을 받으면 넣기 전에 먼저 읽고, 받은 후 1~2일 내에 전화나 메일로 인사차 연락을 한다.

(3) 상대가 다른 사람과 대화중이거나 통화 중일 때, 급히 떠나야 할 때, 식사나 음료를 마실 때에 명함을 내미는 것은 예의에 어긋난다.

4. 식사 예절

(1) 입에 음식을 가득 문채로 말하지 않는다.
(2) 격의 없고 비즈니스와 연관되지 않은 여행, 스포츠 등 누구나 공유할 수 있는 이야깃거리를 미리 준비하면 유리하다.
(3) 어떠한 상황에서도 식당 직원에게 불친절한 모습을 보여서는 안 된다.
(4) 함께 식사를 하는 상대방의 비즈니스에 대해 간단히 알아보고 식사 자리에 나간다.
(5) 너무 값싸거나 격식 없는 레스토랑은 대접받지 못한다는 느낌을 줄 수 있고, 너무 비싼 레스토랑은 낭비적이라는 인식을 줄 수 있으므로 신중하게 식사 장소를 고른다.

5. 주요 기타 예절

(1) 미국에서는 시간 약속에 있어서 정확성을 중요하게 여기므로 약속을 잡을 때 적어도 일주일 전에 확정한다.
(2) 특정 종교, 소수민족, 인종, 여성 등에 대한 차별적 발언은 농담으로라도 금물이며, 특히 여성의 외모에 대한 언급은 절대 해서는 안 된다.
(3) 상대방의 연령이나 결혼, 수입, 주소, 신상 등 개인의 신상에 관련된 사항들을 묻는 것은 상대에게 불쾌감을 줄 가능성이 있다.
(4) 미국인들은 저녁식사를 개인적인 관계를 위해 사용하는 경향이 강하므로 대부분의 비즈니스는 점심식사에서 이루어진다.

테마 2 조직이해능력
유형별 학습

▶ 정답과 해설 32쪽

유형 01 ─ 조직이해 · 조직구조 이해하기

TIP
조직이해능력이란 직장 생활에서 요구되는 조직의 체제와 경영, 국제감각을 이해하는 능력을 말한다.

01. 다음 중 조직이해능력에 대한 설명으로 적절하지 않은 것은?

① 조직의 규정이나 문화에 대한 이해도가 높을수록 조직 내 집단 간 갈등 해결에 도움이 될 가능성이 높다.
② 경영이해능력, 체제이해능력, 업무이해능력, 국제감각능력 등의 하위능력들은 독립적인 개념들로 서로 관련성이 낮다.
③ 조직이해능력을 습득하기 위해 조직이 속한 산업군이나 담당 업무가 요구하는 지식, 기술 등을 파악하는 것이 필요하다.
④ 조직이해능력은 해당 조직의 문화나 규정 등에 대한 이해도와 관련되어 있다.
⑤ 조직이해능력이 높은 구성원들의 경우 그렇지 않은 구성원들에 비해 상대적으로 담당 업무에서 높은 성과를 보일 가능성이 높다.

One Point Lesson
조직의 특징
- 구조와 목적을 가진다.
- 경제적, 사회적 기능을 가지고 있다.
- 외부 환경과 긴밀한 관계를 가지고 있다.
- 목적을 달성하기 위해 구성원들이 서로 협동하여 노력한다.

02. 다음 중 직장과 조직에 대한 설명으로 적절하지 않은 내용은?

① 직장은 일을 하는 물리적 공간이지만 심리적 공간이라 말하기는 어려우므로 직장에서는 업무수행에만 성실을 다해야 한다.
② 직장은 업무를 처리하는 활동영역이기 때문에 일을 통해 만족을 얻기도 하고, 좌절을 경험하기도 하는 유·무형의 공간이다.
③ 조직은 두 사람 이상이 공동의 목표를 위해 의도적 상호작용과 조정을 행하는 집합체이다.
④ 일반적으로 직장인은 한 조직의 구성원이기도 하지만 업무처리 중 법적인 규제 없이 다른 조직의 고객이 될 수 있다.
⑤ 조직은 공동의 목적을 달성하기 위해 구성원들이 노력하며 환경과 상호 긴밀한 관계 및 구조를 가지고 있다.

03. 조직은 기능적 조직구조와 사업별 조직구조로 구분할 수 있다. 다음 중 조직의 구조에 대한 이해로 적절하지 않은 것은?

① 기능적 조직구조는 규모가 작은 기업에서 주로 활용하고 있는 조직구조의 형태라고 할 수 있지.
② 친구 회사를 방문해 보니까 부서 명칭에 무슨 1팀, 2팀, 3팀이 그리 많던지… 매 층마다 그렇게 되어 있더라고. 그런 걸 사업별 구조라고 하는 건가봐.
③ 내가 알기로는 기능적 구조를 가진 조직이 의사결정도 더 빠르고 최고 경영자와의 유기적이고 직접적인 업무 처리가 훨씬 수월하다고 하던데….
④ 사업별 조직구조는 회사의 CEO가 전체 조직을 장악하기 더 용이하고, 말단 직원들과의 소통도 훨씬 잘 이루어진다고 하더군.
⑤ 기능적 조직구조는 생산 제품이 여러 개로 나뉘고 각 제품별 고르고 활발한 매출이 일어나는 경우엔 그다지 적절하지 않은 조직구조라고 볼 수 있겠지.

이것만은 꼭!

기능적 조직구조 vs 사업별 조직구조

1. 기능적 조직구조
   - 주로 규모가 작은 기업에 나타나는 구조
   - 조직의 전체 업무를 공동 기능별로 부서화
   - 수평적 조정의 필요성이 낮을 때
   - 환경이 안정적이거나 일상적 기술일 때

2. 사업별 조직구조
   - 분권화된 자기완결적 조직구조
   - 제품, 서비스, 프로젝트 등에 의해 구분되므로 타 제품 유사 조직들과의 경쟁을 통해 발전
   - 기능 간 조정이 용이
   - 불확실한 환경이나 비정형적 기술일 때

04. 다음에서 설명하고 있는 의사소통망의 유형으로 적절한 것은?

> 1인의 전달자가 여러 사람에게 획일적·일방적으로 정보를 전달하는 방식으로 구성원들이 한 사람의 중심인물과만 의사소통을 하기 때문에 중심인물은 신속하게 정보를 얻을 수 있고 정보를 분석하여 문제의 해결책을 바로 구성원에게 전달할 수 있어 과업의 성과를 높일 수 있다. 하지만 단순 과업이 아닌 복잡한 형태의 과업에서는 과업의 성과와 조직의 만족도가 낮아진다.

① 원형
② 쇠사슬형
③ 수레바퀴형
④ 완전연결형

유형 02. 조직문화 이해하기

05. 맥킨지 7S 모형은 세계적인 전략컨설팅 기업인 맥킨지 등이 개발한 조직진단 도구로서, 이를 통해 조직에 영향을 미치는 7가지 구성요소를 평가한다. 다음 AA사의 사례를 7S 모형으로 분석했을 때, 파악할 수 없는 진단 요소는?

> AA사의 핵심가치인 '검소한 기업문화'와 '고객 제일주의'는 AA사의 경영철학으로서 조직원들 사이에 공유되어 있다. 이에 따라 AA사는 검소한 기업문화에 근거하여 소규모 본사 조직을 추구하고 있다. 또한 리더들은 솔선수범하여 직접 매장에 나와 언제나 소비자들과 소통하며 회사의 약점을 스스로 파악하고 있고, 조직원들 간에 평등 요소를 강화하는 방법을 개발하여 직원을 배치함으로써 권한 이양을 통해 현장에서 고객의 의견을 반영하여 의사결정을 가능하게 하였다. 또한 특정 시기에 세일하는 것이 아니라 일 년 내내 저렴하게 판매하는 마케팅을 전개하고 있다.

① 구성원(Staff)
② 구조(Structure)
③ 기업풍토(Style)
④ 공유가치(Share Values)
⑤ 운영체제(System)

유형 03 조직목표 파악하기

06. 다음 중 조직목표의 개념 및 특징에 대한 설명으로 옳은 것의 개수는?

> ㉠ 조직은 오직 한 개의 목표만 추구할 수 있다.
> ㉡ 조직목표는 조직의 존재 이유에 대한 정당성과 합법성을 제공한다.
> ㉢ 조직목표에는 유기적 상호관계가 있다.
> ㉣ 조직목표는 환경이나 조직 내의 다양한 원인에 의해 가변적 속성을 가지고 있다.

① 0개 ② 1개 ③ 2개
④ 3개 ⑤ 4개

TIP
조직목표의 내적·외적요인
- 내적요인 : 조직 리더의 결단이나 태도의 변화, 조직 내의 권력구조의 변화, 목표형성 과정의 변화 등
- 외적요인 : 경쟁업체의 변화, 조직차원의 변화, 국가정책의 변화 등

07. 다음은 조직목표와 개인목표의 통합을 위한 접근법의 사례이다. (가)와 (나)에 해당하는 모형을 바르게 연결한 것은?

> (가) 젊은 청년을 군 입대로 유인하기 위해 애국심이나 국토방위 의무의 정당성을 매일 교육하면 국가를 위해 충성을 다하는 것을 개인목표로 삼을 것이며 그것은 조직목표와 통합될 것이다.
> (나) 열심히 일하는 사원에게 월급을 올려 주면 개인적 성취에 따라 개인목표 달성을 위해서 조직목표를 향하여 고군분투할 것이다. 즉, 두 목표가 동시에 달성되는 계기가 된다.

	(가)	(나)		(가)	(나)
①	교화모형	교환모형	②	교환모형	수용모형
③	수용모형	교화모형	④	수용모형	교환모형

유형 04 · 조직도 파악하기

One Point Lesson

조직도의 장점
- 조직 내에서 발생할 부분들을 이해하는 투명성 및 예측성 등을 제시함.
- 조직 내 공식적인 서열에 관한 빠른 이해를 제공함.
- 구성원 각자가 맡고 있는 책임 및 보고 체계를 보여 줌.

조직도의 단점
- 성장을 통해서 조직의 변화가 있음에도 정적이고 불변적임.
- 공식적인 조직 내에서 실질적으로 발생하게 되는 상황을 이해할 수 없음.
- 전통적 조직도의 경우 정보기술, 아웃소싱, 전략적 연합 및 네트워크 경제 등으로 인한 기업 조직의 변화에 부합하지 못함.

[08 ~ 09] 다음의 제시 상황을 보고 이어지는 질문에 답하시오.

△△농협 인사팀에서 일하고 있는 K는 조직 개편과 인사이동 업무를 담당하고 있다.

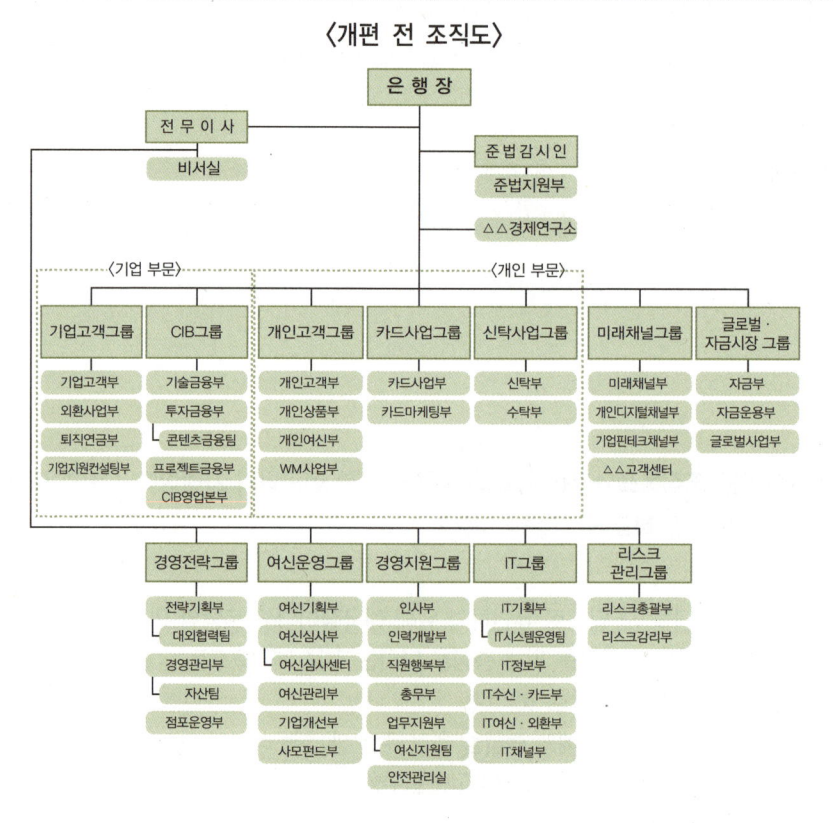

〈조직 개편 내용〉
- 미래채널그룹 명칭을 디지털그룹으로 바꾸고 산하에 디지털혁신본부 신설
- 디지털혁신본부 산하에 디지털기획부, 빅데이터센터, 혁신R&D센터 구축
- 리스크관리그룹 산하에 여신감리부 신설
- 글로벌사업부 산하에 글로벌영업지원팀 신설
- 경영전략그룹 산하에 경영혁신부 신설
- 기업핀테크채널부를 기업디지털채널부로 변경

08. 다음 중 K가 개편 전 조직도를 이해한 내용으로 옳지 않은 것은?

① IT그룹 산하에는 총 5개의 부가 소속되어 있다.
② 개인고객그룹, 카드사업그룹, 신탁사업그룹은 개인 부문에 해당한다.
③ 비서실은 은행장 직속이 아닌 전무이사 산하에 소속되어 있다.
④ 여신지원팀은 업무지원부 소속이며 업무지원부는 여신운영그룹 산하에 위치한다.

09. 조직 개편 내용에 따라 K가 조직도를 새로 만들었을 때, A ~ E 중 올바르게 반영되지 않은 부분을 모두 고르면?

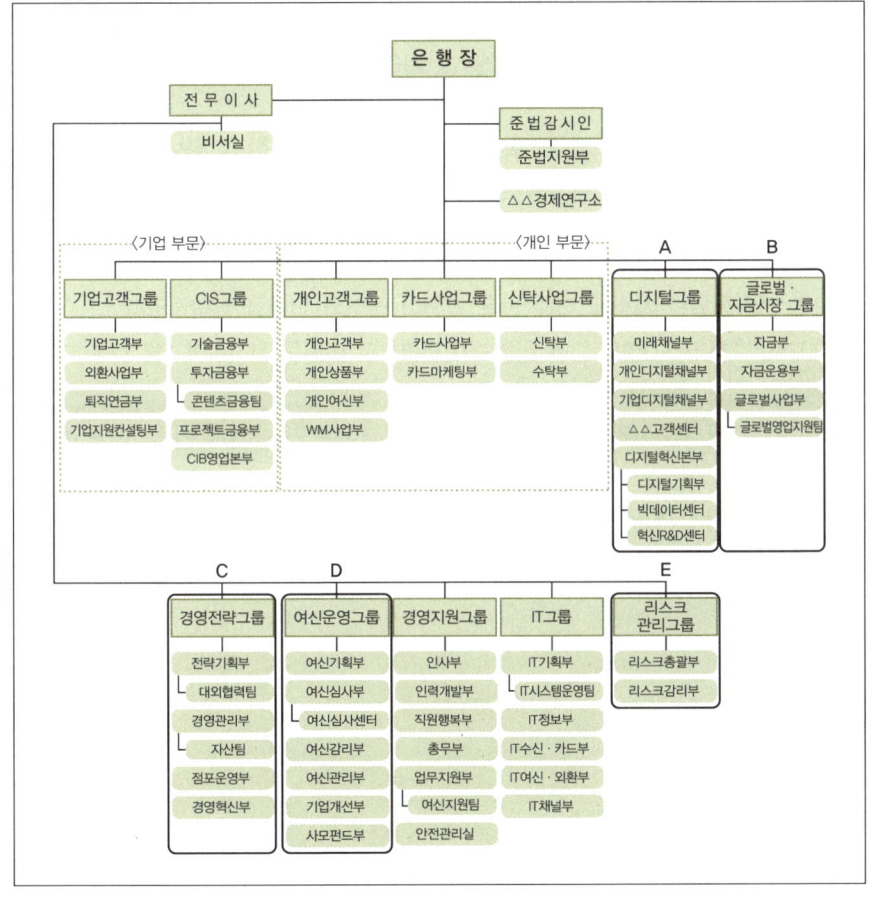

① A, B
② B, C
③ C, D
④ D, E

유형
05

● 업무 특성 이해하기 ●

10. 다음은 민원처리 절차에 대한 내용이다. 이를 참고하여 ○○농협 홍길동 직원이 다음과 같이 업무를 처리했을 때, 절차에 맞지 않게 업무를 처리한 경우는?

〈민원 사실 조사 및 검토〉

3인 이상이 연명으로 민원을 신청할 경우는 대표자를 선정하여야 하며, 민원의 신청 사실 및 처리결과는 대표자에게 통지하여야 합니다.

〈민원 회신〉
• 민원처리 기간은 민원 신청일로부터 7영업일 내로 합니다.
• 민원사항의 처리를 완료하였을 때, 그 처리결과를 완료한 당일에 민원인에게 통지하여야 합니다.
• 반복 및 중복 민원의 경우 2회 이상 처리결과를 통지한 후에는 민원에 대한 답변을 생략하고 내부적으로 종결할 수 있습니다.

---

① 2024년 1월 27일 인터넷 뱅킹 비밀번호 오류에 관한 민원을 처리하고 2024년 2월 2일 동일한 사항에 대해 반복 민원이 들어와 답변을 생략하였다.
② 2024년 1월 5일 3명의 민원 신청자가 연명으로 민원을 신청하여 1월 11일 대표자에게만 민원 처리결과를 송부하였다.
③ 2024년 2월 3일 처리가 완료된 민원의 처리결과를 2월 3일에 민원인에게 통지하였다.
④ 2024년 1월 27일에 신청된 민원사항의 처리를 1월 28일에 완료하였다.

11. 다음 중 은행의 출납업무에 대한 설명으로 적절하지 않은 것의 개수는?

- 은행자금을 관리하는 업무로서 창구에서 수납한 다량의 현금은 개인이 보유하고 있다가 마감 때 금고에 입금 처리시킨다.
- 전반적인 은행업무와 독립적인 업무이기 때문에 타 업무와 관련된 법률 문제에는 영향을 미치지 않는다.
- 담당자의 응대 태도뿐 아니라 업무의 신속성, 정확성 등은 고객이 은행 자체를 판단하는 잣대가 될 수 있으므로 고객서비스에 주의가 필요하다.
- 현금계정을 관장하고 직접 처리하는 업무이기 때문에 사고 발생의 가능성이 있으므로 각별한 주의가 필요하다.
- 고객 응대 비중이 가장 큰 업무이고 고객과의 접촉이 가장 잦은 업무이다.

① 1개　　② 2개
③ 3개　　④ 4개

12. 다음 중 ㉠, ㉡에 들어갈 단어를 바르게 연결한 것은?

　　은행의 기능 중 가장 기본이 되는 것으로 은행이 고객에게 자금을 조달해 주는 기능을 은행 입장에서의 (㉠)기능이라고 하고, 은행이 고객으로부터 예금을 받는 업무를 은행 입장에서의 (㉡)기능이라고 한다.

	㉠	㉡		㉠	㉡
①	수신	대출	②	여신	수신
③	수신	여신	④	여신	대출

유형 06 · 회사 관련 상식 이해하기

TIP
농협과 관련된 상식이나 용어를 묻는 문제는 항상 빠짐없이 출제되고 있는 유형이다. 농협 홈페이지나 시사상식 등을 바탕으로 이에 대한 꾸준한 학습이 필요하다.

13. 지역 농·축협에 대한 설명으로 옳지 않은 것을 모두 고르면?

> ㉠ 각 농·축협의 간판에는 은행이라는 명칭을 넣을 수 있다.
> ㉡ 각 농·축협의 급여와 복리후생은 동일하다.
> ㉢ 농협은행의 자기앞수표를 각 농·축협에 입금하면 하루(영업일)가 지나서 오후에 출금이 가능하다.

① ㉠, ㉡   ② ㉡, ㉢
③ ㉠, ㉢   ④ ㉠, ㉡, ㉢

14. 다음 중 농업협동조합에 대한 내용으로 적절한 것의 개수는?

> ㉠ 농업협동조합은 조합원을 조합원과 준조합원으로 나누며, 농지를 가지고 농사를 짓고 있거나 축사를 소유하고 축산업에 종사하고 있어야 조합원으로 출자금을 납입할 자격이 주어진다.
> ㉡ 농업협동조합은 조합원의 권익을 향상하고 지역 사회에 공헌하는 사업조직이므로 일반인을 대상으로 금융 및 경제상품을 판매할 수 없다.
> ㉢ 농협은행은 은행법이 적용되는 은행이므로 은행이라는 명칭을 직접 사용하며, 농축협의 경우 은행법이 적용되지 않고 상호저축은행 등과 같은 제2금융권으로 분류된다.

① 1개   ② 2개
③ 3개   ④ 모두 적절하지 않다.

15. 다음 농협의 심볼 마크에 대한 설명 중 ㉠에 들어갈 음절은?

『V』꼴은 『농』자의 『ㄴ』을 변형한 것으로 싹과 벼를 의미하며 농협의 무한한 발전을, 『V』꼴을 제외한 아랫부분은 『(㉠)』자의 『ㅇ』을 변형한 것으로 원만과 돈을 의미하며 협동, 단결을 상징합니다.
또한 마크 전체는 『협』자의 『ㅎ』을 변형한 것으로 『ㄴ+ㅎ』은 농협을 나타내고 항아리에 쌀이 가득 담겨 있는 형상을 표시하여 농가 경제의 융성한 발전을 상징합니다.

① 업 ② 인 ③ 영
④ 원 ⑤ 운

16. 다음에서 설명하는 농협의 비전 실현을 위한 핵심가치를 바르게 연결한 것은?

㉠ 농업인의 행복과 발전을 위해 노력하고, 농업인의 경제적·사회적·문화적 지위 향상을 추구
㉡ 지역사회와 국가사회 발전에 공헌하여 온 국민에게 신뢰받고 사랑받는 농협을 구현

	㉠	㉡
①	경쟁력 있는 글로벌 농협	농업인을 위한 농협
②	지역 농축협과 함께하는 농협	경쟁력 있는 글로벌 농협
③	국민에게 사랑받는 농협	농업인을 위한 농협
④	농업인을 위한 농협	국민에게 사랑받는 농협
⑤	경쟁력 있는 글로벌 농협	지역 농축협과 함께하는 농협

[17 ~ 18] 다음은 농협이 하는 일에 대한 설명이다. 이어지는 질문에 답하시오.

구분	농협의 역할	세부 내용
ⓐ	미래 농업·농촌을 이끌 영농인력 육성	농협은 미래 농업·농촌의 발전을 이끌어갈 영농인력 조직과 양성을 위한 다양한 지도사업을 실시합니다. 농촌지역 일손부족 해소를 위한 영농인력 공급과 취약농가 인력 지원사업도 지속적으로 추진하고 있습니다.
	㉠	농협은 전국 농촌지역에 다양한 의료·교육·문화서비스를 제공하고 있습니다. 또한 읍·면 단위 지역문화복지센터를 운영하여 농촌지역 삶의 질 향상에 최선을 다하고 있습니다.
	㉡	농협은 우리 농업·농촌에 대한 범국민적 공감대를 형성하고 이를 통해 농촌마을에 활력을 불어넣고자 '또 하나의 마을 만들기' 등 다양한 도농협동운동을 펼치고 있습니다.
	농업·농촌의 가치를 알리는 농정홍보활동	농협은 농업현장의 어려움과 개선사항을 정책에 적극 반영하기 위한 농정활동, 농업·농촌의 가치를 전국민에게 알리기 위한 홍보활동을 다방면으로 펼치고 있습니다.
ⓑ	㉢	농협은 대량구매를 통해 비료·농약·농기계·유류 등 영농에 필요한 농자재를 저렴하고 안정적으로 공급하고 있습니다. 이를 통해 농업경영비를 절감함으로써 농업인 소득증대 및 생활안정에 기여하고자 최선을 다하고 있습니다.
	㉣	농협은 '산지에서 소비지까지(Farm to Table)' 체계적인 농식품 관리와 교육을 통해 안전하고 우수한 국산 농식품을 공급하고 있습니다.
	가축분뇨 자원화로 친환경 축산 실천	농협은 가축분뇨를 유기물이 풍부한 비료로 자원화함으로써 지속가능한 친환경 축산농업 기반을 구축하고 있습니다.
ⓒ	안정적인 농업경영을 위한 영농·가계자금 지원	농협은 영농자금 금리인하 제도개선, 영농우대 특별저리 대출 지원, 태양광 발전시설 대출지원 등 농업인 조합원에 대한 차별화된 금융서비스를 통해 영농자금과 가계자금을 제공함으로써 농업인이 안정적인 농업활동을 할 수 있도록 지원합니다.
	㉤	도시농협은 농산물 출하선급금을 무이자로 지원하고 농촌농협은 이를 경제사업 활성화에 투자함으로써 농업인의 소득향상을 도모함은 물론, 도시농협에 우수한 농축산물을 공급합니다.
	㉥	NH농협금융은 순수 민간자본으로 구성된 국내 유일의 금융기관으로, 대한민국 금융의 자존심이자 아시아를 대표하는 글로벌 협동조합 금융그룹으로 발돋움하고 있습니다. 또한 그 운영이익은 국내에 환원되어 농업·농촌의 성장과 도시의 서민지원에 쓰이고 있습니다.

17. 농협이 하는 일은 교육지원부문, 경제부문, 금융부문으로 구분할 수 있다. 위 내용을 참고하여 ⓐ, ⓑ, ⓒ에 들어갈 사업을 순서대로 연결한 것은?

	ⓐ	ⓑ	ⓒ
①	교육지원부문	경제부문	금융부문
②	교육지원부문	금융부문	경제부문
③	경제부문	교육지원부문	금융부문
④	금융부문	경제부문	교육지원부문

18. 제시된 세부 내용을 참고할 때, 농협이 하는 일 중 ㉠~㉥에 들어갈 소제목으로 적절한 것끼리 묶인 것은?

㉠ 농촌지역 삶의 질을 높이는 문화·복지사업 실시	㉡ 농촌에 활력을 불어넣는 다양한 교류사업 추진	㉢ 농촌농협 – 도시농협 상생의 가교 역할 수행
㉣ 안전 농식품 공급으로 국민 건강에 기여	㉤ 순수 민간자본으로 구성된 국내 유일의 금융기관	㉥ 영농에 필요한 자재를 저렴하고 안정적으로 공급

① ㉠, ㉡, ㉣
② ㉠, ㉢, ㉥
③ ㉡, ㉣, ㉤
④ ㉡, ㉢, ㉥

빠른 풀이 비법
- 세부 내용을 빠르게 읽어 나가면서 핵심 키워드를 체크한 후 문제와 비교한다.
- 농협이 하는 일에 대해 미리 공부해 두면 문제 풀이 시간을 더욱 단축시킬 수 있으므로 농협과 관련된 상식은 반드시 암기해 두도록 한다.

유형 07. 업무상황에 따른 직장예절 이해하기

19. 다음은 △△농협 김 주임의 사례이다. 밑줄 친 ㉠~㉤ 중 직장예절로 적절하지 않은 것은?

> 김 주임은 △△농협 하나로 마트에서 근무하고 있는 3년차 마케터이다. 김 주임은 오전에 거래처 클라이언트와 대면 회의가 있어 부사수와 함께 클라이언트의 사무실에 방문하였다. ㉠<u>약속 시간인 10시보다 조금 먼저 도착하여 응접실에서 대기하였다.</u> 김 주임은 ㉡<u>개인적인 사정으로 기분이 좋지 않았지만 클라이언트 측 담당자에게 정중하게 인사를 건넸다.</u> 서로 인사를 나눈 후, 김 주임은 ㉢<u>왼손잡이지만 오른손으로 상대의 손을 너무 꽉 잡지 않은 채로 악수하며 밝은 표정을 지었다.</u> ㉣<u>부사수가 상대 담당자보다 어리고 직급도 낮기 때문에 먼저 명함을 건네고 서로 명함 교환을 하였다.</u> ㉤<u>김 주임은 담당자의 명함 디자인이 깔끔하고 예쁘다고 생각하며 명함을 바로 지갑에 넣었다.</u>

① ㉠ ② ㉡ ③ ㉢
④ ㉣ ⑤ ㉤

20. 다음은 ○○농협 인사 총무팀에서 전화응대 매뉴얼을 만들기 위해 직원들이 나눈 대화이다. 올바르게 말한 사람을 모두 고른 것은?

> 갑 : 전화는 필요에 따라 정상적인 업무가 이루어지고 있는 근무 시간 외에도 걸 수 있어.
> 을 : 전화를 해 달라는 메시지를 받았다면 가능한 한 48시간 안에 답해야 해.
> 병 : 전화벨이 3~4번 이상 울린 다음 받아서 상대방에게도 준비할 시간을 줘야 해.
> 정 : 언제나 펜과 메모지를 곁에 두어 전화 내용을 받아 적을 준비가 되어 있어야 해.
> 무 : 주위의 소음을 최소화한 후 천천히, 명확하게 예의를 갖추고 목소리에 미소를 띠며 말해야 해.

① 갑, 정, 무 ② 갑, 병, 정 ③ 을, 병, 무
④ 을, 정, 무 ⑤ 병, 정, 무

유형 08 경영전략 이해하기

21. Q 라면 회사를 SWOT 분석한 결과가 다음과 같을 때, 도출할 수 있는 경영전략 방법으로 적절하지 않은 것은?

S	브랜드 파워	W	마케팅 약화
	• 그룹 내 위상, 역할 강화 • 신제품의 성공적 개발 • 종합식품 기업으로서의 입지		• 잦은 신상품 개발 • 경쟁사의 공격적 마케팅 대응 부족 • 유통업체의 영향력 확대 • 히트, 대박 상품 부재
O	웰빙 시장 확대	T	사회적 이슈
	• 건강에 대한 관심 증대 • 1인 가구 증대(간편식, 편의식) • 다이어트 식품 시장의 확대		• 저출산, 고령화로 취식인구 감소 • 라면에 대한 부정적 인식 • 유사상품의 출시

① SO 전략 : 다이어트 라면의 개발을 통해 종합식품기업으로서의 입지를 강화한다.
② ST 전략 : 저열량, 저나트륨 등의 성분을 이용한 신제품 개발을 통해 라면이 가진 부정적 인식을 개선한다.
③ WO 전략 : 건강라면을 주력 상품으로 설정하고 마케팅을 강화하여 고객들에게 제품에 대한 이미지를 각인시킨다.
④ WT 전략 : 고객들에게 반응이 좋은 경쟁사 제품을 모방하여 개발해 자사 제품으로의 구입을 유도한다.
⑤ WT 전략 : 연령을 기준으로 주요 타깃층을 정하여 그에 따른 새로운 마케팅 전략을 수립 및 시행한다.

유형 09 · 사업 내용 판단하기

이것만은 꼭!
선택한 기업에 입사하기 위해서는 해당 기업의 주요 사업 정도는 알고 있어야 한다. 최근 뉴스나 기사를 바탕으로 스크랩을 해 두며 사업 동향을 파악하고 있는 것이 좋다.

[22 ~ 23] 다음은 지역농협의 사업 중 하나인 '하나로마트'에 대한 설명이다. 이어지는 질문에 답하시오.

- **농가구조의 변화**
  WTO 체제의 출범과 한-칠레, 한-미 FTA 추진 등으로 농산물시장 개방이 확대됨에 따라 농업의 글로벌 경쟁력 제고가 요구되고 있습니다.
  - 농가구조가 고령화, 이질화되면서 다수의 영세소농과 소수의 전업농으로 분화되는 조합원의 이질화가 가속되고 있어 서로의 조합에 대한 요구 조건에서 차이가 있습니다.
  - 전업농가들은 시장개방 확대로 판매처 확보가 어려워지고 농가교역조건이 나빠져 농업수익성이 악화되자 농가가 필요로 하는 유통판매사업 강화를 농협에 강하게 요구합니다.

- **농협 하나로마트의 의의**
  농협 하나로마트는 농산물의 유통 효율화를 위하여 설치·운영되는 소매조직입니다. 90년대 대도시를 중심으로 일반 대형 유통업체가 급속히 늘어나고 외국의 신유통 업태가 유통시장의 개방과 함께 물밀듯이 밀어닥치고 있습니다. 이에 반해 농산물의 소매단계 유통형태는 아직도 전근대적이고 영세성을 면치 못하고 있어 소비지 유통을 강화하기 위한 일환으로 도시지역에 농산물 위주의 대형 하나로마트 증설을 서두르고 있고, 농산물의 소매 유통형태도 소량, 소포장된 신선 농산물을 산지와 직거래할 수 있도록 추진하고 있습니다.

- **농협 하나로마트의 사업목적**
  산지와의 직거래를 통해 유통비용을 절감시켜 생산농가에 수취가격을 높여 주며 소비자에게는 저렴하고 신선한 농산물을 공급할 수 있도록 힘쓰고 있습니다. 또한 농산물에 대한 소비자의 기호도와 구매동향을 파악하여 산지에 소비자 정보를 제공함으로써 사업영농을 가능하게 하며 농협의 판매사업을 능률적으로 처리해 농산물 물류센터의 기반 조직으로 농산물 직거래 확대를 가능케 함으로써 물류센터의 조기 정착화를 도모하고 있습니다.

22. 윗글을 읽고 판단한 내용으로 적절하지 않은 것은?

① 하나로마트는 우리나라 상품 유통구조를 개선하는 데 큰 역할을 하겠군.
② 하나로마트는 농산품 생산 농가가 상품을 안정적으로 판매할 수 있는 창구가 되겠군.
③ 하나로마트에는 소비자의 권익 향상에도 힘쓴다는 농협의 정신이 담겨 있군.
④ 하나로마트는 협동조합의 기능 중 판매조합의 기능에 가깝다고 볼 수 있군.

빠른 풀이 비법

- '의의'와 '사업목적'을 중심으로 자료를 빠르게 훑은 뒤 선택지의 특징적인 키워드를 중심으로 자료와 비교하도록 한다.
- 선택지 ①의 경우 '우리나라 상품 유통구조 개선'을 확인할 수 있으므로 제시된 자료에서 이와 관련된 문장을 찾는다. 〈농협 하나로마트의 의의〉의 첫 번째 문장에 하나로마트는 '농산물 유통 효율화를 위하여 설치·운영'된다고 하였으므로 선택지의 키워드와 일치하지 않는 부분이 있음을 확인할 수 있다.
- 남은 선택지를 빠르게 대조하며 판단이 적절한지 확인한다.

23. 다음 설명을 참고하여 윗글을 이해한 내용으로 적절하지 않은 것은?

- 경영목표 : 경영의 목적 달성을 위한 활동을 계획적으로 실천하기 위해서 그 방향을 제시하는 것이다.
- 경영전략 : 변동하는 경영환경 아래서 기업의 존속과 성장을 도모하기 위해 환경의 변화에 대하여 기업 활동을 전체적, 계획적으로 적응시켜 나가는 전략이다.
- 소비자 분석 : 주 타깃을 설정할 제품의 소비층이 어떤 계층이며, 그 계층은 어떤 소비행동을 하는지, 소비행동을 하기까지 의사결정 과정은 어떤 형태이며, 그러한 소비행동에 영향을 미치는 요소는 무엇인가 등을 파악해 내는 작업이다.

① 하나로마트를 경영하기 위해서는 농업인의 삶의 질 향상을 고려하는 경영목표를 세워야 한다.
② 하나로마트의 경영전략은 국내에 진출한 외국계 신유통업체의 동향을 주시하면서 세워져야 한다.
③ 하나로마트는 소비자들의 소비성향과 기호에 적합한 농산품만을 공급하는 데 주력해야 한다.
④ 하나로마트의 경영목표 중 하나는 농산품 유통과정의 효율화를 가져오는 것이다.

유형 10 • 결재양식 규정 이해하기

[24 ~ 25] 다음은 ○○농협의 결재규정이다. 이어지는 질문에 답하시오.

〈결재규정〉

- 결재를 받으려면 업무에 대해서는 최고결정권자(조합장)를 포함한 이하 직책자의 결재를 받아야 한다.
- 전결이라 함은 조합의 경영활동이나 관리활동을 수행함에 있어 의사결정이나 판단을 요하는 일에 대하여 최고결재권자의 결재를 생략하고, 자신의 책임하에 최종적으로 의사결정이나 판단을 하는 행위를 말한다.
- 전결사항에 대해서도 위임받은 자를 포함한 이하 직책자의 결재를 받아야 한다.
- 결재를 올리는 자는 최고결재권자로부터 전결사항을 위임받은 자가 있는 경우 전결이라고 표시하고 최종 결재권자에 위임받은 자를 표시한다. 다만, 결재가 불필요한 직책자의 결재란은 상향대각선으로 표시한다.
- 최고결재권자의 결재사항 및 최고결재권자로부터 위임된 전결사항은 다음의 표에 따른다.

구분	내용	금액기준	결재서류	팀장	전무이사	조합장
접대비	거래처 식대, 경조사비	40만 원 이하	접대비지출품의서, 지출결의서	○ ◇		
		50만 원 이하			○ ◇	
		50만 원 초과				○ ◇
교통비	국내출장비	50만 원 이하	출장계획서, 출장비신청서	○ ◇		
		70만 원 이하		○	◇	
		70만 원 초과		○		◇
	해외출장비			○		◇
소모품비	사무용품비		지출결의서	◇		
	문서, 전산소모품					◇
	기타 소모품	30만 원 이하		◇		
		40만 원 이하			◇	
		40만 원 초과				◇
교육훈련비	자녀 교육		기안서, 지출결의서	○ ◇		○ ◇

영업카드	법인카드 사용	50만 원 이하		◇		
		100만 원 이하	법인카드신청서		◇	
		100만 원 초과				◇

○ : 기안서, 출장계획서, 접대비지출품의서
◇ : 세금계산서, 발행요청서, 지출결의서, 각종 신청서

24. 여신지원팀 홍길동 대리는 거래업체 직원들과의 저녁 식사를 위해 475,000원을 지불할 계획이다. 홍길동 대리가 회사에 결재를 받아야 하는 가장 바람직한 결재 양식은?

① 접대비지출품의서

결재	담당	팀장	전무이사	최종결재
	홍길동	전결		전무이사

② 지출결의서

결재	담당	팀장	전무이사	최종결재
	홍길동		전결	전결

③ 지출결의서

결재	담당	팀장	전무이사	최종결재
	홍길동	전결		팀장

④ 접대비지출품의서

결재	담당	팀장	전무이사	최종결재
	홍길동		전결	전무이사

빠른 풀이 비법

- 어떤 결재서류를 올려야 하는지, 금액은 얼마인지, 누구에게 결재를 받아야 하는지 등을 파악한 후 해당하는 결재 양식을 고른다.
- 홍길동 대리는 접대비로 475,000원을 지불할 계획이므로 전무이사에게 접대비지출품의서와 지출결의서를 받아야 한다. 이와 관련한 선택지를 찾는다.

25. 경리팀에 근무하는 홍길동 대리는 유럽에 농산물 수출을 위해 예상 거래처와의 신규 프로젝트를 진행할 예정이다. 6박 7일의 유럽출장에 필요한 경비 중 비행기 예약에 필요한 2,500,000원을 수령하기 위해 결재를 받아야 할 때 가장 바람직한 결재 양식은?

① 출장계획서

결재	담당	팀장	전무이사	최종결재
	홍길동		전결	전무이사

② 출장계획서

결재	담당	팀장	전무이사	최종결재
	홍길동			전결

③ 출장비신청서

결재	담당	팀장	전무이사	최종결재
	홍길동			조합장

④ 출장비신청서

결재	담당	팀장	전무이사	최종결재
	홍길동	전결		조합장

고시넷 지역농협 6급 통합기본서

2파트

직무능력평가
기출예상문제

- ✱ 1회　기출예상문제 (60문항/60분)
- ✱ 2회　기출예상문제 (60문항/70분)
- ✱ 3회　기출예상문제 (70문항/70분)

제1회 기출예상문제

지역농협 6급
60분 | 60문항

정답과 해설 37쪽

[01 ~ 02] 다음은 ○○농협에서 배포한 보도자료이다. 이어지는 질문에 답하시오.

○○농협, 상호금융 1조 2,000억 원 돌파
(ⓐ)

경기 ○○농협(조합장 김□□)은 최근 경기농협지역본부(본부장 김◇◇)에서 '상호금융예수금 7,000억 원 달성탑'과 '상호금융대출금 5,000억 원 달성탑'을 ㉠<u>시상</u>했다. 이로써 ○○농협의 상호금융 규모는 2008년 8,000억 원을 넘어선 ㉡<u>이래</u> 12년 만에 1조 2,000억 원을 돌파하며 지역 대표 금융기관으로 발돋움했다.

이같은 성장은 저금리와 신종 코로나바이러스 감염증(코로나19) 확산 등 어려운 여건 속에서도 모든 임직원이 지역주민들과 끈끈한 유대감을 바탕으로 사업 추진에 혼신의 노력을 기울인 결과다. ○○농협은 코로나19가 기승을 부리던 올 4월 ○○시보건소를 찾아 〈○○금쌀〉 떡국떡 100상자와 방역용 분무기 10개를 지원했으며, 지역 의료기관의 의료진에게도 전복 100상자를 전달했다. 또 지역 내 농협 및 사회단체와 힘을 합쳐 취약계층에 위기 극복 꾸러미 500개를 지원하는 등 코로나19 극복에 앞장섰다.

이뿐만이 아니다. 매년 종합 건강검진을 해 조합원들의 건강도 ㉢<u>알뜰히</u> 챙기고 있다. 특히 올해는 원로조합원들에게 삼계탕 등을 담은 건강 보양 꾸러미를 전달해 호평을 받았다. ㉣<u>아울러</u> 2004년부터 펼쳐온 장학사업을 통해 올해는 28명의 학생에게 3,360만 원을 지원해 조합원 학자금 부담도 덜어줬다. 김□□ 조합장은 "상호금융 1조 2,000억 원 돌파는 전적으로 조합원과 고객의 변함없는 사랑이 있어 가능했다"라며 "앞으로 조합원·지역사회와 함께 성장하는 농협이 되기 위해 최선을 다하겠다"라고 말했다.

한편 ○○농협은 신용카드 업적평가 1위로 선정돼 올 7월에 '6월 카드마케팅 최우수 최고경영자(BEST-CEO)상'을 받은 바 있다.

---

01. 위 보도자료의 밑줄 친 ㉠ ~ ㉣ 중 문맥상 쓰임이 적절하지 않은 것을 모두 고르면?

① ㉠, ㉡
② ㉡, ㉢
③ ㉠, ㉡, ㉢
④ ㉠, ㉢, ㉣

02. ⓐ에 들어갈 위 보도자료의 부제로 가장 적절한 것은?

① ○○농협 카드마케팅 BEST-CEO상 수상
② 상호금융 규모 회복 성장세 뚜렷
③ 지역 대표 금융기관 발돋움, 지역사회 지원도 적극 나서
④ 조합원·지역사회와 함께 성장하는 ○○농협

03. 다음은 ○○학원 학생들의 이번 주 쪽지시험 점수이다. A ~ D 반 중 평균 점수가 가장 높은 반의 중앙값과 가장 낮은 반의 중앙값의 차이는 몇 점인가?

(단위 : 점)

A 반	백호	민지	지민	경호	민수
	60	65	85	45	80
B 반	정윤	도현	연아	석호	한별
	50	60	58	84	100
C 반	혜연	일규	희진	연철	시연
	70	90	70	80	50
D 반	현민	진철	대영	정우	태정
	71	68	85	56	95

① 1점　　　　　　　　　　　② 5점
③ 6점　　　　　　　　　　　④ 8점

04. 어떤 물건의 원가에 4할의 이익을 붙여서 정가를 책정한 후 700원을 할인하여 팔았더니 원가에 대하여 30%의 이익을 얻었다. 이 물건의 원가는 얼마인가?

① 5,000원　　　　　　　　　② 6,000원
③ 7,000원　　　　　　　　　④ 8,000원

05. ○○사 인사팀 팀원인 A, B, C, D, E 5명이 구내식당에서 점심을 먹기 위해 한 줄로 서 있다. 다음 설명을 따를 때, E는 팀원 중 몇 번째에 서 있는가?

> • C와 E는 연속해서 서 있다.
> • A와 D는 연속해서 서 있다.
> • B와 D는 E보다 앞에 서 있다.
> • B와 C는 홀수 번째에 서 있고, D는 짝수 번째에 서 있다.

① 두 번째
② 세 번째
③ 네 번째
④ 다섯 번째

06. 다음은 시차에 관한 설명이다. 서경 120도에 위치한 LA에서 8월 9일 오후 2시부터 메이저리그 야구 경기를 중계할 때 서울은 몇 시인가?

> 전 세계의 시간은 영국의 그리니치 천문대를 지나는 선을 경도 0도 선(본초 자오선)으로 하여 이를 기준으로 삼고 있으며, 이 선의 동쪽은 동경, 서쪽은 서경이라고 한다. 우리나라의 경우 동경 135도를 기준으로 하는 대한민국 표준시를 사용하고 있는데, 이는 본초 자오선보다 9시간 빠른 시간대이다. 특정 기준점을 기준으로 동쪽으로 갈수록 시간은 빠르며, 대략 경도 15도마다 1시간의 차이가 난다. 즉, 동쪽으로 15도를 가면 1시간이 빨라지며, 반대로 서쪽으로 15도를 가면 1시간이 늦어진다.

① 8월 9일 오전 7시
② 8월 9일 오후 9시
③ 8월 10일 오전 7시
④ 8월 10일 오후 9시

07. 서울 ○○농협 경영기획팀에서 예산안 수립을 담당하고 있는 Y 과장은 다음과 같은 신입사원 교육일정 공지를 받았다. 예산안 수립 방법으로 적절한 것은?

대상	신입사원
교육 방법	강의 및 토론 발표
인원	신입사원 120명(멘토 및 강사 22명 별도)
기간	202X년 11월 XX ~ XX일(1박 2일)
장소	□□콘도

1일차	신입사원의 역할	변화 속에서의 생존, 학교와 회사의 차이, 차별화, 사원의 역할
	효과적인 업무 추진	과학적인 업무 진행 방법, 계획수립의 절차와 요령, 보고의 기술
	비즈니스 매너	인사 및 전화예절, 명함교환, 고객 응대, 방문예절, 언어 사용 예절
	선배 사원과의 대화(다과회 및 술자리)	
2일차	문서작성 스킬	문서의 종류, 문서작성 절차, 문서작성 방법
	기획 및 프레젠테이션	문제해결능력, 기획의 중요성, 정보관리 및 공유, 빅데이터 관리 등
	경영 시뮬레이션 게임 및 셀프 리더십 실습	
	우수 사원 시상 및 인사말	

① 다과회 및 술자리에 대한 잡화비용을 먼저 짜야지 고정비용이 나올 수 있을 것 같아.
② 고정비용인 숙박료와 차량지원비, 식대를 확인한 후에 예산안을 편성하기 시작해야겠군.
③ 교육 프로그램 진행에 필요한 스피커와 같은 전자장비에 대해 먼저 파악한 후 예산을 책정해야 겠어.
④ 가장 우수한 강사를 섭외해야 하기 때문에 섭외할 강사를 정하고 나서 강의료 책정을 해야겠군.

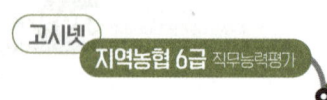

08. 김 사원은 물품을 관리하기 위해 다음과 같은 물품출납 및 운용카드를 활용하려고 한다. 이 문서를 활용했을 때 얻을 수 있는 장점으로 옳지 않은 것은?

물품출납 및 운용카드 20X3년 05월 15일 작성					물품출납원	물품관리관	
물품번호	1234-012	품명	자전거				
		내용연수	3년			단위	대
거래일자	취득일자	정리구분/번호	수량(개)	단가(원)	금액(원)	재고수량, 금액 운용수량, 금액	
20X2. 07. 18.	20X2. 07. 18.	자체구입 100	1	50,000	50,000	1 0	50,000 0
20X2. 07. 19.	20X2. 07. 19.	출금 100	1	50,000	50,000	0 1	0 50,000
20X2. 08. 06.	20X2. 08. 06.	자체구입 전101	1	70,000	70,000	1 1	70,000 70,000
20X2. 08. 07.	20X2. 08. 07.	출금 전201	1	70,000	70,000	0 2	0 140,000
20X3. 01. 11.	20X3. 01. 11.	반납	1	50,000	50,000	1 1	50,000 90,000

① 보유하고 있는 물품의 분실 위험을 줄일 수 있다.
② 보유하고 있는 물품의 상태를 확인하고 활용하기 용이하다.
③ 물품의 상태를 계속해서 체크함으로써 효과적으로 관리할 수 있다.
④ 지속적으로 확인하고 작성해야 하기 때문에 물품 관리 업무가 줄어든다.

09. 다음 사례와 관련된 설명으로 올바른 것은?

> 화재 보험 회사가 시장조사를 한 결과 앞으로 잠재 고객의 50%는 화재로 100만 원의 재산 손실을 입고, 나머지 50%는 1,000만 원의 재산 손실을 낼 것으로 밝혀졌다. 각 개인은 자신의 재산 손실에 대해 알고 있지만 보험 회사는 전체적인 확률만 알뿐, 누가 어느 쪽인지는 알지 못한다. 보험 회사는 고객이 손실을 입을 경우 전액을 보상해 준다고 한다. 보험 회사는 모든 고객의 평균 재산 손실을 550만 원으로 계산하고 그 금액으로 보험을 판매한다.

① 보험 회사는 이 보험을 팔아 이익을 낼 가능성이 높다.
② 보험 회사와 잠재 고객 사이에는 정보의 비대칭이 존재한다.
③ 예상 재산 손실이 100만 원인 잠재 고객은 보험에 더 많이 가입한다.
④ 예상 재산 손실이 1,000만 원인 잠재 고객은 보험에 가입하지 않으려 한다.

10. 김 대리는 농협유통분야의 신규 아이템 아이디어 공모전 개최를 위한 대외 공고문을 작성하려고 한다. 다음과 같은 개요를 바탕으로 한 공고문에 반드시 포함되어야 할 핵심 항목이 아닌 것은?

> 〈농협유통분야 빅데이터를 이용한 신규 아이템 아이디어 공모전 개최〉
> 농협하나로마트는 유통분야의 창의적 창업 아이디어 발굴로 부가가치가 높은 신규 아이템을 개발하고 유통산업의 발전을 도모하기 위하여 6월 15일부터 9월 15일까지 '유통분야 빅데이터를 이용한 신규 아이템 아이디어'를 공모한다. 이번 창업 아이디어 공모는...

① 응모서류 목록
② 응모서류 마감일
③ 신규아이템 아이디어 예시
④ 당선작 활용 계획

[11 ~ 12] 다음은 H사의 제수당 지급 기준표이다. 이어지는 질문에 답하시오.

〈수당 지급 기준〉

구분	지급대상	지급 기준	비고
연차수당	연차휴가를 사용하지 않은 직원	월 통상임금 × $\frac{1}{209}$ × 8 × 미사용 휴가일수	-
가족수당	부양가족이 있는 자	부양가족 1인당 30,000원/월	사내부부인 경우 1인에게만 지급
초과근무수당	정규근무시간 외 또는 휴일에 근무한 직원	월 통상임금 × $\frac{1.5}{209}$ × 초과근무시간	-

※ 가족수당 가산 : 부양가족 중 셋째 이후 자녀부터는 월 80,000원을 가산한다(다만, 2018년 12월 31일 이전에 출산한 셋째 이후 자녀는 월 30,000원).

〈급여성 복리후생비 지급 기준〉

구분	지급대상	지급 기준	비고
학자금	고등학교에 취학 중인 자녀가 있는 자	입학금 전액, 수업료와 학교운영지원비는 시·국·공립 고등학교의 평균 지급액 이내 실비	신규 도입으로 본부장급 이상부터 시행

〈직무급 지급 기준〉

지급대상	지급 기준
본부장/감사실장	1,100,000원/월 ~ 1,300,000원/월
팀장	800,000원/월 ~ 1,100,000원/월

11. 위 제수당 지급 기준표에 대한 설명으로 바르지 않은 것은?

① 월 근무시간은 209시간을 기준으로 한다.
② 휴일 근무는 정규근무시간 근로의 1.5배에 해당하는 시급이 적용된다.
③ 야간과 휴일의 근무에 대한 수당은 동일한 기준이 적용된다.
④ 사내부부인 경우 가족수당 지급액은 부양가족의 수와 관계가 없다.

12. 위 규정을 참고할 때, 다음과 같은 상황에서 A 씨가 이번 달에 받을 수 있는 제수당의 최대 금액으로 적절한 것은? (단, 언급되지 않은 수당은 고려하지 않으며, 천의 자리에서 버린다)

> A 씨는 팀장 직책을 맡고 있으며 월 통상임금은 5백만 원이다. A 씨에게는 전업주부인 아내와 2007년생인 고3 아들과 고1 아들, 중학생인 막내딸이 있다.
> 매달 급여 액수가 부족해 넉넉하지 않은 생활을 하는 A 씨는 이번 달에 사용할 수 있었던 연차 2일을 쓰지 않았으며, 휴일 근무도 15시간을 하였다.

① 213만 원
② 227만 원
③ 243만 원
④ 250만 원

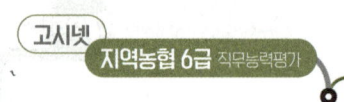

[13 ~ 14] 다음은 20X0 ~ 20X1년 콘텐츠 사업별 매출액에 관한 자료이다. 이어지는 질문에 답하시오.

〈콘텐츠 산업별 매출액〉

(단위 : 백만 원)

매출액 산업	20X0년		20X1년
	상반기	하반기	상반기
출판	10,390,607	10,657,888	10,526,705
만화	552,687	605,118	610,185
음악	2,906,453	3,586,648	3,065,949
게임	7,072,792	6,860,742	7,074,765
영화	2,759,731	2,829,843	2,960,095
애니메이션	311,088	341,748	324,644
방송	8,714,075	10,462,023	8,812,945
광고	7,622,069	9,596,675	7,810,356
캐릭터	6,118,504	6,167,550	6,158,875
지식정보	7,588,077	8,914,879	8,330,152
콘텐츠 솔루션	2,334,846	2,716,259	2,456,268
합계	56,370,929	62,739,373	58,130,639

13. 위 자료에 대한 설명으로 옳지 않은 것은?

① 20X0년 게임 산업의 매출액은 13.9조 원 이상이다.
② 20X1년 상반기 애니메이션 산업 매출액은 전년 동기 대비 5% 이상 증가했다.
③ 20X0년 콘텐츠 산업 총매출액은 상반기보다 하반기에 더 높았다.
④ 20X1년 상반기 음악 산업 매출액은 전반기 대비 14% 이상 감소했다.

14. 다음 중 영화 산업과 매출액 증감 추이가 동일한 산업은?

① 만화　　　　　　　　　　　② 게임
③ 애니메이션　　　　　　　　④ 방송

15. 다음은 「가축분뇨의 관리 및 이용에 관한 법률」의 일부이다. 이에 부합하는 행위는?

> **제7조의2(타인 토지에의 출입 등)** ① 농림축산식품부장관, 환경부장관, 시·도지사, 특별자치시장 또는 특별자치도지사는 가축분뇨실태조사를 위하여 필요하면 관계 공무원에게 해당 지역 또는 그 지역에 인접한 타인의 토지에 출입하게 하거나 조사에 필요한 최소량의 시료(試料)를 채취하게 할 수 있으며, 특히 필요한 경우에는 수목, 그 밖의 장애물(이하 "장애물 등"이라 한다)을 제거하거나 변경할 수 있다.
> ② 제1항에 따라 타인의 토지에 출입하려는 사람은 미리 해당 토지의 점유자에게 통지하여야 하며, 타인의 토지를 사용하거나 장애물 등을 제거 또는 변경하려는 경우에는 미리 소유자 및 점유자에게 통지하고 그 의견을 들어야 한다. 다만, 미리 통지하기 곤란한 때에는 해당 토지를 관할하는 읍·면사무소 또는 동 주민센터의 게시판, 「신문 등의 진흥에 관한 법률」에 따른 일반 일간신문, 공보 또는 방송 등을 통하여 공고하고, 인터넷 홈페이지에도 공고하는 방법에 따라 통지할 수 있다.
> ③ 해 뜨기 전 또는 해가 진 후에는 해당 토지의 점유자의 승인 없이 택지 또는 담장이나 울타리로 둘러싸인 타인의 토지에 출입할 수 없다.
> ④ 토지의 점유자는 정당한 사유 없이 제1항에 따른 출입 또는 사용을 거부 또는 방해하여서는 아니 된다.
> ⑤ 제1항에 따라 타인의 토지에 출입하려는 사람은 그 권한을 표시하는 증표를 지니고 토지 점유자의 요구가 있을 때에는 이를 보여주어야 한다.

① 관할 읍·면사무소 또는 동 주민센터의 장(長)은 필요한 경우 타인의 토지 내에 있는 수목을 제거하도록 명할 수 있다.
② 미리 토지 점유자에게 통지한 경우, 공무원이 농기계 보유 현황 파악을 위하여 타인의 토지에 출입할 수 있다.
③ 토지 점유자에게 토지 출입에 대한 통지가 전달된 것을 확인했더라도 항상 출입이 가능한 것은 아니다.
④ 타인의 토지에 출입하고자 하는 공무원이 증표를 지니고 있지 않더라도 가축분뇨실태조사의 목적인 경우에는 출입이 가능하다.

[16 ~ 17] 다음은 ○○농협 농업종합자금에 대한 안내문이다. 이어지는 질문에 답하시오.

- 농업종합자금이란?
  농업인이 자율적인 사업계획에 의거하여 수시로 농협에 대출을 신청하면 경영능력과 사업타당성 등을 심사하고 시설자금·개보수·운영 및 농기계자금을 연계하여 종합 지원하는 수요자 중심의 편리한 농업정책자금입니다.

- 대출 조건

구분	대출금리	대출금액	상환조건
시설 자금	2.0% 또는 6개월 변동금리	총 사업비의 80% 이내	- 원예특작, 농촌가공 : 3년 거치 10년 상환 (단, 유리온실은 5년 거치 10년 상환) - 축산, 관광농원 : 5년 거치 10년 상환
개보수 자금	2.0% 또는 6개월 변동금리	총 사업비의 80% 이내	대출금액별로 2~3년 거치, 3~7년 원금균등상환
운전 자금	2.5% 또는 6개월 변동금리	1회전 운전 자금 이내	2년 이내 일시상환 (단, 인삼은 연근별 수확시기를 감안 최장 5년 이내 일시상환)
농기계 자금	2.0% 또는 6개월 변동금리	①, ② 중 적은 금액 이내 ① 농림축산식품부에서 정한 융자지원 한도액 ② 농기계 거래가격×80% -보조금(조사료용 보조금이 있는 경우 대출 불가) ※ 농업기계가격집 : 지역농협, 농협중앙회 시·군지부, 대리점에서 열람가능	1년 거치 4~7년 상환

- 원리금 상환
  할부금은 대출만기일로부터 소급하여 1년마다 상환하며, 이자는 월납/3월납/6월납/연납 중 선택하여 상환

16. ○○농협 최 조합원은 딸기 체험 농장을 운영하고 있다. 최근 딸기 체험의 수요가 증가하여 딸기 재배 시설을 증축하고자 한다. 재배 시설 증축을 위해 대출을 신청할 때, 신청이 가능한 자금의 종류는?

    ① 시설 자금
    ② 농기계 자금
    ③ 개보수 자금
    ④ 운전 자금

17. ○○농협 조합원이 농기계 자금을 대출받고자 한다. 다음 주어진 상황과 위의 자료를 참고하여 농기계 자금의 대출금액을 정할 때, 대출 가능 금액과 원금 및 이자를 같이 내기 시작하는 시기를 순서대로 나열한 것은?

    〈조합원 농기계 자금 대출 상황〉
    - 대출 기계 : 결속볏짚절단기(농업용 트랙터)
    - 기계 가격 : 권장소비자가격 10,850,000원(보조금 : 1,000,000원)
    - 농림축산식품부 지정 융자지원 한도액 : 8,610천 원
    - 대출 시기 : 2024년 10월 7일 대출
    - 대출 조건 : 1년 거치 4년 원리금균등상환

	대출 가능 금액	원리금동시상환 시작일
①	7,680,000원	2024년 10월 7일
②	8,610,000원	2024년 10월 7일
③	7,680,000원	2025년 10월 7일
④	8,610,000원	2025년 10월 7일

[18 ~ 19] 다음은 갑 지역의 부지 개발 사업 공사 및 운영에 대한 입찰공고이다. 이어지는 질문에 답하시오.

- 입찰개요
  - 입찰건명 : 부지 개발 사업 공사 및 운영
  - 계약기간 : 계약체결일부터 완공 후 최대 25년까지

- 평가기준
  평가 총점은 300점으로 하며, 사업계획서 평가로 평가지표 및 배점을 다음과 같이 구성함.

소계	신용등급	사업실적	가격평가
300점	100점	50점	150점

- 평가항목
  1) 신용등급 : 특용작물 용도는 신용등급을 평가하고, 축산업 용도는 신용등급과 자본총계 중 유리한 것을 득점으로 인정하여 평가함.

신용등급	자본총계	득점
AA^+	10,000억 원 이상	100점
A^+	3,000억 원 ~ 10,000억 원 미만	95점
A	1,000억 원 ~ 3,000억 원 미만	90점
BBB^+	500억 원 ~ 1,000억 원 미만	85점
BBB	500억 원 미만	80점

  2) 사업실적 : $\dfrac{\text{제출한 사업실적 연면적}}{\text{개발사업 연면적}} \times 50(\text{점})$

  ※ 사업실적 연면적이 개발사업 연면적을 초과해도 사업실적 최고 점수는 50점임.

  3) 가격평가
     - 자산개발수익금 납부(100점 만점) + 사업운영기간(50점 만점)
     - 사업운영기간은 최대 25년으로, 점수로 반영 시 '운영기간×2'를 적용함.
     - 자산개발수익금 납부 비율별 점수

비율(%)	10 이상	8~9	6~7	5~6	5 미만
점수(점)	100	95	90	85	80

18. 갑 지역에서 50,000m² 의 특용작물 용도 부지 개발을 위한 공고에 다음 A ~ D 4개 업체가 응찰하였을 때, 평가 총점이 가장 높은 업체는?

업체	신용등급	자본총계 (억 원)	사업실적 (m²)	수익금 납부비율(%)	사업운영 기간(년)
A	AA⁺	2,500	10,000	9	25
B	AA⁺	10,000	20,000	7	10
C	A	3,500	20,000	10	20
D	BBB⁺	5,000	30,000	8	15

① A
② B
③ C
④ D

19. (18과 이어짐) 갑 지역에서 연면적 40,000m² 의 축산업 용도 부지 개발을 위한 공고에서 수익금 납부비율 점수 만점을 50점으로 줄이고, 사업실적 점수 만점을 100점으로 늘렸다. 이 경우 평가 총점이 가장 높은 업체는?

① A
② B
③ C
④ D

20. 다음 결재규정을 따를 때 5,000만 원의 물품 구매 건에 대한 결재양식으로 옳은 것은?

- 결재를 받으려는 업무에 대해서는 최고결정권자를 포함한 이하 직책자의 결재를 받아야 한다.
- 전결이라 함은 회사의 경영활동이나 관리활동을 수행함에 있어 의사결정이나 판단을 요하는 일에 대하여 최고결재권자의 결재를 생략하고, 자신의 책임하에 최종적으로 의사결정이나 판단을 하는 행위를 말한다.
- 전결사항에 대해서도 위임 받은 전결권자를 포함한 이하 직책자의 결재를 받아야 한다.
- 결재를 올리는 자는 최고결재권자로부터 전결사항을 위임받은 자가 있는 경우 전결권자 결재란에 '전결'이라고 표시하고 최종 결재권자란에 위임받은 자를 기재한다. 다만, 결재가 불필요한 직책자의 결재란은 상향대각선으로 표시한다.
- 최고결재권자의 결재사항 및 최고결재권자로부터 위임된 전결사항은 다음의 표에 따른다.

업무내용(소요예산 기준)	전결권자				이사장
	팀원	팀장	국장	이사	
가. 공사 도급					
3억 원 이상					○
1억 원 이상				○	
1억 원 미만			○		
1,000만 원 이하		○			
나. 물품(비품, 사무용품 등) 제조/구매 및 용역					
3억 원 이상					○
1억 원 이상				○	
1억 원 미만			○		
1,000만 원 이하		○			
다. 자산의 임(대)차 계약					
1억 원 이상					○
1억 원 미만				○	
5,000만 원 미만			○		
라. 물품수리					
500만 원 이상			○		
500만 원 미만		○			
마. 기타 사업비 예산집행 기본품의					
1,000만 원 이상			○		
1,000만 원 미만		○			

①

결재	물품 구매 예산 계획서					
	담당	팀장	국장	이사	이사장
			전결		국장

②

결재	물품 구매 예산 계획서				
	담당	팀장	국장	이사	이사장
			전결		국장

③

결재	물품 구매 예산 계획서				
	담당	팀장	국장	이사	이사장
			전결		

④

결재	물품 구매 예산 계획서				
	담당	팀장	국장	이사	이사장
					전결

[21 ~ 22] 다음은 ○○농협에서 조합원에게 제공하는 부동산 임대차계약 시의 유의사항 안내문의 일부이다. 이어지는 질문에 답하시오.

〈부동산 임대차계약 시 유의사항〉

1) 임대차의 의의
   - 임대인이 임차인에게 목적물을 사용, 수익하게 할 것을 약정하고 임차인은 차임지급을 약정함으로써 성립하는 계약이 임대차이다.
   - 임대차는 임차인이 목적물을 직접 점유하여 사용, 수익하기 때문에 물권과 비슷하나, 임차인의 목적물 사용, 수익은 임대인의 채무 이행의 결과에 지나지 않는 것이므로 물건을 직접 사용, 수익, 처분할 수 있는 권리인 물권과 다르다.
   - 따라서 임차권은 목적물의 소유권자가 바뀌면 새로운 소유자에 대하여 임차권을 주장할 수 없는 것이 원칙이다. 다만, 농지와 주택의 경우에는 임대차 관계가 승계된다.

2) 당사자의 확인
   - 부동산의 소유자와 임대인이 일치하는 경우에는 문제가 없으나, 소유자의 가족이나 관리인이라고 자칭하는 사람과의 계약 시에는 주의하여야 한다.
   - 소유자 이외의 자와 계약 시에는 대리권이 있는지를 소유자에게 확인하여야 한다.
   - 대리권 없는 자와의 계약 시 소유자로부터 계약무효, 무단점유로 인한 부동산의 인도 청구 등을 받을 수 있으며 보증금 반환 시에도 곤란을 겪을 수 있다.
   - 임차부동산이 공유로 되어 있을 경우에는 공유지분 과반수를 가진 자와 계약을 해야 한다.

3) 토지 임대차 시 유의사항
   - 임대인은 토지 임대차의 목적을 분명히 하여야 한다. 특히 임대차가 건축을 위한 것이라면 건축물의 종류를 명시할 필요가 있다.
   - 임차인은 토지상의 규제사항을 확인하여 임차의 목적을 달성할 수 있는가를 사전에 확인하여야 한다. 가령 토지를 임차하여 건물을 지으려면 건축법이나 도시계획법 등에 제한사항이 없는가를 해당 관청에 미리 확인하여야 한다.

4) 농지 임대차 시 유의사항
   - 농지의 임대차에 대하여는 농지법으로 임대를 할 수 있는 농지, 임대인의 지위 승계, 묵시의 갱신 등이 법으로 정하여져 있으며, 특히 농지법에서 허용하는 경우 외에는 임대할 수 없으므로 농지법을 사전에 검토해야 한다.
   - 농지와 관련하여 가장 많이 일어나는 분쟁이 임대차의 기간(묵시적으로 갱신된 경우)과 소유자의 변경에 따른 새로운 소유자의 농지 인도 청구이다. 분쟁의 발생 시 농지법의 규정에 의해 해결하여야 할 것이나 계약서에 이를 명시하는 것도 불필요한 분쟁을 방지할 수 있는 방법이 된다.
   - 농지 임대차는 농지법상 서면으로 하는 것을 원칙으로 하며 농림부에서 작성한 농지 임대차 계약서가 각 행정기관에 비치되어 있다.

21. 윗글을 읽은 ○○농협의 조합원 A ~ D 중 적절한 의견을 제시한 조합원을 모두 고르면?

> A : 농지의 경우, 소유권자가 바뀌어도 임대차 관계가 승계되므로 새로운 소유자와의 임대차 관계가 성립된다.
> B : 임대차 계약 시 임대인이 소유자의 가족이라면 대리권 여부를 소유자에게 확인하지 않아도 무방하다.
> C : 토지 임대차 계약 시 임대인은 토지 임대차의 목적이 건축일 경우 토지 임대차의 목적만 제시하면 된다.
> D : 농지의 소유자 변경에 따른 새로운 인도 청구에 대한 내용을 계약 체결 시 계약서에 미리 명시하면 불필요한 분쟁을 방지할 수 있다.

① A, C
② A, D
③ B, C
④ B, D

22. 윗글을 바탕으로 할 때, 다음 조합원의 상황을 파악한 내용 중 적절하지 않은 것은?

> 조합원 A는 최근 토지 소유자의 딸이라고 자칭하는 사람과 토지임대차계약을 체결하였다. 계약 당시 가족관계증명서를 보여줬기 때문에, 소유자에게 대리권이 있는지를 확인하는 과정 없이 계약서를 작성하였다. 계약 체결 후 조합원 A가 해당 토지에서 농작물을 경작 중이었는데, 조합원 B가 소유자와 직접 해당 토지에 대한 임대차계약을 체결했다면서 조합원 A에게 해당 토지에서의 경작금지 요청을 해왔다. 조합원 A와 B는 서로의 임대차 계약서를 보였지만 모두 동일한 형태의 계약서였다.

① 조합원 A는 계약 당시 소유자 딸이라고 자칭한 사람이 제시한 가족관계증명서를 통해 소유주를 확인하였기 때문에 문제가 없다.
② 조합원 A는 계약 시 소유자에게 대리권이 있는지를 확인했어야 한다.
③ 조합원 B는 계약 당시 소유자와 직접 계약을 체결하였으므로 문제가 없다.
④ 만일 토지 소유자의 딸에게 실제로 대리권이 없었다면 조합원 B에게만 해당 토지를 경작할 수 있는 권리가 존재한다.

23. 다음은 ○○은행에서 조사한 딸기농장별 딸기 생산량 및 판매단가 자료이다. 20X2년 매출액이 전년 대비 가장 많이 늘어난 딸기농장에 포상 및 정책자금 대출 등의 혜택을 주려고 할 때, 혜택을 받을 수 있는 딸기농장은?

〈농장별 딸기 생산량 및 판매단가〉

(단위 : kg, 원/kg)

구분	20X1년		20X2년	
	생산량	판매단가	생산량	판매단가
A 농장	2,075	1,650	3,165	1,640
B 농장	2,072	1,640	3,084	1,635
C 농장	2,090	1,630	3,120	1,525
D 농장	2,500	1,625	3,550	1,630

※ 매출액=생산량×판매단가

① A 농장
② B 농장
③ C 농장
④ D 농장

24. a, b, c 세 자연수가 다음 조건을 만족시킬 때, a+b+c의 값은?

- a, b는 짝수, c는 소수이다.
- a>b>16, a+b=42
- a와 b의 최대공약수는 6이다.
- b와 c의 최소공배수는 126이다.

① 49
② 55
③ 61
④ 67

25. 어떤 상호금융사에서 외국자본 유치를 위한 국제 행사를 진행하기 위하여 아르바이트 직원을 채용하고자 한다. 총무팀, 홍보팀, 인사팀, 기획팀에서는 〈채용 조건〉에 따라 필요한 아르바이트 직원을 찾고 있다. 채용에 응모한 인원별 현황이 다음과 같을 때, 〈채용 조건〉을 갖춘 인원은 모두 몇 명인가?

〈응모 인원별 현황〉

이름	성별	나이	전공계열	전공학과	봉사기간	활동경험
A	남	27	사회	정치외교	-	안내
B	여	25	예체능	디자인	-	주방 보조
C	남	27	인문	중국어	4년	행사진행
D	여	27	자연	물리	-	-
E	남	24	공학	전자공학	2년 6개월	행사진행
F	남	22	공학	컴퓨터공학	2년	보안
G	여	26	사회	경영	1년 6개월	-
H	여	24	인문	국문	-	안내
I	남	28	공학	전기공학	3년	행사기획
J	여	22	사회	행정학	-	행사진행
K	남	30	인문	일본어	1년 6개월	보안
L	여	25	공학	화학공학	-	주방 보조

〈채용 조건〉

구분	나이	전공계열	봉사기간	활동경험	기타
총무팀	22세 이상	공학	무관	무관	여
홍보팀	24세 이상	인문	무관	안내 또는 보안 경험	-
인사팀	28세 이상	자연, 공학	3년 이상	행사기획	-
기획팀	24세 이상	무관	2년 이상	행사진행	-

① 3명 ② 4명
③ 5명 ④ 6명

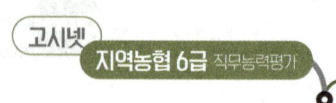

26. 다음 주장들이 논리적으로 합당하기 위해 필요한 전제를 〈보기〉에서 모두 고른 것은?

> 최근 학교 내부에서도 학원폭력의 강세가 심해지고 있다. 이에 경찰청은 대대적인 학교정화 운동의 일환으로 학원폭력을 행사하는 학생들을 색출하기 위해 막대한 경비와 인력을 투자하고 있다. 그러나 차라리 이를 학생들의 인성교육과 선생님들의 대응방법 교육에 투자하는 것이 바람직할 것이다.

보기

ㄱ. 학생들의 인성교육은 학교의 학원폭력에 대한 근절의 효과적인 방법이 된다.
ㄴ. 학생들의 묵인과 학교 측의 미온적인 대응이 학교에서의 학원폭력의 문화가 성행하게 되는 원인이 되었다.
ㄷ. 경찰청의 개입은 최선의 방안이었고 효과적이었다.
ㄹ. 학원폭력을 행사하는 아이들은 경찰을 무서워한다.

① ㄷ ② ㄹ ③ ㄱ, ㄴ ④ ㄴ, ㄷ

27. 다음은 ○○사 신입사원 채용의 각 전형별 점수 조정 방법과 신입사원 5명의 채점 결과를 정리한 표이다. 이를 바탕으로 서류, 필기, 면접 점수의 합이 100점 미만인 경우 최종 합격자가 될 수 없다고 할 때, 최종 합격자가 될 수 있는 지원자만 나열한 것은?

〈점수 조정 방법〉

구분	점수 반영 비율
서류전형	취득점수×0.2
필기전형	취득점수×0.4
면접전형	취득점수×0.6

〈신입사원 선발 채점표〉

구분	은화	정철	석규	태수	혜영
서류전형	90점	78점	80점	78점	80점
필기전형	81점	88점	83점	87점	90점
면접전형	89점	85점	90점	80점	79점

① 은화, 정철, 석규
② 은화, 정철, 태수
③ 은화, 석규, 혜영
④ 석규, 태수, 혜영

28. A 과장은 B 사원과 C 사원에게 자료 정리 업무를 맡기려고 한다. 해당 업무를 마치는 데 숙달된 B 사원은 2시간이 걸리고 C 사원은 6시간이 걸릴 때, 다음의 식을 참고하여 B 사원과 C 사원이 자료 정리 업무를 함께할 경우 마치는 데 걸리는 시간을 구하면?

$$\text{업무효율} = \frac{1}{\text{소요시간}}, \quad \text{소요시간} = \frac{1}{\text{업무효율}}$$

① 40분 ② 1시간 ③ 1시간 30분 ④ 2시간

29. 영농지원사업비 추가 집행을 위해 예비지원 대상 농가인 A ~ D 중 다음 기준에 따라 1개 농가를 추가 선정하여 사업비를 지원하고자 한다. 선정될 농가는?

추가 선정을 위해 판단할 항목은 경영능력, 보유설비, 보유인력이며, 다음 기준에 따라 항목별 점수의 합계가 가장 높은 1개 농가를 선정한다.

- 항목별 배점비율

경영능력	보유설비	보유인력
40%	40%	20%

- 보유설비

5.5 미만	5.5 ~ 6.4	6.5 ~ 7.4	7.5 ~ 8.4	8.5 ~ 9.4	9.5 이상
75점	80점	85점	90점	95점	100점

- 보유인력

하	중하	중	중상	상
80점	85점	90점	95점	100점

〈예비지원 대상 농가 정보〉

구분	경영능력	보유설비	보유인력
A	80점	7.6	중하
B	85점	6.9	중
C	80점	7.3	중
D	80점	8.0	중하

① A 농가 ② B 농가 ③ C 농가 ④ D 농가

30. ○○군에서 농사를 짓고 있는 A 씨의 재무상태가 다음과 같을 때, A 씨가 보유한 자산의 합은?

- 은행에 예금한 현금 : 30,000,000원
- 농기계 : 60,000,000원
- 친구에게 빌려준 돈 : 20,000,000원
- 토지 : 350,000,000원
- 건물 : 120,000,000원
- 토지를 구입하기 위해 농협에서 빌린 돈 : 150,000,000원

① 730,000,000원 ② 580,000,000원
③ 530,000,000원 ④ 460,000,000원

31. 외국계 은행에서 근무하는 A 사원이 두꺼운 파일 뭉치를 옮기려고 한다. 혼자 옮기기엔 너무 많은 양이라서 옆자리 직원에게 같이 옮겨 달라고 도움을 요청하고자 할 때, A 사원이 해야 할 말로 적절한 것은?

① Would you give me a hand to bring the files?
② How can I help you bring the files?
③ Why don't you bring the files instead of me?
④ Where do you want me to bring the files?

32. 다음은 C사 홍보팀에서 신입사원 교육을 위하여 만든 보고서 작성요령 안내문이다. 이를 검토한 홍보팀장의 지적사항으로 적절한 것은?

〈보고서 작성 시 유의사항〉

(가) 보고 목적에 적합한가?
- 수요자가 보고서를 읽고 나서 '왜 이런 보고를 한 것일까', '이 보고서의 목적은 무엇인가'라는 의문이 들어서는 안 됨.
- 보고서를 쓰기 전에 보고 목적과 주제에 대해 충분히 고민하고 필요한 경우 상급자와 논의하여야 함.

(나) 보고 내용이 정확한가?
- 이해관계와 선입견을 배제하고 객관적·중립적 입장에서 관련 사항을 확인해야 함.
- 불분명한 내용을 정확한 것처럼 포장하거나 거짓되게 작성한 보고서는 수요자의 판단을 흐리게 만들기 때문에 작성자는 이에 상응하는 책임을 져야 함.

(다) 보고서를 간결하게 정리했는가?
- 보고서에 너무 많은 내용을 담으려고 욕심부리지 않아야 함.
- 불필요한 미사여구, 수식어 사용은 피하고, '극히', '매우' 같은 부사의 남용을 자제해야 함.
- 단어를 지나치게 압축하거나, 조사를 너무 많이 생략해서 본래의 뜻이 왜곡돼서는 안 됨.
- 시제나 주어를 헷갈리게 하면 안 됨.
- 보고서 본문은 가급적 자세해야 하며, 보충 설명이 필요할 경우 이해의 맥이 끊어지지 않게 바로 이어서 필요사항을 충분히 기술하는 것이 좋음.

(라) 보고서를 이해하기 쉽게 썼는가?
- 훌륭한 보고서는 추가 설명을 하지 않아도 이해할 수 있게 작성된 것임.
- 전문용어, 어려운 한자, 불필요한 외래어 등은 지양해야 함.
- 보고서 중간에 사례 제시, 그래프나 그림의 삽입 등은 보고서를 풍성하게 함.

(마) 적절한 시점에 보고했는가?
- 아무리 가치 있는 정보와 좋은 내용도 때를 놓치면 훌륭한 보고서라고 할 수 없음.
- 사안의 성격, 수요자의 요구와 상황 등을 고려하여 최적의 시점을 선택해야 함.

① 보고서를 객관적으로 작성하면 안 되지. 작성자의 주관이 들어 있어야 하네.
② 간결한 보고서도 좋지만 가급적 많은 양의 내용을 담은 보고서가 더 좋은 거지.
③ 보고서는 핵심 사항 위주로 작성하고, 보충 설명은 첨부로 떼어 보완하는 걸세.
④ 격식 있는 보고서에 그래프나 그림을 함께 삽입하는 건 공식 문서로 적절하지 않네.

[33 ~ 34] 다음은 우리나라의 연도별 신용카드 실적과 관련된 자료이다. 이어지는 질문에 답하시오.

〈현금 이외의 지급수단별 결제금액〉

(단위 : 조 원, %)

구분		2021년	2022년		2023년	
			상반기	하반기	상반기	(작년 대비 증감률)
지급카드		2.1	2.2	2.2	2.3	(4.4)
	신용카드	1.7	1.7	1.7	1.8	(3.7)
	체크카드	0.4	0.5	0.5	0.5	(7.1)
어음·수표		21.6	20.6	20.6	20.6	(-0.1)
계좌이체		52.6	53.3	54.8	58.5	(9.8)
합계		76.3	76.1	77.6	81.4	(7.0)

〈지급카드 이용실적〉

(단위 : 십억 원, %)

구분		2021년	2022년				2023년	
			상반기	(증감률)	하반기	(증감률)	상반기	(증감률)
신용카드		1,677	1,762	(8.3)	1,757	(1.8)	1,827	(3.7)
	개인	1,207	1,302	(11.4)	1,358	(9.1)	1,410	(8.3)
	법인	471	461	(0.4)	399	(-17.2)	417	(-9.4)
체크카드		424	458	(13.4)	474	(7.0)	491	(7.1)
선불카드		2.2	2	(-19.1)	2	(7.7)	2	(12.4)
기타		0.9	1	(13.8)	1	(30.8)	1	(19.4)
합계		2,104	2,224	(9.3)	2,235	(2.8)	2,321	(4.4)

〈지급카드별 이용실적 비중〉

(단위 : %)

구분	2018년	2019년	2020년	2021년	2022년	2023년 상반기
신용카드	83.7	81.8	80.3	79.7	78.9	78.7
체크카드	16.1	18.0	19.5	20.1	20.9	21.1
기타	0.2	0.2	0.2	0.1	0.1	0.1
합계	100.0	100.0	100.0	100.0	100.0	100.0

33. 2021년도의 체크카드 사용액이 전년 대비 6% 상승하였을 경우, 2020년의 신용카드 사용액은?

① 약 1,588십억 원 ② 약 1,612십억 원
③ 약 1,647십억 원 ④ 약 1,682십억 원

34. 다음 〈보기〉의 의견 중 위 자료를 올바르게 이해한 것을 모두 고르면?

보기

(가) 2021 ~ 2023년 상반기까지 계좌이체 금액은 꾸준히 증가했군.
(나) 2023년 상반기에는 현금 이외의 결제수단을 사용하는 금액이 전반기 대비 약 3조 8천억 원이나 증가했어.
(다) 법인 신용카드 사용액은 줄고 있지만 개인 신용카드 사용액이 늘고 있어서 전체 신용카드 사용액은 해마다 늘고 있구나.

① (가) ② (가), (나)
③ (나), (다) ④ (가), (나), (다)

35. 다음은 농번기에 활용도가 높은 '외국인 계절근로자 프로그램'에 대한 설명이다. 이를 참고할 때, 외국인 계절근로자를 고용할 수 있는 경우는? (단, 언급되지 않은 사항은 모두 고용 요건에 부합하는 것으로 가정한다)

> - '외국인 계절근로자 프로그램'은 어떤 제도인가요?
>   - 파종기, 수확기 등 계절성이 있어 단기간에 집중적으로 일손이 필요한 농·어업 분야에서 합법적으로 외국인을 고용할 수 있는 제도
>   - 일손이 필요한 기간이 짧아 고용허가제를 통한 외국인 고용이 어려운 농·어업 분야에 최대 5개월간 계절근로자 고용을 허용
>   ※ 연중 상시 외국인 근로자가 필요한 축산 분야 등에는 외국인 고용허가제 시행 중
>
> - 계절근로자 도입 주체는 누구인가요?
>   - 계절근로자 도입을 희망하는 기초 지방자치단체장(시장, 군수)
>   - 배정심사협의회를 통해 지자체별로 배정된 계절근로자 전체 인원수의 범위 내에서 도입 가능, 배정심사협의회는 법무부가 주재하며, 고용노동부, 농림축산식품부, 해양수산부, 행정안전부로 구성된 배정심사협의회를 통해 지자체별 계절근로자 배정 규모 확정
>
> - 계절근로 프로그램에 참여 가능한 외국인은 누구인가요?
>   - 대한민국 지자체와 계절근로 관련 MOU를 체결한 외국 지자체의 주민
>   - 결혼이민자 본국의 가족 및 사촌 이내의 친척(그 배우자 포함)
>   - 계절근로 참여 요건을 갖춘 국내체류 외국인[문화예술(D-1), 유학(D-2), 어학연수(D-4), 구직(D-10), 방문(F-1), 동거(F-3) 체류자격 소지자]
>
> - 고용 가능한 인원은 몇 명인가요?
>   - 경작 면적 등 기준에 따라 고용주별 9명까지 고용 허용(지자체에서 정한 인센티브 기준에 따라 최대 3명 추가 허용 가능)
>
> - 어떤 절차를 거쳐 입국하나요?
>
> | Step 1 | Step 2 | Step 3 | Step 4 | Step 5 | Step 6 |
> |---|---|---|---|---|---|
> | 지자체 도입신청 | 출입국 사전심사 | 배정심사협의 및 확정 | 사증발급인정서 신청 및 발급 | 사증 신청 및 발급 | 입국 |

① 성수기 필요 인원 급증이 예상되어 5개월간 외국인을 고용하고자 하는 삼림 경영업체 대표 A 씨
② 배정심사협의회를 통해 소규모 지자체의 계절근로자 배정 규모가 15명으로 확정되었으며, 결혼이민자 본국의 가족 및 사촌 이내의 친척 15명을 모두 고용하고자 하는 어업인 B 씨
③ 해당 지자체와 계절근로 관련 MOU를 체결한 외국 지자체의 주민 K 씨가 F-1 사증으로 입국하였으며, 6개월간 K 씨를 계절근로자로 고용하려는 과수원 경영자 C 씨
④ 해당 프로그램에 따라 이미 7명의 외국인을 고용하고 있으며, 추가로 5명을 더 고용하고자 하는 어업인 D 씨

36. 효정, 승희, 지호, 유빈, 아린, 미현 여섯 명이 좌석 배치가 다음과 같은 승합차를 타고 여행을 떠난다. 〈조건〉에 따라 좌석을 정할 때, 효정의 자리는?

	정면	
운전석		조수석
좌석 1		좌석 2
좌석 3		좌석 4
좌석 5	좌석 6	좌석 7

창가 (좌측), 창가 (우측)

조건

- 승희, 지호, 미현 세 사람만 승합차를 운전할 수 있다.
- 아린은 멀미가 심하여 맨 앞자리에 앉는다.
- 승희는 지호의 바로 뒷자리에 앉는다.
- 미현은 창가 바로 옆자리에 앉지 않는다.
- 유빈이 앉은 자리와 붙어 있는 자리는 모두 비어 있다.
- 효정의 바로 뒷자리는 비어 있다.

① 좌석 2 ② 좌석 3
③ 좌석 4 ④ 좌석 5

[37 ~ 38] ○○기업에서 다음 자료를 참고하여 고객들을 대상으로 신사업 설명회를 진행하기 위한 준비를 하고자 한다. 이어지는 질문에 답하시오.

〈○○기업 신사업 설명회 준비 공지사항〉

▶ 고객 165명 참여, 진행자(사회자 1명, 담당 직원 2명) 포함 168부의 자료 인쇄
▶ 자료 한 부당 총합 내지 수 : 45장(A4사이즈 컬러 8장, 흑백 37장)
▶ 표지 1장 컬러 별도인쇄
▶ 사업 설명회 포스터 : 5장(B4사이즈 컬러 인쇄, 표지 인쇄로 진행)
※ 고객 자료는 컬러, 흑백 모두 포함해야 하며, 예상 견적 120만 원 이상 시 진행자 자료는 표지와 내지 모두 흑백으로 인쇄

〈◆◆출력업체 OFFSET 인쇄 견적표〉

• 제작 비용 계산 방식 : 내지 비용+표지 비용+제본비+CTP

구분	컬러 A4	흑백 A4	컬러 B4	흑백 B4
내지	장당 200원	장당 150원	장당 1,300원	장당 800원
표지	장당 350원	장당 200원	장당 1,500원	장당 1,000원
구분	150부 미만		150부 이상	
제본	70,000원		90,000원	
CTP	80,000원		110,000원	

37. 위 공지사항과 견적표에 따라 설명회 자료를 제작했을 때, 자료 제작에 필요한 비용은?

① 1,117,100원 ② 1,175,100원
③ 1,465,850원 ④ 1,478,050원

38. ○○기업에게 ▲▲출력업체가 다음과 같은 견적표를 보내왔을 때, ▲▲와 ◆◆출력업체 중 더 저렴한 출력업체와 그 금액의 차이로 옳은 것은?

〈▲▲출력업체 OFFSET 인쇄 견적표〉

- 제작 비용 계산 방식 : 내지 비용+표지비용+제본비+CTP
- 배송비 : 50만 원 이하 30,000원, 50만 원 초과 시 20,000원

구분	컬러 A4	흑백 A4	컬러 B4	흑백 B4
내지	장당 180원	장당 150원	장당 1,300원	장당 800원
표지	장당 370원	장당 160원	장당 1,450원	장당 1,000원
구분	150부 미만		150부 이상	
제본	70,000원		90,000원	
CTP	80,000원		110,000원	

① ▲▲출력업체, 4,530원　　② ◆◆출력업체, 3,470원
③ ▲▲출력업체, 3,470원　　④ ◆◆출력업체, 4,530원

[39 ~ 40] 다음은 농림축산식품부에서 제공한 청탁금지법에 대한 내용의 일부이다. 이어지는 질문에 답하시오.

<농림축산식품부 제공 청탁금지법 – 원재료비율 기준 확인 방법>

공직자에게는 사교, 의례목적으로 농수산물 등에 한해 10만 원 이하의 선물이 가능합니다.

1. 5만 원 이하의 선물
   - 농수산가공품의 농수산물 원재료 비중이 50%가 되지 않더라도 선물이 가능합니다.

2. 5만 원 초과 ~ 10만 원 이하의 선물
   (농수산물 또는 농수산물을 원재료로 50% 넘게 사용하여 가공한 농수산 가공품)
   - 식품 포장재에 표시되어 있는 원재료명과 함량을 확인하세요.
     제품명에 농산물 명칭(예 사과주스)이 사용된 경우, 제품의 정보표시면에 농산물 함량을 표기하게 되어 있으며, 제품명에 농산물 명칭이 사용되지 않더라도 많은 경우 정보표시면에 원재료명과 함량이 표시되어 있습니다.

   • 고형제품
     예시 1) 한과 성분표시 : 찹쌀 65%(국산), 생강 5%(국산), 멥쌀 20%(국산), 대두(국산), 쌀조청, 대두유(수입산), 자색고구마분말(국산), 단호박분말(국산)

   • 농축액 제품
     농축액 등을 사용한 경우 원상태로 환원한 비율이 적용됩니다.
     ⇒ 과즙 등을 농축한 과일음료 등의 제품은 과즙으로 환원한 비율을 적용합니다.
       (과즙을 5배 농축한 과즙(농축과즙)에 물을 희석해서 만든 1L 용량의 음료수의 경우 농축과즙이 11% 들어갔다면 원재료 비율은 55%로 인정)
     예시 2) 사과주스 성분표시 : 정제수, 사과농축과즙 25%(고형분함량 50%, 국산 : 사과즙으로 100%), 기타과당, 설탕, 사과퓨레 1%(국산), 혼합제제(카라기난, 로커스트콩검, 염화칼륨, 산도조절제, 포도당), 합성향료(사과향), 구연산, 비타민 C
     ⇒ 농산물로부터 직접 농축한 농축액 제품은 해당 농산물과 농축액의 수율을 적용하여 환산합니다.
       (수삼 6kg에서 홍삼 농축액 1L를 추출(6 : 1)한다면, 농축액 10%가 포함된 100mL 홍삼농축액 제품의 원재료 비율은 60%가 됨)
     예시 3) 홍삼농축액 성분표시 : 홍삼농축액(6년근, 고형분 64%, 진세노사이드 Rg1+Rb1+Rg3 5.5mg, 국산) 21%(원료삼배합비율 : 홍삼근 75%, 홍미삼 25%), 정제수, 아가베시럽, 프락토올리고당, 감초추출물(미국산), 생강시럽농축액(국산), 프로폴리스

   ※ 고형분 : 액상 제품의 수분을 모두 증발시켰을 때 남는 유효성분의 함량(%)

39. 다음 중 위의 청탁금지법-원재료비율 기준에 위배되지 않는 사람은?

① 김영원 : 저는 대구경북능금농협에서 사과농축과즙 10%(고형분함량 45%)로 성분표시가 되어있는 사과즙 선물세트를 5만 5천 원에 구입하여 구청장님께 선물하였습니다.
② 이소망 : 저는 강화인삼농협판매장에 가서 6년근 고형분 55%로 성분표시가 되어 있는 홍삼농축액 제품 홍삼진액 선물세트를 11만 9천 원에 구입하여 시청 직원분께 선물하였습니다.
③ 최우정 : 저는 농협몰에서 배(국내산 35%), 도라지(국내산, 발효약도라지 농축액 포함, 10%)로 만든 배도라지 농축액 선물세트를 4만 9천 원에 구입하여 강원도청 직원분께 선물하였습니다.
④ 박희망 : 저는 농협몰에서 비타민 C, 홍삼농축액 분말(진세노사이드 Rg1 및 Rg3의 합 1.5%, 원료삼배합비율 : 홍삼근류 70%, 미삼류 30%, 국산)로 성분표시가 되어 있는 홍삼비타민 선물세트를 6만 3천 원에 구입하여 구청 직원분께 선물하였습니다.

40. 농림축산식품부의 박경민 대리가 다음과 같은 문의 사항을 받았을 때, 답변의 내용으로 적절한 것은?

> 저는 농협○○에서 근무하는 최철영 대리입니다. 농협○○에서 공직자에게 선물이 가능한 홍삼 선물세트를 생산하고자 하는데, 현재 수삼 8kg에서 홍삼농축액 1.6L를 추출하여, 농축액 5%가 포함된 100mL 홍삼 농축 제품을 생산하고 있습니다. 현재의 생산 수준을 유지하면서 선물세트를 구성하여 판매하고자 합니다. 이 선물세트의 책정 가격은 7만 5천 원인데, 농림축산식품부에서 제공한 청탁금지법에 위배되지 않기 위해 생산과정 및 가격에서 수정해야 할 사항이 존재하는지 답변 부탁드립니다.

① 100mL당 농축액의 비율을 12%로 조정하고, 선물세트의 금액을 그대로 유지하면 될 것 같습니다.
② 홍삼농축액 추출 시에 투입하는 수삼의 양을 8kg에서 9.6kg으로 늘려서 추출하면 될 것 같습니다.
③ 100mL당 농축액의 비율을 8%로 높여 생산하면 될 것 같습니다.
④ 현재 선물세트의 예상 금액이 10만 원을 넘지 않아 농림축산식품부에서 제공한 청탁금지법-원재료비율 기준에 위배되지 않으므로 수정사항이 존재하지 않습니다.

41. 다음 중 밑줄 친 어휘의 한자 표기가 올바른 것은?

① 워크숍은 조직의 <u>단합(單合)</u>을 목적으로 하는 경우가 대부분이다.
② 그 말을 들으니 <u>실소(失消)</u>를 금할 길이 없다.
③ 오늘 <u>강연(講演)</u>의 주제는 즉석에서 선정하기로 하였다.
④ 그런 방식은 오히려 상대방의 <u>반발(反發)</u>만 부추길 뿐이다.

42. ○○농협 경영기획팀의 차예나 대리는 다음 표를 참고하여 친환경농수산물에 대한 개념을 정리하고 있다. 차예나 대리가 개념을 잘못 이해한 것은?

〈친환경농수산물의 개념〉

구분		개념
유기농수산물	유기농산물 (임산물 포함)	화학비료와 유기합성농약을 전혀 사용하지 않고 일정한 인증기준을 지켜 재배한 농산물
	유기축산물	100% 비식용유기가공품(유기사료)을 급여하고 일정한 인증기준을 지켜 사육한 축산물
	유기수산물	유기적인 방법으로 생산되거나 식용으로 어획된 수산물의 부산물 또는 식용이 가능한 수산물로 구성된 사료를 급여하고 일정한 인증기준을 지켜 양식된 수산물
무농약농수산물	무농약농산물	유기합성농약을 사용하지 않고 화학비료는 권장시비량의 3분의 1 이하를 사용하고 일정한 인증기준을 지켜 재배한 농산물
	무항생제축산물	항생제, 합성항균제, 성장촉진제, 호르몬제 등이 첨가되지 않은 사료를 급여하고 일정한 인증기준을 지켜 사육한 축산물
	무항생제수산물	항생제, 합성항균제, 성장촉진제. 호르몬제 등이 첨가되지 않은 사료를 급여하고 일정한 인증기준을 지켜 양식한 수산물
	활성처리제 비사용 수산물	유기산 등의 화학물질이나 활성처리제를 사용하지 않고 일정한 인증기준을 지켜 생산된 양식수산물(해조류)

① 수산물 분야에 있어 친환경농수산물은 유기수산물, 무항생제수산물, 활성처리제 비사용 수산물을 모두 포함한다.
② 유기합성농약을 사용하지 않더라도 화학비료를 일정량 이하로 사용하여 재배하면 무농약농산물이 아니다.
③ 유기농수산물은 유기농산물, 유기축산물, 유기수산물을 모두 포함하고, 친환경농수산물은 유기농수산물과 무농약농수산물로 구분할 수 있다.
④ 무항생제축산물로 인정받으려면 항생제, 합성항균제, 성장촉진제, 호르몬제 등을 첨가하지 않은 사료를 사용하고 일정한 인증기준을 지켜 사육해야 한다.

43. 다음은 연도별 귀농인과 귀촌인 현황을 나타낸 자료이다. 이에 대한 설명으로 적절하지 않은 것은?

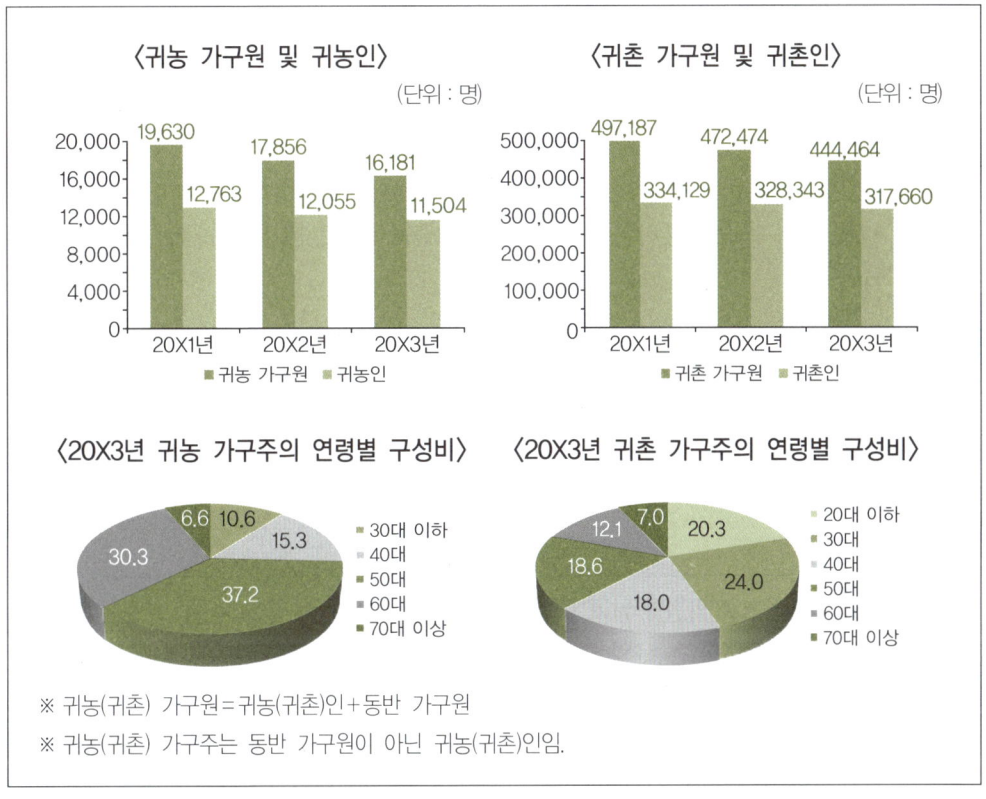

① 20X1년 대비 20X3년의 귀농인 감소율은 귀촌인 감소율보다 더 크다.
② 20X3년 귀농 가구주는 50대가, 귀촌 가구주는 30대가 가장 많다.
③ 20X3년 70대 이상 귀촌 가구주 수는 50대의 귀농 가구주 수보다 5배 이상 많다.
④ 전년 대비 귀농인과 귀촌인의 동반 가구원 수는 모두 20X2년보다 20X3년에 더 많이 감소하였다.

[44 ~ 45] 다음은 ○○은행의 가계대출 상품설명서 중 일부이다. 이어지는 질문에 답하시오.

- 연체이자율은 '대출이자율(약정이자율)+연체가산이자율'로 적용합니다.
  - 연체가산이자율은 연 3% 이내로 적용합니다(연체이자율은 최고 18%로 합니다).
- 연체이자(지연배상금)의 부담
  - 이자를 납입하기로 약정한 날에 납입하지 아니한 때
    - 이자를 납입하여야 할 날의 다음 날부터 1개월까지는 약정이자에 연체이자율이 적용되고, 1개월이 경과하면 기한이익 상실로 인하여 대출원금에 연체이자율을 곱한 연체이자를 부담합니다.
    - 연체이자 계산 방법

이자 연체 1~30일	$\dfrac{\text{지체된 약정이자} \times \text{연체이자율} \times \text{연체일수}}{365}$ … A
이자 연체 31일~	$\dfrac{\text{대출원금} \times \text{연체이자율} \times \text{첫 달 제외한 연체일수}}{365}$ … B
총합 연체이자(C) = A + B	

  - 원금을 상환하기로 약정한 날에 상환하지 아니한 때
    - 원금을 상환하여야 할 날의 다음 날부터는 대출원금에 대한 연체이자를 부담합니다.
  - 분할상환원리금을 상환하기로 한 날에 상환하지 아니한 때
    - 분할상환원리금을 상환하여야 할 날의 다음 날부터는 해당 분할상환원리금에 대한 연체이자를, 2회 이상 연속 지체한 때에는 대출원금 잔액에 대한 연체이자를 부담합니다.
    - 연체이자 계산 방법

이자 연체 1~30일	$\dfrac{\text{지체된 분할상환금 및 약정이자} \times \text{연체이자율} \times \text{연체일수}}{365}$ … A
이자 연체 31일~	$\dfrac{\text{대출원금} \times \text{연체이자율} \times \text{첫 달 제외한 연체일수}}{365}$ … B
총합 연체이자(C) = A + B	

※ 이자 미납 등으로 인하여 대출 잔액에 연체이율이 적용되었을 경우, 연체이자 전액을 납입하여야 대출 잔액에 대한 연체이율 적용이 중단되고 정상이율이 적용됨을 유의하시기 바랍니다.

44. ○○은행 B 직원은 비대면 대출 상담 서비스를 담당하고 있다. K 고객의 대출 정보가 다음과 같을 때, K 고객이 납부해야 하는 연체이자의 총합은 얼마인가? (단, 30÷365＝0.08로 계산한다)

〈K 고객 대출 정보〉
- 대출원금 : 120,000,000원(일억 이천만 원)
- 분할상환 : 월 1,000,000원(일백만 원)
- 약정이자율 : 연 5% / 연체가산이자율 : 연 3%
- 연체현황 : 분할상환금(1백만 원) 및 약정이자(50만 원) 미납

〈문의 내용〉
연체 발생 후 2개월(60일) 시점에 납부할 경우 총 얼마의 연체이자를 납부해야 하는지 궁금합니다.

① 678,000원
② 746,800원
③ 777,600원
④ 796,000원

45. ○○은행 B 사원은 P 고객으로부터 다음과 같은 문의를 받았다. 빈칸에 들어갈 B 사원의 답변으로 옳은 것은?

P 고객 : 이번 달 납부 예정액을 고지 받았는데 이자 금액이 기존 30만 원보다 다소 높아 문의 드립니다. 이율이 오른 건가요?
B 사원 : 확인한 결과 지난달 이자 연체이력이 있는 것으로 기록되어 있네요. 맞으신가요?
P 고객 : 네 맞습니다. 하지만 지난달에 납부일로부터 약 2주 뒤에 30만 원 전부 납입했어요.
B 사원 : (   )

① 한 번 대출 잔액에 연체이율이 적용되면 이후 상환기간 동안 연체이자율이 계속 적용됩니다.
② 그렇다면 고객님께서 가입하신 대출상품의 이율이 변동되었을 가능성이 있습니다. 가입하신 상품의 이율 변동 여부를 확인해 드리겠습니다.
③ 지난달 연체이자액이 아닌 약정이자액을 납부하신 것으로 확인되었습니다. 정상이율로 회복되기 위해서는 연체이자 전액을 납입하셔야 합니다.
④ 기한이익 상실로 인하여 약정이자가 아닌 대출원금에 연체이자율을 곱한 연체이자가 부과되었습니다.

[46 ~ 47] 다음은 농기계임대사업을 운영하는 ○○농협이 보유 중인 임대용 농기계와 그 유지비에 대한 자료이다. 이어지는 질문에 답하시오.

1. 임대용 농기계 정보

종류	트랙터	구입일	2020년 1월 1일
시장가격	50,000,000원	구입가격	45,000,000원
사용가능기간	10년	잔존가치	1,000,000원
사용연료	경유	시간당 연료소비량	10L
보험가입여부	농기계종합보험(정부 지원 대상) 기업		

2. 농기계종합보험

농기계종류	연식	보험요율	해당연도	보험료 (일시납입기준)
트랙터	4년 미만	0.6%	2020 ~ 2023년	150,000원
	4년 이상 8년 미만	0.7%	2024 ~ 2027년	175,000원
	8년 이상	0.8%	2028년 ~	200,000원

- 보험료=해당 농기계 시장가격×보험요율
- 농기계보험은 1년 단위로 가입 및 보험료를 납부하며, 분할 납부 시 연 이자율 10% 적용하여 가산함.
- 정부 지원 대상 보험 : 보험료의 50%를 지원

3. 농기계 유지비 계산방법
- 연간 농기계 유지비=연간 감가상각비+연간 농기계보험료+연간 연료비
  ※ 연간 농기계보험료는 정부 지원 적용 전의 금액을 기준으로 함.
- 연간 감가상각비=(농기계 구입가격−사용 가능 기간 종료 시의 잔존가치)÷사용가능기간

46. 농기계임대사업 담당자인 황 대리는 트랙터의 연간 유지비를 계산하여 이를 바탕으로 적절한 임대료를 책정하려고 한다. 주어진 자료와 다음 정보를 토대로 2024년 트랙터 유지비를 구한다면?

- 농업용 경유 가격 : 리터당 800원
- 연평균 사용시간 : 300시간
- 보험료는 일시납입

① 6,950,000원 ② 6,957,500원
③ 6,975,000원 ④ 7,150,000원

47. ○○농협은 신형 트랙터 구입을 계획하고 있어 기존 트랙터는 2026년 말에 처분하려고 한다. 적정 처분 가격은 최초 구입가격에서 그동안의 감가상각비 누계액(2026년 분 포함)을 차감하여 산정한다. 트랙터의 적정 처분 가격을 바르게 계산한 값은? (단, 감가상각비는 매년 말에 계산한다)

① 1,350만 원 ② 1,420만 원
③ 1,560만 원 ④ 1,780만 원

[48 ~ 49] ○○농협은 직무급의 부분적 도입을 검토하고 있어 인사담당자 이한별 과장은 관련 설명회에 참석하여 설명회 자료를 받았다. 다음은 자료 중 직무평가에 관한 부분이다. 이어지는 질문에 답하시오.

- 직무급 : '동일노동, 동일임금'의 원칙에 입각하여 직무의 중요성, 난이도 등에 따라 각 직무의 가치에 알맞은 임금을 지급하는 보수체계
- 직무평가 : 직무급을 도입하기 위한 기초 작업으로서 직무의 상대적 가치를 산정하는 과정
- 직무평가 기법

기법	내용
서열법	다른 직무와 비교하여 상대적 중요성에 따라 주관적으로 직무의 서열을 매기는 방법
분류법	평가하려는 직무를 사전에 규정된 등급 혹은 부류에 배정함으로써 직무를 평가하는 방법
점수법	직무를 구성하는 중요한 직무요소를 찾아 각 요소별로 등급화하여 점수를 부여하고 평가하려는 직무를 평가요소별로 적절한 등급을 찾아 점수를 부여하는 방법
요소비교법	기준직무를 선정하고 그 기준직무에 대해 지급되는 임금액을 각 평가요소에 배분한 다음 이를 기준으로 평가하고자 하는 직무의 평가요소를 비교하여 해당 직무의 보수액을 결정하는 방법

48. 다음 중 직무평가에 관한 설명으로 옳은 것은?

① 직무평가를 통하여 직무의 절대적 가치를 산출할 수 있다.
② 서열법은 서열 결정의 정확한 기준이 없어 계량적인 방법에 비해 정확한 평가가 어렵다.
③ 점수법은 직무 간 가치 순위를 정할 수 있으나 가치를 수치로 나타낼 수 없다.
④ 직무평가의 목적은 조직에 필요한 직무인지 여부를 평가하고 개선점을 찾아내는 것이다.

49. 이한별 과장은 설명회 내용을 바탕으로 요소비교법을 사용하여 직무 N의 직무급을 산정해 보았다. 다음 자료를 바탕으로 할 때, 직무 N의 가치에 합당한 임금은?

• 요소비교법 (단위 : 천 원)

기준직무	임금	평가요소				
		지식	숙련도	노력도	책임	직무환경
직무 A	4,190	990	500	800	1,210	690
직무 B	3,290	670	410	380	1,300	530
직무 C	2,800	500	750	1,050	200	300
직무 D	3,400	540	430	1,100	710	620

• 직무평가결과 : 직무 N의 지식요건은 직무 C와, 숙련도 및 책임은 직무 A와, 노력도는 직무 B와, 직무환경은 직무 D와 대등하다.

① 2,800천 원 ② 2,840천 원
③ 3,050천 원 ④ 3,210천 원

[50 ~ 51] S 공단은 불법 주차된 차량에 대한 견인 업무를 담당하고 있고, 다음은 이와 관련된 내부 규정이다. 이어지는 질문에 답하시오.

제2장 견인, 보관 및 반환

제4조(견인대상) 경찰 또는 부정주차 및 불법주차 단속원이 '견인대상차량' 표지를 부착하여 견인 지시한 차량을 견인한다.

제5조(의무) ① 업무에 따른 기본의무로 부정주차 및 불법주차 차량의 견인은 물론 구청장, 경찰서장이 요청한 차량에 대해서도 견인하여야 한다.
② 구청장이 필요한 지시를 한 경우 이를 준수하여야 한다.
③ 견인 중 또는 피견인 차량 보관 시 피견인 차량에 손해를 발생하게 하였을 경우 배상하여야 하고 손해배상을 위한 보험에 가입하여야 한다.

제6조(책임) 견인 중 또는 견인종료 후라도 견인과 관련하여 발생하였다고 볼 수 있는 피견인 차량의 손해에 대한 배상책임을 진다.

제7조(관리책임) 견인된 차량의 보관 및 반환업무는 피견인 차량 보관소 관리책임자가 관장하며, 관리책임자는 공사에서 별도 지정하여 운영할 수 있다.

제8조(접수) ① 피견인 차량 보관소에서 피견인 차량을 인수하는 때에는 견인차량의 운전자 또는 승무원에게 인수증을 교부하여야 한다.
② 전항의 인수증에는 차종, 견인장소, 인수시간, 인계자, 차량의 상태 등을 기록하여야 한다.

제9조(보관 및 반환) ① 견인된 차량은 보관소 내 보관 장소에 안전하게 보관하여야 한다.
② 견인된 차량의 소유자 또는 운전자가 차량의 반환을 요청한 때에는 견인료, 보관료 등을 징수한 후 반환하여야 한다.
③ 견인차량의 접수 및 반환을 위하여 필요한 인원을 24시간 상주시켜야 한다.

제10조(미반환 차량 조치) ① 24시간 이내에 반환되지 않은 차량은 해당 차의 사용자 또는 운전자에게 이를 등기우편으로 통지하여야 한다.
② 견인조치 후 1개월이 경과한 차량은 차량의 소유주에게 통보 후 강제처리(매각 및 폐차)할 수 있다.
③ 구청장의 요청에 의하여 차량 매각업무를 대행할 수 있다.
④ 차량매각이 불가한 경우에 한하여 구청장에게 폐차를 요청함과 동시에 제비용에 대한 납부 조치를 요청한다.

제11조(보관료 등) ① 견인된 차량은 접수대장에 등재된 시각부터 기산하여 소정의 금전 납부의무 이행이 완료될 때까지의 보관료를 징수하여야 한다.
② 보관료, 견인료의 징수기준은 시에서 제정한 정차·주차위반 차량 견인 등에 관한 조례의 정하는 바에 따른다.

제12조(수납) ① 견인료 등 제비용의 수납은 시중은행 또는 우체국에서 수납 대행하게 할 수 있다.
② 견인료, 보관료 등의 수납은 현금, 수표, 신용카드 등으로 징수하게 할 수 있다.
③ 수납된 현금 등은 은행통장에 입금 관리한다.

제13조(견인료 및 보관료 처리) 징수한 견인료 및 보관료 전액은 구청장이 지정한 은행계좌에 매월 말 기준으로 정산하여 익월 5일까지 월 1회 입금조치하여야 한다.

제14조(출입차량통제) 피견인 차량 보관소 출입문에 전담직원을 배치하여 견인된 차량의 출입상황을 통제하여야 한다.

50. 다음 중 위 규정에 대한 설명으로 바르지 않은 것은?

① 견인되는 차량 중에는 경찰이나 단속원이 견인대상차량으로 인식하지 않은 차량이 포함될 수도 있다.
② 불법 주차된 차량을 견인하는 과정에서 발생한 차량의 손해는 차량 소유주의 귀책사유가 아니다.
③ 견인된 차량을 업무 시간 이외의 시간에 반환 요청할 경우, 차량 운전자 또는 차량 소유주는 추가 보관료를 지급하여야 한다.
④ 견인조치 후 1개월이 경과된 차량을 강제처리할 경우, 폐차 전에 매각 가능 여부를 먼저 타진해 보게 된다.

51. S 공단의 견인 업무 담당 직원과 차량 소유주와의 다음 대화 중 위 내부 규정에 부합하지 않는 것은?

소유주	견인차량을 찾으러 왔습니다. 견인료, 보관료 등 납부해야 할 금액은 얼마인가요?
직원	① 오늘 오전에 견인된 차량이라 합계 금액이 많지는 않네요. 견인료와 보관료는 여기 적힌 구청장 지정 계좌로 다음 달 5일까지 납부하시면 됩니다.
소유주	안내문을 보니 구청장이 허가할 경우 견인차량이 폐차 조치될 수도 있는 것 같던데, 견인 업무를 구청에서 관장하고 있는 건가요?
직원	② 그렇지 않습니다. 견인 업무는 저희 S 공단이 구청으로부터 위탁을 받아 정해진 절차에 의해 진행되고 있습니다.
소유주	이건 분명히 계산이 잘못된 겁니다. 견인 시점은 오후 2시경이고 이곳에 보관된 건 그로부터 10분 정도가 지난 시점인데, 왜 보관료가 그곳에 주차한 시간부터 기산된 거죠?
직원	③ 말씀하신 대로 보관료는 저희 보관소 접수대장에 차량이 등재된 시각부터 기산되는 것이 맞습니다.
소유주	오전에 견인차량을 인수했던 사람입니다. 운전하다가 차가 좀 이상해서 혹시나 하고 CCTV를 확인해 봤더니 견인 중 차량에 무리가 가해진 사실이 있더군요. 인수증은 사실 차량 외관에 대한 이상 유무만 확인한 서류니까 이 경우는 공단에서 배상을 해 주셔야 할 것 같은데요.
직원	④ 제가 견인 담당자와 다시 한번 확인을 해 보겠습니다. 만일 견인 과정에서 그런 사실이 있었다면 저희 공단에서 배상해 드리도록 하지요.

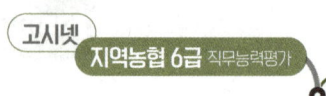

[52 ~ 53] 다음 자료를 보고 이어지는 질문에 답하시오.

〈연도별, 지역별 쌀 수출 현황〉

(단위 : 톤, 천 불)

구분	20X1년		20X2년		20X3년	
	중량	금액	중량	금액	중량	금액
총계	2,031	4,712	1,823	4,663	2,587	6,471
미국	492	1,263	495	1,274	869	2,185
호주	483	1,011	468	1,205	517	1,313
홍콩	111	294	39	139	178	547
싱가포르	155	280	181	345	204	424
캐나다	52	135	32	93	100	249
베트남	28	72	63	155	131	247
러시아	79	164	75	152	95	196
영국	25	79	24	76	67	173
일본	68	157	34	96	17	57
중국	27	82	4	12	13	55
기타	511	1,175	408	1,116	396	1,025

52. 다음 중 위의 자료에 대한 설명으로 옳은 것은?

① 총계 기준 20X1년 대비 20X3년의 쌀 수출 중량 증가율은 금액 증가율보다 낮다.
② 쌀 수출 중량과 금액이 조사 기간 동안 매년 증가한 국가는 2개이다.
③ 일본과 중국으로 수출된 쌀의 톤당 평균 금액은 조사 기간 동안 매년 증가하였다.
④ 기타를 제외한 10개국 중 쌀 수출 금액이 가장 적은 3개국은 조사 기간 동안 매년 동일하다.

53. 다음 중 연도별 쌀 수출 금액 상위 3개국의 쌀 수출 중량 합계를 그래프로 바르게 나타낸 것은? (단, 모든 그래프의 단위는 '톤'이다)

①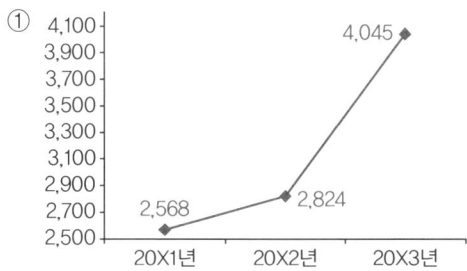

②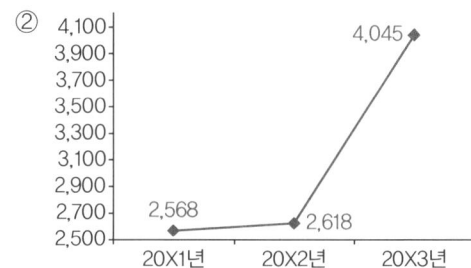

③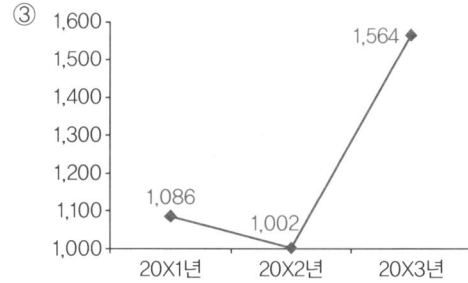

④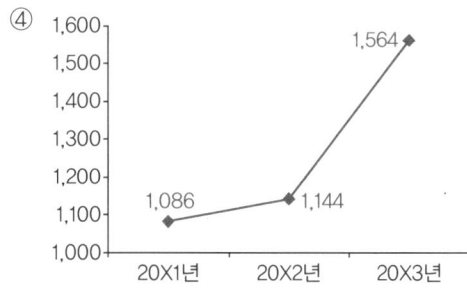

[54~55] 다음은 농약 등의 안전사용기준 개정 내용 일부이다. 이어지는 질문에 답하시오.

<농약 등의 안전사용기준 일부 개정>

1. 개정 이유
   농업인의 농약 오남용을 방지하고 국민 먹을거리인 농산물의 안전 생산을 위하여 식용작물에 사용하는 작물잔류성 농약의 안전사용기준을 설정하고자 함.

2. 주요 내용
   가. 새롭게 등록된 농약의 안전사용기준을 신규 설정 : 고추, 복숭아, 감 등
   나. 이미 등록된 농약 중 작물별 안전사용기준을 추가 설정 : 복숭아, 포도, 고추 등
   다. 이미 등록된 농약 중 작물별 안전사용기준을 변경 설정 : 사과, 포도, 호박 등

3. 농약 등의 사용 시기 및 사용가능 횟수
   • 신규 설정

번호	품목명	작물	사용시기 (~ 까지)	횟수 (~ 이내)
1	델타메트린 유탁제	고추	수확 5일 전	3회
2	아바멕틴 · 에바멕틴벤조에이트 미탁제	고추	수확 2일 전	2회
3	아세타미프리드 · 피리프록시펜 분산성액제	복숭아	수확 14일 전	3회
4	아족시스트로빈 · 옥사티아피프롤린 액상수화제	감	수확 14일 전	3회
5	펜티오피라드 · 트리플록시스트로빈 액상수화제	복숭아	수확 14일 전	4회
6	플룩사피록사드 과립훈연제	감	수확 2일 전	3회
7	플룩사피록사드 과립훈연제	고추	수확 2일 전	3회

   • 추가 설정

번호	품목명	작물	사용시기 (~ 까지)	횟수 (~ 이내)
1	가스가마이신 · 폴리옥신디 입상수화제	복숭아	수확 14일 전	3회
2	델파메트린 · 메톡시페노자이드 액상수화제	포도	수확 14일 전	2회
3	디메토모르프 수화제	복숭아	수확 21일 전	2회
4	디메토모르프 · 피카뷰트라족스 액상수화제	고추	수확 3일 전	2회
5	디메틸디설파이드 유제	포도	정식 4주 전	1회

• 변경 설정

번호	품목명	작물	현행		변경	
			사용시기 (~ 까지)	횟수 (~ 이내)	사용시기 (~ 까지)	횟수 (~ 이내)
1	캡탄 · 폴리옥신비 수화제	사과	수확 7일 전	5회	수확 21일 전	4회
2	테부코나졸 유탁제	포도	수확 30일 전	3회	수확 14일 전	3회
3	람다사이할로트린 · 설폭사플로르 액제	호박	수확 3일 전	2회	수확 5일 전	2회

54. 다음 중 위 개정 내용에 대한 설명으로 옳지 않은 것은?

① 플룩사피록사드 과립훈연제는 신규로 설정된 농약의 이름이다.
② 복숭아에는 수확 14일 전 디메토모르프 수화제를 살포해서는 안 된다.
③ 포도에는 디메틸디설파이드 유제를 단 1회만 사용하여야 한다.
④ 사과에 살포되는 캡탄 · 폴리옥신비 수화제는 허용 기준이 완화되었다.

55. Y 씨는 다음과 같이 해당 작물에 농약을 살포하였다. 개정된 안전사용기준에 적합하게 살포한 것은?

	농약	작물	사용시기	횟수
①	가스가마이신 입상수화제	복숭아	수확 20일 전	3회차
②	트리플록시스트로빈 액상수화제	복숭아	수확 1주일 전	4회차
③	설폭사플로르 액제	호박	수확 3일 전	2회차
④	피카뷰트라족스 액상수화제	포도	정식 4주 전	1회차

56. ○○농협 총무관리팀에 근무하고 있는 김유신 사원은 202X년 후반기에 회사 각 팀에서 사용할 복합프린터기 12개를 교체하려고 한다. 구매 프린터에 대한 부서 요구 조건이 다음과 같을 때, 조건을 충족하는 개수를 기준으로 설정한 구매 우선 순위대로 기종을 적절하게 나열한 것은? (단, 선정 시 고려 요인별 가중치는 동일하다)

구분	M 복합프린터	G 복합프린터	J 복합프린터
제조사	한국 A사	일본 B사	미국 C사
가격	220,000원	240,000원	260,000원
인쇄속도	흑백 32ppm 컬러 26ppm	흑백 28ppm 컬러 20ppm	흑백 26ppm 컬러 22ppm
주요특징	• 인쇄해상도 : 최대 4,800×1,200dpi • 소비전력 절약 모드 지원 • 복사속도 : 흑백 10cpm, 컬러 5cpm • 크기 : 460×420×150mm • 무선연결 : WiFi 802.11n • 무게 : 7.20kg • 기울기 자동 보정 • AS 2년 보장	• 인쇄해상도 : 최대 4,800×1,500dpi • 복사속도 : 흑백 15cpm, 컬러 7cpm • 크기 : 430×400×150mm • 이중급지 방지 처리 • 무게 : 6.82kg • 무선연결 : WiFi 750.11n • 기울기 자동 보정 • AS 1년 보장	• 인쇄해상도 : 최대 4,500×1,200dpi • 양면 인쇄 가능 • 타제품보다 전력 소모 60% 절감 • 복사속도 : 흑백 8cpm, 컬러 5cpm • 크기 470×420×160mm • 무게 : 7.50kg • 무선연결 : WiFi 850.11n • AS 1년 보장

〈부서 요구 조건〉

• 인쇄해상도 : 최대 4,700×1,200dpi 이상
• 복사속도 : 흑백 10cpm, 컬러 5cpm 이상
• 무선연결 : WiFi 802.11n 이상
• 예산 : 2,900,000원까지 가능
• 인쇄속도 : 흑백 22ppm/컬러 21ppm 이상
• 크기 : 454×410×156mm 이하
• 기울기 자동 보정 기능
• AS 2년 이상 보장

① G-J-M
② G-M-J
③ M-G-J
④ M-J-G

57. 다음은 고령층의 연금 수령 여부를 조사한 자료이다. 이에 대한 설명으로 옳지 않은 것은?

(단위 : 천 명)

구분		20X0년			20X1년		
		전체	남성	여성	전체	남성	여성
고령층 인구		10,512	4,899	5,613	10,917	5,098	5,819
연금수령자		4,812	2,505	2,307	5,115	2,646	2,469
월평균 연금 수령액	10만 원 미만	2,088	642	1,446	1,860	580	1,280
	10만 원 이상 ~ 25만 원 미만	1,134	634	500	1,398	657	741
	25만 원 이상 ~ 50만 원 미만	760	532	228	926	634	292
	50만 원 이상 ~ 100만 원 미만	353	309	44	419	369	50
	100만 원 이상 ~ 150만 원 미만	130	88	42	156	106	50
	150만 원 이상	347	300	47	356	300	56
평균 수령액(만 원)		37	54	20	38	55	21

① 연금을 150만 원 이상 수령하는 고령층 인구에서 여성이 차지하는 비율은 20X1년에 전년 대비 증가하였다.
② 남성과 여성 모두 고령층 인구, 연금수령자, 평균 수령액이 20X0년 대비 20X1년에 증가하였다.
③ 20X0년에 연금을 수령한 고령층의 여성 인구 중 월평균 25만 원 미만을 수령한 인구는 80% 이상이다.
④ 20X0년 고령층 전체의 연금수령자 중 평균 수령액 이상을 받는 사람은 120만 명 이상이다.

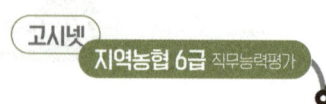

58. 총무팀에서는 필요한 물품을 구매하기 위해 다음과 같이 세 업체로부터 견적을 받아 정리하였다. 가장 저렴한 가격으로 필요 물품을 구매할 경우의 구매 업체와 그 가격을 바르게 나열한 것은? (단, 만 원 단위 아래는 버린다)

〈필요 물품 및 업체별 견적 내역〉

공급처	물품	세트당 수량(개)	세트 가격(만 원)
A 업체	P 물품	100	85
	Q 물품	60	27
B 업체	P 물품	110	90
	Q 물품	80	35
C 업체	P 물품	90	80
	Q 물품	130	60

※ 총무팀에서는 두 물품을 동일한 하나의 업체로부터 구매하고자 하며, 세 업체 모두 물품별 세트로만 판매한다.
※ 두 물품의 필요 수량은 최소한 각각 400개씩이다.

〈업체별 할인 내역〉

A 업체	Q 물품 170만 원 이상 구매 시 총구매가의 5% 할인
B 업체	P 물품 350만 원 이상 구매 시 총구매가의 5% 할인
C 업체	P 물품 350만 원 이상 구매 시 총구매가의 20% 할인

① A 업체, 500만 원
② A 업체, 502만 원
③ B 업체, 508만 원
④ C 업체, 505만 원

59. 다음은 어떤 제도에 대한 설명인가?

( ) 제도는 소득 불평등 심화, 고령화 등으로 경제적 취약계층이 확대되고 영양섭취수준과 식습관 악화로 건강 위협이 심화됨에 따라 미래에 부담해야 하는 의료비 등 늘어나는 사회적 비용의 감소를 위해, 경제적 취약계층대상 영양보충 지원정책의 일환으로 도입하였다. 또한 이 제도를 통해 취약계층의 영양, 건강이 개선되고 식품 접근성이 강화되는 등 먹거리 정의(Food Justice) 실현으로 사회적 가치를 제공할 수 있을 것으로 기대된다.

① 농식품바우처
② 로컬푸드
③ 푸드마일리지
④ 푸드뱅크

60. ○○농협에 근무 중인 김사랑 계장은 11월에 예정된 미국 출장을 다녀오기 위해 호텔을 예약하였다. 다음 호텔 예약 확인서의 내용으로 적절하지 않은 것은?

HOTEL VOUCHER

• Booking Reservation NO. : 20241026-12345678

Hotel : World Center Hotel
　　　 144 Washington Street, New York City, NY 10006-1030
Check-in / Out Date : 01-Nov-2024 ~ 07-Nov-2024(6 Nights)
Room Type : Double room Queen bed - Executive - City View
Total Pax : Adult 1 Child 0
Guest Name : Sa Rang Kim
Tax / Service Charge : Inclusive
Meal(Breakfast) : Not Included
Guest Request : None

◇ If you have any question about reservation, please contact us.
　(☎+1-212-371-40000, guest-admin@WorldCenterHotel.com)
◇ You can check-in from 2 p.m. / You have to check-out until 10 a.m.
◇ Additional charge will apply if there are more than 2 people.
◇ Refund regulations are as follows :
　- Cancel reservation 10 days before check-in : A full refund including all fees.
　- Cancel reservation 10 days to 2 days before check-in : 70% commission generated.
　- Cancel reservation on check-in date : 100% commission generated.

---

① 조식 서비스는 포함되어 있지 않다.
② 2명을 초과하여 투숙할 경우 추가 비용이 발생할 수 있다.
③ 체크인 시간은 오후 2시이고, 체크아웃 시간은 오전 10시로 표기되어 있다.
④ 체크인 당일 기준으로 2일 전부터 10일 전까지 예약을 취소할 경우에는 70%의 금액만을 환불 받을 수 있다.

제2회 기출예상문제

지역농협 6급
70분 | 60문항

정답과 해설 50쪽

01. 다음 문맥상 빈칸에 들어갈 적절한 단어는?

> 모든 사람들이 이기적 타산을 (   )한다면 보다 살기 좋은 세계가 될 것을 확신한다.

① 지양　　　　　　　　② 선구
③ 지향　　　　　　　　④ 염원

02. 다음 문맥상 빈칸에 들어갈 적절한 단어는?

> 김 대리는 이번 프로젝트에 대한 보고서를 제출하고 (   )을/를 기다리는 중이다.

① 결제　　　　　　　　② 계발
③ 개발　　　　　　　　④ 결재

03. 다음 중 밑줄 친 단어의 의미가 나머지와 다른 것은?

① 그는 <u>효천</u>이 되면 다시 돌아오겠다고 약속하였다.
② <u>새벽녘</u>에야 간신히 잠이 들었다.
③ <u>잔야</u>부터 비가 내리기 시작했다.
④ 해당 사건은 <u>상오</u> 10시경에 발생했다.

04. 다음 중 밑줄 친 단어의 뜻으로 적절하지 않은 것은?

① 아이가 창호지 문을 뜨더귀로 만들어 놓았다. → 조각
② 그로 하여금 십 년이 넘도록 고절을 지키게 한 사상은 도대체 무엇일까? → 가문
③ 두 의견 사이에는 크나큰 간극이 존재한다. → 차이
④ 신인 작가가 억척스러운 아주머니 상을 그려 내는 시각이 미쁘다. → 믿음직하다

05. 다음의 밑줄 친 단어와 같은 의미로 사용된 것은?

> 부모님은 그때 보릿고개를 넘어가기 위해 다른 생각을 할 겨를이 없으셨습니다.

① 노래가 구성지게 넘어가는 것을 듣고 있자니 기분이 좋아졌다.
② 부엌에서 풍기는 냄새를 맡으니 침이 목구멍으로 넘어갔다.
③ 걱정했던 전시회가 잘 넘어갔다는 생각에 드디어 잠을 잘 수 있었다.
④ 기한이 넘어가 버린 탓에 제출할 수 없다는 안내를 받았다.

06. 다음 제시된 문장의 밑줄 친 단어와 바꿔 쓸 수 없는 것은?

> 더 이상 그의 말을 수긍(首肯)하지 않을 수 없는 상황에 이르렀다.

① 인정(認定)
② 수용(受容)
③ 수락(受諾)
④ 용인(容認)

07. 다음 밑줄 친 어휘 중 맞춤법에 맞게 쓰인 것은?

① 지금까지 모은 돈을 <u>통털어</u> 보면 이천만 원쯤 된다.
② 이번엔 <u>어물쩡</u> 넘어가려 하지 말아야 한다.
③ 아침을 <u>치르고</u> 학교에 갔다.
④ 가스 밸브를 <u>잠궈서</u> 안심이 된다.

08. 다음 중 밑줄 친 부분의 띄어쓰기가 바르게 적용된 것은?

① 영수가 그런 옷을 <u>입고온</u> 적은 한 번도 없다.
② 케이크를 가장 먼저 <u>가져 간</u> 사람이 누구냐?
③ 그를 <u>만난 지</u> 벌써 한 달이라는 시간이 지났다.
④ 그녀는 얼굴이 <u>예쁜데다가</u> 마음씨도 곱다.

09. 다음 밑줄 친 ㉠~㉣ 중 맞춤법에 어긋난 단어가 포함된 문장은?

㉠<u>마음이 허락하지 않으면 움직이지 말고 가만히 있어야 합니다.</u> ㉡<u>투기는 하지 말아야 합니다.</u> 번잡한 주변을 깨끗이 정리하는 시기입니다. 친구가 갑자기 적으로 돌변하여 당신을 공격할 수 있는 시기입니다. 새로운 일은 피하는 것이 좋겠습니다. ㉢<u>친구 간 의리는 반드시 지켜야 합니다.</u> 한 우물을 끝까지 파야 성공합니다. ㉣<u>필요 없는 집착은 버리기 바랍니다.</u> 성공의 길로 가기 위해서는 의지가 강해야 할 것입니다.

① ㉠
② ㉡
③ ㉢
④ ㉣

10. 다음 글의 빈칸 ㉠, ㉡에 공통으로 들어갈 접속어로 알맞은 것은?

> 농작물을 재배하고, 아파트를 건설하고, 음악을 연주하는 생산활동은 우리가 원하는 상품을 새로 만드는 것이기 때문에 가치 있는 일로 여겨지고 있다. 이러한 생산활동에 비해서 교환활동은 어떤 것을 새로 만들어 내는 일이 아니기 때문에 가치 있는 일로 인정받지 못하는 경향이 있다. (㉠) 교환도 생산 못지않게 우리에게 필요한 가치를 만들어 낸다. 어떤 것을 다른 것과 바꾸는 교환활동은 새로운 상품을 만들어 내지 않기 때문에 교환 당사자들 중에 어느 한 사람이 이익을 보면 다른 쪽이 손실을 보는 것으로 생각하기 쉽다. (㉡) 사람들이 교환활동을 자발적으로 하고 있다는 것만 생각해 보아도 이러한 생각이 잘못되었다는 것을 금방 알 수 있다. 즉, 상품을 사는 사람이나 파는 사람 어느 한쪽이라도 교환을 통해서 이익이 될 것이라고 생각하지 않는다면 자발적인 교환이 성립하지 않을 것이기 때문이다.

① 그리고 ② 또한
③ 따라서 ④ 그러나

11. 다음 글의 내용과 관련된 사자성어로 적절한 것은?

> 춘추시대 초나라의 명재상 손숙오는 어린 시절 밖에서 놀다가 머리가 둘 달린 뱀을 보고 죽인 후 땅에 묻어 버렸다. 그러고 나서 집에 돌아와 밥을 먹지 못하고 전전긍긍하고 있었다. 그의 어머니가 이상히 여겨 까닭을 물으니, 손숙오가 울면서 "저는 머리가 둘 달린 뱀을 본 사람은 죽는다고 들었습니다. 제가 방금 그런 뱀을 보았습니다. 머지않아 저는 죽을 것 같습니다."라고 하였다. 그 말을 들은 어머니가 다시 물어보았다. "그래, 그 뱀은 지금 어디에 있단 말이냐?" 손숙오가 대답하길 "그 뱀을 본 사람은 죽게 되므로 다른 사람이 보지 못하도록 죽여서 땅에 묻었습니다."라고 말하였다. 아들의 말을 다 들은 어머니는 "남모르게 덕행을 쌓은 사람은 그 보답을 받는다고 들었다. 네가 뱀을 죽인 것 또한 다른 사람을 위한 배려였으므로 너는 그 보답으로 죽지 않을 것이며 숨은 행실이 있는 사람은 반드시 명성을 얻게 된다."라고 말하였다.

① 음덕양보(陰德陽報) ② 해의추식(解衣推食)
③ 오풍십우(五風十雨) ④ 사필귀정(事必歸正)

12. 다음 글의 빈칸에 들어갈 접속어로 알맞은 것은?

> 조조는 특별히 인재를 중시했다. 그는 능력 위주로 인재를 뽑고 재질에 따라 벼슬을 맡겼다. 그리고 항상 인자한 자는 인자함을, 총명한 자는 총명함을 쓰게 하고 무신은 용기를, 문신은 지혜를 다하게 했다. 이렇게 인재를 능숙하게 부리며 남의 의견도 잘 받아들여 그야말로 사람의 장점을 최대한 활용했다. 조조 밑에는 장수와 모사가 구름처럼 많았다. 성미가 불같고 죽음을 초개처럼 여기는 전위(典韋), 방덕(龐德) 등은 전투가 있을 때마다 조조의 부름을 받아 무기를 들고 선봉에 섰다. 또한 지혜와 용기, 문과 무를 겸비한 조인(曹仁) 등은 중요한 자리에 뽑혀 군대를 통솔하며 단단히 한 몫을 담당했다. 조조는 담력과 식견이 모자라고 우유부단한 사람도 그냥 버려두지 않았다. 사람마다 대책을 마련해 적당한 상관 밑에서 역할을 맡게 했다. 조조는 한 가지 장기만 있으면 절대로 사람을 놓치지 않았다. 그리고 인재가 투항하면 진심으로 환영하고 왜 일찍 만나지 못했을까 탄식했다. 관도(官渡) 전투에서 허유(許攸)가 원소(袁紹)를 버리고 투항해 왔을 때, 그를 맞으러 신발도 못 신고 뛰어나온 것이 전형적인 예이다. 인재를 만나면 적시에 방책을 자문하고 건의를 경청하며 경의의 뜻을 표했다. 그는 자신에게 반대한 적이 있는 사람에게도 너그러운 마음으로 중책을 맡기곤 했다. (   ) 진림(陳琳)은 한때 원소를 위해 조조 토벌의 격문을 기초하면서 조조의 갖가지 '죄악'을 들추고 그의 조상까지 헐뜯은 적이 있었다. 그러나 조조는 원소를 격파하고 진림을 사로잡았을 때, 그의 재능이 아까워 그를 죽이지 않았을 뿐더러 중요한 자리에 기용했다. 조조는 성실한 태도로 인재를 흠모하고 인재를 환영하고 인재를 포용하고 인재를 활용하고 인재에게 관심을 쏟았다. 그 인재들은 결국 그가 천하의 한 부분을 제패하는 데 든든한 밑거름이 되었다.

① 하지만 ② 그리고
③ 연즉 ④ 예를 들어

13. 다음의 문장 (가) ~ (마)를 문맥에 맞게 순서대로 나열한 것은?

> 4차 산업혁명으로 인해 문화예술분야를 포함한 모든 영역에서 기존의 개념을 파괴하는 패러다임의 변화가 일어나면서 삶의 방식과 사회구조가 근본적으로 바뀔 것으로 예상된다.
> (가) 특히, 이러한 문화적 측면에서의 기술들 중 문화예술시장에 큰 변화를 줄 핵심기술은 인공지능과 가상/증강현실, 사물인터넷으로 예상된다.
> (나) 이러한 기술과 문화의 융합은 문화가 주는 미적·감성적 체험의 양태나 문화상품 및 서비스의 구조, 문화 분야 직업 등 다양한 방면에 적지 않은 변화를 가져올 것이다.
> (다) 반면 4차 산업혁명은 디지털을 기반으로 하면서 지혜와 창조를 핵심자산으로 인공지능(AI), 로봇, 가상/증강현실 등의 기술을 활용하는 지능기반사회로 볼 수 있다.
> (라) 예를 들면 개인의 신용카드 사용내역을 빅데이터로 분석해 문화예술 소비나 마케팅에 활용하는 사례가 증가하고 있는 것이다.
> (마) 3차 산업혁명은 정보화를 기반으로 하면서 정보와 지식을 핵심자산으로 컴퓨터, 인터넷 모바일 등의 기술을 활용하는 지식기반사회였다.

① (가)-(나)-(라)-(마)-(다)
② (다)-(라)-(나)-(마)-(가)
③ (마)-(가)-(나)-(라)-(다)
④ (마)-(다)-(가)-(라)-(나)

14. 다음 대화 내용 중 밑줄 친 부분이 내포하고 있는 의미로 적절한 것은?

> A 은행원 : 고객님, 가입하신 적금 상품의 만기가 되어 연락드렸습니다.
> B 고객 : 만기금액을 새로운 적금 상품에 다시 예금하고 싶습니다.
> A 은행원 : <u>이번에 금리가 2.3%인 농업인을 위한 적금 상품은 어떠세요?</u>

① 제안
② 동의
③ 질의
④ 거절

15. 다음 글의 빈칸에 공통적으로 들어갈 말로 가장 적절한 것은?

> 농협 하나로마트는 농산물의 유통 (　　)를 위하여 설치·운영되는 소매조직이다. 1990년대 대도시를 중심으로 일반 대형 유통업체가 급속히 늘어나고, 외국의 신유통 업태가 유통시장의 개방과 함께 물밀듯이 밀어닥치고 있는데 반해, 농산물의 소매단계 유통형태는 아직도 전근대적이고 영세성을 면치 못하고 있었다. 이에 따라 소비지 유통을 강화하기 위한 일환으로 도시지역에 농산물 위주의 대형 하나로마트 증설을 서두르고 있고, 농산물의 소매 유통형태도 소량, 소포장된 신선농산물을 산지와 직거래할 수 있도록 추진하고 있다. 뿐만 아니라 농협 하나로마트는 산지와의 직거래를 통해 유통비용을 절감시켜 생산농가에 수취가격을 높여주고 소비자에게는 저렴하게 신선한 농산물을 공급한다. 또한 농산물에 대한 소비자의 기호도와 구매동향을 파악하여 산지에 소비자 정보를 제공함으로써 영농의 (　　)를 도모한다. 또한 농협의 판매사업을 능률적으로 처리하고 농산물 물류센터의 기반 조직으로 농산물 직거래 확대를 가능하게 함으로써 물류센터의 조기 정착화를 도모하고 있다.

① 조직화　　② 현실화
③ 다각화　　④ 효율화

16. ○○농협의 황 대리는 새로 입사한 윤 사원을 위해 특정 종류의 문서 작성 시 주의사항을 정리하고 있다. 다음 ㉠에 들어갈 내용으로 적절한 것은?

> - 육하원칙(누가, 언제, 어디서, 무엇을, 어떻게, 왜)에 따른 내용이 분명히 드러나도록 작성한다.
> - 날짜는 연도와 월일을 반드시 함께 기입하며, 날짜 다음에 괄호를 사용할 경우에는 마침표를 찍지 않는다.
> - 내용이 복잡할 경우 '-다음-' 또는 '-아래-'와 같은 항목을 만들어 구분한다.
> - 대외문서이고, 장기간 보관되는 문서이므로 명확하게 기술한다.
> - (　　　　　㉠　　　　　)

① 마지막엔 반드시 '끝'자로 마무리한다.
② 진행과정에 대한 핵심내용을 구체적으로 제시하여 작성한다.
③ 소비자들이 이해하기 어려운 전문용어는 가급적 사용하지 않는다.
④ 효과적으로 상대를 설득하기 위해 상대의 요구사항을 고려하여 작성한다.

17. 다음 글을 읽고 알 수 있는 내용으로 적절하지 않은 것은?

> 인공지능이란 인간처럼 사고하고 감지하고 행동하도록 설계된 일련의 알고리즘으로, 컴퓨터와 함께 발전해 왔다. 생각하는 컴퓨터를 처음 고안해 낸 사람은 현대 컴퓨터의 원형을 제시한 인물로 컴퓨터의 아버지라 불리는 앨런 튜링이다. 그는 최초의 컴퓨터라 평가받는 에니악(ENIAC)이 등장하기 이전(1936)에 튜링 머신이라는 가상의 컴퓨터를 제시했다. 가상으로 컴퓨터라는 기계를 상상하던 시점부터 튜링은 인공지능을 생각한 것이다.
>
> 2016년에 이세돌 9단과 알파고의 바둑 대결이 화제가 됐지만, 그는 1940년대부터 체스를 두는 기계를 생각하고 있었다. 흥미로운 점은 튜링이 생각한 '체스 기계'는 경우의 수를 빠르게 계산하는 방식의 기계가 아니라 스스로 체스 두는 법을 학습하는 기계를 의미했다는 것이다. 그는 요즘 이야기하는 머신러닝을 70년 전에 고안했다. 튜링의 상상을 약 70년 만에 현실화한 것이 알파고다. 이전에도 체스나 바둑을 두던 컴퓨터는 많았다. 하지만 그것들은 인간이 체스나 바둑을 두는 알고리즘을 입력한 것이었다. 이 컴퓨터들의 체스, 바둑 실력을 높이려면 인간이 더 높은 수준의 알고리즘을 제공해야 했다. 결국 이 컴퓨터들은 인간이 정해준 알고리즘을 수행하는 역할을 할 뿐이었다. 반면, 알파고는 튜링의 상상처럼 스스로 바둑 두는 법을 학습한 인공지능으로, 일반 머신러닝 알고리즘을 기반으로 바둑의 기보를 데이터로 입력받아 스스로 바둑 두는 법을 학습한 것이 특징이다.

① 앨런 튜링이 인공지능을 생각해 낸 것은 컴퓨터의 등장 이전이다.
② 앨런 튜링은 세계 최초의 머신러닝을 발명하였다.
③ 알파고는 스스로 학습하는 인공지능을 지녔다.
④ 알파고는 바둑을 둘 수 있는 세계 최초의 컴퓨터가 아니다.

18. 다음 글에 나타난 대표적인 수사법(修辭法)으로 옳은 것은?

> "지는 게 이기는 거다." 아버님이 생전에 자주 하신 말씀이다. 중학교 때 처음 들었던 것으로 기억한다. 친구와 싸우고 집에 들어오며 '어떻게 복수할 것인가'를 물어보는 나에게 아버님은 "그냥 져라. 그게 속 편하고 좋다."라고 늘 말씀하셨다. 내 편이 아니라는 생각도 들어 그런 아버님이 싫었다. 같이 보복해줄 생각은 안 하고 그저 지라고만 하는 아버님을 이해할 수가 없었다. 이제 나이가 들어서 돌이켜 보면 조금 이해가 될 것도 같다. 자연히 궁금해지는 것은 '지는 것이 정말 이기는 것인가'와 함께 그 말뜻이 무엇인가 하는 점이다. "지는 게 이기는 거다."라는 말을 하도 많이 들어 정말 어처구니없는 일을 한 적도 있었다. 학교에서 친구들과 달리기 시합을 하면 그냥 진다. 일부러 빨리 뛰지 않는 것이다.

① 역설법
② 영탄법
③ 설의법
④ 반어법

19. 다음 글에 나타난 ㉠의 특징으로 적절하지 않은 것은?

> ㉠메타인지는 내가 무엇을 알고 모르는지에 대해 아는 것에서부터 자신이 모르는 부분을 보완하기 위한 계획과 그 계획의 실행과정을 평가하는 것까지 전반을 이르는 말로, 자신의 인지적 활동에 대한 지식과 조절이라고 할 수 있다. 이 능력이 뛰어난 사람은 자신의 사고과정 전반에 대한 이해와 평가가 가능하기 때문에 어떤 것을 수행하거나 배우는 과정에서 어떠한 구체적 활동과 능력이 필요한지를 알고, 이에 기초해서 효과적인 전략을 선택하여 적절히 사용할 수 있다. 때문에 메타인지는 학습 능력을 좌우하며 자기주도적이고 성공적 삶을 사는 데 영향을 미친다.
>
> 메타인지를 구성하는 요소로는 크게 두 가지가 있는데, 첫째는 메타인지적 지식(metacognitive knowledge)이다. 이는 무언가를 배우거나 실행할 때 내가 아는 것과 모르는 것을 정확히 파악할 수 있는 능력이다. 예를 들어, 수학시험 공부를 하면서 순열조합은 잘 알고 있는데 이항정리 부분은 잘 모른다는 것을 파악할 수 있다면 이 능력을 가지고 있는 것이다. 이 능력이 없는 사람의 경우 실생활에서 잘 알고 있는 부분을 계속 들여다보면서 시간을 허비하고 있을 것이다. 둘째는 메타인지적 기술(metacognitive skill)이다. 이는 메타인지적 지식에 기초하여 발휘되는 것으로, 내가 모르는 부분을 파악했을 때 어떻게 학습할 것인지 전략을 계획하고 실행하는 능력이다. 예를 들어, 이항정리 부분을 잘 모른다는 것을 알 경우 이 부분을 한 번에 집중적으로 볼지 아니면 여러 차례에 걸쳐 볼지 등에 대해 적절한 전략을 사용하는 능력을 의미한다.

① 스스로의 사고 과정에 대한 판단과 이해를 가능하게 하는 능력이다.
② 자신의 인지에 있어서 주도적이고 능동적으로 대응하며 그에 맞는 개선을 가능하게 한다.
③ 자신이 알고 있는 것과 모르는 것을 파악한 후 알고 있는 부분을 강화할 수 있게 한다.
④ 무언가를 배우고 실행하는 과정에서 자신에게 부족한 부분과 필요한 부분을 명확히 알게 한다.

20. 다음 P 시의 20X9년 도시환경정비 추진 계획안에 대한 설명으로 옳지 않은 것은?

〈20X9년 도시환경정비 종합 추진계획〉

- 추진방향
  - 주민 주도 환경정비 추진으로 효과적이고 지속적인 도시환경 조성
  - 주민 밀착형 도시환경정비로 시민 삶의 질 향상 도모
- 추진계획

담당부서	담당구역	업무
문화관광과	K 문화공원 및 주민 체육시설	문화공원 및 체육시설 정비
시민안전과	시 전체	노점상, 노상 정비 및 도로 시설물 정비
건축과	시 전체	불법 광고물 정비, 공사장 주변 울타리 설치
동주민센터	주민센터가 속한 동 전체	동 자체 환경정비 순찰 및 정비

- 환경정비 순찰활동 강화
  - 환경정비 기동순찰반 운영 정례화 : 주 1회 이상
  - 환경정비 신고 전담창구 운영 : 연중 계속
- 유관단체 자율 참여 및 책임 정비
  - 기관별 자원봉사자 모집 요청에 따라 참가자 모집 추진
  - 다양한 환경정비활동 참가자(학생)에 대한 봉사시간 인정
- 범국민 「도시환경정비의 날」 활동 추진
  - 시기 : 격주 1회(매월 첫째, 셋째 주 수요일)
  - 참여대상 : 국민운동단체원, 주민, 학생, 공무원 등
  - 내용 : 관내 골목길, 불결지 등 정비장소 선정 후 활동 실시
    ▶ 동별 주요 간선도로, 관광지 등 매월 1개소 선정, 집중 정비 후 관리
- 대 시민 홍보·계도활동 전개
  - 신문, 단체 회의자료, 지역유선방송 등을 이용하여 홍보·계도
    ▶ 불법 광고물 안 붙이기, 불법 주·정차 안 하기 등 다양한 테마 선정
  - 「도시환경정비의 날」 등 환경정비활동 참여 캠페인 전개
    ▶ 국민운동단체 주관, 가로변 업소 및 주민 등 환경정비 참여 유도

① 학생들은 매주 수요일에 실시되는 환경정비의 날에 참가해 봉사시간을 인정받을 수 있게 된다.
② 시의 불법 광고물 정비와 공사장 주변 울타리 설치는 건축과에서 담당할 예정이다.
③ 환경정비는 주민 주도의 업무로, 주민들의 삶의 질을 높이기 위한 방향으로 추진된다.
④ 시에서는 신문과 방송을 통하여 테마별 환경정비에 대한 홍보를 계획 중이다.

21. 다음은 S 시 바람길숲 조성 용역시행계획의 일부이다. 이를 이해한 내용으로 옳지 않은 것은?

□ 사업개요
- 용역명 : S 시 바람길숲 조성 기본계획 용역
- 용역범위 : S 시 일원
- 기간 : 계약일로부터 8개월
- 소요예산 : 120백만 원(시비)
- 과업내용
  - S 시 바람길숲의 개념 정립
  - S 시 도시 미기후 및 바람길 분석
  - S 시 바람길숲 조성 기본구상 및 방향
  - 바람길숲 조성 대상자 분석 및 조성·관리모델 개발
  - 관련 전문가 자문 및 관련 거버넌스 자문단 구성, 운영 등
- 예산과목 : 자연생태과, 생태계 복원 및 보전과 야생동식물보호, 생태계보전사업, S 시 바람길숲 조성 기본계획 용역, 시설비

□ 발주방법
- 입찰방법 : 일반공개경쟁입찰
- 계약방법 : 협상에 의한 계약
  - 근거 : 「지방자치단체를 당사자로 하는 계약에 관한 법률 시행령」 제43조
  - 내용 : 계약이행의 전문성·기술성·창의성 등의 이유로 필요하다고 인정되는 경우 제안서를 제출받아 평가한 후 협상절차를 통하여 가장 유리하다고 인정되는 자와 계약을 체결할 수 있음.
- 입찰참가자격
  - 「지방계약법」 제31조(부정당업자의 입찰참가자격 제한)에 해당하지 아니하고, 동법 시행령 제13조 및 시행규칙 제14조 규정에 의한 자격조건을 갖추고, 다음의 요건을 충족하는 기관 단독 또는 공동으로 참가 가능(단독참여는 ①항의 자격요건을 충족하는 업체에 한하며, 상호보완을 위해 공동도급(분담이행) 가능하며 ①+②항 형태로 참가 가능함)
    ① 「엔지니어링산업진흥법」 제21조에 의하여 건설부문(조경)의 엔지니어링 활동주체로 신고를 필한 업체 또는 「기술사법」 제6조 규정에 의하여 기술사사무소(조경)를 개설 등록한 업체
    ② 아래 요건 중 하나에 해당하는 자
      ▶ 「고등교육법」에 의한 대학이나 대학교 부설 연구기관(산학협력단 포함)
      ▶ 「정부출연연구기관 등의 설립, 운영 및 육성에 관한 법률」에 의하여 설립된 연구기관
      ▶ 「지방자치단체 출연연구원의 설립 및 육성에 관한 법률」에 의하여 설립된 연구기관
      ▶ 기타 법률에 의하여 설립된 법인(정관상 주요사업이 학술연구분야를 규정하고 있는 법인에 한함)

① 선정된 업체는 S 시 바람길숲의 개념을 정립하는 업무를 담당한다.
② S 시 바람길숲 조성 용역은 제안서 평가위원회에 의해 협상대상자가 통보된 후 8개월간 시행된다.
③ 평가 항목 중 가격 평가의 비중이 가장 낮다.
④ 공개입찰을 통해 제출된 제안서를 바탕으로 협상을 통해 계약을 체결하게 된다.

22. $-5 \leq x \leq 7$인 모든 실수 x에 대하여 $4x+2y=6$의 해가 $a \leq y \leq b$일 때, $a-b$의 값은?

① -24
② -2
③ 2
④ 12

23. 부등식 $5x-3 < 3\left(x+\dfrac{2}{3}a\right)$를 만족하는 자연수 x가 4개일 때, a의 범위는?

① $\dfrac{3}{2} < a < \dfrac{5}{2}$
② $\dfrac{3}{2} \leq a < \dfrac{5}{2}$
③ $\dfrac{5}{2} < a \leq \dfrac{7}{2}$
④ $\dfrac{5}{2} \leq a \leq \dfrac{7}{2}$

24. $a=2$, $b=243$, $c=\dfrac{1}{2}$일 때, 다음 식의 값은?

$$6a+2\times\left(3-\dfrac{1}{c}\right)-\dfrac{\sqrt{b}}{\sqrt{3}}$$

① -3 ② -2
③ 2   ④ 5

25. 다음 조건에서 $2,023-a(c-b)$의 값은? (단, $a<b<c$이다)

- a, b, c는 소수이며, $a+b+c$의 값은 짝수이다.
- c는 a와 b의 곱보다 작다.
- b와 c의 곱은 600보다 크고 700보다 작다.

① 2,003 ② 2,009
③ 2,011 ④ 2,015

26. 연속하는 세 홀수의 제곱의 합이 2,891이고 세 홀수를 7로 나눈 나머지를 각각 a, b, c라고 할 때, $4a+2(b+c)$의 값은? (단, $a<b<c$이다)

① 12 ② 20
③ 22 ④ 24

27. 부피가 1cm³인 정육면체를 다음과 같은 단계로 쌓을 때, 23번째 단계의 그림에서 보이는 실선의 길이의 합은?

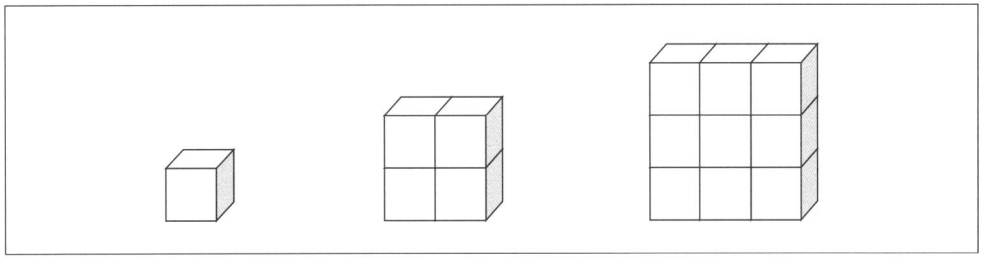

① 2,280cm   ② 2,288cm
③ 2,292cm   ④ 2,300cm

28. 다음 수열의 빈칸에 들어갈 숫자는?

| 133 | 111 | 91 | ( ) | 57 | 43 | 31 | 21 |

① 67   ② 71
③ 73   ④ 83

29. 다음 수열에서 규칙에 맞지 않는 숫자는?

| 1 | 5 | 11 | 19 | 29 | 41 | 59 | 71 | 89 | 109 |

① 41   ② 59
③ 71   ④ 89

30. 다음 숫자들의 배열 규칙을 참고할 때, 빈칸에 들어갈 숫자로 적절한 것은?

2	3	2	1	2
4	6	5	2	3
1	8	3	4	2
2	5	3	2	2
3	6	4	( )	2

① 1
② 2
③ 3
④ 4

31. 어느 일을 A가 혼자 하면 18시간, B가 혼자 하면 35시간, C가 혼자 하면 21시간이 걸린다. 이 일을 A, B, C 순서대로 돌아가면서 2시간씩 한다면 이 일을 끝내는 데 걸리는 시간은?

① 22시간 47분
② 22시간 52분
③ 23시간 14분
④ 23시간 20분

32. ○○농협에서는 A, B, C 세 지역 중 한 곳을 워크숍 장소로 선정하려고 한다. 다음 〈조건〉을 참고할 때, 세 지역을 소요시간이 짧은 순서대로 바르게 나열한 것은?

조건

- 출발지에서 A 지역까지의 거리는 102km이며, 12.5km/h로 이동한다.
- 출발지에서 B 지역까지의 거리는 58km이며, 7.1km/h로 이동한다.
- 출발지에서 C 지역까지의 거리는 76km이며, 9.6km/h로 이동한다.

① A-B-C
② A-C-B
③ B-A-C
④ C-A-B

33. 어느 모임의 참가자들이 7인용 테이블에 앉으면 3명이 남고, 9인용 테이블에 앉아도 3명이 남는다. 참가자들이 12인용 테이블에 앉을 때 남은 사람이 없다면, 이때 필요한 12인용 테이블은 최소 몇 개인가? (단, 참가자는 300명 미만이다)

① 14개 ② 16개
③ 20개 ④ 22개

34. 제시된 기호의 규칙에 의해 글자가 다음과 같이 변화할 때, '?'에 들어갈 글자는?

E	A	S	Y	→	■	→	O	C	E	W
H	A	R	D	→	●	→	D	R	H	A

K	I	N	D	→	■	→	●	→	?

① QLED ② HELP
③ TINA ④ LPGA

35. N 기업에 새로 입사한 김 씨는 첫 월급을 받은 후 은행에서 매달 100만 원씩 납부하는 2년 만기 적금을 들었다. 이자율이 2.6%이고 세금우대를 받아 이자소득세는 9.5%라고 할 때, 2년 후의 만기 금액은?

〈이자액〉

$$\frac{a \times (n+1)}{2} \times r \times 연수 = \frac{a \times n(n+1)}{2} \times \frac{r}{12}$$

(단, a : 월 납입금, r : 연이율(%/100), n : 가입기간(개월 수))

① 24,061,750원 ② 24,549,900원
③ 24,564,720원 ④ 24,588,250원

36. A가 총 3명이 편입할 수 있는 ○○대학의 편입 시험에 응시하여 5등의 성적을 받았다. ○○대학으로부터 합격 통보를 받은 학생이 실제로 등록할 확률이 $\frac{2}{3}$라고 할 때, A가 ○○대학으로부터 합격 통보를 받을 확률은? (단, 성적 상위 3명에게 합격이 통보되며, 합격을 통보받고 등록을 하지 않을 경우 다음 순위 학생에게 합격이 통보된다)

① $\frac{8}{27}$
② $\frac{1}{3}$
③ $\frac{10}{27}$
④ $\frac{11}{27}$

37. 다음은 202X년 원/달러 환율 추이에 대한 자료이다. 이에 대한 설명으로 옳지 않은 것은? (단, 한국의 입장을 기준으로 판단한다)

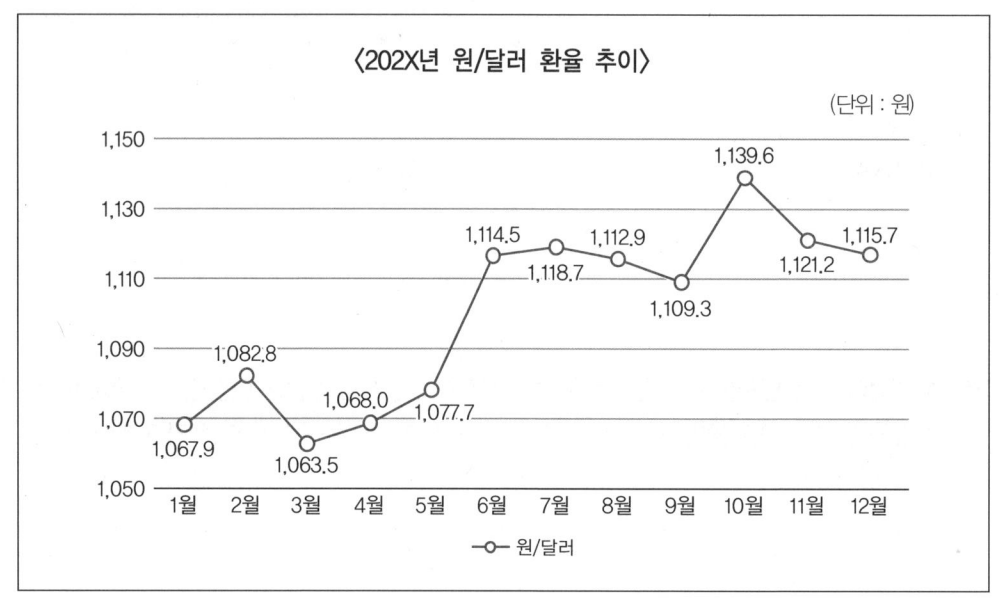

① 물품 수입업자가 동일한 양의 제품을 수입했을 때, 202X년 10월보다 같은 해 3월에 상대적으로 환율에서 이득을 보았을 것이다.
② 김 과장이 2월과 3월에 각 50만 원씩 환전했다면 환율 변동으로 인해 3월에 5달러 이상 더 받았다.
③ 이 부장이 10월에 미국 유학 중인 아들에게 5만 달러를 송금했다면 이는 원화로 5,500만 원보다 적은 금액이다.
④ A 중소기업이 9월에 30억 원짜리 계약을 체결했다면 이는 약 270만 달러에 해당하는 금액이다.

38. 다음은 세계 주요국의 복숭아 수급 현황을 나타낸 자료이다. 이에 대한 설명으로 옳은 것은?

〈세계 주요 4개국의 복숭아 수출량〉

구분	수출량(천 톤)			20X5년 시장점유율(%)
	20X1년	20X3년	20X5년	
스페인	259	387	564	45.9
이탈리아	354	362	280	22.8
칠레	84	110	96	7.8
미국	76	46	46	3.8

〈세계 주요 지역의 복숭아 수급 현황〉

(단위 : 천 톤)

구분		공급			소비		
		생산	수입	총공급	수출	신선과	가공
칠레	20X4년	175	0	175	105	68	2
	20X7년	159	0	159	98	58	3
유럽연합	20X4년	4,050	42	4,092	194	3,245	653
	20X7년	3,904	30	3,934	300	2,985	649
러시아	20X4년	43	133	176	0	176	0
	20X7년	30	250	280	0	280	0
대만	20X4년	28	38	66	0	66	0
	20X7년	33	25	58	0	58	0
미국	20X4년	1,269	60	1,329	105	612	612
	20X7년	1,210	50	1,260	110	628	522

① 칠레의 20X7년 복숭아 수출량 시장점유율은 20X5년보다 증가하였다.
② 유럽연합은 20X4년 대비 20X7년의 복숭아 생산량과 수입량이 감소하였지만, 수출량은 증가하였다.
③ 스페인과 이탈리아의 합계 복숭아 수출량은 20X1년, 20X3년, 20X5년 모두 주요 4개국 전체 수출량의 80% 이상이다.
④ 미국에서 소비된 20X4년과 20X7년의 신선과는 모두 자국에서 생산된 것이다.

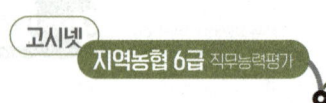

39. 다음은 사업체 규모별 HACCP 인증 현황을 나타낸 자료이다. 이에 대한 설명으로 적절한 것은?

⟨규모별(일반/소규모) HACCP 인증 현황⟩

(단위 : 개소, 개)

구분			20X7년		20X8년		20X9년	
			일반	소규모	일반	소규모	일반	소규모
식품	계	업소 수	1,665	3,422	1,778	4,058	1,825	4,837
		품목 수	4,393	5,642	5,065	6,773	5,266	8,092
	의무적용	업소 수	898	2,377	941	2,803	961	3,318
		품목 수	1,751	3,321	1,848	3,914	1,886	4,587
	자율적용	업소 수	1,225	1,619	1,341	1,969	1,404	2,429
		품목 수	2,642	2,321	3,217	2,859	3,380	3,505
축산물	계	업소 수	3,193	1,034	3,276	1,389	3,223	1,711

※ 의무·자율 중복 적용업체로 인해 합계가 다르며, 축산물은 업소 수만 표시함.

① 식품의 소규모 의무·자율 중복 적용업체 수는 20X8년이 20X9년보다 더 많다.
② 축산물 HACCP 인증 업소 수는 일반 규모와 소규모 모두 매년 증가하였다.
③ 소규모 사업체의 식품 HACCP 의무적용 1개 업소당 평균 품목 수는 20X8년이 20X9년보다 더 많다.
④ 20X7년 대비 20X9년의 소규모 식품 HACCP 인증 업소 수는 자율적용 업소가 의무적용 업소보다 더 많이 증가하였다.

40. 다음 자료에 대한 설명으로 가장 옳지 않은 것은?

〈시도별 쌀 생산량 및 벼 재배면적 현황〉

구분	총생산량(천 톤)		총재배면적(천 ha)		10a당 생산량(kg)	
	20X1년	20X2년	20X1년	20X2년	20X1년	20X2년
전국	3,868	3,779	739	729	524	518
경기	390	373	78	77	500	487
강원	154	154	29	29	531	537
충북	178	175	34	33	530	527
충남	732	714	134	132	547	540
전북	627	606	115	112	547	540
전남	766	747	155	154	495	485
경북	535	532	98	97	546	545
경남	335	333	66	66	510	504
기타	151	145	30	29	508	494

① 20X2년 총생산량이 전년보다 감소한 지역의 10a당 생산량 역시 전년보다 감소하였다.
② 전년 대비 20X2년의 벼 재배면적 감소율은 전북이 충북보다 더 크다.
③ 전국과 기타를 제외하고 20X2년의 ha당 쌀 생산량이 5톤에 미치지 못하는 지역은 2곳이다.
④ 벼 재배면적이 더 큰 지역의 10a당 쌀 생산량이 항상 더 많은 것은 아니다.

41. 다음은 창의적 사고를 배양하기 위한 스캠퍼 기법에 대한 설명이다. 각 항목과 사례가 바르게 짝지어지지 않은 것은?

> 스캠퍼(SCAMPER)는 기존의 형태나 아이디어를 다양하게 변형시키는 7가지 항목에 해당하는 단어의 첫 글자를 따서 만든 발명 사고기법이다. 각 단어의 의미는 다음과 같다.
> - 치환(Substitute) – 다른 에너지 색깔, 재료, 원리로 바꾸면?
> - 결합(Combine) – 서로 다른 물건 또는 아이디어를 결합하면?
> - 적용(Adapt) – 어디에 적용할 수 있을까?
> - 확대/축소(Magnify/Minify) – 확대하거나 축소하면?
> - 다른 용도로 사용(Put to other uses) – 모양, 무게, 형태를 다른 용도로 사용하면?
> - 제거(Eliminate) – 없애 버리면?
> - 재배치(Rearrange/Reverse) – 위치나 인과관계를 바꾸어 생각하면?

① 1인 가구 증가에 따라 소형 가전제품을 출시한다. – 적용
② 복사기의 기능과 팩스의 기능을 함께 쓸 수 있는 복합기를 만든다. – 결합
③ 연필심을 갈아서 지문을 채취하는 데 사용한다. – 다른 용도로 사용
④ 무선 마우스를 개발해 낸다. – 제거

42. 다음 명제를 바탕으로 할 때, 항상 참인 결론은?

> - 화학을 잘하는 사람은 물리도 잘한다.
> - 생물을 못하는 사람은 지구과학도 못한다.
> - 물리를 못하는 사람은 생물도 못한다.

① 물리를 못하는 사람은 지구과학도 못한다.
② 화학을 잘하는 사람은 지구과학을 못한다.
③ 지구과학을 잘하는 사람은 화학을 못한다.
④ 생물을 못하는 사람은 물리를 못한다.

43. ○○기업에서 근무하는 도현, 선미, 예솔, 소라 4명이 다음 〈조건〉에 따라 사내 체육대회에 참여한다고 할 때, 진위여부를 파악할 수 없는 것은?

조건

- 닭싸움에 참가하지 않은 사람은 단체줄넘기에 참가한다.
- 2인 3각에 참가한 사람은 닭싸움에 참가한다.
- 박 터트리기에 참가한 사람은 단체줄넘기에 참가하지 않는다.
---

① 도현이가 박 터트리기에 참가했다면 닭싸움에 참가한다.
② 예솔이가 단체줄넘기에 참가하지 않았다면 닭싸움에 참가한다.
③ 선미가 단체줄넘기에 참가했다면 박 터트리기에 참가하지 않았다.
④ 소라가 단체줄넘기에 참가했다면 2인 3각에 참가하지 않았다.

44. 5층 건물에 갑, 을, 병, 정, 무 업체가 〈조건〉에 따라 입주한다. 다음 중 3층에 입주할 수 없는 업체들끼리 짝지어진 것은?

조건

- 한 층에는 하나의 업체만 입주한다.
- 갑 업체는 을 업체보다 높은 층에 입주한다.
- 정 업체는 병 업체보다 높은 층에 입주한다.
- 을 업체와 정 업체의 층수 차이는 2층이며, 이는 갑 업체와 무 업체의 층수 차이와 같다.
---

① 갑, 병
② 갑, 무
③ 병, 정
④ 병, 무

45. 다음 사례에서 A 교사가 학생들에게 심어 주고자 하는 사고력의 종류로 가장 적절한 것은?

> A 교사는 학생들에게 '소년과 소녀는 다른가?'라는 질문을 제시하면서 수업을 시작했다. 먼저 모둠별로 나누어진 학생들은 소년과 소녀를 묘사하는 단어에 대해 브레인스토밍을 했다. 반 학생들이 공동으로 브레인스토밍을 한 후에 반 전체가 그 목록을 공유했고, A 교사는 차트에 학생들의 대답을 기록했다.
>
> 남자를 묘사한 단어들은 '강하고 거칠다'라는 표현을 담고 있었다. 또한 '소년들은 비디오 게임과 축구를 좋아 한다'는 식의 표현들을 기록하기도 했다. 소녀에 대한 학생들의 생각은 '예쁘다' 같은 단어와 '소녀들은 드레스를 입고 긴 머리카락을 가지고 있다'와 같은 구절을 포함하고 있었다.
>
> 이어서 A 교사는 목록에 포함되어 있는 단어나 구절에 대해 토론하게 했다. 처음엔 다소 산만하게 진행되기도 했지만 오래지 않아 학생들은 자신들이 진술한 소년, 소녀의 특징들과 자신들이 실제로 마주한 현실 모습과의 차이에 대해 말을 하기 시작했다. 예를 들면 한 남학생은 "모든 여자 아이들이 긴 머리카락을 가진 건 아니에요. 우리 아빠 머리카락이 엄마보다 길어요."라고 말을 하는가 하면 다른 여학생은 "남자 아이들뿐만 아니라 많은 여자 아이들이 비디오 게임을 해요."라고 말하기도 했다. 이런 식으로 많은 학생들이 자신들이 기존에 가지고 있던 성 규범에 반대되는 예를 개인의 삶에서 찾아 제시했다.

① 창의적 사고
② 비판적 사고
③ 논리적 사고
④ 과학적 사고

46. 갑, 을, 병, 정, 무 다섯 사람 중에서 2명만 배낭여행을 보내 준다고 한다. 다음 〈조건〉에 따라 배낭여행을 갈 사람을 정할 때, 배낭여행을 가는 2명을 바르게 짝지은 것은?

조건
- 갑이 배낭여행을 가지 않는다면 정도 배낭여행을 갈 수 없다.
- 무가 배낭여행을 가지 않는다면 병과 정도 배낭여행을 갈 수 없다.
- 을은 갑 혹은 무과 함께 배낭여행을 갈 수 없다.
- 병이 배낭여행을 간다면 을도 배낭여행을 간다.

① 갑, 병
② 갑, 무
③ 을, 병
④ 병, 무

47. 영업팀 팀원들은 〈조건〉에 따라 월요일부터 금요일까지 오전, 오후에 한 명씩 팀장과 면담을 하기로 했을 때, 다음 중 여자 과장이 면담하는 날은? (단, 모든 직급에는 여자와 남자가 적어도 한 명씩 있다)

> 조건
> - 금요일 오전에는 팀장 개인 업무로 인하여 면담을 진행하지 않는다.
> - 면담을 하는 팀원들의 직급은 주임, 대리 또는 과장이다.
> - 남자는 직급별로 한 명씩 있고, 각 성별별로 직급이 높을수록 늦게 면담을 한다.
> - 여자 주임들은 같은 요일에 면담을 한다.
> - 여자 대리는 3명이다.
> - 남자 주임은 여자 주임보다 늦게 면담을 한다.
> - 남자 직원들은 모두 오전에 면담을 한다.

① 화요일 오후 ② 수요일 오후
③ 목요일 오후 ④ 금요일 오후

48. 다음의 〈조건〉이 모두 참이라고 할 때, 상황에 대한 설명으로 적절한 것은?

> 조건
> - 갑, 을, 병, 정, 무는 운동화, 슬리퍼, 구두, 샌들을 신고 있으며, 운동화를 신은 사람은 2명이다.
> - 운동화를 신은 2명은 반바지와 레깅스를 입었다. 반바지를 입은 사람은 2명이며, 나머지 3명은 모두 다른 바지를 입었다.
> - 갑은 운동화를 신었으며, 병과 정은 각각 청바지와 반바지를 입었다.
> - 무는 레깅스를 입었다.
> - 슬리퍼를 신은 사람은 운동복을 입었다.

① 병은 운동화를 신지 않았다.
② 슬리퍼를 신은 사람은 무이다.
③ 을은 운동화를 신고 운동복을 입었다.
④ 갑은 반바지를 입지 않았다.

49. 다음 글을 참고할 때, 〈상황〉에 대한 설명으로 적절한 것은?

> 가격이 1% 변할 때 수요량의 변화율을 수요의 가격 탄력성이라고 한다. 예를 들어 가격의 1% 상승이 수요량을 5% 감소시킨다면 수요의 가격 탄력성은 5이다. 수요의 가격 탄력성을 통해 가격 변화에 따라 수요량이 얼마나 민감하게 반응하는지를 알 수 있다. 만약 가격이 변해도 수요량이 전혀 변하지 않는다면 탄력성은 0으로 '완전 비탄력적'이라 하고, 반대로 가격이 조금만 변해도 수요량이 무한히 변한다면 탄력성은 무한대로 '완전 탄력적'이라고 한다. 가격의 변화율만큼 수요량의 변화율이 변하는 탄력성이 1인 경우를 기준으로 해서 탄력성이 0~1 사이이면 '비탄력적 수요'라 하고, 탄력성이 1 이상이면 '탄력적 수요'라고 한다. 재화가 비탄력적 수요를 갖는다면 가격의 변화에 수요가 민감하지 않다는 것이고, 탄력적 수요를 갖는다면 수요가 민감해서 조그만 가격의 변화에도 수요량이 쉽게 변한다는 의미이다.
> 수요의 교차 가격 탄력성은 한 재화의 가격 변화가 다른 재화의 수요 변화에 주는 효과를 측정하는 개념이다. 어떤 두 재화가 대체재 관계에 있다면 수요의 교차 가격 탄력성은 양의 값으로 나오게 된다. 예를 들어 커피와 홍차가 대체재 관계에 있다고 가정했을 때 커피의 가격이 상승할 경우 홍차의 수요가 증가할 것이므로 수요의 교차 가격 탄력성 역시 양의 값으로 도출된다. 반면 어떤 두 재화가 보완재 관계에 있다면 수요의 교차 가격 탄력성은 음의 값이 된다. 예를 들어 안경과 안경집이 보완재 관계에 있다면 안경의 가격이 상승할 경우 안경집의 수요가 감소하므로 수요의 교차 가격 탄력성은 음의 값으로 도출된다. 한편 수요 가격 등 아무런 관련이 없는 두 재화를 독립재 관계에 있다고 한다. 예를 들어 소금과 은행 대출서비스가 독립재 관계에 있다고 해 보자. 이때 소금의 가격 상승은 은행 대출서비스의 수요 증가에 영향을 주지 않는다. 즉, 소금의 가격이 올라도 은행 대출서비스의 수요에는 변화를 주지 않으므로 수요의 교차 가격 탄력성의 분자가 0이 되어 수요의 교차 가격 탄력성 값도 0으로 도출된다.

〈상황〉

> 갑 지역에서는 A 제품의 가격이 인상되자 X 제품 판매상의 수입이 감소하였고, Y 제품 판매상의 수입은 오히려 증가하였다. 그런데 B 제품의 가격이 인상되자 X 제품 판매상의 수입은 증가하고, Y 제품 판매상의 수입은 감소하였다. 한편 A, B 제품의 가격이 변해도 Z 제품 판매상의 수입에는 변동이 없었다.

① A 제품과 B 제품 모두 수요의 가격 탄력성이 1이다.
② X 제품은 A 제품과는 보완재, B 제품과는 대체재 관계에 있다.
③ Z 제품은 A, B 제품과 매우 민감한 교차 탄력성을 나타낸다.
④ X 제품과 B 제품의 수요의 교차 가격 탄력성은 음의 값이다.

50. 다음 자료에 대한 설명으로 적절한 것은?

> 식품제조가공 현장에서 안전한 식품을 생산하기 위해 지켜야 하는 기본적인 위생조건과 방법을 규정하는 기준을 마련하고자 하는 현장은 다양한 분야에서 일정한 요건을 갖추어야 한다. 그중 냉장·냉동 시설·설비관리와 위생관리 분야에서는 다음과 같은 요건이 요구된다.
>
> 1) 냉장·냉동 시설·설비관리
>
>   냉장, 냉동 시설, 설비는 제품의 온도관리에 중요한 설비로 이전 공정으로부터 신속하게 이어질 수 있는 위치(원료, 공정, 완제품 모두 해당)에 설치되는 것이 유리하다. 사용 중 노후화 또는 설치 과정의 문제점으로 문, 벽 등에 응결수가 발생할 수 있어 물로 인한 오염요인을 발생시킬 수 있다. 냉동설비의 경우 냉동기의 가동으로 응축수가 발생하기 때문에 배수로 또는 별도의 방법으로 관리될 수 있도록 기준 수립이 필요하다. 또한 냉장, 냉동 시설, 설비는 기준 온도가 적절히 관리되고 있는지, 설비의 상태 및 온도 확인 장치가 올바르게 관리되고 있는지 확인하여야 한다.
>
>   ☞ 냉장시설은 내부의 온도를 10℃ 이하(단, 신선편의식품, 훈제연어, 가금육은 5℃ 이하 보관 등 보관온도 기준이 별도로 정해진 식품의 경우에는 그 기준을 따른다), 냉동 시설은 −18℃ 이하로 유지하고, 외부에서 온도변화를 관찰할 수 있어야 하며, 온도 감응 장치의 센서는 온도가 가장 높게 측정되는 곳에 위치하도록 한다.
>
> 2) 위생관리
>
>   작업장 내부는 공정, 작업자의 활동 등으로 인해 유해가스, 증기, 열기 등이 발생할 수 있다. 이러한 요인들이 작업장 내부에 정체되어 있을 경우 제품뿐만 아니라 작업자의 위생, 건강 등에 영향을 줄 수 있으므로 효과적으로 외부로 배출할 수 있는 설비를 구비하여야 한다. 작업장에 설치되어 있는 환기구와 배기구 설비의 종류, 환기의 정도, 공기의 흐름, 설비의 정상작동 여부를 확인할 수 있는 기준을 수립·관리하여야 한다. 뿐만 아니라, 외부와 연결되어 있는 흡·배기구에는 필터, 방충망 등을 설치하여 가동 중 및 미가동 시에 들어올 수 있는 해충을 차단·관리할 수 있어야 한다.
>   또한 작업장의 온도는 제품의 특성(냉장, 냉동, 실온 등), 제품의 공정 시간, 공정대기 시간, 작업자의 작업 환경 등과 연관되어 생물학적 위해요소에 영향을 줄 수 있는 요소이다. 따라서 필요한 경우 각 실의 적정 온도기준을 수립하고 관리할 수 있는 설비(에어컨, 공조설비 등)를 통해 조절이 필요하다.

① 냉장, 냉동 시설, 설비는 낮은 온도 유지를 위해 전후 공정으로부터 멀리 떨어진 별도 공간에 설치하는 것이 바람직하다.
② 냉동 시설의 부분별 온도가 조금씩 다를 경우, 가장 온도가 낮은 곳의 온도에 온도 감응 장치의 센서가 반응하도록 위치시켜야 한다.
③ 배기구에는 가동 여부와 관계없이 항상 필터나 방충망 등이 제거되어 있어야 한다.
④ 냉장·냉동 시설·설비관리와 위생관리 분야 모두 온도관리가 필수이다.

51. 다음 글에서 나타난 문제의 근본 대책으로 가장 적절한 것은?

> '신종 코로나바이러스 감염증(코로나19)' 사태를 겪으면서 도농 간 학력 격차가 더욱 벌어진 것으로 나타났다. 교육부는 최근 '국가수준 학업성취도 평가 결과'를 발표했다. 교육부와 한국교육과정평가원이 지난해 11월 중3과 고2 전체 학생의 3%를 표집 조사한 결과다. 이에 따르면 코로나19 사태로 사상 초유의 개학 연기와 온라인 개학이 이뤄진 지난해 도시와 농촌 가릴 것 없이 학업성취도가 악화됐다. 특히 농촌의 학업성취도가 도시보다 더 크게 떨어지면서 도농 간 학업성취도 격차가 더욱 벌어졌다.
> 고등학교 진학을 앞둔 중3에서 차이가 확연했다. 중3 국어 3수준(보통학력) 이상 비율을 보면 대도시가 84.9%에서 78.8%로 낮아졌고, 읍·면 지역이 79.6%에서 68.5%로 떨어지면서 두 지역 간 격차가 5.3%p에서 10.3%p로 두 배 가까이 벌어졌다. 수학과 영어도 이 격차가 각각 13.1%p에서 17.2%p로, 9.5%p에서 18.8%p로 커졌다. 기초학력 미달을 뜻하는 1수준 비율도 중3 국어는 대도시가 3.8%에서 5.4%로 소폭 늘어난 반면, 읍·면 지역은 4.9%에서 9.6%로 두 배가량 뛰어올랐다. 중3 수학 1수준 비율 역시 대도시(10.3% → 11.2%)보다 읍·면 지역(15.2% → 18.5%)이 더 많이 늘었다.
> 이런 결과를 두고 교육계 안팎에선 그렇지 않아도 열악한 농촌 교육 여건에 코로나19가 기름을 부은 격이라는 해석이 나온다. 충남 천안의 한 읍지역 중학교 교사는 "농촌은 소득 수준이 도시보다 낮고, 한부모·조손·다문화 가정이 많아 학생들이 집에서 제대로 케어받지 못하는 경우가 많다"라면서 "그동안 학교가 완충제 역할을 했는데, 코로나19로 학교 기능이 마비되면서 방치된 아이들의 성적이 더욱 떨어진 것으로 보인다"라고 말했다.
> 전남도의회 교육위원회 소속 이○○ 의원도 "공교육이 멈춘 기간 동안 도시가 사교육으로 학업을 보충할 수 있었던 것과 달리 농촌에선 그나마 학업 보충 역할을 하던 방과 후 수업이 대부분 중단되면서 학습 결손이 발생한 결과"라고 해석했다. 그러면서 "학습 결손을 겪은 학생들이 진학함에 따라 도농 간 학력 격차가 고착화하거나 심화할 수 있다"라면서 "농촌의 기초학력 증진을 위한 정부와 지방자치단체의 투자 확대가 절실하다"라고 강조했다.
> 다만 교육부는 "어떤 원인으로 지난해 교육 격차가 벌어졌는지 단정하긴 어렵다"라면서 "도농 간 격차 원인 분석에 대한 공감대가 형성된 만큼 향후 중장기 종단조사를 통해 원인을 살펴보고, 지역별 맞춤형 지원방안을 포함한 '교육회복 종합방안(가칭)'을 이르면 내달 중 마련할 계획"이라고 밝혔다.

① 코로나19의 퇴치를 위한 노력 및 학업 지속 유지
② 농촌의 기초학력 증진을 위한 대책 마련
③ 도시의 사교육 금지
④ 다문화 가정에 대한 생계지원 강화

52. 다음 글을 참고할 때, 프리랜서에 대한 추론으로 적절한 것은?

프리랜서에 대하여 법적으로 명확한 정의가 내려지진 않았으나, 일반적인 개념의 사업자나 회사에 근속된 근로자와 다르게 자기 자신의 인적인 자원을 활용하여 수익을 내는 사업자(인적용역사업자)를 프리랜서라고 보고 있다. 즉, 프리랜서는 일종의 개인사업자라고 할 수 있으며, 특정 회사와 계약을 통해 같이 일을 하고 그에 대한 임금을 받게 되더라도 직원으로서의 근로계약이 아니라 사업자 대 사업자 간의 계약일 경우에는 여전히 프리랜서인 것이다.

몇몇 블랙기업에서는 일반 노동자처럼 일을 시키면서도 프리랜서 신분으로 계약했다며 퇴직금 미지급이나 4대 보험 미가입 등 근로기준법 위반을 저지른다. 하지만 정해진 출퇴근 시간이 있고 회사가 지휘, 감독을 하거나 월급이 시급제, 연봉제 등으로 정해져 있다면 노동자로, 특정한 조직이나 사업장에 전속되지 않고 출퇴근 시간과 소정 근로일이 특정되지 않으며 투잡을 할 수 있거나 구체적인 업무 지시를 받지 않는다면 프리랜서로 인정된다. 프리랜서 계약 상태라도 1년 이상 일반 노동자처럼 일했다면 퇴직금을 받을 수 있다.

프리랜서는 근로자와는 달리 자신이 사용자 측과 자유로운 계약 관계로 묶여 있으며, 이것이 장점이자 단점이 되는 직군이다. 상부의 간섭을 받지 않고 자유롭게 일할 수 있으며 같은 업무량 대비 비교적 높은 소득을 올린다는 장점이 있지만, 계약으로 모든 업무가 이루어지기 때문에 사용자 측에서 계약을 종료하면 결국 소득이 사라지게 된다는 것과 일반 근로자들에 비해서 소득이 높을 수는 있으나 수입이 불안정하다는 단점을 가지고 있다. 즉, 일이 없으면 수입도 없는 것이다. 이 때문에 아무리 매년 국세청에 신고하는 소득이 있더라도 재직 상태가 애매하므로 신용등급에 관계없이 은행에서 대출을 받기가 매우 까다로워진다.

또한 실적에 대한 압박으로 인해 보이지 않는 경쟁이 매우 치열한 경우도 있다. 특히 시즌에 민감한 업종이라면 성수기에는 밀려드는 일거리에 쉴 틈이 없는 반면, 비수기에는 일감이 없어 아르바이트를 하며 생계를 유지해야 하는 수도 있다. 또한 초기 투자비용과 유지비용이 상당히 많이 드는 경우도 있다. 당연히 개인사업자로서 기본적인 업무에 필요한 것은 직접 마련해야 하기 때문에 투입되는 비용이 평범한 직장인보다 많을 수밖에 없다. 쉽게 말해 안정성을 대가로 자율성을 얻었다고 볼 수 있다.

프리랜서에게 있어 가장 중요한 것은 단연 실력이다. 계약용병이란 어원 그대로 실력으로 수익을 창출해야 하는 직군이다. 따라서 실력에 자신이 없다면 프리랜서 직업에 뛰어들지 않는 것이 좋다. 실력이 없으면 자칫 백수에 가까운 상태가 되어 버릴 수도 있어, 스스로 일감을 찾아다녀야 하는 상황일 때는 일반 근로자보다도 생활이 더 힘들어질 수 있기 때문이다. 반대로 실력에 자신이 있다면 프리랜서 생활을 충분히 고려해 볼 만하다.

① 자유롭게 일할 수 있는 프리랜서는 인맥관리를 그다지 중요시하지 않아도 된다.
② 프리랜서는 퇴직금을 받을 수 없다.
③ 프리랜서는 부진한 수익으로 인해 신용등급이 낮아 금융권 대출이 어렵다.
④ 프리랜서에게 가장 중요한 것은 업무 관련 실력이며, 이는 곧 안정성과 관련이 있다.

53. 다음은 안전관리인증기준(HACCP) 인증을 받은 업소에 대한 정기평가 관련 자료이다. 이를 참고할 때, 각 해당 업소의 조사·평가 및 기술지원 필요 사항이 올바르게 짝지어진 것은?

> 가) 법적근거 : 「식품위생법 시행규칙」 제66조
> 지방식품의약품안전청장은 법 제48조 제8항에 따라 식품 및 축산물 안전관리인증기준적용업소로 인증 받은 업소에 대하여 식품 및 축산물 안전관리인증기준의 준수 여부 등에 관하여 매년 1회 이상 조사·평가할 수 있다.
>
> 나) HACCP 적용업소의 조사·평가 점수에 따른 차등관리
> ① 정기 조사·평가 점수의 백분율이 95% 이상인 경우 2년간 정기 조사·평가를 하지 아니할 수 있으며, 해당 업소가 자체적으로 조사·평가 실시. 다만, 배추김치, 기타김치, 즉석섭취식품, 신선편의식품 등 비가열섭취식품은 제외
> ② 정기 조사·평가 점수의 백분율이 95% 미만에서 90% 이상인 경우 1년간 정기 조사·평가를 하지 아니할 수 있으며, 해당 업소가 자체적으로 조사·평가 실시. 다만, 배추김치, 기타김치, 즉석섭취식품, 신선편의식품 등 비가열섭취식품은 제외
> ③ 정기 조사·평가 점수의 백분율이 90% 미만에서 85% 이상인 경우 연 1회 이상 정기 조사·평가 실시
> ④ 정기 조사·평가 점수의 백분율이 85% 미만에서 70% 이상인 경우 연 1회 이상 정기 조사·평가 및 연 1회 이상 기술지원 실시. 다만, 학교 집단급식소에 납품 하는 경우 연 2회 이상 정기 조사·평가 및 연 1회 이상 기술지원 실시
> ⑤ 정기 조사·평가 점수의 백분율이 70% 미만인 경우 연 1회 이상 정기 조사·평가 및 연 2회 이상 기술지원 실시. 다만, 학교 집단급식소에 납품하는 경우 연 2회 이상 정기 조사·평가 및 연 2회 이상 기술지원 실시

① 정기 조사·평가 점수의 백분율 97%인 신선편의식품 취급 A 업소 – 2년간 정기 조사·평가 면제
② 정기 조사·평가 점수의 백분율 90%인 배추김치 취급 B 업소 – 1년간 정기 조사·평가 면제 및 연 1회 이상 기술지원 실시
③ 정기 조사·평가 점수의 백분율 88%인 일반 가열섭취식품 취급 C 업소 – 연 1회 이상 자체 조사·평가 및 연 1회 이상 기술지원 실시
④ 정기 조사·평가 점수의 백분율 79%인 학교 집단급식소 납품 D 업소 – 연 2회 이상 정기 조사·평가 및 연 1회 이상 기술지원 실시

54. 가전제품을 생산하여 영국 시장으로 판매하고 있는 A사는 유럽에 지점을 추가로 설립하고자 한다. 다음 중 현지 SWOT 분석 결과를 통해 세운 전략으로 적절한 것은?

〈환경 분석〉

강점(Strength)	• 해외 조직 관리 경험 풍부 • 자사 해외 네트워크 및 유통망 다수 확보
약점(Weakness)	• 순환 보직으로 잦은 담당자 교체 • 브랜드 이미지 관리에 따른 업무 융통성 부족
기회(Opportunity)	• 한류에 의한 현지 내 친숙한 기업 이미지 • 현지 정부의 우대 혜택 및 세제 지원 약속
위협(Threat)	• 유럽 내 경쟁업체와의 본격 경쟁 심화 우려 • 현지 유로화 환율 불안에 따른 환차손 우려

〈환경 분석에 따른 경영전략〉

내부환경 외부환경	강점(Strength)	약점(Weakness)
기회(Opportunity)	㉠ 세제 혜택을 통하여 환차손 리스크 회피 모색	㉡ 해외 조직의 운영 경험을 살려 업무 효율성 벤치마킹
위협(Threat)	㉢ 다양한 유통채널을 통하여 경쟁체제 우회 극복	㉣ 해외 진출 경험으로 축적된 우수 인력 투입으로 업무 누수 방지

① ㉠
② ㉡
③ ㉢
④ ㉣

55. 장 사원은 올해 △△기업의 기획팀에 입사한 신입사원으로, 입사 첫날 천 과장과 다음과 같은 대화를 나누었다. 이때 빈칸 (A), (B)에 들어갈 대답으로 적절한 것은?

> 장 사원 : 안녕하십니까? 오늘부터 기획팀에서 일하게 된 장○○입니다. 열심히 하겠습니다.
> 천 과장 : 그래요, 반가워요. 처음이라 모르는 게 많겠지만 선배들에게 잘 배우도록 해요.
> 장 사원 : 네, 열심히 배우고 익히겠습니다. 잘 부탁드립니다.
> 천 과장 : 파이팅이 넘치네요. 그런데 장○○씨, 우리 팀이 정확히 무슨 업무를 하는지 알고 있나요?
> 장 사원 : 알고 있습니다. (A   )
> 천 과장 : 잘 알고 있네요. 그렇다면 우리 기업의 총무팀에서는 무슨 업무를 담당하는지 알고 있나요?
> 장 사원 : 네, 총무팀은 (B   )
> 천 과장 : 하하, 좋아요. 아주 잘 알고 있군요. 앞으로 기대할게요.

① (A) 조직의 비전 및 경영 목표를 달성하기 위해 전략을 수립하고 효율적으로 자원을 배분합니다.
   (B) 집기비품 및 소모품의 구입과 관리, 복리후생 업무를 담당합니다.
② (A) 행사지원, 출장관리, 문서관리 등의 지원업무를 합니다.
   (B) 조직 직무 및 인력운용을 위한 업무지원과 관련된 제반 업무를 담당합니다.
③ (A) 재무상태 및 영업실적을 보고하고 재무제표를 분석합니다.
   (B) 마케팅 전략수립 및 다양한 홍보매체 운영 및 팀 기획, 콘텐츠 개발을 담당합니다.
④ (A) 기관 운영과 관련된 결산 등 회계실무 및 자금 관리 등 지원에 관한 업무를 합니다.
   (B) 사업 환경 분석, 타당성 조사 등을 통해 연간 사업계획을 수립하는 업무를 담당합니다.

56. 다음을 참고할 때 〈보기〉의 △△농협이 도입한 조직의 유형은?

〈조직의 유형〉

프로젝트 조직	일시적으로 조직 내의 인적 또는 물적자원을 합쳐서 특정한 사업적인 목표를 확보하기 위한 조직이다. 임시로 편성된 일시적 조직으로, 해당 프로젝트의 임기가 끝나면 자동으로 해산된다.
라인스태프 조직	조직의 전문화와 지휘명령의 일원성을 위한 조직으로, 라인조직에 스태프를 보강한 형태이다. 종합적으로 계획을 짜고 감독책임을 가지는 관리부서와 직접적으로 직무를 보고 책임을 가지는 운영부서 간의 조직권한 형태를 가지는, 말하자면 직계조직에 스태프조직을 더한 조직형태이다. 지휘와 명령의 일원화가 유지될 수 있고 구성원 개개인의 전문적 지식이나 견해가 적극적으로 활용될 수 있다는 장점을 가진다.
매트릭스 조직	구성원들이 본래 소속되어 있는 부서에도 배치되고, 동시에 현재 담당하고 있는 업무의 부문별로 나누어진 별도의 팀에도 배치되는 형태의 조직이다. 이 조직의 구성원들은 두 개의 조직에 속하면서 두 명의 상급자를 따른다. 새로운 프로젝트가 시작되면 각 부서별로 해당 프로젝트에 능통한 구성원이 차출되어 팀에 배정되고, 그 프로젝트가 끝남과 동시에 본래 소속된 부서로 돌아간다.
네트워크 조직	독립적으로 이루어진 사업부서들이 각각의 전문 분야를 수행하면서 프로젝트를 수행하기 위해 관계를 형성하고 서로 협력한다. 이 조직은 업무적인 상호의존성이 매우 크며 서로 독립성을 갖는 조직이지만, 보유하고 있는 자원을 서로 자신의 것처럼 활용할 수 있는 수직적·수평적·공간적 신뢰 관계로 형성된다.

〈보기〉

△△농협은 자회사들의 유사 업무를 각 사업 부문으로 묶고 그 부문의 부문장이 총괄하도록 조직을 개편할 계획이다. 이 조직 개편의 목적은 계열사 각 부문의 전담 부서들이 협업을 통해 시너지 효과를 창출하는 것이다.

① 프로젝트조직 ② 라인스태프조직
③ 매트릭스조직 ④ 네트워크조직

57. 다음 보도자료를 참고할 때, ESG 경영의 요소에 해당하지 않는 것은?

> NH농협은행은 지난 5월 31일 서울시 중구 농협은행 본사에서 농협금융그룹의 ESG 경영을 공유하고, 농협은행의 ESG 경영전략 수립과 추진방향을 총괄하는 협의체 '제1차 ESG 추진위원회'를 개최했다고 2일 밝혔다.
> 이번 회의에서는 그동안의 ESG 경영성과와 향후 추진계획을 논의하고 농협금융 TCFD(기후변화 재무정보공개 협의체) 고도화 계획을 보고하였다. 또한 올해 1분기 주요성과로 환경공단과 업무협약을 통해 온실가스 배출권거래제 할당업체 금융지원으로 온실가스 감축에 기여한 점과 작년에 수립한 재생에너지 전환계획에 따라 전체 전기사용량의 10%를 재생에너지로 충당한 점을 꼽았다.
> 농협은행은 농협금융지주와 함께 TCFD 2차 컨설팅을 통해 PCAF(탄소회계금융협회) 방법론을 활용한 자산 포트폴리오 탄소배출량을 측정하고, 기후 시나리오에 따른 SBTi(과학기반 감축목표 이니셔티브) 방법론에 의거 탄소중립 목표를 설정하여 금년 11월까지 전략 및 세부 실행방안을 수립할 예정이다.
> 김○○ 위원장(농업·녹색금융 부문 부행장)은 "향후 공공기관과 MOU 체결을 통해 사회적 책임경영을 강화하고 기업윤리를 확립하여 뇌물 및 부패사건 등의 완전 근절을 위해 선도적인 역할을 하겠다."라고 말했다.

① 환경 ② 사회
③ 복지 ④ 지배구조

58. 다음 글을 참고할 때, 스마트워크의 장·단점으로 적절하지 않은 것은?

스마트워크는 정보통신기술(Information and Communication Technology)을 이용하여 시간과 장소의 제약 없이 업무 수행에 있어서 관계자들과 협업하고 지속적인 업무를 수행하는 근로 형태라 할 수 있다. 스마트워크는 근로 시간과 장소의 측면에서 유연성이 심화된 개념으로, 다양한 종류의 정보·지식의 통합과 활용, 상호 간의 신뢰와 협업 등을 통해 노동의 효율성 개선을 추구하는 것을 포괄적으로 함축하고 있다. 이 외에도 스마트워크에 대한 정의는 여러 가지가 있지만 간단하게 말해서 언제, 어디서나, 누구나 함께 같은 네트워크상에서 일할 수 있는 시스템이라고 볼 수 있다.

스마트워크가 가능해진 데에는 클라우드 컴퓨팅의 역할이 컸다. 클라우드 컴퓨팅이란 인터넷 기반의 컴퓨팅 기술을 말한다. 웹상에 있는 서버에 프로그램과 정보를 두고 필요할 때 언제든 컴퓨터나 핸드폰 같은 디바이스에 불러와서 사용하는 웹 기반의 소프트웨어 서비스이다. 클라우드 컴퓨팅 기술이 등장함으로써 스마트워크가 가능해졌다고 볼 수 있다. 언제 어디서나 사무실과 같은 환경으로 업무 정보에 접근할 수 있게 되면서 스마트워크가 탄생하게 된 것이다.

최근에는 출장지나 자택 인근에 위치한 스마트워크센터 이용자가 크게 늘었다. 29일 행정자치부는 작년 스마트워크센터의 이용자 수(연인원)가 작년보다 76% 많은 10만 750명이라고 밝혔다. 스마트워크센터는 행정기관과 공공기관 직원들이 자신의 사무실이 아닌 출장지나 집 근처에서 원격으로 근무할 수 있게 조성된 공간으로, 전국에 15곳(총 406석)이 운영 중이다. 작년 스마트워크센터 좌석 이용률은 96.1%로, 작년의 61.9%보다 크게 증가했다. 이는 세종시의 3단계 이전에 따라 정부세종청사 입주 기관이 늘어난 결과로 분석된다.

행정안전부는 아직 스마트워크센터 이용률이 낮은 공공기관을 위주로 이달 말까지 권역별 스마트워크 설명회 및 체험행사를 하고 있다. 행정안전부는 이용자 증가에 대비해 근무공간을 확충하고 근무환경도 지속적으로 개선할 계획이다.

① 교통정체에 따른 시간낭비와 탄소 발생 저감 효과를 거둘 수 있다는 장점이 있다.
② 위계질서 붕괴에 따른 창의성 감소라는 단점이 발생한다.
③ 자율적인 근무시간 선택으로 삶의 질을 향상시킬 수 있다는 장점이 있다.
④ 어디에서나 업무가 가능하여 오히려 '업무 족쇄'의 부작용을 낳을 수 있다.

59. 다음은 조직 건강도 조사 결과와 조직문화혁신 5단계에 대해 정리한 자료이다. 이를 읽고 보일 수 있는 반응으로 적절하지 않은 것은?

> 직장인 563명을 대상으로 '조직 건강도'에 대해 조사한 결과, 본인이 속한 조직이 건강하지 못한 것 같다고 평가하는 직장인은 66.6%였다. 이들은 조직 건강도를 해치는 근본적인 원인으로 '불명확한 업무지시(28%)'와 '상명하복 구조의 권위적인 분위기(27.2%)'를 가장 큰 문제로 꼽았다. 이어 '사내 소통창구 부족(19.2%)', '불필요한 회의 및 과도한 보고(10.1%)', '습관화된 야근(8.3%)' 등이 뒤를 이었다.
>
> 한편 현재 기업문화 중 퇴출이 가장 시급한 것으로는 '소통 없는 일방적 업무 지시(46%)'를 1순위로 꼽았다. 위계질서에 입각한 권위적 문화가 현 시대의 기업 생태계와 조직원들에게 맞지 않는다고 생각하는 것이다. 다음으로 '습관적인 보여 주기 식의 야근(25%)', '과도한 보고(11.7%)', '비효율적 회의(10.8%)'가 있었다. 한편, 직장인들이 이상적으로 생각하는 조직문화로는 '자유로운 의사소통이 가능한 수평적 문화(33%)'가 가장 많았고, '예측 가능한 규칙과 상식적인 가치를 지키는 안정적인 조직문화(23.4%)', '개개인의 역량을 중시하는 자율적인 조직문화(21.5%)' 등이 있었다.

> 〈조직문화혁신 5단계〉
> Step 1. 조직문화의 개선항목을 선정하라. 먼저 성과창출과 직원행복을 가로막는 문제점을 찾아내고 이것을 범주화한다. 일하는 방식 혁신, 일과 삶의 균형, 사기진작과 동기부여, 부서 간 협업, 복지 등으로 범주화될 것이고 이것이 개선항목이다.
> Step 2. 조직문화 개선과제를 선정하라. 개선과제 항목 중에서 가장 중요한 과제와 시급한 과제를 정리한다. 회의문화, 지시보고, 휴가사용, 공정한 평가 등 개선과제를 도출한다.
> Step 3. 개선과제를 핵심가치와 연계하여 우선순위를 정하라. 예를 들어 회사의 핵심가치가 신뢰, 소통, 도전, 자율이라면 이에 해당되는 개선과제를 연결시킨다. 핵심가치와 연계해야 조직문화혁신 활동의 착수가 쉬워진다.
> Step 4. 선정된 개선과제에 대한 제거할 것과 도입할 것을 찾아라. 제거할 것과 도입할 것은 동전의 양면으로 따라오게 하는 것이 기본이다. 여기에 동종업계나 비슷한 규모의 회사가 적용하는 방법이 있다면 도입을 검토할 수 있다.
> Step 5. 구체적인 실행방안을 작성하라. 현업부서와 협력하여 실행방안을 만들어 CEO에게 보고 후 시행한다

① 가장 빨리 개선해야 할 조직문화는 집단문화이군.
② 조직문화의 개선항목으로는 일방적이고 불명확한 업무 지시가 있었군.
③ 우리 회사의 핵심 가치가 '자율'이라면 보여 주기 식의 야근은 지양해야겠어.
④ 개선과제에 대한 제거할 부분과 도입할 부분을 결정해서 적용 방법도 검토해야겠어.

60. ○○기업 최고 경영자인 A 씨가 다음 글을 읽고서 시행해야 할 경영 과제로 적절한 것은?

> 독일의 심리학자 링겔만은 집단 속 개인의 공헌도를 측정하기 위해 줄다리기 실험을 해 봤다. 일대일 게임에서 한 명이 내는 힘을 100%로 할 때 참가자 수가 늘면 개인이 어느 정도의 힘을 쏟는지를 측정했다. 그 결과 2명이 참가하면 93%로, 3명이 할 때는 85%로 줄었고 8명이 함께 할 때는 49% 정도로 혼자 경기할 때의 절반에 불과한 힘을 썼다.
>
> 참가하는 사람이 늘수록 1인당 공헌도가 오히려 떨어지는 이런 집단적 심리 현상을 '링겔만 효과'라고 부른다. 자신에게 모든 책임과 권한이 주어져 있는 일대일 게임과는 달리 '다수 중 한 사람'에 불과한 다대다 게임에서는 익명성이라는 환경을 무기로 전력투구를 하지 않는다는 것을 실험을 통해 밝혀낸 것이다.
>
> 또 다른 실험이 미국에서 시행되었다. 일광욕을 즐기던 한 청년이 다른 관광객들 바로 옆에서 녹음기로 음악을 틀어놓고 즐기다 바닷물에 뛰어들었다. 그 후 도둑 역할을 맡은 사람이 이 청년의 녹음기와 옷가지 등의 소지품을 챙겨 슬그머니 달아났다. 이 상황은 누가 봐도 도둑임이 분명했지만 총 20회 실험 중 단 4명의 관광객만이 도둑을 잡으려고 시도했다. 같은 상황에서 하나만 바꿔 실험을 해 봤다. 이번에는 청년이 바닷물에 뛰어들기 전에 옆 관광객들에게 "제 물건 좀 봐주세요"라고 직접 부탁했다. 결과는 놀라웠다. 20회 실험 중 19명이 도둑을 잡기 위해 위험을 무릅썼던 것이다.
>
> 미국의 심리학자 로버트 치알디니 박사는 이것을 '일관성의 원칙'으로 해석했다. 지켜주겠다고 약속한 만큼 자신의 말에 일관성을 유지하기 위해 애쓰게 된 결과라는 것이다. 자신이 여러 명 중의 한 명, 주목받지 않는 방관자로 취급받을 때 사람은 의식적이든 무의식적이든 최선을 다하지 않게 된다. 반대로 혼자만의 책임일 경우나 자신이 그렇게 하겠다고 약속하는 경우에는 위험까지 감수한다는 것을 실험을 통해 알게 되었다. 회사나 조직은 개인들이 각자 활동할 때보다 더 큰 힘을 발휘할 수 있을 것이라는 기대로 만든 집단이다. 그러나 대개의 경우 전체의 힘은 개인의 힘의 합보다 작아져 버린다.

① 사원들이 주인의식을 갖도록 한다.
② 사원들이 협력하고 배려하도록 한다.
③ 일관된 목표의 중요성을 인식하도록 한다.
④ 익명성에 대한 두려움을 갖지 않도록 한다.

제3회 기출예상문제

지역농협 6급
70분 | 70문항

정답과 해설 61쪽

01. 다음 중 밑줄 친 단어와 의미가 유사한 것은?

> 불가능할 것 같던 일도 <u>시나브로</u> 이루어지는 것을 보면 포기가 능사는 아니다.

① 결국 ② 항상 ③ 점차
④ 우연히 ⑤ 조만간

02. 다음 중 밑줄 친 두 어휘가 유의어 관계가 아닌 것은?

① 공동체 의식을 함양하기 위해 각종 클럽 활동이 가능하도록 배려하는 동시에 이들을 담당할 청소년 지도자를 적극 <u>양성/육성</u>해야 한다.
② 원생들은 원래부터 교육 수준이 낮았고 <u>유랑/난봉</u>과 무위도식의 악습에 물들어 있던 무리였다.
③ 국세인 종합부동산세를 지방세로 <u>전환/변환</u>하는 정부 정책이 조세 정책 방향에 역행한다는 의견이 제시됐다.
④ 대미 수출의 급격한 <u>위축/축소</u>는(은) 지난해부터 계속된 미국의 철강재에 대한 무역 제재 때문인 것으로 풀이된다.
⑤ 혼인 연령이 늦어지는 것은 남녀 불문의 <u>추세/경향</u>인 것 같다.

03. 다음 중 ㉠과 ㉡에 들어갈 어휘로 적절한 것은?

> • ○○기업은 임직원에게 자신의 능력을 최대한 발휘할 기회를 (㉠)하기 위해 노력하고 있다.
> • ○○기업이 본격적으로 영업을 (㉡)하자 여러 투자자들의 막대한 관심이 쏠리고 있다.

	㉠	㉡		㉠	㉡		㉠	㉡
①	제시	마감	②	제공	개시	③	제시	개시
④	제공	마감	⑤	제시	선포			

[04 ~ 05] 다음에 나열된 단어들을 보고 연상되는 말로 가장 적절한 것을 고르시오.

04.

장보고, 서라벌, 9주 5소경, 불국사

① 고구려　　　② 삼국시대　　　③ 통일신라
④ 발해　　　　⑤ 백제

05.

온실가스, 연필심, 유기물

① 리튬　　　　② 질소　　　　③ 산소
④ 탄소　　　　⑤ 수소

06. 다음에 나열된 단어들을 보고 연상되는 말로 가장 적절하지 않은 것은?

유럽, 지중해, 공화제

① 그리스　　　② 모나코　　　③ 프랑스
④ 이탈리아　　⑤ 크로아티아

[07 ~ 09] 다음 글을 읽고 이어지는 질문에 답하시오.

　한 해 동안 전 세계에서 새로이 발생하는 당뇨병 환자 중 14%(320만 명)가 초미세먼지 때문에 당뇨에 걸린다는 연구 결과가 나왔다. 초미세먼지가 심혈관 질환이나 알레르기성 질환의 발병 위험을 높인다는 연구는 많았지만 당뇨병의 위험을 구체적으로 밝힌 대규모 연구는 이번이 처음이다. 특히 세계보건기구(WHO)나 미국 환경청(EPA) 등이 권고한 '안전한' 환경 기준보다 낮은 농도에서도 당뇨병 발병 위험이 높아지는 것으로 드러났다. 환경 초미세먼지 농도를 보다 엄격하게 관리해야 한다는 주장에 (　　　㉠　　　)

　미국 워싱턴대 의대 벤저민 보위 연구원팀은 미국 퇴역군인 중 당뇨 이력이 없는 약 173만 명의 건강 상태를 의료 기록을 기반으로 평균 8년 반 동안 추적 조사했다. 또 미국환경청(EPA)이 조사한 이들의 거주지별 초미세먼지(PM2.5) 농도와 미국항공우주국(NASA)이 인공위성으로 측정한 주변 2~12km 지역의 초미세먼지 농도 데이터를 이용해 초미세먼지가 당뇨병 발병에 미치는 영향을 통계적으로 분석했다.

　연구 결과 대기질 속 미세먼지는 $1m^3$ 공간에 10마이크로그램씩 증가할 때마다 당뇨병 발병 위험을 15%씩 늘리는 것으로 드러났다. 특히 2.4마이크로그램만 존재하는 아주 낮은 농도 때부터 당뇨병 발병 위험이 높아지기 시작했으며 위험은 PM2.5가 증가함에 따라 급격히 치솟았다. 미세먼지가 $1m^3$에 5~10마이크로그램 존재할 때에는 발병 위험이 21% 증가했고 11.9~13.6마이크로그램일 때에는 24% 증가했다. 그 뒤부터는 추가 증가세 없이 비슷한 발병 위험 수준을 유지했다. 연구팀은 발병 이유도 추정했는데, 미세먼지 등 대기오염물질이 몸 안에서 인슐린 분비를 줄이고 염증을 유발해 혈당을 에너지로 전환하는 과정을 방해하기 때문으로 결론을 내렸다.

　연구팀은 2016년 한 해 동안 초미세먼지에 의해 당뇨병에 걸린 환자가 전 세계적으로 320만 명에 이르는 것으로 추정했다. 전체 신규 환자의 14%다. 10만 명마다 약 40명의 당뇨 환자가 발생하는 비율이다. 연구팀은 세계 194개국의 발병률도 비교했다. 초미세먼지에 의한 당뇨 환자 발생 수는 중국과 인도, 미국이 각각 60만, 59만, 15만 명으로 1~3위를 차지했다. 10만 명당 발병률(이론상 최소 위해 노출수준(TMREL)을 초과하는 초미세먼지에 의한 신규 당뇨 환자 발병률)은 파키스탄이 약 73명으로 가장 높았고 인도와 방글라데시가 그 뒤를 따랐다. 한국 역시 약 10만 명마다 40명 전후로 당뇨 환자가 나타나 비교적 당뇨병 발병률이 높은 나라로 꼽혔다.

　연구팀은 초미세먼지가 주요 기구가 정한 권고치보다 낮은 농도에서도 병을 일으킬 수 있는 만큼 초미세먼지 관리기준을 (　　㉡　　)해야 한다고 주장했다. 현재 WHO가 정한 초미세먼지 연평균 농도 권고기준은 $1m^3$당 10마이크로그램, EPA 권고 기준은 12마이크로그램이다. 한국은 오랫동안 25마이크로그램을 유지해 오다 2018년 3월 말부터 15마이크로그램으로 기준을 (　　㉢　　)했다.

07. 윗글에 대한 이해로 바르지 않은 것은?

① 초미세먼지가 심혈관 질환 또는 알레르기성 질환의 발병 위험을 높인다는 연구는 있었으나 당뇨병에 걸릴 위험을 높인다는 것을 밝힌 대규모 연구는 이번이 처음이다.
② 대기 속 미세먼지의 양이 증가할수록 당뇨병 발병 위험도 높아지는데 미세먼지의 양이 일정한 수준을 넘으면 그 뒤부터는 추가 증가세 없이 비슷한 발병 수준을 유지했다.
③ 미세먼지 등에 의해서 당뇨병이 발생하는 이유는 대기오염물질이 몸속에서 인슐린 분비를 줄이고 염증을 일으켜 혈당을 에너지로 전환하지 못하게 하기 때문인 것으로 추정된다.
④ 초미세먼지에 의한 당뇨환자의 발생건수는 중국, 인도, 미국 순으로 많고, 우리나라도 10만 명당 40명 전후로 당뇨 환자가 발생하여 발병률이 높은 편에 속한다.
⑤ 한국은 오랫동안 미국 환경청이 정한 초미세먼지 연평균 농도 권고 기준 수치를 기준으로 하였다가 2018년 3월 말부터 미국 환경청의 경고 기준을 따르고 있다.

08. ㉠에 들어갈 내용으로 가장 적절한 것은?

① 의문이 생기고 있다.
② 힘이 실리고 있다.
③ 해명하고 있다.
④ 곤란해 하고 있다.
⑤ 반론이 제기되고 있다.

09. ㉡에 공통적으로 들어갈 수 있는 단어로 적절한 것은?

① 강화
② 약화
③ 차감
④ 철폐
⑤ 권고

[10 ~ 11] 다음 안내문을 보고 이어지는 질문에 답하시오.

〈계약체결 시 꼭 확인하세요〉

【대항력 및 ⊙우선변제권 확보】
① 임차인이 주택의 인도와 주민등록을 마친 때에는 그다음 날부터 제3자에게 임차권을 주장할 수 있고, 계약서에 확정일자까지 받으면 후순위권리자나 그 밖의 채권자에 우선하여 권한을 받을 수 있습니다.
 – 임차인은 최대한 ⓒ신속이 주민등록과 확정일자를 받아야 하고 주택의 점유와 주민등록은 임대차 기간 중 계속 유지하고 있어야 합니다.
② 등기사항증명서, 미납국세, 다가구주택 확정일자 현황 등 반드시 확인하여 선순위 담보권자가 있는지, 있다면 금액이 얼마인지를 확인하고 계약 체결여부를 결정하여야 ⓒ계약금을 지킬 수 있습니다.
※ 미납국세와 확정일자 현황은 임대인의 동의를 받아 임차인이 관할 세무서 또는 관할 주민센터·등기소에서 확인하거나, 임대인이 직접 납세증명원이나 확정일자 현황을 발급받아 확인시켜 줄 수 있습니다.

〈계약기간 중 꼭 확인하세요〉

【차임증액청구】
계약기간 중이나 갱신 시 차임·보증금을 증액하는 경우에는 5%를 초과하지 못하고, 계약체결 또는 약정한 차임 등의 증액이 있은 후 1년 이내에는 청구하지 못합니다.

【②묵시적 갱신 등】
① 임대인은 임대차기간이 끝나기 6개월부터 1개월 전까지, 임차인은 1개월 전까지 각 상대방에게 기간을 종료하겠다거나 조건을 변경하여 재계약을 하겠다는 취지의 통지를 하지 않으면 종전 임대차와 동일한 조건으로 자동 갱신됩니다.
② 제1항에 따라 갱신된 임대차의 존속기간은 2년입니다. 이 경우 임차인은 언제든지 계약을 ⓜ해제할 수 있지만 임대인은 계약서 제7조의 사유 또는 임차인과의 합의가 있어야만 가능합니다.

〈계약종료 시 꼭 확인하세요〉

【임차권등기명령 신청】
임대차가 종료된 후에도 보증금이 반환되지 아니한 경우 임차인은 임대인의 동의 없이 임차주택 소재지 관할 법원에서 임차권등기명령을 받아 등기부에 등재된 것을 확인하고 이사해야 우선순위를 유지할 수 있습니다. 이때 임차인은 임차권등기명령 관련 비용을 임대인에게 청구할 수 있습니다.

10. 윗글을 근거로 할 때, 다음 질의응답 내용 중 옳지 않은 것은?

①	Q. 임대차 계약 만료일이 20일 남았는데 집 주인이 아직 별 얘기가 없네요. 계약이 자동 갱신된 것으로 봐도 될까요?
	A. 네, 맞습니다. 1개월도 안 남았다면 이미 묵시적 갱신에 동의한 것으로 간주합니다.
②	Q. 임대인이 주택담보대출을 얻고 상환을 못하게 되면 세입자도 보증금을 잃게 되나요?
	A. 그런 경우를 대비해서 계약체결 직후 주민등록을 해야 하고 확정일자를 받으셔야 합니다.
③	Q. 임대차 계약만 체결되고 나면 실거주를 안 하거나 주민등록을 이전해도 큰 상관은 없겠죠?
	A. 우선변제권을 확보하기 위해서 주택 점유와 주민등록을 유지하시는 게 좋습니다.
④	Q. 다가구주택에 전세 계약을 하려 하는데요, 계약만 잘 체결하면 되겠죠?
	A. 세입자 간 담보권 순위와 선순위 금액을 반드시 확인하여야 보증금을 안전하게 지키실 수 있습니다.
⑤	Q. 계약 기간이 종료되어도 임대인이 보증금을 반환해 주지 않을 경우 어떻게 해야 하나요?
	A. 보증금을 받으실 때까지 주택 점유를 포기하거나 먼저 이사를 하지 않으셔야 합니다.

11. 윗글에서 밑줄 친 ㉠~㉤ 중 어법이나 의미상 오류가 없는 것은?

① ㉠ 　　　　② ㉡ 　　　　③ ㉢
④ ㉣ 　　　　⑤ ㉤

[12 ~ 13] 다음 글을 읽고 이어지는 질문에 답하시오.

케어팜은 ⊙사회적 농업을 대표하는 사업 모델이다. 치유 농장이란 의미를 가진 케어팜은 농업을 통해 정신과 육체의 질병을 치유하는 새로운 개념의 시니어 비즈니스다. 건강이 좋지 않은 사람이 요양하듯 의학적으로나 사회적으로 병을 가지고 있는 사람들이 스스로를 치료할 수 있는 사업장을 가리킨다.

케어팜이 처음 시작된 곳은 네덜란드다. 지난 1970년대에 민간에서 처음 선을 보인 케어팜은 병원이나 요양원보다 비용이 저렴하면서도 다양한 환자들의 요구에 부응할 수 있다는 장점 때문에 그 수요가 급증했고, 50여 년 가까운 세월이 흐른 지금은 1,000개가 넘는 거대 조직으로 성장한 상황이다. 케어팜 관계자는 "시작할 때만 해도 민간농장에서 시작됐지만, 현재는 국가차원의 지원을 받고 있다."라고 소개하며 "전체 케어팜 중에서 15%는 치매 노인을 위한 농장으로 운영되고 있다."라고 밝혔다. 치매 노인을 위한 케어팜이 특히나 주목을 받고 있는 이유로는 케어팜을 요양원의 대안으로 볼 수 있기 때문이다. 국내보다는 덜하지만 해외에서도 요양원은 부정적 이미지가 가득한 공간이다. 늙고 병들고 무기력한 노인들의 공동 집합소라는 것이 기존 요양원의 이미지다. 그런데 치매 노인을 위한 케어팜에서는 전혀 다른 모습이 펼쳐진다. 농장에서 과일을 따거나 동물에게 먹이를 주는 등 농업 활동에 참여하면서 자연과 최대한 교감할 수 있도록 다양한 체험을 제공한다.

아직까지는 요양과 관련된 분야가 케어팜의 주류를 이루고 있지만, 최근 들어서는 교육과 여가를 주제로 하는 케어팜의 수가 급속하게 늘어나고 있다. 어린이 돌봄이나 체험 관광 등이 그 사례로, 이는 아이를 중심으로 돌아가는 가족의 생활패턴과 무관치 않다는 것이 전문가들의 의견이다. 실제로 어린이 돌봄농장은 2007년 20곳에서 2013년 219곳으로 10배 이상 늘어났고, 매출액도 400만 유로에서 2,600만 유로로 증가한 것으로 나타났다.

그 외에도 최근 들어서는 케어팜의 이용 계층이 고령층에서 신체적, 정신적 장애를 앓고 있는 자폐나 마약과 알코올 그리고 게임에 빠진 환자 등 그 범위가 다양해지고 있는 추세이며, 사회문제 해결에도 기여할 수 있다는 장점이 드러나고 있다.

이와 같은 추세에 대해 케어팜 관계자는 "농업 하면 떠오르는 생산량 위주의 농업은 이제 전 세계 어디에서나 환영받지 못하고 있다."라고 전하면서 "그보다는 농업이 주는 부가적 기능을 활용하거나 자연적 경관을 이용하는 등의 사회적 요구에 초점을 맞추는 경향이 증가하고 있는 것이 케어팜의 성장 비결"이라고 강조했다.

유럽보다는 시기적으로나 질적인 면에서 많이 뒤처졌지만 국내에서도 사회적 농업의 모델이 될 수 있는 사업들이 하나둘씩 등장하고 있어 주목을 끌고 있다. 경북 경산에 있는 원예치료센터가 대표적인 사례로 이곳에서는 현재 농업체험과 원예활동을 중심으로 하는 전문적 치유프로그램이 운영되고 있다. 개설된 프로그램으로는 청소년 심리치료와 장애인 재활 그리고 주부 우울증 치료 및 고령자 치매 예방 등이 있다.

12. 다음 중 윗글의 밑줄 친 ㉠의 의미에 대한 설명으로 적절한 것은?

① 지역인재를 활용하여 농가소득 증대에 기여하는 사업
② 선진화된 첨단 농업 기술을 사회 전반으로 확대시키고자 하는 사업
③ 도시와 농촌의 격차를 없애기 위하여 도시 인구를 농촌으로 유입하고자 하는 사업
④ 농업의 확산을 위하여 사회 각층으로 농업의 이점을 전파시키는 사업
⑤ 농업이 갖고 있는 여러 가지 장점과 가치를 사회적으로 활용하는 사업

13. 다음 중 '케어팜'에 대한 설명으로 적절하지 않은 것은?

① 케어팜은 요양원에 대한 대안으로 부각되기 시작한 새로운 개념의 사업 모델이다.
② 케어팜에서는 자연과의 교감을 이루는 다양한 경험을 제공한다.
③ 케어팜은 병약한 노인뿐 아니라 어린이들에게까지 유익한 체험의 장이 되고 있다.
④ 케어팜은 농촌의 농산물 판매에도 상당한 기여를 하고 있다.
⑤ 케어팜은 심리치료와 장애인 재활 등의 의료적인 방면에도 유용한 사업이다.

14. 다음 중 (가) ~ (다)를 문맥에 맞게 나열한 것은?

> (가) 하지만 농업 경영체나 예비 창업농은 투자 계획이 있어도 이를 투자 유치로 연결시킬 수 있는 경험과 역량, 네트워크 등이 부족하다. 체계적인 사업 경험이 부족하기 때문에 사업계획서를 작성하는 것도 어렵고, 투자자를 설득할 수 있는 역량도 부족하다. 이들의 투자 유치가 성공하려면 좋은 사업 소재만으로는 부족하고 투자자를 설득시킬 수 있는 설명 자료를 작성할 수 있어야 한다.
>
> (나) 농업부문 신규 투자를 활성화시킬 수 있는 방안 중 하나는 투자 수요자와 투자자 간의 정보 교류를 활성화시키는 것이다. 농업부문의 크라우드 펀딩이 성사된 팜잇 공유 농장의 사례에서도 알 수 있듯이 농업부문 투자에 대한 관심은 광범위하게 존재한다. 투자 성과가 기대되는 사업 모델에 대한 다양한 정보가 투자자에게 전달된다면 농업부문의 신규 투자 활성화에 기여할 것으로 기대된다.
>
> (다) 농업 경영체나 예비 창업농이 참여하는 농산업 투자 설명회를 정기적으로 진행한다면 투자 활성화를 제고하고 부족한 경험을 보완해 주는 좋은 기회가 될 것이다. 또한 농정원 등이 투자 유치를 위한 사업계획서 작성과 같이 농업 경영체의 참여를 지원한다면 투자 설명회의 성과를 올리는 데 큰 도움이 될 것이다. 농식품 모태펀드를 관리하는 농금원이나 투자조합이 투자자로 참여하도록 유도하는 방법도 성과를 제고시킬 수 있는 방안이다.

① (가)-(나)-(다)   ② (가)-(다)-(나)   ③ (나)-(가)-(다)
④ (나)-(다)-(가)   ⑤ (다)-(가)-(나)

15. 다음 글의 제목으로 적절한 것은?

중국의 개항장 상해의 경제 성장 과정에서 대두한 근대 광동 상인은 야누스와 같이 상반된 얼굴을 가지고 있다. 하나는 서구 제국주의의 경제적 침략을 위한 첨병으로 양행의 중국 시장 잠식에 일조한 '매판' 자본으로서의 모습이다. 그러나 다른 각도에서 보면 청나라 말기 중국이 자력으로 서구 근대문물을 수입하여 근대적 산업을 건설하고자 했을 때 물심양면으로 참여한 사람들이 서구어에 능통하고 서구 경제를 잘 아는 광동 상인들이었다. 이들은 인적으로는 같은 사람이지만, 보는 각도에 따라서 애국자와 매국노의 상반된 이미지를 가지고 있는 것이다. 매판 자본으로 성장한 광동 상인은 양무운동 시기 이홍장 양무파 관료의 근대 공업 건설과 각종 경제 기획에 자본과 인력 양면에서 적극적으로 참여함으로써 관직을 수여받고 청조와 유착한 '관상(官商)'으로 성장해 나갔다. 19세기 중반 이후 특히 개항장에서 광동 상인의 세력이 커진 것은 열강의 보호를 받는 양행의 매판이라는 특수신분과 양무운동의 브레인으로 활동하면서 누린 청조의 후원이라는 정치적 요인 때문이었다.

연안 개항장에서 광동 상인이 가장 집중되어 있고 동아시아 전역으로 진출하는 허브가 되었던 곳은 상해였다. 양행의 활동거점이 광주에서 상해로 옮겨가면서 자연스럽게 광동상인의 중심 활동무대도 고향을 떠나 상해로 옮겨왔다. 1853년 전후에 상해에 거주하는 광동인은 이미 8만 명에 이르렀고, 광동 상인들은 상해 상계에서 최대의 파벌을 형성하고 있었다.

양무운동과 관련한 광동 상인의 상해에서의 활동은 활발하게 전개되었다. 중국 자본으로 만든 최초의 근대식 기업은 모두 양무운동 시기에 청조가 설립한 관영 기업들이었다. 자본과 기술, 경영 노하우가 없었던 청조는 상인의 조력을 얻어 기업을 설립해야 했다. 이 실험적 근대 기업이 설립된 주 무대는 서구 회사가 많고 정보와 자본이 넘쳐나던 상해였다. 그리고 양무운동 시기 이홍장을 도와 기업을 경영했던 것이 외국의 근대 기술과 회사조직, 경영에 관한 풍부한 지식을 가지고 있던 매판 상인들, 그중에서도 고급 매판으로 자신의 회사를 여러 개 거느리고 있었던 광동성 향산현(香山縣) 출신의 광동 상인 그룹이었다.

① 매판 자본에 물든 광동 상인
② 광동 상인과 청조의 숨은 조력
③ 동아시아로 진출하게 된 광동 상인
④ 근대 중국 개항장을 선점했던 광동 상인
⑤ 상해 발전의 원동력을 제공한 광동 상인

[16 ~ 18] 다음 배열 규칙을 참고할 때, 빈칸에 들어갈 숫자 또는 문자를 고르시오.

16.
| 3 10 31 ( ) 283 850 |

① 91 ② 94 ③ 96
④ 98 ⑤ 102

17.
| Y V S | K H E | Q N K | L I ( ) |

① C ② D ③ E
④ F ⑤ G

18.
| S8K G4C P2N V10L R5( ) |

① M ② O ③ T
④ W ⑤ Z

19. 다음 〈조건〉을 만족할 때 처음 삼각형의 면적은 얼마인가?

조건
- 삼각형의 밑변의 길이를 1cm 늘리고, 높이를 3cm 줄이면 삼각형의 면적은 기존의 85%가 된다.
- 삼각형의 밑변의 길이를 4cm 줄이고, 높이를 20%만큼 늘리면 삼각형의 면적은 기존의 90%가 된다.

① 100cm²   ② 110cm²   ③ 120cm²
④ 125cm²   ⑤ 130cm²

20. 어떤 일을 장 대리가 혼자 하면 18일이 걸리고, 박 차장이 혼자 하면 30일이 걸린다. 이 일을 처음에는 장 대리가 혼자 진행하다가 박 차장이 연달아 혼자 진행하여 22일 만에 마쳤다면, 장 대리가 일을 한 기간은?

① 11일   ② 12일   ③ 13일
④ 14일   ⑤ 15일

21. 어느 연구소에서 식품 A, B, C의 유통기한 측정 실험을 하고 있다. 실험 조건하에서 대장균은 20분마다 두 배로 증식하며, 실험 초기에 식품 A, B, C에는 각각 2마리/cc, 1마리/cc, 3마리/cc의 대장균이 있다. 20분 간격으로 검사하여 식품 A는 1,000마리/cc, 식품 B는 800마리/cc, 식품 C는 700마리/cc 이상의 대장균이 검출되면 상한 식품으로 판정한다고 할 때, 식품이 상하는 순서대로 나열한 것은?

① A-B-C   ② A-C-B   ③ B-A-C
④ C-A-B   ⑤ C-B-A

22. A 기업의 1차 채용시험에 합격한 지원자의 남녀 비율은 4 : 3이다. 이 중 2차 시험에 합격한 지원자의 남녀비율은 3 : 4이고, 불합격한 지원자의 비율은 17 : 12이다. 2차 시험에 합격한 지원자가 63명일 때, 2차 시험에 불합격한 지원자는 몇 명인가?

① 567명　　　　　② 580명　　　　　③ 595명
④ 609명　　　　　⑤ 638명

23. 다음 내용을 참고할 때, 최 대리와 강 사원 중 어느 한 명이라도 식사 당번에 포함될 확률은 얼마인가?

> 1박 2일간 야유회를 떠난 영업본부 직원 11명은 야외에서 식사를 직접 준비해 먹으려 한다. 11장의 종이 중 4장에 '식사' 표기를 한 후 통 속에 넣어 '식사'가 쓰인 종이를 뽑게 되면 식사 당번이 된다. 맨 처음 뽑는 최 대리는 자신의 종이를 뽑은 후, 장을 보러 간 강 사원의 종이까지 대신 뽑아주기로 하였다.

① $\dfrac{21}{55}$　　　　② $\dfrac{3}{7}$　　　　③ $\dfrac{5}{9}$
④ $\dfrac{17}{33}$　　　　⑤ $\dfrac{34}{55}$

24. 26세인 A 씨가 입사하기 전 인사팀의 평균 나이는 34세였다. A 씨가 입사한 후 인사팀의 평균 나이가 두 살 적어졌다면, 인사팀의 인원은 A 씨를 포함하여 총 몇 명인가?

① 3명　　　　　② 4명　　　　　③ 5명
④ 6명　　　　　⑤ 7명

25. A는 개발업체 B와 각각 8억 원, 10억 원, 90억 원, 200억 원 규모의 토지정비계약을 맺었다. 그러나 네 계약 모두 마감일을 넘겨 계약 페널티가 부과되었다. 페널티 납부 기한까지 페널티를 내지 않으면 체납된 납부금에 대하여 20%의 가산금이 1회 부과된다고 할 때, 다음 중 옳지 않은 것은?

〈계약 페널티 기준〉

계약금액	계약 페널티
10억 원 미만	총 계약금액의 1%
10억 원 이상 ~ 100억 원 이하	1,500만 원+10억 원 초과분의 4%
100억 원 초과	4억 원+100억 원 초과분의 10%

① 8억 원 계약에 대한 페널티 전액을 체납했다면 가산금은 80만 원이다.
② 10억 원 계약에 대한 페널티 절반을 체납했다면 내야 할 돈은 900만 원이다.
③ 90억 원 계약에 대한 페널티 중 3억 원을 납부하고 나머지를 체납했다면 가산금은 700만 원이다.
④ 200억 원 계약에 대한 페널티 중 12억 원을 납부하고 나머지를 체납했다면 내야 할 돈은 2억 4천만 원이다.
⑤ 200억 원 계약에 대한 페널티 절반을 체납했다면 내야 할 가산금은 1억 4천만 원이다.

26. 다음은 ○○공사 경영기획부의 승진시험 결과에 대한 자료이다. 정답을 맞히면 문제당 1점을 득점하고, 답을 기입하지 않으면 0점으로 처리하며, 답을 기입하였지만 정답이 아닐 경우 문제당 1점을 감점하는 방식으로 점수를 계산한다. 승진시험은 총 25문항이라고 할 때, 정답을 가장 많이 맞힌 사람은?

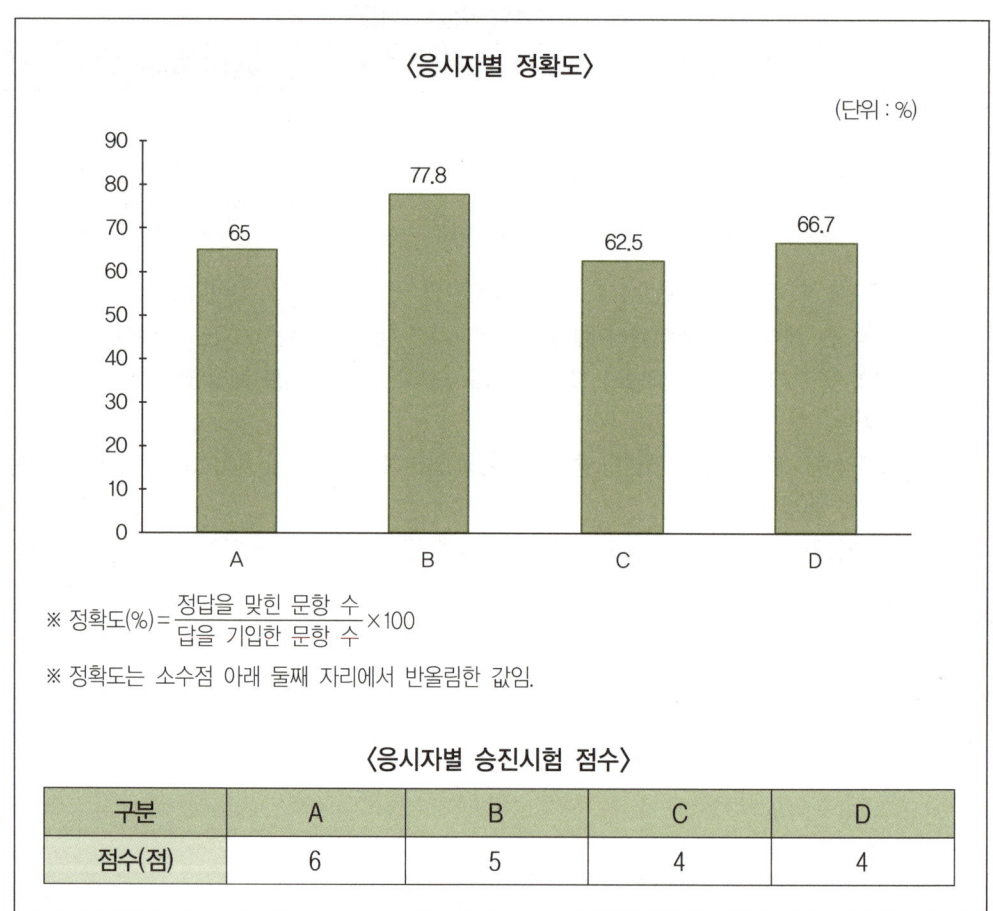

※ 정확도(%) = $\dfrac{\text{정답을 맞힌 문항 수}}{\text{답을 기입한 문항 수}} \times 100$

※ 정확도는 소수점 아래 둘째 자리에서 반올림한 값임.

〈응시자별 승진시험 점수〉

구분	A	B	C	D
점수(점)	6	5	4	4

① A
② B
③ C
④ D
⑤ 모두 같음.

27. 다음은 ○○시의 세입 통계이다. 이에 대한 설명으로 옳은 것은?

〈20X0 ~ 20X2년 ○○시 세입 통계〉

(단위 : 억 원)

구분	20X0년		20X1년		20X2년	
	액수	비율	액수	비율	액수	비율
지방세	116,837	31%	130,385	28%	134,641	25%
세외수입	27,019	7%	23,957	5%	25,491	5%
지방교부세	52,000	14%	70,000	15%	80,000	15%
조정교부금	25,000	7%	35,000	8%	60,000	11%
국고보조금	93,514	24%	109,430	23%	123,220	23%
도비보조금	24,876	6%	36,756	8%	44,978	8%
보전수입 등 내부거래	42,743	11%	61,069	13%	72,105	13%
총계	381,989	100%	466,597	100%	540,435	100%

① 세외수입의 액수는 20X0년 이후 지속적으로 증가하였다.
② 전년 대비 전체 세입 증가액은 20X1년이 20X2년보다 적다.
③ ○○시의 세입 중 가장 큰 비중을 차지하는 것은 지방세이다.
④ 전체 세입에서 지방세가 차지하는 비중은 20X0년 이후로 계속 증가하였다.
⑤ 20X1년 지방교부세의 전년 대비 증가액은 20X1년 국고보조금의 전년 대비 증가액보다 적다.

28. 다음은 갑 국의 도시와 농촌 간 소득 비교 자료이다. 가구원 1인당 소득과 취업자(영농종사자) 1인당 소득을 연도별로 비교한 내용으로 적절한 것은?

(단위 : 천 원)

구분	도시근로자 가구		농가	
	가구원 1인당 소득	취업자 1인당 소득	가구원 1인당 소득	영농종사자 1인당 소득
2016년	1,087	3,912	1,220	1,492
2018년	2,446	7,916	2,777	2,847
2020년	5,313	14,891	6,124	5,033
2022년	6,808	19,001	7,395	5,045
2024년	8,242	21,724	8,241	5,196

① 도시근로자 가구 대비 농가의 가구원 1인당 소득비는 2016년 이후 지속적으로 증가하였으며, 취업자(영농종사자) 1인당 소득비의 경우 2016년 이후 지속적으로 감소하였다.

② 도시근로자 가구 대비 농가의 가구원 1인당 소득비와 취업자(영농종사자) 1인당 소득비의 경우 모두 2020년까지 증가하다가 이후 감소하였다.

③ 도시근로자 가구 대비 농가의 가구원 1인당 소득비와 취업자(영농종사자) 1인당 소득비의 경우 모두 2016년 이후 지속적으로 감소하였다.

④ 도시근로자 가구 대비 농가의 가구원 1인당 소득비는 2020년 이후 감소하였으며, 취업자(영농종사자) 1인당 소득비의 경우 2020년 이후 증가하였다.

⑤ 도시근로자 가구 대비 농가의 가구원 1인당 소득비는 2020년까지 증가하다가 이후 감소하였으며, 취업자(영농종사자) 1인당 소득비의 경우 2016년 이후 지속적으로 감소하였다.

[29 ~ 30] 다음은 우리나라의 지역별 참깨 생산에 대한 자료이다. 이어지는 질문에 답하시오.

구분	재배면적(ha)			10a당 생산량(kg)			생산량(톤)		
	20X7년	20X8년	증감률(%)	20X7년	20X8년	증감률(%)	20X7년	20X8년	증감률(%)
전국	27,170	29,682	9.2	50	48	-4.0	13,575	14,258	5.0
S 시	1	3	200.0	52	48	-7.7	1	1	0.0
B 시	21	30	42.9	57	64	12.3	12	19	58.3
D 시	144	162	12.5	57	51	-10.5	82	82	0.0
E 시	116	132	13.8	52	50	-3.8	60	66	10.0
K 시	197	234	18.8	53	43	-18.9	104	100	-3.8
J 시	70	58	-17.1	57	50	-12.3	40	29	-27.5
U 시	73	85	16.4	54	49	-9.3	39	42	7.7
C 시	100	84	-16.0	44	34	-22.7	44	28	-36.4

29. 다음 중 D 시와 E 시의 지표에 대한 분석으로 옳지 않은 것은?

① 전년 대비 20X8년의 참깨 재배면적은 E 시가 D 시보다 더 많이 증가하였다.
② 전년 대비 20X8년의 10a당 참깨 생산량은 D 시가 E 시보다 더 많이 감소하였다.
③ 20X8년 재배면적당 참깨의 생산량은 D 시가 E 시보다 더 많다.
④ D, E 시 모두 전년 대비 20X8년의 재배면적은 증가하였으나 10a당 생산량은 감소하였다.
⑤ D, E 시 간의 10a당 생산량 격차는 20X7년보다 20X8년이 더 작다.

30. 다음 중 위 자료에 대한 설명으로 옳은 것은?

① 20X8년 10a당 생산량이 전년보다 가장 크게 감소한 지역은 K 시와 J 시이다.
② 20X7 ~ 20X8년 10a당 생산량의 평균이 가장 낮은 지역은 B 시이다.
③ S 시를 제외하고, 전년 대비 재배면적과 생산량의 증감률이 가장 크게 변동된 지역은 C 시이다.
④ 20X8년의 참깨 재배면적과 생산량의 지역별 순위는 동일하다.
⑤ 20X8년 8개 시 참깨 재배면적의 합은 전국의 5%에 미치지 못한다.

31. 다음 〈보기〉의 명제를 토대로 얻을 수 있는 결론으로 항상 옳은 것은?

> **보기**
> - 닭고기를 좋아하는 사람은 오리고기를 좋아한다.
> - 오리고기를 좋아하는 사람은 소고기를 좋아한다.
> - 소고기를 좋아하는 사람은 돼지고기를 좋아하지 않는다.
> - 돼지고기를 좋아하는 사람은 양고기를 좋아하지 않는다.
> - 양고기를 좋아하는 사람은 닭고기를 좋아하지 않는다.

① 소고기를 좋아하지 않는 사람은 닭고기를 좋아한다.
② 돼지고기를 좋아하는 사람은 닭고기를 좋아하지 않는다.
③ 양고기를 좋아하지 않는 사람은 소고기를 좋아한다.
④ 소고기를 좋아하는 사람은 오리고기를 좋아한다.
⑤ 오리고기를 좋아하는 사람은 돼지고기도 좋아한다.

32. △△매장에 고객 A, B, C, D, E, F 여섯 명이 다음 〈조건〉에 따라 줄을 선다고 할 때 가능하지 않은 것은?

> **조건**
> - D는 B보다 먼저 선다.
> - F는 E보다 나중에 선다.
> - A는 줄의 제일 처음에 선다.
> - C가 F보다 나중에 선다면, B는 맨 마지막에 선다.

① C가 제일 마지막에 선다.
② A의 바로 뒤에 D가 선다.
③ A의 바로 뒤에 E가 선다.
④ C 뒤에는 두 명만 서고, A와 F 사이에는 한 명만 선다.
⑤ A와 D 사이에 두 명이 선다면, 마지막 세 사람은 D-C-B 순서이다.

33. 팀장 갑, 을, 병과 팀원 유미, 영미, 혜미, 다미, 보미가 〈조건〉에 따라 세 대의 차량으로 나누어 야유회 장소로 이동했을 때, 다음 중 가능하지 않은 경우는?

> **조건**
> - 각 차에 팀장급 인원이 한 명씩 배정되었다.
> - 각 차의 인원은 세 명을 넘을 수 없다.
> - 야유회 장소로의 출발 순서는 팀장 갑, 을, 병 순이었고, 도착 순서는 병, 을, 갑이었다.
> - 팀원 유미가 팀장 을와 같은 차에 탔다면, 가장 인원이 적은 차는 팀장 갑의 차다.
> - 팀원 혜미는 팀원 유미와 같은 차를 탔다.
> - 팀원 다미는 팀장 갑과 같은 차를 타지 않았다.

① 팀원 혜미가 팀장 을의 차에 탔다면, 다미는 가장 인원이 적은 차에 탔다.
② 야유회 장소에 마지막으로 도착한 차에 팀원 보미가 탔다.
③ 팀원 다미가 팀장 병의 차에 탔다면, 팀원 영미와 보미가 같은 차를 탔다.
④ 팀장 갑의 차에 세 명이 탔다면, 팀원 유미가 탄 차는 야유회 장소에 마지막으로 도착했다.
⑤ 팀원 유미가 팀장 을의 차에 탔다면, 팀원 다미가 탄 차가 야유회 장소에 제일 먼저 도착했다.

34. 현도, 래원, 선미, 한솔, 소라, 시원 6명은 원탁에 둘러앉아 식사를 하려고 한다. 〈조건〉에 따라 동일한 간격으로 떨어져 앉는다고 할 때, 다음 중 항상 옳은 것은?

> **조건**
> - 현도는 한솔이와 마주 보지 않고 이웃하여 앉지 않는다.
> - 래원이는 현도와 이웃하여 앉지 않는다.
> - 선미는 시원이와 마주 보며 앉는다.

① 현도는 선미와 이웃하여 앉는다.
② 래원과 한솔이는 마주 보며 앉는다.
③ 래원이는 시원이와 이웃하여 앉는다.
④ 소라는 현도와 이웃하여 앉는다.
⑤ 시원이는 현도와 이웃하여 앉는다.

35. □□기업에서는 인사평가에 따른 개별면담을 진행하고 있다. 가장 우수한 인사평가인 S 등급을 받을 직원이 갑, 을, 병, 정 중에 있으며 이들 중 한 사람이 거짓말을 할 때, S 등급을 받을 수 있는 사람을 모두 고른 것은? (단, S 등급은 한 명만 받을 수 있다)

> • 갑 : 나는 S 등급을 받지 않았어.
> • 을 : 나도 S 등급을 받지 않았어.
> • 병 : 을이 S 등급을 받았어.
> • 정 : 을 또는 병이 S 등급을 받았어.

① 갑　　　　　　　② 을　　　　　　　③ 을, 병
④ 갑, 정　　　　　　⑤ 병, 정

36. 다음의 명제를 토대로 얻을 수 있는 결론이 아닌 것은?

> • 갑 마을의 농민들은 모두 사과 또는 복숭아를 재배한다.
> • 트랙터를 가진 갑 마을 농민들은 2인 가구를 이루고 있다.
> • 사과를 재배하는 갑 마을 농민들은 2인 가구를 이루고 있지 않다.
> • 복숭아를 재배하는 갑 마을 농민들은 노인과 함께 산다.
> • 노인과 함께 살지 않는 갑 마을 농민들은 트랙터를 갖고 있지 않다.

① 노인과 함께 살지 않는 갑 마을 농민들은 사과를 재배한다.
② 트랙터를 가진 갑 마을 농민들은 노인과 함께 산다.
③ 2인 가구를 이루고 사는 갑 마을 농민들은 노인과 함께 산다.
④ 사과를 재배하는 갑 마을 농민들은 트랙터를 가지고 있지 않다.
⑤ 복숭아를 재배하는 갑 마을 농민들은 트랙터를 가지고 있다.

37. ○○공사 엘리베이터에 A, B, C, D, E 다섯 명의 직원이 타고 있다. 다음 〈조건〉이 성립한다고 가정할 때 참이 아닌 것은?

조건
- 엘리베이터는 1층에서부터 올라가기 시작하며 중간에 내려가지 않는다.
- A, B, C, D, E는 모두 다른 층에서 내리며, 3 ~ 7층 중 한 층에서 내린다.
- B는 A보다 먼저 내린다.
- E는 7층에서 내리지 않는다.
- D는 가장 먼저 내린다.
- C가 내리는 층과 E가 내리는 층은 3층 차이가 난다.

① E는 4층에서 내린다.
② A는 5층에서 내린다.
③ C는 가장 나중에 내린다.
④ E가 내릴 때 B는 엘리베이터에 타고 있다.
⑤ A가 내리는 층과 B가 내리는 층은 1층 차이가 난다.

[38 ~ 39] 다음 자료를 보고 이어지는 질문에 답하시오.

최근 다양한 제품과 편리한 주차 시설 및 각종 편의 시설을 완비한 백화점, 대형 마트 등이 증가하고 있다. 특히 대형 마트는 주로 일상생활용품을 저렴한 가격에 대량으로 판매하면서 짧은 시간에 대표적인 상업 및 소비 공간으로 자리 잡았다. 반면 재래시장은 소비자와의 거리가 가까운 주거 지역에 입지하여 다양한 제품을 저렴한 가격으로 판매한다. 그러나 재래시장 근처에 입지한 대형 마트로 손님이 몰리면서 경쟁력이 크게 약화되어 문을 닫는 경우가 증가하고 있다. 이에 재래시장은 대형 마트와의 경쟁력을 확보하기 위해 판매 환경 개선과 다양한 마케팅 전략을 도입하면서 변화를 도모하고 있다.

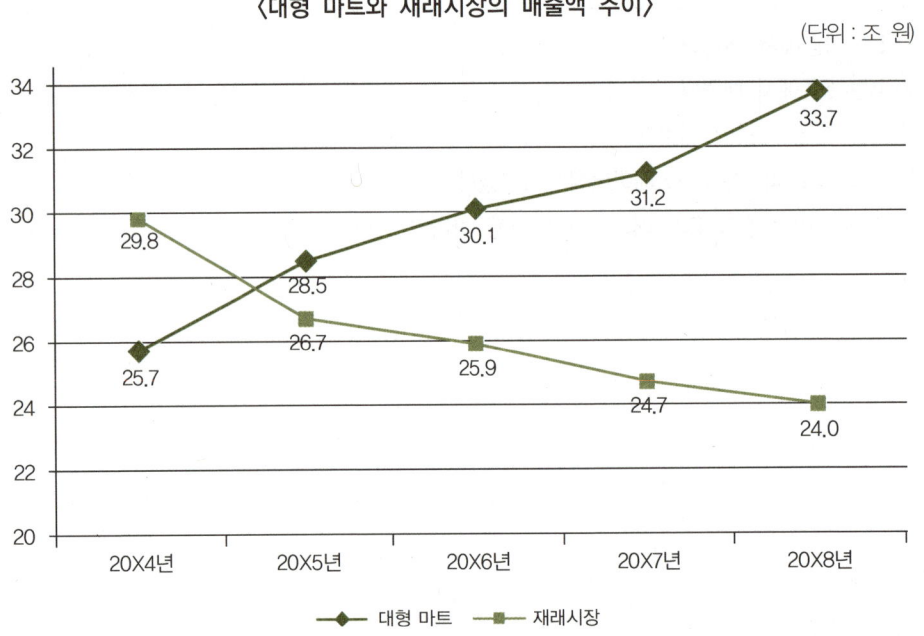

〈대형 마트와 재래시장의 매출액 추이〉
(단위 : 조 원)

대형 마트는 유통시장의 개방과 외환위기를 겪으면서 점포 수와 매출액에서 매년 높은 증가율을 보였다. 이 과정에서 재래시장에서는 볼 수 없었던 대형 마트 고유의 특성을 수립했는데, '원스톱 쇼핑'과 같이 소비자의 장보기 습관을 바꾸어 놓기도 하였다. 또한 판매되는 제품은 전국적으로 유통되는 표준적인 상품들이며 가격에 있어서도 상시 저가정책을 추구한다. 대형 할인점은 대량구매, 대량진열, 저마진, 고회전, 셀프서비스, 최저투자 등 생산, 유통, 판매구조를 합리화시켜 저가로 판매한다는 점에서 일반 소매 업태와 큰 차이를 보인다. 규모면에 있어서도 넓은 주차 공간, 다양한 제품구색이라는 점에서 백화점과 비교될 수 있는 소매 형태로 입지를 굳혔다. 백화점보다는 상품의 다양성이 약한 면이 있지만, 낮은 마진을 보전하기 위해 제한된 서비스, 낮은 시설투자비, 셀프서비스 등으로 점포의 운영비를 낮추는가 하면, 상품의 구성에 있어서도 고회전의 제품을 주로 취급한다는 점에서 백화점과 차이를 보이고 있다.

한편, 현대사회로 내려오면서 유통시장 전면개방과 이에 따른 유통업태의 구조변화 즉, 국내외 대형할인점·전문점의 출점 확대, 홈쇼핑·전자상거래·우편판매 등 통신판매업과 방문판매업 등 유통채널의 다양화로 인한 고객 분산으로 재래시장은 소비자로부터 외면당하는 고충을 안게 되었다. 재래시장들의 공통적 문제점으로 지적되고 있는 건물의 노후화로 인한 붕괴 및 화재 등 안전상의 위험 상존, 좁은 주차장·화장실, 전천후 시설을 비롯한 고객서비스 시설의 미비와 청결 및 위생관리 측면에서도 매우 열악한 실정이다. 이미 현대화된 쇼핑 공간에 익숙해져 있는 소비자들은 점포와 통행로가 협소하고, 노점상의 도로 불법 점용에 따라 유모차 및 쇼핑카트의 통행이 곤란한 재래시장에서 쾌적한 쇼핑 분위기를 즐길 수 없다.

38. 다음 중 위 자료에서 알 수 있는 대형 마트의 특징으로 적절하지 않은 것은?

① 외환위기 이후로 매년 성장세를 보였다.
② 장기적으로 저비용 구조의 운영이 실현되고 있다.
③ 매장 인테리어에 중점 투자하여 고객 유치를 최대 전략으로 삼고 있다.
④ 백화점에 비해 상품의 다양성이 떨어지고, 판매 회전율이 비교적 높은 상품을 진열한다.
⑤ 보다 저렴한 가격에 물건들을 한 번에 구매하고 싶어 하는 소비자들을 대상으로 시장 경쟁력을 높여 왔다.

39. 다음 중 재래시장의 경쟁력 강화를 위한 방안으로 적절하지 않은 것은?

① 시장 구조물의 재건축을 위해 지자체가 적극 지원한다.
② 대형 마트와의 차별화를 위해 고가 정책을 적극 도입한다.
③ 고객유입을 위한 판촉활동에 적극적인 전략을 펼쳐 현대적 경영기법을 도입한다.
④ 신용카드 가맹점을 대폭 늘려 소비자 신뢰를 회복한다.
⑤ 자체 브랜드와 긍정적인 이미지 개발을 통해 현대 소비자들의 재래시장에 대한 인식의 변화를 유도한다.

40. 다음 글을 참고할 때, 〈보기〉의 ㉠ ~ ㉤ 중 '선언지 긍정의 오류'에 해당하는 사례를 모두 고른 것은?

> '선언지 긍정의 오류'는 선언적 삼단 논법에서 대전제의 어느 한 명제를 긍정하는 것이 필연적으로 다른 명제의 부정을 도출한다고 여기는 오류로, 포괄적 선언명제와 배타적 선언명제를 혼동해서 생기는 오류다. 논리학에서 선언명제는 언제나 포괄적 의미로만 사용된다. 쉽게 말하자면 어느 전제의 대상이 A일 수도 있고 B일 수도 있다는 것인데, 대상이 A라고 해서 B가 아니라고 단정 지을 수는 없다는 것이다.

보기

㉠ 어제 만난 그 사람은 남자이거나 여자이다. 그런데 그 사람은 여자이다. 따라서 그 사람은 남자가 아니다.
㉡ 길동이는 미술부원이거나 축구부원이다. 길동이는 미술부원이다. 따라서 길동이는 축구부원이 아니다.
㉢ 철수는 서울에 있거나 설악산에 있다. 영희는 철수가 설악산에 있는 것을 보았다고 했다. 따라서 철수는 서울에 있지 않다.
㉣ 어떤 연예인은 가수이거나 작곡가이다. 그 연예인은 가수이다. 따라서 그는 작곡가가 아니다.
㉤ 한국 팀은 그 경기에서 이기거나 비겼다. 그 경기에서 비기거나 진 팀의 명단에 한국은 없었다. 따라서 한국은 그 경기에서 이겼다.

① ㉠, ㉡
② ㉠, ㉤
③ ㉡, ㉣
④ ㉢, ㉣
⑤ ㉣, ㉤

[41 ~ 42] 다음은 농협몰 홈페이지 고객센터에 올라온 질문 목록이다. 이어지는 질문에 답하시오.

번호	질문 제목
12	농협몰 주문결제 오류 메시지 해결방법 안내
11	한 번의 주문으로 여러 명에게 상품을 보낼 수 있나요?
10	주문서 페이지에서 웹사이트 복구 오류 메시지가 뜨면서 오류 페이지로 넘어갑니다.
9	한국에 거주 중인 외국인도 가입할 수 있나요?
8	주문한 상품 중 일부만 취소하고 싶은데 가능한가요?
7	카드 결제 시 인증과 보안 프로그램 설치 메시지가 지속적으로 뜹니다.
6	탈퇴했던 아이디로 재가입이 가능한지요?
5	주문한 상품을 한꺼번에 받고 싶습니다.
4	주문한 상품을 취소하고 싶은데 어떻게 하나요?
3	인증서의 보안경고가 뜬 후, 결제가 진행되지 않습니다.
2	외국 거주자는 어떻게 가입할 수 있나요?
1	공휴일에도 배송이 되나요?

41. 위 질문 내용을 몇 가지 유형으로 나누려고 할 때, 카테고리로 적절하지 않은 것은?

① 회원정보   ② 주문결제   ③ 배송
④ 주문취소   ⑤ 거래증빙서류

42. (41과 이어짐) 위에서 구분한 카테고리에 질문을 더 추가한다고 할 때, 다음 중 범주가 나머지 넷과 다른 하나는?

① 아이디 또는 비밀번호는 어떻게 찾을 수 있나요?
② 회원등급은 몇 단계이고 어떤 혜택이 있나요?
③ 개인정보에 관한 보안은 안전한가요?
④ 회원가입을 하면 어떤 혜택을 받을 수 있나요?
⑤ 농촌사랑 신용카드 포인트로 결제할 수 있나요?

43. 다음 글을 통해 알 수 있는 복숭아 재배에 대한 설명으로 옳은 것은?

> 복숭아는 특히 햇빛에 민감한 편으로 수관 내부의 열매가지가 쉽게 말라 죽는 것도 이 때문이다. 수확기 직전부터 수확기에 걸쳐 강우가 많을 때에는 복숭아의 품질이 떨어질 뿐만 아니라 병 발생이 많고 수확 작업, 수송, 판매에 어려움이 많다. 그러므로 품종 선택에 있어서 재배지역의 기상조건을 충분히 검토하여 비가 많은 시기와 수확기가 일치하지 않도록 하는 것이 좋다.
> 백도계 복숭아는 여름철 고온, 다습한 조건에서도 생육이 가능하고 결실도 좋은 편이나 본래는 건조기후에 적합한 과수이다. 유럽계 복숭아는 생육기간 중 비가 많이 오면 영양생장이 지나치게 왕성해지고 꽃눈 맺힘도 나빠지며 탄저병 발생이 심하게 되므로 비가 적게 오는 지역에 적합하다.
> 5~6월의 새 가지가 자라는 시기에 비가 많이 오면 일조량이 부족하여 탄소 동화작용이 떨어질 뿐만 아니라 토양이 다습하게 되어 뿌리의 생리기능도 떨어진다. 또 새 가지의 생장이 왕성하게 되어 양분의 소모가 많아져 배(胚)의 발육과 양분경쟁이 일어나 생리적 낙과가 심하게 된다.
> 여름에 비가 많이 오면 일조 부족으로 과실 내 당분 축적이 떨어져 품질이 낮아지는데, 품종에 따라서 열과의 원인이 되기도 하며 병해 발생도 심하다. 따라서 복숭아는 비가 적게 오는 지방에서 재배하는 것이 유리하다. 복숭아는 과수 중에서 내습성이 매우 약한 편에 속하며, 물 빠짐이 나쁜 곳에서는 나무가 말라 죽거나 발육이 나빠지고 수명도 짧아진다. 따라서 물 빠짐이 좋고 지하수위가 높지 않은 양토 또는 사양토가 적지이다.
> 복숭아 재배에 적합한 토양산도(pH)는 4.9~5.2 범위로 우리나라 토양에서 재배가 잘된다. 그러나 무기성분의 흡수 이용 면에서 볼 때 어느 과수에서나 토양산도가 중성에 가까운 것이 이상적이므로 석회를 줄 필요가 있다.

① 복숭아는 강우가 많지 않은 지역에서 재배하는 것이 유리하다.
② 유럽계 복숭아는 백도계 복숭아보다 생육 조건이 덜 까다롭다.
③ 5~6월에 비가 많이 오면 복숭아의 낙과가 심하게 되므로, 7~8월에 비가 많은 지역에서 재배하는 것이 품질 유지에 적합하다.
④ 복숭아 재배에 적합한 토양의 요건으로는 배수보다 토양산도를 중성에 가깝게 유지하는 것이 더욱 중요하다.
⑤ 비가 많이 오는 시기를 거치면 복숭아 가지의 생장이 왕성해져 오히려 품질 좋은 복숭아를 수확할 수 있다.

44. 다음 글에서 언급된 필자의 주장에 부합하지 않는 것은?

> 지금까지 우리나라는 WTO나 FTA를 통한 농산물 시장개방이라는 세계적인 무역자유화 움직임 속에서 국내 농업의 피해를 최소화한다는 명분 아래 수세적이고 소극적이며, 방어적인 농업통상 정책을 추진해 왔다. 하지만 앞으로는 보다 적극적이고 공세적인 농업통상과 국제농업협력이라는 넓은 틀로 지평을 확장하고, 한국 농식품 산업의 해외진출 활성화를 위한 농업통상 전문 인력의 육성과 국제농업협력의 강화가 필요하다. 이를 위해 WTO나 FTA 등 대외 통상협상에서 효과적인 농업부문의 협상전략을 마련하고, 우리의 농업통상 이익을 최대한 성취할 수 있는 농업통상 전문 인력을 양성해야 한다.
>
> 또한, 개발도상국들에 대한 농업개발협력을 강화하고 이를 위해 관련 정책 및 전략을 적극적으로 개발하고 추진해야 할 것이다. 국제사회에서 우리나라의 경제·정치적 입장을 관철하기 위해서는 다른 국가의 신뢰와 지지를 확보해 나가야 한다. 이런 측면에서 우리의 선진화된 농업기술과 성공적인 농촌개발 경험은 많은 개발도상국들이 배우고자 하는 성공사례로서 다른 어떤 분야보다도 국제협력이 활발히 이루어질 수 있을 뿐만 아니라 성공가능성도 크다. 우리나라도 국제기구를 통한 농업협력뿐만 아니라, 우리나라의 위상에 걸맞은 공적개발원조(ODA) 자금 확대와 개도국 농업협력강화에 적극 참여함으로써 우리의 위상에 걸맞은 역할을 수행하고 국제사회의 신뢰와 지지를 확보해 나가야 할 것이다. 국제농업협력 사업 확충을 통한 수원국과의 우호 협력 관계 증진은 중장기적으로 우리 농식품 기업의 해외진출 활성화에 기여하는 중요한 발판이 될 것으로 기대된다.

① 분야별 국제 협상에 효과적으로 대응하려면 전문적이고 기술적인 인력이 필요하다.
② 지속적인 농업통상문제에 대한 관심과 전문가의 효과적 활용방안에 대한 고민이 필요하다.
③ 개도국에 대한 농업 지원은 국제사회의 지지를 얻는 데 효과적인 방법이 될 수 있다.
④ 국제사회에서 국제농업협력 사업과 관련하여 개도국을 지원함으로써 우리나라 농식품 기업의 해외진출을 활성화할 수 있다.
⑤ 대외 무역협상에서 과도한 우리의 입장 견지는 개도국에 대한 지원 확대에 걸림돌이 될 수 있다.

45. 다음 〈사례〉의 한 대리가 자원을 낭비하게 된 원인으로 적절한 것은?

사례
○○기업 인사과의 올 상반기 설악산 워크숍 준비는 작년 하반기 회사 체육대회 준비를 해 본 경험이 있는 한 대리가 담당하기로 하였다. 한 대리는 시간이 많이 남아 있다고 생각하여 느긋하게 있다가 출발 3일 전에야 기억이 나서 준비를 하기 시작했다. 　한 대리는 급하게 필요해 보이는 물품을 생각나는 대로 구입하던 중 숙소가 어디냐고 물어보는 최 사원의 말에 숙소를 예약하지 않았다는 사실이 떠올랐다. 바로 인터넷으로 숙소를 예약하려고 하였으나 예산 범위 안의 장소는 예약이 이미 마감되어 있었다. 어쩔 수 없이 예산이 초과되는 비싼 숙소를 예약할 수밖에 없었다. 　워크숍 당일에는 구입해 두었던 물품을 사용하려고 하니 인원수에 비해 수량이 턱없이 부족하였다. 숙소에 도착하여 근처에서 부족한 물품들을 계속 구입하게 되어 비용이 또 소모되었고, 단합대회가 끝난 뒤 급하게 구입했던 물품 중 일부는 사용하지 않은 채로 남아 있었다.

① 노하우 부족　　　② 편리성 추구　　　③ 비계획적 행동
④ 물품의 부실한 관리　　⑤ 자원에 대한 인식 부재

46. 다음 시간계획을 위한 우선순위 매트릭스의 (B)에 들어갈 적절한 업무를 〈보기〉에서 모두 고른 것은?

〈일의 우선순위 판단을 위한 매트릭스〉

구분	긴급한 일	긴급하지 않은 일
중요한 일	(A)	(B)
중요하지 않은 일	(C)	(D)

보기
ㄱ. 위기상황　　　　　　ㄴ. 시간 낭비 거리 ㄷ. 새로운 기회 발굴　　ㄹ. 중장기 계획 세우기 ㅁ. 잠깐의 급한 질문　　ㅂ. 우편물 확인 ㅅ. 프로젝트 마감　　　 ㅇ. 인기 있는 활동

① ㄱ, ㅅ　　　　② ㄷ, ㄹ　　　　③ ㄱ, ㄴ, ㅇ
④ ㄷ, ㅁ, ㅂ　　　⑤ ㅂ, ㅅ, ㅇ

47. 다음 글을 참고할 때, 〈보기〉의 조 대리에게 가장 적절한 유연근무제 유형으로 알맞은 것은?

유연근무제는 획일화된 공무원의 근무형태를 개인, 업무, 기관별 특성에 맞게 다양화하여 일과 삶의 균형을 꾀하고 공직 생산성을 향상하는 것을 목적으로 한다. 유연근무제는 시간제근무, 탄력근무제, 원격근무제로 나눌 수 있다.

시간제근무는 다른 유연근무제와 달리 주 40시간보다 짧은 시간을 근무하는 것이다. 수시로 신청할 수 있으며 보수 및 연가는 근무시간에 비례하여 적용한다.

탄력근무제는 네 가지 유형이 있다. 시차출퇴근형은 1일 8시간 근무체제를 유지하면서 출퇴근시간을 자율적으로 조정할 수 있으며 7:00 ~ 10:00에 30분 단위로 출근시간을 스스로 조정하여 8시간 근무 후 퇴근한다. 근무시간선택형은 주 5일 근무를 준수해야 하지만 1일 8시간을 반드시 근무해야 하는 것은 아니다. 근무 가능 시간대는 6:00 ~ 24:00이며 1일 최대 근무시간은 12시간이다. 집약근무형은 1일 8시간 근무체제에 구애받지 않으며, 주 3.5 ~ 4일만을 근무한다. 근무 가능 시간대는 6:00 ~ 24:00이며 1일 최대 근무시간은 12시간이다. 이 경우 정액급식비 등 출퇴근을 전제로 지급되는 수당은 출근하는 일수만큼만 지급한다. 재량근무형은 출퇴근 의무 없이 프로젝트 수행으로 주 40시간의 근무를 인정하는 형태이며 기관과 개인이 협의하여 수시로 산정한다.

원격근무제에는 재택근무형과 스마트워크근무형이 있는데, 시행 1주일 전까지 신청하면 된다. 재택근무형은 사무실이 아닌 자택에서 근무하는 것이며, 초과근무는 불인정된다. 스마트워크근무형은 자택 인근의 스마트워크센터 등의 별도 사무실에서 근무하며, 초과근무를 위해서는 사전에 부서장의 승인이 필요하다.

― 보기 ―

공무원인 조 대리는 유연근무제를 신청하고자 한다. 조 대리는 자신의 부서 사무실에 출근하여 다른 직원들과 어울리며 일하는 것을 선호하며, 주 40시간의 근무시간은 유지할 예정이다. 이틀은 아침 7시에 출근하여 12시간씩 근무하고, 나머지 사흘은 5 ~ 6시간의 근무를 하고 일찍 퇴근하려는 계획을 세웠다.

① 근무시간선택형 ② 시차출퇴근형 ③ 시간제근무
④ 집약근무형 ⑤ 재택근무형

48. P 쇼핑몰 사장 한○○ 씨는 A ~ C 공장별 제작비를 비교하여 1년간 납품 계약을 맺을 공장을 결정하려고 한다. 제작비가 가장 적게 드는 공장과 계약할 때, 한○○ 씨가 계약할 공장과 제작비가 가장 큰 공장과 가장 적은 공장과의 차액을 순서대로 구하면?

〈P 쇼핑몰 1년 예상판매 수(판매액)〉

구분	상의 판매 수(판매액)	하의 판매 수(판매액)
5,000원 이상 ~ 10,000원 미만	700벌(500만 원)	250벌(200만 원)
10,000원 이상 ~ 15,000원 미만	1,000벌(1,300만 원)	550벌(700만 원)
15,000원 이상 ~ 20,000원 미만	1,200벌(2,000만 원)	700벌(1,300만 원)
20,000원 이상 ~ 30,000원 미만	500벌(1,200만 원)	800벌(1,800만 원)

〈A ~ C 공장별 제작비〉

- A 공장 : 상의 제품단가 10,000원 미만은 예상매출액의 30%, 10,000원 이상은 25%를 제작비로 받는다. 하의 제품단가 15,000원 미만은 예상매출액의 35%, 15,000원 이상은 30%를 제작비로 받는다.
- B 공장 : 제품단가와 상관없이 상의는 1벌당 4,300원, 하의는 1벌당 3,000원을 제작비로 받는다.
- C 공장 : 상하의 모두 제품단가 15,000원 미만은 예상매출액의 30%, 15,000원 이상은 28%를 제작비로 받는다.

	계약할 공장	제작비 차액		계약할 공장	제작비 차액
①	A 공장	240만 원	②	B 공장	280만 원
③	B 공장	422만 원	④	C 공장	388만 원
⑤	C 공장	368만 원			

49. ○○기업은 사무실을 이전하려고 한다. 다음 기준에 따라 위치 점수가 가장 높은 사무실을 선택할 때, 〈보기〉에서 옳은 설명을 모두 고른 것은?

〈사무실-장소 간 거리별 점수표〉

점수 장소	5점	4점	3점	2점	1점
거래처	0 ~ 120m	120 ~ 230m	230 ~ 330m	330 ~ 400m	400m ~
은행	0 ~ 150m	150 ~ 300m	300 ~ 380m	380 ~ 450m	450m ~
지하철역	0 ~ 180m	180 ~ 360m	360 ~ 500m	500 ~ 700m	700m ~
우체국	0 ~ 250m	250 ~ 400m	400 ~ 600m	600 ~ 850m	850m ~

※ '$x \sim y$m'는 'xm 이상 ~ ym 미만'을 의미한다.
※ 우편집중국에는 우체국과 동일한 점수 조건을 적용한다.

〈사무실 A ~ C와 장소 간 거리〉

(단위 : m)

장소 사무실	거래처	은행	지하철역	우체국
A	104	150	412	420
B	223	263	170	180
C	76	218	360	507

─── 보기 ───

㉠ A 사무실의 위치 점수는 15점이다.
㉡ 위치 점수를 높게 받은 순서는 B>C>A 순이다.
㉢ 사무실에서부터의 거리를 따질 때에 가장 중요하게 생각하는 장소는 은행이다.
㉣ C 사무실과 우편집중국까지의 거리는 210m이다. 사무실에서 필요한 우편 작업을 우체국 대신 우편집중국에서 할 수 있다면, C 사무실도 선택할 수 있다.
㉤ 〈사무실 A ~ C와 장소 간 거리〉에서 은행과의 거리가 실제보다 멀게 측정되었다고 할 때, 다시 측정해서 점수를 계산해도 선택하는 사무실은 동일하다.

① ㉠, ㉣ ② ㉠, ㉤ ③ ㉡, ㉢
④ ㉢, ㉤ ⑤ ㉣, ㉤

50. 갑 운송사에서 A 마을과 B 마을을 연결하는 버스를 다음과 같이 운행하고자 할 때, 필요한 최소 버스 수(㉠)와 최소 운전기사 수(㉡)가 올바르게 짝지어진 것은? (단, 승하차 및 버스 정지 시간은 고려하지 않는다)

- 두 마을을 오가는 평균 왕복 시간은 2시간이다.
- 배차는 항상 15분 간격으로 유지된다.
- 운전기사의 휴식시간은 1회 왕복 후 30분이다.
- 모든 버스는 'A 마을 → B 마을 → A 마을'의 경로로 이동하며, 이를 1회 왕복으로 한다.

	㉠	㉡		㉠	㉡		㉠	㉡
①	6대	8명	②	8대	10명	③	10대	12명
④	10대	14명	⑤	12대	14명			

51. 직장인 A 씨는 지난달에 연장근로를 하였다. 다음 표에서 연장근로수당이 잘못 계산되었다면 추가로 받을 금액은 얼마인가? (단, 통상임금 시급은 십의 자리에서 반올림한다)

근무시간	연장근무 시간	연장근로수당 (원)	통상임금 산정시간	통상임금 시급 (원)	기본급 (원)	연장근로 수당(원)
1일 8시간 (1주 40시간)	56시간	시급×1.5배× 연장근로시간	209시간	기본급 / 통상임금 산정시간	1,400,000	452,500

① 110,300원
② 111,200원
③ 112,200원
④ 542,800원
⑤ 562,800원

52. 다음은 20X4년 ○○공사에 재직 중인 직원 A~D에 대한 자료이다. 〈정보〉를 참고할 때, 20X5년 직원 C의 직급은?

구분	직급	현 직급 근무 기간	업무실적	직무태도	사회봉사	비고
직원 A	사원	20X2. 01. 01. ~ 20X4. 12. 31.	50점	60점	70점	질병 휴가 55일
직원 B	사원	20X0. 01. 01. ~ 20X4. 12. 31.	90점	80점	90점	징계 1회
직원 C	대리	20X1. 09. 01. ~ 20X4. 12. 31.	80점	70점	60점	출산 휴가 21일
직원 D	차장	20X1. 09. 01. ~ 20X4. 12. 31.	50점	90점	20점	징계 1회

─ 정보 ─

- 승진 총점은 업무실적 40%, 직무태도 30%, 사회봉사 30%의 비율로 반영한다.
- 승진 총점이 80점 이상이며 현 직급 근무 기간이 3년 이상인 경우에만 승진이 가능하다.
- 질병 및 출산 휴가 기간은 근무 기간에 포함되지 않으며 징계 1회당 승진 점수 10점을 감점한다.
- ○○공사의 직급은 사원-대리-과장-차장-부장 순이다.

① 사원 ② 대리 ③ 과장
④ 차장 ⑤ 부장

[53 ~ 54] 다음은 협력업체의 선정 기준과 신청 업체 현황이다. 이어지는 질문에 답하시오.

〈협력업체 선정 기준〉

구분	배점	채점 기준	
사업 기간	30점	8년 미만	만점의 40%
		8년 이상 15년 미만	만점의 80%
		15년 이상	만점
실적	20점	–	
기술 인력 보유 현황	20점	5명 미만	만점의 30%
		5명 이상 10명 미만	만점의 50%
		10명 이상	만점
비용 절감 계획	30점	1% 미만	만점의 30%
		1% 이상 3% 미만	만점의 70%
		3% 이상	만점
계	100점	–	

※ 점수가 가장 높은 업체를 선정하며 동점인 경우 사업 기간이 긴 업체, 기술 인력이 많은 업체 순으로 선정한다.

〈신청 업체 현황〉

구분	A	B	C	D	E
사업 기간	12년	19년	4년	9년	7년
기술 인력	4명	9명	19명	5명	11명
비용 절감	2.8%	3.2%	0.6%	2.2%	0.4%

53. C와 E 업체가 실적 항목에서 만점을 받았고 나머지 업체의 실적 항목 점수가 같다면, 선정 기준에 따라 선정될 업체는?

① A ② B ③ C
④ D ⑤ E

54. 선정 기준의 항목과 배점이 다음의 두 가지로만 측정하는 것으로 바뀌었다면, 선정되는 업체로 적절한 곳은? (단, 다른 기준은 모두 같다)

구분	배점
사업 기간	40점
기술 인력 보유 현황	60점
계	100점

① A ② B ③ C
④ D ⑤ E

55. 다음은 ○○회사 직원 A~E에 대한 자료이다. 실수에 대한 벌점을 〈정보〉와 같이 부과할 때, 징계를 받는 직원은?

〈○○회사 직원 A~E의 실수 건수〉

직원	실수 건수(건)		우수 직원 수상 연도
	일반 실수	중대한 실수	
A	30	6	-
B	23	17	-
C	18	21	20X1년 우수 직원
D	34	8	20X3년 우수 직원
E	39	8	20X2년 우수 직원

> **정보**
> - 일반 실수는 건당 10점, 중대한 실수는 건당 20점의 벌점을 부과한다.
> - 20X1 ~ 20X3년에 우수 직원으로 선정된 직원은 벌점에서 100점을 차감한다.
> - 다음 두 조건을 모두 만족하는 직원에게 징계를 내린다.
>   - 벌점이 총 500점 이상이다.
>   - 업무처리 건수 대비 실수 건수가 20% 이상이다.
> - 모든 직원의 업무처리 건수는 200건으로 동일하다.

① A ② B ③ C
④ D ⑤ E

56. 다음은 조직을 구분하는 기준에 관한 설명이다. ㉠ ~ ㉢을 기준으로 할 때, '정부'와 같은 조직에 속하지 않는 것은?

> 조직은 ㉠<u>공식화 정도</u>에 따라 공식조직(Formal Organization)과 비공식조직(Informal Organization)으로 구분할 수 있다. 공식조직은 조직의 구조, 기능, 규정 등이 조직화되어 있는 조직을 의미하며, 비공식조직은 개인들의 협동과 상호작용에 따라 형성된 자발적인 집단 조직이다. 또한 조직은 ㉡<u>영리성을 기준</u>으로 영리조직과 비영리조직으로 구분할 수 있다. 영리조직은 기업과 같이 이윤을 목적으로 하는 조직이며, 비영리조직으로는 공익을 추구하는 단체 등이 해당한다. 조직을 ㉢<u>규모로 구분</u>하여 보았을 때, 가족 소유의 상점과 같은 소규모 조직, 대기업과 같이 대규모 조직 등으로 구분할 수 있다.

① 국제여성민주연맹 ② 서울대학교 ③ 자동차 회사 G 기업
④ UN ⑤ 국경없는의사회

57. 조직의 구성원들이 수행하는 모든 업무활동은 조직의 공통목적을 지향한다. 따라서 구성원들은 목적달성을 위해서 업무를 분담하고 일련의 수행과정을 거쳐 추진하게 된다. 다음 중 가 ~ 다를 목적달성을 위한 업무수행과정 순서에 맞춰 적절하게 나열한 것은?

> 가. 업무에 활용이 가능한 시간, 예산, 기술, 인간관계 등의 자원에 대한 가능여부를 점검한다.
> 나. 업무의 진행과정이나 상황을 명확하게 이해하기 위해 업무수행 시트를 작성하여 활용한다.
> 다. 자신이 속한 조직의 업무가 무엇인지 확인하고, 자신에게 주어진 업무에 대한 지침을 확인한다.

① 가 ⇨ 나 ⇨ 다 ② 가 ⇨ 다 ⇨ 나 ③ 나 ⇨ 가 ⇨ 다
④ 다 ⇨ 가 ⇨ 나 ⑤ 다 ⇨ 나 ⇨ 가

58. 다음은 D사의 조직개편 전과 후의 조직도이다. 이에 대한 설명으로 올바르지 않은 것은?

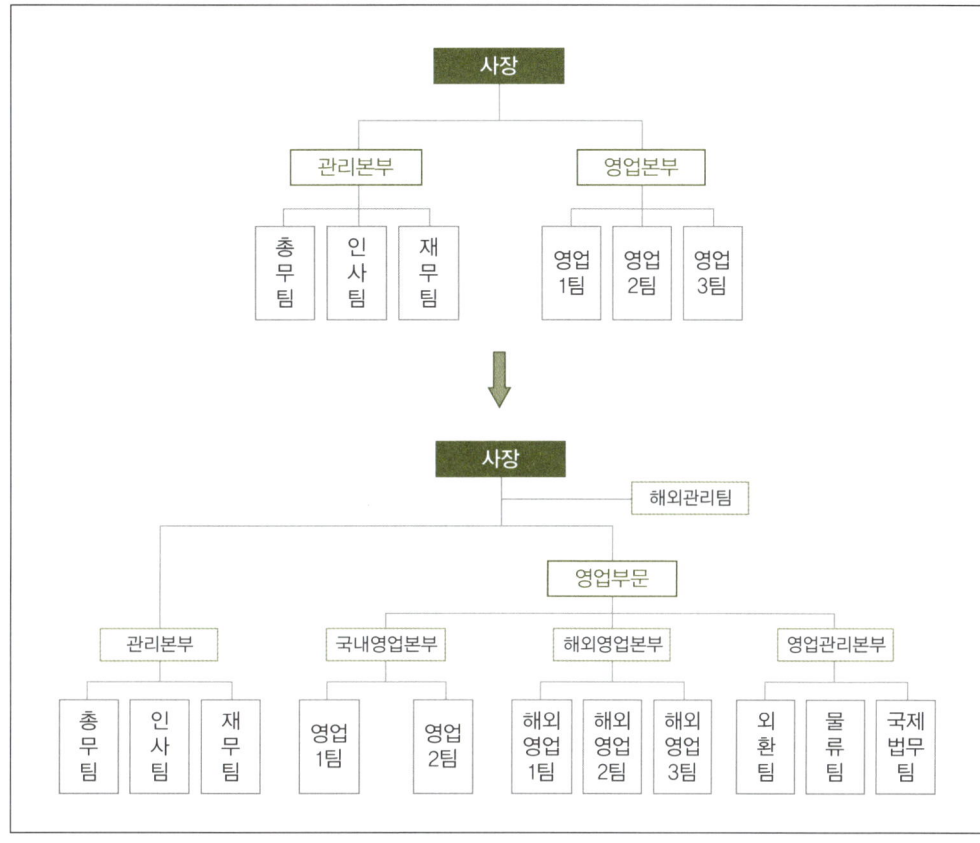

① 팀과 본부의 수가 확대 개편되었다.
② 해외영업 업무가 추가되었으며, 지원조직도 신설되었다.
③ 국내영업본부와 해외영업본부는 영업부문 내에서 자연스러운 경쟁관계가 형성된다.
④ 기존 관리본부 산하 3개 팀의 사장과의 결재라인이 추가되었다.
⑤ 해외 사업과 관련하여 사장 직할 조직이 신설되었다.

59. 조직 내에서 다음의 업무를 수행하는 부서를 순서대로 적절하게 나열한 것은?

> ㉠ 경영진단업무, 종합예산수립 및 실적관리
> ㉡ 업무분장 및 조정, 상벌관리, 직업수급 및 관리
> ㉢ 주주총회 및 이사회 개최 업무, 차량 및 통신시설의 운영
> ㉣ 재무상태 및 경영실적 보고, 고정자산 관련 업무
> ㉤ 외상매출금의 청구 및 회수, 판매원가 및 판매가격의 조사

	㉠	㉡	㉢	㉣	㉤
①	회계	인사	총무	기획	영업
②	기획	인사	총무	회계	영업
③	기획	총무	인사	회계	영업
④	기획	총무	인사	영업	회계
⑤	총무	인사	기획	영업	회계

60. 다음 두 회사의 경영 전략에 대한 설명으로 올바른 것은?

> 경쟁관계에 있는 갑 회사와 을 회사는 올 초부터 서로 다른 경영 전략을 선택하게 되었다. 갑 회사는 저렴한 가격을 통해 보다 폭넓고 다양한 고객을 확보하는 것이 장기적인 경영전략에 도움이 된다고 판단한 반면, 을 회사는 제품의 특성을 감안할 때 전체 고객층의 요구에 충족하는 마케팅보다 다소 가격이 인상되더라도 차라리 노인층에 특화된 기능을 추가하여 60세 이상의 고객에게 집중하고자 하는 전략을 취한 것이다.

① 두 회사는 모두 동일한 전략을 선택하였다.
② 갑 회사의 전략은 제품의 대량생산을 더 어려워지게 한다.
③ 을 회사의 전략은 집중화 전략이다.
④ 을 회사는 제품 전체의 마케팅 비용이 더 증가하게 된다.
⑤ 두 회사 모두 생산품이나 서비스가 독특하게 인식되도록 하는 전략을 선택하였다.

61. 다음에서 설명하는 개념의 순기능으로 적절하지 않은 것은?

> 조직구성원이 조직생활을 통하여 학습하고 공유하며, 전수하는 신념, 규범, 관행으로서 조직구성원들의 생각과 의사결정 및 활동에 방향을 알려 주는 것이다.

① 조직구성원에게 행동지침이나 규범을 제공한다.
② 조직구성원들의 일탈적인 태도와 행동을 통제하는 기능을 한다.
③ 조직의 안정성과 지속성을 갖게 한다.
④ 조직구성원에게 획일성을 갖게 한다.
⑤ 조직구성원의 일체감을 조성한다.

62. T사는 내부 경영진 회의 중 다음과 같은 의견을 도출하였다. 도출된 의견에서 제기된 제도의 문제점으로 적절하지 않은 것은?

> 경쟁업체의 동향과 국제적인 기업환경의 변화를 감안할 때, 우리 회사도 이제는 노동조합을 경영의 파트너로 인식하여 조직의 의사결정 과정에 참여시켜야 한다. 대립적, 적대적인 노사관계로는 경영의 한계를 맞이할 수밖에 없으며, 노사관계의 근본 협력관계를 개선하지 않으면 생산적이고 효율적인 업무 성과를 도출해 낼 수 없는 상황에 이를 것이다. 또한 근로자와 노동조합이 경영과정에 참여하여 자신의 의사를 반영함으로써 공동으로 문제를 해결하고 그들이 새로운 아이디어를 제시하거나 현장에 적합한 개선방안을 마련해 줌으로써 경영의 효율성도 제고할 수 있다. 결국 이를 통해 궁극적으로는 노사 간 대화의 장이 마련되어 상호 신뢰를 증진시킬 수 있다.

① 경영능력이 부족한 근로자가 경영에 참여할 경우 의사결정이 늦어질 수 있다.
② 대표로 참여하는 근로자가 모든 근로자들의 권익을 지속적으로 보장할 수 있는지의 문제가 있다.
③ 경영자의 고유 권리인 경영권을 약화시킬 우려가 있다.
④ 분배문제를 해결함으로써 노동조합의 단체교섭 기능이 약화될 우려가 있다.
⑤ 의사결정에 관한 사항에만 국한되어 이윤분배에 있어서는 유명무실한 장치가 될 수 있다.

[63 ~ 64] 다음 글을 읽고 이어지는 질문에 답하시오.

조직변화에 대한 연구들에서 조직변화 과정을 다룬 대표적 이론은 레윈(Kurt Lewin)의 3단계 변화모델이다. 세력장이론(Force-field Theory)이라고도 하는 레윈의 조직변화이론은 조직변화를 추진세력과 견제세력 간의 균형이 발생하면서 진행된다는 관점에서 이론을 제시하고 있다. 즉, 조직변화는 추진세력이 견제세력의 저항을 극복하면서 진행되며, 반대로 견제세력은 추진세력의 주도성에 일정한 저항을 함으로써 일방적으로 변화가 일어나는 것을 통제할 수 있다는 논리이다. 레윈은 추진세력이 견제세력의 저항을 사전에 최소화하는 것부터 조직변화가 시작된다고 보았다. 또한 그는 변화의 각 단계에서 추진세력과 견제세력의 행동이 다음과 같은 단계로 진행된다고 하였다.

(가)
경영자가 조직에 새로운 행동과 태도, 기술과 구조를 적용해 나가는 단계이다. 기존의 것을 새로운 양식으로 대체해 나가는 단계로서 구성원들은 새로운 시스템에 적응하면서 기존의 행동과 사고를 변화시켜야 한다. 구성원들은 적응 단계에서 저항하거나 순종하거나 혹은 동일화 및 내면화를 시키는 등 다양한 반응을 보이는데, 저항을 줄이고 가급적 내면화할 수 있도록 경영자의 설득과 공감대 형성 노력이 필요하다.

(나)
변화의 도입 이후 구성원들의 변화 행동이 계속 반복되고 강화되는 단계이다. 이 단계에서는 행동에 대한 강화기재가 중요하며, 반복을 통한 습관화가 이루어지는 것이 발견된다. 만약 이 과정이 효과적으로 진행되지 못한다면 원래의 행동으로 돌아갈 위험성이 높아지게 된다. 이 단계에서 새로운 행동과 제도 운영에 대한 저항을 극복하지 못하면 원래의 상태로 돌아갈 위험이 있기 때문에 각별히 저항에 대한 관리에 신경을 써야 한다. 변화에 대한 저항을 극복하는 데에는 다양한 방법이 있다.

(다)
경영자 혹은 변화담당자가 새로운 행동과 경영방침의 필요성을 제기하고, 변화의 방향을 정하는 단계이다. 조직구조, 기술, 행동양식 등 기존의 관습과 제도가 가진 문제점을 부각시키고, 환경변화에 조직이 새롭게 대응해 나갈 것을 강조하며, 구성원들에게 이를 소통하고자 한다. 구성원들은 새로운 변화가 왜 필요한지, 변화의 결과가 본인들에게 어떤 불이익을 가져올지, 변화에 구성원 스스로 적응해 나갈 수 있을지 등을 고려하기 때문에 불확실성이 높은 단계이다. 경영자가 구성원의 불안을 줄여 주고, 변화에 대한 확신을 심어 주지 못한다면 견제가 세력화될 가능성은 그만큼 증가하게 된다.

63. 윗글의 (가)~(다)의 순서와 명칭을 올바르게 연결한 것은?

① (가) 해빙 단계 → (나) 이동 단계 → (다) 재동결 단계
② (나) 재동결 단계 → (다) 해빙 단계 → (가) 이동 단계
③ (나) 이동 단계 → (가) 재동결 단계 → (다) 해빙 단계
④ (다) 이동 단계 → (나) 재동결 단계 → (가) 해빙 단계
⑤ (다) 해빙 단계 → (가) 이동 단계 → (나) 재동결 단계

64. 윗글의 (나)에서 설명하는 변화에 대한 저항을 극복하는 다양한 방법에 관하여 다음 〈보기〉에서 설명하는 것은?

보기

변화과정에서 구성원들이 겪게 되는 스트레스와 불안감을 정서적으로 줄여 주고, 변화과정에 필요한 자원을 제공한다. 이를테면 휴식의 제공, 스킬 교육을 위한 근로시간의 배정, 관리자의 격려 등이 이에 해당한다.

① 압력
② 교육
③ 협상과 동의
④ 촉진과 지원
⑤ 조종과 흡수

[65 ~ 66] 다음은 ○○농협 각 조직의 성과를 평가하기 위한 체계이다. 이어지는 질문에 답하시오.

구분	평가항목 (가중치)	평가내용	배점 (점)	비고
부서평가 (100점)	주요 업무성과 (60점)	업무실적평가 : 부서 지표(5개) 실적 평가(실·국장)	35	가중치 하향 (70→60점)
		자체평가 : 성과관리시행계획 관리과제 평가(자체평가위원)	25	
	정책홍보 (20점)	정책홍보 : 부서별 주요업무 홍보 실적 평가 ※ 지원부서는 주요업무성과와 연계하여 점수 부여	20	신설
	고객관리 (10점)	민원 소통 : 부서별 민원처리 실적 평가	4	가중치 하향 (15→10점)
		정책 제안 및 참여 : 제안처리 및 국민참여실적 평가	3	
		고객만족도 : 부서별 업무처리 만족도 조사	3	
	정책수행 (10점)	일하는 방식 개선 : 주요지표 평가 및 역량교육 이수율 평가	5	가중치 하향 (10→5점)
		유연근무제 평가 : 부서원의 유연근무 실시율 평가	2	신설
		테마별 점검 - 청렴교육 : 부패 및 청렴 관련 교육 이수 실적 - 중증장애인 및 중소기업 제품 구매 : 예산대비 물품구매 실적 - 사이버침해대응훈련 : 해킹 메일 열람 및 신고율	3	
가·감점 (-5 ~ +2점)	장관가점	대내외 평가 실적, 탁월한 실적 선정 ※ 청렴 우수 사례 포함	+1	
	규제개혁 등	• 규제개혁 발굴·추진, 등록규제 정비 우수/미흡 실적(-0.5 ~ +1) • 비정상의 정상화 과제 우수/미흡 실적(-0.3 ~ +0.5)	-5 ~ +1	신설

65. ○○농협의 조직성과 평가체계를 위의 표와 같이 정비한 취지로 적절하지 않은 것은?

① 불필요한 휴가 자제 및 공동 업무 분위기 저해 요인을 제거하려는 목적이 담겨 있다.
② 기존 평가항목의 가중치를 낮추고 새롭고 다양한 평가항목으로 조직을 평가하고자 하였다.
③ 외부에서의 평가와 그에 따른 실적을 조직성과에 반영하고자 하였다.
④ 민원인과의 원활한 업무 소통을 청렴교육 이수 실적보다 중요하게 평가하고자 하였다.
⑤ 부서원들의 유연근무 사용을 권장하려는 목적이 담겨 있다.

66. 다음은 ○○농협 J, K, M, S 팀의 업무 내용별 평가점수이다. 이에 근거하여 조직성과 평가점수가 가장 우수할 것으로 판단되는 팀은? (단, 언급되지 않은 항목은 모두 동일한 수준이라고 가정한다)

구분	J 팀	K 팀	M 팀	S 팀
역량교육 이수율 평가	우수	최우수	매우 미흡	보통
민원처리 실적 평가	보통	보통	최우수	최우수
업무처리 만족도	보통	미흡	우수	보통
제안처리 실적	미흡	우수	보통	우수
유연근무제 실시율	양호	미흡	양호	미흡

※ 5점 배점의 경우 최우수 5점, 우수 4점, 보통 3점, 미흡 2점, 매우 미흡 1점
 4점 배점의 경우 최우수 4점, 우수 3점, 보통 2점, 미흡 1점
 3점 배점의 경우 우수 3점, 보통 2점, 미흡 1점
 2점 배점의 경우 양호 2점, 미흡 1점

① J 팀 ② K 팀 ③ M 팀
④ S 팀 ⑤ 최고점이 같아 알 수 없다.

[67 ~ 68] 다음 결재규정을 읽고 이어지는 질문에 답하시오.

〈결재규정〉
- 결재를 받으려는 업무에 대해서는 최고결재권자(대표이사)를 포함한 이하 직책자의 결재를 받아야 한다.
- '전결'이라 함은 회사의 경영활동이나 관리활동을 수행함에 있어 의사 결정이나 판단을 요하는 일에 대하여 최고결재권자의 결재를 생략하고, 자신의 책임하에 최종적으로 의사 결정이나 판단을 하는 행위를 말한다.
- 전결사항에 대해서도 위임받은 자를 포함한 이하 직책자의 결재를 받아야 한다.
- 표시내용 : 결재를 올리는 자는 최고결재권자로부터 전결사항을 위임받은 자가 있는 경우 결재란에 전결이라고 표시하고 최종 결재권자란에 위임받은 자를 표시한다. 다만, 결재가 불필요한 직책자의 결재란은 상향대각선으로 표시한다.
- 최고결재권자의 결재사항 및 최고결재권자로부터 위임된 전결사항은 아래의 표에 따른다.

구분	내용	금액기준	결재서류	팀장	본부장	대표이사
접대비	거래처 식대, 경조사비 등	20만 원 이하	접대비지출품의서 지출결의서	●■		
		30만 원 이하			●■	
		30만 원 초과				●■
출장비	국내 출장비	30만 원 이하	출장계획서 출장비신청서	●■		
		50만 원 이하		●	■	
		50만 원 초과		●		■
	해외 출장비			●		■
소모품비	사무용품		지출결의서	■		
	문서, 전산소모품					■
	기타 소모품	20만 원 이하		■		
		30만 원 이하			■	
		30만 원 초과				■
교육훈련비	사내외 교육		기안서 지출결의서	●		■
법인카드	법인카드 사용	50만 원 이하	법인카드 신청서	■		
		100만 원 이하			■	
		100만 원 초과				■

※ ● : 기안서, 출장계획서, 접대비지출품의서
※ ■ : 지출결의서, 세금계산서, 발행요청서, 각종 신청서

67. 영업부 K 사원이 캐나다에서 열리는 국제 콘퍼런스에 참석하기 위해 작성한 결재 양식으로 옳은 것은?

①
	출장계획서			
결재	담당	팀장	본부장	최종 결재
	K	전결		본부장

②
	출장비신청서			
결재	담당	팀장	본부장	최종 결재
	K			대표이사

③
	출장계획서			
결재	담당	팀장	본부장	최종 결재
	K	전결		

④
	출장비신청서			
결재	담당	팀장	본부장	최종 결재
	K	전결		전결

⑤
	출장계획서			
결재	담당	팀장	본부장	최종 결재
	K	전결		대표이사

68. 홍보팀 T 대리는 기타 소모품 구매를 위해 25만 원을 지출하여야 한다. T 대리가 작성한 결재 양식으로 옳은 것은?

①
	기안서			
결재	담당	팀장	본부장	최종 결재
	T		전결	본부장

②
	지출결의서			
결재	담당	팀장	본부장	최종 결재
	T		전결	

③
	지출결의서			
결재	담당	팀장	본부장	최종 결재
	T		전결	본부장

④
	기안서			
결재	담당	팀장	본부장	최종 결재
	T			

⑤
	지출결의서			
결재	담당	팀장	본부장	최종 결재
	T			대표이사

69. 다음은 K 농협의 복무규정 일부이다. 이에 대한 설명으로 올바르지 않은 것은?

> 제○○조(근로시간) ① 근로자의 근로시간은 휴게시간을 제외하고 1일 8시간, 1주 40시간으로 하고, 시업시간은 09 : 00, 종업시간은 18 : 00로 한다.
> ② 근로시간 4시간당 30분의 휴게시간을 보장해야 하고, 8시간인 경우에는 합계 1시간의 휴게시간을 근로시간 도중에 주어야 한다.
> ③ 제1항 내지 제2항에도 불구하고 직무의 성격, 특수성 등을 감안하여 필요하다고 인정할 때에는 근로시간 및 휴게시간을 달리 정하여 운영할 수 있다. 다만, 이 경우 근로계약서에 이를 명시하여야 한다.
> 제○○조(연장근로) ① 사용부서의 장은 근로자와 협의하에 정해진 근로시간에도 불구하고 연장근로를 명할 수 있다.
> ② 제1항의 연장근로는 1주간에 12시간을 초과할 수 없다.
> ③ 제1항의 규정에 의한 근로에 대하여는 회사「보수규정」이 정하는 바에 따라 수당을 지급한다.
> 제○○조(휴일) ① 다음 각 호에 해당하는 날은 유급휴일로 한다.
>   1.「근로기준법」에 따른 휴일(주휴일)
>   2.「근로자의 날 제정에 관한 법률」에 따른 근로자의 날
>   3.「공휴일에 관한 규정」에 따른 공휴일
> ② 토요일은 무급휴무일로 한다.
> ③ 사용부서의 장은 필요하다고 인정하는 경우에 제1항의 규정에 의한 휴일에 대하여 정상 근무일과 대체근무를 시킬 수 있다. 다만, 이 경우 근로계약서에 이를 명시하여야 한다.
> 제○○조(휴일근로) ① 사용부서의 장은 근로자와 협의하에 정해진 휴일임에도 불구하고 휴일근로를 명할 수 있다.
> ② 제1항의 규정에 의한 근로에 대하여는 회사「보수규정」이 정하는 바에 따라 수당을 지급한다.
> ③ 제1항의 규정에 의하여 휴일에 근무한 자에 대하여는 정상 근무일에 휴무하게 할 수 있으며, 이 경우 휴일과 대체되는 것으로 보아 휴일근로수당을 지급하지 아니한다.

① 시업시간부터 종업시간까지 휴게시간은 총 1시간이다.
② 근로계약서에 명시될 경우, 종업시간을 1시간 앞당겨 휴게시간을 보장할 수 있다.
③ 규정된 유급휴일에 근로를 한 모든 경우에 휴일근로수당이 지급되어야 한다.
④ 근로자와 사용자의 계약상 협의가 있을 경우 유급휴일과 무급휴일에 모두 정상 근무를 대체하여 근로가 이루어질 수 있다.
⑤ 휴일근로를 실시하기 위해서는 근로자의 협의가 선행되어야 한다.

70. 다음은 농협에서 서비스 중인 애플리케이션에 대한 설명이다. 이 애플리케이션의 이름으로 옳은 것은?

- 복잡한 인증 절차 없이 휴대전화 및 농협계좌 인증만으로 회원가입이 가능하다.
- 일반 모드와 조합원 모드, 큰글 모드, 내맘콕 모드 등을 지원한다.
- 2016년 7월 출시 후 6년 반 만에 가입고객 1,000만 명을 돌파했다.
- 고객들에게 생활서비스도 제공하는 금융·유통 융복합 플랫폼이다.
- 2023년 3월부터 이체 수수료가 전면 면제되고 있다.
- 농협 관련 매장에서 앱카드처럼 휴대폰 하나만 있으면 결제를 하는 기능, 농협조합 조합원과 농축산물 직거래 시 QR 결제를 하는 기능, 농축산물 쇼핑 기능이 있다.

① NH올원뱅크　　② NH스마트뱅킹　　③ NH농협카드
④ NH콕뱅크　　　⑤ NH모바일G

3파트

직무능력평가

인성검사

- ✪ 01 인성검사의 이해
- ✪ 02 인성검사 유형 연습

01 인성검사의 이해

1 인성검사, 왜 필요한가?

　채용기업은 지원자가 '직무적합성'을 지닌 사람인지를 인성검사와 NCS기반 필기시험을 통해 판단한다. 인성검사에서 말하는 인성(人性)이란 그 사람의 성품, 즉 각 개인이 가지는 사고와 태도 및 행동 특성을 의미한다. 인성은 사람의 생김새처럼 사람마다 다르기 때문에 몇 가지 유형으로 분류하고 이에 맞추어 판단한다는 것 자체가 억지스럽고 어불성설일지 모른다. 그럼에도 불구하고 기업들의 입장에서는 입사를 희망하는 사람이 어떤 성품을 가졌는지 정보가 필요하다. 그래야 해당 기업의 인재상에 적합하고 담당할 업무에 적격인 인재를 채용할 수 있기 때문이다.

　지원자의 성격이 외향적인지 아니면 내향적인지, 어떤 직무와 어울리는지, 조직에서 다른 사람과 원만하게 생활할 수 있는지, 업무 수행 중 문제가 생겼을 때 어떻게 대처하고 해결할 수 있는지에 대한 전반적인 개성은 자기소개서나 면접을 통해서도 어느 정도 파악할 수 있다. 그러나 이것들만으로 인성을 충분히 파악할 수 없기 때문에 객관화되고 정형화된 인성검사로 지원자의 성격을 판단하고 있다.

　채용기업은 필기시험을 높은 점수로 통과한 지원자라 하더라도 해당 기업과 거리가 있는 성품을 가졌다면 탈락시키게 된다. 일반적으로 필기시험 통과자 중 인성검사로 탈락하는 비율이 10% 내외가 된다고 알려져 있다. 물론 인성검사를 탈락하였다 하더라도 특별히 인성에 문제가 있는 사람이 아니라면 절망할 필요는 없다. 자신을 되돌아보고 다음 기회를 대비하면 되기 때문이다. 탈락한 기업이 원하는 인재상이 아니었다면 맞는 기업을 찾으면 되고, 경쟁자가 많았기 때문이라면 자신을 다듬어 경쟁력을 높이면 될 것이다.

2 인성검사의 특징

　우리나라 대다수의 채용기업은 인재개발 및 인적자원을 연구하는 한국행동과학연구소(KIRBS), 에스에이치알(SHR), 한국사회적성개발원(KSAD), 한국인재개발진흥원(KPDI) 등 전문기관에 인성검사를 의뢰하고 있다.

　이 기관들의 인성검사 개발 목적은 비슷하지만 기관마다 검사 유형이나 평가 척도는 약간의 차이가 있다. 또 지원하는 기업이 어느 기관에서 개발한 검사지로 인성검사를 시행하는지는 사전에 알 수 없다. 그렇지만 공통으로 적용하는 척도와 기준에 따라 구성된 여러 형태의 인성검사지로 사전 테스트를 해 보고 자신의 인성이 어떻게 평가되는가를 미리 알아보는 것은 가능하다.

　인성검사는 필기시험 당일 직무능력평가와 함께 실시하는 경우와 직무능력평가 합격자에 한하여 면접과 함께 실시하는 경우가 있다. 인성검사의 문항은 100문항 내외에서부터 최대 500문항까지 다양하다. 인성검사에 주어지는 시간은 문항 수에 비례하여 30~100분 정도가 된다.

　문항 자체는 단순한 질문으로 어려울 것은 없지만 제시된 상황에서 본인의 행동을 정하는 것이 쉽지만은 않다. 문항 수가 많을 경우 이에 비례하여 시간도 길게 주어지지만 단순하고 유사하며 반복되는 질문에 방심하여 집중하지 못하고 실수하는 경우가 있으므로 컨디션 관리와 집중력 유지에 노력하여야 한다. 특히 같거나 유사한 물음에 다른 답을 하는 경우가 가장 위험하다.

3 인성검사 합격 전략

1 포장하지 않은 솔직한 답변

"다른 사람을 험담한 적이 한 번도 없다.", "물건을 훔치고 싶다고 생각해 본 적이 없다."

이 질문에 당신은 '그렇다', '아니다' 중 무엇을 선택할 것인가? 채용기업이 인성검사를 실시하는 가장 큰 이유는 '이 사람이 어떤 성향을 가진 사람인가'를 효율적으로 파악하기 위해서이다.

인성검사는 도덕적 가치가 뛰어나게 높은 사람을 판별하려는 것도 아니고, 성인군자를 가려내기 위함도 아니다. 인간의 보편적 성향과 상식적 사고를 고려할 때, 도덕적 질문에 지나치게 겸손한 답변을 체크하면 오히려 솔직하지 못한 것으로 간주되거나 인성을 제대로 판단하지 못해 무효 처리가 되기도 한다. 자신의 성격을 포장하여 작위적인 답변을 하지 않도록 솔직하게 임하는 것이 예기치 않은 결과를 피하는 첫 번째 전략이 된다.

2 필터링 함정을 피하고 일관성 유지

앞서 강조한 솔직함은 일관성과 연결된다. 인성검사를 구성하는 많은 척도는 여러 형태의 문장 속에 동일한 요소를 적용해 반복되기도 한다. 예컨대 '나는 매우 활동적인 사람이다'와 '나는 운동을 매우 좋아한다'라는 질문에 '그렇다'고 체크한 사람이 '휴일에는 집에서 조용히 쉬며 독서하는 것이 좋다'에도 '그렇다'고 체크한다면 일관성이 없다고 평가될 수 있다.

그러나 일관성 있는 답변에만 매달리면 '이 사람이 같은 답변만 체크하기 위해 이 부분만 신경 썼구나'하는 필터링 함정에 빠질 수도 있다. 비슷하게 보이는 문장이 무조건 같은 내용이라고 판단하여 똑같이 답하는 것도 주의해야 한다. 일관성보다 중요한 것은 솔직함이다. 솔직함이 전제되지 않은 일관성은 허위 척도 필터링에서 드러나게 되어 있다. 유사한 질문의 응답이 터무니없이 다르거나 양극단에 치우치지 않을 정도라면 약간의 차이는 크게 문제되지 않는다. 중요한 것은 솔직함과 일관성이 하나의 연장선에 있다는 점을 명심하자.

3 지원한 직무와 연관성을 고려

다양한 분야의 많은 계열사와 큰 조직을 통솔하는 대기업은 여러 사람이 조직적으로 움직이는 만큼 각 직무에 걸맞은 능력을 갖춘 인재가 필요하다. 그래서 기업은 매년 신규채용으로 입사한 신입사원들의 젊은 패기와 참신한 능력을 성장 동력으로 활용한다.

기업은 사교성 있고 활달한 사람만을 원하지 않는다. 해당 직군과 직무에 따라 필요로 하는 사원의 능력과 개성이 다르기 때문에, 지원자가 희망하는 계열사나 부서의 직무가 무엇인지 제대로 파악하여 자신의 성향과 맞는지에 대한 고민은 반드시 필요하다. 같은 질문이라도 기업이 원하는 인재상이나 부서의 직무에 따라 판단 척도가 달라질 수 있다.

4 평상심 유지와 컨디션 관리

역시 솔직함과 연결된 내용이다. 한 질문에 오래 고민하고 신경 쓰면 불필요한 생각이 개입될 소지가 크다. 이는 직관을 떠나 이성적 판단에 따라 포장할 위험이 높아진다는 뜻이기도 하다. 긴 시간 생각하지 말고 자신의 평상시 생각과 감정대로 답하는 것이 중요하며, 가능한 건너뛰지 말고 모든 질문에 답하도록 한다. 300~400개 정도 문항을 출제하는 기업이 많기 때문에, 끝까지 집중하여 임하는 것이 중요하다.

특히 적성검사와 같은 날 실시하는 경우, 적성검사를 마친 후 연이어 보기 때문에 신체적·정신적으로 피로한 상태에서 자세가 흐트러질 수도 있다. 따라서 컨디션을 유지하면서 문항당 7~10초 이상 쓰지 않도록 하고, 문항 수가 많을 때는 답안지에 바로 바로 표기하자.

02 인성검사 유형 연습

농협 인성검사의 대표 출제유형

농협 인성검사는 농협이 추구하는 '시너지 창출가·행복의 파트너·최고의 전문가·정직과 도덕성을 갖춘 인재·진취적 도전가'라는 인재상에 부합하는 인재를 찾기 위한 가치관과 태도를 측정한다. 인성검사의 질문 내용은 지원자의 사고와 태도·행동 특성 등을 알 수 있는 단순한 유사 질문이 반복되고, 특별하게 정해진 답은 없는 유형이다. 하지만 지원자 개인의 특성이 반복되는 질문들과 거짓말 척도 등을 통해 판단되므로 일관성을 가지고 솔직하게 답하는 것이 매우 중요하다.

1 'Y(예)' 또는 'N(아니오)' 선택형

구성된 검사지에 해당된다고 생각하면 'Y(예)', 해당되지 않는다면 'N(아니오)'를 골라 기입하는 유형이다. 같은 문항이 여러 번 반복될 가능성이 있는 만큼 일관성 유지에 유의한다. 다만, 회사 인재상에만 초점을 맞추면 자칫 신뢰도가 하락하여 탈락할 수 있으므로 솔직하게 답할 수 있도록 한다.

2 '가장 가깝다(M)' 또는 '가장 멀다(L)' 선택형 + 개별 항목 체크형

4개 내외의 A 문항 군으로 구성된 검사지에 자신이 동의하는 정도에 따라 '전혀 그렇지 않다 ~ 매우 그렇다' 중 해당되는 것을 표시한 후, 체크한 문항들 중 자신과 가장 가까운 것과 가장 먼 것 하나를 선택하는 유형이다.

3 문항군 개별 항목 체크형

구성된 검사지에 자신이 동의하는 정도에 따라 '① 매우 그렇지 않다 ~ ⑤ 매우 그렇다' 중 해당되는 것을 표시한다. 문항 수가 많으면 일관된 답변이 어려울 수도 있으므로 최대한 꾸밈없이 자신의 가치관과 신념을 바탕으로 솔직하게 답하도록 노력한다.

4 가까운 항목 선택형

각 문항에 제시된 A, B 두 개의 문장을 읽고 자신이 해당한다고 생각하는 것을 골라 기입하는 형태이다.

1. 직관적으로 솔직하게 답한다.
2. 모든 문제를 신중하게 풀도록 한다.
3. 비교적 일관성을 유지할 수 있도록 한다.
4. 평소의 경험과 선호도를 자연스럽게 답한다.
5. 각 문항에 너무 골똘히 생각하거나 고민하지 않는다.
6. 지원한 분야와 나의 성격의 연관성을 미리 생각하고 분석해 본다.

유형 1 'Y(예)' 또는 'N(아니오)' 선택형

[01~80] 질문에 해당된다고 생각하면 Y(예), 해당되지 않는다면 N(아니오)을 골라 기입(마크)해 주십시오. 건너뛰지 말고 모두 응답해 주십시오.

번호	질문	Yes	No
1	교통 법규를 위반했을 때 눈감아 줄 만한 사람은 사귀어 둘 만하다.	Ⓨ	Ⓝ
2	지루할 때면 스릴 있는 일을 일으키고 싶어진다.	Ⓨ	Ⓝ
3	남의 물건을 함부로 다루는 사람에게는 내 물건을 빌려주고 싶지 않다.	Ⓨ	Ⓝ
4	나는 항상 진실만을 말하지는 않는다.	Ⓨ	Ⓝ
5	이따금 천박한 농담을 듣고 웃는다.	Ⓨ	Ⓝ
6	다른 사람들로부터 주목받기를 좋아한다.	Ⓨ	Ⓝ
7	많은 사람들 앞에서 이야기하는 것을 싫어한다.	Ⓨ	Ⓝ
8	어떤 사람들은 동정을 얻기 위하여 그들의 고통을 과장한다.	Ⓨ	Ⓝ
9	정직한 사람이 성공하기란 불가능하다.	Ⓨ	Ⓝ
10	나의 말이나 행동에 누군가 상처를 받는다면, 그건 상대방이 여린 탓이다.	Ⓨ	Ⓝ
11	화가 나서 물건을 파손한 적이 있다.	Ⓨ	Ⓝ
12	기회만 주어진다면, 나는 훌륭한 지도자가 될 것이다.	Ⓨ	Ⓝ
13	나는 예민하다는 말을 자주 듣는다.	Ⓨ	Ⓝ
14	한 가지 일에 정신을 집중하기가 힘들다.	Ⓨ	Ⓝ
15	모임에서 취할 때까지 술을 마시는 것을 못마땅하게 여긴다.	Ⓨ	Ⓝ
16	아무도 나를 이해하지 못하는 것 같다.	Ⓨ	Ⓝ
17	돈 내기를 하면 경기나 게임이 더 즐겁다.	Ⓨ	Ⓝ
18	나는 사람들을 강화시키는 재능을 타고났다.	Ⓨ	Ⓝ
19	수단과 방법을 가리지 않고 목표를 달성하고 싶다.	Ⓨ	Ⓝ
20	낯선 사람들을 만나면 무슨 이야기를 해야 할지 몰라 어려움을 겪는다.	Ⓨ	Ⓝ
21	곤경을 모면하기 위해 꾀병을 부린 적이 있다.	Ⓨ	Ⓝ
22	학교 선생님들은 대개 나를 공정하고 솔직하게 대해 주었다.	Ⓨ	Ⓝ
23	자동차 정비사의 일을 좋아할 것 같다.	Ⓨ	Ⓝ
24	무인감시카메라는 운전자의 눈에 잘 띄도록 표시해야 한다.	Ⓨ	Ⓝ

25	합창부에 가입하고 싶다.	Y	N
26	사람들은 대개 성 문제를 지나치게 걱정한다.	Y	N
27	다른 사람의 슬픔에 대해 공감하는 척할 때가 많다.	Y	N
28	결정을 내리기 전에 다양한 관점에서 신중하게 생각한다.	Y	N
29	체면 차릴 만큼은 일한다.	Y	N
30	남녀가 함께 있으면 남자는 대개 그 여자의 섹스에 관련된 것을 생각한다.	Y	N
31	주인이 없어 보이는 물건은 가져도 된다.	Y	N
32	스릴을 느끼기 위해 위험한 일을 한 적이 있다.	Y	N
33	현재 직면한 국제 문제에 대한 해결 방법을 알고 있다.	Y	N
34	나는 기분이 쉽게 변한다.	Y	N
35	현기증이 난 적이 전혀 없다.	Y	N
36	내 피부 감각은 유난히 예민하다.	Y	N
37	엄격한 규율과 규칙에 따라 일하기가 어렵다.	Y	N
38	남이 나에게 친절을 베풀면 대개 숨겨진 이유가 무엇인지를 생각해본다.	Y	N
39	학교에서 무엇을 배울 때 느린 편이었다.	Y	N
40	우리 가족은 항상 가깝게 지낸다.	Y	N
41	나는 자주 무력감을 느낀다.	Y	N
42	영화에서 사람을 죽이는 장면을 보면 짜릿하다.	Y	N
43	불을 보면 매혹된다.	Y	N
44	소변을 보거나 참는 데 별 어려움을 겪은 적이 없다.	Y	N
45	인생 목표 중 하나는 어머니가 자랑스러워할 무엇인가를 해내는 것이다.	Y	N
46	과연 행복한 사람이 있을지 의문이다.	Y	N
47	때때로 나의 업적을 자랑하고 싶어진다.	Y	N
48	일단 화가 나면 냉정을 잃는다.	Y	N
49	거액을 사기 칠 수 있을 정도로 똑똑한 사람이라면, 그 돈을 가져도 좋다.	Y	N
50	선거 때 잘 알지 못하는 사람에게 투표한 적이 있다.	Y	N
51	사교적인 모임에 나가는 것을 싫어한다.	Y	N
52	지나치게 생각해서 기회를 놓치는 편이다.	Y	N
53	활발한 사람으로 통한다.	Y	N

54	꾸준히 하는 일이 적성에 맞는다.	Ⓨ	Ⓝ
55	돌다리도 두드려 보고 건넌다.	Ⓨ	Ⓝ
56	지는 것을 싫어하는 편이다.	Ⓨ	Ⓝ
57	적극적으로 행동하는 타입이다.	Ⓨ	Ⓝ
58	이웃에서 나는 소리가 신경 쓰인다.	Ⓨ	Ⓝ
59	나도 모르게 끙끙 앓고 고민하는 편이다.	Ⓨ	Ⓝ
60	비교적 금방 마음이 바뀌는 편이다.	Ⓨ	Ⓝ
61	휴식시간 정도는 혼자 있고 싶다.	Ⓨ	Ⓝ
62	자신만만한 영업맨 타입이다.	Ⓨ	Ⓝ
63	잘 흥분하는 편이라고 생각한다.	Ⓨ	Ⓝ
64	한 번도 거짓말을 한 적이 없다.	Ⓨ	Ⓝ
65	밤길에는 뒤에서 걸어오는 사람이 신경 쓰인다.	Ⓨ	Ⓝ
66	실패하면 내 책임이라고 생각한다.	Ⓨ	Ⓝ
67	남의 의견에 좌우되어서 쉽게 의견이 바뀐다.	Ⓨ	Ⓝ
68	개성적인 편이라고 생각한다.	Ⓨ	Ⓝ
69	나는 항상 활기차게 일하는 사람이다.	Ⓨ	Ⓝ
70	다양한 문화를 인정하는 것은 중요하다.	Ⓨ	Ⓝ
71	인상이 좋다는 말을 자주 듣는다.	Ⓨ	Ⓝ
72	나와 다른 관점이 있다는 것을 인정한다.	Ⓨ	Ⓝ
73	일에 우선순위를 잘 파악하여 행동하는 편이다.	Ⓨ	Ⓝ
74	사무실에서 조사하는 것보다 현장에서 파악하는 것을 선호한다.	Ⓨ	Ⓝ
75	약속 장소에 가기 위한 가장 빠른 교통수단을 미리 알아보고 출발한다.	Ⓨ	Ⓝ
76	친절하다는 말을 종종 듣는다.	Ⓨ	Ⓝ
77	팀으로 일하는 것이 좋다.	Ⓨ	Ⓝ
78	돈 관리를 잘하는 편이어서 적자가 나는 법이 없다.	Ⓨ	Ⓝ
79	내 감정이나 행동의 근본적인 이유를 찾기 위해서 노력한다.	Ⓨ	Ⓝ
80	호기심이 풍부한 편이다.	Ⓨ	Ⓝ

유형 2 '가장 멀다(L)' 또는 '가장 가깝다(M)' 선택형 + 개별 항목 체크형

[01~22] 다음의 4문항 중 자신의 모습과 가장 멀다(L)고 생각되는 문항과 가장 가깝다(M)고 생각되는 문항을 각각 1개씩 표시하여 주십시오. 또한 각각의 문항에 대해서 자신과 가까운 정도를 1점에서 5점으로 표시하여 주십시오.

※ 1(매우 그렇지 않다) ~ 5(매우 그렇다) : 오른쪽 '답안체크 예시'를 참조해 주세요.

01
1.1 나는 운동화를 좋아한다.
1.2 나는 꽃을 좋아한다.
1.3 나는 콜라를 좋아한다.
1.4 나는 비를 좋아한다.

L 가장 멀다 / M 가장 가깝다
1(매우 그렇지 않다) / 5(매우 그렇다)

	L	M	1	2	3	4	5
1.1	○	○	○	○	○	○	○
1.2	○	○	○	○	○	○	○
1.3	○	○	○	○	○	○	○
1.4	○	○	○	○	○	○	○

[답안체크 예시]

	L	M	1	2	3	4	5
1.1	○	○	○	○	○	○	●
1.2	○	●	○	○	○	○	●
1.3	○	○	○	○	●	○	○
1.4	●	○	○	●	○	○	○

01
1.1 내 분야에서 전문성에 관한 한 동급 최강이라고 생각한다.
1.2 규칙적으로 운동을 하는 편이다.
1.3 나는 사람들을 연결해 주거나 연결해 달라는 부탁을 주변에서 많이 받는 편이다.
1.4 다른 사람들이 생각하기에 관련 없어 보이는 것을 통합하여 새로운 아이디어를 낸다.

L 가장 멀다 / M 가장 가깝다
1(매우 그렇지 않다) / 5(매우 그렇다)

	L	M	1	2	3	4	5
1.1	○	○	○	○	○	○	○
1.2	○	○	○	○	○	○	○
1.3	○	○	○	○	○	○	○
1.4	○	○	○	○	○	○	○

02
2.1 모임을 주선하게 되는 경우가 자주 있다.
2.2 나는 학창시절부터 리더 역할을 많이 해 왔다.
2.3 새로운 아이디어를 낸다.
2.4 변화를 즐기는 편이다.

L 가장 멀다 / M 가장 가깝다
1(매우 그렇지 않다) / 5(매우 그렇다)

	L	M	1	2	3	4	5
2.1	○	○	○	○	○	○	○
2.2	○	○	○	○	○	○	○
2.3	○	○	○	○	○	○	○
2.4	○	○	○	○	○	○	○

03
3.1 혼자서 생활해도 밥은 잘 챙겨 먹고 생활리듬이 많이 깨지지 않는 편이다.
3.2 다른 나라의 음식을 시도해 보는 것이 즐겁다.
3.3 나 스스로에 대해서 높은 기준을 제시하는 편이다.
3.4 "왜?"라는 질문을 자주 한다.

L 가장 멀다 / M 가장 가깝다
1 (매우 그렇지 않다) / 5 (매우 그렇다)

	L	M	1	2	3	4	5
3.1	○	○	○	○	○	○	○
3.2	○	○	○	○	○	○	○
3.3	○	○	○	○	○	○	○
3.4	○	○	○	○	○	○	○

04
4.1 대화를 주도한다.
4.2 하루에 1~2시간 이상 자기 계발을 위해 시간을 투자한다.
4.3 나 스스로에 대해서 높은 기준을 세우고 시도해 보는 것을 즐긴다.
4.4 나와 다른 분야에 종사하는 사람들을 만나도 쉽게 공통점을 찾을 수 있다.

L 가장 멀다 / M 가장 가깝다
1 (매우 그렇지 않다) / 5 (매우 그렇다)

	L	M	1	2	3	4	5
4.1	○	○	○	○	○	○	○
4.2	○	○	○	○	○	○	○
4.3	○	○	○	○	○	○	○
4.4	○	○	○	○	○	○	○

05
5.1 주변으로부터 자신감 넘친다는 평가를 듣는다.
5.2 다른 사람들의 눈에는 상관없어 보일지라도 내가 보기에 관련이 있으면 활용할 수 있는 일에 대해서 생각해 본다.
5.3 다른 문화권 중 내가 잘 적응할 수 있다고 생각하는 곳이 있다.
5.4 한 달 동안 사용한 돈이 얼마인지 파악할 수 있다.

L 가장 멀다 / M 가장 가깝다
1 (매우 그렇지 않다) / 5 (매우 그렇다)

	L	M	1	2	3	4	5
5.1	○	○	○	○	○	○	○
5.2	○	○	○	○	○	○	○
5.3	○	○	○	○	○	○	○
5.4	○	○	○	○	○	○	○

06
6.1 내 분야의 최신 동향 혹은 이론을 알고 있으며, 항상 업데이트하려고 노력한다.
6.2 나는 설득을 잘하는 사람이다.
6.3 현상에 대한 새로운 해석을 알게 되는 것이 즐겁다.
6.4 새로운 기회를 만들기 위해서 다방면으로 노력을 기울인다.

L 가장 멀다 / M 가장 가깝다
1 (매우 그렇지 않다) / 5 (매우 그렇다)

	L	M	1	2	3	4	5
6.1	○	○	○	○	○	○	○
6.2	○	○	○	○	○	○	○
6.3	○	○	○	○	○	○	○
6.4	○	○	○	○	○	○	○

07
7.1 한 달 동안 필요한 돈이 얼마인지 파악하고 있다.
7.2 업무나 전공 공부에 꼭 필요한 분야가 아니더라도 호기심이 생기면 일정 정도의 시간을 투자하여 탐색해 본다.
7.3 어디가서든 친구들 중에서 내가 제일 적응을 잘하는 편이다.
7.4 대개 어떤 모임이든 나가다 보면 중심 멤버가 돼 있는 경우가 많다.

L 가장 멀다 / M 가장 가깝다
1 (매우 그렇지 않다) / 5 (매우 그렇다)

	L	M	1	2	3	4	5
7.1	○	○	○	○	○	○	○
7.2	○	○	○	○	○	○	○
7.3	○	○	○	○	○	○	○
7.4	○	○	○	○	○	○	○

08
8.1 어떤 모임에 가서도 관심사가 맞는 사람들을 금방 찾아낼 수 있다.
8.2 잘 모르는 것이 있으면 전문서적을 뒤져서라도 알아내야 직성이 풀린다.
8.3 나와 함께 일하는 사람들을 적재적소에서 잘 이용한다.
8.4 상대방의 욕구를 중요하게 생각하며 그에 맞추어 주려고 한다.

L 가장 멀다 / M 가장 가깝다
1(매우 그렇지 않다) / 5(매우 그렇다)

	L	M	1	2	3	4	5
8.1	○	○	○	○	○	○	○
8.2	○	○	○	○	○	○	○
8.3	○	○	○	○	○	○	○
8.4	○	○	○	○	○	○	○

09
9.1 극복하지 못할 장애물은 없다고 생각한다.
9.2 생활패턴이 규칙적인 편이다.
9.3 어디에 떨어트려 놓아도 죽진 않을 것 같다는 소리를 자주 듣는다.
9.4 내 분야에서 전문가가 되기 위한 구체적인 계획을 가지고 있다.

L 가장 멀다 / M 가장 가깝다
1(매우 그렇지 않다) / 5(매우 그렇다)

	L	M	1	2	3	4	5
9.1	○	○	○	○	○	○	○
9.2	○	○	○	○	○	○	○
9.3	○	○	○	○	○	○	○
9.4	○	○	○	○	○	○	○

10
10.1 누구보다 앞장서서 일하는 편이다.
10.2 내 기분이 처져 있을 때 무엇을 하면 전환되는지 잘 알고 있다.
10.3 일어날 일에 대해서 미리 예상하고 준비하는 편이다.
10.4 동문회에 나가는 것이 즐겁다.

L 가장 멀다 / M 가장 가깝다
1(매우 그렇지 않다) / 5(매우 그렇다)

	L	M	1	2	3	4	5
10.1	○	○	○	○	○	○	○
10.2	○	○	○	○	○	○	○
10.3	○	○	○	○	○	○	○
10.4	○	○	○	○	○	○	○

11
11.1 알고 싶은 것이 생기면 다양한 방법을 동원해서 궁금증을 풀어 보려 노력한다.
11.2 같은 과 친구들을 만나면 행동만으로도 기분을 눈치챌 수 있다.
11.3 혼자서 일하는 것보다 팀을 이루어서 일하는 것이 더 좋다.
11.4 예상 외의 일이 생겨도 상황에 적응하고 즐기는 편이다.

L 가장 멀다 / M 가장 가깝다
1(매우 그렇지 않다) / 5(매우 그렇다)

	L	M	1	2	3	4	5
11.1	○	○	○	○	○	○	○
11.2	○	○	○	○	○	○	○
11.3	○	○	○	○	○	○	○
11.4	○	○	○	○	○	○	○

12
12.1 내 분야에 관한 한 전문가가 되기 위해 따로 시간투자를 한다.
12.2 일단 마음먹은 일은 맘껏 해 봐야 직성이 풀리는 편이다.
12.3 상대방의 기분을 세심하게 살핀다.
12.4 위기는 기회라는 말에 동의한다.

L 가장 멀다 / M 가장 가깝다
1(매우 그렇지 않다) / 5(매우 그렇다)

	L	M	1	2	3	4	5
12.1	○	○	○	○	○	○	○
12.2	○	○	○	○	○	○	○
12.3	○	○	○	○	○	○	○
12.4	○	○	○	○	○	○	○

13
13.1 팀 내에서 업무적인 대화만큼 개인적인 고민에 대한 대화 역시 필요하다.
13.2 컨디션이 좋지 않아도 계획한 일은 예정대로 하는 편이다.
13.3 내 몸의 컨디션에 대해서 잘 파악하는 편이다.
13.4 내가 주선하는 모임에는 사람들의 출석률이 높은 편이다.

L 가장 멀다 / M 가장 가깝다
1 (매우 그렇지 않다) / 5 (매우 그렇다)

	L	M	1	2	3	4	5
13.1	○	○	○	○	○	○	○
13.2	○	○	○	○	○	○	○
13.3	○	○	○	○	○	○	○
13.4	○	○	○	○	○	○	○

14
14.1 나는 계획을 세울 때면 그것을 잘 실행할 수 있을 것이라는 확신이 넘친다.
14.2 교통질서를 잘 지킨다.
14.3 내가 무엇을 하면 즐거워지는지 정확하게 알고 있다.
14.4 다른 나라의 문화에 대해서 알게 되는 것은 즐거운 일이다.

L 가장 멀다 / M 가장 가깝다
1 (매우 그렇지 않다) / 5 (매우 그렇다)

	L	M	1	2	3	4	5
14.1	○	○	○	○	○	○	○
14.2	○	○	○	○	○	○	○
14.3	○	○	○	○	○	○	○
14.4	○	○	○	○	○	○	○

15
15.1 모임에서 갈등 상황이 생기면 나서서 해결하거나 중재하는 역할을 하는 편이다.
15.2 과제를 수행하기 위해서 미리 준비하는 편이다.
15.3 하고 싶은 일이 생기면 남들보다 몰입하는 편이다.
15.4 불편함을 감수하고서라도 규칙은 지키는 편이다.

L 가장 멀다 / M 가장 가깝다
1 (매우 그렇지 않다) / 5 (매우 그렇다)

	L	M	1	2	3	4	5
15.1	○	○	○	○	○	○	○
15.2	○	○	○	○	○	○	○
15.3	○	○	○	○	○	○	○
15.4	○	○	○	○	○	○	○

16
16.1 자기개발에 도움이 되는 것들을 꾸준히 찾아서 한다.
16.2 어떠한 결론을 내리느냐만큼 어떠한 과정을 거쳤는지가 중요하다고 생각한다.
16.3 모임에서 새로운 사람들과 잘 어울린다.
16.4 친구의 고민 상담을 잘해 주는 편이다.

L 가장 멀다 / M 가장 가깝다
1 (매우 그렇지 않다) / 5 (매우 그렇다)

	L	M	1	2	3	4	5
16.1	○	○	○	○	○	○	○
16.2	○	○	○	○	○	○	○
16.3	○	○	○	○	○	○	○
16.4	○	○	○	○	○	○	○

17
17.1 처음 경험하는 일이라도 빠르게 파악하고 적응하는 편이다.
17.2 새로운 모임에 가도 잘 적응하는 편이다.
17.3 예상치 않은 일이 생겨도 일 전체를 포기하기보다 계획을 현실적으로 조정하여 마무리 짓는다.
17.4 새로운 정보나 지식을 팀원들과 공유한다.

L 가장 멀다 / M 가장 가깝다
1 (매우 그렇지 않다) / 5 (매우 그렇다)

	L	M	1	2	3	4	5
17.1	○	○	○	○	○	○	○
17.2	○	○	○	○	○	○	○
17.3	○	○	○	○	○	○	○
17.4	○	○	○	○	○	○	○

18
18.1 나는 항상 활기차게 일하는 사람이다.
18.2 목표를 이루기 위해서는 포기해야 하는 부분이 있다고 생각한다.
18.3 내가 부탁을 하면 주변 사람들은 거의 부탁을 들어주는 편이다.
18.4 어떤 상황이든 정직하게 행동하는 것을 우선적으로 선택해 왔다.

L 가장 멀다 / M 가장 가깝다
1 (매우 그렇지 않다) / 5 (매우 그렇다)

	L	M	1	2	3	4	5
18.1	○	○	○	○	○	○	○
18.2	○	○	○	○	○	○	○
18.3	○	○	○	○	○	○	○
18.4	○	○	○	○	○	○	○

19
19.1 다양한 문화를 인정하는 것은 중요하다.
19.2 부지런하다는 평가를 많이 듣는다.
19.3 혼자 일하는 것보다 팀으로 일하면서 배우는 것이 더 많다고 생각한다.
19.4 나는 장점이 많은 사람이라고 생각한다.

L 가장 멀다 / M 가장 가깝다
1 (매우 그렇지 않다) / 5 (매우 그렇다)

	L	M	1	2	3	4	5
19.1	○	○	○	○	○	○	○
19.2	○	○	○	○	○	○	○
19.3	○	○	○	○	○	○	○
19.4	○	○	○	○	○	○	○

20
20.1 친구를 사귀는 것은 어렵지 않다.
20.2 나는 좀 어려운 과제도 내가 할 수 있다는 긍정적인 생각을 많이 한다.
20.3 내 성격을 잘 알고 있다.
20.4 적응을 잘하는 편이다.

L 가장 멀다 / M 가장 가깝다
1 (매우 그렇지 않다) / 5 (매우 그렇다)

	L	M	1	2	3	4	5
20.1	○	○	○	○	○	○	○
20.2	○	○	○	○	○	○	○
20.3	○	○	○	○	○	○	○
20.4	○	○	○	○	○	○	○

21
21.1 꾸준하다는 평가를 받는다.
21.2 의리가 나에게는 매우 중요한 덕목이다.
21.3 상대방의 기분에 따른 대응을 잘하는 편이다.
21.4 내 분야에서 최고가 되기 위해서 노력한다.

L 가장 멀다 / M 가장 가깝다
1 (매우 그렇지 않다) / 5 (매우 그렇다)

	L	M	1	2	3	4	5
21.1	○	○	○	○	○	○	○
21.2	○	○	○	○	○	○	○
21.3	○	○	○	○	○	○	○
21.4	○	○	○	○	○	○	○

22
22.1 기분 나쁜 말을 전해야 할 때는 상대방의 기분을 고려하여 부드러운 말로 바꾸어 표현하는 편이다.
22.2 나와 다른 관점이 있다는 것을 인정한다.
22.3 규칙을 잘 지킨다.
22.4 일에 우선순위를 잘 파악하여 행동하는 편이다.

L 가장 멀다 / M 가장 가깝다
1 (매우 그렇지 않다) / 5 (매우 그렇다)

	L	M	1	2	3	4	5
22.1	○	○	○	○	○	○	○
22.2	○	○	○	○	○	○	○
22.3	○	○	○	○	○	○	○
22.4	○	○	○	○	○	○	○

유형 3 문항군 개별 항목 체크형

[01~60] 다음 내용을 잘 읽고 본인에게 해당되는 부분에 표시해 주십시오.
※ ① 매우 그렇지 않다 ② 그렇지 않다 ③ 보통이다 ④ 그렇다 ⑤ 매우 그렇다

01 나는 항상 사람들에게 정직하고 솔직하다. ① ② ③ ④ ⑤

02 창피를 당할까 봐 사람들 앞에 나서는 것이 두렵다. ① ② ③ ④ ⑤

03 여러 사람들이 어울리는 장소에서 매우 불편하다. ① ② ③ ④ ⑤

04 쉽게 기분이 나쁘다. ① ② ③ ④ ⑤

05 이유 없이 몸이 아플 때가 많다. ① ② ③ ④ ⑤

06 기분이 좋지 않으면 소화가 잘 되지 않거나 토하기도 한다. ① ② ③ ④ ⑤

07 이런저런 이유로 몸이 자주 아프다. ① ② ③ ④ ⑤

08 무책임한 사람을 보았을 때 짜증이 난다. ① ② ③ ④ ⑤

09 나 스스로에 대한 통제를 잃을까 두렵다. ① ② ③ ④ ⑤

10 숨이 막혀서 죽을 것 같은 느낌을 종종 경험한다. ① ② ③ ④ ⑤

11 종종 지각을 하거나 약속을 지킬 수 없게 만드는 습관을 가지고 있다. ① ② ③ ④ ⑤

12 나 스스로에 대해서 자신이 없다. ① ② ③ ④ ⑤

13 다른 사람들이 비난하거나 나를 거부할 것이 두렵다. ① ② ③ ④ ⑤

14 최근 2주 동안 우울한 기분이 대부분이었다. ① ② ③ ④ ⑤

15 대부분의 사람들은 그들이 실제로 그러는 것보다 좀 더 다른 사람들을 걱정하는 척하는 면이 있다. ① ② ③ ④ ⑤

		①	②	③	④	⑤
16	죽고 싶다는 생각이 자주 난다.	①	②	③	④	⑤
17	감정을 느낄 수 없다.	①	②	③	④	⑤
18	잠이 너무 많이 와서 주체할 수가 없다.	①	②	③	④	⑤
19	나 스스로를 별로 좋아하지 않는다.	①	②	③	④	⑤
20	나 자신을 보잘것없는 사람이라고 생각한 적은 거의 없다.	①	②	③	④	⑤
21	의욕이 없다.	①	②	③	④	⑤
22	요즘에는 무슨 일이든지 결정을 잘 내리지 못하겠다.	①	②	③	④	⑤
23	기분이 좋지 않으면 폭식을 하는 편이다.	①	②	③	④	⑤
24	누군가가 나를 조종하고 있는 것 같다.	①	②	③	④	⑤
25	나는 가끔 사람들이 나와 다른 의견을 강요할 때도 전혀 불쾌하지 않다.	①	②	③	④	⑤
26	다른 사람들은 듣지 못하는 소리를 들을 수 있다.	①	②	③	④	⑤
27	나의 생각이 다른 사람들에게 텔레파시로 전해진다.	①	②	③	④	⑤
28	다른 사람들이 내 이야기를 하고 있는 것을 느낀다.	①	②	③	④	⑤
29	헛것이 가끔 보인다.	①	②	③	④	⑤
30	나는 매우 긴장을 하거나 침착성을 잃는 일이 가끔 있다.	①	②	③	④	⑤
31	때로는 창의적인 생각이 너무나도 솟구쳐서 내가 그 생각을 따라가지 못하는 것 같다.	①	②	③	④	⑤
32	나는 일주일간 잠을 자지 않고도 일할 수 있다.	①	②	③	④	⑤
33	다른 사람들이 내 이야기를 잘 이해하지 못한다.	①	②	③	④	⑤

34 나에 대해서 솔직하게 이야기하면 언젠가 그 정보가 이용돼서 나에게 불리한 일이 일어날 것이다. ① ② ③ ④ ⑤

35 주변 사람들에게 참을성이 없다는 평가를 듣는 편이다. ① ② ③ ④ ⑤

36 누군가가 나를 화나게 만들어도 나는 그를 미워하거나 원한을 갖지 않는다. ① ② ③ ④ ⑤

37 갑자기 떠나고 싶은 충동이 들어서 학교나 직장에 나가지 않고 바다를 보러 간 적이 있다. ① ② ③ ④ ⑤

38 속도감이나 아슬아슬한 스릴을 즐긴다. ① ② ③ ④ ⑤

39 내기를 하지 않으면 재미가 없다. ① ② ③ ④ ⑤

40 허풍을 떤다는 평가를 듣는 편이다. ① ② ③ ④ ⑤

41 나는 때때로 우울하거나 외로움을 느낄 때가 있다. ① ② ③ ④ ⑤

42 내가 왜 이러는지 모를 때가 자주 있다. ① ② ③ ④ ⑤

43 하고 나서 후회하는 일이 많다. ① ② ③ ④ ⑤

44 숙취에 자주 시달린다. ① ② ③ ④ ⑤

45 기분이 좋아지면 물건을 더 많이 산다. ① ② ③ ④ ⑤

46 권위적인 방식으로 나를 대하면 반항한다. ① ② ③ ④ ⑤

47 취직할 때 자신을 잘 드러내 보이기 위한 약간의 자기 과장은 괜찮다고 생각한다. ① ② ③ ④ ⑤

48 화가 나면 직접적으로 소리를 지르는 편이다. ① ② ③ ④ ⑤

49	늘 누군가가 나에게 시비를 건다.	① ② ③ ④ ⑤
50	말다툼을 자주하는 편이다.	① ② ③ ④ ⑤
51	화가 나면 물건을 부순다.	① ② ③ ④ ⑤
52	술을 마시고 길거리에서 싸움을 해 본 적이 있다.	① ② ③ ④ ⑤
53	나를 화나게 하면 반드시 보복한다.	① ② ③ ④ ⑤
54	나는 어떠한 경우에라도 이제껏 약속을 어긴 적은 한 번도 없는 것 같다.	① ② ③ ④ ⑤
55	쉽게 화가 난다.	① ② ③ ④ ⑤
56	무시당하는 기분은 참을 수 없다.	① ② ③ ④ ⑤
57	누군가가 나를 비난하면 절대 지지 않고 받아치는 편이다.	① ② ③ ④ ⑤
58	말다툼에서 절대 지지 않는다.	① ② ③ ④ ⑤
59	다른 사람의 이익은 내 이익을 위해서 희생될 수 있다고 생각한다.	① ② ③ ④ ⑤
60	약속을 잘 지키지 못하는 편이다.	① ② ③ ④ ⑤

[61~68] 본인에게 다음 항목을 성취하는 것이 얼마나 중요합니까?
※ ① 중요하지 않다 ② 약간 중요하다 ③ 중요하다 ④ 상당히 중요하다 ⑤ 매우 중요하다

61	안정적인 직장 및 경제적 안정	① ② ③ ④ ⑤
62	자기 분야에서의 실질적인 공헌 및 성취	① ② ③ ④ ⑤
63	사회적 성공	① ② ③ ④ ⑤

64 자율적이고 독립적으로 일하는 것   ① ② ③ ④ ⑤

65 봉사 및 지역사회 공헌   ① ② ③ ④ ⑤

66 주변 사람들의 인정을 받는 것   ① ② ③ ④ ⑤

67 좋은 부모가 되는 것   ① ② ③ ④ ⑤

68 즐길 수 있는 삶   ① ② ③ ④ ⑤

[69~77] 다음 요인들이 회사를 선택하는 데 얼마나 중요했습니까?
※ ① 중요하지 않다 ② 약간 중요하다 ③ 중요하다 ④ 상당히 중요하다 ⑤ 매우 중요하다

69 회사의 지명도   ① ② ③ ④ ⑤

70 업무의 성격(본인 관심 분야)   ① ② ③ ④ ⑤

71 경제적 보상   ① ② ③ ④ ⑤

72 회사의 복지정책   ① ② ③ ④ ⑤

73 회사의 조직문화   ① ② ③ ④ ⑤

74 업무의 전망   ① ② ③ ④ ⑤

75 기업의 사회적 공헌 및 윤리성   ① ② ③ ④ ⑤

76 즐기면서 일할 수 있는 환경   ① ② ③ ④ ⑤

77 가정생활을 존중해 주는 기업문화   ① ② ③ ④ ⑤

유형 4 가까운 항목 선택형

[78~85] 당신은 어떠한 분위기를 가지는 조직을 선호합니까?
※ 두 가지의 물음 중 가까운 문항을 선택하시기 바랍니다.

78 ① 의사결정 및 정보교류가 소수의 사람 중심으로 이루어지는 조직
   ② 의사결정 및 정보교류가 다수의 사람 중심으로 이루어지는 조직

79 ① 다른 조직과의 교류가 활발하고 외부 환경을 많이 고려하는 조직
   ② 내부 응집력이 강하고 내부 환경을 많이 고려하는 조직

80 ① 규정을 준수하고 신뢰감 있게 행동하는 것을 더 강조하는 조직
   ② 창의적이고 창조적으로 행동하는 것을 더 강조하는 조직

81 ① 경험과 현재의 현실에 근거한 단계적인 변화를 선호하는 조직
   ② 통찰력과 미래 전망에 근거한 혁신적인 변화를 선호하는 조직

82 ① 합리적이고 이성적인 것을 더 강조하는 조직
   ② 인간적이고 감성적인 것을 더 강조하는 조직

83 ① 상호작용이 주로 업무를 통한 정보 교환을 중심으로 이루어지는 조직
   ② 상호작용이 주로 개인적 인간관계를 통해 이루어지는 조직

84 ① 혼란을 막기 위해 매사를 분명히 결정하는 조직
   ② 차후에 더 나은 결정을 내리기 위해 최종 결정을 유보하는 조직

85 ① 세부일정까지 구체적으로 짜 놓은 계획에 따라 움직이는 조직
   ② 상황에 따라 변할 수 있도록 융통성 있게 일정을 짜고 움직이는 조직

[86~93] 다음을 잘 읽고 본인이 상대적으로 더 해당된다고 생각되는 쪽에 표시해 주십시오.

86 ① 외향적인 성격이라는 말을 듣는다.
　　 ② 내성적인 편이라는 말을 듣는다.

| ① | ② |

87 ① 의견을 자주 표현하는 편이다.
　　 ② 주로 남의 의견을 듣는 편이다.

| ① | ② |

88 ① 정해진 틀이 있는 환경에서 주어진 과제를 수행하는 일을 하고 싶다.
　　 ② 새로운 아이디어를 활용하여 변화를 추구하는 일을 하고 싶다.

| ① | ② |

89 ① 실제적인 정보를 수집하고 이를 체계적으로 적용하는 일을 하고 싶다.
　　 ② 새로운 아이디어를 활용하여 변화를 추구하는 일을 하고 싶다.

| ① | ② |

90 ① 냉철한 사고력이 요구되는 일이 편하다.
　　 ② 섬세한 감성이 요구되는 일이 편하다.

| ① | ② |

91 ① 사람들은 나에 대해 합리적이고 이성적인 사람이라고 말한다.
　　 ② 사람들은 나에 대해 감정이 풍부하고 정에 약한 사람이라고 말한다.

| ① | ② |

92 ① 나는 의사결정을 신속하고 분명히 하는 것을 선호하는 편이다.
　　 ② 나는 시간이 걸려도 여러 측면을 고려해 좋은 의사결정을 하는 것을 선호하는 편이다.

| ① | ② |

93 ① 계획을 세울 때 세부일정까지 구체적으로 짜는 편이다.
　　 ② 계획을 세울 때 상황에 맞게 대처할 수 있는 여지를 두고 짜는 편이다.

| ① | ② |

4 파트

직무능력평가
면접가이드

- ⊛ 01 NCS 면접의 이해
- ⊛ 02 NCS 구조화 면접 기법
- ⊛ 03 면접 최신 기출 주제

NCS 면접의 이해

※ 능력중심 채용에서는 타당도가 높은 구조화 면접을 적용한다.

1 면접이란?

일을 하는 데 필요한 능력(직무역량, 직무지식, 인재상 등)을 지원자가 보유하고 있는지를 다양한 면접기법을 활용하여 확인하는 절차이다. 자신의 환경, 성취, 관심사, 경험 등에 대해 이야기하여 본인이 적합하다는 것을 보여 줄 기회를 제공하고, 면접관은 평가에 필요한 정보를 수집하고 평가하는 것이다.

- 지원자의 태도, 적성, 능력에 대한 정보를 심층적으로 파악하기 위한 선발 방법
- 선발의 최종 의사결정에 주로 사용되는 선발 방법
- 전 세계적으로 선발에서 가장 많이 사용되는 핵심적이고 중요한 방법

2 면접의 특징

서류전형이나 인적성검사에서 드러나지 않는 것들을 볼 수 있는 기회를 제공한다.

- 직무수행과 관련된 다양한 지원자 행동에 대한 관찰이 가능하다.
- 면접관이 알고자 하는 정보를 심층적으로 파악할 수 있다.
- 서류상의 미비한 사항과 의심스러운 부분을 확인할 수 있다.
- 커뮤니케이션, 대인관계행동 등 행동·언어적 정보도 얻을 수 있다.

3 면접의 평가요소

1 인재적합도
해당 기관이나 기업별 인재상에 대한 인성 평가

2 조직적합도
조직에 대한 이해와 관련 상황에 대한 평가

3 직무적합도
직무에 대한 지식과 기술, 태도에 대한 평가

4 면접의 유형

구조화된 정도에 따른 분류

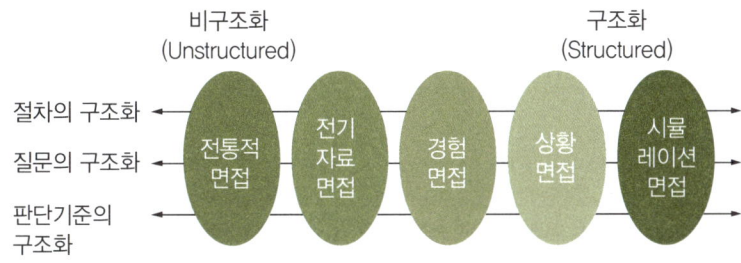

1 구조화 면접(Structured Interview)

사전에 계획을 세워 질문의 내용과 방법, 지원자의 답변 유형에 따른 추가 질문과 그에 대한 평가역량이 정해져 있는 면접 방식(표준화 면접)

- 표준화된 질문이나 평가요소가 면접 전 확정되며, 지원자는 편성된 조나 면접관에 영향을 받지 않고 동일한 질문과 시간을 부여받을 수 있음.
- 조직 또는 직무별로 주요하게 도출된 역량을 기반으로 평가요소가 구성되어, 조직 또는 직무에서 필요한 역량을 가진 지원자를 선발할 수 있음.
- 표준화된 형식을 사용하는 특성 때문에 비구조화 면접에 비해 신뢰성과 타당성, 객관성이 높음.

2 비구조화 면접(Unstructured Interview)

면접 계획을 세울 때 면접 목적만 명시하고 내용이나 방법은 면접관에게 전적으로 일임하는 방식(비표준화 면접)

- 표준화된 질문이나 평가요소 없이 면접이 진행되며, 편성된 조나 면접관에 따라 지원자에게 주어지는 질문이나 시간이 다름.
- 면접관의 주관적인 판단에 따라 평가가 이루어져 평가 오류가 빈번히 일어남.
- 상황 대처나 언변이 뛰어난 지원자에게 유리한 면접이 될 수 있음.

NCS 구조화 면접 기법

※ 능력중심 채용에서는 타당도가 높은 구조화 면접을 적용한다.

1 경험면접(Behavioral Event Interview)

면접 프로세스

안내: 지원자는 입실 후, 면접관을 통해 인사말과 면접에 대한 간단한 안내를 받음.

↓

질문: 지원자는 면접관에게 평가요소(직업기초능력, 직무수행능력 등)와 관련된 주요 질문을 받게 되며, 질문에서 의도하는 평가요소를 고려하여 응답할 수 있도록 함.

↓

세부질문:
- 지원자가 응답한 내용을 토대로 해당 평가기준들을 충족시키는지 파악하기 위한 세부질문이 이루어짐.
- 구체적인 행동·생각 등에 대해 응답할수록 높은 점수를 얻을 수 있음.

- **방식**
  해당 역량의 발휘가 요구되는 일반적인 상황을 제시하고, 그러한 상황에서 어떻게 행동했었는지(과거경험)를 이야기하도록 함.

- **판단기준**
  해당 역량의 수준, 경험자체의 구체성, 진실성 등

- **특징**
  추상적인 생각이나 의견 제시가 아닌 과거 경험 및 행동 중심의 질의가 이루어지므로 지원자는 사전에 본인의 과거 경험 및 사례를 정리하여 면접에 대비할 수 있음.

- **예시**

지원분야		지원자		면접관	(인)
경영자원관리 조직이 보유한 인적자원을 효율적으로 활용하여, 조직 내 유·무형 자산 및 재무자원을 효율적으로 관리한다.					
주질문					
A. 어떤 과제를 처리할 때 기존에 팀이 사용했던 방식의 문제점을 찾아내 이를 보완하여 과제를 더욱 효율적으로 처리했던 경험에 대해 이야기해 주시기 바랍니다.					
세부질문					
[상황 및 과제] 사례와 관련해 당시 상황에 대해 이야기해 주시기 바랍니다. [역할] 당시 지원자께서 맡았던 역할은 무엇이었습니까? [행동] 사례와 관련해 구성원들의 설득을 이끌어 내기 위해 어떤 노력을 하였습니까? [결과] 결과는 어땠습니까?					

기대행동	평점
업무진행에 있어 한정된 자원을 효율적으로 활용한다.	① - ② - ③ - ④ - ⑤
구성원들의 능력과 성향을 파악해 효율적으로 업무를 배분한다.	① - ② - ③ - ④ - ⑤
효과적 인적/물적 자원관리를 통해 맡은 일을 무리 없이 잘 마무리한다.	① - ② - ③ - ④ - ⑤

척도해설

1 : 행동증거가 거의 드러나지 않음	2 : 행동증거가 미약하게 드러남	3 : 행동증거가 어느 정도 드러남	4 : 행동증거가 명확하게 드러남	5 : 뛰어난 수준의 행동증거가 드러남

관찰기록 :

총평 :

※ 실제 적용되는 평가지는 기업/기관마다 다름.

2 상황면접(Situational Interview)

면접 프로세스

안내 — 지원자는 입실 후, 면접관을 통해 인사말과 면접에 대한 간단한 안내를 받음.

▼

질문
- 지원자는 상황질문지를 검토하거나 면접관을 통해 상황 및 질문을 제공받음.
- 면접관의 질문이나 질문지의 의도를 파악하여 응답할 수 있도록 함.

▼

세부질문
- 지원자가 응답한 내용을 토대로 해당 평가기준들을 충족시키는지 파악하기 위한 세부질문이 이루어짐.
- 구체적인 행동·생각 등에 대해 응답할수록 높은 점수를 얻을 수 있음.

- 방식
  직무 수행 시 접할 수 있는 상황들을 제시하고, 그러한 상황에서 어떻게 행동할 것인지(행동의도)를 이야기하도록 함.
- 판단기준
  해당 상황에 맞는 해당 역량의 구체적 행동지표
- 특징
  지원자의 가치관, 태도, 사고방식 등의 요소를 평가하는 데 용이함.

• 예시

지원분야		지원자		면접관	(인)

유관부서협업
타 부서의 업무협조요청 등에 적극적으로 협력하고 갈등 상황이 발생하지 않도록 이해관계를 조율하며 관련 부서의 협업을 효과적으로 이끌어 낸다.

주질문

당신은 생산관리팀의 팀원으로, 2개월 뒤에 제품 A를 출시하기 위해 생산팀의 생산 계획을 수립한 상황입니다. 그러나 원가가 곧 실적으로 이어지는 구매팀에서는 최대한 원가를 줄여 전반적 단가를 낮추려고 원가절감을 위한 제안을 하였으나, 연구개발팀에서는 구매팀이 제안한 방식으로 제품을 생산할 경우 대부분이 구매팀의 실적으로 산정될 것이므로 제대로 확인도 해보지 않은 채 적합하지 않은 방식이라고 판단하고 있습니다. 당신은 어떻게 하겠습니까?

세부질문

[상황 및 과제] 이 상황의 핵심적인 이슈는 무엇이라고 생각합니까?
[역할] 당신의 역할을 더 잘 수행하기 위해서는 어떤 점을 고려해야 하겠습니까? 왜 그렇게 생각합니까?
[행동] 당면한 과제를 해결하기 위해서 구체적으로 어떤 조치를 취하겠습니까? 그 이유는 무엇입니까?
[결과] 그 결과는 어떻게 될 것이라고 생각합니까? 그 이유는 무엇입니까?

척도해설

1 : 행동증거가 거의 드러나지 않음	2 : 행동증거가 미약하게 드러남	3 : 행동증거가 어느 정도 드러남	4 : 행동증거가 명확하게 드러남	5 : 뛰어난 수준의 행동증거가 드러남

관찰기록 :

총평 :

※ 실제 적용되는 평가지는 기업/기관마다 다름.

3 발표면접(Presentation)

면접 프로세스

안내
- 입실 후 지원자는 면접관으로부터 인사말과 발표면접에 대해 간략히 안내받음.
- 면접 전 지원자는 과제 검토 및 발표 준비시간을 가짐.

↓

발표
- 지원자들이 과제 주제와 관련하여 정해진 시간 동안 발표를 실시함.
- 면접관은 발표내용 중 평가요소와 관련해 나타난 가점 및 감점요소들을 평가하게 됨.

↓

질문응답
- 발표 종료 후 면접관은 정해진 시간 동안 지원자의 발표내용과 관련해 구체적인 내용을 확인하기 위한 질문을 함.
- 지원자는 면접관의 질문의도를 정확히 파악하여 적절히 응답할 수 있도록 함.
- 응답 시 명확하고 자신있게 전달할 수 있도록 함.

- **방식**
  지원자가 특정 주제와 관련된 자료(신문기사, 그래프 등)를 검토하고, 그에 대한 자신의 생각을 면접관 앞에서 발표하며, 추가 질의응답이 이루어짐.
- **판단기준**
  지원자의 사고력, 논리력, 문제해결능력 등
- **특징**
  과제를 부여한 후, 지원자들이 과제를 수행하는 과정과 결과를 관찰·평가함. 과제수행의 결과뿐 아니라 과제수행 과정에서의 행동을 모두 평가함.

4 토론면접(Group Discussion)

면접 프로세스

안내
- 입실 후, 지원자들은 면접관으로부터 토론 면접의 전반적인 과정에 대해 안내받음.
- 지원자는 정해진 자리에 착석함.

▼

토론
- 지원자들이 과제 주제와 관련하여 정해진 시간 동안 토론을 실시함(시간은 기관별 상이).
- 지원자들은 면접 전 과제 검토 및 토론 준비시간을 가짐.
- 토론이 진행되는 동안, 지원자들은 다른 토론자들의 발언을 경청하여 적절히 본인의 의사를 전달할 수 있도록 함. 더불어 적극적인 태도로 토론면접에 임하는 것도 중요함.

▼

마무리 (5분 이내)
- 면접 종료 전, 지원자들은 토론을 통해 도출한 결론에 대해 첨언하고 적절히 마무리 지음.
- 본인의 의견을 전달하는 것과 동시에 다른 토론자를 배려하는 모습도 중요함.

- **방식**
  상호갈등적 요소를 가진 과제 또는 공통의 과제를 해결하는 내용의 토론 과제(신문기사, 그래프 등)를 제시하고, 그 과정에서의 개인 간의 상호작용 행동을 관찰함.
- **판단기준**
  팀워크, 갈등 조정, 의사소통능력 등
- **특징**
  면접에서 최종안을 도출하는 것도 중요하나 주장의 옳고 그름이 아닌 결론을 도출하는 과정과 말하는 자세 등도 중요함.

5 역할연기면접(Role Play Interview)

- 방식
  기업 내 발생 가능한 상황에서 부딪히게 되는 문제와 역할을 가상적으로 설정하여 특정 역할을 맡은 사람과 상호작용하고 문제를 해결해 나가도록 함.
- 판단기준
  대처능력, 대인관계능력, 의사소통능력 등
- 특징
  실제 상황과 유사한 가상 상황에서 지원자의 성격이나 대처 행동 등을 관찰할 수 있음.

6 집단면접(Group Activity)

- 방식
  지원자들이 팀(집단)으로 협력하여 정해진 시간 안에 활동 또는 게임을 하며 면접관들은 지원자들의 행동을 관찰함.
- 판단기준
  대인관계능력, 팀워크, 창의성 등
- 특징
  기존 면접보다 오랜 시간 관찰을 하여 지원자들의 평소 습관이나 행동들을 관찰하려는 데 목적이 있음.

면접가이드 03 면접 최신 기출 주제

지역농협 면접은 크게 인성 면접과 주장 면접으로 구성된다. 인성 면접에서는 농협에 입사하기 위한 본인의 노력과 경험, 본인의 가치관에 관한 질문과 농협이 추진 중인 사업에 관한 직무상식을 확인하는 질문이 주어진다. 이후 주장 면접은 농협의 사업 추진방안에 대한 질문들로 구성된 주제를 무작위로 뽑아 1분의 준비시간 후 이에 대해 2분 동안 설명하는 인바스켓(In-basket) 면접 방식으로 진행된다.

▶▶ 1. 2024년 면접 실제 기출 키워드

인성 면접

1. 농협인에게 필요한 역량은 무엇이라고 생각하는가?
2. 목표를 달성하기 위해 도전했던 경험을 이야기하시오.
3. 동료와 갈등을 겪었을 때 어떻게 해결했는가?
4. 낯선 상황에서 적응해 본 경험이 있는가?
5. 최근에 본인에게 가장 도움이 되었던 학습은 무엇인가?
6. 본인이 절대로 포기할 수 없는 가치는 무엇인가?
7. 조직 생활 경험이 있는가?
8. 정직을 발휘하여 이익을 본 경험이 있는가?
9. 존경하는 인물과 그 인물이 나에게 끼친 영향을 이야기하시오.
10. 계획을 세워 목표를 이룩한 경험과 그 과정에서 느낀 어려움을 이야기하시오.
11. 본인의 장점이 무엇이라고 생각하는가?
12. 농협의 인재상 중 본인은 어디에 해당하는가?
13. 목표를 세울 때 어떻게 세우는가?
14. 본인의 삶의 궁극적인 목표는 무엇인가?
15. 입사 후 타인과 친해지기 위한 자신만의 노하우는 무엇인가?
16. 농협 입사에 있어 가장 중요한 가치는 무엇인가?
17. 살면서 누군가에게 도움을 받아서 일을 해결한 적이 있는가?
18. 농협에 입사한다면 어떤 자세로 근무할 것인가?
19. 농협에 지원하게 된 동기는 무엇인가?
20. 농협에 입사한다면 농업인들과의 관계 개선을 위해 어떤 노력을 할 것인가?
21. 자기계발 경험을 말해보시오.
22. 농협에 입사하여 어떤 일을 하고 싶은가?
23. 농협에 들어오기 위해 노력했던 것 혹은 경험을 말해 보시오.

상식 면접

1. 프리터족의 정의와 이를 농협에 어떻게 적용할 수 있는지 말해보시오.
2. 농협이 진행하고 있는 복지 사업 중 개선해야 할 점을 제시하시오.
3. 비대면 의료서비스의 장·단점은 무엇이라고 생각하는가?
4. 미세플라스틱은 어떤 영향을 미치는가?
5. 화재 등으로 인한 전기차의 지하주차장 출입 찬반에 대해 본인의 견해를 제시하시오.
6. 지구 온난화로 인한 농업 및 농협의 미래 방향을 말해보시오.
7. 농협의 해외 수출 전략을 설명하시오.
8. 노인보호구역에 대한 본인의 견해를 제시하시오.
9. 농협의 경제사업 부문에서의 개선점을 제시하시오.
10. 우루과이라운드에 대해 설명하시오.
11. 수입산이 아닌 국내산 소비를 촉진시킬 수 있는 방안을 제시하시오.
12. 화이트 바이오에 대해 설명하시오.
13. 농협은 소외계층을 위해 일하고 있는데, 그들을 위해서 무엇을 해줄 수 있는가?
14. 무재해보험에 대해 설명하시오.
15. LTV, DSR 등 제시한 대출 용어 중 알고 있는 것을 말해보시오.
16. 시중은행과 농협의 차이점을 설명하시오.
17. 농협의 사업 중 좋다고 생각한 것을 말해보시오.
18. 빅플랫폼 규제에 대한 본인의 생각을 제시하시오.
19. 기후 위기로 폭염이 지속되고 있을 때, 폭염이 농업에 주는 영향은 무엇인가?
20. 농촌빈집 활용 방안을 제시하시오.
21. 현재 한국 농업의 가장 큰 문제점은 무엇이라고 생각하는가?
22. 농촌 고령화에 대한 해결 방안을 제시하시오.
23. 부동산 하락에 대한 본인의 생각을 말해보시오.
24. 청년농 육성 방안을 제시하시오.
25. 하나로마트 방문 경험과 본인이 느낀 개선점을 말해보시오.
26. 농업의 미래 성장을 강화하기 위한 방안을 제시하시오.
27. 도시농업에 대해 설명하고 이를 농협에 적용시킬 방안을 말해보시오.
28. 법적으로 규정되어 있는 조합원 가입비는 얼마인가?
29. 6차 산업의 의미와 내용을 설명하시오.
30. 머그샷에 대해 설명하시오.
31. 농협에서 영농지도 등 교육 분야도 지원하고 있는데, 어떻게 이를 지원할 수 있겠는가?
32. 의료대란에 대한 본인의 견해를 제시하시오.
33. 가스라이팅에 대해 설명하시오.
34. 인플루언서 마케팅을 통해 농수산물을 홍보하는 방법에 대해 설명하시오.
35. 농협이 시행해야 한다고 생각하는 신사업을 제시하시오.
36. ETF에 대해 설명하시오.
37. 우리나라의 라니냐 현상 상태와 그것이 농업에 끼치는 영향을 설명하시오.
38. 지급준비율에 대해 설명하시오.
39. WTO 국제무역기구의 역할은 무엇인가?

40. 각광받는 수출 농산물을 말해보시오.
41. 축산농가의 탄소배출 절감 방안을 말해보시오.
42. 하인리히 법칙에 대해 설명하시오.
43. 오버투어리즘의 이유를 설명하시오.
44. 에그테크에 대해 설명하시오.

주장 면접

1. 식품 사막 해소 방안을 제시하시오.
2. K-금융 해외 진출 방안을 제시하시오.
3. 녹색금융 활용 방안을 제시하시오.
4. 농협 조합원 확대 방안을 제시하시오.
5. 수입 과일 증가에 대한 대응안을 제시하시오.
6. 밭 기계화 활성화 방안을 제시하시오.
7. 외국인 계절 근로자 활성화 및 문제해결 방안을 제시하시오.
8. 금융 디지털화의 활용 방안을 제시하시오.
9. 농촌 바캉스 만족도 제고 방안을 제시하시오.
10. 퀵커머스 산업의 전망과 이에 대한 농협의 활용 방안을 말해보시오.
11. 금융중개 플랫폼의 발전이 금융사와 고객에게 미치는 영향을 말해보시오.
12. 온라인 소매가 늘어나는 상황에서 농협의 대응 방안을 제시하시오.
13. 저성장 고금리 시대에 금융업의 대응 방안을 제시하시오.
14. 부동산 양극화에 대한 방안을 제시하시오.
15. 쌀값 하락에 대한 대응안을 제시하시오.
16. 신노년층의 농촌 유입에 대한 대응안을 제시하시오.
17. 농협경제사업 활성화 방안을 제시하시오.
18. 로컬리즘 활성화 방안을 제시하시오.
19. 스마트팜 활성화 방안을 제시하시오.
20. 하나로마트 농산물 비닐 감소 방안을 제시하시오.
21. 농촌의 ICT 사용 활성화 방안을 제시하시오.
22. 농작물 재배지 북상에 따른 농협의 대응안을 제시하시오.
23. 일회용품 축소 방안에 대한 농협의 대응안을 제시하시오.
24. 대형마트와 전통시장의 상생 방안을 제시하시오.
25. 쌀 과잉 공급에 대한 대응 방안을 제시하시오.
26. 치유농업의 활용 방안을 제시하시오.
27. K-FOOD의 활성화 방안을 제시하시오.
28. 결제페이먼트에 대해 은행이 해야 하는 것을 설명하시오.
29. 농수산물 무인점포의 문제점을 설명하시오.
30. 시니어케어에 대한 금융기관의 역할을 제시하시오.
31. 도매시장의 폐기물 처리 방안을 제시하시오.

2. 2023년 면접 실제 기출 키워드

인성 면접

1. 농협 입사를 위해 한 공부 중 가장 기억에 남는 것은?
2. 농협에 입사한다면 본인의 어떤 가치로 조직과 사회에 기여할 수 있는가?
3. 농협의 인재상 중 본인에게 가장 부합하는 것은 무엇이며, 그 이유는?
4. 농협 입사는 언제부터 준비하였는가?
5. 예전에 싸웠던 친구와 오랜만에 만났을 때, 관계 회복을 하기 위한 본인의 방법은?
6. 약속을 지키기 위해 노력했던 경험과, 그런 행동을 한 이유는?
7. 농협에 지원하게 된 동기는?
8. 본인이 생각하는 본인의 장점은 무엇인가?
9. 본인이 입사를 희망하는 기업을 선택하는 기준은 무엇인가?
10. MBTI의 F와 T 중 본인에게 해당하는 쪽은?
11. 본인이 목표를 달성하는 과정에서 다른 사람의 도움을 받았던 경험을 이야기하시오.
12. 최근 본인이 목표를 달성하기 위해 꾸준히 한 활동이 있다면 무엇인가?
13. 농협에서 퇴사하여 이직을 결심하게 된다면, 어떤 이유라고 생각하는가?
14. 초면인 사람과의 만남에서 분위기를 푸는 본인의 방법은?
15. 다른 사람의 신뢰를 얻기 위하여 노력한 사례가 있다면 이야기하시오.
16. 본인이 생각하는 '가치있는 삶'이란?
17. 농협에 입사한다면 어떤 자세를 가지고 일할 것인가?
18. 창의적인 방법으로 문제를 해결한 경험을 이야기하시오.
19. 농협에 입사한 이후에도 계속 공부를 하고 싶은 것이 있다면?
20. 주변에서는 본인을 어떻게 평가하는가?
21. 본인의 삶에서의 롤모델은 누구인가?
22. 평소에 책을 얼마나 읽는가? 최근 읽은 책에서 기억이 남는 글귀가 있다면?

상식 면접

1. 노키즈존에 대한 본인의 생각을 말하시오.
2. MBTI 유행의 문제점은 무엇이라고 생각하는가?
3. 지니 계수에 대해 설명하시오.
4. 오픈뱅킹이란 무엇이며, 그 활용 예시를 말해보시오.
5. 자발적 실업이란 무엇이며 그에 대한 본인의 견해를 제시하시오.
6. 세계적인 이상기후 발생에 대한 농협의 대응책을 제시하시오.
7. 농협의 경쟁력을 제고하기 위해 필요하다고 생각하는 것은 무엇인가?
8. 탄력근무제의 장점과 단점은 무엇인가?

9. 농업 분야에서 신기술을 접목한 사례를 말해보시오.
10. 국립공원 내 케이블카 설치에 대한 찬반 의견과 그 근거는?
11. 스마트팜이란 무엇인지 설명하고 스마트팜 사업에 대한 본인의 견해를 제시하시오.
12. 최근 농가부채가 증가하는 이유는 무엇이라고 생각하는가?
13. 자국 내 식량 수급이 중요한 이유는 무엇인가?
14. 농촌이 일정한 생산성을 유지할 수 있도록 하는 방법을 제시하시오.
15. 외국인 근로자 채용의 장점과 단점은 무엇인가?
16. 마이데이터란 무엇인지 설명하시오.
17. 엥겔 지수의 정의와 이것이 소비자경제에 미치는 영향을 설명하시오.
18. 현재 농협이 추진 중인 사업 중 가장 중요하다고 생각하는 사업은 무엇인가?
19. 죄수의 딜레마에 대해 설명하고, 이에 관한 최근의 사례를 제시하시오.
20. 낙수효과에 대해 설명하시오.
21. 사회에서 성인지감수성을 요구하는 이유는 무엇인가?
22. ChatGPT의 장점과 단점은 무엇이라고 생각하는가?
23. 국제적인 행사를 자국 내에서 개최할 때의 이점은 무엇이라고 생각하는가?
24. 비트코인이 사회에 미친 영향에 대해 이야기하시오.
25. ESG 경영의 요소 중 농협과 가장 잘 부합한다고 생각하는 것은?
26. 4대 보험에 대해 설명하고 이에 관한 최근의 이슈를 이야기하시오.
27. 촉법소년와 관련된 이슈와 그에 대한 본인의 생각을 이야기하시오.
28. 새벽배송 시장의 확대에 대한 대응책을 제시하시오.
29. 농민들에게 닥친 고금리, 고물가, 고환율의 삼중고에 대한 농협의 지원책은?

주장 면접

1. 농협이 물부족 농촌 지역을 지원하는 방안을 제시하시오.
2. 도시농업에 대한 본인의 견해를 제시하시오.
3. 기후 위기에 대응하여 우리 농가의 소득을 증대시키는 방안은?
4. 고금리 시대에 대응하는 농산물 유통 활성화 방안을 제시하시오.
5. 농협의 농작물 재해보험 상품 판매를 활성화시키기 위한 방안을 제시하시오.
6. 가계대출 증가에 따른 농협의 선제적 대응안을 제시하시오.
7. 고향사랑기부제를 활성화시키기 위한 방안을 제시하시오.
8. 미곡 소비를 촉진하기 위한 방안을 제시하시오.
9. 폭염에 의한 농가피해를 줄이기 위한 방안을 제시하시오.
10. '등급외' 농산물의 판매를 활성화할 방안을 제시하시오.
11. 온라인 농산물 도매시장을 확대하기 위한 방안을 제시하시오.
12. 국내 유기농산물 소비를 증대시키기 위한 방안은?
13. 농촌의 고령화 문제를 해결하기 위한 방안을 제시하시오.

14. 금융기관이 탄소중립을 적극적으로 실천하는 방법을 제시하시오.
15. 펫 푸드 시장 확대에 따른 농협의 펫 푸드 상품 홍보전략을 제시하시오.
16. 미국의 연이은 금리 인상 결정에 대한 농협의 대응안을 제시하시오.
17. 농촌이 안정적으로 영농인력을 확보할 수 있도록 하는 농협의 지원책을 제시하시오.
18. 여성농 유입을 확대시키기 위한 방안을 제시하시오.
19. 농협의 농산물 가격 파동 대응안을 제시하시오.
20. 농협이 농촌 내 의료복지를 증진시키기 위한 방안을 제시하시오.
21. '금융의 사각지대'에 놓인 금융소외계층을 위한 금융교육 프로그램을 제시하시오.
22. 국내의 과일 소비를 촉진하기 위한 방안을 제시하시오.
23. 농촌 내 디지털 소외계층을 지원하는 농협의 지원방안을 제시하시오.
24. 1인 가구 증가에 대응하는 농산물 소포장 판매 마케팅을 제시하시오.
25. 전통주를 해외에 수출하기 위한 마케팅 전략을 제시하시오.
26. 농촌계획법을 활성화하는 방안을 제시하시오.
27. 청년농을 육성하기 위한 농협의 지원방안을 제시하시오.
28. 농협이 취약계층의 식생활을 보장하기 위한 지원 방안을 제시하시오.
29. 농협이 추진할 수 있는 소상공인 지원 방안을 제시하시오.
30. 외식 전문 기업과의 협업을 통해 우리 농산물을 홍보하는 전략을 제시하시오.
31. 푸드테크의 활성화 방안을 제시하시오.
32. 페이먼츠에 대한 본인의 견해와 농협이 이를 활용할 방안을 제시하시오.
33. 명절에 농축산물 유통을 더욱 활성화시킬 수 있는 전략을 제시하시오.
34. 인플레이션이 금융 전반에 미치는 영향을 설명하고 농협의 대응안을 제시하시오.
35. 실리콘밸리뱅크의 파산에 따른 국내의 뱅크런 위험을 설명하고 대응책을 제시하시오.
36. 10년 뒤 농업은 어떻게 변화할 것으로 예측되는가?
37. 전세사기에 대한 대책을 제시하시오.
38. 농협이 추진할 수 있는 보이스피싱 예방책을 제시하시오.

3. 2022년 면접 실제 기출 키워드

인성 면접

1. 지역농협에 지원한 동기를 이야기하시오.
2. 직장생활에서 중요하게 생각하는 것은 무엇인가?
3. 본인의 좌우명은 무엇인가?
4. 본인이 설정한 목표를 달성하지 못한 경험에 대해 이야기하시오.
5. 가치관이 다른 사람들과 같이 업무를 한 경험에 대해 이야기하시오.
6. 내가 바라는 행복한 인생은 무엇인지 이야기하시오.

7. 농협에 입사한다면 내게 주고 싶은 선물은 무엇인가?
8. 5년, 10년 뒤의 나의 모습을 상상해서 이야기하시오.
9. 본인의 롤 모델은 누구이며, 그 이유는?
10. 자신의 단점은 무엇이며, 이를 극복하기 위해 무엇을 하였는가?
11. 농협이 본인을 뽑아야 하는 이유는 무엇인가?
12. 농협을 직접 이용해 본 경험과 이를 통해 느낀 개선점을 이야기하시오.
13. 본인이 농협에 입사하였을 때 가장 자신 있다고 생각하는 업무는?
14. 상사의 부당한 지시에 대해 어떻게 대처할 것인가?
15. 농협에 근무하면서 가장 중요하다고 생각하는 덕목은?
16. 현재 하고 있는 단체활동이 있는가? 단체활동에 대한 경험을 이야기하시오.
17. 농협에 입사하였을 때 희망하는 과가 있는가? 혹시 원하는 곳에 배치되지 못한다면 어떻게 할 것인가?
18. 내가 저지른 실수로 인해 남에게 피해를 끼친 경험과, 이를 통해 배운 점을 이야기하시오.
19. 농협 입사 후의 포부는?
20. 다른 농협 지원자들과 비교되는 본인의 차별점은?
21. 농협에 입사하기 위해 본인이 노력한 점은?
22. 다른 사람이 생각하는 본인의 이미지는?
23. 지역농협 입사 준비와 별개로 따로 준비하고 있는 것이 있는가?
24. 조직의 가치관과 본인의 가치관이 맞지 않는다면 어떻게 할 것인가?
25. 본인에게 큰 영향을 끼친 인물은 누구인가?
26. 농촌 지역을 여행해 본 경험이 있는가?
27. MZ세대 면접관 도입의 장점과 단점은 무엇이라고 생각하는가?
28. 첫 월급을 받으면 무엇을 할 것인가?
29. 농협의 인재상 중 본인에게 가장 부합한다고 생각하는 것은?
30. 본인이 설정한 목표를 달성한 경험에 대해 이야기하시오.

상식 면접

1. 예금자보호제도에 대해 설명하시오.
2. 현재 농협의 문제점에 대해 이야기하시오.
3. 고향세(고향사랑기부제)에 대해 설명하시오.
4. 금리 인상과 물가의 상관관계에 대해 설명하시오.
5. 농협의 인재상 중 행복 파트너에 대한 개인의 견해를 이야기하시오.
6. 농협의 디지털 사업 중에서 떠오르는 것 하나를 이야기하시오.
7. 농업에 '스마트'가 접목된 사례를 하나 제시해보시오.
8. DTI(Debt to Income, 총부채상환비율)에 대해 설명하시오.
9. 기준금리 인상이 농협에 미치는 영향에 대해 설명하시오.
10. 농업이란 무엇인지를 설명하시오.
11. RPC(Rice Processing Complex, 미곡종합처리장)에 대해 설명하시오.

12. 푸드플랜에 대해 설명하시오.
13. 공산품과 농축산품의 차이를 설명하시오.
14. 도농산업에 대한 농협의 비전을 이야기하시오.
15. 채권이란 무엇인지 설명하시오.
16. 농협의 메타버스 활용 방안을 제시하시오.
17. 농협의 인재상을 말해보시오.
18. 규모의 경제에 대해 설명하시오.
19. 변액보험이 무엇인지 설명하시오.
20. 하이퍼마켓과 슈퍼마켓의 차이점을 경쟁력을 기준으로 설명하시오.
21. 본인이 생각하는 지역농협의 장단점은 무엇이며, 이를 통해 농협이 지향해야 할 방향성을 제시하시오.
22. 한류에 발맞춰 나가는 농협의 발전 방안을 제시하시오.
23. 농업인이 겪는 고충 세 가지를 말해보시오.
24. 주식회사와 협동조합의 특징을 설명하시오.
25. 비트코인(Bitcoin)에 대한 찬성 혹은 반대 의견을 제시하시오.
26. 선의의 거짓말에 대해 어떻게 생각하는가?
27. 시간 약속을 지키지 않는 친구와의 문제가 생겼을 때 어떻게 해결할 것인가?
28. 최근 인상 깊었던 농협 관련 뉴스가 있다면 무엇인가?
29. 뉴 노멀(New Normal)의 정의와 이에 대한 농협의 대응책을 제시하시오.
30. 논 칼라(Non-collar) 세대에 대해 설명하시오.
31. 농업협동조합법 제1조에 대해 설명하시오.
32. 온라인 유통에 관하여 농협의 지향점을 제시하시오.
33. AI 면접의 장단점이 무엇인지 이야기하시오.
34. PB 상품(Private Brand Product)이 무엇인지 설명하시오.
35. 부동산 가격 상승이 농협에 미치는 좋은 점과 나쁜 점에 대해 설명하시오.
36. 공공 데이터(오픈 데이터)에 대해 설명하시오.
37. FTA(Free Trade Agreement, 자유무역협정)의 의미와 그 사례를 설명하시오.
38. 블루오션(Blue Ocean)에 대해 설명하시오.
39. 레고랜드 사태 이후 경직된 채권시장에 대한 견해를 제시하시오.

주장 면접

1. 농협의 ESG 경영 확대 방안을 제시하시오.
2. 농촌 내 안전사고 방지 방안을 제시하시오.
3. K-Food의 세계화 방안을 제시하시오.
4. 최근 농산물 가격의 상승에 대한 안정화 방안을 제시하시오.
5. 농기구 안전 문제에 대한 해결 방안을 제시하시오.
6. 농협의 플랜테리어(Planterior) 사업의 발전 방안을 제시하시오.
7. 농촌관광의 활성화 방안을 제시하시오.

8. 귀농·귀촌인구의 감소에 대한 해결책을 제시하시오.
9. 농협의 ESG 경영 확대 방안을 제시하시오.
10. 환율 상승이 농업에 미치는 영향을 설명하시오.
11. 지역농협의 활성화 방안을 제시하시오.
12. 농협의 탄소중립 실천 방안을 제시하시오.
13. 농협의 소상공인 지원방안을 제시하시오.
14. 비건(Vegan) 시장 확대에 대한 농협의 대응방안을 제시하시오.
15. 쌀 가격 안정화 방안을 제시하시오.
16. 금리 인상에 대한 기존 대출자의 구제 방안을 제시하시오.
17. 지역특산물 수요 활성화를 위한 마케팅 방안을 제시하시오.
18. 전략작물 재배 지원 및 사업 활성화 방안을 제시하시오.
19. 농협의 친환경식품 홍보 방안을 제시하시오.
20. 농협은행의 특색을 반영한 영업적 활용 방안을 제시하시오.
21. 농협이 포스트 코로나 시대에 금융고객을 확보하기 위한 전략을 제시하시오.
22. 최근 증가하는 병충해에 대한 농협의 대응 방안을 제시하시오.
23. 유류비 증가에 따른 농협의 대응 방안을 제시하시오.
24. 농협의 금융 컨설팅 분야의 경쟁력을 제고할 방안을 제시하시오.
25. 청년농 유치 방안을 제시하시오.
26. 강소농을 육성하기 위한 방안을 제시하시오.
27. 농업을 소재로 한 게임의 홍보방안을 제시하시오.
28. 인터넷뱅킹 확대에 따른 농협의 대응 방안을 제시하시오.
29. 농협의 농산물 유통경로의 개선 방안을 제시하시오.
30. 최근 트렌드와 농산물 유통을 결합한 전략을 제시하시오.
31. 농업박람회에서 농협이 스마트팜과 귀촌 관련 사업으로 소개할 수 있는 내용을 제시하시오.

4. 2021년 면접 실제 기출 키워드

인천_지역농협 6급

인성 면접

1. 다른 회사가 많은데 농협에 지원한 이유를 말해 보시오.
2. 자신의 성격에서 가장 취약한 부분은 무엇인가?
3. 가장 최근에 읽은 책은 무엇인가?
4. 일을 함에 있어서 가장 중요한 가치관에 대해 말해 보시오.
5. 만약 상사가 부적절한 지시를 내린다면 어떻게 하겠는가?
6. 가장 존경하는 인물과 그 이유는?

주장 면접

1. 농산물 가격 폭등과 폭락에 대한 대처
2. 농촌형 커뮤니티케어의 방향
3. 제4차 산업혁명의 농촌 적용
4. 농가 지원 예산의 바람직한 정도
5. 농가 부흥을 위한 정부의 정책 방향

경기_지역농협 6급

인성 면접

1. 코로나가 끝나면 가장 하고 싶은 일은 무엇인가?
2. 농협에서 맡고 싶은 업무는 무엇인가?
3. 다른 사람의 의견을 수용했던 경험이 있다면 말해 보시오.
4. 웃는 얼굴이 중요한 이유에 대해 말해 보시오.
5. 직장 동료들과 친해지기 위한 자신만의 방법을 말해 보시오.
6. 농협에 가지고 있는 이미지가 어떻게 되는지 말해 보시오.

주장 면접

1. 공익형직불제 안착 방향
2. 농협의 해외 진출 방법
3. 농산물 수입량 증가에 대한 대처 방안
4. 이상기후에 따른 농가 피해 대처 방안
5. 스마트팜의 적극적인 활용 방법

부산_지역농협 6급

인성 면접

1. 다른 사람과 다툰 경험이 있다면 말해 보시오.
2. 무언가를 성취하기 위해 적극적으로 행동해 본 경험이 있다면 말해 보시오.
3. 워라밸을 10으로 표현한다면 몇 대 몇인가?
4. 가장 최근에 즐겼던 문화생활이 무엇인가?
5. 건강한 삶을 살기 위해 꼭 지키는 규칙이 있다면 무엇인가?

주장 면접

1. 자연재해에 따른 농가 피해에 대한 보상 방안
2. 농산물 재해보험의 기준 채택 방향

3. 대한민국 인구 고령화에 대한 대처법
4. 안전한 농촌 만들기를 위한 정책 방안
5. 코로나 사태에 따른 농촌 위기 해결 방안

강원_지역농협 6급

인성 면접

1. 가장 좋아하는 영화가 있다면 무엇인가? 그 이유는?
2. 자신이 가장 잘하는 것이 무엇인가?
3. 학창시절 장래희망이 무엇이었는가?
4. 일을 하면서 꼭 지켜야 하는 가치관이 있다면 무엇인가? 그 이유는?
5. 건강과 금전적 풍요 중 어느 것이 더 중요하다고 생각하는가?

주장 면접

1. 농협이 국민의 신뢰를 얻기 위한 사업 방향
2. PB 상품 활성화 방안
3. 농촌으로의 신규 농민 유입을 위한 정책
4. 국산 농산물의 경쟁력 제고 방안
5. 농촌 쓰레기 문제 대처법

전남_지역농협 6급

인성 면접

1. 농협에 입사하기 위해 준비한 것이 무엇인가?
2. 자기개발을 위해 한 노력이 있다면 말해 보시오.
3. 농협의 단점이 있다면 무엇이라고 생각하는가?
4. 가장 좋아하는 작가가 있다면 누구인가?
5. 여가 시간에 보통 무엇을 하면서 보내는가?

주장 면접

1. 코로나 사태에 대응하는 농촌 보호 정책
2. 농가 소득 증대 방안
3. 경쟁력 있고 경제력 있는 농촌을 위한 정책 방향
4. 블록체인의 농촌 맞춤 활용 방안
5. 농촌과 기업체의 화합 도모

충남세종_지역농협 6급

인성 면접

1. 업무를 하면서 교양을 쌓는 것에 대해서 어떻게 생각하는가?
2. 살면서 포기할 수 없는 것이 있다면 무엇인가?
3. 직장에서 누군가에 대한 험담을 듣게 된다면 어떻게 하겠는가?
4. 소중한 것을 양보한 경험이 있다면 말해 보시오.
5. 업무 탓에 지속적으로 야근을 해야 한다면 어떻게 하겠는가?

주장 면접

1. 농촌인구 고령화 및 인구 감소에 대한 대응 방안
2. 농촌형 통합노인돌봄체계 사업 방향
3. 농협의 디지털 혁신 아이디어 제안
4. 농협몰과 라이브커머스 서비스의 사업 방향
5. 농협의 중점 사업 하나와 그에 대한 생각

5. 2020년 면접 실제 기출 키워드

인천_지역농협 6급

인성 면접

1. 편견을 갖고 타인을 대했던 경험을 말해 보시오.
2. 최근 관심을 갖고 봤던 농업, 농촌 관련 이슈는 무엇인가?
3. 내가 주장하여 다른 이들을 설득했던 경험이 있다면?
4. 직접 제안한 전략으로 성과를 낸 경험은?
5. 지역농협에서 일하는데 가장 중요하다고 생각하는 역량은 무엇인가?
6. 본인이 사회생활을 하면서 책임감을 가지고 일한 경험은?
7. 다른 사람을 겉모습만으로 판단했던 경우는?

주장 면접

1. 고령화 인구 대상 기능식품의 활성화가 갖는 의미
2. 4차 산업혁명 기술을 임업에 활용할 수 있는 방안
3. 신세대와 젊은 사람들이 귀농, 귀촌을 하게 된다면 가져올 장점
4. 가축분뇨 자원화에 대한 견해
5. 농촌형 커뮤니티(CB)의 활성화 방안

경기_지역농협 6급

인성 면접

1. 농협 직원으로서 어떤 자세가 가장 중요한가?
2. 농협에 입사하여 어떤 업무를 맡고 싶은가?
3. 자신이 생각하는 농협의 장단점은 무엇인가?
4. 농협에 입사하면 언제까지 다니고 싶은가?
5. 최근에 칭찬을 받았던 경험은?
6. 육묘장이 무엇이며 로컬푸드에 대해 아는 것이 있다면 말해보시오.

주장 면접

1. 종자산업의 현황과 부가가치를 높이는 발전 방향
2. 생물의 다양성을 보전할 수 있는 전략
3. 스마트팜 연구 개발과 지원 가능한 사업
4. 6차 산업으로 나타났거나 나타날 장단점

충남_지역농협 6급

인성 면접

1. 설득을 한 경험이나 설득을 당한 경험이 있다면?
2. 롤모델이 누구이며 그 사람이 농협을 지원하는데 어떤 동기를 부여하였는가?
3. 사회생활을 하면서 필요한 매너와 지식 등을 어디에서 얻는가?
4. 농협 직원으로서 가져야 할 마음가짐이나 자세는?
5. 살면서 가장 보람 있던 경험은?

주장 면접

1. 깨끗한 농촌을 만들기 위한 방안
2. 수입과일에 대한 국산과일의 경쟁력 제고 방안
3. 슬로시티와 농협과의 상관관계
4. 국내산 씨앗의 발전과 활용 방안

전남_지역농협 6급

인성 면접

1. 평소 건강관리 노하우가 있다면?
2. 자기주관과 자기 고집의 차이는 무엇이라고 생각하는가?
3. 지역농협에 입사한다면 어떤 원칙을 세우고 일할 것인가?

4. 다양한 교양을 쌓는 자신만의 방법은 무엇인가?
5. 사회생활을 하면서 다른 사람에게 성실함을 인정받은 경험은?

주장 면접

1. 친환경이 우리사회에 주는 시사점
2. 청년 실업률 해소 방안
3. 여성농업인 복지 증대가 특혜인가에 대한 본인의 견해

경북_지역농협 6급

인성 면접

1. 본인의 의견을 다른 사람을 설득하여 의견을 지지받았거나, 인정받았던 경험은?
   (추가 질문) 만약 본인의 의견과 달리 모두가 반대한다면 어떻게 할 것인가?
2. 본인이 업무에 임할 때 가장 중요하게 생각하는 원칙은?
3. 본인의 인생관이 무엇이며, 인생관과 관련된 경험을 말해 보시오.
4. 이전에 가졌던 편견에 대해서 말하고 편견을 극복했던 경험을 말해 보시오.

주장 면접

1. 4차 산업혁명 시대에 농업과 농촌의 영향과 본인의 견해
2. 상품의 가치를 유지하는 유통 전략
3. 농민과 도시민이 함께 어울려 살기위해 농협이 해야 할 일
4. 국산 농산품 활성화 방안에 대한 본인의 견해

제주_지역농협 6급

인성 면접

1. 인생의 가치관과 가치관대로 행동한 사례는?
2. 대화가 통하지 않는 직장상사는 어떻게 대처하겠는가?
3. 직장 내에서 관계를 원만하게 하는 방법은 무엇인가?
4. 스페셜리스트가 되기 위한 자신의 마음가짐이 있다면?
5. 농협이 하고자 하는 사업에 대해 알고 있는 대로 말해보시오.

주장 면접

1. 대한민국 청소년들의 영양부족과 식습관 개선 방안
2. 4차 산업시대에 지역농협의 역할
3. 농협의 블록체인 활용 방안
4. 농촌과 도시의 가치가 함께 상승할 수 있는 일

지역농협 6급

1회 기출예상문제

(OMR answer sheet)

지역농협 6급

2회 기출예상문제 답안지

지역농협 6급

3회 기출예상문제

직무능력평가 답안지

직무능력평가

지역농협 6급

감독관 확인란	

기출예상문제_연습용

성명표기란

㉠	ㅏ	㉠	㉠	ㅏ	㉠	㉠	ㅏ	㉠	㉠	ㅏ	㉠
㉡	ㅑ	㉡	㉡	ㅑ	㉡	㉡	ㅑ	㉡	㉡	ㅑ	㉡
㉢	ㅓ	㉢	㉢	ㅓ	㉢	㉢	ㅓ	㉢	㉢	ㅓ	㉢
㉣	ㅕ	㉣	㉣	ㅕ	㉣	㉣	ㅕ	㉣	㉣	ㅕ	㉣
㉤	ㅗ	㉤	㉤	ㅗ	㉤	㉤	ㅗ	㉤	㉤	ㅗ	㉤
㉥	ㅛ	㉥	㉥	ㅛ	㉥	㉥	ㅛ	㉥	㉥	ㅛ	㉥
㉦	ㅜ	㉦	㉦	ㅜ	㉦	㉦	ㅜ	㉦	㉦	ㅜ	㉦
㉧	ㅠ	㉧	㉧	ㅠ	㉧	㉧	ㅠ	㉧	㉧	ㅠ	㉧
㉨	ㅡ	㉨	㉨	ㅡ	㉨	㉨	ㅡ	㉨	㉨	ㅡ	㉨
㉩	ㅣ	㉩	㉩	ㅣ	㉩	㉩	ㅣ	㉩	㉩	ㅣ	㉩
㉪	ㅐ	㉪	㉪	ㅐ	㉪	㉪	ㅐ	㉪	㉪	ㅐ	㉪
㉫	ㅒ	㉫	㉫	ㅒ	㉫	㉫	ㅒ	㉫	㉫	ㅒ	㉫
㉬	ㅔ	㉬	㉬	ㅔ	㉬	㉬	ㅔ	㉬	㉬	ㅔ	㉬
㉭	ㅖ	㉭	㉭	ㅖ	㉭	㉭	ㅖ	㉭	㉭	ㅖ	㉭
	ㅘ		ㄲ	ㅘ	ㄲ	ㄲ	ㅘ	ㄲ	ㄲ	ㅘ	ㄲ
	ㅙ		ㄸ	ㅙ	ㄸ	ㄸ	ㅙ	ㄸ	ㄸ	ㅙ	ㄸ
	ㅚ		ㅃ	ㅚ	ㅃ	ㅃ	ㅚ	ㅃ	ㅃ	ㅚ	ㅃ
	ㅝ		ㅆ	ㅝ	ㅆ	ㅆ	ㅝ	ㅆ	ㅆ	ㅝ	ㅆ
	ㅞ		ㅉ	ㅞ	ㅉ	ㅉ	ㅞ	ㅉ	ㅉ	ㅞ	ㅉ
	ㅟ			ㅟ	ㄺ		ㅟ	ㄺ		ㅟ	ㄺ
	ㅢ			ㅢ	ㄻ		ㅢ	ㄻ		ㅢ	ㄻ

수험번호

⓪	⓪	⓪	⓪	⓪	⓪	⓪	⓪	⓪
①	①	①	①	①	①	①	①	①
②	②	②	②	②	②	②	②	②
③	③	③	③	③	③	③	③	③
④	④	④	④	④	④	④	④	④
⑤	⑤	⑤	⑤	⑤	⑤	⑤	⑤	⑤
⑥	⑥	⑥	⑥	⑥	⑥	⑥	⑥	⑥
⑦	⑦	⑦	⑦	⑦	⑦	⑦	⑦	⑦
⑧	⑧	⑧	⑧	⑧	⑧	⑧	⑧	⑧
⑨	⑨	⑨	⑨	⑨	⑨	⑨	⑨	⑨

(주민등록 앞자리 생년제외) 월일

⓪	⓪	⓪	⓪
①	①	①	①
②	②	②	②
③	③	③	③
④	④	④	④
⑤	⑤	⑤	⑤
⑥	⑥	⑥	⑥
⑦	⑦	⑦	⑦
⑧	⑧	⑧	⑧
⑨	⑨	⑨	⑨

수험생 유의사항

※ 답안은 반드시 컴퓨터용 사인펜으로 보기와 같이 바르게 표기해야 합니다.
〈보기〉 ① ② ③ ❹ ⑤

※ 성명표기란 위 칸에는 성명을 한글로 쓰고 아래 칸에는 성명을 정확하게 표기하십시오. (맨 왼쪽 칸부터 표기하며 성과 이름은 붙여 씁니다)

※ 수험번호/월일 위 칸에는 아라비아 숫자로 쓰고 아래 칸에는 숫자와 일치하게 표기하십시오.

※ 월일은 반드시 본인 주민등록번호의 생년을 제외한 월 두 자리, 일 두 자리를 표기하십시오.
〈예〉 2002년 4월 1일 → 0401

문번	답란	문번	답란	문번	답란	문번	답란
1	① ② ③ ④ ⑤	21	① ② ③ ④ ⑤	41	① ② ③ ④ ⑤	61	① ② ③ ④ ⑤
2	① ② ③ ④ ⑤	22	① ② ③ ④ ⑤	42	① ② ③ ④ ⑤	62	① ② ③ ④ ⑤
3	① ② ③ ④ ⑤	23	① ② ③ ④ ⑤	43	① ② ③ ④ ⑤	63	① ② ③ ④ ⑤
4	① ② ③ ④ ⑤	24	① ② ③ ④ ⑤	44	① ② ③ ④ ⑤	64	① ② ③ ④ ⑤
5	① ② ③ ④ ⑤	25	① ② ③ ④ ⑤	45	① ② ③ ④ ⑤	65	① ② ③ ④ ⑤
6	① ② ③ ④ ⑤	26	① ② ③ ④ ⑤	46	① ② ③ ④ ⑤	66	① ② ③ ④ ⑤
7	① ② ③ ④ ⑤	27	① ② ③ ④ ⑤	47	① ② ③ ④ ⑤	67	① ② ③ ④ ⑤
8	① ② ③ ④ ⑤	28	① ② ③ ④ ⑤	48	① ② ③ ④ ⑤	68	① ② ③ ④ ⑤
9	① ② ③ ④ ⑤	29	① ② ③ ④ ⑤	49	① ② ③ ④ ⑤	69	① ② ③ ④ ⑤
10	① ② ③ ④ ⑤	30	① ② ③ ④ ⑤	50	① ② ③ ④ ⑤	70	① ② ③ ④ ⑤
11	① ② ③ ④ ⑤	31	① ② ③ ④ ⑤	51	① ② ③ ④ ⑤		
12	① ② ③ ④ ⑤	32	① ② ③ ④ ⑤	52	① ② ③ ④ ⑤		
13	① ② ③ ④ ⑤	33	① ② ③ ④ ⑤	53	① ② ③ ④ ⑤		
14	① ② ③ ④ ⑤	34	① ② ③ ④ ⑤	54	① ② ③ ④ ⑤		
15	① ② ③ ④ ⑤	35	① ② ③ ④ ⑤	55	① ② ③ ④ ⑤		
16	① ② ③ ④ ⑤	36	① ② ③ ④ ⑤	56	① ② ③ ④ ⑤		
17	① ② ③ ④ ⑤	37	① ② ③ ④ ⑤	57	① ② ③ ④ ⑤		
18	① ② ③ ④ ⑤	38	① ② ③ ④ ⑤	58	① ② ③ ④ ⑤		
19	① ② ③ ④ ⑤	39	① ② ③ ④ ⑤	59	① ② ③ ④ ⑤		
20	① ② ③ ④ ⑤	40	① ② ③ ④ ⑤	60	① ② ③ ④ ⑤		

대기업·금융

 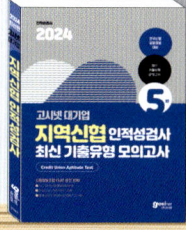   

저마다의 일생에는,
특히 그 일생이 동터 오르는 여명기에는
모든 것을 결정짓는 한 순간이 있다.
그 순간을 다시 찾아내는 것은 어렵다.
그것은 다른 수많은 순간들의 퇴적 속에
깊이 묻혀있다.

- 장 그르니에, 섬 LES ILES

2025 고시넷 NCS 지역농협 6급 통합기본서

정답과 해설

고시넷
공기업 NCS & 대기업 인적성
수리능력 전략과목 만들기

237개 테마 　　Lv1 ~ Lv3 단계적 문제풀이

빨강이 응용수리　파랑이 자료해석 완전 정복 시리즈

기초에서 완성까지
문제풀이 시간단축
모든유형 단기공략

고시넷 수리능력
빨강이 응용수리

고시넷 수리능력
파랑이 자료해석

동영상 강의　WWW.GOSINET.CO.KR

2025 고시넷 NCS 지역농협 6급 통합기본서

정답과 해설

정답과 해설

파트1 영역별 기본학습

1장 의사소통능력

테마 2 유형별 학습   문제 164쪽

01	④	02	⑤	03	②	04	④	05	①
06	⑤	07	②	08	②	09	③	10	③
11	③	12	③	13	①	14	②	15	①
16	④	17	②	18	②	19	①	20	①
21	⑤	22	①	23	④	24	④	25	②
26	③	27	④	28	④	29	⑤	30	③
31	①	32	④	33	③	34	③	35	④
36	①	37	④	38	④	39	④	40	①
41	②	42	④	43	④	44	②	45	①
46	②	47	④	48	②	49	③	50	④
51	③	52	②	53	②	54	①		

01 문서작성능력 단어의 관계 파악하기

| 정답 | ④

| 해설 | • 강감찬 : '고려'의 문신이자 장군으로 거란의 침략을 물리치고 귀주대첩을 승리로 이끌었다.
• 귀주대첩 : 우리 역사에서 3대 대첩 중 하나로 '고려'시대 귀주에서 거란 수십만 대군을 맞아 승리한 전쟁이다.
• 팔만대장경 : 현존하는 세계의 대장경 중 가장 오래되었고 '고려'시대 목판 인쇄술의 발달 수준을 알 수 있다.

02 문서작성능력 단어의 관계 파악하기

| 정답 | ⑤

| 해설 | '정월대보름'은 음력 1월15일을 기념하는 명절로 오곡밥, 부럼을 먹고 달맞이, 쥐불놀이, 지신밟기 등의 놀이를 한다.

03 문서작성능력 단어의 관계 파악하기

| 정답 | ②

| 해설 | 해수욕은 주로 여름에 하러 가고, 장마철은 여름에 있으며, 매미 또한 여름에 활동한다. 따라서 세 단어의 공통 요소는 '여름'임을 알 수 있다.

04 문서작성능력 단어의 관계 파악하기

| 정답 | ④

| 해설 | '계산기'와 '계산'은 도구와 목적의 관계를 지닌다. '피아노'를 도구로 해 이룰 수 있는 목적은 '연주'이다.

05 문서작성능력 단어의 관계 파악하기

| 정답 | ①

| 해설 | '장미꽃'과 '식물'은 상하 관계를 갖는다. 하의어 '호랑이'의 의미를 포함하는 상의어는 '동물'이다.

06 문서작성능력 단어의 관계 파악하기

| 정답 | ⑤

| 해설 | '가마'는 '사람'이 가마채를 이용하여 움직이는 구조로 장치-동력원관계에 있다. 이와 유사하게 ⑤의 '자동차'는 '엔진'을 동력원으로 하여 작동하므로 가장 유사한 단어 관계를 갖는다.

| 오답풀이 |
① '나무'로 '지게'를 만듦으로 재료-결과물관계이다.
② '테니스'를 하기 위해 '공'을 사용하므로 도구-용도관계이다.

③ '전기'를 생산하기 위해 풍차를 사용하므로 도구-용도 관계이다.
④ '연필'과 '펜'은 필기구로서 동위관계이다.

따라서 맥락상 ㄱ에는 '상회', ㄴ에는 '결재', ㄷ에는 '강행'이 적절하다.

07 문서작성능력 문맥에 맞는 어휘 고르기

|정답| ②

|해설| 가격 따위가 변화하는 양상을 가리키는 단어로는 '일이나 형편이 시간의 경과에 따라 변하여 나감. 또는 그런 경향'이라는 의미의 '추이'가 적절하다.

|오답풀이|
① 작용(作用) : 어떠한 현상을 일으키거나 영향을 미침.
③ 동선(動線) : 건축물의 내외부에서 사람이나 물건이 어떤 목적이나 작업을 위하여 움직이는 자취나 방향을 나타내는 선
④ 당락(當落) : 당선과 낙선을 아울러 이르는 말
⑤ 정세(情勢) : 일이 되어 가는 형편

08 문서작성능력 문맥에 맞는 어휘 고르기

|정답| ②

|해설| '두 끝을 맞대어 붙인다'라는 의미의 어휘는 '잇다'이다.

09 문서작성능력 문맥에 맞는 어휘 고르기

|정답| ③

|해설| ㄱ. • 상충(相沖) : 사물이 서로 어울리지 아니하고 마주침.
• 상회(上廻) : 어떤 기준보다 웃돎.
ㄴ. • 결제(決濟) : 증권 또는 대금을 주고받아 매매 당사자 사이의 거래 관계를 끝맺는 일
• 결재(決裁) : 결정할 권한이 있는 상관이 부하가 제출한 안건을 검토하여 허가하거나 승인함.
ㄷ. • 강행(强行) : 강제로 시행함.
• 유보(留保) : 어떤 일을 당장 처리하지 아니하고 나중으로 미루어 둠.

10 문서작성능력 문맥에 맞는 어휘 고르기

|정답| ③

|해설| 단어의 의미를 토대로 빈칸에 들어갈 알맞은 말은 순서대로 '봉착-시작-여파-사태'이다.
'고용(雇用)'은 '삯을 주고 사람을 부림'을 의미한다.

|오답풀이|
① 여파(餘波) : 어떤 일이 끝난 뒤에 남아 미치는 영향
② 사태(事態) : 일이 되어 가는 형편이나 상황 또는 벌어진 일의 상태
④ 봉착(逢着) : 어떤 처지나 상태에 부닥침.
⑤ 시작(始作) : 어떤 일이나 행동의 처음 단계를 이루거나 그렇게 함. 또는 그 단계

11 문서작성능력 문맥에 맞는 어휘 고르기

|정답| ③

|해설| 제시된 글에서 정부는 탄소중립 및 녹색성장 사회로 나아가려는 계획을 발표했다. 이러한 전환기에는 늘 새로운 기술이 생성되었으며 저탄소·순환경제로의 전환을 시도하는 현 상황에 기술혁신이 가속화되고 있다고 언급하였으므로 ㉠에 들어갈 단어로 적절한 것은 '혁신'이다.

12 문서작성능력 단어의 사전적 의미 파악하기

|정답| ③

|해설| '체화'란 '지식이나 기술, 사상 따위가 직접 경험을 통해 자기 것이 됨'을 의미한다. '몸소 경험을 통해 알아지거나 이해됨'의 의미의 단어는 '체득'이다.

13 문서작성능력 같은 의미의 단어 찾기

| 정답 | ①

| 해설 | 제시된 문장과 ①에서 쓰인 '사고'는 생각하고 궁리한다는 의미의 '思考'이다.

| 오답풀이 |
② 회사 등에서 알리는 광고(社告)
③, ④ 뜻밖에 일어난 나쁜 일(事故)

14 문서작성능력 같은 의미의 단어 찾기

| 정답 | ②

| 해설 | 제시된 내용의 '다투다'는 '먼저 하거나 잘하기 위해 경쟁적으로 서두르다'라는 의미로, 주로 '앞을'과 함께 쓰여 '앞다투다'로 사용된다. 이와 같은 의미로 '다투다'는 표현이 사용된 문장은 '순위를 다투다'라는 의미로 사용된 ②이다.

| 오답풀이 |
①, ④ '의견이나 이해의 대립으로 서로 싸우다'라는 의미로 사용되었다.
③ '사태가 매우 급박한 상태가 되다'라는 의미로 사용되었다.

15 문서작성능력 같은 의미의 단어 찾기

| 정답 | ①

| 해설 | 제시된 문장과 ①의 '씻다'의 의미는 '현재의 좋지 않은 상태에서 벗어나다'로 동일하다.

| 오답풀이 |
② '물이나 휴지 따위로 때나 더러운 것을 없게 하다'라는 의미로 사용되었다.
③ '관계 따위를 끊다'라는 의미로 사용되었다.
④ '누명, 오해, 죄과 따위에서 벗어나 다른 사람 앞에서 떳떳한 상태가 되다'라는 의미로 사용되었다.
⑤ '이익 따위를 혼자 차지하거나 가로채고서는 시치미를 떼다'라는 의미로 사용되었다.

16 문서작성능력 같은 의미의 단어 찾기

| 정답 | ④

| 해설 | 〈보기〉에 쓰인 '나누다'는 '여러 가지가 섞인 것을 구분하여 분류하다'의 의미이다. 그러므로 이와 유사한 것은 서울 사람과 서울 외 지역의 사람을 구분하여 분류한다는 의미로 사용된 ④이다.

| 오답풀이 |
① 하나를 둘 이상으로 가르다.
② 음식 따위를 함께 먹거나 갈라 먹다.
③ 말이나 이야기, 인사 따위를 주고받다.
⑤ 즐거움이나 고통, 고생 따위를 함께하다.

17 문서작성능력 같은 의미의 단어 찾기

| 정답 | ②

| 해설 | 제시된 문장에서 '거두다'는 '고아, 식구 따위를 보살피다'라는 의미로 쓰였다. 이와 유사한 의미로 '아이를 보살펴 자라게 하다'라는 의미인 '양육하다'가 적절하다.

| 오답풀이 |
① 수습하다 : 어수선한 사태를 거두어 바로잡다.
④ 훈육하다 : 품성이나 도덕 따위를 가르쳐 기르다.
⑤ 교육하다 : 지식과 기술 따위를 가르치며 인격을 길러 주다.

18 문서작성능력 단어의 의미 파악하기

| 정답 | ②

| 해설 | '계상(計上)하다'는 '계산하여 올리다'라는 의미로, 금액을 계산하여 회계장부에 기록한다는 뜻을 가진다.

19 문서작성능력 같은 의미의 단어 찾기

| 정답 | ①

| 해설 | '시범(示範)'은 '모범을 보이는 것', '공시(公示)'는 '일정한 내용을 공개적으로 게시하여 일반에게 널리 알리거나 알리는 글'이라는 뜻으로 두 단어는 서로 바꿔 쓰기에 적절하지 않다.

20 문서작성능력 | 올바른 어휘 표기 사용하기

| 정답 | ①

| 해설 | 먹고 난 뒤 그릇을 씻어 정리하는 일을 의미하는 단어 표기는 '설거지'이다. '설겆이'는 '설거지'의 옛말로 '설거지'만을 표준어로 한다.

| 오답풀이 |

② 높고 한랭한 곳을 의미하는 한자어 高冷地의 랭(冷)은 어두가 아니므로 두음법칙의 적용을 받지 않아 원음 그대로 '고랭지'로 표기한다.

③ '넙적하다'는 말대답을 하거나 무엇을 받아먹기 위해 입을 벌렸다가 닫는다는 의미이다. 편편하고 얇으면서도 꽤 넓다는 의미의 표기는 '넓적하다'이며, 자음으로 시작하는 접미사가 붙을 때에는 명사나 어간의 원형을 밝히어 '넓적한'이라고 표기해야 한다.

④ '그렇다'에 사실과 반대되는 내용을 의미하는 어미 '-지마는'이 결합한 '그렇지마는' 혹은 그 준말인 '그렇지만'이 옳은 표기이다.

21 문서작성능력 | 올바른 맞춤법 적용하기

| 정답 | ⑤

| 해설 | ㉠ '날라가고'는 '날아가고'의 방언이다. 따라서 '날아가고'로 수정해야 한다.

㉡ '꽃봉우리'는 '꽃봉오리'의 방언이다. 따라서 '꽃봉오리'로 수정해야 한다.

㉣ '산봉오리'는 '산봉우리'의 방언이다. 따라서 '산봉우리'로 수정해야 한다.

㉤ 수컷을 이르는 접두사는 '수-'로 통일하므로 '숫놈'이 아닌 '수놈'으로 수정해야 한다.

㉦ 'ㄷ' 불규칙활용에 따라 '싣-' 뒤에 모음어미가 올 경우 '실-'이 되고 자음 어미가 올 경우 '싣-'이 된다. ㉦은 '싣-' 뒤에 모음 어미인 '-는'이 온 경우이므로 '싣는'이 옳은 표현이다.

| 오답풀이 |

㉢ '피우면서'는 '피우다'를 활용형이므로 옳은 표현이다.

㉥ '뒷심'은 어떤 일을 끝까지 견디어 내거나 끌고 나가는 힘을 의미하는 단어로 ㉥은 옳은 표현이다.

22 문서작성능력 | 적절한 띄어쓰기 알기

| 정답 | ①

| 해설 | '30년 만에'가 옳은 표기이다. '만'은 ' 앞말이 가리키는 동안이나 거리'를 뜻하는 의존명사로, 의존명사는 앞말과 띄어 쓰는 것이 원칙이다.

23 문서작성능력 | 순우리말 이해하기

| 정답 | ④

| 해설 | (가) '곤댓짓하다'는 뽐내어 우쭐거리며 하는 고갯짓을 한다는 의미이다.

(나) '곰상스럽다'의 첫 번째 의미로는 성질이나 행동이 싹싹하고 부드러운 데가 있다는 의미가 있고 두 번째 의미로는 성질이나 행동이 잘고 꼼꼼한 데가 있다는 의미이다. (나)에서는 두 번째 의미로 작성되었다.

(다) '게염'은 부러워하며 시샘하고 탐내는 마음을 의미한다.

(라) '객쩍다'는 행동이나 말, 생각이 쓸데없고 싱겁다는 의미이다.

(마) '걱실걱실하다'는 성질이 너그러워 말과 행동이 시원스럽다는 의미이다.

24 문서작성능력 | 한자로 표기하기

| 정답 | ④

| 해설 | 밑줄 친 '부정'은 '아니라고 반대함'의 의미로 쓰였으며, '否定'으로 표기한다.

| 오답풀이 |

① 不正 : 옳지 않음.

② 不定 : 일정하지 않거나 정해지지 않음.

③ 不貞 : 행실이 좋지 않음.

⑤ 不淨 : 깨끗하지 않음.

25 문서작성능력 | 한자로 표기하기

| 정답 | ②

| 해설 | '적하'는 '짐을 부림'을 의미하는 단어이므로 ㉠에는 '積下'가 들어가야 한다. '조성'은 '철도차량을 연결하거나

분리하는 작업'을 말하는 것이므로 ⓒ에는 '組成'이 들어가야 한다.

26 문서작성능력 한자로 표기하기

|정답| ③

|해설| '사람이나 동식물 따위가 자라서 점점 커짐'의 의미인 '성장'은 '成長', '기세나 상태가 쇠하여 전보다 못하여 감'의 의미인 '쇠퇴'는 '衰退'가 올바른 한자표기이다.

27 문서작성능력 한자로 표기하기

|정답| ①

|해설| 촉매(觸媒) : 1. 자신은 변화하지 아니하면서 다른 물질의 화학 반응을 매개하여 반응 속도를 빠르게 하거나 늦추는 일. 또는 그런 물질 2. 어떤 일을 유도하거나 변화시키는 일 따위를 비유적으로 이르는 말

|오답풀이|
② 의미(意味) : 1. 말이나 글의 뜻 2. 행위나 현상이 지닌 뜻 3. 사물이나 현상의 가치
③ 치료(治療) : 병이나 상처 따위를 잘 다스려 낫게 함.
④ 열광(熱狂) : 너무 기쁘거나 흥분하여 미친 듯이 날뜀. 또는 그런 상태

28 문서작성능력 한자로 표기하기

|정답| ④

|해설| • 유출 ┌ 流出 : 1. 밖으로 흘러 나가거나 흘려 내보냄. 2. 귀중한 물품이나 정보 따위가 불법적으로 나라나 조직의 밖으로 나가 버림. 또는 그것을 내보냄.
  └ 誘出 : 유혹하여 있던 곳에서 다른 곳으로 나오게 함.
• 정황 ┌ 情況 : 1. 일의 사정과 상황 2. 인정상 딱한 처지에 있는 상황
  └ 政況 : 정치계의 상황

• 포착 － 捕捉 : 1. 꼭 붙잡음. 2. 요점이나 요령을 얻음. 3. 어떤 기회나 정세를 알아차림.
• 특단 － 特段 : [같은 말] 특별(特別 ; 보통과 구별되게 다름)
• 방침 ┌ 方針 : 1. 앞으로 일을 치러 나갈 방향과 계획 2. 방위를 가리키는 자석의 바늘
  └ 方枕 : 네모난 베개

29 문서이해능력 내용에 알맞은 한자성어 파악하기

|정답| ⑤

|해설| A는 팀 프로젝트를 진행하던 도중 실수를 하였으나 이를 부정하였고, 프로젝트 실패의 원인이 자신에게 있음에도 다른 팀원들에게 책임을 전가하는 모습을 보였다. 즉, 자신의 잘못을 인정하지 않고 오히려 부끄러움 없이 뻔뻔하게 남을 탓하고 있으므로 '뻔뻔스러워 부끄러움이 없음'의 뜻을 지닌 '후안무치'가 제시된 상황에 적절하다.

|오답풀이|
① 견리사의(見利思義) : 눈앞의 이익을 보면 의리를 먼저 생각함.
② 견마지성(犬馬之誠) : 임금이나 나라에 바치는 충성을 낮추어 이르는 말
③ 교각살우(矯角殺牛) : 소의 뿔을 잡으려다가 소를 죽인다는 뜻. 잘못된 점을 고치려다가 그 방법이나 정도가 지나쳐 오히려 일을 그르침을 이르는 말
④ 낭중지추(囊中之錐) : 주머니 속의 송곳이라는 뜻. 재능이 뛰어난 사람은 숨어 있어도 저절로 사람들에게 알려짐을 이르는 말

30 문서작성능력 내용에 맞는 한자성어 파악하기

|정답| ③

|해설| 허장성세(虛張聲勢)는 '실속은 없으면서 큰소리치거나 허세를 부림'이라는 의미로, ㉠ ~ ㉣에 들어갈 한자성어로 적절하지 않다.

|오답풀이|
① '자기에게만 이롭게 되도록 생각하거나 행동함'을 의미하며, ㉡에 들어간다.

② '이치에 맞지 않는 말을 억지로 끌어 붙여 자기에게 유리하게 함'을 의미하며, ㉠에 들어간다.
④ '뻔뻔스러워 부끄러움이 없음'을 의미하며, ㉣에 들어간다.
⑤ '사람이면 누구나 가지는 보통의 마음'을 의미하며, ㉢에 들어간다.

31 문서이해능력 내용에 맞는 속담 파악하기

|정답| ①

|해설| 제시된 글에서는 집중호우와 함께 전국 각지에서 발생하는 산사태 피해가 산지 관리의 부실로 인해 발생한 인재라는 점과 우면산 산사태 이후 산지재해를 막겠다는 관리 대책이 실제로는 이루어지지 않았다는 점을 지적하면서 산사태 대응의 근본적인 대비를 요구하고 있다. 따라서 이미 때가 지난 이후에 대책을 세우려고 하는 사후약방문(死後藥方文) 처방이 아닌 근본적인 해결책으로 산사태에 대비해야 한다는 설명이 가장 적절하다.

32 문서작성능력 문서작성의 단계 이해하기

|정답| ④

|해설| 제시된 대화의 문서작성 단계는 문서를 작성하기 위해 설정한 예상 독자를 고려하여 내용의 표현을 결정하는 '표현하기' 단계에 해당한다.

|오답풀이|
① A 사원의 말을 통해 이미 글의 내용과 예상 독자 등 글에 대한 계획은 세워져 있음을 알 수 있다. 따라서 '계획하기' 단계에 대한 대화가 아니다.

33 문서작성능력 보고서 작성법 이해하기

|정답| ③

|해설| ㉢ 보고서 제출 전 최종 점검을 하여 완성도를 높여야 하며, 이때 반드시 한 번에 완성할 필요는 없다.
㉣ 공문서 작성법에 해당한다.

보충 플러스+

보고서 작성법
- 핵심 내용을 구체적으로 제시한다.
- 핵심 사항만을 산뜻하고 간결하게 쓰되 내용의 중복을 피한다.
- 제출하기 전에 최종 점검을 한다.
- 복잡한 내용은 도표나 그림을 활용하여 표현한다.
- 참고자료는 정확하게 제시한다.
- 내용에 대한 예상 질문을 사전에 파악하여 미리 대비한다.

34 문서작성능력 공문서 바르게 작성하기

|정답| ①

|해설| ㉠ 받는 사람이나 기관명이 들어가야 하므로 '수신'이라고 표기하는 것이 적절하다.
㉡ '내용'이 아닌 '제목'이라고 표기하는 것이 옳다.

|오답풀이|
㉢ '좌장'은 '여럿이 모인 자리나 단체에서 그 자리를 주재하는 가장 어른이 되는 사람'을 의미하므로 문맥상 적절하다.
㉣ 첨부해야 할 파일이 있는 경우 '첨부'가 아닌 '붙임'으로 작성하는 것이 옳다.

35 의사표현능력 효과적인 의사표현법 이해하기

|정답| ④

|해설| ㄴ. 상대의 요구를 거절할 때는 먼저 사과를 하고 거절하는 이유를 설명해야 한다. 이때, 모호한 태도가 아닌 단호한 태도를 취해야 하므로 적절한 예시이다.
ㄷ. 상대에게 부탁할 때는 먼저 상대의 사정을 파악하여 상대를 우선시하는 태도를 보이고 구체적으로 부탁해야 한다. 따라서 적절한 예시이다.
ㄹ. 설득을 할 때는 일방적으로 강요하면 안 되며, 먼저 양보하는 태도를 보여 서로 이익을 공유하겠다는 의지를 보여야 하므로 적절한 예시이다.
ㅁ. 상대에게 부탁할 때와 마찬가지로 의사표현을 해야 하며, 구체적으로 부탁하는 내용을 해 줄 수 있는지 상대의 의사를 묻고 있으므로 적절한 예시이다.

| 오답풀이 |

ㄱ. 상대의 잘못을 지적할 때는 칭찬-질책-격려의 순서인 샌드위치 화법으로 말해야 한다. 제시된 예시와 같이 한 사람에게만 책임을 전가하고 질책의 말만 하는 것은 그 효과를 떨어뜨릴 수 있다.

36 경청능력 올바른 경청 방법 파악하기

| 정답 | ①

| 해설 | A 대리는 상대방의 의견을 진전시키는 방향의 질문을 하고 있는데 이는 박 부장의 말을 집중해서 경청한 결과라고 볼 수 있다.

| 오답풀이 |

② B 사원 : 엉뚱한 대답을 함으로써 미리 대답할 말을 준비한 경우이다.
③ C 사원 : 올바른 경청을 방해하는 요인 중 하나인 비위맞추기에 해당하는 경우이다.
④ D 차장 : 상대방을 비판하기 위해 상대방의 말을 듣지 않는 경우이다.
⑤ E 과장 : 상대방의 말을 듣고 받아들이기보다 자신의 생각에 들어맞는 단서들을 찾아 자신의 생각을 확인한 경우이다. 무슨 말이든 부장에 대한 선입견으로 인해 부장의 의견은 무조건 받아들여진 것이라고 생각하는 짐작하기의 일종이다.

37 문서작성능력 문맥에 맞게 문장 배열하기

| 정답 | ④

| 해설 | 먼저, 글의 소재인 총기를 언급하며 명중률이 낮은 총기를 사용했던 15세기경의 상황을 제시하는 (나)가 온다. 다음으로 낮은 명중률이라는 한계를 극복하기 위하여 탄환을 한 번에 발사하여 일정 범위에 탄을 흩뿌리는 방식을 사냥꾼들이 사용하였다는 내용인 (다)가 온다. 마지막으로 이러한 사냥 방식에서 유래된 산탄총에 대해 설명하는 (가)가 와야 한다. 따라서 (나)-(다)-(가) 순이 적절하다.

38 문서작성능력 문맥에 맞게 문장 배열하기

| 정답 | ④

| 해설 | 우선 인구 정책을 위한 예산 투입이 실제로는 효과를 보지 못했다는 내용 다음으로는 재정의 투입보다 근본적인 문제가 무엇인가에 대한 고찰이 우선되어야 한다는 ㉣이 올 수 있다. 그 뒤로 ㉣에서 말하는 근본적인 문제를 해결하기 위해서는 지역의 자생력을 키워줄 수 있는 환경 조성이 시급하다는 내용의 ㉡으로 이어진다. ㉢의 내용은 ㉡에서 설명한 '지역의 자생력을 키워줄 수 있는 환경 조성'의 예시이므로 ㉡ 다음으로 이어지며, '다음으로'로 시작하는 ㉠은 지역의 자생력을 키워 줄 수 있는 환경 조성과는 다른 내용의 인구 문제의 대책에 관한 내용이므로 ㉢의 뒤에 위치한다. 따라서 문장을 논리적 순서에 따라 배열하면 ㉣-㉡-㉢-㉠이다.

39 문서이해능력 필자의 의도 파악하기

| 정답 | ④

| 해설 | 필자는 시장형 성격의 사람과 비생산적인 성격의 사람은 사랑에 대해 오해하고 있다고 본다. 교환하는 사랑과 고통을 감수하는 희생의 사랑을 사랑으로 보지 않는 것이다.

40 문서이해능력 필자의 의도 파악하기

| 정답 | ①

| 해설 | 제시된 글에서는 정의에 대한 개인적 의식을 개혁하여 정의사회를 이룩하는 것이 아니라 사회 구성원들이 자신의 자리에서 성실하게 최선을 다할 때 구현된다고 설명한다.

41 문서이해능력 글의 주제 파악하기

| 정답 | ②

| 해설 | 제시된 글의 주제는 지적장애인 시설에 대한 응급상황 발생 시의 체계화된 기준이 마련되어야 한다는 내용이다.

| 오답풀이 |

③ 응급상황 발생 시의 체계화된 기준이 마련되어 있지 않은 상황에서 장애인 시설 담당자 나름의 판단에 의한 행동이 미흡했다고 단정하기는 어렵다.

42 문서이해능력 세부 내용 이해하기

| 정답 | ⑤

| 해설 | 제시된 글은 출산율을 높이기 위한 지원금 액수의 많고 적음을 문제화하는 것이 아니라 지원금 액수가 증가하였음에도 불구하고 출산율이 오르지 않았다는 것을 강조하고 있다. 또한 단순한 지원금 증액보다 출산을 유도하기 위한 근본적인 대책이 필요하다는 문제를 제기하고 있다.

43 문서이해능력 세부 내용 이해하기

| 정답 | ③

| 해설 | ㉠ 두 번째 문단의 '책 읽기에는 상당량의 정신 에너지와 훈련이 요구되며, 독서의 즐거움을 경험하는 습관 또한 요구된다'라고 하였다.
㉤ 두 번째 문단의 '모든 사람이 맹목적인 책 예찬자가 될 필요는 없다'라고 하였다.

| 오답풀이 |

㉡ 첫 번째 문단의 '인간의 뇌는 애초부터 책을 읽으라고 설계된 것이 아니기 때문이다'를 보면 알 수 있다.
㉢, ㉣ 두 번째 문단의 '또한 책을 읽는 문화와 책을 읽지 않는 문화는 기억, 사유, 상상, 표현의 층위에서 상당한 질적 차이를 가진 사회적 주체들을 생산한다'를 통해 확인할 수 있다.

44 문서이해능력 사례에 따른 내용 판단하기

| 정답 | ②

| 해설 | 제시된 상황은 박 씨가 이미 딸기와 토마토를 재배하고 있는 상황에서 체결된 계약이므로 파종기에 앞서 계약을 하게 되는 농작물 계약재배에 해당되지 않으며, 전형적인 농작물 포전매매에 해당된다.

| 오답풀이 |

③, ④ 농작물 포전매매의 사례이기 때문에 계약 당시 매매대금을 결정하고 그에 따라 매도인 박 씨와 매수인 김 씨는 계약에 따른 의무를 충실히 수행해 나가는지를 확인해야 한다.

45 문서이해능력 내용을 바탕으로 적절한 대답 찾기

| 정답 | ①

| 해설 | 일반 농작물 계약재배는 채소의 수급 및 가격 안정을 위해 정부와 농협에서 실시하고 있는 농산물 '수급안정사업'과 '농업인과 상인의 자유계약'으로 나눌 수 있다.

| 오답풀이 |

② 정부와 농협이 실시하고 있는 '수급안정사업'은 농작물 계약재배에 해당한다.
③ 특수 작물 계약재배는 종자를 매수인이 구입하여 공급하는 데 반해, 일반 농작물 계약재배는 매수인이 농작물의 품목만 결정하고 농업인 스스로가 종자를 구입하여 파종한다.
④ 포전매매에는 매수인이 종자를 구입하는 것이 아니며, 이미 농작물이 밭에 식재된 상태에서 거래가 이루어지게 되는 형태이다. 따라서 매수인은 농작물의 파종상태 및 예상수확량을 파악하고 농업인이 농작물을 성실히 관리하고 있는가를 확인하는 일에 주의를 기울여야 한다.

46 문서이해능력 중심 내용 이해하기

| 정답 | ②

| 해설 | 두 번째 문단에서 '살아 있는 동안만이 내가 의식하는 삶의 전부'라고 언급한 바와 같이 내세(來世)에 대한 가치를 추구하는 것은 에피쿠로스가 지향하는 행복에 맞지 않는다.

| 오답풀이 |

① 물질적, 육체적 쾌락이 아닌 정신적 쾌락을 추구하는 방법으로 우정을 행복의 요소로 볼 수 있다.
③, ④ 마음의 근심을 덜어 내고 자유로운 상태에서 편안함을 추구하는 것은 에피쿠로스가 지향하는 행복의 핵심적인 내용이다.

⑤ 에피쿠로스는 물질적인 것을 추구하는 행위 자체를 헛된 욕구라고 보지 않았다. 헛된 욕구에 해당하는 것은 과도하게 물질적인 것을 추구하는 사치욕이나 정복욕이다.

47 문서작성능력 같은 의미의 단어 찾기

| 정답 | ④

| 해설 | 견지(堅持)는 어떤 견해나 입장 따위를 굳게 지니거나 지킨다는 의미이며, 견지(見地)는 어떤 사물을 판단하거나 관찰하는 입장을 의미한다. 따라서 ④에는 견지(見地)를 써야 하며, 나머지 선택지와 ㉠의 견지는 모두 견지(堅持)이다.

48 문서이해능력 세부 내용 이해하기

| 정답 | ②

| 해설 | 세대당 40kg 1,000가마 이내이며, 벼농사 재배면적 기준 300평당 수매 벼(40kg/가마) 최고 16가마 생산량이 수매약정 최고 한도가 된다고 명시되어 있다. 따라서 21,000평의 경우 70×16=1,120(가마)가 되어 한도를 벗어나게 된다.

| 오답풀이 |
① 진상과 참드림 두 가지 품종이 추곡수매 대상 품종이다.
④ 수매가격은 RPC 운영위원회에서 매년 결정하는 '추청'을 기준으로 한다.

49 문서작성능력 빈칸에 들어갈 내용 판단하기

| 정답 | ③

| 해설 | 볍씨 종자와 관련된 사항은 재배지역과 무관한 내용이므로 재배지역란에 기재되기에 적절하지 않다.

| 오답풀이 |
① 조생종의 품종에 관한 설명이 누락되어 있으므로 적절한 내용이다.
② 자연재해로 극심한 흉작이 예상될 경우 5월 이후에도 변경이 가능하다는 조항이므로 적절한 내용이다.
④ 조생종과 만생종인 '참드림'의 수매가격에 관한 설명이 누락되어 있으므로 적절한 내용이다.

50 문서이해능력 필자의 의도 파악하기

| 정답 | ④

| 해설 | 제시된 글에서는 식인 풍습의 기원에 대해서 설명하며 우리가 그들을 야만인으로 보듯이 그들 또한 우리의 형벌 문화를 야만적으로 인식할 수 있다고 주장하고 있다. 따라서 ④가 필자의 의도로 적절하다.

| 오답풀이 |
①, ② 제시된 글을 통해 알 수 있는 내용이지만 글 전체를 아우르는 주제라고 보기는 어렵다.
③ 문명과 야만을 판단하는 것은 관점의 차이라는 것을 주장하지만 판단의 기준을 설정하고 있지 않다.
⑤ 식인 풍습의 사회와 우리 사회의 재판과 형벌에 대한 관점의 차이를 언급하고 있지만 새로운 관점을 제시하고 있진 않다.

51 문서이해능력 내용 추론하기

| 정답 | ③

| 해설 | 첫 번째 문단을 통해 식인 풍습이 영혼과 육체의 연결을 끊기 위해서 진행되었다는 것을 알 수 있다.

| 오답풀이 |
① 첫 번째 문단을 통해서 알 수 있다.
② 두 번째 문단을 통해서 알 수 있다.
④, ⑤ 제시된 글의 전체를 아우르는 내용으로 문명과 야만을 나누는 기준은 관점의 차이라는 필자의 주장을 통해 추론할 수 있다.

52 기초외국어능력 빈칸에 알맞은 문장 넣기

| 정답 | ②

| 해설 | 면접이 예정되어 있는 상황이고 A의 물음에 B는 508호실 5층에 있다고 위치를 알려주고 있다. 따라서 A가 위치를 물었음을 알 수 있고, B가 박 씨에게 전화해 A가 온 것을 알려주겠다고 한 것으로 보아 박 씨의 사무실 위치

를 물어보는 내용이 들어가는 것이 적절하다.

> A : 실례합니다. 여기가 농협 은행인가요?
> B : 네, 그렇습니다. 무엇을 도와드릴까요?
> A : 마케팅부 박 씨와 두 시에 면접이 있습니다. 사실 면접 시간까지 10분밖에 안 남았어요. (　　　)?
> B : 회의실 옆 508호실 5층에 있습니다. 제가 그녀에게 전화해 여기 오셨다는 것을 전해드리겠습니다.

|오답풀이|

① 회의가 몇 층에서 열리고 있나요
③ 몇 층에서 회의 자료를 찾을 수 있을까요
④ 면접 시간을 다시 잡을 수 있을까요

53 기초외국어능력 정보 전달 이해하기

|정답| ②

|해설| 이메일, SMS 등의 메시지 소통 방식이 편지보다 더 형식에 얽매이지 않고 간단하게 소통한다는 정보를 전달하고 있다.

> 이메일, (SMS)메시지, 다른 소셜미디어(WhatsApp, 트위터, 텀블러, 온라인 채팅룸과 같은)로 전달된 개인 메시지는 편지글보다 훨씬 더 비격식적인 모습을 띤다. 'X에게'라는 말 대신에, 예를 들어 'X, 안녕', '안녕 X', '안녕하세요 X', '좋은 아침 X', 또는 아예 인사말 없이 시작할지 모른다. 문장 구조도 아마 줄어들었을 것이다. 즉 예를 들어 '일 때문에 못 가'로, 서명(또는 다음 메시지 안에서) 이후에 추가로 쓰는 생각들은 라틴어 추신(나중에 쓰여진)의 축약형인 PS(미국영어로는 P.S.)로 종종 쓰여진다. 첨부물을 추가할 것을 잊은 사람들은 종종 '이런'으로 시작하는 메시지와 함께 그것을 보낸다.

54 기초외국어능력 통화 내용 해석하기

|정답| ①

|해설| 대화 내용은 B가 김 부장을 찾고 있으나 현재 김 부장이 자리에 없어, A가 김 부장에게 전할 메시지를 대신 전달받고 있는 상황이다. 따라서 빈칸에 들어갈 내용은 메시지를 남길 것인가를 물어보는 질문인 'Can I take a message?'가 들어가는 것이 적절하다.

> A : 전화 주셔서 감사합니다. 무엇을 도와드릴까요?
> B : 안녕하세요, 혹시 김 부장님이랑 통화 가능할까요?
> A : 죄송합니다. 김 부장님은 지금 자리에 없으십니다.
> 　(　　　　　)
> B : 네, 그러면 "이메일을 확인하고 답장해 주세요"라고 전달해 주세요. 그리고 제가 나중에 직접 연락해보겠습니다. 감사합니다.
> A : 네, 메시지 전달해 드리겠습니다. 좋은 하루 되세요.

|오답풀이|

② 대화에서 지금 김 부장은 자리에 없다고 제시되어 있다.
③ B는 A와 전화로 의사소통을 하고 있는 상황이다.
④ B는 김 부장에게 이메일을 체크하고 답장을 보내달라고 요청하였다.

2장 수리능력

테마 2 유형별 학습
문제 236쪽

01	①	02	③	03	③	04	①	05	①
06	①	07	③	08	④	09	④	10	④
11	⑤	12	②	13	①	14	③	15	②
16	③	17	④	18	④	19	④	20	①
21	①	22	②	23	④	24	⑤	25	②
26	④	27	②	28	②	29	②	30	②
31	④	32	④	33	④	34	⑤	35	①
36	①	37	③	38	②	39	③	40	③
41	③	42	②	43	②	44	③	45	④
46	①	47	④	48	③				

01 기초연산능력 수의 규칙 찾기

| 정답 | ①

| 해설 | 제시된 숫자들은 다음과 같은 규칙이 있다.

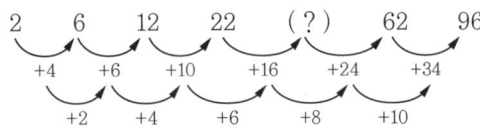

따라서 '?'에 들어갈 숫자는 22+16=38이다.

02 기초연산능력 수의 규칙 찾기

| 정답 | ③

| 해설 | 제시된 숫자들은 다음과 같은 규칙이 있다.

10 → 11 → 22 → 19 → 20 → 40 → 37 → (?)
　　+1　×2　−3　+1　×2　−3　+1

따라서 '?'에 들어갈 숫자는 37+1=38이다.

03 기초연산능력 수의 규칙 찾기

| 정답 | ③

| 해설 | 홀수번째 숫자는 1 4 9 16 25…인 제곱수이며 짝수번째 숫자는 4 9 (?) 22 30…으로 +5, +6, +7, +8의 순서로 더해진다.

따라서 '?'에 들어갈 숫자는 9+6=15이다.

04 기초연산능력 문자의 규칙 찾기

| 정답 | ①

| 해설 | 알파벳 순서를 이용하면 K O R E A [11, 15, 18, 5, 1] → R O K E A [18, 15, 11, 5, 1]이므로 기호 ◎는 알파벳을 내림차순으로 변환하는 기호이다.

또한 W O R L D [23, 15, 18, 12, 4] → A S V P H [27(=1), 19, 22, 16, 8]이므로 기호 ◆는 4번째 뒤에 있는 알파벳으로 변환하는 기호이다.

이에 따라 E A R T H [5, 1, 18, 20, 8] → ◎ → [20, 18, 8, 5, 1] → [24, 22, 12, 9, 5]로 변환되므로 '?'에 들어갈 글자는 'XVLIE'이다.

05 기초연산능력 문자의 규칙 찾기

| 정답 | ①

| 해설 | 알파벳 순서를 이용하면 T(20) → D(4=30), U(21) → E(5=31), B(2) → L(12), E(5) → O(15)이므로 기호 ◆는 10번째 뒤에 있는 알파벳으로 변환하는 기호이다. 또한 F(6) → A(1), I(9) → D(4), N(14) → I(9), D(4) → Y(25=−1)이므로 기호 ★은 5번째 앞에 있는 알파벳으로 변환하는 기호이다. 즉 기호 ★과 ◆를 연속으로 거치면 5번째 뒤에 있는 알파벳으로 변환된다.

이에 따라 L(12) → Q(17), O(15) → T(20), V(22) → A(27=1), E(5) → J(10)으로 변환되므로 '?'에 들어갈 글자는 'QTAJ'이다.

06 기초연산능력 문자의 규칙 찾기

| 정답 | ①

| 해설 | 다음 알파벳과 숫자의 규칙은 알파벳을 순서대로 나열한 뒤 Z에서부터 역순으로 숫자를 매긴 것을 알 수 있다. A는 26번째에 있는 알파벳이며 X는 3번째, U는 6번째에 있는 알파벳이다. 따라서 P에 해당되는 숫자는 11이다.

07 기초연산능력 가장 큰 계산값 찾기

|정답| ③

|해설| ① 504-55+42=491
② 502-76+64=490
③ 505-49+37=493
④ 503-68+57=492
따라서 ③의 값이 가장 크다.

08 기초연산능력 가장 작은 계산값 찾기

|정답| ④

|해설| ① 19-2+8=25
② 23-7+8=24
③ 30÷6×5=25
④ $5 \times 8 \div 2 = 5 \times 8 \times \frac{1}{2} = 20$
⑤ 3×15-14=31
따라서 ④의 값이 가장 작다.

09 기초연산능력 계산값의 대소 비교하기

|정답| ④

|해설| $A = \left(\frac{189}{21} + 2.8\right) \times 10$
$= (9+2.8) \times 10 = 11.8 \times 10 = 118$
$B = (11^2 + 18) - 4^2$
$= (121+18) - 16 = 139 - 16 = 123$
$C = (15-32+1)^2 \div 2$
$= (-16)^2 \div 2 = 256 \div 2 = 128$
따라서 C>B>A이다.

10 기초연산능력 일의 양 계산하기

|정답| ④

|해설| 전체 일의 양을 1이라 하고, A, B, C가 1일 동안 하는 일의 양을 각각 a, b, c라 하면 다음과 같은 식이 성립한다.

$a+b = \frac{1}{5}$ ·················· ㉠

$b+c = \frac{1}{10}$ ·················· ㉡

$a+c = \frac{1}{8}$ ·················· ㉢

㉠+㉡+㉢을 하면,

$2a+2b+2c = \frac{17}{40}$

$a+b+c = \frac{17}{80}$ ·················· ㉣

㉣-㉠을 하면 $c = \frac{1}{80}$ 이다. 따라서 C 사원이 혼자 프로젝트를 진행한다면 80일이 걸린다.

11 기초연산능력 일의 양 계산하기

|정답| ⑤

|해설| 전체 프로젝트 일의 양을 1이라고 하면, A와 B가 하루 동안 하는 일의 양은 각각 $\frac{1}{20}$, $\frac{1}{30}$ 이다. 따라서 두 사람이 함께 일을 하면 하루에 $\frac{1}{20} + \frac{1}{30} = \frac{1}{12}$ 만큼의 일을 할 수 있다. 이때, 두 사람이 함께 일을 진행한 기간을 x라고 하면 다음과 같은 식이 성립된다.

$\frac{5}{20} + \frac{5}{30} + \left(\frac{1}{20} + \frac{1}{30}\right)x = 1$

$\frac{1}{12}x = 1 - \frac{5}{12}$

∴ $x = 7$

따라서 프로젝트를 완료하는데 두 사람이 함께 일을 한 기간은 7일이다.

12 기초연산능력 환율 계산하기

|정답| ②

|해설| 각 경우에 따라 발생하는 비용을 구하면 다음과 같다.

• 11월 5일에 100유로를 사는 경우 드는 비용
  100×1,343.02=134,302(원)
• 11월 6일에 100유로를 파는 경우 얻는 비용
  100×1,310.61=131,061(원)

따라서 이 씨는 134,302-131,061=3,241(원) 손해를 보았다.

13 기초연산능력 | 가격 계산하기

| 정답 | ①

| 해설 | H 씨가 농산물 시장에서 구매한 귤 한 상자의 가격을 x원이라고 할 때, 농산물 시장에서 구매한 귤 50상자의 가격은 $50x$원이다. 또한, 귤 45상자의 판매 가격은 총 $45 \times x \times 1.2 = 54x$(원)이고, 나머지 5상자의 판매 가격은 총 $5 \times x \times 1.2 \times 0.7 = 4.2x$(원)이다. 따라서 다음과 같은 식이 성립한다.

$54x + 4.2x - 50x = 127,100$

$8.2x = 127,100$

$\therefore x = 15,500$(원)

따라서 농산물 시장에서 구매한 귤 한 상자의 가격은 15,500원이다.

14 기초연산능력 | 복리 상품 계산하기

| 정답 | ③

| 해설 | $\{1,500,000(1+0.2)^2\} - 1,500,000 = 660,000$(원)

보충 플러스+

예금(복리)이자율 계산법
$a(1+r)^n$ (a : 원금, r : 이자, n : 기간)

15 기초연산능력 | 시간 계산하기

| 정답 | ②

| 해설 | A 버스는 30분마다, B 버스는 60분마다, C 버스는 80분마다 출발한다. 따라서 7시에 동시에 출발한 후 처음으로 다시 동시에 출발하는 시간은 30, 60, 80의 최소공배수인 240분(4시간) 후인 11시이다.

16 기초연산능력 | 연도 계산하기

| 정답 | ③

| 해설 | 장애인 거주시설 1동당 중증 장애인 20명을 수용했을 때 총 만 명을 수용할 수 있게 되는 연도를 구하면 된다. x년 후, 사업의 목표를 달성할 수 있다고 하면 다음과 같은 식이 성립한다.

$(400+10x) \times 20 = 10,000$

따라서 $x=10$이 되어, 이 사업의 목표를 달성할 수 있는 해는 2020년으로부터 10년 후인 2030년이 된다.

17 기초연산능력 | 거리·속력·시간 활용하기

| 정답 | ④

| 해설 | A 씨가 회사에서 집 사이를 왕복하였으므로 회사-집 간의 거리는 일정하다. '시간=$\frac{거리}{속력}$'이므로, A 씨가 회사에서 집으로 갈 때 걸린 시간은 $\frac{15}{80} = \frac{3}{16}$(시간)이고 돌아올 때 걸린 시간은 $\frac{15}{75} = \frac{1}{5}$(시간)이다.

따라서 A 씨가 운전한 시간은 총 $\frac{3}{16} + \frac{1}{5} = \frac{31}{80}$(시간)이므로 이를 분 단위로 환산하면 $\frac{30}{80} \times 60 = \frac{93}{4} = 23\frac{1}{4}$(분) $=23.25$(분)이다.

18 기초연산능력 | 거리·속력·시간 활용하기

| 정답 | ③

| 해설 | 거리는 속력과 시간을 곱한 값이다. 남궁민 대리가 출근할 때와 퇴근할 때의 이동거리는 동일하므로 자전거를 타고 출근할 때 걸린 시간을 x로 설정하고 식을 세우면 다음과 같다.

$12 \times x = 4 \times (x+1)$

$\therefore x = \frac{1}{2}$

따라서 집에서 직장까지의 거리는 $12 \times \frac{1}{2} = 6$(km)이다.

19 기초연산능력 | 거리·속력·시간 활용하기

| 정답 | ④

| 해설 | 구간 단속구간의 제한속도를 x km/h라 하면 다음과 같은 식이 성립한다.

$$\frac{100(\text{km})}{100(\text{km/h})} + \frac{60(\text{km})}{x(\text{km/h})} = 2$$

$$1 + \frac{60}{x} = 2$$

$$\therefore x = 60(\text{km/h})$$

따라서 구간 단속구간의 제한속도는 60km/h이다.

20 기초연산능력 | 거리·속력·시간 활용하기

| 정답 | ①

| 해설 | 출발점에서 반환점으로 향할 때 강물은 같은 방향으로 흐르므로 이때 A의 속력은 5km/h이다. 그리고 반환점에서 출발점으로 향할 때 강물은 반대 방향으로 흐르므로 이때 A의 속력은 3km/h이다. 각각의 시간을 구하면 다음과 같다.

- 출발점에서 반환점으로 향할 때 걸리는 시간 :

$$\frac{1(\text{km})}{5(\text{km/h})} = \frac{1}{5}(\text{시간}) = 12(\text{분})$$

- 반환점에서 출발점으로 향할 때 걸리는 시간 :

$$\frac{1(\text{km})}{3(\text{km/h})} = \frac{1}{3}(\text{시간}) = 20(\text{분})$$

따라서 A는 완주하는 데 총 12+20=32(분)이 걸린다.

21 기초연산능력 | 개수 계산하기

| 정답 | ①

| 해설 | 위탁수하물로 부칠 수 있는 무게는 캐리어를 포함하여 최대 20kg이고, 캐리어에는 서류와 옷, 신발을 넣어야 하기 때문에 기념품은 20-4.5-2.2-(1.7×2)-1.2=8.7(kg)을 넣을 수 있다. 기념품 1개의 무게가 800g이므로 $\frac{8,700}{800} = 10.875$, 따라서 기념품은 최대 10개를 넣을 수 있다.

22 기초연산능력 | 조합 계산하기

| 정답 | ②

| 해설 | ②의 조합이 몇 인분인지 계산하면 다음과 같다.
보쌈 2+수육 1+비빔밥 1+된장찌개 1 ⇒ 6+2+1+1=10(인분)이다.
따라서 10인분만 주문할 때 가장 적합한 조합은 ②이다.

| 오답풀이 |
① 보쌈 2+수육 1+비빔밥 1 ⇒ 6+2+1=9(인분)
③ 보쌈 1+수육 2+비빔밥 2 ⇒ 3+4+2=9(인분)
④ 보쌈 3+비빔밥 1+된장찌개 1 ⇒ 9+1+1=11(인분)
⑤ 보쌈 3+수육 1+비빔밥 1 ⇒ 9+2+1=12(인분)

23 기초연산능력 | 방정식 활용하기

| 정답 | ④

| 해설 | 작년의 대졸 신입사원의 수를 x명, 작년의 고졸 신입사원의 수를 y명이라 하면 다음과 같은 식이 성립한다.

$x + y = 2,000$ ············· ㉠
$0.92x + 1.12y = 1,960$ ············· ㉡

㉠과 ㉡을 연립하면 $x = 1,400$이다.
따라서 작년의 대졸 신입사원은 1,400명, 고졸 신입사원은 600명이므로 고졸 신입사원과 대졸 신입사원의 비율은 3 : 7이다.

24 기초연산능력 | 방정식 활용하기

| 정답 | ⑤

| 해설 | 의자 배치 변경 전 의자의 줄 수를 x라 하면 직원 수는 $13(x-1)+2$(명)이다.
변경 후 의자의 줄 수는 변경 전보다 16줄 줄어들었으므로 $x-16$(줄)이며 이때 직원 수는 총 $15(x-16)+7$(명)이다.
변경 전과 후의 직원 수는 같으므로 $13(x-1)+2=15(x-16)+7$이다.
이를 정리하면 $x=111$이므로 직원 수는 총 $13×(111-1)+2=1,432$(명)이다.

25 기초연산능력 나무의 수 구하기

|정답| ②

|해설| 다음과 같이 각각 계산할 수 있다.
- 단풍나무 : 한 변의 길이가 20m인 정사각형 모양의 공원이므로 전체 둘레의 길이는 80m이다. 따라서 80÷4=20(그루)가 필요하다.
- 벚꽃나무 : 120m 길이의 산책로에 4m 간격으로 나무를 심으면 0m, 4m, 8m, 12m, … 지점에 나무를 심게 된다. 따라서 30+1=31(그루)가 필요하다.
- 미루나무 : 둘레인 경우 양 끝이 없기 때문에 3m 공간이 9개이므로 미루나무는 9그루가 필요하다.

따라서 필요한 나무는 총 20+31+9=60(그루)이다.

26 기초연산능력 말뚝의 수 구하기

|정답| ④

|해설| 5m 간격으로 말뚝을 세울 경우의 말뚝의 개수를 x라 하면, 8m 간격으로 말뚝을 세울 경우의 말뚝의 개수는 $x-3$개가 된다. 공사장 주변의 길이는 동일하므로 다음의 식이 성립하게 된다.

$5x=8(x-3)$

이를 풀면 $24=3x$가 되어 $x=8$이 되며, 공사장 주변 전체의 길이는 $5 \times 8 = 40$(m)가 된다.

따라서 2m 간격으로 말뚝을 세울 경우 20개의 말뚝이 필요하게 된다.

27 기초통계능력 경우의 수 구하기

|정답| ②

|해설| 각 조에는 최소 3명이 배정되어야 하므로 8명을 [3명, 5명], [4명, 4명], [5명, 3명]으로 나누면 된다. 사원 2명이 있는 조에 배정될 1명, 2명, 3명을 뽑는 경우의 수를 모두 더하면 $_6C_1 + _6C_2 + _6C_3 = \frac{6}{1} + \frac{6 \times 5}{2 \times 1} + \frac{6 \times 5 \times 4}{3 \times 2 \times 1}$
$= 6 + 15 + 20 = 41$(가지)이다.

28 기초통계능력 경우의 수 구하기

|정답| ④

|해설| 봉사 모임의 회원 17명 중 지난해 임원진이었던 3명을 제외하면 14명이다. 14명 중 회장, 부회장, 총무 3명을 선출해야 하므로 $_{14}P_3 = 14 \times 13 \times 12 = 2,184$(가지)의 조합이 가능하다.

29 기초통계능력 확률 구하기

|정답| ②

|해설| 김, 이, 박 사원이 A~E 5개의 거래처를 2개, 2개, 1개로 나누어 맡게 되는 총 경우의 수는 $_5C_2 \times _3C_2 \times _1C_1 \times 3! = 180$(가지)이다. 한편 김 사원이 E 거래처 하나만을 관리한다면 이, 박 사원은 두 거래처씩 나누어 맡게 되는 것이므로 이에 대한 경우의 수는 $_4C_2 \times _2C_2 \times 2! = 12$(가지)이다. 따라서 김 사원이 E 거래처 하나만을 관리하게 될 확률은 $\frac{12}{180} = \frac{1}{15}$이다.

30 기초통계능력 조건부확률 구하기

|정답| ①

|해설| 중국인인 사건을 A, 관광을 목적으로 온 사건을 B라 하면, $P(A)=0.3$, $P(A \cap B)=0.2$이다.

따라서 조사에 참여한 외국인 중에서 임의로 뽑은 한 명이 중국인일 때, 그 사람이 관광을 목적으로 우리나라에 방문했을 확률은 $P(B|A) = \frac{P(A \cap B)}{P(A)} = \frac{0.2}{0.3} = \frac{2}{3}$이다.

31 기초통계능력 평균·중앙값·최빈값 구하기

|정답| ④

|해설| 골을 넣은 선수가 총 10명이기 때문에 중앙값은 모든 값을 순서대로 나열했을 때, 다섯 번째와 여섯 번째 값의 평균이 된다. 따라서 다섯 번째 최다 득점자가 세 골을 넣었다면 중앙값으로 2가 나올 수 없다.

|오답풀이|
① 총 10명에 평균값이 7점이기 때문에 총득점은 $7 \times 10 = 70$(점)이다.

② 최빈값인 1점과 2점을 최소한으로 배치했을 때, 1점을 넣은 선수와 2점을 넣은 선수가 모두 3명씩이다. 최다 득점자인 30점을 넣은 선수를 제외하고 남은 선수는 총 3명이고 총 득점인 70점을 맞추기 위해서는 3명에서 31점을 득점했어야 한다. 따라서 두 번째 최대 득점자는 11골 이상을 넣었어야 한다.

③ 최빈값이 1점과 2점이기 때문에 한 골을 득점한 선수의 수와 두 골을 득점한 선수의 수는 같다.

32 기초통계능력 평균 계산하기

| 정답 | ④

| 해설 | 우수 등급을 받기 위해서는 평균값이 최소 80점이어야 한다. 따라서 4분기 점수를 x점으로 설정하고 식을 세우면 다음과 같다.

$$\frac{85+69+76+x}{4} = \frac{230+x}{4} = 80$$

∴ $x = 90$(점)

따라서 4분기 점수는 90점 이상이어야 한다는 결과가 나온다.

33 기초통계능력 분산·표준편차 구하기

| 정답 | ④

| 해설 | 표준편차를 구하기 위해 분산을 다음과 같이 구한다.

- 표준편차 : $\sqrt{분산}$
- 분산 : '편차^2×도수'의 합÷'도수'의 합
- 편차 : 계급값-평균
- 평균 : '계급값×도수'의 합÷'도수'의 합

계급값	도수(일)	편차	(편차)^2×(도수)
15	5	-15	$(-15)^2 \times 5 = 1125$
25	22	-5	$(-5)^2 \times 22 = 550$
35	18	5	$5^2 \times 18 = 450$
45	3	15	$15^2 \times 3 = 675$
55	2	25	$25^2 \times 2 = 1250$
합계	50		4,050

따라서 분산은 $4,050 \div 50 = 81$이 되며, 표준편차는 $\sqrt{81} = 9$가 된다.

34 기초통계능력 분산·표준편차 구하기

| 정답 | ⑤

| 해설 | 편차는 변량에서 평균을 뺀 값이므로 편차의 총합은 항상 0이 된다는 사실을 이용하여 x를 계산할 수 있다. 편차를 모두 더하면 $3-1+x+2+0-3=0$이 되므로 $x=-1$임을 알 수 있다. 분산은 편차를 제곱한 값들의 합을 변량의 개수로 나눈 값이므로 $(9+1+1+4+0+9) \div 6 = 4$이고, 표준편차는 분산의 양의 제곱근이므로 $\sqrt{4} = 2$이다.

35 기초연산능력 부등식 활용하기

| 정답 | ①

| 해설 | $-3x+y=2$ 이므로 $x=\frac{1}{3}(y-2)$이다.

이를 $-5 < x < 2$에 대입하면 $-5 < \frac{1}{3}(y-2) < 2$,

$-15 < y-2 < 6$, $-13 < y < 8$

따라서 $a=-13$, $b=8$이고, $a-b=-13-8=-21$이다.

혹은 $y=3x+2$에 $x=-5$를 대입하면 $y=-13$, $x=2$를 대입하면 $y=8$이므로

$-13 < y < 8$

따라서 $a=-13$, $b=8$이고, $a-b=-13-8=-21$이다.

36 기초연산능력 부등식 활용하기

| 정답 | ①

| 해설 | $-3 \leq x \leq 4$이므로 $-9 \leq 3x \leq 12$이다. 또, $2 \leq y \leq 6$이므로 $-3 \leq -\frac{1}{2}y \leq -1$이다. 두 식을 더하면

$-12 \leq 3x - \frac{1}{2}y \leq 11$

따라서 $3x-\frac{1}{2}y$의 최댓값은 11, 최솟값은 -12이므로 최댓값과 최솟값의 합은 -1이다.

37 기초연산능력 ｜방정식 활용하기

|정답| ③

|해설| 여사원이 넣은 골의 수를 x라 하면, 남사원이 넣은 골의 수는 $12-x$이다. 여사원의 골은 3점, 남사원의 골은 1점이므로
$(3 \times x) + \{1 \times (12-x)\} = 20$
$2x = 8$
$\therefore x = 4$
따라서 여사원이 넣은 골의 수는 4골이다.

38 도표분석능력 ｜자료의 수치 분석하기

|정답| ②

|해설| 20X3년 매출액은 전년 대비 $\frac{3,145-1,626}{1,626} \times 100 ≒ 93(\%)$ 증가하였다.

|오답풀이|
③ 20X4년 영업이익은 전년 대비 $525-(-364)=889$(억 원) 줄어들었다.
④ 20X4년 매출액은 20X0년 매출액의 $\frac{5,654}{495} ≒ 11.4$(배)로 11배 이상이다.
⑤ 20X0년에는 적자였으나 20X1년에 25억 원의 영업이익을 내며 흑자로 전환했고, 3년간 흑자를 유지하다가 20X4년에 다시 적자로 돌아섰다.

39 도표분석능력 ｜자료를 바탕으로 수치 계산하기

|정답| ③

|해설| H사의 20X4년 매출액은 전년 대비 $\frac{5,654-3,145}{3,145} \times 100 ≒ 80(\%)$ 증가하였다.

40 도표분석능력 ｜자료를 바탕으로 수치 계산하기

|정답| ③

|해설| A는 전체 중 재촌 농가인구의 비중을 의미하는 것이며, B는 2005년의 농촌인구 수 대비 2015년의 농촌인구 수가 증가한 비율을 의미하는 것이다.
따라서 A는 $\frac{2,384}{8,758} \times 100 ≒ 27.2(\%)$가 되며 B는 $\frac{9,392-8,764}{8,764} \times 100 ≒ 7.2(\%)$가 된다.

41 도표작성능력 ｜자료를 그래프로 변환하기

|정답| ③

|해설| ③의 꺾은선 그래프에서는 생산연령인구의 연도별 수치상의 오류를 발견할 수 있다. ②의 꺾은선 그래프와 ①, ④의 막대 그래프는 모두 올바르게 작성된 그래프이다.

42 도표작성능력 ｜자료를 그래프로 변환하기

|정답| ②

|해설| 20X6년 표본감리의 결과 위반 비율은 $\frac{43}{222} \times 100 ≒ 19(\%)$이다.

|오답풀이|
① 20X5년 회계감리 결과 위반 비율은 약 $\frac{54}{245} \times 100 ≒ 22(\%)$이므로 나머지 결과인 종결 비율은 약 $100-22=78(\%)$가 된다.
③ 20X7년 회계감리 종류별 비율은 다음과 같다.
- 표본감리 : $\frac{99}{137} \times 100 ≒ 72(\%)$
- 혐의감리 : $\frac{20}{137} \times 100 ≒ 15(\%)$
- 위탁감리 : $\frac{18}{137} \times 100 ≒ 13(\%)$

④ 20X8년 회계감리 종류별 비율은 다음과 같다.
- 표본감리 : $\frac{79}{127} \times 100 ≒ 62(\%)$
- 혐의감리 : $\frac{33}{127} \times 100 ≒ 26(\%)$
- 위탁감리 : $\frac{15}{127} \times 100 ≒ 12(\%)$

⑤ 20X9년 회계감리 위반 종류별 비율은 다음과 같다.

- 표본감리 : $\frac{10}{52} \times 100 ≒ 19(\%)$

- 혐의감리 : $\frac{14}{52} \times 100 ≒ 27(\%)$

- 위탁감리 : $\frac{28}{52} \times 100 ≒ 54(\%)$

43 도표작성능력 | 자료를 그래프로 변환하기

| 정답 | ②

| 해설 | 연령대별 표에서는 20대가 57%, 30대가 37%이지만 그래프에서는 20대와 30대의 위치가 서로 뒤바뀌었다.

44 기초연산능력 | 분수식 계산하기

| 정답 | ③

| 해설 | 양변에 20을 곱하면 다음과 같이 계산할 수 있다.

$12\left(\frac{2x-7}{3} - \frac{1}{4}\right) = 4(1-3x) + 5$

$8x - 28 - 3 = 4 - 12x + 5$

$20x = 40$

$\therefore x = 2$

45 기초연산능력 | 연분수 계산하기

| 정답 | ④

| 해설 | $x = \cfrac{1}{1+\cfrac{1}{\cfrac{1}{x-5}-1}} = \cfrac{1}{1+\cfrac{1}{\cfrac{-x+6}{x-5}}}$

$= \cfrac{1}{1+\cfrac{x-5}{-x+6}} = \cfrac{1}{\cfrac{-x+6+x-5}{-x+6}} = -x+6$

따라서 $2x = 6$이므로 $x = 3$이다.

46 기초연산능력 | 분수식 계산하기

| 정답 | ①

| 해설 | 방정식을 두 개의 식으로 나누어 양변에 분모의 최소공배수인 6과 10을 각각 곱한다.

$\frac{y+3}{2} \times 6 = \frac{x+y+5}{3} \times 6$, $\frac{y+3}{2} \times 10 = \frac{x-y+7}{5} \times 10$

위 식을 정리하면 $2x - y = -1$ ······ ㉠,

$2x - 7y = 1$ ······ ㉡이 된다.

㉠ - ㉡을 하면 $6y = -2$, $y = -\frac{1}{3}$

$y = -\frac{1}{3}$을 ㉠에 대입하면 $x = -\frac{2}{3}$임을 알 수 있다.

따라서 $x + y = -\frac{2}{3} - \frac{1}{3} = -1$이다.

47 기초연산능력 | 입체도형의 부피 계산하기

| 정답 | ④

| 해설 | 사각기둥의 밑면의 한 변의 길이를 a, 원기둥의 밑면의 반지름을 r이라고 하면 다음과 같은 식이 성립한다.

$4a = 2\pi r = 6r$

$\therefore r = \frac{2}{3}a$

사각기둥의 높이를 h라고 하면, 사각기둥의 부피는 $a^2 h = 300,000$이므로 원기둥의 부피는 $\pi r^2 \times 1.2h = 3 \times \frac{4}{9}a^2 \times 1.2h = 1.6a^2 h = 1.6 \times 300,000 = 480,000 (\text{cm}^3)$이다.

48 기초연산능력 | 도형의 둘레와 넓이 계산하기

| 정답 | ③

| 해설 | 색칠한 사각형이 n개일 때 전체 사각형의 개수를 a_n이라고 하면 $a_n = n + 2 \times \{1 + 3 + \cdots + (n-2)\}$이므로 색칠한 사각형의 개수가 25개일 때 전체 사각형의 개수 $a_{25} = 25 + 2 \times (1 + 3 + \cdots + 23) = 25 + 2 \times \frac{1+23}{2} \times 12 = 25 + 288 = 313$이다. 한 변의 길이가 1인 정사각형의 넓이는 1이므로 313개의 정사각형의 넓이의 합은 313이다.

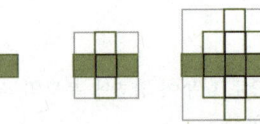

한편 도형의 둘레의 길이는 도형을 둘러싼 정사각형의 둘레와 같으므로 노란 사각형이 25개일 때 도형의 둘레는 $4 \times 25 = 100$이다. 따라서 도형의 면적과 둘레의 합은 $313 + 100 = 413$이다.

3장 문제해결능력

테마 2 유형별 학습   문제 292쪽

01 ③	02 ①	03 ①	04 ④	05 ③
06 ④	07 ⑤	08 ③	09 ⑤	10 ①
11 ①	12 ④	13 ②	14 ③	15 ③
16 ①	17 ③	18 ②	19 ①	20 ①
21 ④	22 ④	23 ①	24 ③	25 ②
26 ②	27 ④	28 ④	29 ④	30 ②
31 ⑤	32 ③			

01 사고력 명제 판단하기

| 정답 | ③

| 해설 | 제시된 명제를 'p : 사과이다', 'q : 가수이다', 'r : 빨간색이다', 's : 탱탱볼이다', 't : 애플파이다'로 정하고 각 명제와 그 대우를 정리하면 다음과 같다.

• p → q(~q → ~p)
• r → q(~q → ~r)
• r and p → s(~s → ~r or ~p)
• ~r and ~p → t(~t → r or p)

따라서 두 번째 명제의 대우에 따라 '가수가 아니면 빨간색이 아니다'는 참이 된다.

| 오답풀이 |
①, ②, ④ 제시된 조건을 통해 알 수 없다.

02 사고력 명제 판단하기

| 정답 | ①

| 해설 | ㄱ. 주어진 조건의 대우 '동정심이 강하지 않거나(약하거나) 성실하지 않으면 규칙을 잘 지키지 않고 협동 정신이 강하지 않다(약하다)'이므로 참인 추론이다.

| 오답풀이 |
ㄴ. 조건의 이이므로 항상 참이 되지 않는다.

ㄷ. '규칙을 잘 지키고 협동 정신이 강하다'는 조건의 가정인 '규칙을 잘 지키거나 협동정신이 강하다'에 포함된다. 그러므로 '동정심이 강하고 성실하다'가 적절한 추론이다.

03 사고력 명제 추론하기

| 정답 | ①

| 해설 | 쥐의 행태가 인간에게도 적용된다는 원리가 전제되어야만 가능한 주장이며, 좁은 공간과 난폭한 행동의 인과관계를 증명하기 위하여 좁은 공간에서 난폭한 행동을 유발하는 다른 요인은 없다는 것이 전제되어야만 한다.

04 사고력 명제 추론하기

| 정답 | ④

| 해설 | 벼락치기를 한 보라의 성적이 나쁘기 위해서는 삼단논법에 따라 [전제 2]에 벼락치기로 공부한 사람은 성적이 나빴다는 내용이 들어가야 한다. 이때, 벼락치기로 공부한 '모든' 사람이 성적이 나빴다는 명제가 추가되어야 벼락치기를 한 보라 또한 예외 없이 성적이 나쁠 수 있으므로 '벼락치기로 공부한 사람은 모두 성적이 나빴다'가 빈칸에 적절하다.

| 오답풀이 |

① 벼락치기로 공부한 '어떤' 사람이 성적이 나빴다면, 또 다른 어떤 사람은 성적이 나쁘지 않을 수도 있다. 이 경우 [결론]이 반드시 참이라고 할 수 없다.

05 사고력 진위 추론하기

| 정답 | ③

| 해설 | 4명이 각각 꽃병을 깨뜨렸을 경우와 그때 사실을 말한 사람을 찾아본다.

꽃병을 깨뜨린 사람	사실을 말한 사람
민지	혜주, 휘성, 진철
진철	민지, 휘성
휘성	진철
혜주	휘성, 진철

문제에서 사실을 말한 사람은 4명 중 한 명뿐이라고 하였으므로 꽃병을 깨뜨린 사람은 휘성, 사실을 말한 사람은 진철이 된다.

06 사고력 진위 추론하기

| 정답 | ④

| 해설 | 각각의 설명이 진실일 경우를 나누어 추론하면 다음과 같다.

• ㉠이 진실일 경우
 ㉡이 거짓이 되어 갑은 고양이를 키우는 것을 알 수 있고, ㉢도 거짓이 되어 병도 고양이를 키우게 되므로 서로 상충한다.

• ㉡이 진실일 경우
 ㉠이 거짓이 되므로 갑은 강아지를 키우게 되고, ㉢도 거짓이 되므로 병은 고양이를 키우고 을은 토끼를 키우고 있음을 추론할 수 있다.

• ㉢이 진실일 경우
 ㉠이 거짓이 되므로 갑은 강아지를 키워야 하는데, ㉡을 보면 갑은 고양이를 키워야 하므로 서로 상충한다.

• ㉣이 진실일 경우
 ㉠이 거짓이 되므로 갑은 강아지를 키워야 하는데, ㉡도 거짓이 되어 갑은 고양이를 키워야 하므로 서로 상충한다.

따라서 ㉡만 진실이고 옳은 설명은 ④이다.

07 사고력 진위 추론하기

| 정답 | ⑤

| 해설 | 각 사원의 발언을 전 발언과 후 발언으로 구분하고, A의 전 발언이 참이거나 거짓인 경우로 나누어 추론한다.

• A의 전 발언이 참인 경우
 A의 전 발언이 참이면 후 발언은 거짓이 되므로, B의 전 발언이 참이 되어 후 발언은 거짓이 된다. 한편, D의 전 발언은 거짓이 되어 후 발언은 참이 되고, E의 전 발언도 참이 되어 후 발언은 거짓이 된다. 그러면 C의 전 발언도 거짓이 되므로 후 발언은 참이 되고, 이들은 모두 조건과 상충하지 않는다. 이를 표로 정리하면 다음과 같다.

인사팀	재무팀	영업팀	기획팀	마케팅팀
C	D	B	E	A

• A의 전 발언이 거짓인 경우

A의 전 발언이 거짓이면 후 발언은 참이 되므로, B의 전 발언은 거짓이 되어 후 발언은 참이 된다. 이에 따라 D의 전 발언은 거짓이 되어 후 발언은 참이 되고, E의 전 발언도 참이 되어 후 발언은 거짓이 된다. 그러면 C의 전 발언도 거짓이 되어 후 발언은 참이 된다. 이러한 경우 A는 기획팀과 마케팅팀 모두에 배치되고, 기획팀에는 A와 E 두 명이 배치되므로 조건과 상충한다.

인사팀	재무팀	영업팀	기획팀	마케팅팀
D			A와 E	A

따라서 A의 전 발언이 참이고 기획팀에는 E가 배치된다.

08 사고력 진위 추론하기

|정답| ③

|해설| 세 명의 대리가 각각 진실을 말하고 있다고 가정하면 다음과 같다.

• 김 대리가 진실을 말하는 경우
이 대리의 말은 거짓이 되므로 공은 나 컵에도 없고 다 컵에도 없으므로 가 컵에 있음을 알 수 있다. 박 대리의 말은 거짓이 되므로 공은 가 컵에 있거나 다 컵에 있다. 따라서 모순되지 않는다.

• 이 대리가 진실을 말하는 경우
김 대리의 말은 거짓이 되므로 공은 가 컵에도 없고 나 컵에도 없으므로 다 컵에 있음을 알 수 있다. 박 대리의 말은 거짓이 되므로 공은 가 컵에 있거나 다 컵에 있다. 따라서 모순되지 않는다.

• 박 대리가 진실을 말하는 경우
공은 가 컵에도 없고 다 컵에도 없으므로 나 컵에 있다. 김 대리의 말은 거짓이 되므로 공은 가 컵에도 없고 나 컵에도 없어야 한다. 또한 이 대리의 말은 거짓이 되므로 공은 나 컵에도 없고 다 컵에도 없어야 한다. 따라서 모순이 생긴다.

따라서 박 대리는 항상 거짓을 말하고 있다.

09 사고력 순서 유추하기

|정답| ⑤

|해설| 제시된 조건에 따르면 F가 D보다 먼저 들어오고(F-D), G가 F보다 먼저 들어왔다(G-F-D). 또한 A가 F보다 먼저 들어왔으나 1등은 아니므로 G-A-F-D 순으로 들어왔음을 알 수 있다. 따라서 첫 번째로 결승점에 들어온 직원은 G이다.

10 사고력 등수 추론하기

|정답| ①

|해설| 세 번째 조건으로 100m 달리기 1등과 멀리뛰기 꼴찌는 확정할 수 있다. 네 번째 조건을 이용해서 100m 달리기의 등수를 유추할 때, 두 번째 조건을 더하면 D가 꼴찌도 2등도 될 수 없다는 것을 알 수 있다. 따라서 D는 3등이 되며 B는 D보다 빨라야 하므로 2등, A는 4등으로 확정된다. 또 멀리뛰기의 등수를 유추해 보면 B는 1등도 2등도 될 수 없기 때문에 3등으로 정해진다. C는 1등이 될 수 없으므로 2등이 되고 A는 1등으로 확정된다.

따라서 A의 100m 달리기와 멀리뛰기 각각의 등수는 4등과 1등이다.

11 사고력 자리 배치하기

|정답| ①

|해설| 소거법을 활용하기 위해 각 선택지를 살펴본다. 조건 (1)에 의해 ③, ⑤는 제외되고 조건 (2)에 의해 ④ 또한 제외된다. 남은 조건 (3)에 따라 D, E가 연이어 있지 않은 ②도 제외되어 모든 조건을 충족하는 ①의 A-B-C-E-D 순이 된다.

12 사고력 자리 배치하기

|정답| ④

|해설| 첫 번째와 두 번째 조건에 따라 A는 11번 자리에 앉으며 13번과 16번 자리는 공석이다.

앞줄	11번 A	12번	13번 공석	14번
뒷줄	15번	16번 공석	17번	18번

이때, 네 번째 조건에 따라 C와 F가 앞뒤로 앉을 수 있는 좌석은 14번과 18번뿐이다. F가 14번 좌석에 앉을 경우, E가 F의 옆자리에 앉아 있다는 조건과 13번 면접자가 불참하였다는 조건이 상충하므로 아래와 같이 F는 18번, C는 14번, E는 17번에 앉게 된다.

앞줄	11번 A	12번	13번 공석	14번 C
뒷줄	15번	16번 공석	17번 E	18번 F

세 번째 조건에 따라 B는 홀수 번호인 15번에 앉게 되고 남아 있는 12번 자리에 D가 앉게 된다.

앞줄	11번 A	12번 D	13번 공석	14번 C
뒷줄	15번 B	16번 공석	17번 E	18번 F

따라서 D의 뒷자리는 비어 있다.

| 오답풀이 |

① A의 옆자리에는 D가 앉아 있으며 E는 F의 옆자리에 앉아 있다.
② B의 옆자리는 비어 있으며 F는 E의 옆자리에 앉아 있다.
③ B가 뒷줄에 앉기 때문에 뒷자리가 없으며 B의 앞자리에 A가 앉아 있으므로 B의 앞자리는 비어 있지 않다.

13 사고력 주어진 조건으로 결과 추론하기

| 정답 | ②

| 해설 | 주어진 조건을 표로 정리해보면 다음과 같다.

구분	갑	을	병	정
포항		×		×
원주		×	×	
전주	×		×	×
세종		×		×

따라서 을 사원은 반드시 전주에 발령을 받으며 이에 따라 정 사원은 원주로 발령을 받는다.

| 오답풀이 |

①, ③, ④ 제시된 조건만으로는 갑과 병이 포항과 세종 중 각각 어디로 발령을 받았는지 알 수 없으므로 반드시 참이 될 수 없다.

14 사고력 주어진 조건으로 결과 추론하기

| 정답 | ③

| 해설 | A, B, C의 나이를 모두 곱하면 2,450이고, 이를 소인수분해하면 2,450=2×5×5×7×7이다. 이때 가능한 A, B, C 값의 조합은 ⟨49, 10, 5⟩, ⟨35, 10, 7⟩, ⟨70, 7, 5⟩이다. A, B, C의 나이를 모두 합하면 을 나이의 2배가 된다고 하였으므로 을의 나이는 각각의 경우에서 32, 26, 41이다. 이때, 을의 출산나이를 고려한다면 가능한 경우는 ⟨49, 10, 5⟩뿐이므로 을의 나이는 32세이다.

15 사고력 주어진 조건으로 결과 추론하기

| 정답 | ③

| 해설 | 4층에는 회계팀만 있고 총무팀이 홍보팀의 바로 아래층에 있다면 홍보팀과 총무팀은 각각 3층과 2층에 있게 된다. 또한 마케팅팀과 기획관리팀은 같은 복사기를 사용하므로 5층에 위치하게 된다. 따라서 2층 총무팀, 3층 홍보팀, 4층 회계팀, 5층 마케팅팀과 기획관리팀이 된다. 회계팀만 타 층의 복사기를 사용하므로 총무팀은 2층 복사기를 사용한다.

16 사고력 주어진 조건으로 결과 추론하기

| 정답 | ①

| 해설 | 제시된 조건에 따라 후보자들의 인사고과 점수를 정리하면 다음과 같다.

(단위 : 점)

후보자	갑	을	병	정	무	기
점수	90	88	83	92	83	84

이때, TOEIC 점수가 유일하게 980점 이상인 무가 1순위가 되며, 이후 인사고과 점수가 높은 정>갑>을>기>병 순으로 순위가 높다. 따라서 3순위는 갑이다.

17 사고력 논리적 오류 이해하기

| 정답 | ③

| 해설 | H의 말을 신뢰하는 이유는 H가 믿을 만한 사람이고, H가 믿을 만한 사람인 이유는 H가 항상 신뢰할 만한 말을 하기 때문이라고 하였다. 이는 전제와 결론이 순환적으로 서로의 논거가 되는 순환논증의 오류의 예에 해당한다.

| 오답풀이 |
① 정황에 호소하는 오류 : 주장하는 사람이 처한 개인적인 정황 등을 근거로 자신의 주장에 타당성을 부여하거나 다른 이의 주장을 비판할 때 발생하는 오류이다.
② 자가당착의 오류 : 모순이 내포된 전제를 바탕으로 결론을 도출할 때 발생하는 오류이다.
④ 인신공격의 오류 : 주장하는 논리와 관계없이 상대방의 인품이나 과거의 행적 등을 트집 잡아 인격을 손상시키며 주장이 틀렸다고 비판할 때 발생하는 오류이다.
⑤ 잘못된 인과관계의 오류 : 한 사건이 다른 사건보다 먼저 발생했다고 해서 전자가 후자의 원인이라고 잘못 추론할 때 발생하는 오류이다.

18 사고력 논리적 오류 이해하기

| 정답 | ②

| 해설 | 제시된 글에서 필자는 증명할 수 없으므로 외계인이 존재한다고 말하고 있다. 이는 증명할 수 없거나 반대되는 증거가 없음을 증거로 제시하여 자신의 주장이 옳다고 정당화하는 무지의 오류에 해당한다.

| 오답풀이 |
① 애매어의 오류 : 둘 이상의 의미 있는 다의어나 애매한 말의 의미를 혼동하여 생기는 오류이다.
③ 분할의 오류 : 전체가 참인 것을 부분에 대해서도 참이라고 단정하여 발생하는 오류이다.
④ 성급한 일반화의 오류 : 부적합한 사례나 제한된 정보를 근거로 주장을 일반화할 때 생기는 오류이다.

19 문제해결능력 내재된 문제유형 이해하기

| 정답 | ①

| 해설 | K 씨는 새로 시작한 SOHO 사무실을 운영하기 위한 경영전략을 짜야 하는 설정형 문제에 직면해 있다고 볼 수 있다. 설정형 문제는 지금까지 해오던 것과 전혀 관계없는 미래지향적인 새로운 과제 또는 목표를 설정함에 따라 일어나는 문제로서, 목표지향적 문제라고 할 수 있다. 또한, 회의실 벽을 방음 자재가 아닌 일반 자재를 이용함으로써 향후 발생될 수 있는 소음 문제를 내재하고 있다는 점에서 잠재적인 문제 즉, 탐색형 문제를 안고 있다고도 볼 수 있다.

20 문제해결능력 문제의 유형 이해하기

| 정답 | ①

| 해설 | 분석적 문제는 현재의 문제점이나 미래의 문제로 예견될 것에 대한 문제 탐구로 문제 자체가 명확하지만, 창의적 문제는 현재 문제가 없더라도 보다 나은 방법을 얻기 위한 문제 탐구로 문제 자체가 명확하지 않다.

21 문제해결능력 문제해결 절차의 단계 이해하기

| 정답 | ④

| 해설 | 주어진 사례에서 '문제인식'은 지각을 하였다는 것이며, 과음을 하였거나 알람소리가 작았다는 것 등은 '문제도출'에 해당한다. 또한, 자신의 잘못된 습관이나 나약한 의지 등이 '원인'으로 지적될 수 있으며, 출근 전날 과음을 하지 않겠다는 것은 이에 대한 '해결안'이라고 볼 수 있다.

22 문제처리능력 SWOT 분석의 특징 이해하기

| 정답 | ④

| 해설 | L 씨는 예민하고 고민이 많아 결론을 내리는 일이 남보다 느리다는 약점을 가지고 있다. 이것은 섬세한 손놀림과 기술이 필요한 작업을 중요시하는 분위기를 기회로 활용할 수 있다. 따라서 일처리에 시간이 다소 걸릴 수는 있지만 꼼꼼한 성격을 이용하여 실수를 최소화할 수 있는 업무 활동을 찾아보는 것이 효과적인 WO 전략이라고 할 수 있다.

23 문제해결능력 | 문제해결 사고 방법 추론하기

| 정답 | ①

| 해설 | 놀이터의 안전만을 강조한 기존 설계가 아이들의 흥미를 끌지 못하자, 운영팀은 적정한 위험 요소를 포함하며 창의적 놀이를 가능하게 하는 새로운 설계를 도입했다. 이를 통해 놀이 참여도와 흥미가 증가하고 문제해결능력, 성취감, 도전의식을 기르는 긍정적인 효과를 얻었다. 이와 같은 사고는 기존의 고정된 틀에서 벗어나 새로운 관점으로 문제를 해결한 발상의 전환으로 볼 수 있다.

24 문제해결능력 | 비판적 사고 개발하기

| 정답 | ③

| 해설 | 문제의식과 고정관념 타파는 비판적 사고를 개발하기 위한 태도이며 생각하는 습관, 상대 논리의 구조화, 구체적인 생각, 타인에 대한 이해, 설득 등은 논리적 사고의 중요한 다섯 가지 구성요소이다.

25 사고력 | SCAMPER 기법 이해하기

| 정답 | ②

| 해설 | Q사는 항공기의 기술과 아이디어를 자동차에 맞게 변형하거나 응용하여 적용하였다. 전투기의 비상 탈출장치를 선루프로, 항공기의 날개 구조를 자동차 디자인에 적용한 것은 기존 기술을 새로운 용도에 맞게 조정하여 활용한 사례이므로 Adapt(조절하기)에 해당한다.

26 사고력 | 강제결합법 이해하기

| 정답 | ②

| 해설 | 강제결합법은 연관성이 없는 둘 이상의 단어를 통해 새로운 아이디어를 도출하는 방법이다. 나머지 선택지에서 언급된 것은 모두 서로 다른 사물의 연결을 통해 제3의 제품을 개발한 사례나, 플라스틱 컵의 재질을 끊임없이 대체해 보는 과정을 거쳤다는 것은 스캠퍼(SCAMPER) 기법의 '대체하기' 방법을 활용한 것으로 강제결합법으로 보기에는 적절치 않다.

27 문제처리능력 | 해결 방안 추론하기

| 정답 | ④

| 해설 | 다문화 사회가 도래함에 따라 다양한 문화의 다양성을 존중하고 다문화 아동을 향한 차별이 사라질 수 있도록 정책 방안을 마련해야 한다. 또한 다문화 가정이 보다 유연하게 한국 사회에 적응해 이질감을 느끼지 않도록 적응을 돕는 방안 역시 필요하다.

28 문제처리능력 | 해결 방안 추론하기

| 정답 | ④

| 해설 | 제시된 자료에서 나타난 문제는 농가 인구의 고령화가 급격히 진행되었다는 것이다. 따라서 이에 따른 해결책으로 노인을 대상으로 하는 지원책을 강화한다거나, 노인의 다양한 문화·여가활동 지원을 강화하는 등 노인과 관련된 대안을 추론해야 한다. 하지만 ④는 농가 인구의 고령화에 관련된 사항이 아니라 대농에 관련된 사항이므로 적절하지 않다.

29 문제처리능력 | 자료 분석을 통해 문제해결하기

| 정답 | ④

| 해설 | 제시된 자료를 보면 201X년 8월 23일부터 달걀 껍데기에 사육환경을 의무적으로 표시해야 한다고 쓰여 있고 달걀 껍데기에 표시한 것으로 산란월일에서부터 사육방식까지 파악할 수 있음을 알 수 있다. 따라서 201X년 9월에는 난각표시만으로 사육방식을 파악할 수 있다.

| 오답풀이 |
① 사육환경표시는 축산물위생관리법에 따른 의무사항이다.
② 10자리의 사육환경표시는 8월 23일부터 의무적으로 시행되므로 8월 22일에 소비자에게 판매된 달걀의 난각표시는 기존의 방법을 따른 4자리이다.
③ Q2의 답변을 보면 방사장 소유만으로 방사(1번)를 표시할 수는 없다고 하였으므로 적절하지 않다.
⑤ Q4의 답변을 보면 두 가지 이상의 사육환경에서 달걀이 생산된다면 반드시 사육환경별로 각각 난각에 표시해야 한다고 하였으므로 적절하지 않다.

30 문제처리능력 자료 분석을 통해 문제해결하기

| 정답 | ②

| 해설 | 9월 7일에 산란한 것이므로 10자리로 난각에 표시해야 한다. 1~4번째 자리는 산란월일을 표시해야 하므로 0907로 표시해야 하고 5~9번째 자리는 가축사육업 허가 시 부여된 고유번호를 표시해야 하므로 제시된 DA77B를 표시해야 한다. 마지막 자리는 사육환경을 표시해야 하는데 이 업체에서는 9월부터 산란계 자유방목으로 사육한 닭에서 달걀을 생산한다고 하였으므로 1을 표시해야 한다. 따라서 0907DA77B1을 난각에 표시해야 한다.

31 문제처리능력 자료 읽고 추론하기

| 정답 | ⑤

| 해설 | 품평회 출품 신청서는 신청 경로에 따라 제출 기한에 맞춰 제출하면 된다. 그러나 지역(품목)농협에서 작성해야 하는지는 알 수 없다.

| 오답풀이 |

① '1. 부문별 출품 대상 품목 및 인증 기준'을 보면 부문이 곡류, 과일류, 채소류, 가공식품 총 4개임을 알 수 있다.

② '3. 신청 절차'에서 '나. 신청 방법'을 보면 신청서 작성 후 제출 서류와 함께 기한 내 제출해야 한다고 제시되어 있고, 제출 서류는 친환경농산물 인증서 사본 1부로 제시되어 있으므로 적절하다.

③ '3. 신청 절차'의 '나. 신청 방법'을 보면 지역(품목)농협은 20X4년 10월 30일까지 농협경제지주 지역본부로 서류를 제출해야 한다고 제시되어 있으므로 적절하다.

④ '3. 신청 절차'의 '가. 신청 경로'를 보면 최종적으로 신청서를 받게 되는 담당 부서는 원예부임을 알 수 있고, 원예부는 '나. 신청 방법'의 마지막 부분을 통해 농협경제지주임을 알 수 있으므로 적절하다.

32 문제처리능력 자료 읽고 추론하기

| 정답 | ③

| 해설 | '2. 출품자격'의 '다'를 보면 가공업체는 친환경농산물을 원료로 가공제품을 생산(판매)하는 업체를 말하며, 가공품 친환경농산물은 국내 원료를 70% 이상 사용해야 한다고 하였다. 따라서 주재료 중 절반을 친환경농산물로 사용한 가공제품을 생산한 업체는 출품자격이 없다.

4장 자원관리능력

테마 2 유형별 학습
문제 340쪽

01	③	02	③	03	④	04	⑤	05	③
06	④	07	②	08	②	09	③	10	①
11	②	12	④	13	③	14	④	15	②
16	③	17	③	18	⑤	19	①	20	③
21	①	22	②	23	①	24	④	25	①
26	③	27	②	28	②				

01 자원관리능력 자원 특성 파악하기

| 정답 | ③

| 해설 | 제시된 글에서 강조하고 있는 것은 석유라는 하나의 물적 자원을 확보하기 위해서 투입해야 하는 시간자원과 예산자원을 결코 간과해서는 안 된다는 사실이다. 자원은 이렇듯 하나를 얻기 위해서 다른 하나를 제공해야 하는 경우가 대부분이며, 이때 보유한 자원을 얼마나 효율적으로 사용하여 새로운 자원의 가치를 크게 만들어내느냐가 자원 개발의 성패를 좌우하는 열쇠라고 볼 수 있다.

02 자원관리능력 효과적인 자원관리 이해하기

| 정답 | ③

| 해설 | 자원관리의 기본과정은 '(나) 필요한 자원의 종류와 양 확인 → (라) 자원 수집 → (가) 활용계획 수립 → (다) 계획에 따라 수행'이다.

03 자원관리능력 자원 낭비의 요인 이해하기

| 정답 | ④

| 해설 | 〈조건〉을 바탕으로 김 대리의 하루 일과 중 자원의 낭비요인을 정리하면 다음과 같다.
ⓐ, ⓔ : 시간 낭비요인
ⓑ, ⓒ, ⓓ : 예산 낭비요인

04 자원관리능력 자원 낭비의 요인 이해하기

| 정답 | ⑤

| 해설 | 자원 하나의 부재로 인해 다른 유형의 자원 확보에도 문제가 생길 수 있다는 점을 인식한 것으로, 자원을 효율적으로 이용할 수 있는 방법이다.

| 오답풀이 |
① 비계획적인 행동으로 시간을 낭비하는 요인이 될 수 있다.
② 편리성만을 추구하는 자세는 자원낭비의 요인이 된다.
③ 시간은 계속 주어지는 것이라는 생각으로 한정된 시간 자원에 대한 인식이 부족한 태도라고 볼 수 있다.
④ 자원을 효율적으로 활용하는 방법이나 노하우가 부족한 상황임을 알 수 있다.

05 시간관리능력 효과적인 시간관리 방법 이해하기

| 정답 | ③

| 해설 | ⓒ 시간 배정을 계획하는 일이므로 무리한 계획을 세우지 말고, 실현 가능한 것만을 계획하여야 한다.
ⓜ 계획 외의 행동에 대비할 수 있도록 유연하게 계획하여야 한다.
ⓢ 꼭 해야 할 일을 끝내지 못했을 경우에는 차기 계획에 반영하여 끝낼 수 있도록 계획을 세우는 것이 바람직하다.

06 시간관리능력 시간계획 시 유의사항 이해하기

| 정답 | ④

| 해설 | 시간계획을 짤 때는 무리한 계획을 세우지 말고 실현 가능한 사항을 계획하는 것이 적절하다.

07 시간관리능력 효과적인 시간관리 방법 이해하기

| 정답 | ②

| 해설 | 제시된 글은 우리가 의식하지 않는 사이에 소모되는 대기전력을 아끼면 전기료를 아낄 수 있다고 얘기하고 있다. 따라서 이를 시간과 연관을 지으면, 대기전력처럼 시간 또한 우리가 의식하지 못하는 사이에 지나가므로 자투리

시간을 활용하여 유용한 시간을 만들어야 함을 추론할 수 있다.

08 시간관리능력 효과적인 시간관리 방법 이해하기

|정답| ②

|해설| 시간은 기억에 의존해서는 안 되며, 체크리스트나 스케줄표를 활용해 계획을 반드시 기록하여 전체 상황을 파악해야 한다. 따라서 (가)에는 '시간 기록'이 들어가야 한다. 또한 시간의 활용을 분석하여 낭비와 비효율적으로 사용한 시간을 분석해야 한다. 따라서 (나)에는 '시간 활용 분석'이 들어가야 한다. 마지막으로 중요한 일을 할 수 있도록 충분한 시간을 확보하기 위해서는 시간을 재할당하여 계획을 세워야 한다. 따라서 (다)에는 '시간 재할당'이 적절하다.

09 시간관리능력 시간낭비의 요인 파악하기

|정답| ③

|해설| 시간낭비의 내적요인은 자신의 내부요인에 의해 발생하는 것으로, 자신의 노력으로 극복할 수 있다. 하지만 '가정 불화'는 외부에서 일어나는 외적요인이므로 ㉠에 해당하지 않는다.

10 시간관리능력 시간낭비의 요인 파악하기

|정답| ①

|해설| 우선순위 없이 일을 하거나, 충분하지 않은 권한위양 혹은 권한위양한 일을 적절하게 관리하지 않거나, 회의나 타협에 대한 준비가 불충분하여 회의가 연장되게 하거나 의사결정이 지연되게 하는 것 등은 직장에서의 시간낭비 사례에 해당한다.

11 시간관리능력 시간관리 매트릭스 활용하기

|정답| ②

|해설| 시간관리 매트릭스와 K 사원의 일과를 바르게 연결하면 다음과 같다.
A-(d), B-(b), C-(c), D-(a)

보충 플러스+

긴급하면서 중요한 일	긴급하지 않지만 중요한 일
위기상황 급박한 문제 기간이 정해진 프로젝트	예방 생산 능력 활동 인간관계 구축 새로운 기회 발굴 중장기 계획, 오락
긴급하지만 중요하지 않은 일	긴급하지 않고 중요하지 않은 일
잠깐의 급한 질문 일부 보고서 및 회의 눈앞의 급박한 상황 인기 있는 활동 등	바쁜 일, 하찮은 일 우편물, 전화 시간낭비거리 즐거운 활동 등

12 예산관리능력 직접비·간접비 구분하기

|정답| ④

|해설| 개인의 가계 지출에 있어서 간접비, 직접비 구분은 의식주에 직접적으로 필요한 비용은 직접비용, 세금, 보험료 등은 간접비용에 해당된다. 따라서 제시된 비용 중 간접비 지출은 제반 공과금, 자동차 보험료, 병원비, 보험료이며 기본적인 의식주 비용에 해당하는 나머지 것들은 직접비로 보아야 한다. 따라서 간접비의 총액은 보험료 17(만 원)+제반 공과금 73(만 원)+자동차 보험료 11(만 원)+병원 치료비 7(만 원)=108(만 원)이다.

13 예산관리능력 직접비·간접비 구분하기

|정답| ③

|해설| 출장비, 인건비, 시설비, 서버 비용은 서비스 창출에 직접 소비되는 비용인 직접비에 해당한다. 광고비는 서비스 창출에 직접 관련되지 않은 비용으로 간접비에 해당한다.

14 예산관리능력 예산관리 과정 이해하기

|정답| ④

|해설| 전체적인 예산 관리의 과정은 (라) 모든 활동을 도출하고 (가) 세부 활동별 예산을 확인한 후 (다) 우선활동을 선정하고 (나) 예산을 배정·집행하는 순서로 진행된다.

15 예산관리능력 책정비용과 실제비용 이해하기

| 정답 | ②

| 해설 | 책정비용과 실제비용과의 관계는 다음과 같이 정리할 수 있다.
- 책정비용 > 실제비용 → 경쟁력 손실
- 책정비용 < 실제비용 → 적자 발생
- 책정비용 = 실제비용 → 이상적

16 물적자원관리능력 물품 보관의 원칙 이해하기

| 정답 | ③

| 해설 | 선입선출의 원칙(First In First Out, FIFO)은 먼저 입고한 물건을 먼저 출고하는 보관원칙으로, 유통기한이 존재하는 식품 등 상품의 수명주기가 짧은 물품관리에서 주로 적용된다.

| 오답풀이 |
① 중량특성의 원칙 : 무거운 물품일수록 하층부에, 그리고 출구에 가깝게 보관해야 한다는 원칙이다.
② 회전대응보관의 원칙 : 입고와 출고의 빈도가 높은 물품은 출입구에 가깝게 보관해야 한다는 원칙이다.
④ 유사성의 원칙 : 유사한 종류의 물품들은 같은 장소에 보관해야 한다는 원칙이다.
⑤ 통로대면보관의 원칙 : 물품의 입고와 출고를 용이하게 하기 위해 물품을 통로에 면하여 보관해야 한다는 원칙이다.

17 물적자원관리능력 재고유지품목 선정하기

| 정답 | ③

| 해설 | 일반적으로 물품관리의 재고유지 품목으로 선정되는 기준은 다음과 같다.
- 사용빈도가 많은 물품
- 공통적으로 사용되는 물품
- 가격이 비교적 소액이고 취득에 번잡성이 많은 물품
- 변질되지 않고 저장에 비용이 들지 아니하는 물품
- 조달에 장시일이 요하는 물품
- 구매량에 따라 구매비용이 저렴해지는 물품

18 물적자원관리능력 물적자원관리의 방해요인 이해하기

| 정답 | ⑤

| 해설 | 물적자원관리의 방해요인으로는 보관 장소를 파악하지 못하는 경우, 물품을 훼손한 경우, 물품을 분실한 경우로 나누어 볼 수 있다. 또한 분명한 목적 없이 물건을 구입하는 경우도 물적자원에 대한 관리를 소홀하게 한 결과일 수 있다. 하지만 물품의 보관 장소를 목적에 따라 구분하는 경우는 물품이 필요할 때 목적에 맞게 활용할 수 있도록 관리하는 것이므로 물적자원관리의 방해요인으로 볼 수 없다.

19 물적자원관리능력 물적자원관리의 방해요인 이해하기

| 정답 | ①

| 해설 | 재고 관리상 물품의 특성과 쓰임새(먼저 사용할 물품, 비슷한 물품 등)에 따라 분류하여 보관해야 했지만 그러지 않은 점이 문제점으로 지적될 수 있다.

20 인적자원관리능력 인적자원의 특징 이해하기

| 정답 | ③

| 해설 | 기업 경영 활동의 가장 중요한 자원인 인력은 기업 목적을 달성하기 위한 가장 핵심적인 요소라 할 수 있으나, 일부 특수한 경우를 제외하고는 그 자체로 기업 경영의 목적이 되지는 않는다. 인적자원은 능동성·개발가능성·전략적 중요성을 가진 자원이라는 측면에서 다른 자원보다 그 가치와 중요성이 크다고 볼 수 있다.

21 인적자원관리능력 인사관리의 원칙 파악하기

| 정답 | ①

| 해설 | 조직에서 인사를 관리하는 원칙으로 적재적소의 원칙, 공정 보상의 원칙, 공정 인사의 원칙, 종업원 안정의 원칙, 창의력 계발의 원칙, 단결의 원칙 등이 있다. 제시된 A 기업은 최소한 월급을 밀리지 않게 제때에 지급하였으며, 이러한 조직에 대한 믿음은 자부심과 책임감으로 이어지는 선순환이 되었다. 이는 종업원 안정의 원칙과 연관된다.

22 인적자원관리능력 | 파견 직원 선발하기

|정답| ②

|해설| 업무능력에 대한 근무 평점이 보통 미만인 을과 경은 선발에서 제외한다. 병은 직전 해외 파견근무 종료가 20X2년 11월로 20X4년 10월 기준으로 2년이 경과되지 않아 선발되지 않는다. 지원자 중 업무능력 우수자인 정은 반드시 선발되어야 하며, 동일 부서에 근무하는 2명 이상의 팀장을 선발할 수 없으므로 같은 영업부 팀장인 무는 선발되지 않는다. 그리고 총무부 직원을 1명 이상 선발해야 하므로, 총무부 과장 갑을 선발할 경우 같은 부서에 근무하는 직원인 총무부의 기를 함께 선발해야 한다. 따라서 갑, 정, 기가 선발된다.

23 예산관리능력 | 보조금의 합 구하기

|정답| ①

|해설| 보조금 지급 금액을 표로 정리하면 다음과 같다.

구분	김○○	이○○	김○○
수리 기계 기종	이앙기(중)	예초기(소)	양수기(소)
제출 서류	신용카드영수증 +수리내역서	현금영수증+ 수리내역서	신용카드영수증 +거래내역서
수리비	700,000원	200,000원	325,000원
연간 지원 한도 잔액	250,000원	250,000원	420,000원
보조금	250,000원	100,000원	×

구분	박○○	최○○	춘○○
수리 기계 기종	트랙터(대)	바인더(대)	관리기(중)
제출 서류	현금영수증+ 수리내역서	신용카드 영수증	수리내역서
수리비	1,150,000원	940,000원	653,000원
연간 지원 한도 잔액	1,205,000원	300,000원	500,000원
보조금	500,000원	×	×

양수기, 바인더, 관리기는 제출 서류 미비로 보조금 지원이 불가하며, 나머지 3건의 보조금 지원액 총합은 250,000+100,000+500,000=850,000(원)이 된다.

24 물적자원관리능력 | 자료를 바탕으로 내용 추론하기

|정답| ④

|해설| 하루 수리 가능 대수보다 많이 접수된 농기계만 이관하면 되므로 소형 농기계는 D 센터의 2대만 이관하면 된다.

|오답풀이|

① A 센터가 대형과 중형 이앙기(양수기) 총 8대를 이관하여야 하므로 가장 많다.

② D 센터는 소형 예초기(관리기) 2대를 다른 센터로 이관하여야 한다. 이관이 필요하지 않은 곳은 B 센터이다.

③ A 센터에서 대형 3대, 중형 5대가 이관되므로 최대 지원금(기종당 최대 지원금액)의 총합은 (500,000×3)+(300,000×5)=3,000,000(원)이다.

25 시간관리능력 | 최단 배송 경로 찾기

|정답| ①

|해설| 각 경로의 거리는 다음과 같다.

① A-B-C-H-G-F-E-D :
2+2+2+2+2+2+4=16(km)

② B-A-H-C-G-F-E-D :
2+2+2+3+2+2+4=17(km)

③ C-D-E-F-G-H-B-A :
3+4+2+2+2+2+2=17(km)

④ G-F-E-D-C-H-A-B :
2+2+4+3+2+2+2=17(km)

따라서 ①의 경로가 가장 짧은 거리가 된다.

26 인적자원관리능력 | 작업 효율 계산하기

|정답| ③

|해설| 하차인원 1인의 시간당 작업 효율은 '전체 포대 수÷(작업시간×작업인원 수)'로 비교해 볼 수 있다.

구분	포대 수 (포대)	하차인원 (명)	하차시간 (시간)	작업 효율
A 농협	7,000	20	5	70
B 농협	12,000	35	6	57.1
C 농협	7,000	25	4.5	62.2

D 농협	5,000	18	4	69.4
E 농협	8,000	25	5	64
F 농협	3,000	15	3	66.7
G 농협	7,000	25	3	93.3
H 농협	6,000	23	3.5	74.5

따라서 하차인원 1인의 시간당 작업 효율은 G 농협이 가장 높다.

27 예산관리능력 조건에 따른 자원과 예산 파악하기

| 정답 | ②

| 해설 | 아트지 코팅과 PVC는 물에 젖지 않으며 플라스틱 접착에 적합하다고 하였으므로 조건에 모두 충족하는 재질이지만, PVC는 아트지 코팅보다 단가가 비싸므로 아트지 코팅을 선정한다.

최소 제작 수량이 1,000장 이하인 업체는 B, C, D사인데 여기서 제작 기간이 가장 짧은 업체는 D사이므로 D사를 선정하여 제작 금액을 계산하면 다음과 같다.

- 아트지 코팅 단가 : 1원/cm^2
- D사의 공임비 : 3,000원/1000장
- 스티커 사이즈 : 9cm*10cm
- 아트지 코팅 스티커 총금액 : 90(cm^2)×1×5,000(장) =450,000(원)
- 공임비 : 3,000×5=15,000(원)

따라서 제작 원가는 465,000원이다.

28 시간관리능력 일정 수립하기

| 정답 | ②

| 해설 | 총무팀 직원들의 다음 주 일정을 정리하면 다음과 같다.

구분	월	화	수	목	금	토
오전		보고자료 정리 (정 대리)	임원회의 (총무팀장, 김 과장)		결혼식 (나 대리)	
오후		사외 교육일정 (김 과장)				

따라서 이 주임의 등기소 일정은 월요일에 진행하는 것이 가장 적절하며, 플레이숍은 수요일 오후에 출발하여 목요일까지의 1박 2일로 계획할 수 있다.

5장 조직이해능력

테마 2 유형별 학습   문제 392쪽

01	②	02	①	03	④	04	③	05	⑤
06	④	07	①	08	④	09	④	10	①
11	②	12	②	13	④	14	②	15	①
16	④	17	②	18	①	19	⑤	20	④
21	④	22	①	23	③	24	④	25	③

01 조직이해능력 조직이해능력 이해하기

|정답| ②

|해설| 조직이해능력의 하위능력으로는 경영이해능력, 체제이해능력, 업무이해능력, 국제감각능력 등이 있으며, 이들은 조직의 목적을 달성하기 위하여 긴밀하게 엮이는 요소이므로 서로 관련성이 높다.

02 조직이해능력 직장 및 조직의 개념 이해하기

|정답| ①

|해설| 직장은 일을 하는 물리적 공간이자 심리적으로 영향을 받는 공간이다. 그러므로 직장은 심리적 공간이라 말하기 어렵다는 설명은 적절하지 않다.

03 체제이해능력 조직의 구조 파악하기

|정답| ④

|해설| 회사의 CEO가 전체 조직을 장악하기 더 용이하고, 말단 직원들과의 소통도 훨씬 잘 이루어지는 것은 기능적 조직구조에 대한 설명이다.
환경이 안정적이거나 일상적인 기술, 조직의 내부 효율성을 중요시하며 기업의 규모가 작을 때에는 업무의 내용이 유사하고 관련성이 있는 것들을 결합해서 기능적 조직구조의 형태를 이룬다. 반면, 사업별 조직구조는 개별 제품, 서비스, 제품그룹, 주요 프로젝트나 프로그램 등에 따라 조직화된다. 제품에 따라 조직이 구성되고 각 사업별 구조 아래 생산, 판매, 회계 등의 역할이 각기 이루어진다.

04 체제이해능력 의사소통망의 유형 이해하기

|정답| ③

|해설| 수레바퀴형(바퀴형) 의사소통망은 구성원들의 정보 전달이 중심인물 또는 집단 지도자에게 집중되는 유형으로 문제해결을 신속하게 할 수 있지만 복잡한 형태의 과업에 있어서 그 유효성이 떨어진다.

|오답풀이|
① 원형은 구성원 사이에 뚜렷한 서열이 없어 의사소통의 목적과 방향 없이 구성원 간에 정보가 전달되는 유형이다. 정보의 전달, 수집과 문제 해결 속도는 느리지만 의사소통이 명백하게 이루어질 경우 만족도가 높다.
② 쇠사슬형은 공식적인 명령계통에 나타나는 단순한 형태로 순서는 존재하지만 중심인물이 존재하지 않는다.
④ 완전연결형(전체연결형)은 구성원 사이에서 정보의 교환이 완전히 이루어지는 가장 바람직한 의사소통 유형이다. 특히 복잡하고 어려운 문제를 푸는 데 효과적이고 만족도도 높다.

05 체제이해능력 맥킨지 7S 모형 이해하기

|정답| ⑤

|해설| AA사에서 공유하는 경영철학은 공유가치(Share Values), 소규모 본사 조직 추구는 구조(Structure), 솔선수범하는 리더들은 기업풍토(Style), 평등한 조직원들 간의 관계는 구성원(Staff), 일 년 내내 저렴한 판매 방식은 전략(Strategy)의 요소에 해당한다.
운영체제(System)는 기업의 결정사항에 대한 일관성을 유지하기 위해 제시된 평가 및 보상, 통제 등에 관한 제도를 의미하는데 제시된 글에서는 해당 요소를 찾아볼 수 없다.

보충 플러스+

맥킨지 7S 모형 구성 요소

전략 (Strategy)	조직의 장기적 계획 및 목표를 달성하기 위한 수단 또는 방법이다.
구조 (Structure)	전략의 실행을 위한 틀로서 조직도를 의미하기도 한다. 구성원들의 역할과 그들 간의 상호관계를 지배하는 권한과 책임과 같은 요소도 포함된다.
운영체제 (System)	조직의 관리체계, 운영절차, 제도 등을 의미한다. 성과관리, 보상제도, 경영정보시스템 등을 통해 구성원들의 행동을 조직이 원하는 방향으로 유도할 수 있다.
구성원 (Staff)	조직 내의 인력을 의미한다. 단순한 인력 구성 현황보다는 구성원들의 능력, 기술, 욕구, 태도 등을 포함한다.
기술 (Skill)	전략 실행에 필요한 구체적인 요소를 의미한다. 마케팅 능력, 종업원 동기부여 등이 이에 포함된다.
기업풍토(Style)	조직을 이끌어가는 관리의 경영 방식 또는 리더십 스타일을 의미한다.
공유가치 (Shared value)	모든 조직 구성원들이 공유하는 기업의 핵심 이념이나 가치관, 목적을 의미한다.

06 체제이해능력 조직목표 파악하기

|정답| ④

|해설| ㉡ 조직목표는 조직의 존재 이유에 대한 정당성과 합법성을 제공하며 서로 영향을 주고받는다.
㉢ 조직목표는 조직의 구조, 조직의 전략, 조직의 문화 등과 같은 조직체제의 다양한 구성요소들과 상호관계를 가지고 있다.
㉣ 조직목표들은 한 번 수립되면 달성될 때까지 지속되는 것이 아니라 환경이나 조직 내 다양한 원인에 의해 변동되거나 없어지고 새로운 목표로 대치되기도 한다.

|오답풀이|
㉠ 조직은 다양한 조직목표를 추구할 수 있다.

07 체제이해능력 조직과 개인의 목표 통합 이해하기

|정답| ①

|해설| (가) 개인으로 하여금 조직의 목표에 도움이 되는 행동을 가치 있는 것으로 생각하게 하고 그렇지 않은 행동을 가치 없는 것으로 생각하는 감화의 과정을 통해 조직의 목표와 개인의 목표를 통합하고자 하는 교화모형(Socialization Model)이다.
(나) 조직의 입장에서 개인이 목표 성취에 도움이 되는 유인을 개인에게 제공하고 개인은 그것에 대한 대가로 시간과 노력을 조직의 목표달성에 제공함으로써 조직의 목표와 개인의 목표를 통합하고자 하는 교환모형(Exchange Model)이다.

08 체제이해능력 조직도 파악하기

|정답| ④

|해설| 여신지원팀은 업무지원부 소속이며 업무지원부는 여신운영그룹이 아닌 경영지원그룹 산하에 위치해 있다.

|오답풀이|
① IT그룹 산하에는 IT기획부, IT정보부, IT수신·카드부, IT여신·외환부, IT채널부 총 5개의 부서가 있으며, IT기획부 산하에는 IT시스템운영팀이 있다.
② 개인고객그룹, 카드사업그룹, 신탁사업그룹은 개인 부문에 해당하며, 기업고객그룹, CIB그룹은 기업 부문에 해당한다.
③ 비서실의 경우 은행장 직속이 아닌 전무이사의 산하에 소속되어 있다.

09 체제이해능력 조직도 개편하기

|정답| ④

|해설| 〈조직 개편 내용〉을 보면 리스크관리그룹 산하에 여신감리부를 신설하고자 한다. 그러나 K가 만든 조직도를 보면 여신운영그룹에 여신감리부가 있다. 그러므로 리스크관리그룹 산하로 위치를 이동시켜야 한다. 따라서 D, E가 조직 개편 내용이 알맞게 반영되지 않은 것이다.

|오답풀이|
• A : 디지털그룹을 보면 조직 개편 내용에 맞게 그룹명도 바뀌었고 디지털그룹 산하에 디지털혁신본부와 디지털기획부, 빅데이터센터, 혁신R&D센터가 신설되었다.
• B : 글로벌·자금시장 그룹을 보면 조직 개편 내용에 맞게 글로벌사업부가 있고 그 산하에는 글로벌영업지원팀이 신설되었다.

- C : 경영전략그룹을 보면 조직 개편 내용에 맞게 경영혁신부가 신설되었다.

10 업무이해능력 민원처리 절차 이해하기

| 정답 | ①

| 해설 | 반복 민원의 경우, 2회 이상 처리결과를 통지한 후에 민원에 대한 답변을 생략할 수 있다. 2월 2일에 들어온 민원은 두 번째 반복 민원이므로 처리결과를 통지해야 하며 답변을 생략할 수 없다.

| 오답풀이 |
② 3인 이상이 연명으로 민원을 신청할 경우, 민원의 처리결과는 대표자에게 통지해야 하므로 민원처리 절차에 알맞다.
③ 민원사항의 처리를 완료하였을 때, 처리결과를 완료한 당일에 민원인에게 통지해야 하므로 절차에 알맞다.
④ 민원처리 기간은 민원 신청일로부터 7영업일 내로, 1월 27일에 신청된 민원사항을 하루 뒤인 1월 28일에 완료하였으므로 절차에 알맞다.

11 업무이해능력 은행의 업무 이해하기

| 정답 | ②

| 해설 | 은행의 출납업무는 은행자금을 관리하는 업무뿐 아니라 대출 상담, 계좌 개설 등 다양한 업무를 수행한다. 또한, 창구에서 다량의 현금을 수납한 경우 개인이 보유하지 않고 수시로 약식 회계 처리해 관리한다. 출납업무는 은행 업무와 독립되어 있는 것이 아니며, 타 업무와도 밀접하게 관련되어 있다. 법률문제에서도 독립적인 업무가 아니다. 따라서 첫 번째와 두 번째 설명이 적절하지 않다.

12 업무이해능력 은행의 업무 이해하기

| 정답 | ②

| 해설 | '여신'과 '수신'은 사전적 의미로 '믿음을 공여한다(제공한다)'는 의미와 '믿음을 받는다'는 의미로 구분된다. A가 B에게 금전을 제공하는 경우 A는 B에게 여신 행위를 한 것이며 반대로 B는 A로부터 수신 행위를 한 것이 된다. 일반적으로 금융권의 입장에서 여신기능이라는 용어는 대출을 의미하며, 수신기능이라는 용어는 고객이 은행에 자금을 예금 등으로 예치하는 경우를 의미한다.

13 조직이해능력 지역 농·축협 이해하기

| 정답 | ④

| 해설 | ㉠ 지역 농·축협은 '은행'이라는 글자를 간판에 사용할 수 없는 기관인 '조합'이다.
㉡ 지역 농·축협의 급여와 복리후생은 지역별로 상이하다.
㉢ 타행 수표는 입금하면 하루(영업일)가 지나서 오후에 출금이 가능하지만 농협은행과 농협조합 간 자기앞수표 지급은 자행 기준을 적용해 입금한 뒤 바로 현금으로 찾아 쓸 수 있다.
따라서 ㉠, ㉡, ㉢의 설명은 모두 옳지 않다.

14 조직이해능력 농업협동조합 이해하기

| 정답 | ②

| 해설 | 농업협동조합은 일반인을 대상으로 한 금융거래 행위를 수행하고 있으며, 보호자의 동의 없는 미성년자의 단독거래는 제한된다. 따라서 ㉠, ㉢만 적절한 설명이다.

15 체제이해능력 CI 이해하기

| 정답 | ①

| 해설 | 『V』꼴을 제외한 아랫부분은 '업'자의 'ㅇ'을 변형한 것으로 원만과 돈을 의미하며 협동, 단결을 상징한다.

16 체제이해능력 농협 비전 이해하기

| 정답 | ④

| 해설 | 농협의 핵심가치의 내용은 다음과 같다.
- 국민에게 사랑받는 농협 : 지역사회와 국가사회 발전에 공헌하여 온 국민에게 신뢰받고 사랑받는 농협을 구현
- 농업인을 위한 농협 : 농업인의 행복과 발전을 위해 노력하고, 농업인의 경제적·사회적·문화적 지위 향상을 추구

- 지역 농축협과 함께하는 농협 : 협동조합의 원칙과 정신에 의거 협동과 상생으로 지역 농축협이 중심에 서는 농협을 구현
- 경쟁력 있는 글로벌 농협 : 미래 지속가능한 성장을 위하여 국내를 벗어나 세계 속에서도 경쟁력을 갖춘 농협으로 도약

공급'이 적절하다.
- ⑩ 농업인은 소득 향상, 도시농협은 우수 제품을 공급받는 내용이므로 '농촌농협-도시농협 상생의 가교 역할 수행'이 적절하다.
- ⑪ 순수 민간자본으로 구성된 국내 유일의 금융기관이라고 말하고 있으므로 '순수 민간자본으로 구성된 국내 유일의 금융기관'이 적절하다.

17 업무이해능력 농협이 하는 일 이해하기

| 정답 | ①

| 해설 | ⓐ 농업인의 복지와 권익을 대변하는 활동은 농업활동에 전념하는 농업인들이 쉽게 참여하기 어려운 현실적 문제가 있는 분야인 만큼 교육지원부문의 일환으로 분류하여 추진되는 활동으로 볼 수 있다.
ⓑ 영농비를 절감하고 친환경 축산의 기반을 구축하는 활동은 농협이 추구하는 경제성과를 달성할 수 있게 하는 사업의 내용이다. 그러므로 이는 경제부문과 연관이 있다.
ⓒ 농업인들을 위한 차별화된 금융서비스를 제공하는 모습과 농업인들에게 금융 지원을 통한 혜택을 제공하는 금융부문으로 구분할 수 있다.

19 업무이해능력 비즈니스 예절 이해하기

| 정답 | ⑤

| 해설 | 상대방에게 받은 명함은 바로 지갑이나 호주머니에 넣어서는 안 되며 명함에 관해 한두 마디 대화를 건네고 나서 책상 위에 놓아두거나 명함지갑에 보관해야 한다.

| 오답풀이 |
① 비즈니스에서의 약속 시간 준수는 중요하므로 정해진 시간보다 조금 일찍 도착하는 것이 좋다.
② 비즈니스 상대와 인사를 할 때는 개인의 사정이나 기분과 상관없이 상대의 눈을 부드럽게 바라보며 밝은 표정을 지어 편안한 분위기를 형성할 수 있어야 한다.
③ 악수를 할 때는 오른손을 사용하며 너무 꽉 잡아서는 안 된다.
④ 명함은 하위에 있는 사람이 먼저 꺼내 건네야 한다.

18 업무이해능력 농협이 하는 일 이해하기

| 정답 | ①

| 해설 | ㉠ ~ ㉥에 들어갈 소제목은 다음과 같다.
㉠ 농촌지역에 제공하는 복지서비스와 지역문화복지센터 운영 등을 통한 농촌지역 삶의 질 향상에 대한 내용이므로 '농촌지역 삶의 질을 높이는 문화ㆍ복지사업 실시'가 적절하다.
㉡ 공감대 형성으로 도시와 농촌지역 간 협동 활동에 대한 내용이므로 '농촌에 활력을 불어넣는 다양한 교류사업 추진'이 적절하다.
㉣ 체계적인 농식품 관리와 교육으로 안전하게 농식품을 공급하고자 하는 내용이므로 '안전 농식품 공급으로 국민 건강에 기여'가 적절하다.

| 오답풀이 |
㉢ 농자재를 저렴하게 공급하여 비용을 절감하게 한다는 내용이므로 '영농에 필요한 자재를 저렴하고 안정적으로

20 업무이해능력 직장 내 전화예절 알기

| 정답 | ④

| 해설 | 전화를 걸 때는 정상적인 업무가 이루어지고 있는 근무 시간에 걸어야 하고, 받을 때는 전화벨이 3 ~ 4번 울리기 전에 받아서 받는 사람이 누구인지를 즉시 말해야 한다.

21 경영이해능력 SWOT 분석하기

| 정답 | ④

| 해설 | 유사상품의 출시가 외부 위협요소인 상황에서 경쟁사의 제품을 모방하는 것은 적절한 WT 전략이 아니다.

| 오답풀이 |

① 다이어트 라면의 개발(O)을 통해 종합식품기업으로서의 입지(S)를 강화하는 것은 SO 전략이다.
② 저열량, 저나트륨 등의 성분을 이용한 신제품 개발(S)을 통해 라면이 가진 부정적 인식(T)을 개선하는 것은 ST 전략이다.
③ 건강라면을 주력 상품으로(O) 설정하고 마케팅을 강화(W)하여 고객들에게 제품에 대한 이미지를 각인시키는 것은 WO 전략이다.
⑤ 연령을 기준으로 주요 타깃층을 정하여(T) 새로운 마케팅 전략을 수립 및 시행(W)하는 것은 WT 전략이다.

22 경영이해능력 사업 내용 판단하기

| 정답 | ①

| 해설 | 하나로마트가 우리나라의 유통구조 개선에 큰 역할을 할 것이라고 기대할 수는 없다. 거대 외국자본에 의해 잠식당한 농산품의 유통구조를 개선하여 농업인과 소비자 모두에게 이익이 증대될 수 있는 유통경로를 제공한 것이지, 전체 상품의 유통구조 개선에 역할을 한 것은 아니다.

23 경영이해능력 사업 내용 판단하기

| 정답 | ③

| 해설 | 하나로마트에서 수행해야 하는 소비자 분석은 농업인들이 공급하는 농산품이 어떻게 하면 소비자들에게 다가갈 수 있는지를 확인하는 것이 되어야 할 것이다. 소비자의 기호에 적합한 상품만을 공급하고자 하는 것은 하나로마트의 설립 취지에 걸맞은 전략이 될 수 없다.

24 체제이해능력 결재양식 규정 이해하기

| 정답 | ④

| 해설 | 접대비를 지출하기 전 접대비 지출에 대한 승인 또는 재가를 받아야 하는 상황이므로 지출결의서와 접대비지출품의서 결재를 얻어야 한다. 50만 원 이하의 비용은 전무이사의 전결사항으로 규정되어 있으므로 전무이사의 결재란에 전결이라고 표시하고 최종결재자란에 전무이사가 결재를 하면 된다.

25 체제이해능력 결재양식 규정 이해하기

| 정답 | ③

| 해설 | 해외출장의 경우 출장계획서와 출장비신청서를 작성해 출장비를 지급받아야 하며 출장계획서는 팀장에게, 출장비신청서는 조합장에게 결재를 받아야 한다. 출장비신청서는 '전결'을 따로 표시할 필요가 없으며 최종결재자란에 조합장이 결재를 하면 된다.

파트2 기출예상문제

1회 기출예상문제   문제 412쪽

01	①	02	③	03	③	04	③	05	③
06	③	07	②	08	④	09	②	10	④
11	④	12	①	13	②	14	①	15	③
16	①	17	③	18	①	19	③	20	①
21	②	22	①	23	①	24	①	25	④
26	③	27	③	28	③	29	②	30	①
31	①	32	③	33	③	34	③	35	④
36	②	37	③	38	③	39	③	40	①
41	③	42	②	43	④	44	③	45	③
46	③	47	③	48	②	49	③	50	③
51	③	52	①	53	③	54	③	55	①
56	③	57	④	58	②	59	①	60	④

01 문서작성능력 올바른 어휘 사용하기

| 정답 | ①

| 해설 | 제시된 보도자료는 ○○농협이 '상호금융예수금 7,000억 원'과 '상호금융대출금 5,000억 원'을 달성하여 치하를 받은 내용을 담고 있다. 따라서 ㉠에는 문맥상 '상장이나 상품, 상금 따위를 줌'이라는 뜻의 '시상' 대신에 '상을 받음'을 뜻하는 '수상'이 적절하다. 또한, ㉡에는 '일곱 날'을 뜻하는 '이레' 대신에 '지나간 어느 일정한 때로부터 지금까지 또는 그 뒤'를 뜻하는 '이래'가 들어가야 적절하다.

| 오답풀이 |
㉢ '다른 사람을 아끼고 위하는 마음이 참되고 지극할 정도로'의 뜻으로 사용되었다.
㉣ '동시에 함께'의 뜻으로 사용되었다.

02 문서작성능력 글의 제목 찾기

| 정답 | ③

| 해설 | 제시된 보도자료는 ○○농협의 상호금융 규모가 1조 2,000억 원을 돌파할 정도로 성장한 사실과 조합원 및 지역사회를 위해 그간 ○○농협이 시행해 온 지원사업에 대해 다루고 있다. 따라서 "지역 대표 금융기관으로 발돋움"이라는 보도자료의 내용을 인용하였으며 지역사회 지원에 대한 내용도 담고 있는 ③이 부제로 가장 적절하다.

| 오답풀이 |
① 카드마케팅 최우수 최고경영자(BEST-CEO)상을 수상한 내용이 보도자료에서 언급되었지만 보도자료의 주요 내용이 아니므로 부제로 적절하지 않다.
② ○○농협의 지역사회와 조합원을 위한 지원 노력과 관련되지만, ○○농협의 상호금융 규모와 관련된 내용은 언급하지 않았기 때문에 적절하지 않다.
④ ○○농협이 조합원과 지역사회를 위해 진행한 지원사업에 대한 내용이 포함되지 않았으므로 적절하지 않다.

03 기초통계능력 평균·중앙값 구하기

| 정답 | ③

| 해설 | 우선 각 반별 평균 점수를 구하면 다음과 같다.

- A 반 : $\frac{60+65+85+45+80}{5}=67$(점)
- B 반 : $\frac{50+60+58+84+100}{5}=70.4$(점)
- C 반 : $\frac{70+90+70+80+50}{5}=72$(점)
- D 반 : $\frac{71+68+85+56+95}{5}=75$(점)

따라서 평균 점수가 가장 높은 반은 D 반, 가장 낮은 반은 A 반이다. 각 반별로 총 5명의 학생이 있으므로, 중앙값은 각 반별로 세 번째로 높은 점수를 받은 학생이 된다. 따라서 D 반의 중앙값은 71점, A 반의 중앙값은 65점이므로 두 반의 중앙값 차이는 6점이다.

04 기초연산능력 원가 계산하기

| 정답 | ③

| 해설 | 원가를 x원이라 하면 원가에 4할의 이익을 붙여서 정가를 매긴 후 700원을 할인한 값은 $(1.4x-700)$원이고 판매 후 원가에 대하여 30%의 이익을 얻었으므로 이에 대해 식을 정리하면 다음과 같다.

$1.4x - 700 = 1.3x$

$0.1x = 700$

∴ $x = 7,000$(원)

따라서 물건의 원가는 7,000원이다.

05 사고력 | 순서 추론하기

| 정답 | ③

| 해설 | 첫 번째 설명에 따라 C-E 또는 E-C의 순서이고, 두 번째 설명에 따라 A-D 또는 D-A의 순서이다. 세 번째 설명에 따라 D가 E보다 앞에 서 있으므로 B를 제외하고 4명이 가능한 순서는 A-D-C-E, A-D-E-C, D-A-C-E, D-A-E-C이다.

세 번째, 네 번째 설명에 따라 B는 첫 번째 또는 세 번째에 서 있다. 따라서 B가 첫 번째에 서 있을 때, 모순되지 않는 조합은 B-D-A-E-C이고, B가 세 번째에 서 있을 때 가능한 조합은 A-D-B-E-C이다. 두 경우 모두 E는 네 번째에 서 있게 된다.

06 사고력 | 시차 계산하기

| 정답 | ③

| 해설 | 경도 15도마다 1시간의 시차가 발생하므로 서경 120도와 동경 135도의 시차를 n시간이라고 하면, $135 = -120 + 15n$, $n = 17$이다.

따라서 동경 135도인 서울은 서경 120도인 LA보다 17시간 빠르므로, LA 시간으로 8월 9일 오후 2시(14시)의 서울 시간은 8월 9일 31시 즉, 8월 10일 7시가 된다.

07 예산관리능력 | 효과적인 예산 수립안 이해하기

| 정답 | ②

| 해설 | 효과적인 예산 수립을 위해서는 활동별로 예산 지출 규모를 확인하고 우선적으로 추진해야 하는 활동을 선정하여 우선순위가 높은 활동 위주로 예산을 편성해야 한다. 숙박, 교통, 식사는 필수적인 지출이므로 우선적으로 이들의 비용을 확인한 후에 예산안을 편성하는 것이 적절하다.

08 물적자원관리능력 | 물품출납 및 운용카드 이해하기

| 정답 | ④

| 해설 | 물품출납 및 운용카드는 보유하고 있는 물품의 보관 및 출납을 기록함을 통해 물품의 보유량과 위치를 바로 파악할 수 있도록 하여 물품 분실을 방지하고 보유 중인 물품의 현황을 근거로 물품 활용 계획을 수립할 수 있다. 물품출납 및 운용카드는 물품의 출납에 관한 변동사항이 발생한 사실을 기록하는 것이므로 물품의 상황을 지속적으로 확인하고 작성하는 문서라는 설명은 적절하지 않다.

09 사고력 | 정보의 비대칭성 이해하기

| 정답 | ②

| 해설 | 제시된 사례는 정보의 비대칭성을 설명하고 있다. 잠재 고객들은 자신이 화재로 인해 입을 손실을 알고 있으나 보험 회사는 알고 있지 못해 잠재 고객들에 대한 적절한 보험료율을 책정할 수 없다. 결과적으로 1,000만 원의 화재 손실을 낼 잠재 고객은 550만 원의 보험료로 가입하려 하고, 100만 원의 화재 손실을 낼 잠재 고객은 550만 원의 보험료가 높아 가입하지 않으려 한다. 따라서 화재가 발생함에 따라 보험 회사는 손실을 입을 가능성이 높다.

10 문서작성능력 | 공고문 작성 방법 이해하기

| 정답 | ④

| 해설 | 대외 공고문은 회사 외부로 전달하는 글이므로 '누가, 언제, 어디서, 무엇을, 어떻게(왜)'가 드러나도록 작성해야 한다. '당선작 활용 계획'은 신규 아이템 아이디어 공모라는 목적과 관련성이 다소 떨어지고 공모전 참여에 반드시 필요한 사항은 아니므로 핵심 항목으로 적절하지 않다.

| 오답풀이 |

① '무엇을'에 해당한다.   ② '언제'에 해당한다.

③ '어떻게'에 해당한다.

11 문체처리능력 | 기준표 이해하기

| 정답 | ④

| 해설 | 사내부부는 부부 2인에게 모두 적용되지 않는다는 규정이 있을 뿐, 부양가족이 많을수록 가족수당이 많아지므로 부양가족의 수와 가족수당 지급액은 관계가 있다.

| 오답풀이 |

①, ② 연차수당과 초과근무수당 산식으로 보아 209는 월 근무 기준 시간이며 초과근무에는 1.5배의 시급이 적용됨을 알 수 있다.
③ 야간과 휴일에 별도 구분 없이 동일하게 초과근무수당이 적용된다.

12 문제처리능력 제수당 계산하기

| 정답 | ①

| 해설 | A 씨의 제수당을 항목별로 계산하면 다음과 같다.

- 연차수당 : $500 \times \dfrac{1}{209} \times 8 \times 2 ≒ 38$(만 원)
- 가족수당(아내와 2018년 12월 31일 이전에 출산한 자녀 3인) : $30,000 \times 4 = 12$(만 원)
- 초과근무수당 : $500 \times \dfrac{1.5}{209} \times 15 ≒ 53$(만 원)
- 학자금(고등학생 자녀 2인) : 팀장급에는 해당 없음.
- 팀장 직무급 최대 금액 : 110만 원

따라서 최대 213만 원을 받을 수 있다.

13 도표분석능력 자료의 수치 분석하기

| 정답 | ②

| 해설 | 20X1년 상반기 애니메이션 산업 매출액은 전년 동기 대비 $\dfrac{324,644-311,088}{311,088} \times 100 ≒ 4.4(\%)$ 증가했다.

| 오답풀이 |

① 20X0년 게임 산업의 매출액은 $7,072,792+6,860,742 =13,933,534$(백만 원)으로 13.9조 원 이상이다.
③ 20X0년 콘텐츠 산업 총매출액은 상반기가 56,370,929백만 원, 하반기가 62,739,373백만 원으로 하반기에 더 높았다.
④ 20X1년 상반기 음악 산업 매출액은 전반기 대비 $\dfrac{3,586,648-3,065,949}{3,586,648} \times 100 ≒ 14.5(\%)$ 감소했다.

14 도표분석능력 증감 추이 분석하기

| 정답 | ①

| 해설 | 영화 산업은 매출액이 증가-증가의 추이를 보인다. 이와 동일한 증감 추이를 보이는 산업은 만화이다.

| 오답풀이 |

② 감소-증가의 추이를 보인다.
③, ④ 증가-감소의 추이를 보인다.

15 업무이해능력 업무규정 이해하기

| 정답 | ③

| 해설 | 제3항에서 해 뜨기 전 또는 해가 진 후에는 해당 토지 점유자의 승인 없이 택지 또는 담장이나 울타리로 둘러싸인 타인의 토지에 출입할 수 없다고 하였으므로, 토지 출입에 대한 통지가 전달되었다고 해서 항상 타인의 토지에 출입이 가능한 것은 아니다.

| 오답풀이 |

① 제1항에 따라 타인의 토지 내에 있는 수목을 제거하도록 명할 수 있는 사람은 관할 읍·면사무소 또는 동 주민센터의 장(長)이 아니라 농림축산식품부장관, 환경부장관, 시·도지사, 특별자치시장 또는 특별자치도지사이다.
② 미리 통지가 된 경우 가축분뇨실태조사의 목적으로만 출입이 가능한 것이며, 농기계 보유 현황 파악을 위한 목적인 경우 출입 가능 여부를 판단할 수 없다.
④ 가축분뇨실태조사의 목적인 경우에도 타인의 토지에 출입하고자 하는 공무원이 증표를 지니고 있지 않아 토지 점유자의 요구에 따라 증표를 보여 주지 못한다면 제5항에 따라 토지 점유자는 해당 공무원의 토지 출입을 거부할 수 있는 정당한 사유가 있다.

16 예산관리능력 대출 상품 선택하기

| 정답 | ①

| 해설 | 농업종합자금의 시설 자금이란 농업 관련 시설을 신축, 증축하거나 토지를 매입할 때 필요한 자금을 포함한다. 최 조합원은 딸기 재배 시설을 증축하고자 하므로 시설 자금을 지원받을 수 있다.

| 오답풀이 |
② 농기계 자금 : 농기계를 구입할 때 필요한 자금이다.
③ 개보수 자금 : 기존의 시설을 개보수할 때 필요한 자금이다.
④ 운전 자금 : 농업 경영에 필요한 사료 및 자재를 구매할 때 필요한 자금이다.

17 예산관리능력 대출 금액 계산하기

| 정답 | ③

| 해설 | 대출 가능 금액은 ① '농식품부 지정 융자지원 한도액'과 ②의 '농기계 거래가격×80(%)−보조금' 중 적은 금액이라고 하였으므로 ②의 값을 구하여 ①과 비교해 본다. 농기계 가격이 10,850,000원이고 보조금이 1,000,000원이므로 ②는 10,850,000×0.8−1,000,000=7,680,000(원)이다. 이는 ①의 8,610천 원보다 적은 금액이므로 대출 가능 금액은 7,680,000원이다.

원리금균등상환이라는 대출 조건에 따라 1년의 거치 기간 동안은 원금에 대한 이자만을 납부하고 잔여 대출기간에는 매월 약정된 원금과 이자를 정액으로 상환하게 된다. 따라서 원금과 이자를 같이 내기 시작하는 시기는 대출한 날로부터 1년이 지난 2025년 10월 7일이다.

18 예산관리능력 업체 선정하기

| 정답 | ①

| 해설 | 특용작물 용도 부지 개발이므로 신용등급을 기준으로 업체별 총점을 계산해 보면 다음과 같다.

(단위 : 점)

구분	신용등급	사업실적	가격평가 납부	가격평가 기간	총점
A	100	10,000÷50,000 ×50=10	95	50	255
B	100	20,000÷50,000 ×50=20	90	20	230
C	90	20,000÷50,000 ×50=20	100	40	250
D	85	30,000÷50,000 ×50=30	95	30	240

따라서 평가 총점이 가장 높은 업체는 A이다.

19 예산관리능력 업체 선정하기

| 정답 | ④

| 해설 | 변경된 기준을 적용하여 업체별 총점을 계산해 보면 다음과 같다. 축산업 용도이므로 신용등급과 자본총계 중 유리한 것을 적용한다.

(단위 : 점)

구분	신용등급	자본총계	사업실적	가격평가 납부	가격평가 기간	총점
A	100	90	25	47.5	50	222.5(신용등급)
B	100	100	50	45	20	215
C	90	95	50	50	40	235(자본총계)
D	85	95	75	47.5	30	247.5(자본총계)

따라서 바뀐 기준을 적용하여 계산하면 응찰업체 중 가장 높은 평가 총점을 얻는 업체는 D이다.

20 체제이해능력 결재규정 이해하기

| 정답 | ①

| 해설 | 5,000만 원의 물품 구매 건은 '1억 원 미만'에 해당하므로 국장이 전결권자가 된다. 따라서 국장의 결재란에 '전결'을 표시해야 하며, 최종 결재권자인 이사장 결재란에 결재 권한을 위임받은 '국장'을 기재한다. 이때 이사는 결재가 필요 없는 직책자이며 다른 직책자의 결재가 기재되지도 않으므로 상향대각선을 표시해야 한다.

21 문제처리능력 자료의 내용 이해하기

| 정답 | ②

| 해설 | A. '임대차의 의의' 항목에서 목적물의 소유권자가 바뀌면 새로운 소유권자에 대해 임차권을 주장할 수 없음이 원칙이나, 농지와 주택의 경우에는 임대차 관계가 승계된다고 안내하고 있다.
D. '농지 임대차 시 유의사항' 항목에서 농지 임대차 시 소유자의 변경에 따른 새로운 소유자의 농지 인도 청구에 대하여 농지법 규정에 따라 이를 해결할 수는 있으나 계

약서에 이에 대한 내용을 직접 명시함을 통해 불필요한 분쟁을 방지할 수 있다고 안내하고 있다.

| 오답풀이 |

B. '당사자의 확인' 항목에서 부동산 임대차계약 시 부동산의 소유자와 임대인이 일치하지 않는 경우, 특히 소유자의 가족이나 관리인을 자칭하는 사람과의 계약 시 주의해야 한다고 안내하고 있다.

C. '토지 임대차 시 유의사항' 항목에서 건축을 목적으로 하는 토지 임대차의 경우에는 건축물의 종류를 명시하여 토지 임대차의 목적을 분명히 해야 한다고 안내하고 있다.

22 문제처리능력 자료를 통해 문제해결하기

| 정답 | ①

| 해설 | '당사자의 확인' 항목에서 토지 소유자 이외의 자와 계약 시에는 대리권이 있는지를 소유자에게 확인하여야 한다고 안내하고 있다. 조합원 A의 계약상대방이 토지 소유자의 딸인 사실과 계약상대방이 대리권을 가지고 있는지의 여부는 별론이므로, 조합원 A는 가족관계증명서를 통해 토지임대차계약을 체결한 상대방이 토지 소유자의 딸인 사실을 확인하였더라도 계약상대방이 토지 소유자에 대한 대리권을 가지고 있는지 여부를 토지 소유자를 통해 별도로 확인해야 한다.

| 오답풀이 |

④ 토지 소유자는 조합원 B와 직접 계약을 하였으므로 토지의 소유자는 직접 조합원 B에게 토지를 임대할 의사를 가지고 정당하게 토지임대차계약을 체결한 것이다. 따라서 A는 대리권 없는 자와 계약을 하였으므로 계약 무효에 해당하며, 해당 토지의 경작권은 B에게 있음을 추론할 수 있다.

23 도표분석능력 자료를 바탕으로 수치 계산하기

| 정답 | ①

| 해설 | 각 농장의 매출액의 차이를 계산하면 다음과 같다.

- A 농장 : $3,165 \times 1,640 - 2,075 \times 1,650$
  $= 5,190,600 - 3,423,750 = 1,766,850$(원)
- B 농장 : $3,084 \times 1,635 - 2,072 \times 1,640$
  $= 5,042,340 - 3,398,080 = 1,644,260$(원)
- C 농장 : $3,120 \times 1,525 - 2,090 \times 1,630$
  $= 4,758,000 - 3,406,700 = 1,351,300$(원)
- D 농장 : $3,550 \times 1,630 - 2,500 \times 1,625$
  $= 5,786,500 - 4,062,500 = 1,724,000$(원)

따라서 혜택을 받을 수 있는 딸기 농장은 A 농장이다.

24 기초연산능력 공약수과 공배수 활용하기

| 정답 | ①

| 해설 | a와 b의 최대공약수가 6이므로 a와 b는 6의 배수이며, a>b>16, a+b=42이므로 a와 b는 각각 16 초과 42 미만의 6의 배수인 숫자이다. 이를 만족하는 a와 b의 조합은 a=24, b=18이다.

또한 c는 소수이므로 b와 c의 최소공배수는 b와 c의 곱과 같다. b=18이므로 c의 값은 $\frac{126}{18} = 7$이다.

따라서 a+b+c=24+18+7=49이다.

25 인적자원관리능력 자료를 바탕으로 인력 배치하기

| 정답 | ④

| 해설 | 응모 인원 중 C와 E는 기획팀의 조건을 충족하고, H와 K는 홍보팀, I는 인사팀, L은 총무팀의 조건을 충족한다. 따라서 응모한 12명 중 〈채용 조건〉을 갖춘 사람은 모두 6명이다.

26 사고력 명제 추론하기

| 정답 | ③

| 해설 | ㄱ. 학생들의 인성교육이 학원폭력의 근절 방안이 될 수 있다는 전제를 제시하여 학원폭력에 대한 경찰청의 개입보다 인성교육이 우선되어야 한다는 주장을 제기할 수 있다.

ㄴ. 학원폭력의 원인이 학생들의 묵인과 학교 측의 미온적 대응에 있다는 전제에서 이를 개선하기 위해 각각 학생들의 인성교육과 학원폭력에 대한 선생님들의 대응방법 교육에 투자하여 대응해야 한다는 주장을 제기할 수 있다.

| 오답풀이 |

ㄷ. 경찰청의 개입은 학원폭력 방지의 최선의 방안이며 효과적이었다는 주장은 학원폭력 근절을 위해 경찰청의 개입을 옹호하는 입장에 해당한다.
ㄹ. 학원폭력을 행사하는 아이들이 경찰을 무서워한다는 내용은 경찰이 학원폭력 근절에 영향을 미칠 수 있다는 전제이므로 경찰청의 개입을 옹호하는 입장에 해당한다.

27 인적자원관리능력 합격자 선정하기

| 정답 | ①

| 해설 |
- 은화 : $(90 \times 0.2) + (81 \times 0.4) + (89 \times 0.6) = 18 + 32.4 + 53.4 = 103.8$(점)
- 정철 : $(78 \times 0.2) + (88 \times 0.4) + (85 \times 0.6) = 15.6 + 35.2 + 51 = 101.8$(점)
- 석규 : $(80 \times 0.2) + (83 \times 0.4) + (90 \times 0.6) = 16 + 33.2 + 54 = 103.2$(점)
- 태수 : $(78 \times 0.2) + (87 \times 0.4) + (80 \times 0.6) = 15.6 + 34.8 + 48 = 98.4$(점)
- 혜영 : $(80 \times 0.2) + (90 \times 0.4) + (79 \times 0.6) = 16 + 36 + 47.4 = 99.4$(점)

따라서 100점 이상인 은화, 정철, 석규가 최종 합격자가 될 수 있다.

28 기초연산능력 일률 활용하기

| 정답 | ③

| 해설 | 제시된 식에서 업무효율은 일 전체를 1이라고 했을 때 소요시간 단위당 어느 정도의 일을 처리할 수 있는가를 의미한다. B 사원은 업무를 마치는 데 2시간이 소요되고, C 사원은 6시간이 소요된다고 하였으므로 B 사원의 업무효율은 $\frac{1}{2}$, C 사원의 업무효율은 $\frac{1}{6}$이다. 그러므로 만일 B 사원과 C 사원이 함께 일을 수행한다면 업무효율은 $\frac{1}{2} + \frac{1}{6} = \frac{2}{3}$이다. 따라서 B 사원과 C 사원이 함께 일을 수행할 때의 소요시간은 제시된 식에 의해 $\frac{3}{2}$시간, 즉 1시간 30분이 걸린다.

29 예산관리능력 기준에 따라 농가 선정하기

| 정답 | ②

| 해설 | 제시된 기준에 따라 예비지원 대상 농가들의 점수를 구하면 다음과 같다.

(단위 : 점)

구분	경영능력	보유설비	보유인력	합계
A 농가	80×0.4 $=32$	90×0.4 $=36$	85×0.2 $=17$	85
B 농가	85×0.4 $=34$	85×0.4 $=34$	90×0.2 $=18$	86
C 농가	80×0.4 $=32$	85×0.4 $=34$	90×0.2 $=18$	84
D 농가	80×0.4 $=32$	90×0.4 $=36$	85×0.2 $=17$	85

따라서 86점으로 점수가 가장 높은 B 농가가 선정된다.

30 예산관리능력 자산의 개념 이해하기

| 정답 | ①

| 해설 | 자산은 현재 보유하고 있는 유형 혹은 무형의 물품 및 권리로, 여기에는 실제로 보유하고 있는 자본과 금융기관 등을 통해 빌린 부채까지를 모두 포함한다. 따라서 제시된 자료에서 A 씨가 보유한 자산은 A 씨가 실물로 보유하고 있는 현금, 농기계와 부동산인 토지와 건물뿐만 아니라 친구에게 빌려준 돈인 채권, 토지를 구입하기 위해 농협에서 빌린 돈인 부채까지를 모두 합한 것이다.

따라서 A 씨가 보유한 자산의 합은 $30 + 60 + 20 + 350 + 120 + 150 = 730$(백만 원)이다.

31 기초외국어능력 상황에 알맞은 문장 말하기

| 정답 | ①

| 해설 | 'Would you ~'는 주로 부탁할 때 쓰는 공손한 표현으로, 정중히 상대의 의향을 물을 때 사용된다. 'give me a hand'는 'help'와 같은 뜻으로 일상생활에서 상대에게 가벼운 도움을 요청할 때 많이 쓰이는 표현이다.

| 오답풀이 |
② 파일 옮기는 일을 어떻게 도와주면 되나요?
③ 저 대신 파일을 좀 옮겨 주지 그래요?

④ 파일을 어디로 옮기면 될까요?

32 문서작성능력 보고서 작성요령 이해하기

| 정답 | ③

| 해설 | 바람직한 보고서를 작성하기 위해서는 보고서의 본문에는 핵심 사항을 위주로 담고, 보충 설명이 필요하거나 참고사항이 있을 경우 별도의 지면을 할애해 '첨부'로 설명하는 것이 좋다.

| 오답풀이 |
① 기안이나 품의 등이 아닌 보고서의 경우에는 객관적이고 중립적인 사실의 보고가 필수적이다.
② 보고서는 많은 양보다 간결하고 정확한 자료 전달이 요구되는 문서이다.
④ 그래프나 그림은 정보를 한눈에 알아볼 수 있도록 하는 방법으로, 공식 문서에서도 좋은 활용법이 된다.

33 도표분석능력 자료를 바탕으로 수치 계산하기

| 정답 | ③

| 해설 | 2021년도의 체크카드 사용액은 424십억 원이며 이는 전년 대비 6% 상승한 것이므로 2020년도의 체크카드 사용액은 $\frac{424}{1.06}=400$(십억 원)이 된다.

2020년도 체크카드 이용실적은 19.5%의 비중이며, 신용카드 이용실적은 80.3%의 비중이므로 $19.5:80.3=400:x$가 되어 $x=\frac{80.3\times 400}{19.5}≒1,647$(십억 원)이 됨을 알 수 있다.

34 도표분석능력 자료의 수치 분석하기

| 정답 | ②

| 해설 | (가) 2021 ~ 2023년 상반기까지 계좌이체 금액은 52.6 → 53.3 → 54.8 → 58.5조 원으로 꾸준히 증가하였음을 확인할 수 있다.
(나) 현금 이외의 지급수단별 결제금액은 2022년 하반기가 77.6조 원이며, 2023년 상반기는 81.4조 원이므로 약 3조 8천억 원 증가했다.

| 오답풀이 |
(다) 법인 신용카드 사용액은 지속적으로 감소하다가 2023년 상반기에 증가하였다.

35 인적자원관리능력 인력배치 조건 파악하기

| 정답 | ④

| 해설 | 경작 면적 등 기준에 따라 고용주별 9명까지 고용이 허용되며, 지자체에서 정한 인센티브 기준에 따라 최대 3명이 추가 허용 가능하므로 총 12명까지 고용이 가능하다. 따라서 D 씨는 원하는 경우 외국인을 고용할 수 있다.

| 오답풀이 |
① 삼림 경영업체 대표는 농·어업 분야가 아니므로 외국인 계절근로자 프로그램을 활용할 수 없다.
② 소규모 지자체에 배정된 외국인 계절근로자 전원을 한 어업인이 모두 고용할 수 없다는 규정은 없으나, 최대 고용 가능 인원이 12명이므로 불가능하다.
③ 해당 지자체와 계절근로 관련 MOU를 체결한 외국 지자체의 주민 K씨가 F-1 사증(방문)으로 입국한 것은 언급된 요건에 해당되나, 최대 5개월간 고용할 수 있으므로 6개월간 고용은 불가능하다.

36 사고력 좌석 배치 추론하기

| 정답 | ②

| 해설 | 멀미가 심하지만 운전은 하지 못하는 아린은 조수석에 앉는다. 미현은 창가 바로 옆자리에 앉지 않으므로 좌석 6에 앉게 되어 운전석에 앉는 사람은 승희 또는 지호인데, 승희는 지호 바로 뒷자리에 앉는다고 했으므로 지호가 운전을 하고 좌석 1에 승희가 앉는다.

유빈이 앉은 자리와 붙어 있는 자리는 모두 비어 있어야 하는데 좌석 5, 7을 제외하고 좌석 1에 승희가 있으므로 좌석 3도 제외해 유빈이는 좌석 4에 앉는다. 따라서 효정이는 좌석 3에 앉는다.

	정면	
지호		아린
승희		
효정		유빈
	미현	

37 예산관리능력 | 자료 제작에 필요한 비용 구하기

| 정답 | ③

| 해설 | 자료 한 부당 컬러와 흑백을 섞어 제작하는 비용은 다음과 같다.
- 내지 : 200×8+150×37=1,600+5,550=7,150(원)
- 표지 : 350원

자료 한 부당 7,500원의 비용을 들여 계획대로 168부의 자료를 인쇄할 경우, 1,260,000원이 필요하므로 120만 원을 초과하게 된다. 따라서 진행자용 3부만 모두 흑백으로 인쇄하고 고객 자료 165부만 컬러와 흑백을 섞어 제작하면 비용은 다음과 같다.
- 고객용 : 7,500×165=1,237,500(원)
- 진행자용 : (150×45+200)×3=20,850(원)

따라서 자료 인쇄에 드는 비용은 1,258,350원이다.
사업 설명회 포스터를 생산하는 데 드는 비용은 1,500×5=7,500(원)이고, 150부 이상이므로 제본비는 90,000원, CTP는 110,000원이다. 따라서 자료 제작에 필요한 비용은 총 1,258,350+7,500+90,000+110,000=1,465,850(원)이다.

38 예산관리능력 | 비용 비교하기

| 정답 | ③

| 해설 | ▲▲출력업체에서 자료 한 부당 컬러와 흑백을 섞어 제작하는 비용은 다음과 같다.
- 내지 : 180×8+150×37=1,440+5,550=6,990(원)
- 표지 : 370원

자료 한 부당 7,360원의 비용을 들여 계획대로 168부의 자료를 인쇄할 경우, 1,236,480원이 필요하므로 120만 원을 초과하게 된다. 따라서 진행자용 3부만 흑백으로 인쇄하고 고객 자료 165부는 컬러와 흑백을 섞어 제작하면 비용은 다음과 같다.
- 고객용 : 7,360×165=1,214,400(원)
- 진행자용 : (150×45+160)×3=20,730(원)

사업 설명회 포스터를 인쇄하는 데 드는 비용은 1,450×5=7,250(원)이고, 150부 이상이므로 제본비는 90,000원, CTP는 110,000원이다. 따라서 자료 제작에 필요한 비용은 총 1,214,400+20,730+7,250+90,000+110,000=1,442,380(원)이며, 50만 원을 초과하여 배송비 20,000원을 추가하면 총 1,462,380원이다.

따라서 두 업체 중 더 저렴한 업체는 ▲▲출력업체이며 그 차이는 3,470원이다.

39 업무이해능력 | 청탁금지법 이해하기

| 정답 | ③

| 해설 | 배도라지 농축액에 함유된 배와 도라지를 원상태로 환원한 비율의 합이 총 45%로 원재료의 비중이 50% 미만이나, 선물의 가액이 5만 원 이하이므로 원재료비율에 관계없이 청탁금지법에 위배되지 않는다.

| 오답풀이 |
① 사과즙 선물세트의 가액이 5만 원 초과 10만 원 사이인데 사과농축과즙을 고형분으로 환산한 비율이 45%로, 50% 미만이므로 청탁금지법에 위배된다.
② 선물의 가액이 10만 원을 초과하므로 원재료비율에 관계없이 청탁금지법에 위배된다.
④ 가액이 5만 원 초과 10만 원 이하인 홍삼비타민에 함유된 홍삼농축액 분말의 홍삼근의 비율이 70%이나, 홍삼농축액 분말이 전체의 1.5%에 불과하여 농수산가공품의 선물가능가액의 한도 확대 기준사항이 적용되지 않으므로, 선물이 가능한 기준가액은 그대로 5만 원 미만이 되어 청탁금지법에 위배된다.

40 업무이해능력 | 청탁금지법 이해하기

| 정답 | ①

| 해설 | 문의에서의 현재 선물세트는 수삼 8kg에서 홍삼농축액 1.6L를 추출하였으므로 농축액의 농축비율은 5 : 1이며, 이러한 농축액 5%가 포함된 농축제품의 원재료비율은 25%가 되어 만일 현재 선물세트의 책정 가격을 7만 5천원으로 할 경우 해당 선물세트는 청탁금지법에 위배된다. 청탁금지법에 위배되지 않도록 하기 위해서는 원재료비율이 50% 초과가 되어야 하므로, 만일 100mL당 농축액의 비율을 12%로 조정하면 농축비율 5 : 1에 따라 농축제품의 원재료비율이 60%가 되어 청탁금지법에 위배되지 않게 된다.

| 오답풀이 |
② 홍삼농축액 추출 시 투입하는 수삼의 양을 9.6kg으로 늘리면 농축비율이 6 : 1이 되어 원재료비율이 30%가 되므로 여전히 청탁금지법에 위배된다.
③ 100mL당 농축액의 비율을 8%로 높이면 농축제품의 원재료비율이 40%가 되므로 여전히 청탁금지법에 위배된다.

41 문서작성능력 올바른 한자어 표기 고르기

| 정답 | ③

| 해설 | '강연(講演)'은 청중들 앞에서 일정한 주제에 대해 연설함을 의미한다.
| 오답풀이 |
① 단합(團合) : 힘이나 세력을 하나로 뭉침.
② 실소(失笑) : 어처구니가 없어 무심결에 나오는 웃음.
④ 반발(反撥) : 어떤 상태나 행동 따위에 대하여 거스르고 반항함.

42 업무이해능력 친환경농수산물 이해하기

| 정답 | ②

| 해설 | 무농약농산물은 '유기합성농약을 사용하지 않고 화학비료는 권장시비량의 3분의 1 이하를 사용하고 일정한 인증기준을 지켜 재배한 농산물'을 말한다. 따라서 유기합성농약을 사용하지 않고 화학비료를 일정량 이하로 사용하여 재배할 경우 이는 무농약농산물에 해당한다.

43 도표분석능력 자료의 수치 분석하기

| 정답 | ④

| 해설 | 전년 대비 동반 가구원 수의 감소 인원을 묻고 있으므로 두 해를 비교해 보면 다음과 같다.
귀농인의 경우 20X2년의 동반 가구원 수는 전년보다 (17,856-12,055)-(19,630-12,763)=-1,066으로 1,066명 감소하였으며, 20X3년은 (16,181-11,504)-(17,856-12,055)=-1,124로 1,124명 감소하여 20X3년에 더 많이 감소했

지만, 귀촌인의 경우 20X2년은 (472,474-328,343)-(497,187-334,129)=-18,927로 18,927명 감소하였고, 20X3년은 (444,464-317,660)-(472,474-328,343)=-17,327로 17,327명 감소하여 20X2년이 더 많이 감소하였으므로 옳지 않은 설명이다.
| 오답풀이 |
① 귀농인의 경우 $\frac{11,504-12,763}{12,763} \times 100 ≒ -9.86(\%)$이며, 귀촌인의 경우 $\frac{317,660-334,129}{334,129} \times 100 ≒ -4.93(\%)$이므로 올바른 설명이다.
② 20X3년 귀농 가구주는 37.2%인 50대가 가장 많으며, 귀촌 가구주는 24.0%인 30대가 가장 많다.
③ 20X3년 70대 이상 귀촌 가구주 수는 317,660×0.07≒22,236(명)이며, 50대의 귀농 가구주 수는 11,504×0.372≒4,279(명)이므로 $\frac{22,236}{4,279}$ ≒ 5.2가 되어 5배 이상 많은 것을 알 수 있다.

44 문제처리능력 연체이자 계산하기

| 정답 | ③

| 해설 | • 이자 연체 발생 1~30일 : $\frac{1,500,000 \times 0.08 \times 30}{365}$
≒ 1,500,000×0.08×0.08=9,600(원)
• 이자 연체 발생 31일~ : $\frac{120,000,000 \times 0.08 \times 30}{365}$
≒ 120,000,000×0.08×0.08=768,000(원)
따라서 연체이자의 총합은 9,600+768,000=777,600(원)이다.

45 문제처리능력 고객 문의에 답변하기

| 정답 | ③

| 해설 | '이자 미납 등으로 인하여 대출 잔액에 연체이율이 적용되었을 경우, 연체이자 전액을 납입하여야' 한다고 제시되어 있다. P 고객은 지난달 납부일로부터 약 2주 뒤에 30만 원을 납부했으므로 약정이자액만 납입했음을 알 수 있다. 따라서 B 사원의 답변으로 적절한 것은 ③이다.

46 문제처리능력 | 자료를 바탕으로 계산하기

| 정답 | ③

| 해설 | 연간 농기계 유지비는 '연간 감가상각비+연간 농기계보험료+연간 연료비'이다.

- 연간 감가상각비 : '(농기계 구입가격−사용 가능 기간 종료 시의 잔존가치)÷사용가능기간'이므로 (45,000,000−1,000,000)÷10=4,400,000(원)이다.
- 연간 농기계보험료 : '2. 농기계종합보험'을 참고할 때 2024년 기준 175,000원이다.
- 연간 연료비 : '농업용 경유 가격×연평균 사용시간×시간당 연료소비량'으로 구할 수 있으므로 800(원/L)×300(시간)×10(L/시간)=2,400,000(원)이다.

따라서 연간 농기계 유지비는 4,400,000+175,000+2,400,000=6,975,000(원)이다.

47 문제처리능력 | 자료를 바탕으로 계산하기

| 정답 | ②

| 해설 | 46의 해설에 따라 연간 감가상각비는 440만 원이고 2020~2026년의 감가상각비의 누계액은 2026년 분을 포함한다고 하였으므로 총 440×7=3,080(만 원)이다. 구입가격에서 감가상각비 누계액을 뺀 것이 2026년 말에 처분할 때의 적정 가격이므로 4,500−3,080=1,420(만 원)이다.

48 인적자원관리능력 | 직무평가 이해하기

| 정답 | ②

| 해설 | 서열법은 평정자가 별도의 기준표나 등급표 없이 직무를 종합적으로 판단하여 직무의 서열을 결정하는 방법이다. 이러한 방법은 평가가 간편하고 신속하게 등급을 부여할 수 있다는 장점이 있다. 그러나 정확한 기준이 없어 주관개입의 소지가 있고 일관성을 확보하기가 어려우며 직무 수가 많을 경우 한계가 있다. 또한 요소비교법과 점수법 등의 계량적인 방법에 비해 정확한 평가가 어렵다.

| 오답풀이 |
① 직무평가는 직무의 상대적 가치를 산정하는 과정이다.
③ 점수법은 중요한 직무요소별로 점수를 부여하고 등급을 매기므로 가치를 수치로 나타낼 수 있는 계량적인 방법이다.
④ 직무평가는 직무의 상대적 가치에 따라 등위를 정하는 것으로, 각 직무의 성과책임, 수행에 필요한 지식과 기술, 성과 등을 평가요소로 하여 직무값과 직무등급을 산정하는 것이 목표이다. 이러한 직무평가는 더욱 높은 가치가 인정되는 직무에 대하여는 더욱 많은 임금을 책정하는 직무급제도의 기초가 된다.

49 인적자원관리능력 | 임금 계산하기

| 정답 | ④

| 해설 | 요소비교법에 따라 평가되는 요소는 지식, 숙련도, 노력도, 책임, 직무환경이다. 그리고 요소비교법은 각 직무의 평가요소에 대하여 평가결과에 맞게 임금액을 배분한다. 따라서 이를 바탕으로 직무 N의 임금을 산출하면 다음과 같다.

- 지식 : 직무 C와 동일(500천 원)
- 숙련도 : 직무 A와 동일(500천 원)
- 노력도 : 직무 B와 동일(380천 원)
- 책임 : 직무 A와 동일(1,210천 원)
- 직무환경 : 직무 D와 동일(620천 원)

따라서 직무 N의 가치에 합당한 임금은 500+500+380+1,210+620=3,210(천 원)이다.

50 문서이해능력 | 세부 내용 이해하기

| 정답 | ③

| 해설 | 견인된 차량을 반환 요청할 수 있는 시간이 별도로 규정되어 있지 않으며, 제9조 제3항의 견인차량의 접수 및 반환 업무를 위하여 필요 인원을 24시간 상주시켜야 한다는 규정을 참고할 때, 견인 차량의 반환 업무는 24시간 추가 보관료 없이 이루어짐을 알 수 있다.

| 오답풀이 |
① 제5조 제1항에 따라 경찰이나 단속원이 견인대상차량으로 인식하지 않았으나 구청장이나 경찰서장이 요청할 경우 견인되는 차량에 포함될 수 있다.
② 제6조에서 견인이나 보관 과정에서 발생한 차량 손해는 공단에서 배상해야 한다고 규정하고 있다.

④ 강제처리에는 매각과 폐차가 포함되어 있으나, 제10조 제4항에서 '매각이 불가한 경우에 한하여'라고 규정되어 있으므로 폐차 처리 이전에 매각 여부 타진이 진행됨을 알 수 있다.

51 문서이해능력 실제 사례에 적용하기

| 정답 | ①

| 해설 | 견인료와 보관료는 공단이 지정한 별도 계좌로 납부해야 할 것이다. 구청장 지정 계좌로 입금하는 것은 개별 차량 소유주에게 해당하는 사항이 아니며, 징수된 견인료와 보관료를 공단이 구청으로 입금할 경우에 해당하는 절차이다.

| 오답풀이 |
② 구청의 관할 지역 내에서 발생한 견인차량의 처리 및 견인료, 보관료의 최종 관리 등의 내용을 토대로 추론할 수 있다.
③ 제11조 제1항에서 보관료는 접수대장에 차량이 등재된 시각부터 기산된다고 명시되어 있다.
④ 제8조 제2항에서 인수증에는 '차량의 상태'를 기록한다고 규정되어 있으나, 사회 통념상 이것이 운전 과정에서 발생할 수 있는 모든 이상 유무를 확인한 것이라고 볼 수는 없다. 또한 제6조에서 '견인종료 후라도 견인과 관련하여 발생하였다고 볼 수 있는 피견인 차량의 손해 역시 공단에서 배상한다'고 규정하고 있으므로 차량 소유주와 직원의 대화 내용은 적절하다.

52 도표분석능력 도표의 수치 분석하기

| 정답 | ①

| 해설 | 20X1년 대비 20X3년의 쌀 수출 중량 증가율은 $\frac{2,587-2,031}{2,031} \times 100 ≒ 27.4(\%)$이며, 금액의 증가율은 $\frac{6,471-4,712}{4,712} \times 100 ≒ 37.3(\%)$이므로 쌀 수출 중량 증가율이 금액 증가율보다 낮다.

| 오답풀이 |
② 쌀 수출 중량과 금액이 조사 기간 동안 매년 증가한 국가는 미국, 싱가포르, 베트남으로 3개이다.
③ 일본으로 수출된 쌀의 톤당 평균 금액은 20X1년 $\frac{157}{68} ≒ 2.3$(천 불), 20X2년 $\frac{96}{34} ≒ 2.8$(천 불), 20X3년 $\frac{57}{17} ≒ 3.4$(천 불)로 조사 기간 동안 매년 증가하였으나, 중국의 경우 20X1년 $\frac{82}{27} ≒ 3.04$(천 불), 20X2년 $\frac{12}{4} = 3$(천 불)로 감소한 것을 확인할 수 있다.
④ 3개 연도별 쌀 수출 금액 하위 3개국은 20X1년이 베트남, 영국, 중국, 20X2년이 캐나다, 영국, 중국, 20X3년이 영국, 일본, 중국이므로 조사 기간 동안 매년 다른 것을 알 수 있다.

53 도표작성능력 자료를 그래프로 변환하기

| 정답 | ④

| 해설 | 연도별 쌀 수출 금액 상위 3개국은 20X1년과 20X3년이 미국, 호주, 홍콩이며, 20X2년은 미국, 호주, 싱가포르이다. 따라서 이 국가들의 연도별 쌀 수출 중량 합계는 연도 순서대로 1,086톤, 1,144톤, 1,564톤이므로 ④의 그래프가 적절하다.

54 문제처리능력 농약 안전사용기준 이해하기

| 정답 | ④

| 해설 | 사과에 살포되는 캡탄 · 폴리옥신비 수화제는 현행 수확 7일 전 5회 이내에서 수확 21일 전 4회 이내로 변경되었으므로 허용 기준이 강화되었다.

| 오답풀이 |
① 플룩사피록사드 과립훈연제는 감과 고추에 신규로 설정된 농약의 이름이다.
② 복숭아에는 디메토모르프 수화제를 수확 21일 전까지만 살포하도록 규정하고 있다.
③ 포도에 대한 디메틸디설파이드 유제 살포 허용 횟수는 1회이다.

55 문제처리능력 | 농약 안전사용기준 적용하기

| 정답 | ①

| 해설 | 복숭아에는 가스가마이신 입상수화제를 수확 14일 전까지 3회 이내로 살포해야 하므로 20일 전에 살포한 것은 적절하다.

| 오답풀이 |
② 복숭아에는 트리플록시스트로빈 액상수화제를 수확 14일 전까지만 살포하도록 규정되어 있다.
③ 호박은 설폭사플로르 액제를 수확 5일 전까지만 살포하도록 안전사용기준이 변경되었다.
④ 피카뷰트라족스 액상수화제는 고추에 해당하는 농약이다.

56 물적자원관리능력 | 구매 요구 조건 파악하기

| 정답 | ③

| 해설 | 고려 요인별 가중치는 동일하므로, 각 프린터 기종이 충족하는 조건의 수가 많을수록 구매 우선 순위가 높을 것이다. 각 프린터가 충족하는 부서 요구 조건을 정리하면 다음과 같다.

구분	M 복합프린터	G 복합프린터	J 복합프린터
인쇄해상도	○	○	
복사속도	○	○	
무선연결	○		○
예산	○	○	
인쇄속도	○		○
크기		○	
기울기 자동 보정	○	○	
AS 2년 이상 보장	○		
조건 충족 개수	7개	5개	2개

따라서 구매 우선 순위대로 나열하면 M-G-J 순이다.

57 도표분석능력 | 자료의 수치 분석하기

| 정답 | ④

| 해설 | 20X0년 고령층 전체의 연금수령자 중 평균 수령액인 37만 원 이상을 받는 사람은 830천 명 이상~1,590천 명 이하이다.

| 오답풀이 |
① 연금을 150만 원 이상 수령하는 고령층 인구에서 여성이 차지하는 비율은 다음과 같다.
- 20X0년 : $\frac{47}{347} \times 100 ≒ 13.5(\%)$
- 20X1년 : $\frac{56}{356} \times 100 ≒ 15.7(\%)$

따라서 20X1년에 전년 대비 증가하였다.

③ 20X0년에 연금을 수령한 고령층의 여성 인구 중 월평균 25만 원 미만을 수령한 인구는 $\frac{1,446+500}{2,307} \times 100 ≒ 84.4(\%)$로 80% 이상이다.

58 기초연산능력 | 구매 가격 계산하기

| 정답 | ②

| 해설 | 두 물품을 최소 400개씩 구매해야 하므로 이를 기준으로 구매 가격을 정리하면 다음과 같다. 기준을 충족하였으므로 3개 업체에 모두 할인이 적용된다.

공급처	물품	세트당 수량(개)	세트 수량(세트)	구매 금액(만 원)	합계 금액(만 원)
A 업체	P 물품	100	4	85×4=340	529×0.95 ≒502
	Q 물품	60	7	27×7=189	
B 업체	P 물품	110	4	90×4=360	535×0.95 ≒508
	Q 물품	80	5	35×5=175	
C 업체	P 물품	90	5	80×5=400	640×0.8 =512
	Q 물품	130	4	60×4=240	

따라서 A 업체에서 502만 원에 필요 물품을 구매하는 것이 가장 저렴한 방법이 된다.

59 업무이해능력 | 농식품바우처 이해하기

| 정답 | ①

| 해설 | 제시된 글은 경제적 취약계층의 식품 접근성 강화 및 영양보충 지원, 국산 농축산물의 지속 가능한 소비 기반 구축, 식생활교육 연계를 통한 취약계층의 식생활 개선 지원을 목표로 하는 '농식품바우처'에 대한 설명이다.

| 오답풀이 |

② 로컬푸드 : 소비되는 곳과 가까운 거리에서 생산되는 식자재, 혹은 그 식자재로 만든 음식을 말한다.
③ 푸드마일리지 : 산지에서 생산된 농·축·수산물이 해당 먹거리를 이용하는 최종 소비자에게 도달할 때까지 이동한 거리를 말한다.
④ 푸드뱅크 : 품질에 문제가 전혀 없음에도 불구하고 시장에서 유통할 수 없게 된 식품을 기부받아 저소득 및 소외계층, 복지시설에 나누어 주는 사회복지 지원체계이다.

60 기초외국어능력 예약 확인서 이해하기

| 정답 | ④

| 해설 | 'Cancel reservation 10 days to 2 days before check-in : 70% commission generated'를 통해 체크인 당일 기준으로 2일 전부터 10일 전까지 예약을 취소할 경우 70%의 금액에 해당하는 수수료가 생기는 것을 알 수 있다. 따라서 70%의 금액을 환불받는 것이 아닌 수수료로 지불해야 한다.

호텔 바우처
• 예약 확인 번호 : 20241026-12345678

호텔명 : 월드 센터 호텔
   144 워싱턴 스트리트, 뉴욕시,
   뉴욕주 10006-1030
체크인/체크아웃 날짜 : 2024년 11월 1일 ~ 2024년
   11월 7일 (6박)
객실 유형 : 더블룸 퀸 침대-고급형-시티뷰
투숙 인원 : 성인 1 아동 0
투숙객 이름 : 김사랑
세금/서비스 요금 : 포함
식사(아침 식사) : 미포함
고객 요청사항 : 없음.

◇ 예약 관련 문의사항이 있으시면 아래로 연락주시기 바랍니다.
  (☎ +1-212-371-40000,
  guest-admin@WorldCenterHotel.com)
◇ 체크인은 오후 2시부터 가능하며, 체크아웃은 오전 10시까지 완료해야 합니다.
◇ 2명 이상의 인원이 투숙할 경우 추가 요금이 발생합니다.
◇ 환불 규정은 아래와 같습니다 :
  - 체크인 10일 전 예약 취소 : 모든 수수료를 포함하여 전액 환불
  - 체크인 10일 전부터 2일 전까지 예약 취소 : 총 금액의 70% 공제 후 환불
  - 체크인 당일 예약 취소 : 총 금액의 100% 공제

2회 기출예상문제   문제 462쪽

01	①	02	④	03	④	04	②	05	③
06	③	07	③	08	③	09	②	10	④
11	①	12	④	13	④	14	①	15	④
16	①	17	②	18	①	19	③	20	①
21	②	22	①	23	③	24	④	25	③
26	②	27	④	28	③	29	②	30	④
31	②	32	④	33	②	34	④	35	④
36	④	37	③	38	②	39	③	40	②
41	①	42	③	43	④	44	③	45	②
46	②	47	③	48	①	49	②	50	④
51	②	52	③	53	②	54	③	55	①
56	③	57	③	58	②	59	①	60	①

01 문서작성능력 문맥에 맞는 어휘 고르기

| 정답 | ①

| 해설 | '지양하다'는 '더 높은 단계로 오르기 위하여 어떠한 것을 하지 아니하다'를 의미한다. 따라서 모든 사람들이 이기적 타산을 멀리해야 한다는 문맥에 가장 적절하다.

| 오답풀이 |
② 선구하다 : 말을 탄 행렬에서 맨 앞에 서다.
③ 지향하다 : 어떤 목표로 뜻이 쏠리어 향하다.
④ 염원하다 : 마음에 간절히 생각하고 기원하다.

02 문서작성능력 문맥에 맞는 어휘 고르기

| 정답 | ④

| 해설 | '결재'는 '결정할 권한이 있는 상관이 부하가 제출한 안건을 검토하여 허가하거나 승인함'을 의미한다. 따라서 보고서를 제출하고 기다리고 있다는 문맥에 따라 '결재'가 가장 적절하다.

| 오답풀이 |
① 결제 : 증권 또는 대금을 주고받아 매매 당사자 사이의 거래 관계를 끝맺는 일
② 계발 : 슬기나 재능, 사상 따위를 일깨워 줌.
③ 개발 : 지식이나 재능 따위를 발달하게 함.

03 문서작성능력 단어의 의미 파악하기

| 정답 | ④

| 해설 | '상오'는 '자정부터 낮 열두 시까지의 시간'이라는 뜻으로 나머지 선택지와 그 의미가 다르다. 나머지는 모두 '날이 밝아 올 무렵'을 의미한다.

04 문서작성능력 단어의 의미 파악하기

| 정답 | ②

| 해설 | '고절'은 '가혹한 시련 속에서 홀로 외롭고 굳게 지키는 절개'를 이르는 말로 '가문'과는 무관한 말이다.

| 오답풀이 |
① 뜨더귀 : 조각조각 뜯어내거나 갈가리 찢는 짓 또는 그 조각
③ 간극 : 두 가지 현상이나 사건 사이의 틈 또는 차이
④ 미쁘다 : 어떤 사람이나 일이 믿음성이 있다.

05 문서작성능력 같은 의미의 단어 찾기

| 정답 | ③

| 해설 | 제시된 문장의 '넘어가다'는 '어떤 상황이 별일 없이 지나가다'는 의미로 쓰였다. 이와 같은 의미로 사용된 것은 ③이다.

| 오답풀이 |
① '노래나 목소리가 막힘없이 잘 진행되다'의 의미로 쓰였다.
② '음식물이나 침이 목구멍을 지나가다'의 의미로 쓰였다.
④ '일정한 시간, 시기, 범위 따위를 넘어서 지나다'의 의미로 쓰였다.

06 문서작성능력 | 같은 의미의 단어 찾기

| 정답 | ③

| 해설 | '수락'은 '받아들여 승낙하다'의 의미이며, 주어진 문장의 '수긍'은 '승낙'의 의미를 포함하지 않는다.

| 오답풀이 |

①, ②, ④ '인정', '수용', '용인'은 모두 '받아들여 인정하다'의 의미이므로 '수긍'과 바꿔 쓸 수 있다.

07 문서작성능력 | 올바른 맞춤법 적용하기

| 정답 | ③

| 해설 | '치르다'는 '사람이 아침이나 저녁 따위의 끼니를 입으로 씹거나 하여 뱃속으로 들여보내다'의 의미를 가진다.

| 오답풀이 |

① '있는 대로 모두 합하여'의 의미를 가지는 단어는 '통틀어'이다.

② '말이나 행동을 일부러 분명하게 하지 않고 적당히 살짝 넘기는 모양'을 일컫는 단어는 '어물쩍'이다

④ '자물쇠를 채우거나 빗장을 걸다' 또는 '물, 가스 따위가 흘러나오지 않도록 차단하다'의 의미를 가지는 단어는 '잠그다'이며, 활용형은 '잠가'이다.

08 문서작성능력 | 적절한 띄어쓰기 알기

| 정답 | ③

| 해설 | '지'가 의존명사로 쓰여 어떤 사건의 시작점에서 현재까지의 시간의 경과를 나타낼 때는 띄어 써야 한다.

| 오답풀이 |

① '입다'와 '오다'가 모두 본용언이므로 띄어 써야 한다.

② '가져가다'는 하나의 합성어이므로 붙여 써야 한다.

④ '데'가 의존명사로 쓰였으므로 앞말과 띄어 써야 한다.

09 문서작성능력 | 올바른 맞춤법 적용하기

| 정답 | ②

| 해설 | '~이'와 '~히'는 뒤에 '하다'를 붙여 쓰임을 구분할 수 있다. 뒤에 '하다'를 붙여 말이 되면 '~히', 말이 되지 않으면 '~이'가 맞는 표현이지만 '깨끗이'는 이러한 규칙의 예외에 해당하여 '깨끗이'로 적는 것이 옳다.

10 문서작성능력 | 적절한 접속어 파악하기

| 정답 | ④

| 해설 | ㉠의 앞에서는 교환활동이 가치 있는 일로 인정받지 못한다는 점을 언급하였으며, 이어서 이와 반대로 교환도 우리에게 필요한 가치를 만들어 낸다고 언급하고 있다. 따라서 '그러나'가 알맞은 접속어이다.

또한 ㉡의 앞에서 언급한 내용에 대해 ㉡의 뒤에서 잘못되었다는 것을 금방 알 수 있다고 평가하였다. 따라서 역접을 나타내는 접속어 '그러나'가 들어가야 한다.

11 문서이해능력 | 내용에 맞는 한자성어 파악하기

| 정답 | ①

| 해설 | 음덕양보(陰德陽報)는 남이 모르게 덕행을 쌓은 사람은 훗날 그 보답을 버젓이 받는다는 의미이다.

| 오답풀이 |

② 해의추식(解衣推食) : 옷을 벗어 주고 음식을 밀어 준다는 뜻으로, 남에게 은혜를 베푸는 것을 의미한다.

③ 오풍십우(五風十雨) : 닷새에 한 번씩 바람이 불고 열흘만에 한 번씩 비가 온다는 뜻으로, 날씨가 순조롭고 풍년이 들어 천하가 태평한 모양을 이르는 말이다.

④ 사필귀정(事必歸正) : 모든 일은 반드시 바른길로 돌아감을 의미하는 말이다.

12 문서작성능력 | 적절한 접속어 파악하기

| 정답 | ④

| 해설 | 빈칸의 앞에서 조조는 자신에게 반대한 적이 있는 사람에게도 너그러운 마음으로 중책을 맡기곤 했다고 하였으며, 빈칸의 뒤에서는 진림의 사례가 등장한다. 진림은 조조에게 반기를 든 장수였으나 그런 진림을 포용해 중요한 자리에 기용했다고 하였으므로 이는 앞서 말한 조조의 인재 등용관에 대한 사례를 보여 준다. 따라서 '예를 들어'가 빈칸에 들어갈 접속어로 적절하다.

13 문서작성능력 문맥에 맞게 문장 배열하기

| 정답 | ④

| 해설 | 제시된 문장들에는 3차 산업혁명에 대한 언급도 보이고 있어, 4차 산업혁명과의 비교를 통해 차이점을 설명한다고 볼 때 (마)에 이어 (다)가 연결됨을 예상할 수 있다. 3차와 4차 산업혁명의 비교에 이어, 새로운 논점으로 전환을 하고 있는 문장은 (가)가 된다. (가)에서는 4차 산업혁명이 문화예술시장이라는 특정 분야로 국한되어 언급되고 있으며, 이를 통해 '문화예술분야를 포함한'이라는 첫 문장의 내용이 강조되기 시작한다. (가)에서 새로운 논점 제시 이후 문화예술시장에서 4차 산업혁명이 활용되는 사례를 소개한 (라)가 이어지면서 논점을 보다 쉽게 이해할 수 있게 되며, 마지막으로 (나)에서는 제시된 글의 첫 문장과 같이 '적지 않은 변화'를 강조하여, 전체 글은 '수미상관'의 논점 전개 방식으로 구성된 것을 알 수 있다. 따라서 (마)-(다)-(가)-(라)-(나) 순이 적절하다.

14 의사표현능력 대화의 의도 파악하기

| 정답 | ①

| 해설 | 기존 가입 상품의 만기에 따라 만기금액을 새로운 상품에 다시 예금하고 싶다는 B 고객의 대답에, A 은행원은 새로운 적금 상품을 소개하며 이 상품은 어떤지 제안하고 있다.

15 문서작성능력 빈칸에 알맞은 말 찾기

| 정답 | ④

| 해설 | 첫 번째 빈칸에 들어갈 말은 뒤에 이어지는 '소비지 유통을 강화하기 위한 일환으로 도시지역에 농산물 위주의 대형 하나로마트 증설을 서두르고 있고, 농산물의 소매 유통 형태도 소량, 소포장된 신선농산물을 산지와 직거래될 수 있도록 추진'이라는 언급에서 힌트를 얻을 수 있다. 이는 유통 강화와 직거래 추진으로 요약할 수 있으며, 농산물유통의 효율화를 의미한다고 볼 수 있다. 두 번째 빈칸에 들어갈 말 역시 소비자에게는 저렴하게 신선한 농산물을 공급하며 농산물에 대한 소비자의 기호도와 구매동향을 파악하여 산지에 소비자 정보를 제공한다는 내용을 포함하는 말이어야 하므로 '효율화'가 가장 적절하다.

16 문서작성능력 공문서 작성법 이해하기

| 정답 | ①

| 해설 | 제시된 글은 공문서 작성 시 주의사항에 해당한다. 공문서는 회사 외부로 전달되는 문서이므로 육하원칙에 따라 작성해야 하며, 한 장에 담아내는 것이 원칙이다. 마지막에는 반드시 '끝'자로 마무리해야 한다.

| 오답풀이 |

② 보고서 작성 시 주의사항에 해당한다.
③ 설명서 작성 시 주의사항에 해당한다.
④ 기획서 작성 시 주의사항에 해당한다.

17 문서이해능력 세부 내용 이해하기

| 정답 | ②

| 해설 | 앨런 튜링이 머신러닝을 하는 체스 기계를 생각했다고만 언급되어 있을 뿐 이를 발명한 것은 아니다.

| 오답풀이 |

① 앨런 튜링의 인공지능에 대한 고안 자체는 컴퓨터 등장 이전에 이루어졌다.
③ 알파고는 이전의 컴퓨터들과 달리 입력된 알고리즘을 기반으로 스스로 학습하는 지능을 지녔다.
④ 알파고 이전에도 바둑이나 체스를 두는 컴퓨터가 존재하였다.

18 문서작성능력 수사법 파악하기

| 정답 | ①

| 해설 | 역설법은 의미를 강조하기 위해 모순된 논리를 사용하지만 그 속에 뜻이 숨겨져 있는 표현법을 의미한다. '지는 것이 이기는 것이다'라는 표현은 논리적으로는 모순된 의미이지만 그 안에는 보복은 의미가 없다는 뜻이 숨겨져 있다는 점에서 역설법을 사용한 것으로 볼 수 있다.

| 오답풀이 |

② 영탄법은 극한의 느낌, 심각한 고뇌, 고조된 정감 등을 주로 정서적인 면에 호소하여 감상적으로 표현하는 방법이다.
③ 설의법은 쉽게 알 수 있는 내용을 의문문으로 표현하여 청자가 원하는 답을 스스로 찾도록 하는 표현법이다.

④ 반어법은 역설법과 함께 의미를 강조하기 위해 반대로 표현하거나 비꼬는 형태를 취하는 어법이지만, 반어법은 표현 자체는 말이 되지만 표면적 의미와 실제로 전달하는 의미가 상반된다는 점에서 역설법과 구분된다.

19 문서이해능력 세부 내용 이해하기

| 정답 | ③

| 해설 | 제시된 글에 따르면 메타인지는 자신이 아는 것과 모르는 것을 정확히 파악하고 자신에게 부족한 부분을 어떻게 보완할 것인지 적절한 전략을 세울 줄 아는 능력을 의미한다. 메타인지가 없는 사람의 경우 자신이 잘 알고 있는 부분을 계속 들여다보면서 시간을 허비하게 된다. 따라서 자신이 알고 있는 부분을 강화할 수 있게 한다는 설명은 메타인지의 특징으로 적절하지 않다.

20 문서이해능력 계획안 이해하기

| 정답 | ①

| 해설 | 환경정비의 날에 참가해 봉사시간을 인정받을 수는 있지만, 환경정비의 날은 격주 1회로 매월 첫째, 셋째 주 수요일에만 실시된다.

21 문서이해능력 용역시행계획 이해하기

| 정답 | ②

| 해설 | S 시 바람길숲 조성 용역은 협상대상자 통보가 아닌 계약일로부터 8개월간 시행된다.

| 오답풀이 |
① '과업내용'에 제시되어 있다.
③ 정량적 평가 20점, 정성적 평가 70점, 가격 평가 10점으로 가격 평가의 비중이 가장 낮다.
④ '신청절차'를 통해 입찰공고로 공개입찰을 한 뒤 제안서를 평가하고 협상대상자를 선정한 뒤 계약을 체결하는 것을 알 수 있다.

22 기초연산능력 부등식 활용하기

| 정답 | ①

| 해설 | $4x + 2y = 6 \iff x = \frac{3}{2} - \frac{1}{2}y$

따라서 $-5 \leq \frac{3}{2} - \frac{1}{2}y \leq 7$

$-10 \leq 3 - y \leq 14$

$-13 \leq -y \leq 11$

$-11 \leq y \leq 13$

따라서 $a = -11$, $b = 13$이므로

$a - b = -11 - 13 = -24$이다.

23 기초연산능력 부등식 활용하기

| 정답 | ③

| 해설 | $5x - 3 < 3\left(x + \frac{2}{3}a\right)$

$5x - 3 < 3x + 2a$

$2x < 2a + 3$

$x < \frac{2a+3}{2}$

$\frac{2a+3}{2}$이 4보다 작거나 같다면 부등식을 만족하는 자연수 x는 4개보다 적어지므로 $\frac{2a+3}{2}$은 4보다 커야 한다.

또, $\frac{2a+3}{2}$이 5보다 크다면 부등식을 만족하는 자연수 x는 4개보다 많아지므로 $\frac{2a+3}{2}$은 5보다 작거나 같아야 한다. 이를 부등식으로 표현하면,

$4 < \frac{2a+3}{2} \leq 5$

$8 < 2a + 3 \leq 10$

$5 < 2a \leq 7$

$\therefore \frac{5}{2} < a \leq \frac{7}{2}$

24 기초연산능력 | 방정식 활용하기

| 정답 | ④

| 해설 | 제시된 식에 a, b, c에 해당하는 숫자를 대입하면 다음과 같다.

$$6 \times 2 + 2 \times (3-2) - \frac{\sqrt{243}}{\sqrt{3}}$$
$$= 6 \times 2 + 2 \times 1 - \sqrt{81} = 12 + 2 - 9 = 5$$

25 기초연산능력 | 부등식 활용하기

| 정답 | ③

| 해설 | 세 소수의 합이 짝수이므로 a, b, c 중 하나 이상은 반드시 짝수가 되어야 한다. 소수이면서 동시에 짝수인 숫자는 2 하나이므로, a, b, c 중 가장 작은 a의 값이 2가 된다.

두 번째 조건에 따라 $c < 2b$이며 $b < c$이므로 $b < c < 2b$가 성립한다. 부등식에 b를 곱하면 $b^2 < bc < 2b^2$이고 세 번째 조건에 따라 $600 < bc < 700$이므로 $b^2 < 700$이고 $2b^2 > 600$이다. 따라서 $18 \leq b \leq 26$인데 b는 소수이므로 b의 값이 될 수 있는 숫자는 19, 23이다.

i) $b = 19$라면 $32 \leq c \leq 36$이고 이를 만족하는 소수는 없다.

ii) $b = 23$이라면 $27 \leq c \leq 30$이고 이를 만족하는 소수 $c = 29$이다.

따라서 $a = 2$, $b = 23$, $c = 29$이므로 $2,023 - 2 \times (29 - 23) = 2,023 - 12 = 2,011$이다.

26 기초연산능력 | 방정식 활용하기

| 정답 | ②

| 해설 | 연속하는 세 홀수를 $x-2$, x, $x+2$라고 하면
$(x-2)^2 + x^2 + (x+2)^2 = 3x^2 + 8 = 2,891$
$3x^2 = 2,883$
$x^2 = 961$, $x = 31$
연속하는 세 홀수는 29, 31, 33이므로 각각 7로 나눈 나머지는 1, 3, 5이다.
따라서 $a = 1$, $b = 3$, $c = 5$이므로 $4a + 2(b+c) = 4 + 16 = 20$이다.

27 기초연산능력 | 실선 길이의 합 구하기

| 정답 | ④

| 해설 | 정육면체의 부피가 $1cm^3$이므로 실선 한 개의 길이는 1cm이고, 보이는 실선의 길이의 합은 보이는 실선의 수와 같다.

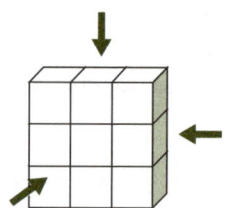

위와 같이 세 방향으로 나누어 실선의 수를 확인한다.
n단계에서 정면에서 볼 수 있는 실선의 수는 가로선이 $n \times (n+1)$개이고, 세로선도 $n \times (n+1)$개이므로 총 $2n(n+1)$개다.

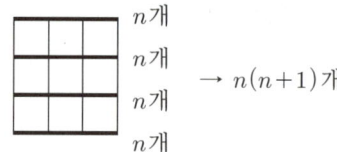

측면에서 볼 수 있는 세로선은 정면에서 볼 때와 중복이므로 측면에서 볼 수 있는 실선의 수는 가로선 $(n+1)$개다. 위에서 볼 수 있는 가로선은 정면에서 볼 때와 중복이고, 양 끝의 세로선은 측면에서 볼 때와 중복이므로 위에서 볼 수 있는 실선의 수는 세로선 $(n-1)$개다.
이를 모두 더하면 세 방향에서 볼 수 있는 실선의 수는 $2n(n+1) + (n+1) + (n-1) = 2n(n+2)$개이고, 나머지 세 방향에서 볼 수 있는 실선의 수와 동일하므로 실선의 수는 총 $4n(n+2)$개다.
따라서 23번째 단계에서 보이는 실선의 수는 $4 \times 23 \times 25 = 2,300$(개)이므로 보이는 실선의 길이의 합은 2,300cm이다.

28 기초연산능력 | 수의 규칙 찾기

| 정답 | ③

| 해설 | -22, -20, -18, -16, -14, -12, -10...의 순서로 감소하는 수열이므로 빈칸에 들어갈 숫자는 $91 - 18 = 73$이다.

29 기초연산능력 수의 규칙 찾기

| 정답 | ②

| 해설 | +4, +6, +8, +10, +12, +14, +16…의 순서로 더해지는 수열이므로 1 5 11 19 29 41 55 71 89 109가 되어야 한다. 따라서 규칙에 맞지 않는 숫자는 59이다.

30 기초연산능력 수의 규칙 찾기

| 정답 | ③

| 해설 | 다음 규칙에 따라 숫자가 배열되어 있다.
(1열+2열)−(3열+4열)=5열
1행 : (2+3)−(2+1)=2
2행 : (4+6)−(5+2)=3
3행 : (1+8)−(3+4)=2
4행 : (2+5)−(3+2)=2
5행 : (3+6)−(4+?)=2
따라서 빈칸에 들어갈 숫자는 3이다.

31 기초연산능력 일률 활용하기

| 정답 | ②

| 해설 | 전체 일의 양을 18, 35, 21의 최소공배수인 630이라고 하면 한 시간당 A는 35, B는 18, C는 30의 일을 한다.

A, B, C가 순서대로 2시간씩 일을 하면, 6시간 동안 총 2×(35+18+30)=166의 일을 한다.

$\frac{630}{166}=3+\frac{132}{166}$ 이므로 A, B, C 순번이 3바퀴 돌고 남은 일의 양은 132이다. 그 다음 A와 B가 2시간씩 일을 하면 남은 일의 양은 132−70−36=26이고, C가 26의 일을 하는 데 걸리는 시간은 $\frac{26}{30}=\frac{52}{60}$(시간) 즉, 52분이 걸린다.

따라서 일을 마무리하는 데 걸리는 시간은 18시간+4시간+52분=22시간 52분이다.

32 기초연산능력 소요시간 계산하기

| 정답 | ④

| 해설 | 출발지에서 A, B, C 지역까지 소요시간을 각각 계산하면 다음과 같다.
- A 지역 : 102(km)÷12.5(km/h)=8.16(h)
- B 지역 : 58(km)÷7.1(km/h)≒8.2(h)
- C 지역 : 76(km)÷9.6(km/h)≒7.9(h)

따라서 소요시간이 짧은 순서대로 나열하면 C−A−B이다.

33 기초연산능력 방정식 활용하기

| 정답 | ②

| 해설 | 참가자의 수를 x명, 12인용 테이블의 수를 y개라고 하면, $x=12y$가 된다. 그리고 $x-3$은 7과 9의 최소공배수인 63의 배수이다. 따라서 다음과 같은 식을 세울 수 있다.

$12y=63z+3$

$y=\frac{21z+1}{4}=5z+\frac{z+1}{4}$

y는 자연수이므로, z의 최솟값은 3이다. 이를 대입하면

$y=5\times 3+\frac{3+1}{4}=16$

따라서 필요한 테이블은 최소 16개이다.

34 기초연산능력 문자의 규칙 찾기

| 정답 | ④

| 해설 | 알파벳 순서를 이용하면 E(5) → O(15), A(1) → C(3), S(19) → E(5=31=57), Y(25) → W(23=49=75)이므로 기호 ■는 해당 알파벳 순서에 세 배한 값의 순서에 있는 알파벳으로 변환하는 기호이다. 그리고 기호 ●는 '1234' 순으로 된 알파벳을 '4312' 순으로 변환한다.

이에 따라 'KIND'가 기호 ■에 의해 변환되면 K(11) → G(33=7), I(9) → A(27=1), N(14) → P(42=16), D(4) → L(12)이므로 'GAPL'로 변환된다. 'GAPL'이 기호 ●에 의해 변환되면 'LPGA'가 되므로 '?'에 들어갈 글자는 'LPGA'이다.

35 기초연산능력 | 만기 금액 구하기

| 정답 | ④

| 해설 | 만기 원금은 1,000,000×24(개월)=24,000,000(원)이고, 이에 대한 이자는 제시된 공식에 따라
$\frac{1,000,000 \times (24+1)}{2} \times 0.026 \times 2 = 650,000$(원)이다.

세금우대를 받아 9.5%의 세금 공제를 해야 하므로 이자소득세는 650,000×0.095=61,750(원)이다. 따라서 김 씨가 만기 시 받게 되는 세금 공제 후 금액은 24,000,000+650,000-61,750=24,588,250(원)이다.

36 기초통계능력 | 확률 계산하기

| 정답 | ④

| 해설 | A가 ○○대학으로부터 합격 통보를 받을 확률은 '1-(A가 ○○대학으로부터 합격 통보를 받지 못할 확률)'로 구할 수 있다. A가 ○○대학으로부터 합격 통보를 받지 못하는 경우는 1~4등 중 3명이 등록할 때이므로 다음과 같이 계산할 수 있다.

- 1~3등이 등록할 확률 : $\frac{2}{3} \times \frac{2}{3} \times \frac{2}{3} = \frac{8}{27}$
- 1, 2, 4등이 등록할 확률 : $\frac{2}{3} \times \frac{2}{3} \times \frac{1}{3} \times \frac{2}{3} = \frac{8}{81}$
- 1, 3, 4등이 등록할 확률 : $\frac{2}{3} \times \frac{1}{3} \times \frac{2}{3} \times \frac{2}{3} = \frac{8}{81}$
- 2~4등이 등록할 확률 : $\frac{1}{3} \times \frac{2}{3} \times \frac{2}{3} \times \frac{2}{3} = \frac{8}{81}$

따라서 A가 ○○대학으로부터 합격 통보를 받을 확률은 $1 - \left(\frac{8}{27} + \frac{8}{81} \times 3\right) = \frac{11}{27}$이다.

37 도표분석능력 | 자료의 수치 분석하기

| 정답 | ③

| 해설 | 10월의 환율을 적용해 5만 달러를 원화로 환산하면 50,000×1,139.6=56,980,000(원)이므로 5,500만 원보다 많은 금액을 송금했다.

| 오답풀이 |
① 한국 수입업자가 환율에서 이득을 보기 위해서는 환율이 더 낮아야 한다. 수입품에 대한 지불대금이 달러이고, 환율은 달러의 상대적 가치를 의미하기 때문이다. 따라서 환율이 낮을수록 동일한 양의 수입품을 더욱 저렴하게 구매할 수 있어 10월보다 환율이 낮은 3월에 상대적인 이득이 발생한다.

② (500,000÷1,063.5)-(500,000÷1,082.8)≒8.38(달러)이다. 따라서 5달러 이상의 환차익이 발생한다.

④ 3,000,000,000÷1109.3≒2,704,000(달러)이므로 약 270만 달러에 해당한다.

38 도표분석능력 | 자료의 수치 분석하기

| 정답 | ②

| 해설 | 유럽연합의 20X4년 대비 20X7년 복숭아 생산량과 수입량은 각각 4,050천 톤에서 3,904천 톤, 42천 톤에서 30천 톤으로 감소하였다. 그러나 수출량은 194천 톤에서 300천 톤으로 증가하였다.

| 오답풀이 |
① 칠레의 20X5년 복숭아 수출량 시장점유율은 7.8%이나, 20X7년에 98천 톤을 수출한 것만 알 수 있을 뿐 20X7년의 시장점유율을 알 수는 없다.

③ 〈세계 주요 4개국의 복숭아 수출량〉을 통해 스페인과 이탈리아의 복숭아 수출량의 합계가 20X1년에는 613천 톤, 20X3년에는 749천 톤, 20X5년에는 844천 톤인 것을 알 수 있다. 같은 시기에 주요 4개국 전체의 복숭아 수출량은 각각 773천 톤, 905천 톤, 986천 톤으로 20X1년 두 국가의 합계 수출량은 전체의 $\frac{613}{773} \times 100 ≒ 79.3(\%)$를 차지한다.

④ 신선과 612천 톤과 628천 톤 중 수입된 수량이 얼마나 포함되어 있는지를 알 수 없으므로 적절하지 않다.

39 도표분석능력 | 자료의 수치 분석하기

| 정답 | ③

| 해설 | 소규모 사업체의 식품 HACCP 의무적용 1개 업소당 평균 품목 수는 20X8년이 $\frac{3,914}{2,803} ≒ 1.40$(개)로, $\frac{4,587}{3,318} ≒ 1.38$(개)인 20X9년보다 더 많다.

| 오답풀이 |
① 의무·자율 중복 적용업체로 인해 합계가 다르다고 하였으므로 식품의 의무적용 업소 수와 자율적용 업소 수를 더하여 '계'의 업소 수를 뺀 값이 중복 적용업체 수가 된다. 따라서 20X8년은 2,803+1,969−4,058=714(개소), 20X9년은 3,318+2,429−4,837=910(개소)로 중복 적용업체 수는 20X9년이 더 많다.
② 축산물 HACCP 인증 업소 수는 소규모의 경우 1,034 → 1,389 → 1,711개소로 매년 증가하였으나, 일반 규모의 경우 20X9년에 전년 대비 감소하였다.
④ 의무적용 업소의 경우 3,318−2,377=941(개소)가 증가하였으며, 자율적용 업소의 경우 2,429−1,619=810(개소)가 증가하여, 자율적용 업소가 의무적용 업소보다 더 적게 증가하였다.

40　도표분석능력　자료의 수치 분석하기

| 정답 | ②

| 해설 | 전북은 3천 ha가 감소하여, 1천 ha가 감소한 충북보다 더 넓은 면적이 감소하였으나, 증감률을 계산해 보면 충북이 $\frac{33-34}{34} \times 100 ≒ -2.94(\%)$로, $\frac{112-115}{115} \times 100 ≒ -2.61(\%)$인 전북보다 감소율이 더 크다.

| 오답풀이 |
① 20X2년 총생산량이 전년보다 감소한 지역은 강원을 제외한 전 지역이며, 동일 지역에서 10a당 생산량 역시 전년보다 감소한 것을 알 수 있다.
③ 총생산량과 총재배면적이 모두 천 톤과 천 ha 단위로 제시되어 있으므로 총생산량을 총재배면적으로 나누면 ha당 쌀 생산량을 알 수 있다. 따라서 ha당 쌀 생산량이 5톤 미만인 지역은 4.84톤/ha인 경기와 4.85톤/ha인 전남 2곳이다.
④ 벼 재배면적과 단위 면적당 쌀 생산량은 무관하다.

41　사고력　스캠퍼 기법 이해하기

| 정답 | ①

| 해설 | 1인 가구 증가에 따라 가전제품의 크기를 소형으로 바꾼 것은 '적용'이 아닌 '확대/축소'에 해당한다.

| 오답풀이 |
② 복합기는 복사기, 팩스기, 스캐너, 프린터 등의 기능을 결합하여 탄생한 제품이다.
③ 글씨를 쓰는 연필을 지문 채취라는 다른 용도로 사용한 사례이다.
④ 마우스와 컴퓨터 사이를 연결하는 케이블을 제거한 사례이다.

42　사고력　명제 판단하기

| 정답 | ①

| 해설 | 세 번째와 두 번째 명제를 정리하면 다음과 같다.
• ~물리 → ~생물
• ~생물 → ~지구과학

따라서 이를 삼단논법으로 연결하면 '~물리 → ~지구과학'이므로 '물리를 못하는 사람은 지구과학도 못한다'는 결론을 얻을 수 있다.

| 오답풀이 |
②, ③ 화학을 잘하는 사람과 지구과학 또는 생물을 잘하는 사람과의 논리관계는 제시된 명제들을 통해 참인지 거짓인지 알 수 없다.
④ 세 번째 명제의 역이므로 항상 참인 것은 아니다.

43　사고력　명제 판단하기

| 정답 | ④

| 해설 | 세 번째 명제의 대우는 '단체줄넘기에 참가한 사람은 박 터트리기에 참가하지 않는다'가 된다. 따라서 소라가 단체줄넘기에 참가했다면 박 터트리기에 참가하지 않으며 2인 3각 참가 여부는 알 수 없다.

| 오답풀이 |
① 첫 번째 명제의 대우와 세 번째 명제를 통해 참인 것을 파악할 수 있다.
② 첫 번째 명제의 대우를 통해 참인 것을 파악할 수 있다.
③ 세 번째 명제의 대우를 통해 참인 것을 파악할 수 있다.

44 사고력 조건을 바탕으로 추론하기

| 정답 | ③

| 해설 | 조건에 따라 가능한 입주 형태는 다음과 같다.

구분	형태 1	형태 2	형태 3	형태 4
5층	무	갑	갑	정
4층	정	정	을	갑
3층	갑	무	무	을
2층	을	을	정	무
1층	병	병	병	병

정은 갑보다 낮은 층에 위치한 을과 2층 차이가 나면서 병보다 층수가 높으므로 3층에 있을 수 없고, 을과 정, 갑과 무의 층수 차이가 동일하면서 병이 정보다 층수가 낮으려면 병은 1층에 입주해야 한다. 따라서 3층에 입주할 수 없는 업체는 병과 정이다.

45 사고력 비판적 사고 이해하기

| 정답 | ②

| 해설 | 사회적 규범으로 정해진 바를 비판적으로 생각하여 편견을 알아낼 수 있는 기회를 제공한 A 교사는 학생들에게 비판적 사고력을 심어 주고자 한 것으로 볼 수 있다. 비판적 사고는 어떤 주제나 주장 등에 대해서 적극적으로 분석하고 종합하며 평가하는 능동적인 사고로, 이를 개발하기 위해서는 지적 호기심, 객관성, 개방성, 융통성, 지적 회의성, 지적 정직성, 체계성, 지속성, 결단성, 다른 관점에 대한 존중과 같은 태도가 요구된다.

46 사고력 조건을 바탕으로 추론하기

| 정답 | ②

| 해설 | 배낭여행을 2명이 가야 하므로 무는 반드시 배낭여행을 가야 한다. 만약 갑이 배낭여행을 가지 않는다면 남은 한 사람은 을인데, 이 경우 세 번째 조건에 어긋난다. 따라서 배낭여행을 가는 사람은 갑과 무이다.

| 오답풀이 |
① 두 번째 조건과 네 번째 조건에 어긋난다.
③ 두 번째 조건에 어긋난다.
④ 네 번째 조건에 어긋난다.

47 사고력 조건을 바탕으로 날짜 추론하기

| 정답 | ④

| 해설 | 조건에 따라 면담을 계획하면 다음과 같다.

구분	월요일	화요일	수요일	목요일	금요일
오전	여자 주임	남자 주임	남자 대리	남자 과장	X
오후	여자 주임	여자 대리	여자 대리	여자 대리	여자 과장

따라서 여자 과장은 금요일 오후에 면담하게 된다.

48 사고력 조건을 바탕으로 추론하기

| 정답 | ①

| 해설 | 제시된 조건을 참고해 확정된 조건을 표시하면 다음과 같다.

구분	갑	을	병	정	무
신발	운동화				
바지			청바지	반바지	레깅스

운동화를 신은 2명이 반바지와 레깅스를 입었다고 했으므로, 무의 신발은 운동화이다. 운동화를 신은 사람은 2명이므로 반바지를 입고 운동화를 신은 사람은 갑이 된다.

구분	갑	을	병	정	무
신발	운동화				운동화
바지	반바지		청바지	반바지	레깅스

슬리퍼를 신은 사람은 운동복을 입었다고 했으므로, 을이 슬리퍼를 신고 운동복을 입었음을 알게 된다.

구분	갑	을	병	정	무
신발	운동화	슬리퍼	구두or샌들	샌들or구두	운동화
바지	반바지	운동복	청바지	반바지	레깅스

따라서 병은 운동화를 신지 않았다.

49 문제처리능력 자료를 바탕으로 추론하기

| 정답 | ②

| 해설 | X 제품은 A 제품의 가격이 오를 때 제품 판매상의 수입이 감소하였다고 하였으므로 수요가 감소했음을 알 수 있다. 따라서 보완재 관계에 있는 것이 된다. 반대로 B 제품의 가격이 오를 때 X 제품의 수요가 증가하였으므로, B

제품과는 대체재 관계에 있는 것이 된다.

| 오답풀이 |

① A 제품이나 B 제품의 가격 변동에 따라 해당 제품의 수요가 얼마나 변하는지에 대한 정보가 주어지지 않았으므로 수요의 가격 탄력성이 얼마인지 알 수 없다.

③ Z 제품은 A, B 제품과 독립재 관계에 있으므로 교차 탄력성은 0이 된다.

④ X 제품은 B 제품과 대체재 관계에 있으므로, 어떤 두 재화가 대체재 관계에 있다면 수요의 교차 가격 탄력성은 양의 값으로 나온다.

50 문제처리능력 자료 이해하기

| 정답 | ④

| 해설 | 냉장·냉동 시설·설비관리 분야에서는 내부의 온도 관리가 중요하며 외부에서 관찰할 수 있도록 센서 부착을 해야 한다고 제시되어 있다. 위생관리 분야 역시 작업장의 온도관리가 중요하다는 점을 설명하고 있으므로 두 분야 모두 온도관리가 필수이다.

| 오답풀이 |

① 냉장, 냉동 시설, 설비는 제품의 온도관리에 중요한 설비로 이전 공정으로부터 신속하게 이어질 수 있는 위치에 설치되는 것이 유리하다.

② 온도를 낮게 유지해야 하는 냉동 시설의 온도 감응 장치의 센서는 온도가 가장 높게 측정되는 곳에 위치되어야 한다.

③ 외부와 연결되어 있는 흡·배기구에는 필터, 방충망 등을 설치하여 가동 중 및 미가동 시에 들어올 수 있는 해충을 차단·관리할 수 있어야 한다고 설명되어 있으므로 필터나 방충망 등은 항상 부착되어 있어야 한다.

51 문제처리능력 자료를 분석하여 대책 마련하기

| 정답 | ②

| 해설 | 문제의 핵심은 도농 간 학력 격차가 코로나19로 인해 더욱 벌어졌다는 사실이다. 제시된 글에 따르면 코로나 기간 동안 도시 아이들의 학업성취도는 비교적 덜 떨어진 반면 학습 환경이 부족한 농촌 아이들의 학업성취도는 비교적 더 많이 감소한 것으로 나타났다. 따라서 농촌 아이들의 학업수준에 대한 지원 내용이 해결책으로 제시되어야 한다.

52 문제처리능력 자료를 바탕으로 추론하기

| 정답 | ④

| 해설 | 프리랜서가 안정성을 확보하기 위해서는 지속적인 일감이 확보될 수 있도록 자신의 실력을 갖추는 것이 가장 중요하다.

| 오답풀이 |

① 프리랜서는 고정된 일감이 있는 것이 아니므로 인맥관리를 통해 지속적인 일감을 확보하는 것이 중요하다.

② 프리랜서 계약 상태라도 1년 이상 일반 노동자처럼 일했다면 퇴직금을 받을 수 있다.

③ 매년 국세청에 신고하는 소득이 있더라도 재직 상태가 애매해 신용등급에 관계없이 은행에서 대출을 받기가 매우 까다로워진다.

53 문제처리능력 자료 해석하기

| 정답 | ④

| 해설 | 정기 조사·평가 점수의 백분율이 85% 미만에서 70% 이상인 경우에는 연 1회 이상 정기 조사·평가 및 연 1회 이상 기술지원을 실시해야 하나, D 업소는 학교 집단급식소 납품 업소이므로 연 2회 이상 정기 조사·평가 및 연 1회 이상 기술지원을 실시해야 한다.

| 오답풀이 |

① 정기 조사·평가 점수의 백분율이 95% 이상인 경우에는 2년간 정기 조사·평가가 면제되나, 신선편의식품 취급 업소는 해당 면제 사항이 적용되지 않는다.

② 정기 조사·평가 점수의 백분율이 95% 미만에서 90% 이상인 경우에는 1년간 정기 조사·평가가 면제되나, 배추김치 취급 업소이므로 언급된 면제 사항이 적용되지 않으며, 연 1회 기술지원 실시의 의무가 주어지지는 않는다.

③ 정기 조사·평가 점수의 백분율이 90% 미만에서 85% 이상인 경우에는 취급 식품에 관계없이 연 1회 이상 정기 조사·평가를 실시해야 하며, 연 1회 이상 기술지원 실시의 의무가 주어지지는 않는다.

54 경영이해능력 | SWOT 분석 활용하기

| 정답 | ③

| 해설 | 네트워크와 유통망이 다양한 것은 자사의 강점(S)이며 이를 통하여 심화되고 있는 유럽 업체와의 경쟁을 우회(T)하여 돌파할 수 있는 전략은 주어진 환경에서 적절한 ST 전략이라고 볼 수 있다.

| 오답풀이 |
① 세제 혜택(O)을 통한 환차손 리스크 회피 모색(T)은 SO 전략이 아니다.
② 해외 조직의 운영 경험(S)을 살려 업무 효율성을 벤치마킹(W)하는 것은 WO 전략이 아니다.
④ 해외 진출 경험으로 축적된 우수 인력(S) 투입으로 업무 누수를 방지(W)하는 것은 WT 전략이 아니다.

55 업무이해능력 | 부서별 업무 파악하기

| 정답 | ①

| 해설 | 기획팀은 경영 목표 및 전략 수립, 조정 관련 업무 등을 담당하며, 총무팀은 문서 및 직인 관리, 집기비품 및 소모품의 구입과 관리, 복리후생 업무 등을 담당한다. 따라서 ①이 가장 적절하다.

보충 플러스+

- 인사팀 : 조직기구 개편 및 조정, 인력수급계획 및 관리 등을 담당
- 회계팀 : 재무상태 및 경영실적 보고, 결산 관련 업무 등을 담당
- 영업팀 : 판매방침 및 계획, 판매예산 편성, 시장조사 등을 담당

56 조직이해능력 | 조직의 유형별 특징 이해하기

| 정답 | ③

| 해설 | △△농협이 개편하려고 하는 조직은 여러 계열사가 보유한 부문들로 구성된 새로운 조직체를 기존 조직구조에 더하여 업무를 수행하는 이중적 구조로, 이는 매트릭스조직에 해당한다.

57 경영이해능력 | ESG 경영 이해하기

| 정답 | ③

| 해설 | ESG 경영은 환경(Environmental), 사회(Social), 지배구조(Governance)의 영문 첫 글자를 조합한 단어로, 기업 경영에서 지속가능성을 달성하기 위한 3가지 핵심 요소가 포함된 개념이다. 기업의 지속적인 성장 및 생존과 직결되는 핵심가치들로, ESG를 구성하는 세부 요소들은 다음과 같다.

- 환경 : 기후변화 및 탄소배출, 환경오염 및 환경규제, 생태계 및 생물 다양성
- 사회 : 데이터 보호 및 프라이버시, 인권, 성별 평등 및 다양성, 지역사회 관계
- 지배구조 : 이사회 및 감사위원회 구성, 뇌물 및 반부패, 기업윤리

제시된 글에는 NH농협은행의 온실가스 배출권거래제 할당 업체 금융지원으로 온실가스 감축에 기여한 점, 사회적 책임경영을 강화하겠다는 의지, 기업윤리를 확립하여 뇌물 및 부패사건 등을 완전 근절하겠다는 계획 등이 드러나 있으므로 이를 통해 ESG의 의미를 짐작할 수 있다.

58 업무이해능력 | 스마트워크 이해하기

| 정답 | ②

| 해설 | 스마트워크를 통해 사무실 근무를 떠남으로써 강압적이고 통제적인 분위기가 없어지게 될 것이며, 그에 따라 근무의 자율성이 보장되므로 창의성 발휘가 더욱 용이해질 것으로 볼 수 있다.

| 오답풀이 |
④ 컴퓨터 이용이 가능한 곳이라면 어디든 근무지가 될 수 있어 근로자들은 항상 근무대기 상태에 놓이게 될 수도 있다.

59 체제이해능력 | 조직문화혁신 단계 이해하기

| 정답 | ①

| 해설 | 가장 빨리 개선해야 할 조직문화는 집단문화가 아닌 위계질서에 입각한 권위적 문화이다.

| 오답풀이 |

② 직장인의 대부분이 본인이 속한 조직이 건강하지 못한 것 같다고 평가하였으며 '조직 건강도'를 해치는 가장 근본적인 원인으로는 '불명확한 업무지시'와 '권위적인 분위기'를 꼽았다. 따라서 일방적이고 불명확한 업무 지시는 조직문화의 시급한 개선항목이다.

60 경영이해능력 | 경영 과제 파악하기

| 정답 | ①

| 해설 | 링겔만 효과는 집단 속에 참여하는 개인의 수가 늘어갈수록 성과에 대한 1인당 공헌도가 오히려 떨어지는 현상을 말한다. 이는 개인에게 모든 책임과 권한이 주어질 때보다 다수 중의 한 사람으로 있을 때 자신의 능력을 덜 발휘하는 것을 말한다. 따라서 이러한 것을 방지하기 위한 방법은 개인이 다수에 속할 때에도 자신에게 모든 책임이 주어진다고 생각하는 주인의식을 갖는 것이다.

3회 기출예상문제   문제 498쪽

01	③	02	②	03	②	04	③	05	④
06	②	07	⑤	08	②	09	①	10	⑤
11	④	12	⑤	13	④	14	③	15	④
16	②	17	④	18	①	19	③	20	②
21	④	22	④	23	⑤	24	②	25	①
26	①	27	③	28	⑤	29	③	30	⑤
31	②	32	①	33	①	34	④	35	③
36	⑤	37	⑤	38	③	39	②	40	③
41	⑤	42	⑤	43	①	44	⑤	45	③
46	②	47	①	48	③	49	③	50	③
51	①	52	②	53	③	54	⑤	55	③
56	③	57	④	58	④	59	②	60	③
61	④	62	⑤	63	⑤	64	④	65	①
66	④	67	②	68	③	69	③	70	④

01 문서작성능력 | 유의어 파악하기

| 정답 | ③

| 해설 | '시나브로'는 '모르는 사이에 조금씩 조금씩'을 의미한다. 따라서 '차례를 따라 조금씩'을 의미하는 '점차'와 유의어 관계이다.

| 오답풀이 |

① 결국 : 일이 마무리되는 마당이나 일의 결과가 그렇게 돌아감을 이르는 말
② 항상 : 언제나 변함없이
④ 우연히 : 어떤 일이 뜻하지 아니하게 저절로 이루어져 공교롭게
⑤ 조만간 : 앞으로 곧

02 문서작성능력 | 유의어 파악하기

| 정답 | ②

| 해설 | '유랑'은 '일정한 거처가 없이 떠돌아다님'이라는 의미이며, '난봉'은 '주색이나 잡기 따위의 허랑방탕한 짓, 또는 그런 짓을 하는 사람'을 일컫는 말이다. 따라서 두 어휘

는 유의어 관계라고 볼 수 없다.
|오답풀이|
① '양성'과 '육성'은 모두 '가르쳐서 유능한 사람을 키워 냄'을 의미한다.
③ '전환'과 '변환'은 모두 '다른 방향이나 다른 상태로 바꿈'을 의미한다.
④ '위축'과 '축소'는 '주로 경기나 시세 따위가 약세로 돌거나 활성화되지 못함'을 의미한다.
⑤ '추세'와 '경향'은 모두 '어떤 현상이 일정한 방향으로 나아가는 것'을 의미한다.

03 문서작성능력 문맥에 맞는 어휘 고르기

|정답| ②

|해설| • 제공(提供) : 무엇을 내주거나 갖다 바치다.
• 개시(開始) : 행동이나 일 따위를 시작하다.
|오답풀이|
• 제시(提示) : 어떠한 의사를 말이나 글로 나타내어 보이다.
• 마감 : 하던 일을 마물러서 끝내거나 또는 그런 때
• 선포(宣布) : 세상에 널리 알리다.

04 문서작성능력 단어의 관계 파악하기

|정답| ③

|해설| • 장보고 : '통일신라' 흥덕왕 때 장보고가 해상권을 장악한 후 청해진을 설치하고 중국, 일본과 무역을 했다.
• 서라벌 : 서라벌은 오늘날 경주의 옛 이름이며, 신라 · 통일신라'의 수도이다.
• 9주 5소경 : '통일신라'시대의 지방 행정 제도이다.
• 불국사 : 경상북도 경주시 토함산 기슭에 있는 '통일신라'의 대표적 사찰이다.

05 문서작성능력 단어의 관계 파악하기

|정답| ④

|해설| • 온실가스 : 온실효과를 유발하여 지표온도를 상승시킬 수 있는 온실가스 중에는 이산화'탄소', 염화불화'탄소' 등이 있다.
• 연필심 : 흑연으로 만들며, 흑연의 성분은 '탄소'이다.
• 유기물 : 자연적이고 공학적인, 육상과 수생 환경에서 발견되는 '탄소' 기반 화합물의 대규모 조직을 가리킨다.

06 문서작성능력 단어의 관계 파악하기

|정답| ②

|해설| 모나코는 유럽의 프랑스 남동부 지중해에 위치한 입헌군주제 국가이다.
|오답풀이|
① 그리스 : 정식 명칭은 그리스 공화국(Hellenic Republic)으로, 유럽 남동부 발칸 반도의 교차점에 위치해 유럽과 지중해의 특성을 모두 가지고 있다.
③ 프랑스 : 유럽 대륙의 서부, 지중해와 대서양 사이에 위치한다. 절대왕정과 제정, 공화정을 반복하다가 1871년 공화정부 수립 이후 오늘에 이른다.
④ 이탈리아 : 유럽 중남부의 반도국가로, 지중해 연안 이탈리아 반도에 위치한다. 1946년 왕정을 폐지하고 공화정을 도입했다.
⑤ 크로아티아 : 지중해와 남동부 유럽을 연결하는 지점에 위치한 국가로 정치 체제는 공화제이다.

07 문서이해능력 세부 내용 이해하기

|정답| ⑤

|해설| WHO가 정한 초미세먼지 연평균 농도 권고기준은 $1m^3$당 10마이크로그램, EPA 권고 기준은 12마이크로그램이다. 한국은 오랫동안 25마이크로그램을 유지해 오다 15마이크로그램으로 기준을 변경했다.
|오답풀이|
① 첫 번째 문단의 두 번째 문장에서 알 수 있다.
② 세 번째 문단의 '그 뒤부터는 추가 증가세 없이 비슷한 발병 위험 수준을 유지했다'를 통해 알 수 있다.
③ 세 번째 문단의 마지막 문장에서 알 수 있다.
④ 네 번째 문단에서 알 수 있다.

08 문서작성능력 빈칸에 들어갈 내용 판단하기

| 정답 | ②

| 해설 | ⊙의 앞부분은 당뇨병의 위험을 구체적으로 밝힌 대규모 연구를 통해 세계보건기구(WHO)나 미국 환경청(EPA) 등이 권고한 '안전한' 환경 기준보다 낮은 농도에서도 당뇨병 발병 위험이 높아지는 것이 드러났다는 내용이다. 따라서 기존의 환경 초미세먼지 농도를 보다 엄격하게 관리해야 한다는 주장을 뒷받침하는 '힘이 실리고 있다'가 가장 적절하다.

09 문서작성능력 빈칸에 알맞은 단어 찾기

| 정답 | ①

| 해설 | ⓒ에 공통적으로 들어갈 단어로 적절한 것은 '수준이나 정도를 더 높인다'는 뜻의 '강화(强化)'이다.

10 문서이해능력 안내문 이해하기

| 정답 | ⑤

| 해설 | 계약 기간이 종료되어도 임대인이 보증금을 반환해 주지 않을 경우, 변제우선순위를 유지하기 위하여 임차권 등기명령을 받아 등기부에 등재된 것을 확인한 후 이사를 하는 것이 좋은 방법이다.

11 문서작성능력 표현의 오류 여부 파악하기

| 정답 | ④

| 해설 | '묵시적 갱신'은 미리 임대나 임차를 그만두겠다는 의사를 표시하지 않고 가만히 있는 것을 말한다. 이는 「주택임대차보호법」에 사용되는 공식 어휘로 적절한 표현이다.

| 오답풀이 |

① 우선변재권 → 우선변제권

② 신속이 → 신속히

③ 문맥상 이미 지불된 상황에서 최종 잔금을 지불하고 계약을 맺기 전에 확인하는 사항에 대한 언급이므로 '계약금'이 아닌 '보증금'이 적절한 표현이다.

⑤ '해지'는 계약 기간이 만료되어 계약이 종료되는 것을 의미하며 '해제'는 소급하여 원래부터 없던 일로 되돌린 다는 의미이므로 이 경우 '해제'가 아닌 '해지'가 적절한 표현이다.

12 문서이해능력 세부 내용 이해하기

| 정답 | ⑤

| 해설 | 사회적 농업이란 농업이 갖고 있는 여러 가지 장점을 활용하여 노인이나 장애인 같은 사회 취약계층에게 교육 및 고용 그리고 돌봄·서비스 등을 제공하는 사업을 의미한다. 제시된 글에서도 엿볼 수 있듯이 암에 걸린 환자들이 기거하는 요양농장이나 장애인이 일을 할 수 있는 협력농장 또는 어린이에게 재미있는 농사를 지도하는 체험학교 등 농업의 가치를 사회적으로 활용하는 사업을 사회적 농업이라 부른다.

13 문서이해능력 케어팜의 의미 파악하기

| 정답 | ④

| 해설 | 제시된 글에 케어팜이 농촌의 농산물 판매에도 기여하고 있다는 언급은 없다.

| 오답풀이 |

① 치매 노인을 위한 케어팜이 특히 요양원의 대안으로 부상하고 있다고 언급되어 있다.

② 자연과의 교감을 통한 다양한 체험 제공은 케어팜의 주된 활동 내역이다.

③ 노인, 어린이뿐 아니라 정신적 장애를 앓고 있는 자폐아나 마약과 알코올 그리고 게임에 빠진 환자 등 그 범위가 다양해지고 있는 추세다.

⑤ 케어팜은 정신과 육체의 질병을 치유하는 새로운 개념의 시니어 비즈니스라고 소개하며 대상 환자의 범위도 다양해지는 추세라고 하였으므로 의료적 방면에서도 유용한 사업이라고 할 수 있다.

14 문서작성능력 문맥에 맞게 문단 배열하기

| 정답 | ③

| 해설 | 제시된 글은 농업 투자 설명회를 활성화해야 한다고 주장한다. (나)에서는 이러한 주장을 위한 대략적인 방안으로 '다양한 정보 전달'을 해결책으로 제시한다. (가)에서

는 정보력이 약한 농업 경영체나 예비 창업농이 투자에 필요한 설명 자료를 효과적으로 작성하여야 한다는 점을, (다)에서는 (나)에서 언급한 바를 실행하기 위한 구체적인 방안으로 투자 설명회를 제시하였다. 따라서 (나)-(가)-(다) 순이 가장 적절하다.

15 문서이해능력 글의 제목 찾기

|정답| ④

|해설| 제시된 글에서는 광동 상인의 활동 초기 특징과 함께 상해에서의 활약상을 간략히 소개하고 있다. 따라서 글의 내용을 모두 포함할 수 있는 제목으로는 중국의 개항장이었던 상해를 광동 상인이 선점하였다는 내용이 적절하다.

|오답풀이|
① 광동 상인의 매판적인 특성을 부정적으로 묘사하는 의도의 글은 아니다.
② 광동 상인과 청조의 협력을 통해 탄생한 상해의 기업은 당시 광동 상인들의 일부 단면을 소개한 내용에 지나지 않는다.
③ 당시의 조선이나 일본 등으로 진출하는 광동 상인의 모습이 그려지지는 않았다.
⑤ 글의 중심은 광동 상인이 상해 발전의 원동력이었다는 사실보다 광동 상인 자체에 더 집중되어 있다.

16 기초연산능력 수의 규칙 찾기

|정답| ②

|해설| '좌측의 수×3+1=우측의 수'의 규칙이 적용되고 있다.
- $3 \times 3 + 1 = 10$
- $10 \times 3 + 1 = 31$
- $31 \times 3 + 1 = (\ )$
- $(\ ) \times 3 + 1 = 283$
- $283 \times 3 + 1 = 850$

따라서 빈칸에 들어갈 숫자는 $31 \times 3 + 1 = 94$이다.

17 기초연산능력 문자의 규칙 찾기

|정답| ④

|해설| 각 네모 칸의 세 개의 알파벳은 A ~ Z까지 알파벳의 역순으로 두 글자 건넌 다음 나오는 알파벳이 우측에 위치하는 규칙이 적용되어 있다.
- Y→X→W→V→U→T→S
- K→J→I→H→G→F→E
- Q→P→O→N→M→L→K
- L→K→J→I→H→G→F

따라서 빈칸에 들어갈 문자는 F이다.

18 기초연산능력 문자의 규칙 찾기

|정답| ①

|해설| 먼저 A부터 Z까지의 알파벳을 1부터 26까지의 숫자에 대입하여 계산해 본다. 다음과 같은 표를 만들면 첫 번째 알파벳에 해당하는 숫자에서 중간에 있는 수를 뺀 값의 숫자에 해당하는 알파벳이 마지막에 위치함을 알 수 있다.

1	2	3	4	5	6	7	8	9	10	11	12	13
A	B	C	D	E	F	G	H	I	J	K	L	M

14	15	16	17	18	19	20	21	22	23	24	25	26
N	O	P	Q	R	S	T	U	V	W	X	Y	Z

- S8K : S는 19에 해당하므로 19-8=11이 되어 11에 해당하는 K가 마지막에 위치한다.
- G4C : G는 7에 해당하므로 7-4=3이 되어 3에 해당하는 C가 마지막에 위치한다.
- P2N : P는 16에 해당하므로 16-2=14가 되어 14에 해당하는 N이 마지막에 위치한다.
- V10L : V는 22에 해당하므로 22-10=12가 되어 12에 해당하는 L이 마지막에 위치한다.

따라서 R은 18에 해당하므로 18-5=13이 되어 13에 해당하는 M이 마지막에 위치해야 한다.

19 기초연산능력 방정식 활용하기

|정답| ③

|해설| 기존 삼각형의 밑변의 길이를 $x$cm, 높이를 $y$cm라고 하면, 조건에 의해서 다음과 같은 방정식이 성립한다.

$\frac{1}{2} \times (x+1) \times (y-3) = 0.85 \times \frac{1}{2} \times x \times y$ ········ ㉠

$\frac{1}{2} \times (x-4) \times 1.2y = 0.9 \times \frac{1}{2} \times x \times y$ ············ ㉡

㉡을 풀면, $1.2xy - 4.8y = 0.9xy$

$0.3x = 4.8$

∴ $x = 16$(cm)

x의 값을 ㉠에 대입하여 ㉠을 풀면, $17(y-3) = 13.6y$

$3.4y = 51$

∴ $y = 15$(cm)

따라서 처음 삼각형의 면적은 $\frac{1}{2} \times 16 \times 15 = 120$(cm^2)이다.

20 기초연산능력 일률 계산하기

|정답| ②

|해설| 전체 일의 양을 1이라 하면 하루 동안 장 대리가 하는 일의 양은 $\frac{1}{18}$, 박 차장이 하는 일의 양은 $\frac{1}{30}$이다. 장 대리가 일을 한 기간을 x일이라 하면 다음과 같은 식이 성립한다.

$\frac{1}{18}x + \frac{1}{30}(22-x) = 1$

$5x + 3(22-x) = 90$

∴ $x = 12$(일)

따라서 장 대리가 일을 한 기간은 12일이다.

21 기초연산능력 부등식 활용하기

|정답| ④

|해설| • 식품 A : a번째 검사 때 식품 A의 대장균 수는 (2×2^a)마리/cc이므로 다음과 같은 식이 성립한다.

$2 \times 2^a \geq 1,000$

$2^{a+1} \geq 1,000$

따라서 9번째 검사부터 1,000마리/cc 이상의 대장균이 검출된다.

• 식품 B : b번째 검사 때 식품 B의 대장균 수는 (1×2^b)마리/cc이므로 다음과 같은 식이 성립한다.

$1 \times 2^b \geq 800$

따라서 10번째 검사부터 800마리/cc 이상의 대장균이 검출된다.

• 식품 C

c번째 검사 때 식품 C의 대장균 수는 (3×2^c)마리/cc이므로 다음과 같은 식이 성립한다.

$3 \times 2^c \geq 700$

$2^c \geq 233.33 \cdots$

따라서 8번째 검사부터 700마리/cc 이상의 대장균이 검출된다.

따라서 식품이 상하는 순서는 C-A-B이다.

22 기초연산능력 방정식 활용하기

|정답| ④

|해설| 1차 시험에 합격한 지원자 중 남자의 수를 x명, 여자의 수를 y명이라 하면, 2차 시험에 합격한 남자의 수는 $63 \times \frac{3}{7} = 27$(명), 여자의 수는 $63 \times \frac{4}{7} = 36$(명)이므로,

$x : y = 4 : 3$

$(x-27) : (y-36) = 17 : 12$이 성립한다.

이 식을 정리하면,

$3x = 4y$ ·················· ㉠

$12x - 17y = -288$ ············ ㉡

이고, ㉠을 ㉡에 대입하면

$y = 288, x = 384$가 된다.

따라서 1차 시험에 합격한 지원자의 수는 $384 + 288 = 672$(명)이고, 2차 시험에 불합격한 지원자의 수는 $672 - 63 = 609$(명)이다.

23 기초통계능력 확률 계산하기

|정답| ⑤

|해설| 최 대리와 강 사원 중 어느 한 명이라도 식사 당번에 포함될 확률은 전체 확률에서 두 명 모두 식사 당번이 아닐 확률을 빼면 구할 수 있다.

두 명 모두 식사 당번이 아닐 확률은 첫 번째와 두 번째 모두 식사 당번이 아닌 종이를 꺼낼 확률이 되므로 $\frac{7}{11} \times \frac{6}{10} = \frac{21}{55}$ 이 된다. 따라서 최 대리와 강 사원 중 어느 한 명이라도 식사 당번에 포함될 확률은 $1 - \frac{21}{55} = \frac{34}{55}$ 이다.

24 기초통계능력 평균을 바탕으로 인원수 구하기

|정답| ②

|해설| A 씨를 제외한 인사팀 인원을 x명이라 하면 다음과 같은 식이 성립한다.

$$\frac{34x + 26}{x + 1} = 34 - 2$$

$$34x + 26 = 32(x + 1)$$

$$\therefore x = 3(명)$$

따라서 인사팀의 인원은 A 씨를 포함하여 $3+1=4$(명)이다.

25 기초연산능력 계약 페널티 계산하기

|정답| ①

|해설| 8억 원 계약에 대한 페널티는 $80,000 \times 0.01 = 800$(만 원)이므로 가산금은 $800 \times 0.2 = 160$(만 원)이다.

|오답풀이|

② 10억 원 계약에 대한 페널티는 1,500만 원이고, 체납된 납부금은 $1,500 \div 2 = 750$(만 원)이므로 내야 할 돈은 $750 + (750 \times 0.2) = 900$(만 원)이다.

③ 90억 원 계약에 대한 페널티는 $1,500 + (800,000 \times 0.04) = 33,500$(만 원)이고, 체납된 납부금은 $33,500 - 30,000 = 3,500$(만 원)이므로 가산금은 $3,500 \times 0.2 = 700$(만 원)이다.

④ 200억 원 계약에 대한 페널티는 $4 + (100 \times 0.1) = 14$(억 원)이고, 체납된 납부금은 $14 - 12 = 2$(억 원)이므로 내야 할 돈은 $2 + (2 \times 0.2) = 2.4$(억 원)이다.

⑤ 200억 원 계약에 대한 페널티는 $4 + (100 \times 0.1) = 14$(억 원)이고, 체납된 납부금은 그 절반인 7(억 원)이므로 가산금은 $7 \times 0.2 = 1.4$(억 원)이다.

26 도표분석능력 승진시험 결과 분석하기

|정답| ①

|해설| • A : 정답을 맞힌 문항 수를 a개라 하면 답을 기입하였지만 정답이 아닌 문항 수가 $(a-6)$개이므로 다음과 같은 식이 성립한다.

$$\frac{a}{a + (a-6)} \times 100 = 65$$

$$100a = 65(2a - 6)$$

$$\therefore a = 13(개)$$

• B : 정답을 맞힌 문항 수를 b개라 하면 답을 기입하였지만 정답이 아닌 문항 수가 $(b-5)$개이므로 다음과 같은 식이 성립한다.

$$\frac{b}{b + (b-5)} \times 100 = 77.8$$

$$100b = 77.8(2b - 5)$$

$$\therefore b ≒ 7(개)$$

• C : 정답을 맞힌 문항 수를 c개라 하면 답을 기입하였지만 정답이 아닌 문항 수가 $(c-4)$개이므로 다음과 같은 식이 성립한다.

$$\frac{c}{c + (c-4)} \times 100 = 62.5$$

$$100c = 62.5(2c - 4)$$

$$\therefore c = 10(개)$$

• D : 정답을 맞힌 문항 수를 d개라 하면 답을 기입하였지만 정답이 아닌 문항 수가 $(d-4)$개이므로 다음과 같은 식이 성립한다.

$$\frac{d}{d + (d-4)} \times 100 = 66.7$$

$$100d = 66.7(2d - 4)$$

$$\therefore d ≒ 8(개)$$

따라서 정답을 가장 많이 맞힌 사람은 A이다.

27 도표분석능력 | 자료의 수치 분석하기

| 정답 | ③

| 해설 | ○○시의 세입 중 가장 큰 비중을 차지하는 것은 지방세로, 20X0년에 31%, 20X1년에 28%, 20X2년에 25%를 차지하였다.

| 오답풀이 |
① 세외수입의 액수는 20X1년에 감소하였다가 20X2년에 증가하였다.
② 전년 대비 세입 증가액은 20X1년이 466,597-381,989 =84,608(억 원), 20X2년이 540,435-466,597=73,838 (억 원)으로 20X1년이 20X2년보다 많다.
④ 전체 세입에서 지방세가 차지하는 비중은 20X0년 31%, 20X1년 28%, 20X2년 25%로 계속 감소하였다.
⑤ 20X1년 지방교부세의 전년 대비 증가액은 70,000-52,000=18,000(억 원)으로 20X1년 국고보조금의 전년 대비 증가액인 109,430-93,514=15,916(억 원)보다 많다.

28 도표분석능력 | 자료의 수치 분석하기

| 정답 | ⑤

| 해설 | '도시근로자 가구 대비 농가의 소득비'는 농가의 1인당 소득 항목 값을 도시근로자 가구의 1인당 소득 항목 값으로 나누어 구한다. 이를 적용하여 다음과 같이 표로 정리할 수 있다.

(단위 : 천 원)

구분	도시근로자 가구		농가		$\frac{C}{A}$	$\frac{D}{B}$
	가구원 1인당 소득(A)	취업자 1인당 소득(B)	가구원 1인당 소득(C)	영농종사자 1인당 소득(D)		
2016	1,087	3,912	1,220	1,492	1.12	0.38
2018	2,446	7,916	2,777	2,847	1.14	0.36
2020	5,313	14,891	6,124	5,033	1.15	0.34
2021	6,808	19,001	7,395	5,045	1.09	0.27
2024	8,242	21,724	8,241	5,196	1.00	0.24

도시근로자 가구 대비 농가의 소득비$\left(\frac{C}{A}\right)$가 커질수록 농가의 소득이 증가하였음을 의미하며, 취업한 도시근로자 가구 대비 영농조사자의 소득비$\left(\frac{D}{B}\right)$ 또한 마찬가지이다. 따라서 가구원 1인당 소득비$\left(\frac{C}{A}\right)$는 2020년 1.15까지 증가하다가 이후 감소하였으며, 취업자(영농종사자) 1인당 소득비$\left(\frac{D}{B}\right)$의 경우 2016년 0.38 이후 지속적으로 감소한 것을 알 수 있다.

29 도표분석능력 | 자료의 수치 분석하기

| 정답 | ①

| 해설 | 재배면적의 증감률은 E 시가 D 시보다 높지만, 증가면적 자체는 18ha가 증가한 D 시가 16ha 증가한 E 시보다 많이 증가하였다.

| 오답풀이 |
② D 시는 57 → 51kg, E 시는 52 → 50kg로 D 시가 더 많이 감소하였다.
③ 10a당 생산량이 D 시가 더 많으므로 옳은 설명이다.
④ 자료를 통해 D, E 시 모두 전년 대비 20X8년의 재배면적은 증가하였으나 10a당 생산량은 감소하였음을 확인할 수 있다.
⑤ D, E 시 간의 10a당 생산량 격차는 20X7년 5kg에서 20X8년 1kg으로 작아졌다.

30 도표분석능력 | 자료의 수치 분석하기

| 정답 | ⑤

| 해설 | 20X8년 8개 시 참깨 재배면적의 합은 788ha로 전국의 약 2.7%에 해당한다.

| 오답풀이 |
① K 시와 C 시가 각각 10kg씩 감소하여 가장 큰 감소량을 보이고 있다.
② B 시의 20X7 ~ 20X8년 10a당 생산량의 평균은 (57+64)÷2=60.5(kg)으로 가장 높다.
③ B 시는 전년 대비 재배면적과 생산량의 증감률이 각각 42.9%, 58.3%로, B시가 가장 크게 변동되었다.
④ 20X8년의 참깨 재배면적과 생산량의 지역별 순위는 J, C 시에서 동일하지 않다. 재배면적은 C, J 시의 순이며, 생산량은 J, C 시의 순이다.

31 사고력 명제 판단하기

| 정답 | ②

| 해설 | 제시된 명제와 그 대우를 정리하면 다음과 같다.
- 닭고기 → 오리고기(~오리고기 → ~닭고기)
- 오리고기 → 소고기(~소고기 → ~오리고기)
- 소고기 → ~돼지고기(돼지고기 → ~소고기)
- 돼지고기 → ~양고기(양고기 → ~돼지고기)
- 양고기 → ~닭고기(닭고기 → ~양고기)

따라서 세 번째 대우, 두 번째 대우, 첫 번째 대우를 통해 '돼지고기 → ~닭고기'가 되어 돼지고기를 좋아하는 사람은 닭고기를 좋아하지 않음을 알 수 있다.

| 오답풀이 |
① 두 번째 대우, 첫 번째 대우에 따라 '~소고기 → ~닭고기'이다.
③, ④ 제시된 명제로는 참·거짓을 알 수 없다.
⑤ 두 번째, 세 번째 명제에 따라 '오리고기 → ~돼지고기'이다.

32 사고력 조건을 바탕으로 추론하기

| 정답 | ①

| 해설 | C가 제일 마지막에 서는 것은 F보다 C가 나중에 서는 경우로 네 번째 조건에 따라 맨 마지막에 B가 서야 하므로 가능하지 않다.

| 오답풀이 |
④ A-E-F-C-D-B 순으로 설 수 있다.
⑤ A-E-F-D-C-B 순으로 설 수 있다.

33 사고력 조건을 바탕으로 추론하기

| 정답 | ①

| 해설 | 다섯 번째 조건에 따라 혜미는 유미와 같은 차를 타게 된다. 차마다 팀장이 한 명씩 타고 있고, 두 번째 조건에서 각 차의 인원은 세 명을 넘길 수 없으므로, 팀원 혜미와 유미 그리고 을이 같이 타게 되면, 네 번째 조건에 따라 가장 인원이 작은 차는 갑의 차가 되고, 여섯 번째 조건에 따라 다미는 여기에 타지 않는다.

34 사고력 원탁에 자리 배치하기

| 정답 | ④

| 해설 | 먼저 조건에 나와 있는 선미와 시원이를 기준으로 자리를 배치하면 다음과 같은 네 가지 경우로 앉을 수 있다.

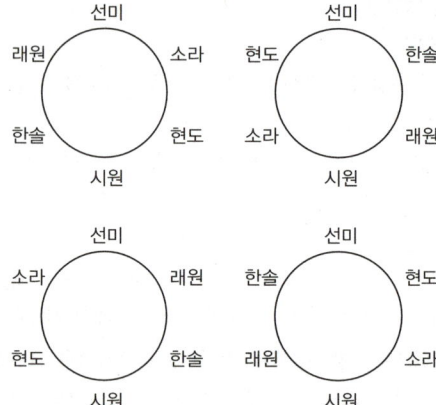

따라서 소라는 현도와 항상 이웃하여 앉는다.

35 사고력 진위 추론하기

| 정답 | ③

| 해설 | 을과 병의 진술이 상충하므로 둘 중 한 사람이 거짓말을 하고 있다.
- 을이 거짓말을 할 경우 : 을이 S 등급을 받았고 한 명만 거짓말을 한다는 조건과 다른 직원들의 진술에도 부합한다.
- 병이 거짓말을 할 경우 : 을은 S 등급을 받지 않았고 정의 진술에 따라 병이 S 등급을 받았다.

따라서 S 등급을 받을 수 있는 사람은 을과 병이다.

36 사고력 명제 판단하기

| 정답 | ⑤

| 해설 | 제시된 명제와 그 대우를 정리하면 다음과 같다.
- 트랙터 → 2인 가구(~2인 가구 → ~트랙터)
- 사과 → ~2인 가구(2인 가구 → ~사과)
- 복숭아 → 노인(~노인 → ~복숭아)
- ~노인 → ~트랙터(트랙터 → 노인)

그러나 복숭아를 재배하는 갑 마을 농민들이 트랙터를 갖고 있는지는 파악할 수 없다.

| 오답풀이 |
① 갑 마을의 농민들은 모두 사과 또는 복숭아를 재배하므로 세 번째 명제의 대우를 통해 반드시 사과를 재배함을 알 수 있다.
② 네 번째 명제의 대우를 통해 트랙터를 가진 갑 마을 농민들은 노인과 함께 산다는 것을 알 수 있다.
③ 두 번째 명제의 대우를 통해 2인 가구는 모두 복숭아를 재배함을 알 수 있고, 세 번째 명제를 통해 복숭아를 재배하는 갑 마을 농민들은 노인과 함께 산다는 것을 알 수 있다.
④ 두 번째 명제를 통해 사과를 재배하는 갑 마을 농민들은 2인 가구를 이루고 있고, 첫 번째 명제의 대우를 통해 2인 가구를 이루고 있지 않은 갑 마을 농민들은 트랙터를 가지고 있지 않음을 알 수 있다.

37 사고력 순서 유추하기

| 정답 | ②

| 해설 | 다섯 번째 조건에 의해 D가 3층에서 내리고, 네 번째 조건에 의해 E가 4~6층 중 한 층에서 내린다. 여섯 번째 조건에 따라 C와 E가 내리는 층의 차이가 3층이 되려면 4층, 7층에서 내리는 경우만 가능하므로 E가 4층, C가 7층에서 내린다. 세 번째 조건은 남은 5층과 6층에 각각 B와 A가 내릴 때 만족할 수 있다. 따라서 D-E-B-A-C의 순으로 내리면 모든 조건이 성립한다. 즉, A는 5층이 아닌 6층에서 내린다.

38 문제처리능력 자료 이해하기

| 정답 | ③

| 해설 | 대형 마트들은 낮은 마진을 보전하기 위해 낮은 시설투자비와 셀프서비스 등으로 점포의 운영비를 낮춘다고 하였다. 따라서 매장 인테리어에 중점 투자한다는 설명은 옳지 않다.

| 오답풀이 |
① 대형 마트는 유통시장의 개방과 외환위기를 겪으면서 점포 수와 매출액에서 매년 높은 증가율을 보였으므로 옳은 설명이다.
② 대형 마트는 대량구매와 대량진열, 저마진, 고회전, 셀프서비스, 최저 투자 등 생산 및 유통 구조를 합리화시켜 저가로 판매한다는 점이 특징이다. 이렇게 낮은 마진을 보전하기 위해 제한된 서비스와 낮은 시설투자비 등으로 점포의 운영비를 낮춘다고 하였다.
④ 백화점에 비해 상품의 다양성이 약하고 상품의 구성에 있어서도 고회전의 제품을 주로 취급한다고 하였다.
⑤ 대형 마트는 여러 물건들을 한 곳에 모아 놓아 소비자들이 제품들의 가격을 비교하고 필요한 물건들을 한 공간에서 구매할 수 있게 함으로써 이를 원하는 고객들을 유치하여 입지를 넓혀 왔다.

39 문제처리능력 문제해결 방안 도출하기

| 정답 | ②

| 해설 | 재래시장의 경쟁력 강화를 위해서는 화재와 붕괴의 위험성이 높은 기존 시장 구조물의 재건축을 위한 재정적, 제도적 지원이 필수적일 것이며, 믿음과 관습에 의존한 경영방식에서 탈피해 과감하고 새로운 경영기법을 도입할 필요가 있다. 또한 보편화된 POS 시스템을 설치하여 신용카드 거래를 활성화하여 소비자로부터 결제에 관한 신뢰를 회복하고 여러 전략을 통해 색다른 이미지를 구축할 필요가 있다. 그러나 대형 마트와의 차별화를 위한 고가 정책은 경쟁력을 더욱 약화시킬 수 있으며, 오히려 대형 마트의 장점을 적극적으로 수용하여 활용하는 방안이 필요하다고 볼 수 있다.

40 사고력 논리적 오류 이해하기

| 정답 | ③

| 해설 | 제시된 글을 통해 선언지 긍정의 오류는 포괄적인 의미로만 사용되고 배타적 선언명제에는 해당되지 않음을 알 수 있다. 배타적 선언명제는 주어진 선언지가 동시에 발생할 수 없는 경우이며, 이는 선언지 긍정의 오류에 해당하지 않는다.
ⓒ의 미술부원과 축구부원, ⓔ의 가수와 작곡가는 동시에 발생할 수 있기 때문에 포괄적 선언명제에 해당되어 선언지 긍정의 오류의 예가 될 수 있다.

| 오답풀이 |
㉠ 남자와 여자는 동시에 발생할 수 없는 배타적 선언명제이다.

ⓒ 서울과 설악산은 동시에 발생할 수 없는 배타적 선언명제이다.
ⓔ 경기에서 이긴 것과 비긴 것은 동시에 발생할 수 없는 배타적 선언명제이다.

41 문제처리능력 | 고객 문의 범주화하기

| 정답 | ⑤

| 해설 | 2, 6, 9번은 '회원정보', 3, 7, 10, 12번은 '주문결제', 1, 5, 11번은 '배송', 4, 8번은 '주문취소' 항목에 각각 해당하지만 '거래증빙서류'와 관련된 질문은 없다.

42 문제처리능력 | 카테고리 구분하기

| 정답 | ⑤

| 해설 | ⑤는 결제할 때 포인트 사용여부를 묻는 것이므로 '주문결제'에 대한 질문이다.

| 오답풀이 |
①, ②, ③, ④ '회원정보'와 관련된 질문이다.

43 문제처리능력 | 자료 이해하기

| 정답 | ①

| 해설 | 제시된 글 전반에 걸쳐 비가 많으면 복숭아 재배에 불리하다는 점이 반복되어 언급되었으므로 복숭아는 강우가 많지 않은 지역에서 재배해야 유리하다는 것을 알 수 있다.

| 오답풀이 |
② 백도계 복숭아는 본래 건조기후에 적합한 과수임에도 불구하고, 여름철 고온, 다습한 조건에서도 생육이 가능하고 결실도 좋은 편이라고 하였다. 반면, 유럽계 복숭아는 비가 적게 오는 지역에 적합하다고 하였다. 따라서 유럽계 복숭아가 백도계 복숭아보다 생육 조건이 더 까다롭다고 판단할 수 있다.
③ 여름에 비가 많이 오면 일조 부족으로 품질이 낮아지며, 병해 발생도 심하다고 하였다. 따라서 복숭아는 비가 적은 지역에서 재배하는 것이 품질 유지에 적합하다.
④ 복숭아 재배에 적합한 토양은 물 빠짐이 좋고 지하수위가 높지 않은 양토 또는 사양토이며, 우리나라 토양의 산도에서는 복숭아 재배가 잘된다고 설명하고 있다. 토양산도를 중성에 가깝게 유지하는 것은 무기성분의 흡수 이용 면에서의 필요성이며, 이것이 토양의 배수보다 더욱 중요한 복숭아 재배의 요건이라고 말하는 것은 아니다.
⑤ 비가 많이 오면 새 가지의 생장이 왕성하게 되어 오히려 양분 소모가 많아져 결국 생리적 낙과가 심하게 된다고 하였으므로 품질 좋은 복숭아를 수확할 수 있다는 설명은 적합하지 않다.

44 문제처리능력 | 자료 이해하기

| 정답 | ⑤

| 해설 | 제시된 글에서는 농업통상 전문 인력의 양성을 주장하고 있으므로 WTO 혹은 FTA 등 대외무역협상에서 협상결과를 우리에게 최대한 유리한 방향으로 도출하는 것은 전문 인력 양성의 목적이 될 것이며, 막대한 정부재정이 투입되는 어떠한 국내정책보다 중요하다고 판단할 수 있다.

45 자원관리능력 | 자원의 낭비 원인 파악하기

| 정답 | ③

| 해설 | 〈사례〉에서 한 대리는 자원을 활용하는 계획을 사전에 세우지 않아 급하게 예산을 초과하는 숙소를 예매하는 등 자원을 낭비하고 있다.

46 시간관리능력 | 우선순위 매트릭스 이해하기

| 정답 | ②

| 해설 | 일의 우선순위 판단을 위한 매트릭스는 다음과 같다.

구분	긴급한 일	긴급하지 않은 일
중요한 일	• 위기상황(ㄱ) • 급박한 문제 • 기간이 정해진 프로젝트(ㅅ)	• 예방 생산 능력활동 • 인간관계 구축 • 새로운 기회 발굴(ㄷ) • 중장기 계획(ㄹ), 오락
중요하지 않은 일	• 잠깐의 급한 질문(ㅁ) • 일부 보고서 및 회의 • 눈앞의 급박한 상황 • 인기 있는 활동(ㅇ)	• 바쁜 일, 하찮은 일 • 우편물(ㅂ), 전화 • 시간 낭비 거리(ㄴ) • 즐거운 활동

따라서 (B)에 들어갈 업무는 ㄷ, ㄹ이다.

47 인적자원관리능력 유연근무제 이해하기

| 정답 | ①

| 해설 | 우선 조 대리는 사무실에 출근하여 일하는 것을 선호하므로 재택근무형과 스마트워크근무형이 속한 원격근무제는 제외한다. 또한 주 5일 동안 40시간을 근무할 예정이므로 주 3.5~4일만 근무하는 집약근무형과 주 40시간보다 짧게 근무하는 시간제근무도 제외한다. 이틀은 12시간씩 근무하고 나머지는 5~6시간씩 근무할 계획이므로 1일 8시간 근무로 제한된 시차출퇴근형을 제외하면 조 대리에게 적절한 것은 근무시간선택형임을 알 수 있다.

48 예산관리능력 공장별 제작비 계산하기

| 정답 | ③

| 해설 | 공장별 제작비를 계산하면 다음과 같다.

- A 공장
  - 상의 : 500×0.3+(1,300+2,000+1,200)×0.25= 150+1,125=1,275(만 원)
  - 하의 : (200+700)×0.35+(1,300+1,800)×0.3= 315+930=1,245(만 원)

  따라서 총제작비는 2,520만 원이다.

- B 공장
  - 상의 : (700+1,000+1,200+500)×4,300=3,400× 4,300=14,620,000(원)
  - 하의 : (250+550+700+800)×3,000=2,300× 3,000=6,900,000(원)

  따라서 총제작비는 2,152만 원이다.

- C 공장 : (500+1,300+200+700)×0.3+(2,000+1,200+ 1,300+1,800)×0.28=2,700×0.3+6,300×0.28= 810+1,764=2,574(만 원)

  따라서 총제작비는 2,574만 원이다.

한○○ 씨가 선택할 공장은 B 공장이며, 제작비 차액은 2,574-2,152=422(만 원)이다.

49 물적자원관리능력 적절한 사무실 선택하기

| 정답 | ②

| 해설 | 〈사무실 A~C와 장소 간 거리〉에 점수표를 적용하면 각 점수는 다음과 같다.

(단위 : 점)

사무실\장소	거래처	은행	지하철역	우체국	총점
A	5	4	3	3	15
B	4	4	5	5	18
C	5	4	3	3	15

㉠ A 사무실의 총점은 15점이다.
㉤ 각 사무실의 은행과의 거리 점수가 5점이 되어도 A, C 사무실의 총점수는 16점이므로 결과는 동일하다.

| 오답풀이 |

㉡ 위치 점수는 B>A=C이다.
㉢ 〈사무실-장소 간 거리별 점수표〉를 보면 거래처의 거리 기준이 가장 엄격하므로 가장 중요하게 생각하는 장소는 거래처로 볼 수 있다.
㉣ C 사무실의 우체국 점수가 3점에서 5점이 되어도 총점수는 17점이 되어 B 사무실보다 점수가 낮다.

50 시간관리능력 배차 시간 계산하기

| 정답 | ②

| 해설 | 왕복 시간이 2시간인데 배차 간격이 15분이라면 15(분)×8(대)=120(분)이므로 8대의 버스가 운행된 이후 9번째에 첫차가 다시 재투입될 수 있다. 따라서 필요한 최소 버스 수는 첫차를 포함해서 총 8대이다.
또한 운전기사는 왕복 후 30분의 휴식을 취해야 한다. 따라서 첫차를 운전했던 운전기사는 2시간 30분 뒤에 다시 운전을 시작할 수 있다. 그러므로 150분 동안 운행되는 버스는 $\frac{150}{15}=10$(대)이므로 최소 10명의 운전기사가 필요하다.

51 예산관리능력 | 수당 정산 오류 정정하기

| 정답 | ①

| 해설 | 통상임금 시급은 $\frac{1,400,000}{209} ≒ 6,700$(원)이다. 연장근로수당은 '시급×1.5배×연장근로시간'이므로, $6,700×1.5×56=562,800$(원)이다. 따라서 실제로는 452,500원을 받았으므로 110,300원을 추가로 지급받아야 한다.

52 인적자원관리능력 | 직급 예상하기

| 정답 | ②

| 해설 | 직원 C의 승진 총점을 계산하면 다음과 같다.

구분	직급	업무실적	직무태도	사회봉사	감점	승진총점
직원 C	대리	80×0.4 =32(점)	70×0.3 =21(점)	60×0.3 =18(점)	-	71점

승진 총점이 80점 이상이어야 승진이 가능하므로, 직원 C의 20X5년 직급은 대리이다.

53 물적자원관리능력 | 기준을 바탕으로 업체 선정하기

| 정답 | ②

| 해설 | 제시된 선정 기준에 따라 업체별로 실적 항목을 제외한 점수를 구해보면 다음과 같다.
A : 24(사업 기간)+6(기술 인력)+21(비용 절감)=51(점)
B : 30(사업 기간)+10(기술 인력)+30(비용 절감)=70(점)
C : 12(사업 기간)+20(기술 인력)+9(비용 절감)=41(점)
D : 24(사업 기간)+10(기술 인력)+21(비용 절감)=55(점)
E : 12(사업 기간)+20(기술 인력)+9(비용 절감)=41(점)
따라서 C와 E 업체가 실적 항목에서 만점인 20점을 받아도 B의 70점을 넘지 못하므로 B 업체가 선정된다.

54 물적자원관리능력 | 변경된 기준으로 업체 선정하기

| 정답 | ⑤

| 해설 | 제시된 선정 기준에 따라 업체별로 점수를 구해보면 다음과 같다.
A : 32(사업 기간)+18(기술 인력)=50(점)
B : 40(사업 기간)+30(기술 인력)=70(점)
C : 16(사업 기간)+60(기술 인력)=76(점)
D : 32(사업 기간)+30(기술 인력)=62(점)
E : 16(사업 기간)+60(기술 인력)=76(점)
C와 E 업체가 동점이므로 사업 기간이 더 긴 E 업체가 선정된다.

55 인적자원관리능력 | 벌점 계산해 징계 내리기

| 정답 | ②

| 해설 | 직원 A~E의 총합 벌점과 업무처리 건수 대비 실수건수의 비율을 계산하면 다음과 같다.

구분	일반 실수	중대한 실수	차감	총합 벌점	업무처리 건수 대비 실수 건수의 비율
A	300	120	-	420	$\frac{30+6}{200}×100=18(\%)$
B	230	340	-	570	$\frac{23+17}{200}×100=20(\%)$
C	180	420	-100	500	$\frac{18+21}{200}×100=19.5(\%)$
D	340	160	-100	400	$\frac{34+8}{200}×100=21(\%)$
E	390	160	-100	450	$\frac{39+8}{200}×100=23.5(\%)$

따라서 징계를 받는 직원은 B이다.

56 조직이해능력 | 조직의 유형 이해하기

| 정답 | ③

| 해설 | 정부는 조직에서 필요한 역할과 기능이 치밀하게 갖춰져 있는 공식조직이다. 또한 영리를 목적으로 하지 않는 비영리조직이며, 대규모 조직에 해당한다. 그러나 자동차 회사 G 기업은 영리를 추구하는 영리조직으로 정부와는 다른 조직으로 분류된다.

| 오답풀이 |

①, ②, ④, ⑤ 국제여성연맹이나 UN과 같은 각종 국제단체, 대학교 등은 정부와 동일한 공식·비영리조직으로 분류할 수 있다. 영리를 위한 사업이 일부 진행되고 있어도 조직의 근본 설립 목적이 비영리를 위한 것이라면 비영리단체로 분류할 수 있다.

57 업무이해능력 업무수행과정 이해하기

| 정답 | ④

| 해설 | 조직의 목적달성을 위한 업무수행과정의 순서는 업무지침(나와 조직의 업무지침) 확인(다) → 활용 자원(시간, 예산, 기술, 인간관계 등) 확인(가) → 업무수행 시트(간트 차트, 워크 플로 시트, 체크 리스트) 작성(나)이다.

58 체제이해능력 조직도 파악하기

| 정답 | ④

| 해설 | 기존 관리본부 산하의 총무팀, 인사팀, 재무팀은 관리본부장을 거쳐 사장과 결재라인이 연결되었으며, 이는 개편 후의 조직도에서도 동일하게 유지되고 있다. 해외관리팀은 사장 직할 조직으로 관리본부와 사장 사이에 추가된 결재라인은 아니다.

| 오답풀이 |

① 2본부 6팀에서 4본부 12팀(해외관리팀 포함)으로 개편되었으므로 팀과 본부의 수가 모두 확대 개편되었다.
② 영업관리본부 산하의 외환팀, 물류팀, 국제법무팀은 조직 개편에 따라 신설된 조직이며, 조직 명칭으로 보아 해외영업을 지원하기 위한 지원조직으로 판단하는 것이 타당하다.
③ 국내영업본부와 해외영업본부는 모두 영업부문 산하의 조직으로 구성되었으므로 동일한 부문 내에서 같은 '영업' 업무를 수행하며 자연스럽게 매출이나 이익 등이 비교되어 상호 건전한 경쟁 구도를 형성하게 된다. 이는 조직개편 전 영업 1∼3팀 간에서도 나타날 수 있는 특징이다.
⑤ 조직개편 후 사장 직할 조직인 해외관리팀이 신설되었다.

59 업무이해능력 부서에 따른 업무 이해하기

| 정답 | ②

| 해설 | ㉠ 기획팀은 경영계획 및 전략 수립, 조정 관련 업무, 전사기획업무 종합 및 조정, 경영정보 조사 및 기획보고, 종합예산수립 및 실적관리, 전사 경영분석 및 평가, 사업계획, 손익추정, 실적관리 및 분석, 관리회계제도 추진 등의 업무를 담당한다.
㉡ 인사팀은 조직기구의 개편 및 조정, 업무분장 및 조정, 인력수급계획 및 관리, 노사관리, 평가관리, 상벌관리, 교육체계 수립 및 관리, 인사발령, 임금제도, 임금조정과 계산지급, 복무관리, 퇴직관리 등의 업무를 담당한다.
㉢ 총무팀은 주주총회 및 이사회 개최 관련 업무, 사무실 임차 및 관리, 차량 및 통신시설의 운영, 사내외 행사 관련 업무, 국내외 출장 업무 협조, 복리후생 업무, 대관공서 업무, 사내외 홍보 광고 업무, 법률자문과 소송관리, 집기비품 및 소모품의 구입과 관리 등의 업무를 담당한다.
㉣ 회계팀은 회계제도의 유지 및 관리, 재무상태 및 경영실적 보고, 고정자산의 회계처리와 기록관리, 보험가입 및 보상 업무, 고정자산의 처분 승인, 결산 관련 업무, 법인세, 부가가치세, 원천세 신고 및 세무관리 등의 업무를 담당한다.
㉤ 영업팀은 외상매출금의 청구 및 회수, 재품의 재고 조절, 거래처로부터의 불만처리, 판매원가 및 판매가격의 조사 검토, 견적 및 계약, 제조지시서의 발행, 판로의 개척, 광고 선전, 제품의 애프터서비스 등의 업무를 담당한다.

60 경영이해능력 경영 전략 파악하기

| 정답 | ③

| 해설 | 집중화 전략은 특정 시장이나 고객에게 한정된 전략으로, 을 회사는 경쟁사인 갑 회사가 소홀히 하고 있는 노인층이라는 한정된 시장에 차별화된 제품을 선보이겠다는 마케팅 전략을 펼치고 있다. 다시 말해, 특정 고객층에 집중하여 차별화 전략 또는 원가우위 전략을 펼치는 경영 전략이 집중화 전략이다.

| 오답풀이 |
① 갑 회사는 원가우위 전략, 을 회사는 집중화 전략을 선택하였다.
② 원가우위 전략은 제품의 대량생산을 통해 단가를 낮추고자 하는 전략이다.
④ 제품 전체의 마케팅 비용이 증가하는 것은 전체 시장을 대상으로 차별화된 마케팅을 펼쳐야 하는 차별화 전략에 해당한다. 집중화 전략하에서는 특정 고객층에 추가 서비스나 기능을 부여하는 것으로 전체 마케팅 비용이 증가한다고 단정할 수 없다.
⑤ 생산품이나 서비스가 독특하게 인식되도록 하는 전략은 차별화 전략과 집중화 전략의 특징이며, 원가우위 전략은 제품의 '독특한 인식'이 아닌 가격 경쟁력에 집중하는 것이다.

61 체제이해능력 조직문화 이해하기

| 정답 | ④

| 해설 | 제시된 글은 조직문화에 대한 설명이다. 조직문화는 한 조직체의 구성원들이 공유하고 조직 전체와 구성원들의 행동에 영향을 주는 구성원들의 가치관과 신념, 이데올로기와 관습, 규범과 전통 및 지식과 기술 등을 모두 포함한 종합적인 개념이다. 조직문화에 따른 조직의 획일성은 일체감이 지나치게 강조되어 조직문화가 구성원의 다양성을 제한하고 조직을 경직시킨다는 점에서 조직문화의 단점에 해당한다.

62 조직이해능력 경영참가제도의 문제점 파악하기

| 정답 | ⑤

| 해설 | 경영참가제도의 유형에는 경영참가, 이윤참가, 자본참가 등의 방법이 있으므로 근로자들이 이 제도를 통해 의사결정에 관한 사항에만 국한되는 것은 아니다.

63 조직이해능력 레윈의 조직변화과정 이해하기

| 정답 | ⑤

| 해설 | 레윈의 조직변화 3단계 모델에서는 조직의 변화가 해빙(Unfreezing) → 이동(Changing) → 재동결(Refreezing)의 단계로 진행된다고 설명한다.

(다) 해빙 단계에서는 조직의 변화를 추진하기 전 구성원들에게 변화의 필요성을 인식시키고, 변화의 불확실성에 대한 구성원들의 불안을 줄여 성공적인 변화에 대한 확신을 부여할 것을 요구한다.
(가) 이동 단계에서는 본격적으로 조직의 변화가 추진되며, 구성원들이 변화에 적응해 나가는 단계이다. 구성원들은 변화를 경험하는 과정에서 이를 받아들이거나, 혹은 변화에 저항하는 반응을 보인다.
(나) 재동결 단계에서는 조직변화로 인해 새롭게 발생한 행동패턴을 반복하면서 점점 정형화해 나가는 단계이다. 변화가 약화 혹은 소멸하여 변화 이전으로 되돌아가지 않도록 변화된 행동패턴의 습관화 등의 방법으로 강화할 것을 요구한다.

64 조직이해능력 레윈의 조직변화과정 이해하기

| 정답 | ④

| 해설 | 〈보기〉의 내용은 재동결 과정에서 구성원들에 대한 촉진과 지원을 통해 변화에 수반하는 구성원들의 스트레스를 감소시키고 구성원들이 조직변화에 적응할 수 있도록 지원하는 것을 의미한다.

보충 플러스+

교육과 커뮤니케이션	변화의 설계 및 실행에 앞서 변화대상자에게 내용을 알리고 교육하는 기법
참여와 몰입	변화의 설계 및 실행과정에 변화대상자를 참여시켜 그들의 의견을 반영하는 기법
촉진과 지원	변화대상자가 느끼는 변화로 인한 애로사항 해소를 위해 지원하는 기법
협상과 동의	변화대상자에게 인센티브를 제공하는 기법
조작과 협조	변화의 원만한 실행을 위한 상황을 조작하거나 영향력 있는 변화대상자를 형식적으로 중요한 위치로 배치하는 기법
명시적·암시적 강요	명시적·암시적인 위협을 통해 변화를 수용하도록 강요하는 기법

65 조직이해능력 조직성과 평가체계표 이해하기

|정답| ①

|해설| 제시된 표에서는 불필요한 휴가 자제 및 공동 업무 분위기 저해 요인에 관한 내용을 찾을 수 없다.

|오답풀이|
② 3개 항목에서 가중치를 하향 조정하였고, 3개 항목을 신설하였다.
③ 수상실적 등 대내외 평가실적을 가점요인으로 책정하였다.
④ 민원인과의 원활한 업무 소통에 4점을 배점하였고, 청렴교육 이수 실적에 3점을 배점하였으므로 민원인과의 원활한 업무 소통을 더 중요하게 평가하고자 하였다고 볼 수 있다.
⑤ 유연근무제 평가를 신설한 점으로 보아 유연근무제 사용을 권장하려는 목적이 담겨 있다고 볼 수 있다.

66 조직이해능력 조직성과 평가체계표 이해하기

|정답| ④

|해설| 조직성과 평가체계를 통해 배점을 알 수 있다. 역량교육 이수율 평가는 5점 배점, 민원처리 실적 평가는 4점 배점, 업무처리 만족도는 3점 배점, 제안처리 실적은 3점 배점, 유연근무제 실시율은 2점 배점에 해당한다. 이에 근거하여 주어진 항목들의 점수를 다음과 같이 계산해 보면 가장 우수한 평가점수를 얻은 팀을 알 수 있다.

(단위 : 점)

구분	J팀	K팀	M팀	S팀
역량교육 이수율 평가	4	5	1	3
민원처리 실적 평가	2	2	4	4
업무처리 만족도	2	1	3	2
제안처리 실적	1	3	2	3
유연근무제 실시율	2	1	2	1
평점	11	12	12	13

따라서 S팀의 평가 점수가 가장 우수함을 알 수 있다.

67 체제이해능력 결재규정 이해하기

|정답| ②

|해설| 출장비신청서는 각종 신청서에 해당하고 해외 출장이므로 대표이사의 최종 결재를 받아야 하며, 이를 위해 팀장, 본부장의 결재를 모두 거쳐야 한다.

|오답풀이|
①, ③, ⑤ 해외 출장의 출장계획서의 전결권자는 팀장이므로 최종 결재권자란에 '팀장'을 기입해야 하고, 본부장의 결재는 불필요하므로 본부장 결재란은 상향대각선으로 표시해야 한다.

68 체제이해능력 결재규정 이해하기

|정답| ③

|해설| 25만 원의 기타 소모품을 집행해야 하는 것은 30만 원 이하 기타 소모품에 대한 지출결의서에 해당하므로 최종 결재자를 본부장으로 하는 지출결의서를 작성해야 한다.

69 업무이해능력 복무규정 이해하기

|정답| ③

|해설| 규정된 유급휴일에 근로를 한 경우에는 휴일근로수당이 지급되어야 하나, 이에 대하여 정상 근무일에 휴무하게 할 수 있게 한 경우에는 휴일과 대체되는 것으로 보아 휴일근로수당을 지급하지 않는다고 명시되어 있으므로 올바른 설명이 아니다.

|오답풀이|
① 시업시간과 종업시간은 각각 09:00와 18:00이므로 8시간의 근로시간과 1시간의 휴게시간으로 구성된다.
② 필요하다고 인정할 때에는 근로시간 및 휴게시간을 달리 정하여 운영할 수 있다고 규정하고 있으므로 근로계약서에 명시될 경우 휴게시간의 조정이 가능하다.
④ 근로계약서에 명시될 경우, 휴일에 대하여 정상 근무일과 대체근무를 시킬 수 있다고 규정하고 있으며 이는 무급 또는 유급휴일을 구분하지 않는다.
⑤ 사용부서의 장은 근로자의 협의하에 휴일근로를 명할 수 있다.

70 업무이해능력 농협의 서비스 종류 이해하기

|정답| ④

|해설| 제시된 글은 NH콕뱅크에 대한 설명이다. NH콕뱅크는 금융, 정보, 쇼핑을 누구나 쉽고 편리하게 이용할 수 있도록 하는 농협상호금융의 모바일뱅크 서비스이다.

|오답풀이|

① NH올원뱅크 : 사용자가 은행·증권·카드·보험 등 다양한 금융서비스와 생활형 비금융 서비스를 하나의 앱에서 이용하도록 설계된 모바일 앱으로 타 금융사와의 오픈뱅킹이 가능하다는 점이 특징이다.

② NH스마트뱅킹 : 농협의 메인 모바일뱅킹앱으로 이체, 금융 상품 가입, 오픈뱅킹, 9개 국어로 지원되는 글로벌 뱅킹 등의 서비스를 제공한다.

③ 농협 카드 : 애플리케이션이 아니며, NH농협은행과 지역농축협의 계좌가 동시에 있다면 양 계좌의 브랜드를 통일시킬 수 없다는 특징이 있다.

⑤ NH모바일G : 법인결제 전용 앱으로 공공형 제로페이를 사용할 때 제로페이 가맹점에서 업무 일상경비 등의 사용 시 QR코드로 결제하는 모바일 간편결제 서비스이다.

고시넷 금융권 직무평가 최신판

은행·금융 공기업 NCS
실제유형 + 실전모의고사

지역농협 6급
인적성&직무능력평가

NH농협은행 6급
오프라인 필기시험

MG 새마을금고
기출예상모의고사

지역신협 인적성검사
최신 기출유형 모의고사

전국 수협 인적성검사
최신 기출유형 모의고사

2025
고시넷
NCS

지역농협 6급
통합기본서

인·적성 및 직무능력평가

www.gosinet.co.kr gosinet

공기업_NCS

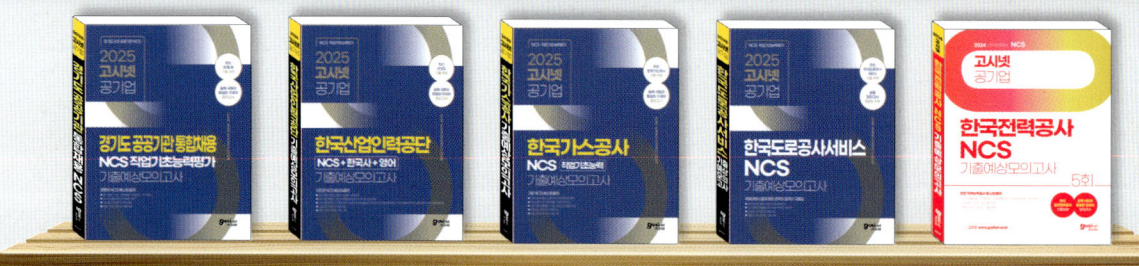